Veranneman
Schuldverschreibungsgesetz

Schuldverschreibungsgesetz
einschließlich U.S.A. und England

Kommentar

Herausgegeben von

Dr. Peter Veranneman
Rechtsanwalt in Frankfurt am Main

Bearbeitet von

Hilary S. Foulkes
Attorney-at-Law (New York)
in London

Dr. Tobias Steber, LL.M. (Cambridge)
Rechtsanwalt in Stuttgart

Dr. Holger Hofmeister
Rechtsanwalt in Frankfurt am Main

Danny Tricot, LLB.
Solicitor in London

Dr. Mark K. Oulds
Rechtsanwalt in Frankfurt am Main

Dr. Peter Veranneman
Rechtsanwalt in Frankfurt am Main

Prof. Rolf Rattunde
Rechtsanwalt und Notar in Berlin

Dr. Dirk Wasmann
Rechtsanwalt in Stuttgart

2. Auflage, 2016

C.H.BECK

www.beck.de

ISBN 978 3 406 68516 3

© 2016 Verlag C. H. Beck oHG
Wilhelmstraße 9, 80801 München
Druck und Bindung: Beltz Bad Langensalza GmbH,
Neustädter Straße 1–4, 99947 Bad Langensalza
Satz: Meta Systems Publishing & Printservices GmbH, Wustermark

Gedruckt auf säurefreiem, alterungsbeständigem Papier
(hergestellt aus chlorfrei gebleichtem Zellstoff)

Bearbeiterverzeichnis

Veranneman .... Einf., Vor § 5 I, §§ 5, 6, 7, 8, 23, 24 SchVG
Oulds .... §§ 1, 2, 3, 4, Vor § 5 II
Wasmann/Steber .... §§ 9, 10, 11, 12, 13, 14, 15, 16, 20 SchVG
Hofmeister .... §§ 17, 18, 21, 22 SchVG
Rattunde .... § 19 SchVG
Foulkes .... Anhang I A.
Tricot .... Anhang I B.

Inhaltsverzeichnis

Vorwort V
Bearbeiterverzeichnis VII
Abkürzungsverzeichnis XI
Literaturverzeichnis XVII

Einführung 1

Gesetz zur Neuregelung der Rechtsverhältnisse bei Schuldverschreibungen aus Gesamtemissionen (SchVG)

Abschnitt 1 Allgemeine Vorschriften

§ 1	Anwendungsbereich	9
§ 2	Anleihebedingungen	28
§ 3	Transparenz des Leistungsversprechens	36
§ 4	Kollektive Bindung	49

Abschnitt 2 Beschlüsse der Gläubiger

Vorbemerkung zu § 5 SchVG		67
§ 5	Mehrheitsbeschlüsse der Gläubiger	89
§ 6	Stimmrecht	105
§ 7	Gemeinsamer Vertreter der Gläubiger	109
§ 8	Bestellung des gemeinsamen Vertreters in den Anleihebedingungen	110
§ 9	Einberufung der Gläubigerversammlung	133
§ 10	Frist, Anmeldung, Nachweis	143
§ 11	Ort der Gläubigerversammlung	148
§ 12	Inhalt der Einberufung, Bekanntmachung	150
§ 13	Tagesordnung	153
§ 14	Vertretung	158
§ 15	Vorsitz, Beschlussfähigkeit	161
§ 16	Auskunftspflicht, Abstimmung, Niederschrift	172
§ 17	Bekanntmachung von Beschlüssen	182
§ 18	Abstimmung ohne Versammlung	185
§ 19	Insolvenzverfahren	203
§ 20	Anfechtung von Beschlüssen	231
§ 21	Vollziehung von Beschlüssen	242
§ 22	Geltung für Mitverpflichtete	246

Abschnitt 3 Bußgeldvorschriften; Übergangsbestimmungen

§ 23	Bußgeldvorschriften	249
§ 24	Übergangsvorschriften	250

Anhang I: Kurzdarstellung des SchVGs der U.S.A. und U.K.

A. Bond Creation and Issuance and Bondholder Action under United States Law ...	255
B. English Law Bonds	270
C. Englisches Abkürzungsverzeichnis	283

Anhang II: Gesetzesmaterialien

A. Gesetzestext SchVG (Deutsch/Englisch)	285
B. Gesetzesentwurf der Bundesregierung (BR Drucks. 180/09) v. 20.2.2009	302
C. Gesetzentwurf der Bundesregierung (BT Drucks. 16/12814) v. 29.4.2009	349

Inhaltsverzeichnis

D. Beschlussempfehlung und Bericht des Rechtsausschusses (BT Drucks. 16/13672) v. 1.7.2009 406
E. Gesetzestext SchVG v. 1899 433

Sachverzeichnis 443

Abkürzungsverzeichnis

aA	anderer Ansicht
ABl. EG	Amtsblatt der Europäischen Gemeinschaften
Abs.	Absatz
AcP	Archiv für die civilistische Praxis. Zeitschrift (Jahr, Seite)
aE	am Ende
aF	alte Fassung
AG	Aktiengesellschaft
AG	Die Aktiengesellschaft, Zeitschrift (Jahr, Seite)
AGBG	Gesetz zur Regelung des Rechts der Allgemeinen Geschäftsbedingungen
AGBs	Allgemeine Geschäftsbedingungen
AktG	Aktiengesetz
ARUG	Gesetz zur Umsetzung der Aktionärsrichtlinie vom 30.6.2009, BGBl. 2009 I S. 2479
Aufl.	Auflage
BB	Betriebsberater, Zeitschrift (Jahr, Seite)
BeckRS	Beck-Rechtsprechung
Begr. RefE	Begründung zum Referentenentwurf des SchVG abgedruckt in ZBB 2008, 200 ff.
Begr. RegE	Begründung zum Regierungsentwurf des SchVG vom 29.4.2009 (BT-Drucks. 16/12814)
Ber. Rechtsausschuss	Beschlussempfehlung und Bericht des Rechtsausschusses (6. Ausschuss) zu dem Gesetzentwurf der Bundesregierung – BT-Drucks. 16/12814, Entwurf eines Gesetzes zur Neuregelung der Rechtsverhältnisse bei Schuldverschreibungen aus Gesamtemissionen und zur verbesserten Durchsetzbarkeit von Ansprüchen von Anlegern aus Falschberatung
BeurkG	Beurkundungsgesetz
BGB	Bürgerliches Gesetzbuch
BGB-E	Entwurf zum BGB
BGBl.	Bundesgesetzblatt
BGH	Bundesgerichtshof
BGHZ	Entscheidungen des Bundesgerichtshofs in Zivilsachen
BKR	Zeitschrift für Bank- und Kapitalmarktrecht (Jahr, Seite)
BMJ	Bundesministerium der Justiz
BMJ-Arbeitsentwurf	Unveröffentlichter Arbeitsentwurf des BMJ zur Änderung des Schuldverschreibungsrechts vom April 2003
BNotO	Bundesnotarordnung
BörsG	Börsengesetz
BR-Drucks.	Drucksache(n) des Deutschen Bundesrates
BR-Stellungnahme	Stellungnahme des Bundesrates
BSchuWG	Gesetz zur Regelung des Schuldenwesens des Bundes (Bundesschuldenwesengesetz) vom 12. Juli 2006 (BGBl. I S. 1466), das durch Artikel 1 des Gesetzes vom 13. September 2012 (BGBl. I S. 1914) geändert worden ist

Abkürzungsverzeichnis

BT-Drucks.	Drucksache(n) des Deutschen Bundestages
BUND Fact Sheet	Issuance Activities and Dept Management by the German Finance Agency, Dezember 2009, abrufbar unter www.deutsche-finanzagentur.de
BVerfG	Bundesverfassungsgericht
BVerfGE	Amtliche Sammlung von Entscheidungen des Bundesverfassungsgerichts
bzw.	beziehungsweise
CACs	Collective Action Clauses
CFL	Corporate Finance Law, Zeitschrift (Jahr, Seite)
CGN	Classical Global Notes
COMI	Center of Main Interest
DAI	Deutsches Aktieninstitut
DAV	Deutscher Anwaltsverein
DAI-Stellungnahme	Stellungnahme des Deutschen Aktieninstituts zum Referentenentwurf eines Gesetzes zur Neuregelung der Rechtsverhältnisse bei Schuldverschreibungen aus Anleihen und zur Anpassung kapitalmarktrechtlicher Verjährungsvorschriften (SchVG-E) vom 22.8.2008
DAV-Stellungnahme zum RefE	Stellungnahme des Deutschen Anwaltsvereins durch seinen Zivilrechtsausschuss zum Referentenentwurf zum Gesetz zur Neuregelung der Rechtsverhältnisse bei Schuldverschreibungen aus Gesamtemissionen, August 2008
DAV-Stellungnahme zum RegE	Stellungnahme des Deutschen Anwaltsvereins durch seinen Zivilrechtsausschuss zum Regierungsentwurf zum Gesetz zur Neuregelung der Rechtsverhältnisse bei Schuldverschreibungen aus Gesamtemissionen, März 2009
DAX	Deutscher Aktienindex
DB	Der Betrieb, Zeitschrift (Jahr, Seite)
DepotG	Gesetz über die Verwahrung und Anschaffung von Wertpapieren
dh	das heißt
DM	Deutsche Mark
Dok.	Dokument
DStR	Deutsches Steuerrecht, Zeitschrift (Jahr, Seite)
Dt. RGbl.	Deutsches Reichsgesetzblatt
DZWiR	Deutsche Zeitschrift für Wirtschafts- und Insolvenzrecht, Zeitschrift (Jahr, Seite)
EBanz	Elektronischer Bundesanzeiger
EC-Note	European Commission, Quarterly Note on the Euro-Denominated Bond Markets No. 59, July-September 2003, Dok. ECFIN/211/03-EN
ECOFIN	Rat „Wirtschaft und Finanzen"
EGInsO	Einführungsgesetz zur Insolvenzordnung
EMTA	Emerging Markets Trade Association
Erste RegE	Regierungsentwurf vom 20.2.2009 (BR-Drucks. 180/09)
ESUG	Gesetz zur weiteren Erleichterung der Sanierung von Unternehmen
etc.	et cetera
EuGH	Europäischer Gerichtshof
EuInsVO	Verordnung (EG) Nr. 1346/2000 des Rates vom 29. Mai 2000 über Insolvenzverfahren

Abkürzungsverzeichnis

EU-Prospektverordnung	Durchführungsverordnung (EG) Nr. 809/2004 der Kommission vom 29.4.2004 zur Umsetzung der Richtlinie 2003/71/EG des Europäischen Parlaments und des Rates betreffend die in Prospekten enthaltenen Informationen sowie das Format, die Aufnahme von Informationen mittels Verweis und die Veröffentlichung solcher Prospekte und die Verbreitung von Werbung, Amtsblatt Nr. L 149 vom 30.4.2004, 1–137
EURIBOR	European Interbank Offered Rate
EWG	Europäische Wirtschaftsgemeinschaft
EWiR	Entscheidungen zum Wirtschaftsrecht, Zeitschrift (Jahr, Seite)
EWR	Europäischer Wirtschaftsraum
EZB	Europäische Zentralbank
FamFG	Gesetz über das Verfahren in Familiensachen und in den Angelegenheiten der freiwilligen Gerichtsbarkeit
f.	folgende
ff.	fort folgende (mehrere)
FG	Finanzgericht
FGPrax	Praxis der Freiwilligen Gerichtsbarkeit, Zeitschrift (Jahr, Seite)
FMStG	Gesetz zur Umsetzung eines Maßnahmenpakets zur Stabilisierung des Finanzmarktes (Finanzmarktstabilisierungsgesetz) v. 17.10.2008, BGBL I
FMStFV	Verordnung zur Durchführung des Finanzmarktstabilisierungsfondsgesetzes (Finanzmarktstabilisierungsfonds-Verordnung – FMStFV) v. 20.10.2008
Fn.	Fußnote
FRUG	Finanzmarktrichtlinienumsetzungsgesetz
FS	Festschrift
G10	Gruppe der zehn führenden Industrienationen
GenG	Gesetz betreffend die Erwerbs- und Wirtschaftsgenossenschaften
ggf.	gegebenenfalls
GmbHR	GmbH-Rundschau, Zeitschrift (Jahr, Seite)
GmbH-StB	GmbH-Steuerberater, Zeitschrift (Jahr, Seite)
GNotKG	Gerichts- und NotarkostenG
GWR	Gesellschafts- und Wirtschaftsrecht, Zeitschrift (Jahr, Seite)
GZVJu	Gerichtliche Zuständigkeitsverordnung Justiz (Bayern)
HGB	Handelsgesetzbuch
hM	herrschende Meinung
Hrsg.	Herausgeber
Hs.	Halbsatz
IAS	International Accounting Standards
ICMA	International Capital Markets Association
ICSD	International Central Securities Depositories
idR	in der Regel
ie	id est
IIF	Institute of International Finance
ILC	International Law Commission
ILF	Institute for Law and Finance
InsO	Insolvenzordnung
IMF	International Monetary Fund, The Design and Effectiveness of Collective Action Clauses, 2002 abrufbar unter www.imf.org/external/np/psi/2002/eng/060602.pdf, International Monetary Fund, Sovereign

Abkürzungsverzeichnis

	Debt Restructuring Mechanism, 2002, abrufbar unter www.imf.org/external/np/exr/facts/sdrm.htm
IPMA	International Primary Market Association
IPR	Internationales Privatrecht
iRd	im Rahmen des/der
iRv	im Rahmen von
iSd	im Sinne des/der
ISDA	International Swaps and Derivatives Assocation
ISIN/WKN	International Securities Identification Number, Wertpapierkennnummer
iSv	im Sinne von
iVm	in Verbindung mit
JuZuV	Justizzuständigkeitsverordnung (Hessen)
JZ	JuristenZeitung, Zeitschrift (Jahr, Seite)
KfW	KfW Bankengruppe (früher: Kreditanstalt für Wiederaufbau)
KMU	Kleine und mittlere Unternehmen
KonzVO	Konzentrationsverordnung (Mecklenburg-Vorpommern)
KonzentrationsVO Gesellschaftsrecht	Verordnung über die gerichtliche Zuständigkeit zur Entscheidung in gesellschaftsrechtlichen Angelegenheiten und in Angelegenheiten der Versicherungsvereine auf Gegenseitigkeit (Nordrhein-Westfalen)
KSzW	Kölner Schrift zum Wirtschaftsrecht, Zeitschrift (Jahr, Seite)
KWG	Gesetz über das Kreditwesen
LIBOR	London Inter Bank Offered Rate
lit.	litera
MMV	Verordnung (EU) Nr. 596/2014 des Europäischen Parlaments und des Rates vom 16.4.2014 über Marktmissbrauch (Marktmissbrauchsverordnung) und zur Aufhebung der Richtlinie 2003/6/EG des Europäischen Parlaments und des Rates und der Richtlinien 2003/124/EG, 2003/125/EG und 2004/72/EG der Kommission
Mrd.	Milliarden
mwN	mit weiteren Nachweisen
NJW	Neue Juristische Wochenschrift, Zeitschrift (Jahr, Seite)
NotBZ	Zeitschrift für die notarielle Beratungs- und Beurkundungspraxis, Zeitschrift (Jahr, Seite)
Nr(n).	Nummer(n)
NV	Namloze Venootschap
NZI	Neue Zeitschrift für Insolvenz und Sanierung, Zeitschrift (Jahr, Seite)
oä	oder ähnliches
OLG	Oberlandesgericht
OLGR	OLG Report
OR	Schweizerisches Obligationenrecht
OWiG	Gesetz über Ordnungswidrigkeiten
PfandBG	Pfandbriefgesetz
Quarles-Report	Report of the G-10 Working Group on Contractual Clauses, von September 2002/März 2003, abrufbar unter www.imf.org/external/np/g10/2002/cc.htm
r+s	recht und schaden, Zeitschrift (Jahr, Seite)
RdF	Recht der Finanzinstrumente, Zeitschrift (Jahr, Seite)
RechKredV	Verordnung über die Rechnungslegung der Kreditinstitute und Finanzdienstleistungsinstitute

Abkürzungsverzeichnis

RefE	Referentenentwurf eines Gesetzes zur Neuregelung der Rechtsverhältnisse bei Schuldverschreibungen aus Anleihen und zur Anpassung kapitalmarktrechtlicher Verjährungsvorschriften vom 9.5.2008, abgedruckt in ZBB 2008, 200 ff.
RegE	Regierungsentwurf vom 29.4.2009 (BT-Drucks. 16/12814)
Rey-Report	The resolution of sovereign liquidity crises – a report to Ministers and Governors prepared under the auspices of the Deputies, Mai 1996, abrufbar unter www.bis.org/publ/gten03.htm
RGZ	Entscheidungen des Reichsgerichts in Zivilsachen
RIW	Recht der internationalen Wirtschaft, Zeitschrift (Jahr, Seite)
Rn.	Randnummer
RVG	Gesetz über die Vergütung der Rechtsanwältinnen und Rechtsanwälte
S.	Seite
SA	Société Anonyme
SächsJOrgVO	Sächsische Justizorganisationsverordnung
SchVG	Gesetz zur Neuregelung der Rechtsverhältnisse bei Schuldverschreibungen aus Gesamtemissionen (BGBl. I S. 2512)
SchVG 1899	Gesetz betreffend die gemeinsamen Rechte der Besitzer von Schuldverschreibungen von 1899
SoFFin	Sonderfonds Finanzmarktstabilisierung
sog	so genannt
StGB	Strafgesetzbuch
st. Rspr.	ständige Rechtsprechung
ua	unter anderem
U.K.	United Kingdom
U.S.A.	United States of America
UMAG	Gesetz zur Unternehmensintegrität und Modernisierung des Anfechtungsrechts
usw.	und so weiter
v.	vom
va	vor allem
WiVerw	Wirtschaft und Verwaltung, Zeitschrift (Jahr, Seite)
WM	Wertpapier-Mitteilungen, Zeitschrift (Jahr, Seite)
WpAIV	Verordnung zur Konkretisierung von Anzeige-, Mitteilungs- und Veröffentlichungspflichten sowie der Pflicht zur Führung von Insiderverzeichnissen nach dem Wertpapierhandelsgesetz
WpDVerOV	Wertpapierdienstleistungs-Verhaltens- und Organisationsverordnung
WpHG	Gesetz über den Wertpapierhandel
WpPG	Gesetz über die Erstellung, Billigung und Veröffentlichung des Prospekts, der beim öffentlichen Angebot von Wertpapieren oder bei der Zulassung von Wertpapieren zum Handel an einem organisierten Markt zu veröffentlichen ist (Wertpapierprospektgesetz)
WpÜG	Wertpapiererwerbs- und Übernahmegesetz
WuB	Entscheidungssammlung zum Wirtschafts- und Bankrecht, Zeitschrift (Jahr, Seite)
zB	zum Beispiel
ZBB	Zeitschrift für Bankrecht und Bankwirtschaft, Zeitschrift (Jahr, Seite)
ZHR	Zeitschrift für das gesamte Handels- und Wirtschaftsrecht, Zeitschrift (Jahr, Seite)
ZInsO	Zeitschrift für das gesamte Insolvenzrecht, Zeitschrift (Jahr, Seite)
ZIP	Zeitschrift für Wirtschaftsrecht, Zeitschrift (Jahr, Seite)
ZVglRWiss	Zeitschrift für Vergleichende Rechtswissenschaft, Zeitschrift (Jahr, Seite)

Literaturverzeichnis

Aleth, Franz/Böhle, Jens Neue Transaktionsformen als Folge der Finanzmarkt-/Wirtschaftskrise – handels-, gesellschafts- und insolvenzrechtliche Aspekte, DStR 2010, 1186–1193
Ansmann, Heinz, Schuldverschreibungsgesetz nebst Durchführungsbestimmungen, München 1933
Antoniadis, Nikolaos, Kosten und Auslagen des gemeinsamen Vertreters von Anleihegläubigern im Insolvenzverfahren über das Vermögen des Emittenten, NZI 2014, 785–789
Andres, Dirk/Leithaus, Rolf, Kommentar zur Insolvenzordnung, Düsseldorf, 3. Auflage, München 2014 (zitiert: *Bearbeiter* in Andres/Leithaus)
Arbeitskreis Reform des Schuldverschreibungsgesetzes, Reform des Schuldverschreibungsgesetzes, ZIP 2014, 845–857 (zitiert *Arbeitskreis Reform SchVG*)
Arnold, Arndt, Aktionärsrechte und Hauptversammlung nach dem ARUG, Der Konzern 2009, 88–97
Assmann, Heinz-Dieter, Anleihebedingungen und AGB-Recht, WM 2005, 1053–1068
ders./Schneider, Uwe H., Wertpapierhandelsgesetz, Kommentar, 6. Auflage, Köln 2012
ders./Schütze, Rolf A., Handbuch des Kapitalanlagerechts, 4. Auflage, München 2015
Baars, Alf/Böckel, Margret, Argentinische Auslandsanleihen vor deutschen und argentinischen Gerichten, ZBB 2004, 445–464
Balz, Karl Friedrich, Reform des SchVG – High Yield Bonds zukünftig nach deutschem Recht?, ZBB 2009, 401–412
Bamberger, Heinz Georg/Roth, Herbert, BGB, Kommentar, Band 2, 2. Aufl., München 2007 (zitiert: *Bearbeiter* in Bamberger/Roth)
Baum, Harald, SchVG, Anleihebedingungen und AGB-Recht: Nach der Reform ist vor der Reform, Festschrift für Klaus J. Hopt zum 70. Geburtstag, Berlin 2010, 1596–1614 (zitiert: *Baum FS Hopt*)
Baumbach, Adolf (Begr.)/Hopt, Klaus J., Handelsgesetzbuch, 37. Auflage, München 2016 (zitiert *Bearbeiter* in Baumbach/Hopt)
Baums, Theodor, Umwandlung und Umtausch von Finanzinstrumenten im Aktien- und Kapitalmarktrecht, Festschrift für Claus-Wilhelm Canaris zum 70. Geburtstag, Band II, München 2007, 3–40 (zitiert: *Baums* in FS Canaris)
ders., Die gerichtliche Kontrolle von Beschlüssen der Gläubigerversammlung nach dem Referentenentwurf eines neuen Schuldverschreibungsgesetzes, ZBB 2009, 1–7
ders., Weitere Reform des Schuldverschreibungsrechts!, ZHR 177 (2013), 807–818
ders., Das neue Schuldverschreibungsrecht, Berlin 2013 (zitiert *Bearbeiter* in Baums)
ders., Institute for Law and Finance (ILF), Kündigung von Unternehmensanleihen, Arbeitspapier Nr. 145/2015 des Lehrstuhls von Prof. Baums am Institut für Bankrecht der Johann Wolfgang Goethe-Universität Frankfurt am Main (zitiert *Baums,* ILF-Arbeitspapier)
ders./Schmidtbleicher, Roland, Neues Schuldverschreibungsrecht und Altanleihen, ZIP 2012, 204–217
Becker, Christian/Pospiech, Lutz, Die Prospektpflicht beim Debt-Equity-Swap von Anleihen, NJW-Spezial 2014, 591–592
Behrends, Okko Hendrik, Entscheidungsreport BGH: Zur Abtretung und Geltendmachung einer in einer Inhaberschuldverschreibung verbrieften Forderung, RdF 2013, 341
Berliner Kommentar zum Insolvenzrecht, Band II – SchVG, Loseblatt Stand: Dezember 2015, Köln (zitiert: *Bearbeiter* in BerlinerKommInsO)
Bertelmann, Heiko/Schönen, Simon, Gläubigerrechte und Emittentenpflichten bei der Abstimmung ohne Versammlung nach dem Schuldverschreibungsgesetz, ZIP 2014, 353–365
Beuthien, Volker, Genossenschaftsgesetz, 15. Auflage, München 2011

Literaturverzeichnis

Blaufuß, Henning/Braun, Michael Josef, Der gemeinsam Vertreter der Anleihegläubiger nach § 19 II 1 SchVG – Erfüllung der Berichtspflicht aus § 7 II 4 SchVG über das Internet und Anmeldungen zur Insolvenztabelle, NZI 2016, 5–11

Bliesener, Dirk H., Änderungen von Anleihebedingungen in der Praxis, in: Baum/Fleckner/Hellgardt/Roth (Hrsg.), Perspektiven des Wirschaftsrechts, Beiträge für Klaus J. Hopt aus Anlass seiner Emeritierung, Berlin 2008, 355–369

Bormann, Jens/Diehn, Thomas/Sommerfeldt, Klaus, Gesetz über Kosten der freiwilligen Gerichtsbarkeit für Gerichte und Notare, 2. Auflage, München 2016 (zitiert *Bearbeiter* in Bormann/Diehn/Sommerfeldt)

Bosch, Ulrich/Groß, Wolfgang, Das Emissionsgeschäft, Köln 2000

Bredow, Günther M./Sickinger, Mirko, Rückkaufprogramme für Mittelstandsanleihen – vorzugsweise als öffentliche Rückkaufsangebot, AG 2012, R257-R258

ders./Sickinger, Mirko/Weinand-Härer, Klaus/Liebscher, Finn-Michael, Rückkauf von Mittelstandsanleihen, BB 2012, 2134–2141

ders./Vogel, Hans-Gert, Unternehmenssanierung und Restrukturierungen von Anleihen – Welche Verbesserungen bringt das neue Schuldverschreibungsrecht?, ZBB 2008, 221–231

ders./Vogel, Hans-Gert, Restrukturierungen von Anleihen – Der aktuelle Regierungsentwurf eines neuen Schuldverschreibungsgesetzes, ZBB 2009, 153–157

Braun, Eberhard, Kommentar zur Insolvenzordnung, 6. Auflage, München 2014 (zitiert: *Bearbeiter* in Braun)

Brenner, Petra, Die Vergütung des gemeinsamen Vertreters nach § 7 VI SchVG außerhalb und in der Insolvenz des Emittenten, NZI 2014, 789–794

dies./Moser, Tobias, OLG Dresden: Keine Möglichkeit der Anwendung des neuen SchVG auf „Altanleihen" nach Eröffnung des Insolvenzverfahrens, NZI 2016, 149–152

Bumiller, Ursula/Harders, Dirk, Freiwillige Gerichtsbarkeit FamFG, 11. Auflage, München 2015

Bungert, Hartwin, Wertpapierbedingungen und Inhaltskontrolle nach dem AGB-Gesetz, DZWiR 1996, 185–199

Bunte, Hermann-Josef, AGB Banken und Sonderbedingungen, 4. Auflage, München 2015

Busch, Torsten, Eigene Aktien in der Kapitalerhöhung, AG 2005, 429–436

Cagalj, Kathrin Isabelle, Restrukturierung von Anleihen nach dem neuen Schuldverschreibungsgesetz, Baden-Baden 2013

Cahn, Andreas/Hutter, Stephan/Kaulamo, Katja/Meyer, Andreas/Weiß, Daniel, Regelungsvorschläge zu ausgewählten Rechtsfragen bei Debt-to-Equity-Swaps von Anleihen, WM 2014, 1309–1316

Cahn, Andreas/Simon, Stefan/Theiselmann, Rüdiger, Nennwertanrechnung beim Debt-Equity-Swap!, DB 2012, 501–504

Cranshaw, Friedrich L., Fragen der gerichtlichen Durchsetzung von Forderungen aus ausländischen Staatsanleihen in der Krise des Schuldners, DZWiR 2007, 133–142

ders., Internationalisierung und Modernisierung – Bemerkungen zum geltenden und zum Referentenwurf eines neuen Schuldverschreibungsgesetzes, BKR 2008, 504–511

Delhaes, Wolfgang, Inhaber von Schuldverschreibungen als Gläubiger im Insolvenzverfahren, Festschrift für Friedrich Wilhelm Metzeler zum 70. Geburtstag, Köln 2003

Eidenmüller, Horst, Unternehmenssanierung zwischen Markt und Gesetz, Köln 1999

Einsele, Dorothee, Auswirkungen der Rom I-Verordnung auf Finanzdienstleistungen, WM 2009, 289–300

Ekkenga, Jens, Wertpapier-Bedingungen als Gegenstand richterlicher AGB-Kontrolle, ZHR 160 (1996), 59–74

ders., Neuerliche Vorschläge zur Nennwertanrechnung beim Debt-Equity-Swap – Erkenntnisfortschritt oder Wiederbelebungsversuche am untauglichen Objekt?, DB 2012, 331–337

ders./Schröer, Henning, Handbuch der AG-Finanzierung, Köln 2014 (zitiert: *Bearbeiter* in Ekkenga/Schröer, Handbuch AG-Finanzierung)

Literaturverzeichnis

Ellenberger, Jürgen, Prospekthaftung im Wertpapierhandel, Berlin 2001

Fleckner, Andreas M., Schicksal der Gegenleistungspflicht beim Kauf von Wertpapieren – Zum Gefahrübergang im Wertpapierhandel sowie zur Konkurrenz zwischen allgemeinem Leistungsstörungsrecht und börsenrechtlicher Zwangsregulierung –, WM 2009, 2064–2073

ders./Vollmuth, Christian, Geschäfte zu nicht marktgerechten Preisen (Mistrades) im außerbörslichen Handel – Zu den Grenzen außerbörslicher Mistrade-Regeln, zur Interessenwahrung im außerbörslichen Handel sowie zur Drittschadensliquidation im Rahmen des § 122 BGB – zugleich Anmerkung zu BGH WM 2002, 1687 –, WM 2004, 1263–1278

Florstedt, Tim, „Korporatives Denken" im Schuldverschreibungsrecht – ein Holzweg?, ZIP 2012, 2286–2289

ders., Die Schranken der Majorisierung von Gläubigern, RIW 2013, 583–592

ders., Neue Wege zur Sanierung ohne Insolvenz, ZIP 2014, 1513–1520

ders., Reformbedarf und Reformperspektiven im Schuldverschreibungsrecht, WiVerw 2014, 155–164

ders., Anleihekündigungen in Insolvenznähe, ZIP 2016, 645–653

ders./von Randow, Philipp, Die Kündigung des Anleiheschuldverhältnisses aus wichtigem Grund, ZBB 2014, 345–356

Fridrich, Johannes/Seidel, Sebastian, Lücken üblicher Mistrade-Klauseln im außerbörslichen Handel und deren Behebung durch Vertragsgestaltung, BKR 2008, 497–504

Friedl, Markus J., Der Tausch von Anleihen in Aktien, BB 2012, 1102–1108

ders., OLG Dresden: Keine Möglichkeit der Anwendung des neuen SchVG auf „Altanleihen" nach Eröffnung des Insolvenzverfahrens, BB 2016, 272–275

ders./Hartwig-Jacob, Mauricio, Frankfurter Kommentar zum Schulverschreibungsgesetz, Frankfurt am Main 2013 (zitiert *Bearbeiter* in Friedl/Hartwig-Jacob)

Fuchs, Andreas, WpHG, Kommentar, München 2009 (zitiert *Bearbeiter* in Fuchs, WpHG)

Gloeckner, Christian H./Bankel, Hans, Etablierung und Aufgaben des Gemeinsamen Vertreters nach dem Schuldverschreibungsgesetz, ZIP 2015, 2393–2401

Göppert, Heinrich/Trendelenburg, Ernst, Gesetz betreffend die gemeinsamen Rechte der Besitzer von Schuldverschreibungen, vom 4. Dezember 1899 in der Fassung vom 14. Mai 1914, Berlin 1915

Gottschalk, Eckart, Emissionsbedingungen und AGB-Recht, ZIP 2006, 1121–1127

Gottwald, Peter, Insolvenzrechts-Handbuch, 5. Auflage, München 2015 (zitiert: *Bearbeiter* in Gottwald)

Grell, Frank/Splittgerber, Daniel/Schneider, Stephan, BGH ebnet den Weg für die Restrukturierung von Anleihen – alle Fragen geklärt?, DB 2015, 111–115

Groß, Wolfgang, Kapitalmarktrecht, Kommentar zum Börsengesetz, zur Börsenzulassungs-Verordnung, zum Wertpapierprospektgesetz und zum Verkaufsprospektgesetz. 6. Auflage, München 2016

Großkommentar zum Aktiengesetz, Band 5, §§ 118–149, 4. Auflage, Berlin 2012; Band 7/1, §§ 221–240 4. Auflage, Berlin 2012 (zitiert *Bearbeiter* in GroßKommAktG)

Gruson, Michael, Institute for Law and Finance (ILF), Die Einführung des Euro und DM-Auslandsanleihen – Zugleich ein Beitrag zum deutschen Gesetz zur Umstellung von Schuldverschreibungen, Arbeitspapier Nr. 2/98 des Lehrstuhls von Prof. Baums am Institut für Bankrecht der Johann Wolfgang Goethe-Universität Frankfurt am Main (zitiert *Gruson,* ILF-Arbeitspapier)

ders./Harrer, Heribert, Rechtswahl- und Gerichtsstandvereinbarungen sowie Bedeutung des AGB-Gesetzes bei DM-Auslandsanleihen auf dem deutschen Markt, ZBB 1996, 37–46

Habersack, Mathias/Mülbert, Peter/Schlitt, Michael (Hrsg.), Unternehmensfinanzierung am Kapitalmarkt, 3. Auflage, Köln 2013

Hamburger Kommentar zum Insolvenzrecht (*Schmidt,* Hrsg.), 5. Auflage, Köln 2015 (zitiert: *Bearbeiter* in HK)

Hammen, Horst, Offene Fragen beim Recht der Genußscheine, BB 1990, 1917–1922

Literaturverzeichnis

Hartwig-Jacob, Mauricio, Die Vertragsbeziehungen und die Rechte der Anleger bei internationalen Anleiheemissionen, 2001 (zitiert *Hartwig-Jacob,* Internationale Anleiheemissionen)

ders., Neue rechtliche Mechanismen zur Lösung internationaler Schuldenkrisen – die Vorteile der Anwendung von „*Collective Action Clauses*" bei Staatsanleihen, Festschrift für Norbert Horn, 2006, 717–734 (zitiert *Hartwig-Jacob* FS Horn)

Heidel, Thomas, Aktienrecht und Kapitalmarktrecht, 4. Auflage, Baden-Baden 2014

Heidelbach, Anna/Preuße, Thomas, Einzelfragen in der praktischen Arbeit mit dem neuen Wertpapierprospektregime, BKR 2006, 316–323

dies., Zweieinhalb Jahre neues Prospektregime und noch viele Fragen offen, BKR 2008, 10–16

Heidinger, Andreas/Blath, Simon, Die Legitimation zur Teilnahme an der Hauptversammlung nach Inkrafttreten des UMAG, DB 2006, 2275–2278

Heitmann, Stefan Alexander, High-Yield-Anleihen: Eine Untersuchung der Rechtsfragen von High-Yield-Anleihen (Junk Bonds) deutscher Unternehmensemittenten, Baden-Baden 2007

Heldt, Cordula, Die „kollektive Bindung" im Entwurf des Schuldverschreibungsgesetzes – Willensbildung und AGB-Konrolle in Vertragsnetzwerken, Festschrift für Günther Teubner zum 65. Geburtstag, Berlin 2009, 315–332

Herdegen, Matthias, Der Staatsbankrott: Probleme eines Insolvenzverfahrens und der Umschuldung bei Staatsanleihen, WM 2011, 913–918

Hirte, Heribert/Möllers, Thomas M. J., Kölner Kommentar zum WpHG, 2. Auflage, Köln 2014

Hölters, Wolfgang, Aktiengesetz, 2. Auflage, München 2014 (zitiert *Bearbeiter* in Hölters)

Hofmann, Christian/Keller, Christoph, Collective Action Clauses, ZHR 175 (2011), 684–723

Hopt, Klaus J., Änderungen von Anleihebedingungen – Schuldverschreibungsgesetz, § 796 BGB und AGBG, Festschrift für Ernst Steindorff zum 70. Geburtstag, Berlin 1990, 341–382 (zitiert *Hopt* FS Steindorff)

ders., Neues Schuldverschreibungsrecht – Bemerkungen und Anregungen aus Theorie und Praxis, Festschrift für Eberhard Schwark zum 70. Geburtstag, München 2009, 441–457 (zitiert *Hopt* FS Schwark)

ders./Voigt, Hans-Christoph, Prospekt- und Kapitalmarktinformationshaftung: Recht und Reform in der Europäischen Union, der Schweiz und den USA, Tübingen 2005

Horn, Norbert, Die Erfüllung von Wertpapiergeschäften unter Einbeziehung eines Zentralen Kontrahenten an der Börse, WM Sonderbeilage 2/2002, 1–23

ders., Die Stellung der Anleihegläubiger nach neuem Schuldverschreibungsgesetz und allgemeinem Privatrecht im Licht aktueller Marktentwicklungen, ZHR 173 (2009), 12–66

ders., Das neue Schuldverschreibungsgesetz und der Anleihemarkt, BKR 2009, 446–453

ders., Anlegerschutz und neues Schuldverschreibungsrecht, Festschrift für Friedrich Graf von Westphalen zum 70. Geburtstag, Köln 2010, 353–367 (zitiert: *Horn* in FS Graf von Westphalen)

ders., Der gemeinsame Vertreter der Anleihegläubiger in der Insolvenz, BKR 2014, 449–453

Hueck, Alfred/Canaris, Claus-Wilhelm, Recht der Wertpapiere, 12. Auflage, München 1986

Hüffer, Uwe, Aktiengesetz, 11. Auflage, München 2014

Jaletzke, Matthias/Veranneman, Peter, Finanzmarktstabilisierungsgesetz, München 2009

Just, Clemens/Maiwald, Sebastian, Kommentar zu BGH-Beschluss vom 2.12.2014 – Auf die Einberufung einer zweiten Versammlung nach § 15 Abs. 3 Satz 2, 3 SchVG findet § 9 Abs. 2 SchVG keine Anwendung, EWiR 2015, 239-240

ders./Voß, Thorsten/Ritz, Corinna/Zeising, Michael E., Wertpapierprospektgesetz (WpPG) und EU-Prospektverordnung, München 2009

Kallrath, Jürgen, Die Inhaltskontrolle der Wertpapierbedingungen von Wandel- und Optionsanleihen, Gewinnschuldverschreibungen und Genussscheinen, Köln 1994

Keidel, Theodor, Gesetz über das Verfahren in Familiensachen und in den Angelegenheiten der freiwilligen Gerichtsbarkeit, 18. Auflage, München 2014 (zitiert *Bearbeiter* in Keidel)

Literaturverzeichnis

Keller, Christoph, Neuere Entwicklungen im Bereich der emerging-markets-Staatsanleihen, BKR 2003, 313–315

ders., Umschuldung von Staatsanleihen unter Berücksichtigung der Problematik einer Aggregation aller Anleihegläubiger, in: Baums Theodor/Cahn, Andreas (Hrsg.): Die Reform des Schuldverschreibungsrechts, Insitute for Law and Finance Series, Berlin 2004, 157–185

ders., Die Übergangsregelungen des neuen Schuldverschreibungsgesetzes, BKR 2012, 15–18

ders./Langner, Julian, Überblick über EU-Gesetzgebungsvorhaben im Finanzbereich, BKR 2003, 616–619

Kessler, Alexander, BGH: Änderung der Anleihebedingungen durch Mehrheitsentscheidungen bei Altanleihen, BB 2014, 2572–2575

ders./Rühle, Thomas, Die Restrukturierung von Anleihen in Zeiten des SchVG 2009, BB 2014, 907–914

Kienle, Markus, Anfechtbarkeit eines Beschlusses nach § 19 Absatz II SchVG über die Bestellung eines gemeinsamen Vertreters, NZI 2015, 342–344

Kleinlein, Thomas, Anforderungen an den Verzicht auf diplomatische Immunität, NJW 2007, 2591–2593

Klerx, Oliver/Penzlin, Dietmar, Schuldverschreibungsgesetz von 1899 – Ein Jahrhundertfund, BB 2004, 791–793

Klockenbrink, Ulrich/Keßler, Janina, Kurz Kommentiert – Restrukturierung von Anleihen: Kompetenz zur Einberufung einer zweiten Gläubigerversammlung, DB 2015, 728–729

Klühs, Hannes, Die Börsenprospekthaftung für „alte" Stücke gemäß § 44 Abs. 1 S. 3 BörsG, BKR 2008, 154–156

Korte, Andrea/Tal, Michael, Immobilien-Zertifikate in: Jesch/Schilder/Striegel, Rechtshandbuch Immobilien-Investitionen, München 2009, 675–688

Koppmann, Tobias, Die besondere Sicherheit des Pfandbriefs in der Insolvenz der Pfandbriefbank, WM 2006, 305–311

Kreße, Bernhard, Möglichkeiten der Girosammelverwaltung von Wertrechten durch Kreditinstitute, WM 2015, 463–469

Kube, Hanno, Rechtsfragen der völkerrechtlichen Euro-Rettung, WM 2012, 245–253

Kuder, Karen/Obermüller, Manfred, Insolvenzrechtliche Aspekte es neuen Schuldverschreibungsgesetzes, ZInsO 2009, 2025–2029

Kusserow, Berthold, Opt-in Beschlüsse nach dem neuen Gesetz über Schuldverschreibungen aus Gesamtemissionen, WM 2011, 1645–1651

ders., Zur Frage der Anwendbarkeit des SchVG auf Namensschuldverschreibungen, RdF 2012, 4–13

ders., Auswirkungen aktueller Regelungsvorhaben auf Schuldverschreibungsemissionen von Kreditinstituten, WM 2013, 1581–1592

ders./Dittrich, Kurt, Die Begbung von High-Yield-Anleihen unter deutschem Recht, WM 2000, 745–761

Lackner, Karl/Kühl, Kristian, Strafgesetzbuch (StGB): Kommentar mit Erläuterungen, 28. Auflage, München 2014

Lang, Volker/Kühne, Andreas, Anlegerschutz und Finanzkrise - noch mehr Regeln?, WM 2009, 1301–1308

Lange, Oliver, Die D&O-Versicherung in der Insolvenz der Versicherungsnehmerin, r + s 2014, 209–219 (erster Teil) und 261–271 (zweiter Teil)

Langenbucher, Katja/Bliesener, Dirk H./Spindler, Gerald, Bankrechts-Kommentar, 2. Auflage, München 2016 (zitiert *Bearbeiter* in Langenbucher/Bliesener/Spindler)

Larenz, Karl, Lehrbuch des Schuldrechts, Band 1: Allgemeiner Teil, 14. Auflage 1987

Leber, Florian, Der Schutz und die Organisation der Obligationäre nach dem Schuldverschreibungsgesetz, Baden-Baden 2012

Lenenbach, Markus, Kapitalmarktrecht und kapitalmarktrelevantes Gesellschaftsrecht, 3. Aufl. 2016

Literaturverzeichnis

Leuering, Dieter, Das neue Schuldverschreibungsgesetz, NZI 2009, 638–640

ders./Zetzsche, Dirk, Die Reform des Schuldverschreibungs- und Anlageberatungsrechts, NJW 2009, 2856–2861

Litten, Rüdiger, Sorgfaltspflichten und Haftung des Anleihetreuhänders nach deutschem Recht, ZBB 2013, 32–39

Lorenz, Dirk/Pospiech, Lutz, Das neue Schuldverschreibungsgesetz – eine gesetzliche Grundlage für die Restrukturierung von Genussscheinen?, DB 2009, 2419–2422

Lürken, Sacha, Anmerkung zu LG Frankfurt aM Beschluss vom 27.10.2011 – Geltung des SchVG nur bei uneingeschränkter Anwendbarkeit deutschen Rechts auf die Schuldverschreibung, GWR 2011, 546

ders., Änderung von Anleihebedingungen – Geltungsbereich des neuen Schuldverschreibungsgesetzes, Handelsblatt Rechtsboard, 10. April 2012

ders., Kündigungsrechte von Anleihegläubigern nach Einberufung einer Gläubigerversammlung – Anmerkung zu OLG Frankfurt/M., Urteil v. 17.9.2014 – 4 U 97/14, GWR 2014, 505

ders., Kündigungsrechte von Anleihegläubigern in Insolvenznähe des Emittenten, Anmerkung zu OLG München, Urteil v. 22.6.2015 – 21 U 4719/14, GWR 2015, 496

Maier-Reimer, Georg, Fehlerhafte Gläubigerbeschlüsse nach dem Schuldverschreibungsgesetz, NJW 2010, 1317–1322

ders., Zwangswandlung von Schuldverschreibungen in deutsche Aktien, Festschrift für Wulf Goette zum 65. Geburtstag, München 2011, 299–311 (zitiert *Maier-Reimer* FS Goette)

Martens, Klaus-Peter, Die Reform der aktienrechtlichen Hauptversammlung, AG 2004, 238–245

Masuch, Andreas, Anleihebedingungen und AGB-Gesetz: die Bedeutung des AGB-Gesetzes für Emissionsbedingungen von Anleihen, Heidelberg 2001

Maunz, Theodor/Dürig, Günter, Grundgesetz Kommentar, 75. Ergänzungslieferung, München (Stand September 2015) (zitiert: *Bearbeiter* in Maunz/Dürig (Stand Lfg. [Zahl] [Datum]))

Mayer, Christian, Staateninsolvenz nach dem Argentinien-Beschluss des Bundesverfassungsgerichts – Eine Chance für den Finanzplatz Deutschland?, WM 2008, 425–433

Meier, Werner/Schauenburg, Christoph, Back to Square One – Frankfurter Gerichte beschränken Restrukturierungsmöglichkeiten für Schuldverschreibungen, CFL 2012, 161–169

Mock, Sebastian, Genussrechtsinhaber in der Insolvenz des Emittenten, NZI 2014, 102–106

Moser, Tobias, OLG Zweibrücken: Voraussetzungen der Einberufung der Gläubigerversammlung nach § 9 Abs. 2 Satz 1 SchVG, BB 2014, 84

ders., OLG Köln: Zur Freigabe eines Beschlusses der Anleihegläubigerversammlung zu Sanierungszwecken – „SolarWorld", BB 2014, 2643

ders., BGH: Keine gerichtliche Ermächtigung zur Einberufung einer zweiten Versammlung nach dem SchVG, BB 2015, 719–722

ders., OLG Karlsruhe: Freigabeverfahren – keine Antragsbefugnis der den Restrukturierungsbeschluss anfechtenden Ekotechnika-Anleihegläubiger, BB 2015, 2835

Müller, Hans-Friedrich, Der Debt-Equity-Swap als Sanierungsinstrument, KSzW 2013, 65–69

Müller, Robert/Oulds, Mark, Transparenz im europäischen Fremdkapitalmarkt, WM 2007, 573–580

Müller-Eising, Karsten/Bode, Christoph, Zivilrechtliche Probleme bei der Emission „ewiger Anleihen", BKR 2006, 480–484

Müller-von Münchow, Michael, Rechtliche Vorgaben zu Inhalt und Form von Vollmachten, NotBZ 2010, 31–41

Münchener Handbuch des Gesellschaftsrechts, Band 1: BGB-Gesellschaft, Offene Handelsgesellschaft, Partnerschaftsgesellschaft, Partenreederei, EWIV, 4. Auflage, München 2014; Band 4: Aktiengesellschaft, 4. Auflage, München 2015 (zitiert *Bearbeiter* in MHdB AG)

Münchener Kommentar zum Aktiengesetz, Band 4: §§ 118–178, 4. Auflage, München 2016; Band 4 §§ 179–277, 4. Auflage, München 2016 (zitiert *Bearbeiter* in MüKoAktG)

Literaturverzeichnis

Münchener Kommentar zum Bürgerlichen Gesetzbuch, Band 1/Teilband 1: Allgemeiner Teil: §§ 1–240, 7. Auflage, München 2015; Band 2 Schuldrecht Allgemeiner Teil, §§ 241–432, 7. Auflage, München 2016; Band 5: Schuldrecht Besonderer Teil III, §§ 705–853, 6. Auflage, München 2013 (zitiert *Bearbeiter* in MüKoBGB)

Münchener Kommentar zur Insolvenzordnung, Band 1: §§ 1–79 InsO, InsVV, 3. Auflage, München 2013; Band 2: §§ 80–216, 3. Auflage, München 2016 (zitiert *Bearbeiter* in MüKo-InsO)

Musielak, Hans-Joachim, Kommentar zur Zivilprozessordnung (ZPO), 7. Auflage, München 2009

Nedden-Boeger, Claudio, Die Ungereimtheiten der FGG-Reform – eine kritische Bestandsaufnahme aus registerrechtlicher Sicht, FGPrax 2009, 144–150

Nerlich, Jörg/Römermann, Volker, Kommentar zur Insolvenzordnung, 29. Auflage, München (Stand Januar 2016) (zitiert: *Bearbeiter* in N/R)

Noack, Ulrich, Neue Publizitätspflichten und Publizitätsmedien für Unternehmen – eine Bestandsaufnahme nach EHUG und TUG, WM 2007, 377–381

Nodoushani, Manuel, Die Restrukturierung von Staatsanleihen im Euroraum, WM 2012, 1798–1807

Obermüller, Manfred, Insolvenzrecht in der Bankpraxis, 9. Auflage, Köln 2016

Ohler, Christoph, Der Staatsbankrott, JZ 2005, 590–599

Ostermann, Ansgar, Kündigung von Inhaberschuldverschreibungen im Restrukturierungsfall, DZWiR 2015, 313–317

Otto, Dirk, Gläubigerversammlung nach dem SchVG – Ein neues Tätigkeitsgebiet für Notare, DNotZ 2012, 809–825

Otto, Mathias, Modernes Kapitalmarktrecht als Beitrag zur Bewältigung der Finanzkrise, WM 2010, 2013–2023

Oulds, Mark, Restrukturierungen nach dem Schuldverschreibungsgesetz und Bundesschuldenwesengesetz, CFL 2012, 353–363

Palandt, Otto (Begr.), Bürgerliches Gesetzbuch, Kommentar, 75. Auflage, München 2016 (zitiert *Bearbeiter* in Palandt)

Paulus, Christoph G., Rechtlich geordnetes Insolvenzverfahren für Staaten, ZRP 2002, 383–388

ders., Überlegungen zu einem Insolvenzverfahren für Staaten, WM 2002, 725–734

ders., Schuldverschreibungen, Restrukturierungen, Gefährdungen, WM 2012, 1109–1113

ders., Berufskläger als Sanierungshemmnis, BB 2012, 1556–1558

Pape, Gerhard, Rechtliche Stellung, Aufgaben und Befugnisse des Gläubigerausschusses im Insolvenzverfahren, ZInsO 1999, 678–683

Penzlin, Dietmar/Klerx, Oliver: Das Schuldverschreibungsgesetz – Insolvenzrechtliche Sonderregeln für Anleihegläubiger, ZInsO 2004, 311–314

Pfeiffer, Thomas, Zahlungskrisen ausländischer Staaten im deutschen und internationalen Rechtsverkehr, ZVglRWiss 102 (2003), 141–194

Plepelits, Marc, Standards für den gemeinsamen Vertreter der Anleihegläubiger nach dem Schuldverschreibungsgesetz – Eine kritische Betrachtung der Empfehlungen der DVFA und des BVI, CFL 2012, 391–403

Pleyer, Klemens, Wertpapierrechtliche Probleme beim Rückfluß von Schuldverschreibungen an den Emittenten, WM 1979, 850–853

Podewils, Felix, Neuerungen im Schuldverschreibungs- und Anlegerschutzrecht, DStR 2009, 1914–1920

ders., Transparenz- und Inhaltskontrolle von Zertifikatebedingungen – insbesondere zur Zulässigkeit einseitiger Einwirkungsbefugnisse des Emittenten, ZHR 174 (2010), 192–208

Pötzsch, Thorsten, Das Dritte Finanzmarktförderungsgesetz, WM 1998, 949–966

Preuße, Thomas, Kommentar zum Gesetz über Schuldverschreibungen aus Gesamtemissionen, Berlin 2011 (zitiert *Bearbeiter* in Preuße)

Literaturverzeichnis

Priester, Hans-Joachim, Aufgaben und Funktionen des Notars in der Hauptversammlung, DNotZ 2001, 661–667

Randow, Philipp von, Anleihebedingungen und Anwendbarkeit des AGB-Gesetzes, ZBB 1994, 23–32

Ratschow, Eckart, Die Aktionärsrechte-Richtlinie – neue Regeln für börsennotierte Gesellschaften, DStR 2007, 1402–1408

Rattunde, Rolf, Fachberater für Sanierung und Insolvenzverwaltung (DStV e. V.), 3. Auflage, Berlin 2016 (zitiert: *Bearbeiter* in Fachberaterhandbuch)

Reuter, Dieter, Verbesserung der Risikokapitalausstattung der Unternehmen durch Mitarbeiterbeteiligung?, NJW 1984, 1849–1857

Ritter, Raymond, Transnational Governance in Global Finance – The principles for stable capital flows and fair debt restructuring in emerging markets, ECB Occasional Paper Series No. 103, 2009, auch abrufbar unter www.ecb.int/pub/pdf/scpops/ecbocp103.pdf

Rödding, Adalbert/Bühring, Franziska, Neue Transaktionsformen als Folge der Finanzmarktkrise – Überblick über die steuerlichen Aspekte, DStR 2009, 1933–1940

Rubner, Daniel/Leuering, Dieter, Der gemeinsame Vertreter der Anleihegläubiger, NJW-Spezial 2014, 15–16

ders./Pospiech, Lutz, Das schuldverschreibungsrechtliche Freigabeverfahren, GWR 2015, 507–510

Saenger, Ingo/Scheuch, Alexander, Auslandsbeurkundung bei der GmbH – Konsequenzen aus MoMiG und Reform des Schweizer Obligationenrechts, BB 2008, 65–69

Saucken von, David/Keding, Sebastian, Der Handel von Schuldverschreibungen im laufenden Insolvenzverfahren – Wege aus der Insiderfalle, NZI 2015, 681–686

Schäfer, Frank, Zulässigkeit und Kündbarkeit von ewig laufenden Anleihen (Perpetuals), Festschrift für Siegfried Kümpel zum 70. Geburtstag, Berlin 2003, 453–463

ders./Hamann, Uwe (Hrsg.), Kapitalmarktgesetze, Kommentar, Loseblattsammlung, Stuttgart, Stand: Januar 2013 (zitiert *Bearbeiter* in Schäfer/Hamann)

Schanz, Kay-Michael, Wandelanleihen in der Insolvenz des Schuldners, CFL 2012, 26–32

Schaumann, Michael/Zenker, Michael, Kommentar zum LG Leipzig Urteil vom 16.1.2015 (Beschwerde gegen Wahl eines gemeinsamen Vertreters für Schuldverschreibungsgläubiger), EWiR 2015, 225–226

Scherer, Peter, Depotgesetz, Kommentar, München 2012

Schimansky, Herbert/Bunte, Herman-Josef/Lwowski, Hans-Jürgen (Hrsg.), Bankrechts-Handbuch, Band 1, 4. Auflage, München 2011 (zitiert *Bearbeiter* in Schimansky/Bunte/Lwowski BankR-HdB)

Schlitt, Michael/Schäfer, Susanne, Die Restrukturierung von Anleihen nach dem neuen Schuldverschreibungsgesetz, AG 2009, 477–487

dies., Die Restrukturierung von Anleihen nach dem SchVG, Festschrift für Georg Maier-Reimer zum 70. Geburtstag, 2010, 615–628

Schmidt, Karsten/Lutter, Marcus, Aktiengesetz, Kommentar, Band I: §§ 1–149, 3. Auflage, Köln 2011; Band II: §§ 150–410, 3. Auflage, Köln 2011

Schmidt, Maike/Schrader, Julia, Leistungsversprechen und Leistungsbestimmungsrechte in Anleihebedingungen unter Berücksichtigung des neuen Schuldverschreibungsgesetzes, BKR 2009, 397–404

Schmidt, Mario/Schlitt, Michael, Debt Equity Swap – Eine attraktive Form der Restrukturierung?, Der Konzern 2009, 279–290

Schmidtbleicher, Roland, Die Anleihegläubigermehrheit: Eine institutionenökonomische, rechtsvergleichende und dogmatische Untersuchung (Untersuchungen zur Ordnungstheorie und Ordnungspolitik), Tübingen 2010

Schmolke, Klaus Ulrich, Der gemeinsame Vertreter im Referentenentwurf eines Gesetzes zur Neuregelung des Schuldverschreibungsgesetzes – Bestellung, Befugnisse, Haftung, ZBB 2009, 8–19

Literaturverzeichnis

Schneider, Hannes, Die Änderung von Anleihebedingungen durch Beschluss der Gläubiger, in: Baums Theodor/Cahn, Andreas (Hrsg.): Die Reform des Schuldverschreibungsrechts, Insitute for Law and Finance Series, Berlin 2004, 69–93

Schnorbus, York/Ganzer, Felix, Einflussmöglichkeiten auf die Gläubigerverammlung im Zusammenhang mit der Änderung von Anleihebedingungen, WM 2014, 155–159

Schönhaar, Tobias, Die kollektive Wahrnehmung der Gläubigerrechte in der Gläubigerversammlung nach dem neuen Schuldverschreibungsgesetz, Hamburg 2011

Schönfeld, Ulrich von, Die Immunität ausländischer Staaten vor deutschen Gerichten, NJW 1986, 2980–2987

Schrell, Thomas/Kirchner, Andreas, Strukturelle und Vertragliche Subordination – Vorstellung und Vergleich der beiden Konzepte zur Subordinierung von Gläubigern bei der Finanzierung von Unternehmensübernahmen, BKR 2004, 212–219

Schroeter, Ulrich G., Verständlichkeit und Publizität im Recht der Schuldverschreibungen: Das Transparenzgebot für Anleihebedingungen (§ 3 SchVG), ZGR 2015, 769–800

Schüler, Andreas/Kaufmann, Patrick, Zur Gestaltung von Mittelstandsanleihen, ZBB 2014, 69–79

Schwark, Eberhard/Zimmer, Daniel, Kapitalmarktrechts-Kommentar, 4. Auflage, München 2010 (zitiert: *Bearbeiter* in Schwark/Zimmer)

Schwarz, Kyrill-A., Neue Mechanismen zur Bewältigung der Finanzkrise überschuldeter Staaten – Erwiderung zu Paulus, ZRP 2002, 383, ZRP 2003, 170–172

Schwenk, Alexander, Der Referentenentwurf zum neuen Schuldverschreibungsgesetz – Anleihestruktur de lege ferenda, jurisPR-BK 1/2009

Seibert, Ulrich/Florstedt, Tim, Der Regierungsentwurf des ARUG – Inhalt und wesentliche Änderungen gegenüber dem Referentenentwurf, ZIP 2008, 2145–2153

Seibt, Christoph H., Wandelschuldverschreibungen: Marktbericht, Dokumentationen und Refinanzierungsoptionen, CFL 2010, 165–176

ders., Praxisfragen der außerinsolvenzlichen Anleihestrukturierung nach dem SchVG, ZIP 2016, 997–1009

ders./Westpfahl, Lars, Auf dem Weg zu einem „Neuen Sanierungsgesellschaftsrecht"?, ZIP 2013, 2333–2343

ders./Schwarz, Simon, Anleihekündigung in Sanierungssituationen, ZIP 2015, 401–413

Semler, Johannes/Volhard, Rüdiger, Arbeitshandbuch für die Hauptversammlung, 3. Auflage, München 2011

Sester, Peter, Argentinische Staatsanleihen: Schicksal der „Hold-outs" nach Wegfall des Staatsnotstands, NJW 2006, 2891–2892

ders., Transparenzkontrolle von Anleihebedingungen nach Einführung des neuen Schuldverschreibungsrechts, AcP 209 (2009), 628–667

ders., Beteiligung von privaten Investoren an der Umschuldung von Staatsanleihen im Rahmen des European Stability Mechanism (ESM), WM 2011, 1057–1066

Sethe, Rolf, Genussrechte: Rechtliche Rahmenbedingungen und Anlegerschutz (II), AG 1993, 351–371

Siebel, Ulf R., Rechtsfragen internationaler Anleihen, Berlin 1997

Simon, Stefan, Restrukturierung von Schuldverschreibungen nach neuem SchuldVG, CFL 02/2010, 159–164

Smid, Stefan/Rattunde, Rolf/Martini, Törsten, Der Insolvenzplan – Handbuch für das Sanierungsverfahren gemäß §§ 217 bis 269 InsO mit praktischen Beispielen und Musterfügungen, 4. Auflage, Stuttgart 2015

Soergel, Hans Theodor, Bürgerliches Gesetzbuch mit Einführungsgesetz und Nebengesetzen: BGB Band 11/3: Schuldrecht 9/3.(§§ 780–822), 13. Auflage, Stuttgart 2012

Spindler, Gerald/Stilz, Eberhard, Kommentar zum Aktiengesetz, Band 1, §§ 1–149, 3. Auflage, München 2015

Staudinger, Julius von (Begr.)/Beitzke, Günther (Hrsg.), J. von Staudingers Kommentar zum Bürgerlichen Gesetzbuch, Erstes Buch, §§ 90–124, §§ 130–133 (Allgemeiner Teil 3), Berlin

Literaturverzeichnis

2012; Erstes Buch, §§ 164–240 (Allgemeiner Teil 5) Berlin 2014; Zweites Buch, §§ 305–310 (Recht der Allgemeinen Geschäftsbedingungen), Berlin 2013; Zweites Buch, §§ 315–326 (Leistungsstörungsrecht II), Berlin 2015; Zweites Buch, §§ 657–704, Berlin 2006; Zweites Buch §§ 779–811, Berlin 2015 (zitiert *Bearbeiter* in Staudinger)

Than, Jürgen, Anleihegläubigerversammlung bei DM-Auslandsanleihen, Festschrift für Helmut Coing zum 70. Geburtstag, München 1982, 521–537 (zitiert *Than* FS Coing)

ders., Rechtsfragen bei der Festlegung von Emissionsbedingungen für Schuldverschreibungen unter besonderer Berücksichtigung der Dematerialisierung und des Depotgesetzes, in: Baums/Cahn (Hrsg.): Die Reform des Schuldverschreibungsrechts, Insitute for Law and Finance Series, Berlin 2004, 3–24 (zitiert *Than,* Emissionsbedingungen)

Theiselmann, Rüdiger, Praxishandbuch des Restrukturierungsrechts, 2. Auflage, Köln 2013 (zitiert *Bearbeiter* in Theiselmann)

ders., Praxis- und Rechtsfragen der Emission von Anleihen, GmbH-StB 2014, 115–117

Thole, Christoph, Sanierung mittels Scheme of Arrangement im Blickwinkel des Internationalen Privat- und Verfahrensrechts, ZGR 2013, 109–163

ders., Die Restrukturierung von Schuldverschreibungen im Insolvenzverfahren, ZIP 2014, 293–302

ders., Der Debt Equity Swap bei der Restrukturierung von Anleihen, ZIP 2014, 2365–2374

Trautrims, Christoph, Kündigung einer Unternehmensanleihe aus wichtigem Grund – Anmerkung zu LG Köln, Urteil v. 26.1.2012 – 30 O 63/11, BB 2012, 1823–1824

Uhlenbruck, Wilhelm, Kommentar zur Insolvenzordnung, 14. Auflage, München 2015 (zitiert: *Bearbeiter* in Uhlenbruck)

Ulmer, Peter/Brandner, Hans Erich/Hensen, AGB-Recht – Kommentar zu den §§ 305–310 BGB und zum UklaG, 12. Auflage, Köln 2016

Veranneman, Peter, Mehrheitsbeschlüsse der Anleihegläubiger: BGH klärt offene Rechtsfragen zum Opt-In und zu Beschlussmängeln, DB 2014, 2395–2396

ders., Anmerkung zu BGH Urteil vom 8. Dezember 2015, NJW 2016, 1175–1178

Vogel, Hans-Gert, Das Schuldverschreibungsgesetz – Entstehung, Inhalt und Bedeutung, Arbeitspapier Nr. 31 des Lehrstuhls von Prof. Baums am Institut für Handels- und Wirtschaftsrecht der Universität Osnabrück (zitiert *Vogel,* Das Schuldverschreibungsgesetz)

ders., Das Schuldverschreibungsgesetz – Gesetzgeberisches Fossil oder lebendes Kapitalmarktrecht?, ZBB 1996, 321–335

ders., Die Vergemeinschaftung der Anleihegläubiger und ihre Vertretung nach dem Schuldverschreibungsgesetz, Baden-Baden 1999 (zitiert *Vogel,* Die Vergemeinschaftung der Anleihegläubiger)

ders., Restrukturierung von Anleihen nach dem SchVG – Neues Minderheitenschutzkonzept und offene Fragen, ZBB 2010, 211–222

ders., Anleihen als Finanzierungsinstrument mittelständischer Unternehmen – Verbesserter gesetzlicher Rahmen und offene Fragen, Arbeitspapier Nr. 3 12/2010 der International University of Applied Sciences

Vortmann, Jürgen (Hrsg.), Aufklärungs- und Beratungspflichten der Banken, 10. Auflage, Köln 2012

Wasmann, Dirk/Steber, Tobias, Rechtsfragen im Zusammenhang mit der Durchführung einer Gläubigerversammlung nach dem Schuldverschreibungsgesetz, ZIP 2014, 2005–2014

Wehrhahn, Torsten, Unternehmensfinanzierung durch Schuldscheindarlehen, BKR 2012, 363–368

Weissinger, Matthias, Anmerkung zu BGH Beschluss vom 2. Dezember 2014 zur Einberufung einer zweiten Versammlung nach § 15 Abs. 3 Satz 2, 3 SchVG, WuB 2015, 374–378

Wertenbruch, Johannes, Die Parteifähigkeit der GbR – die Änderungen für die Gerichts- und Vollstreckungspraxis, NJW 2002, 324–329

Wieneke, Laurenz, Rückerwerb und Wiederveräußerung von Wandelschuldverschreibungen durch die emittierende Gesellschaft, WM 2013, 1540–1550

Literaturverzeichnis

Wimmer, Klaus, Frankfurter Kommentar zum Insolvenzrecht, 8. Auflage, München 2015 (zitiert: *Bearbeiter* in Wimmer)

Wolf, Manfred/Lindacher, Walter/Pfeiffer, Thomas, AGB-Recht, Kommentar, 6. Auflage, München 2013

Zahn, Andreas/Lemke, Rudolf, Anleihen als Instrument der Finanzierung und Risikostreuung, BKR 2002, 527–535

Zöller, Richard, Zivilprozessordnung, Kommentar, 31. Aufl., Köln 2016 (zitiert: *Bearbeiter* in Zöller)

Einführung

Übersicht

	Rn.
I. Das Schuldverschreibungsgesetz von 1899	1
1. Gesetzesgeschichte	1
2. Regelungsmaterie	3
3. Kritik	8
II. Das neue Schuldverschreibungsgesetz	14
1. Gesetzesgeschichte	14
2. Regelungsmaterie	18
3. Kritikpunkte	23

I. Das Schuldverschreibungsgesetz von 1899

1. Gesetzesgeschichte

Wegen des erheblichen Kapitalbedarfs der Unternehmen in der zweiten Hälfte **1** des 19. Jahrhunderts gewann die Kapitalaufnahme mittels der Ausgabe von Schuldverschreibungen zunehmend an Bedeutung. Die steigenden Emissionsvolumina führten zu einer größeren Gläubigerzahl und der zunehmende Handel mit den Schuldverschreibungen zu Schwierigkeiten bei der Identifizierung des Gläubigerkreises. Angesichts dieser Entwicklung erkannte man bald, dass ein Instrumentarium entwickelt werden musste, welches ein gemeinschaftliches Handeln der Anleihegläubiger zur effizienten Interessenwahrung erlaubte. Bis dato gab es lediglich in einigen Partikularstaaten landesgesetzliche Vorschriften über die gemeinsamen Rechte der Besitzer von Schuldverschreibungen. Auch andere Staaten beschäftigte dieses Thema: Österreich nahm sich mit Erlass des Kuratorengesetzes v. 24.4.1874 als Erstes der Materie an. Dem folgte die Schweiz mit dem Bundesgesetz über die Verpfändung und Zwangsliquidation von Eisenbahnen v. 24.6.1874. Entsprechende Ansätze fanden sich auch in einem belgischen Gesetzesentwurf betreffend die Schuldverschreibungen und die Rechte der Inhaber der von Handelsgesellschaften ausgegebenen Schuldverschreibungen und in einem französischen Gesetzesentwurf über die Teilnahme der Obligationäre an der Verwaltung der AGs. Näher zu den gesetzgeberischen Vorläufern *Vogel* ZBB 1996, 321 ff.

Nachdem die bestehenden landesgesetzlichen Vorschriften über die gemeinsa- **2** men Rechte der Besitzer von Schuldverschreibungen mit Inkrafttreten des BGB ihre Geltung zu verlieren drohten, war bereits Ende des 19. Jahrhunderts absehbar, dass sich das auf diesem Gebiet bereits bestehende Regelungsdefizit noch vergrößern würde (*Vogel* ZBB 1996, 321, 326). Daher musste mit dem Inkrafttreten des BGB das Recht der Anleihegläubigergemeinschaft im ganzen Reich einheitlich geregelt werden. Vor diesem Hintergrund wurde eine Sachverständigenkommission mit der Erstellung eines Gesetzesentwurfes betraut. Dies mündete am 4.12.1899 in den Erlass des Gesetzes betreffend die gemeinsamen Rechte der Besitzer von Schuldverschreibungen (SchVG 1899). Zu Einzelheiten der Gesetzgebungsgeschichte neben *Vogel* ZBB 1996, 321, 323 ff. auch *Ansmann*, S. 1 ff. Das SchVG 1899 blieb während seines 110-jährigen Bestehens im Wesentlichen unverändert.

Einführung

2. Regelungsmaterie

3   Das SchVG 1899 enthielt materiell- wie verfahrensrechtliche Vorgaben für die Entscheidung der Anleihegläubiger über Änderungen der Anleihebedingungen.

4   Die **Anwendbarkeit** des SchVG 1899 erstreckte sich auf alle Arten von Schuldverschreibungen (einschl. Pfandbriefe der Hypothekenbanken), wenn sie im Inland von einem inländischen Emittenten ausgegeben worden waren und wenn der Nennwert der ausgegebenen Schuldverschreibungen insgesamt mindestens 300.000 DM sowie die Zahl der ausgegebenen Stücke mindestens 300 betrug.

5   Der **Gläubigerversammlung** war *de lege lata* die Befugnis verliehen, mit Wirkung für alle Anleihegläubiger Beschlüsse zu fassen, deren Schuldverschreibungen „nach dem Verhältnis ihrer Nennwerte" gleiche Rechte gewähren. Verbindliche Wirkung entfalteten solche (grundsätzlich mit einfacher Mehrheit zu fassenden) Beschlüsse allerdings nur dann, wenn sie zur Wahrung des gemeinsamen Interesses der Anleihegläubiger gefasst wurden und sofern sie keine Verpflichtung zur Leistung begründeten. Die Beschränkung oder gar Aufgabe von Gläubigerrechten (Verzichtsbeschluss), beispielsweise die Ermäßigung des Zinssatzes oder die Bewilligung einer Stundung durch die Gläubigerversammlung, unterlag noch weiteren Beschränkungen: Sie durfte nur zur Abwendung einer Zahlungseinstellung oder des Insolvenzverfahrens des Schuldners und nur befristet auf 3 Jahre beschlossen werden. Überdies bedurfte es einer Mehrheit von mindestens drei Viertel der abgegebenen Stimmen sowie einer Kapitalmehrheit. War in der ersten Versammlung zwar die erforderliche Dreiviertelmehrheit, nicht aber die Kapitalmehrheit erreicht, konnte eine zweite Versammlung abgehalten werden, in der nur noch die Dreiviertelmehrheit der abgegebenen Stimmen nicht jedoch eine Kapitalmehrheit erforderlich war. Außerhalb des Insolvenzverfahrens hatte der Schuldner das Recht und die Pflicht zur Einberufung der Gläubigerversammlung. Er musste tätig werden, wenn Gläubiger, deren Schuldverschreibungen zusammen 5% des im Umlauf befindlichen Gesamtbetrages erreichten, die Einberufung beantragten. Die Berufung der Gläubigerversammlung erfolgt durch zweimalige Bekanntmachung im Bundesanzeiger und in den sonstigen dafür vorgesehenen Blättern. Die zweite Bekanntmachung hatte mindestens 16 Tage vor der Versammlung zu erfolgen.

6   Bereits „auf Grund einer bei Ausgabe der Schuldverschreibungen in verbindlicher Weise getroffenen Festsetzung" konnte ein **Gläubigervertreter** (Vertragsvertreter) bestimmt werden. Daneben konnte die Gläubigerversammlung mit verbindlicher Wirkung für alle Anleihegläubiger einen Gläubigervertreter (Wahlvertreter) bestimmen. Waren mehrere Vertreter bestellt, so konnten sie – falls nicht in den Anleihebedingungen etwas anderes bestimmt war – ihre Befugnisse nur in Gemeinschaft ausüben. Um Interessenkollisionen zu vermeiden, durfte allerdings keine Person Vertreter werden, die in einem Näheverhältnis zum Schuldner stand. Hierzu zählten Personen, die einem Organ des Schuldnerunternehmens oder eines seiner Kreditgeber angehörten, die zu dem Schuldner selbst in Kreditbeziehungen standen oder auf diesen oder einen Anleihegläubiger maßgeblichen Einfluss hatten. Der Vertreter hatte *de lege lata* die folgenden Rechte: Er konnte von dem Schuldner die Einberufung einer Gläubigerversammlung verlangen oder nach Erteilung der gerichtlichen Ermächtigung die Einberufung auf Kosten des Schuldners selbst vornehmen. Er konnte Anträge für die Gläubigerversammlung ankündigen und, sofern es sich bei dem Schuldner um eine Gesellschaft oder juristische Person handelte, deren Mitgliederversammlung beiwohnen und sich an den Beratungen beteiligen. Darüber hinaus konnte die

Gläubigerversammlung einem Wahlvertreter auch alle sonstigen Rechte einräumen, die ihr selbst zustanden. Im Innenverhältnis war der Vertreter den Anleihegläubigern nach Maßgabe des Gesetzes und des die Befugnisse des Vertreters umgrenzenden Beschlusses zur Wahrnehmung der gemeinsamen Gläubigerinteressen verpflichtet. Die Aufwendungen des Vertreters waren vom Schuldner zu tragen. Dieser hatte dem Vertreter auch eine angemessene Vergütung für seine Tätigkeit zu zahlen.

In einem **Insolvenzverfahren** war die Gläubigerversammlung mit weitergehenden Befugnissen ausgestattet. In diesem Fall wurde sie unverzüglich nach Insolvenzeröffnung von dem Insolvenzgericht einberufen, um – sofern erforderlich – über die Bestellung eines Vertreters zu beschließen. Der auch für die Insolvenz bestellte Wahlvertreter konnte die Forderungen aus den Schuldverschreibungen auch ohne Beifügung der Schuldverschreibungen anmelden. Das ansonsten geltende Verbot des Kapitalverzichts durch die Gläubigerversammlung war ausgesetzt. Damit konnte die Gläubigerversammlung – oder der von ihr bestellte Vertreter – einem Vergleich zwischen dem Schuldner und dessen nicht bevorrechtigten Anleihegläubigern zustimmen.

3. Kritik

Das SchVG 1899 hat während seines 110-jährigen Bestehens kaum nennenswerte praktische Bedeutung erlangt. In jüngerer Zeit nutzten es lediglich die Südmilch AG in 1993 und die Rinol AG in 2003 für Zwecke ihrer Sanierung. Der unter Zuhilfenahme des SchVG 1899 unternommene Versuch der Sanierung der EM.TV Merchandising AG in 2004 scheiterte letztendlich (s. dazu *Bredow/Vogel* ZBB 2008, 221, 223). Die geringe praktische Bedeutung hatte insbesondere die folgenden Ursachen:

Zum einen war das Gesetz nur anwendbar, wenn der Schuldner seinen Sitz im Inland hatte (§ 1 Abs. 1 Satz 1 SchVG 1899). Heute weithin übliche Gestaltungen, bei denen eine im Ausland ansässige Finanzierungsgesellschaft als Schuldner eingesetzt wird, wurden somit von dem SchVG 1899 nicht erfasst.

Das SchVG 1899 erlaubte zum anderen eine Aufgabe oder Beschränkung der Rechte der Anleihegläubiger nur „zur Abwendung einer Zahlungseinstellung oder des Insolvenzverfahrens" über das Vermögen des Schuldners. Hintergrund für diese Regelung war die Furcht vor dem Missbrauch der Mehrheitsbefugnisse zum Zwecke der Benachteiligung der Minderheit, der „Vergewaltigung von Minoritäten" (*Vogel*, Das Schuldverschreibungsgesetz, S. 15). Es war deshalb bezweifelt worden, ob in Anleihebedingungen, die deutschem Recht unterliegen, überhaupt marktübliche Umschuldungsklauseln (sog. *Collective Action Clauses*) aufgenommen werden könnten (*Horn* ZHR 173 (2009), 12, 35 f.). Nach einem im September 2002 gefassten Beschluss der EU-Finanzminister sollten derartige Klauseln aber in die Anleihebedingungen der Auslandsanleihen der Mitgliedstaaten aufgenommen werden (können) (EC-Note S. 15 f.).

Als zu eng haben sich ferner auch die Befugnisse der Anleihegläubiger erwiesen. Nach dem SchVG 1899 kam nur eine Ermäßigung der Zinsen und eine Stundung der Hauptforderung in Betracht, befristet zudem auf drei Jahre. Ausgeschlossen war jedoch ein (auch nur teilweiser) Verzicht auf die Hauptforderung, wie er im Zuge komplexerer Umschuldungs- und Sanierungsverhandlungen mit einer Mehrzahl von Anleihegläubigern regelmäßig erforderlich ist – namentlich wenn

Einführung

andere Anleihegläubiger ebenfalls (teilweise) auf ihre Forderungen verzichten müssen.

12 Als Hemmschuh für die internationale Wettbewerbsfähigkeit des deutschen Rechts auf diesem Gebiet galt auch die Gefahr einer richterlichen Inhaltskontrolle von Anleihebedingungen nach den Vorschriften über AGBs in §§ 305 ff. BGB. Zwar hatte der BGH entschieden, dass Anleihebedingungen von Inhaberschuldverschreibungen nicht in den Anwendungsbereich des § 2 Abs. 1 des AGBG (jetzt: § 305 Abs. 2 BGB) fallen mit der Folge, dass eine Einbeziehungskontrolle insofern nicht stattfand (BGHZ 163, 311 ff.), jedoch hatte sich der BGH in seiner Entscheidung zu der Frage nicht geäußert, ob Anleihebedingungen auch der AGB-rechtlichen Inhaltskontrolle unterliegen und ob eine solche durch die Richtlinie 93/13/EWG geboten ist (kurz vor Inkrafttreten des SchVG die Entscheidung des BGH v. 30.6.2009 WM 2009, 1500 ff.).

13 Daneben entsprachen auch die verfahrensrechtlichen Vorgaben des SchVG 1899 nicht den Bedürfnissen. Beispielsweise war etwa das Erfordernis überholt, die Schuldverschreibungen vor der Teilnahme an der Gläubigerversammlung zu hinterlegen, da Schuldverschreibungen heute üblicherweise in Sammelurkunden verbrieft sind, die von einem zentralen Verwahrstelle verwahrt werden. Ferner verlangte eine zunehmend internationale Anlegerschaft nach neuen, insbesondere elektronischen, Kommunikationsformen.

II. Das neue Schuldverschreibungsgesetz

1. Gesetzesgeschichte

14 Angesichts der Erkenntnis, dass wegen der Internationalisierung der Märkte und der Weiterentwicklung der als Schuldverschreibungen begebenen Produkte das Schuldverschreibungsrecht international üblichen Anforderungen angepasst werden musste, legte das BMJ im April 2003 einen unveröffentlichten Arbeitsentwurf zur Änderung des Schuldverschreibungsrechts vor. Danach sollten die (dispositiven) Regelungen über Gläubigerversammlungen und Gläubigervertreter in das BGB (§§ 795 ff. BGB-E) aufgenommen werden. Der BMJ-Arbeitsentwurf sah auch vor, dass die Gläubigerversammlung Rechte der Anleihegläubiger nur dann beschränken durfte, etwa durch Teilverzicht auf die Hauptforderung oder Ermäßigung der Zinsforderung durch Mehrheitsbeschluss, wenn sie dazu in den Anleihebedingungen speziell ermächtigt war (Ermächtigungsmodell). Daneben enthielt der BMJ-Arbeitsentwurf eine Klarstellung, dass Anleihebedingungen nicht dem AGB-Recht unterliegen.

15 Der RefE nahm Abstand von der Idee des BMJ-Arbeitsentwurfs, die Regelungen über Gläubigerversammlungen und Gläubigervertreter in das BGB aufzunehmen, und kehrte zum Modell einer einheitlichen gesetzlichen Regelung im SchVG zurück. Im Übrigen ersetzte der RefE das Ermächtigungsmodell durch ein Modell, nach dem die SchVG-Regelungen zwingend anwendbar waren (s. dazu *Bredow/Vogel* ZBB 2008, 221 ff.).

16 Der Erste RegE bzw. RegE folgte dann zwar dem Ansatz einer einheitlichen gesetzlichen Regelung im SchVG, kehrte allerdings erneut zum Ermächtigungsmodell zurück und stellte die Anwendung der Regelungen über Mehrheitsbeschlüsse der Anleihegläubiger wieder der Entscheidung des Emittenten anheim. Außerdem modernisierte er in enger Anlehnung an die Einberufung und Durch-

Einführung

führung der Hauptversammlung einer AG das Verfahren rund um die Gläubigerversammlung und übertrug das Konzept der aktienrechtlichen Anfechtungsklage auf das Schuldverschreibungsrecht.

Unter Berücksichtigung der vom Rechtsausschuss am 1.7.2009 unterbreiteten Änderungsvorschläge trat das Gesetz zur Neuregelung der Rechtsverhältnisse bei Schuldverschreibungen aus Gesamtemissionen und zur verbesserten Durchsetzbarkeit von Ansprüchen von Anlegern aus Falschberatung (Schuldverschreibungsgesetz – SchVG) am 4.8.2009 in Kraft. **17**

2. Regelungsmaterie

Wie schon das SchVG 1899 enthält auch das SchVG materiell- wie verfahrensrechtliche Vorgaben für die Entscheidung der Anleihegläubiger über Änderungen der Anleihebedingungen. **18**

Die **Anwendbarkeit** des SchVG erstreckt sich auf alle nach deutschem Recht begebenen Schuldverschreibungen aus Gesamtemissionen mit Ausnahme von Pfandbriefen und Schuldverschreibungen, deren Schuldner der Bund, ein Sondervermögen des Bundes, ein Land oder eine Gemeinde ist bzw. die von der öffentlichen Hand (zB dem Finanzmarktstabilisierungsfonds) garantiert werden. Ein im Inland ansässiger Emittent oder eine wie auch immer geartete Notlage des Schuldners sind nun nicht mehr Voraussetzung für die Anwendbarkeit des SchVG. **19**

Sofern der Emittent dies in den Anleihebedingungen vorgesehen hat, kann die **Gläubigerversammlung** mit qualifizierter Mehrheit grundsätzlich jegliche Änderung der Anleihebedingungen beschließen; ausgenommen ist nur die Begründung von Leistungspflichten. Im SchVG werden ua die folgenden zulässigen Änderungen der Anleihebedingungen aufgelistet: die Veränderung der Fälligkeit oder die Verringerung der Hauptforderung und der Zinsen, eine Rangänderung bezüglich der Forderungen aus den Schuldverschreibungen im Insolvenzverfahren des Schuldners sowie die Umwandlung bzw. der Umtausch der Schuldverschreibungen in Gesellschaftsanteile. Dabei ist allerdings der Grundsatz der Gleichbehandlung bei jeder Änderung der Anleihebedingungen zu beachten. **20**

Das Verfahrensrecht der Gläubigerversammlung ist stark an das Recht der aktienrechtlichen Hauptversammlung (§§ 118 ff. AktG) angelehnt. Die Gläubigerversammlung wird grundsätzlich durch den Schuldner oder den gemeinsamen Vertreter einberufen; eine Minderheit der Gläubiger, die über mindestens 5% der ausstehenden Anleihen verfügt, kann aber die Einberufung aus besonderen Gründen verlangen. Die Einberufungsfrist beträgt mindestens 14 Tage und ist im elektronischen Bundesanzeiger öffentlich bekannt zu machen. Der Schuldner muss die Einberufung und die Teilnahmebedingungen sowie etwaige Gegenanträge der Anleihegläubiger zur Tagesordnung auf seiner Website veröffentlichen. Die Gläubigerversammlung soll bei einem Schuldner mit Sitz im Inland an dessen Sitz oder kann, falls die Schuldverschreibungen an einer Wertpapierbörse mit Sitz in dem EWR zugelassen sind, auch am Sitz dieser Wertpapierbörse abgehalten werden. Die Versammlung ist beschlussfähig, wenn die Anwesenden wertmäßig die Hälfte der ausstehenden Schuldverschreibungen oder, falls in der ersten Gläubigerversammlung die mangelnde Beschlussfähigkeit festgestellt wurde, ein Viertel der ausstehenden Schuldverschreibungen vertreten; die Anleihebedingungen können allerdings höhere Anforderungen stellen. Es besteht auch die Möglichkeit einer Beschlussfassung ohne Versammlung. Die Vorschriften über die Gläubigerversammlung gelten dabei grundsätzlich entsprechend, wobei während eines mindes- **21**

Einführung

tens 72-stündigen Abstimmungszeitraums die abgegebenen Stimmen der Anleihegläubiger entgegengenommen und gezählt werden. Als Korrektiv zu den weit reichenden Befugnissen der Gläubigerversammlung können deren Beschlüsse künftig angefochten werden. Auch die Regelungen zum Anfechtungsrecht lehnen sich stark an das Aktienrecht an. Die Anfechtung kann nur auf eine Verletzung des Gesetzes oder der Anleihebedingungen gestützt werden. Anfechtbar sind alle Beschlüsse der Gläubiger, unabhängig davon, ob sie in einer Gläubigerversammlung oder im Rahmen einer Abstimmung ohne Versammlung zustande gekommen sind. Angefochtene Beschlüsse der Gläubigerversammlung dürfen nicht vollzogen werden, gegen die Vollzugssperre kann allerdings das Freigabeverfahren betrieben werden.

22 Die Anleihegläubiger können durch Mehrheitsbeschluss einen gemeinsamen **Gläubigervertreter** zur Wahrnehmung ihrer Rechte bestellen (Wahlvertreter). Gemeinsamer Vertreter kann jede geschäftsfähige Person oder eine sachkundige juristische Person sein. Als Wahlvertreter kommen anders als im SchVG 1899 auch solche Personen in Betracht, die der Interessensphäre des Schuldners zuzurechnen und abschließend genannt sind (zB Vorstands- oder Aufsichtsratsmitglieder und leitende Angestellte oder sonstige Mitarbeiter des Schuldners). Um Transparenz über mögliche Interessenkonflikte herzustellen, sind Personen mit potenziellen Interessenskonflikten verpflichtet, vor ihrer Bestellung die maßgeblichen Umstände offen zu legen. Die Aufgaben und Befugnisse des gemeinsamen Vertreters ergeben sich entweder aus dem Gesetz oder werden ihm durch Mehrheitsbeschluss übertragen. Wird ein Vertreter zur Geltendmachung von Rechten der Anleihegläubiger ermächtigt, ist er – vorbehaltlich eines anders lautenden Mehrheitsbeschlusses – grundsätzlich ausschließlich zuständig. Im Verhältnis zu den Anleihegläubigern ist der gemeinsame Vertreter weisungsgebunden und unterliegt einer Berichtspflicht über seine Tätigkeit. Der gemeinsame Vertreter hat im Rahmen seiner Tätigkeit die Sorgfalt eines ordentlichen und gewissenhaften Geschäftsleiters anzuwenden. Bei einer Verletzung seiner Pflichten haftet der gemeinsame Vertreter den Anleihegläubigern gegenüber, die über die Geltendmachung von Ersatzansprüchen gemeinsam entscheiden. Eine Abberufung des gemeinsamen Vertreters ist durch Mehrheitsbeschluss jederzeit und ohne Angabe von Gründen möglich. Dem gemeinsamen Vertreter steht ein Auskunftsrecht gegenüber dem Schuldner im Hinblick auf Informationen zu, die er zur Ausübung seiner Tätigkeit benötigt. Die im Zusammenhang mit der Bestellung eines gemeinsamen Vertreters entstehenden Kosten und Aufwendungen hat der Schuldner zu tragen. Ein gemeinsamer Vertreter kann im Übrigen auch bereits in den Anleihebedingungen bestellt werden (Vertragsvertreter). Allerdings gelten im Hinblick auf die Auswahl strengere Anforderungen als bei einem von den Anleihegläubigern selbst bestellten Vertreter; zudem sind die Aufgaben eines in den Anleihebedingungen bestellten Vertreters nicht so weitgehend wie die Aufgaben eines Wahlvertreters.

3. Kritikpunkte

23 Einer der zentralen Kritikpunkte ist, dass das SchVG nur für einzelne Schuldverschreibungen gilt und eine emissionsübergreifende Restrukturierung nicht erlaubt. Der Emittent muss also zeitlich parallel mehrere separate Restrukturierungsverfahren betreiben, will er mehr als eine Anleihe restrukturieren. Bereits iRd Gesetzgebungsverfahrens war deshalb gefordert worden, die Änderung von

Einführung

Anleihebedingungen auch emissionsübergreifend zu erlauben, indem die Anleihegläubiger verschiedener Anleihen des Emittenten gemeinsam abstimmen (DAI-Stellungnahme, S. 6; DAV-Stellungnahme zum RefE, S. 15).

Ein weiterer Kritikpunkt ist die neue eingeführte Möglichkeit, Beschlüsse der Gläubigerversammlung anzufechten. So birgt dies das Risiko, dass sich zu der Gruppe von räuberischen Minderheitsaktionären, die zur Erzielung eigener Vorteile gezielt Hauptversammlungen stören, nunmehr auch eine Gruppe räuberischer Gläubiger gesellt, die ihr Geschäftsmodell auf die gezielte Störung von Gläubigerversammlungen gründet (DAI-Stellungnahme, S. 5, 18; DAV-Stellungnahme zum RefE, S. 12 f.). 24

Darüber hinaus hatte die Finanzindustrie im Zuge des Gesetzgebungsverfahrens gefordert, dass für die von Emissionszweckgesellschaften begebene Anleihen die Wirksamkeit von sog. *„Limited Recourse"*-Bestimmungen gesetzlich abgesichert werden. Solche Bestimmungen beschränken die Zahlungsansprüche der Anleihegläubiger einer Anleihe auf bestimmte Vermögenswerte nach Maßgabe einer bestimmten Rangordnung und schließen gerichtliche Zwangsmaßnahmen einzelner Anleihegläubiger aus. Nachdem sich der Gesetzgeber zu einer derartigen gesetzlichen Regelung nicht hat durchringen können, bleibt die Rechtswirksamkeit solcher Bestimmungen in deutschen Anleihebedingungen auch für die Zukunft ungeklärt. 25

Als kontraproduktiv wird im Übrigen kritisiert, dass die Anleihebedingungen nicht – wie von der Praxis wiederholt gefordert – vollständig der richterlichen Inhaltskontrolle nach den Vorschriften über AGBs in §§ 305 ff. BGB entzogen worden sind (DAI-Stellungnahme, S. 2 ff.). Allerdings ist in diesem Zusammenhang zu beachten, dass in § 3 SchVG ein eigenes Transparenzgebot aufgenommen worden ist, wonach die vom Anleiheschuldner versprochene Leistung durch einen sachkundigen Anleger ermittelt werden können soll. Dies bedeutet jedenfalls eine Einschränkung der weitergehenden Inhaltskontrolle nach dem Recht der allgemeinen Geschäftsbedingungen. Ferner ist positiv zu vermerken, dass der Gesetzgeber die Notwendigkeit einer klarstellenden Regelung durchaus erkannt, jedoch aus europarechtlichen Erwägungen davon abgesehen hat, die Anwendung des AGB-Rechts auf Anleihebedingungen abschließend zu regeln. Die Bundesregierung will aber versuchen, im Zuge der Beratungen zu dem von der Europäischen Kommission am 8.10.2008 vorgelegten Vorschlag für eine Richtlinie über Rechte der Verbraucher (Ratsdokument Nr. 14183/08) darauf hinzuwirken, dass der Anwendungsbereich der Richtlinie, insbesondere auch mit Blick auf Anleihebedingungen, bestimmt wird (Begr. RegE, S. 21). 26

Gesetz zur Neuregelung der Rechtsverhältnisse bei Schuldverschreibungen aus Gesamtemissionen (SchVG)

vom 31.7.2009 (BGBl I 2009, 2512)
zuletzt geändert durch Artikel 2 des Gesetzes vom 13.9.2012 (BGBl. I S. 1914)

Abschnitt 1 Allgemeine Vorschriften

§ 1 Anwendungsbereich

(1) **Dieses Gesetz gilt für nach deutschem Recht begebene inhaltsgleiche Schuldverschreibungen aus Gesamtemissionen (Schuldverschreibungen).**

(2) **¹Dieses Gesetz gilt nicht für die gedeckten Schuldverschreibungen im Sinne des Pfandbriefgesetzes sowie nicht für Schuldverschreibungen, deren Schuldner der Bund, ein Sondervermögen des Bundes, ein Land oder eine Gemeinde ist oder für die der Bund, ein Sondervermögen des Bundes, ein Land oder eine Gemeinde haftet. ²Für nach deutschem Recht begebene Schuldverschreibungen, deren Schuldner ein anderer Mitgliedstaat des Euro-Währungsgebiets ist, gelten die besonderen Vorschriften der §§ 4a bis 4i und 4k des Bundesschuldenwesengesetzes entsprechend.**

Übersicht

	Rn.
I. Einführung	1
1. Begriff der Schuldverschreibung gemäß §§ 793 ff. BGB	2
2. Wirtschaftliche Bedeutung	4
3. Exkurs: Dokumentation von Schuldverschreibungen in der Praxis	5
II. Anwendungsbereich (Abs. 1)	8
1. Örtlicher Anwendungsbereich	9
2. Sachlicher Anwendungsbereich	10
a) Deutsches Recht	10
b) Gesamtemissionen	16
c) Schuldverschreibungen	19
d) Inhaltsgleichheit	30
e) Zwingende Anwendbarkeit des 1. Abschnitts des SchVG	35
3. Zeitlicher Anwendungsbereich	36
a) Zeitliche Geltung des SchVG	36
b) Zeitliche Befristung der beschlossenen Maßnahmen	38
III. Ausnahmen von der Anwendbarkeit (Abs. 2)	39
1. Gedeckte Schuldverschreibungen	40
2. Bund, Länder und Gemeinden als Schuldner	43
a) Gesetzeslage vor Inkrafttreten des BSchuWG	43
b) Einführung des BSchuWG	44

	Rn.
3. Möglichkeit eines Opt-in in den Fällen des § 1 Abs. 2	49
4. Anwendbarkeit des 1. Abschnitts des SchVG auf nach § 1 Abs. 2 ausgenommene Anleihen	53

I. Einführung

1   Der aktuellen Gesetzesfassung des SchVG waren seit 1995 zahlreiche Entwürfe vorausgegangen (vgl. im Einzelnen die Einleitung). Alle Gesetzesentwürfe hatten das Ziel dem SchVG 1899, seit 1899 nahezu unverändert geblieben, neues Leben einzuhauchen und den **praktischen Anwendungsbereich** zu erweitern. Das Gesetz sollte, insbesondere zum Zwecke der Sanierung des Emittenten, die Möglichkeit einer nachträglichen Änderung der Anleihebedingungen durch einen Mehrheitsbeschluss der Anleihegläubiger ermöglichen, da im Regelfall eine Änderung der Anleihebedingungen mit Zustimmung aller Anleihegläubiger zumindest im Falle von öffentlich angebotenen Schuldverschreibungen aufgrund der breiten Platzierung nicht zu erwarten ist. Dem SchVG 1899 mangelte es an praktischer Bedeutung, da die Anwendbarkeit oftmals scheiterte (die Anwendungsfälle sind vereinzelt geblieben, zB Südmilch AG 1993, EM.TV Merchandising AG 2000, Rinol AG 2003). Als wesentliches Kriterium für die Praxisferne des SchVG 1899 wurde zum einen angesehen, dass der Emittent für eine Anwendbarkeit des Gesetzes seinen Sitz in Deutschland haben musste (statt vieler *Horn* ZHR 173 (2009), 12, 27; *Schneider*, S. 69, 79). Zum anderen war nach dem SchVG 1899 ein Mehrheitsbeschluss durch die Anleihegläubiger nur dann möglich, wenn dies zur Abwendung einer Zahlungseinstellung oder des Insolvenzverfahrens erforderlich war. Eine sinnvolle Sanierung des Emittenten vor einer unmittelbar bevorstehenden Insolvenz ist aber grundsätzlich nicht mehr möglich und daher im Zweifel zu spät (vgl. statt vieler *Bredow/Vogel* ZBB 2008, 221, 223; *Leuering* NZI 2009, 638; *Schmidt/Schlitt* Der Konzern 2009, 279, 287). Zudem kann eine Anpassung der Emissionsbedingungen auch ohne Krise des Schuldners sinnvoll sein; dies gilt zB für die Schuldnerersetzung aus steuerlichen Gründen oder den Tausch der Schuldverschreibungen in Aktien des Unternehmens zur Verbesserung des Ratings über die Stärkung der Eigenkapitalbasis des Emittenten (*Debt-Equity-Swap*, dazu in Bezug auf das SchVG *Cahn/Hutter/Kaulamo/Meyer/Weiss* WM 2014, 1309 ff.; *Thole* ZIP 2014, 2365 ff.; *Maier-Reimer* FS Goette, 299 ff.; *Schmidt/Schlitt* Der Konzern 2009, 279 ff.; vgl. Begr. RegE, S. 22). Diese Bedenken hat der Gesetzgeber durch die Novellierung aufzugreifen versucht.

1. Begriff der Schuldverschreibung gemäß §§ 793 ff. BGB

2   Das SchVG ist auf Schuldverschreibungen anwendbar. Nach der allgemeinen Definition in § 793 Abs. 1 Satz 1 BGB ist die Schuldverschreibung auf den Inhaber eine Urkunde, die jemand ausgestellt hat, in der er dem Inhaber der Urkunde eine Leistung verspricht. Die geschuldete Leistung stellt dabei im Wesentlichen die Rückzahlung und Verzinsung des zur Verfügung gestellten Kapitals dar. Eine Anleihe ist daher die Aufnahme von Kapital gegen Ausgabe einer solchen Schuldverschreibung. Die Begriffe „Anleihe" und „Schuldverschreibung" oder der englische Begriff *Bond* werden in der Praxis synonym verwendet (zur Differenzierung *Hartwig-Jacob* in Friedl/Hartwig-Jacob, § 1 Rn. 11 ff.).

Anwendungsbereich **§ 1**

Rechtlich kommt es durch die Verbriefung der Gläubigerrechte zu einem **Kauf** 3
des Wertpapiers durch den Anleihegläubiger wohingegen die **Begebung der
Schuldverschreibung** wirtschaftlich grundsätzlich einem verbrieften Darlehen
entspricht (*Horn* ZHR 173 (2009), 12, 16).

2. Wirtschaftliche Bedeutung

Die Begebung von Schuldverschreibungen war bereits in der Vergangenheit 4
ein wesentliches Finanzierungsmittel im anglo-amerikanischen Rechtsraum und
hat auch in Deutschland in den letzten Jahrzehnten erheblich an Bedeutung als
Komponente der Fremdfinanzierung von Unternehmen gewonnen (vgl. statt vieler *Siebel*, S. 2 ff.; *Zahn/Lemke* BKR 2002, 527). Insbesondere im Zuge der Finanzkrise seit 2007 wurden die Kreditinstitute zunehmend um ihre Liquidität besorgt
und risikoavers bei der Kreditvergabe. Spätestens diese Entwicklung motivierte
die kapitalsuchenden Unternehmen sich von der oftmals noch konzentrierten
Darlehensaufnahme bei der Hausbank zu lösen und Kapital am Schuldverschreibungsmarkt aufzunehmen. Dies resultierte in den Folgejahren in einem stetigen
Anstieg des Emissionsvolumens von Industrieanleihen im Euroraum und dürfte
in den nächsten Jahren noch andauern. Die Finanzierung über Schuldverschreibungen kann aber auch unabhängig davon dann lukrativ sein, wenn eine Veränderung der Gesellschafterstruktur nicht erwünscht ist oder die Eigenkapitalrendite
durch die Aufnahme von Fremdkapital gesteigert werden kann (statt vieler *Zahn/
Lemke* BKR 2002, 527, 528). Im Lichte der jüngsten Finanzkrise erhöht die
vermehrte Emission von Schuldverschreibungen aber auch den Bedarf an zukünftigen Umschuldungen, die durch die Novellierung des SchVG grundsätzlich
erleichtert werden.

3. Exkurs: Dokumentation von Schuldverschreibungen in der Praxis

Geht man von dem Grundfall einer Fremdemission aus (zum Begriff → Vor 5
§ 5 Rn. 6), ist für die Begebung einer Schuldverschreibung zunächst ein **Übernahmevertrag** (*Subscription Agreement* oder *Note Purchase Agreement*) zwischen
dem Emittenten und den emissionsbegleitenden Banken (*Manager*) erforderlich.
Darin werden insbesondere der Begebungsvertrag und Übernahmepreis, die Zusicherungen und Gewährleistungen (*Representations and Warranties*) sowie die **Auszahlungsvoraussetzungen** (*Conditions Precedent*) geregelt. Daneben wird grundsätzlich ein Vertrag über die Emissions- und Zahlstellenfunktion vereinbart
(***Agency Agreement***). Dieser regelt im Wesentlichen die technische Abwicklung
der Einlagerung und Verwahrung der **(Global)Urkunde** sowie den Zahlungsdienst bei Zins- und Kapitalzahlungen. Im Falle eines öffentlichen Angebots oder
einer geplanten Zulassung des Wertpapiers zum Handel an einem organisierten
Markt ist zudem die Erstellung eines **Prospekts nach dem WpPG** mit entsprechenden Billigungs- und Veröffentlichungspflichten erforderlich. Für den konkreten Prospektinhalt ist die EU-Prospektverordnung 809/2004 (aktualisiert insbesondere durch die Delegierten Verordnungen (EU) 486/2012 und (EU) 862/
2012) unmittelbar anwendbar. Neben einer Emittentenbeschreibung ist eine
Wertpapierbeschreibung nebst jeweiliger Risikofaktoren und im Falle eines *Retail*-
Prospekts zusätzlich eine Zusammenfassung erforderlich (zum Begriff und zu den
unterschiedlichen Anforderungen an den Prospektinhalt im Vergleich zu *Wholes-*

§ 1

ale-Prospekten *Müller/Oulds* WM 2007, 573, 574 f.). Die Wertpapierbeschreibung betrifft dabei maßgeblich die Anleihebedingungen isd § 2 (*Terms and Conditions* oder *Indenture*, zum Regelungsgegenstand § 2). Die Anleihebedingungen werden schließlich auch der (Global)Urkunde beigefügt.

6   Die im Übernahmevertrag vereinbarten **Auszahlungsvoraussetzungen** haben im Wesentlichen die Funktion, den an der Emission beteiligten Parteien zu bestätigen, dass die Dokumentation rechtlich bindende und vollstreckbare Verpflichtungen des Emittenten begründet und im Falle eines Prospekts die dort gemachten Angaben korrekt und vollständig sind. Zu diesem Zweck ist die Emittentin vor Valutierung des Emissionserlöses dazu verpflichtet, insbesondere entsprechende **Rechtsgutachten** der (externen) Rechtsberater (*Legal Opinions*) und Bestätigungsschreiben der Wirtschaftsprüfer des Emittenten **(Comfort Letter)** zur Verfügung zu stellen.

7   Die Dokumentation kann generell für nur eine Emission erstellt worden sein **(Stand-alone Bond)**; Emittenten mit umfangreicherer Emissionstätigkeit unterhalten indes regelmäßig sog. Emissionsprogramme (***Debt Issuance Programme, Medium Term Note Programme*** oder für kurzlaufende Schuldverschreibungen ***Commercial Paper Programme***), bei denen sie einen Basisprospekt iSd § 6 WpPG erstellen und billigen lassen und damit jegliche Dokumentation für eine zukünftige Emission bereits vorbereiten (statt vieler *Bosch/Groß*, S. 224 ff.). Die unter dem Programm begebenen Emissionen (Ziehung oder *Drawdown*) sind je nach Antragstellung, und in der Praxis üblich, auch bereits zum Handel an einem regulierten Markt zugelassen. Im Falle einer Emission sind sodann lediglich die Endgültigen Bedingungen (*Final Terms*) der jeweiligen Emission zu erstellen und die Auszahlungsvoraussetzungen auszutauschen. Damit kann ein Emittent flexibel auf Marktopportunitäten reagieren und auch kleinvolumigere Emissionen begeben, die als Einzelemission aufgrund der langen Vorlaufzeit, zB für eine Prospekterstellung und Billigung, oder aus reinen Kostengründen nicht möglich wären (*Siebel*, S. 729; *Bosch/Groß*, S. 231).

II. Anwendungsbereich (Abs. 1)

8   Das SchVG ist gemäß § 1 Abs. 1 für nach deutschem Recht begebene inhaltsgleiche Schuldverschreibungen aus Gesamtemissionen anwendbar.

1. Örtlicher Anwendungsbereich

9   Das SchVG ist für alle Emissionen **nach deutschem Recht** anwendbar. Das SchVG 1899 knüpfte seine Anwendbarkeit noch daran an, dass der Emittent seinen Sitz in Deutschland hatte. Damit wurde die in der Praxis häufig verwendete Begebung von Schuldverschreibungen über eine **ausländische Finanzierungstochter** unter der Garantie der deutschen Muttergesellschaft nicht erfasst (dazu *Mihm* in Habersack/Mülbert/Schlitt, § 15 Rn. 36 f.; *Schlitt/Schäfer* AG 2009, 477, 478). Der Gesetzgeber hat dieses Problem erkannt und den Anknüpfungspunkt für die Anwendbarkeit entsprechend geändert (Begr. RegE S. 22; anders noch der RefE in § 1 Abs. 1, der diesen Bezug noch nicht enthielt, kritisch dazu DAV-Stellungnahme zum RefE, S. 18). Örtlich ist das neue SchVG daher grundsätzlich unbegrenzt anwendbar und durch die Wahl des deutschen Rechts bestimmt (*Hartwig-Jacob* in Friedl/Hartwig-Jacob, § 1 Rn. 3; *Bliesener/Schneider* in Langenbucher/Bliesener/Spindler, Kap. 17, § 1 Rn. 3). Eine Ausnahme besteht für ausländische

Anwendungsbereich §1

Emittenten lediglich darin, dass § 19 nicht gilt, sondern deren ausländisches Insolvenzrecht anwendbar ist (dazu *Leuering* NZI 2009, 638, 640; zur alten Rechtslage *Schneider*, S. 69, 85 ff.; → § 19 Rn. 17 ff.).

2. Sachlicher Anwendungsbereich

a) **Deutsches Recht.** Das SchVG ist generell auf alle Schuldverschreibungen 10 anwendbar, die nach deutschem Recht begeben worden sind. Die Wahl des deutschen Rechts stellt zunächst primär für Emittenten mit Sitz in Deutschland oder im deutschsprachigen Raum eine nahe liegende Alternative dar. Das deutsche Recht steht indes national und international im Wettbewerb mit anderen Rechtsordnungen. Es konnte sich zwar auch international ua durch die Aufgabe des Verankerungsprinzips durch die Deutsche Bundesbank zum 1.8.1992 als eine – neben dem englischen, New Yorker und japanischen Recht – für die **Emissionen von Schwellenländern** gewählte Rechtsordnung empfehlen (*Bliesener*, S. 355, 356; *Deutsche Bundesbank* WM 1992, 1211). Dies führte allerdings auch dazu, dass deutsche Emittenten nunmehr auch Schuldverschreibungen nach ausländischem Recht begeben konnten. Es ist daher zu hoffen, dass die Novellierungen im SchVG in Zukunft eine Grundlage für die Verbesserung der Wettbewerbsstellung des deutschen Rechts bilden.

Die Frage ist allerdings gestellt worden, für wen die nachträgliche Änderungs- 11 möglichkeit der Anleihebedingungen attraktiv ist und ob die Wettbewerbsfähigkeit einer Rechtsordnung überhaupt dadurch erhöht werden kann. Eine solche Handlungsoption könnte einerseits im **Interesse der Anleihegläubiger** liegen, da diese rechtzeitig einen Sanierungsbeitrag zugunsten des Schuldners leisten können und durch einen entsprechenden Verzicht/Stundung der Zinsen oder gar der Hauptforderung eine womöglich wesentlich niedrigere Insolvenzquote vermeiden (so *Lorenz/Pospiech* DB 2009, 2419). Solche Maßnahmen könnten jedoch andererseits auch im **primären Interesse des Schuldners** liegen, der durch derartige Beschlüsse die Rechte der Anleihegläubiger nachträglich verkürzen kann (kritisch insoweit *Horn* ZHR 173 (2009), 12, 29 ff.). Im Ergebnis wird man annehmen können, dass ein Kapitalmarkt nur dann attraktiv ist, wenn Kapitalangebot und -nachfrage gleichermaßen berücksichtigt werden. Nachträgliche Änderungsmöglichkeiten der Anleihebedingungen durch Gläubigerbeschlüsse können im Interesse aller Marktteilnehmer liegen (vgl. der *Quarles-Report*, S. 1; allgemein → Vor § 5 Rn. 27) und damit die Wettbewerbsfähigkeit einer Rechtsordnung erhöhen. Die verschiedenen Interessensphären sind jedoch bei der Ausgestaltung der Änderungsmöglichkeiten durch Gläubigerbeschlüsse sorgfältig auszutarieren.

Nach alter Rechtslage bestand für die Emittenten allerdings ein gewisser Anreiz 12 nicht deutsches Recht, sondern insbesondere anglo-amerikanisches Recht zu wählen, da das deutsche Recht hinsichtlich der Möglichkeit der Restrukturierung von Anleihen insbesondere durch die notwendige Abwendung einer Insolvenz oder Zahlungsunfähigkeit durch den zu fassenden Gläubigerbeschluss einem erheblichen Wettbewerbsnachteil unterlag (zur Rechtslage im Vereinigten Königreich und den Vereinigten Staaten vgl. Anhang I). Zudem führt die weitreichende AGB-Kontrolle zu einer **Rechtsunsicherheit** und damit zu einem erheblichen Nachteil des deutschen Rechts im internationalen Wettbewerb der Rechtsordnungen (so schon DAV-Stellungnahme zum RefE, S. 3; IMF, The Design and Effectiveness of Collective Action Clauses, S. 7 f. unter Nr. 15). Selbst deutsche Emittenten haben daher in der Vergangenheit in den Fällen, in denen besondere Flexibilität erforderlich war, zB

§ 1 Abschnitt 1 Allgemeine Vorschriften

bei **hochverzinslichen Anleihen** (*High-Yield Bonds* oder *Junk Bonds*, zur Bedeutung dieser Form von Anleihen *Balz* ZBB 2009, 401, 402) nach englischem oder New Yorker Recht Schuldverschreibungen begeben (vgl. *Horn* ZHR 173 (2009), 12, 18 f., 27; *Hopt* FS Schwark, 441, 450; *Schlitt/Schäfer* AG 2009, 477, 479).

13 Ein Grund für die Konzentration auf den anglo-amerikanischen Markt ist, dass Schuldverschreibungen im allgemeinen und *High-Yield Bonds* im speziellen, in den U.S.A. entwickelt, dort zuerst begeben und ursprünglich primär auch von Investoren aus den Vereinigten Staaten erworben wurden. Es sprach daher längere Zeit eine etablierte Praxis für eine gewisse Rechtssicherheit (*Balz* ZBB 2009, 401, 409). Der hierdurch gewonnene Marktstandard bei bestimmten Klauseln iRd Dokumentation, wie der *Amendments and Waiver Section*, war zudem nicht mit deutschem Recht vereinbar. Mit der Erweiterung des Spielraums hinsichtlich der Änderungen von Anleihebedingungen hat sich der *Status quo* wesentlich verändert und das SchVG hat einen Grundstein dafür gebildet, dass sich das **deutsche Recht international** als eine **wertvolle Alternative** zu englischem oder New Yorker Recht etablieren kann (dazu *Balz* ZBB 2009, 401, 409 ff.; vgl. *Heitmann*, S. 247 f.; *Kusserow/Dittrich* WM 2000, 745, 761). Das ist insbesondere dann der Fall, wenn die Schuldverschreibungen im Wesentlichen in Deutschland oder allgemein in Europa platziert werden sollen (auch mit prozessualen Erwägungen *Balz* ZBB 2009, 401, 412). In jüngerer Vergangenheit wurden denn auch in diesem Segment Anleihen vereinzelt nach deutschem Recht begeben (zB von der Continental AG oder WEPA Hygieneprodukte GmbH).

14 Fraglich könnte die Anwendbarkeit des SchVG immer noch bei **gespaltener Rechtswahl** sein (zur generellen Zulässigkeit *Hartwig-Jacob* in Friedl/Hartwig-Jacob, § 1 Rn. 95, 103 ff. mwN mit Verweis auf Art. 3 Abs. 1 EU-Rom I-Verordnung). Eine solche gibt es zB bei der Bestellung von Sicherheiten wie die Garantie der Muttergesellschaft des Emittenten, die der Rechtsordnung des Sitzstaats der Garantin unterstellt werden soll, oder bei Realsicherheiten (*Lex rei sitae*). Aber auch nachrangige Schuldverschreibungen (*Hybrid Bonds*) enthalten regelmäßig eine gespaltene Rechtswahl dahingehend, dass eine bestimmte Rechtswahl für die Anleihebedingungen getroffen wird, hinsichtlich des Status der Anleihe im Falle der Insolvenz des Schuldners dann aber das zwingende Recht des Sitzstaats der Schuldners zur Anwendung kommt. Das LG Frankfurt/Main hatte in seiner „Pfleiderer"-Entscheidung noch die Ansicht vertreten, dass in solchen Konstellationen die Anwendbarkeit des SchVG zu verneinen ist (LG Frankfurt/Main, NZG 2012, 23, bestätigt im Hauptsacheverfahren LG Frankfurt/Main ZIP 2011, 2306, 2307). Der BGH hat in einer Entscheidung von Juli 2014 (BGHZ 202, 7 = WM 2014, 1810 ff. = BB 2014, 2572 mit Anm. *Kessler*; dazu *Veranneman* DB 2014, 2395; bestätigt durch BGH WM 2015, 470 = BB 2015, 719 Rn. 44 mit Anm. *Moser*; *Kessler* BB 2014, 2572, 2576; *Schneider* in Baums, S. 1, 14 ff.; *Weiß* in Baums, S. 25, 34 ff.; *Thole* ZGR 2013, 109, 159) diese Entscheidung des LG Frankfurt/Main in wesentlichen Punkten zwar aufgehoben, diesen speziellen Aspekt indes offengelassen; nach zutreffender Ansicht betrifft eine solche Verweisung auf zwingendes geltendes Recht aber aufgrund des eingeschränkten Anwendungsfalls nicht die Substanz der verbrieften Forderung und besitzt lediglich deklaratorische Wirkung (*Bliesener/Schneider* in Langenbucher/Bliesener/Spindler, Kap. 17, § 1 Rn. 5; *Grell/Splittgerber/Schneider* DB 2015, 111, 112; *Hartwig-Jacob* in Friedl/Hartwig-Jacob, § 1 Rn. 97, 105 f.; *Keller* BKR 2012, 15, 16; *Kessler* BB 2014, 2572, 2576; *Kessler/Rühle* BB 2014, 907, 909 f.; *Lürken* GWR 2011, 546; *Meier/Schauenburg* CFL 2012, 161, 167; *Schneider* in Baums, S. 1, 15; *Weiß* in

Anwendungsbereich **§ 1**

Baums, S. 25, 35; *Thole* ZGR 2013, 109, 159; vgl. BGHZ 164, 361, 366 und die Berufungsinstanz zu Pfleiderer OLG Frankfurt/Main, NZG 2012, 593, 596). Durch die explizite Bestimmung in der Rechtswahlklausel hat der Emittent seine Entscheidung für das deutsche Recht hinreichend deutlich zum Ausdruck gebracht (LG Frankfurt/Main ZIP 2012, 474 „Q-Cells"; *Keller* BKR 2012, 15, 16; *Lürken* GWR 2011, 546; *Oulds* CFL 2012, 353, 354). Schließlich hatte die Reform des SchVG unter anderem zum Gegenstand, die in der Praxis häufigen Konstellationen einer ausländischen Finanzierungstochter zu erfassen (vgl. dazu Begr RegE, BT-Drucks. 16/12814 zu § 1; darauf verweisend auch BGHZ 202, 7 = WM 2014, 1810 Rn. 9 f.; zu Reformvorschlägen *Arbeitskreis Reform SchVG* ZIP 2014, 845, 846, 850); dieser Zweck würde unterminiert, wenn man die Anwendbarkeit deutschen Rechts als notwendig ausschließlich verstehen würde.

Zum Teil wurde iRd Gesetzgebungsverfahrens vertreten, dass auch Emittenten **15** von **Schuldverschreibungen unter anderem Recht** die Möglichkeit besitzen sollten, die §§ 5 ff. in den Anleihebedingungen für anwendbar zu erklären (DAV-Stellungnahme zum RefE, S. 18). Es wurde argumentiert, dass nur auf diese Weise die gerichtliche Zuständigkeit der deutschen Gerichte erzielt werden könne. Offen bleibt aber, inwieweit eine solche Alternative praktische Relevanz erfahren könnte. Bisher sind keine Fälle in der Praxis publik geworden, bei denen ein solches Interesse geäußert wurde.

b) Gesamtemissionen. Gesamtemissionen sind inhaltsgleiche, untereinander **16** austauschbare und damit kapitalmarktfähige Schuldverschreibungen und sind typischerweise als **Teilschuldverschreibungen einer bestimmten Stückelung** ausgegeben (Begr. RegE zu § 1). Im RefE war dagegen noch von „Schuldverschreibungen aus Anleihen" die Rede, wobei der Begriff nach der Begründung des RefE die gleiche Bedeutung wie die „Gesamtemission" haben sollte (Begr. RefE ZBB 2008, 200, 202 zu § 1; kritisch DAV-Stellungnahme zum RefE, S. 7). Hintergrund für diese Formulierungsänderung war, dass man nicht nur traditionelle Anleihen, nämlich insbesondere zur Fremdkapitalaufnahme dienende Wertpapiere, erfassen wollte, sondern auch andere Formen der Forderungsverbriefung wie zB Zertifikate und Optionen (vgl. *Schmidt/Schrader* BKR 2009, 397, 398; *Horn* BKR 2009, 446, 447).

Der Begriff „Gesamtemission" ist **§ 151 StGB** hinsichtlich der Strafbarkeit von **17** Geld- und Wertzeichenfälschung entnommen und findet sich zB auch in §§ 14, 22 RechKredV für die Rechnungslegung von Kreditinstituten. Im Rahmen dieser Regelungen werden Order- und Inhaberschuldverschreibungen gleichbehandelt, solange ein massenhaftes Vorkommen in Wirtschaftsverkehr und damit eine Ähnlichkeit mit austauschbarem Papiergeld gegeben ist (*Lackner/Kühl*, § 151 Rn. 1; *Schmidt/Schrader* BKR 2009, 397). Letztlich ist der Anwendungsbereich diesbezüglich unerheblich enger als unter dem SchVG 1899, bei dem die Wertpapiere nicht aus einer Emission stammen, sondern lediglich die identischen Rechte verbriefen mussten (darauf verweisen auch *Bredow/Vogel* ZBB 2008, 221, 225). Die Referenz auf die Gesamtemission war allerdings bereits im Ersten RegE enthalten und soll den Gleichlauf mit der Vorschrift in § 151 StGB dokumentieren (*Bredow/Vogel* ZBB 2009, 153, 154; *Hopt* FS Schwark, 441, 451).

Im Falle von *Asset-backed-Securities* liegt grundsätzlich keine Gesamtemission **18** iSd § 1 Abs. 1 vor. Durch die vorgenommene Tranchierung werden die einzelnen Schuldverschreibungen in vollkommen unterschiedliche Risikoklassen unterteilt, die sich typischerweise ua im Rang für den Fall der Insolvenz oder der Besicherung und damit auch der Verzinsung unterscheiden. Die Vermarktung erfolgt zwar dabei gemeinsam, zB auch mit nur einem Wertpapierprospekt, indes führt die Risikoverteilung zum Vertrieb der einzelnen Schuldverschreibungen in ebenso unterschiedliche Investorengruppen. Die Verbriefung der einzelnen Tranchen erfolgt schließlich ebenfalls in getrennten Urkunden (*Sester* AcP 209 (2009), 628, 654; *Bliesener/Schneider* in Langenbucher/Bliesener/Spindler, Kap. 17, § 1 Rn. 14; *Hartwig-Jacob* in Friedl/Hartwig-Jacob, § 1 Rn. 124 ff.; *Preuße* in Preuße, § 1 Rn. 11).

19 c) **Schuldverschreibungen.** Unter den **Begriff der Schuldverschreibung** iSd § 1 Abs. 1 fallen alle unter § 793 BGB zu subsumierenden Schuldverschreibungen unabhängig von ihrer Verbriefung, es sei denn, es handelt sich um einzeln verbriefte Forderungen (Begr. RegE zu § 1; so bereits Begr. RefE zu § 1; dazu *Hartwig-Jacob* in Friedl/Hartwig-Jacob, § 1 Rn. 42 f.). Als Leistungsversprechen ist hierbei zwar grundsätzlich jegliche Leistung iSd § 241 BGB zulässig; Schuldverschreibungen verbriefen aber nur schuldrechtliche Forderungsrechte und nicht etwa Mitgliedsrechte wie bei Aktien (*Marburger* in Staudinger, BGB, § 793 Rn. 6; *Bliesener/Schneider* in Langenbucher/Bliesener/Spindler, Kap. 17, § 1 Rn. 15). Nach herkömmlicher Ansicht kann das verbriefte Recht nur mit Vorlage der Urkunde geltend gemacht werden (BGH WM 2016, 818 mwN; *Hueck/Canaris*, Recht der Wertpapiere § 1 I; *Marburger* in Staudinger, BGB, Vor §§ 793 ff. Rn. 1; *Habersack* in MüKoBGB, § 793 Rn. 11; *Hartwig-Jacob* in Friedl/Hartwig-Jacob, § 1 Rn. 9); der BGH hat dies nur für die Frage der Wirksamkeit der Abtretung nach § 398 BGB in einer Entscheidung verneint (BGH WM 2013, 1264 „Argentinien"; *Kreße* WM 2015, 463, 467; kritisch *Behrends* RdF 2013, 341), für den Fall der Zwangsvollstreckung aber die Vorlage der Urkunde als Vollstreckungsvorraussetzung bestätigt (BGH WM 2016, 818 Rn. 8 ff.). Dies gilt indes nicht für den Fall der Verbriefung in einer Globalurkunde iSd § 9a Abs. 3 Satz 2 DepotG.

20 aa) **Arten von Schuldverschreibungen.** Die Arten von Leistungsversprechen in Schuldverschreibungen sind mittlerweile fast unbegrenzt. Insbesondere großvolumige Emissionen (*Benchmark*-Anleihen) enthalten oftmals keinerlei komplexe Strukturen und sind lediglich mit einer festen Laufzeit und einem jährlichen Festzins ausgestattet (**Straight-Bond** oder *Plain-Vanilla-Bond*). Dagegen hält der Kapitalmarkt nahezu sämtliche Formen von anderen Schuldverschreibungen bereit, wie zB die Abhängigkeit der Zins- oder Kapitalrückzahlung von der Entwicklung eines bestimmten Marktzinssatzes (zB EURIBOR oder LIBOR – sog. **Floating Rate Note**), eines entsprechend spezifizierten Index (zB dem DAX – *Index-linked Note*) oder eines (möglicherweise für die Zwecke der einen Schuldverschreibung zusammengestellten fiktiven) Aktienkorbs (*Equity-linked Note*). Üblich sind zudem Nullkuponanleihen (*Zero-Coupon Bond*), bei denen es keine Zinszahlungen während der Laufzeit gibt, sondern die Zinsen aE der Laufzeit zusammen mit dem Nominal gezahlt werden. Darüber hinaus sind auch Änderungen der Verzinsung während der Laufzeit möglich (zB *Step-up* oder *Step-down Coupon*, *Fixed to Floating Rate Note*).

21 Schuldverschreibungen lassen sich auch nach ihrer Laufzeit voneinander abgrenzen. Anleihen mit einer Laufzeit von maximal einem Jahr bezeichnet man als **Commercial Paper,** die idR in großen Stückelungen lediglich an institutionelle Anleger vertrieben werden. Der Großteil der Schuldverschreibungen hat eine Laufzeit bis zu 30 Jahren, insbesondere im Zusammenhang von Hybridkapital findet man indes auch Anleihen mit bis zu unbegrenzter Laufzeit (**Perpetuals,** dazu *Bosch/Groß*, Rn. 10/177; *Schäfer*, S. 453 ff.; *Müller-Eising/Bode* BKR 2006, 480 ff.).

Anwendungsbereich § 1

22 Schuldverschreibungen werden darüber hinaus auch zur Risikosteuerung oder -auslagerung verwendet. Hierzu zählen die **Credit-linked Notes,** deren Rückzahlung von dem Eintritt eines bestimmten Kreditereignisses abhängig ist oder die sog. **Asset-backed-Securities,** die (Kredit)Risiken bündeln und an den Kapitalmarkt ausplatzieren (dazu *Jahn* in Schimansky/Bunte/Lwowski BankR-HdB, § 114a Rn. 1 ff. mwN).

23 Nach der Rechtsprechung fallen auch Wandelanleihen unter den Begriff der Schuldverschreibungen iSd § 1. Zu unterscheiden sind die **Wandelanleihe** (*Convertible Bond*), **Umtauschanleihe** (*Exchangeable Bond*) oder **Optionsanleihe** (*Warrant Bond*), mit denen ein Unternehmen seine Eigenkapitalbasis optimieren kann. Die Rückzahlung des Nominals erfolgt bei diesen Emissionen entweder zwingend oder optional nicht durch die Zahlung des Kapitals, sondern durch die Übertragung von zB Aktien des emittierenden Unternehmens bzw. im Falle der Umtauschanleihe eines dritten Unternehmens. Es muss sich also bei der Leistung des Schuldners nicht zwingend um eine Geldleistung handeln, sondern der Leistungsanspruch des Gläubigers kann sich auch auf Aktien beziehen (LG Frankfurt/Main ZIP 2012, 474 „Q-Cells"; *Oulds* CFL 2012, 353, 354; *Tetzlaff* in Schimansky/Bunte/Lwowski BankR-HdB, § 88 Rn. 47; *Dippel/Preuße* in Preuße, § 3 Rn. 7). Dies gilt auch dann, wenn nicht der Gläubiger selbst über die Aktien- oder Geldleistung entscheiden kann, sondern die Aktienlieferung zwingend in den Anleihebedingungen vorgesehen wird (Pflichtwandelschuldverschreibung – *Mandatory Convertible*) oder vom Eintritt bestimmter Bedingungen abhängig ist (*Contingent Convertible* – CoCos).

24 Die dargestellten verschiedenen Formen von Schuldverschreibungen verdeutlichen, dass die **Darlehenskomponente** (→ Rn. 3) jüngst zurückgedrängt worden ist. Diese Entwicklung wurde durch die zunehmende Anzahl von Derivaten verstärkt, die ebenfalls unter den Begriff der Schuldverschreibung iSd SchVG zu subsumieren sind (Begr. RegE, zu § 1 explizit Zertifikate und Optionen nennend). **Derivate** sind in § 1 Abs. 11 Satz 3 KWG bzw. § 2 Abs. 2 WpHG legal definiert und stellen grundsätzlich Verträge über Rechte dar, einen Basiswert zu einem fixen Preis zu kaufen oder zu verkaufen. Der Basiswert kann vielfältige Formen annehmen, wie zB eine bestimmte Aktie oder Anleihe, Zinssatz oder Index, Devisen oder Handelsgegenstände wie Rohstoffe (statt vieler *Ritz/Zeising* in JVRZ, § 2 Rn. 66; *Horn* ZHR 173 (2009), 12, 20 ff.). Dabei kann der Bezug durch die Zinszahlungsverpflichtung, aber auch durch die den Emissionsbedingungen zugrunde liegende Rückzahlungsverpflichtung hergestellt werden. Derivate zeichnen sich typischerweise dadurch aus, dass das Geschäft über den Kauf/Verkauf von Wirtschaftsgütern erst zu einem späteren Zeitpunkt (Termin) erfüllt wird (*Rudolf* in Kümpel/Wittig, Bank- und Kapitalmarktrecht, Rn. 19.11). Bei **unbedingten Termingeschäften** sind beide Vertragsparteien zum vereinbarten Zeitpunkt zur Erfüllung verpflichtet (*Forwards* oder *Futures*), bei **Optionen** dagegen, hat eine Vertragspartei das Recht über die Erfüllung zu entscheiden. Daneben fallen auch *Swaps* unter den Begriff des Derivats, bei dem bilateral zwischen zwei Vertragspartnern (*Counterparties*) Zahlungsströme ausgetauscht werden. Derivate können daher der Absicherung einer bestimmten Position (*Hedging*), insbesondere unter Ausnutzung des (ua wegen des geringen Kapitaleinsatzes entstehenden) Hebeleffekts (*Leverage*), der reinen Spekulation auf eine bestimmte Entwicklung eines Wertes oder auch der Erzielung von Arbitragegewinnen dienen, indem zB Preisdifferenzen zwischen Kassa- und Terminmarkt ausgenutzt werden. Damit wird der Anwendungsbereich des SchVG *prima facie* potenziell ausgeweitet. Denn

§ 1 Abschnitt 1 Allgemeine Vorschriften

nach der wohl herrschenden Ansicht war das SchVG in der vor dem 5.8.2009 gültigen Fassung nur für Schuldverschreibungen mit im Voraus bestimmtem Nennwert anwendbar. **Genussscheine** zum Zwecke der Eigenkapitalbeschaffung fielen daher durch die Gewinnabhängigkeit des Rückzahlungsanspruchs und die typischerweise vorhandene Verlustbeteiligung nicht unter den Begriff der Schuldverschreibung iSd SchVG 1899 (OLG Frankfurt WM 2007, 828, 829; *Sethe* AG 1993, 351, 354 f.; *Hammen* BB 1990, 1917, 1920; *Reuter* NJW 1984, 1849, 1854; *Göppert/Trendelenburg*, § 1 Rn. 2; **aA** *Vogel*, Die Vergemeinschaftung der Anleihegläubiger, S. 255 f.; differenzierend *Ansmann*, § 1 Rn. 23a und 24b; vgl. *Hirte* in GroßkommAktG, § 221 Rn. 423 ff.; *Habersack* in MüKoAktG, § 221 Rn. 252). Unter das SchVG 2009 fallen dagegen auch Genussscheine (*Preuße* in Preuße, § 1 Rn. 20; *Hartwig-Jacob* in Friedl/Hartwig-Jacob, § 1 Rn. 29 ff.). Dies ist selbst dann der Fall, wenn sie vor dem 5.8.2009 begeben worden sind, nach alter Rechtslage das SchVG 1899 also nicht zur Anwendung gelangt wäre, die Gläubiger aber einen *Opt-in*-Beschluss nach § 24 Abs. 1 gefasst haben (BGH WM 2014, 1810 Rn. 14; zustimmend *Veranneman* DB 2014, 2395; *Grell/Splittgerber/Schneider* DB 2015, 111; wohl auch *Lorenz/Pospiech* DB 2009, 2419 ff.).

25   Bei **derivativen Wertpapieren** wird man jedoch davon ausgehen müssen, dass das SchVG **nur geringe praktische Auswirkungen** zeitigen wird. Denn diese werden von zahlreichen Emittenten in sehr großer Anzahl unter großer Standardisierung begeben. Da die Möglichkeit einer Beschlussfassung durch eine Gläubigerversammlung aber an die Inhaltsgleichheit der Schuldverschreibungen anknüpft (zu diesem Tatbestandsmerkmal sogleich unter → Rn. 30 ff.) und eine solche im Zweifel bei den einzelnen Zertifikate-Emissionen des Emittenten fehlt, würde bereits aus administrativen Gründen so wie aus Kostengesichtspunkten eine Änderung der Anleihebedingungen durch Mehrheitsbeschluss nicht favorisiert sein (so auch *Horn* BKR 2009, 446, 449). Eine Restrukturierung von Derivaten wäre daher lediglich durch die Bündelung einzelner Emissionen von Schuldverschreibungen über sog. **Aggregationsklauseln** praktikabel (→ Vor § 5 Rn. 41 f.), auf die der Gesetzgeber allerdings bedauerlicherweise bewusst verzichtet hat.

26   Große praktische Bedeutung besitzen schließlich die gedeckten Schuldverschreibungen, die in Deutschland die im PfandBG geregelten **Pfandbriefe** darstellen (ausführlich statt vieler *Hagen* in Habersack/Mülbert/Schlitt, § 19 Rn. 1 ff. mwN). Bei diesen Schuldverschreibungen steht dem Anleger neben der Bonität des Emittenten auch eine Deckungsmasse zur Verfügung, die die Zahlungsverpflichtungen des Emittenten absichert. Die Deckungsmasse kann bestehen aus Forderungen gegen die öffentliche Hand (**Öffentliche Pfandbriefe**) oder aus Darlehensforderungen, die durch Grundpfandrechte auf Grundstücke (**Hypothekenpfandbriefe**), durch Schiffshypotheken auf in einem öffentlichen Register eingetragene Schiffe oder Schiffsbauwerke (**Schiffspfandbriefe**) oder durch Flugzeughypotheken auf im öffentlichen Register eingetragene Flugzeuge (**Flugzeugpfandbriefe**) besichert sind. Als zusätzliche Sicherheit muss noch eine sichernde Überdeckung gemäß § 4 Abs. 1 PfandBG vorgehalten werden. Die Deckungsmasse wird zudem von einem Treuhänder überwacht und verwaltet (§§ 7 ff. PfandBG). Pfandbriefe fallen zwar unter den Begriff der Schuldverschreibung iSd SchVG, sind aber nach § 1 Abs. 2 explizit vom Anwendungsbereich ausgenommen (→ Rn. 40 ff.).

27   **bb) Inhaber- und Namenspapiere.** Schuldverschreibungen sind bei sog. *Eurobonds* (ursprünglich in Europa platzierte Schuldverschreibungen, nunmehr

Anwendungsbereich **§ 1**

praktisch jede internationale Anleiheemission, die in und außerhalb Europas, aber nicht in den Vereinigten Staaten, platziert wird) grundsätzlich als Inhaberpapiere gemäß § 793 Abs. 1 Satz 1 BGB ausgestaltet. Möglich sind aber auch Order- oder Namensschuldverschreibungen, die ebenfalls unter den Anwendungsbereich des SchVG fallen (vgl. BGH WM 2014, 1810 Rn. 14; *Hartwig-Jacob* in Friedl/Hartwig-Jacob, § 1 Rn. 56, 60; *Bliesener/Schneider* in Langenbucher/Bliesener/Spindler, Kap. 17, § 1 Rn. 17 ff.). Aufgrund der US-rechtlichen Restriktionen für Inhaberpapiere werden Schuldverschreibungen, die auch dort angeboten werden sollen (*Global Bond*) als Namensschuldverschreibungen emittiert und bei der *Depository Trust Company* hinterlegt. Namensschuldverschreibungen wären an sich als Rektapapiere keine Wertpapiere im engeren Sinne (*Habersack* in MüKoBGB, Vor §§ 793 ff. BGB Rn. 7 f.). Durch die Neuerung in § 1 Abs. 1 Satz 2 DepotG durch das Gesetz zur Neuregelung der Rechtsverhältnisse bei Schuldverschreibungen aus Gesamtemissionen und zur verbesserten Durchsetzbarkeit von Ansprüchen von Anlegern aus Falschberatung wurde klargestellt, dass auch Namensschuldverschreibungen in das sachenrechtliche Wertpapiergiro einbezogen sind, so dass der in den Vereinigten Staaten verbriefte Teil von *Global Bonds* nicht etwa als Forderung nach deutschem Recht übertragbar wäre. Voraussetzung ist nunmehr, dass eine inländische Wertpapiersammelbank wie Clearstream Banking AG Frankfurt im Register des Schuldners als Inhaber des Rechts eingetragen ist (*Preuße* in Preuße, § 1 Rn. 25; *Bliesener/Schneider* in Langenbucher/Bliesener/Spindler, Kap. 17, § 1 Rn. 20 ff.; weiter *Kusserow* RdF 2012, 4, 9; *Hartwig-Jacob* in Friedl/Hartwig-Jacob, § 1 Rn. 60).

cc) Form der Verbriefung. Das SchVG erfasst sowohl Verbriefungen in einer **28** **Sammelurkunde** nach § 9a DepotG als auch in **Einzelurkunden**; selbst eine Kombination dieser Verbriefungsarten innerhalb einer Emission soll nach der Einschätzung des Gesetzgebers unschädlich sein, sofern die Gleichartigkeit der Schuldverschreibungen gewahrt ist (Begr. RegE zu § 1). Demnach spielt es auch keine Rolle, ob die Urkunden zB bei einem der internationalen Clearingsysteme wie Euroclear Bank SA/NV oder Clearstream Banking, société anonyme, Luxemburg, direkt oder bei einer gemeinsamen Verwahrstelle (*Common Depository*) der Clearingsysteme verwahrt werden oder ob der Anspruch auf Auslieferung der effektiven Stücke möglich oder, wie in der Praxis bei deutschem Recht üblich, ausgeschlossen ist (§ 9a Abs. 3 DepotG).

dd) Abgrenzung von Schuldscheindarlehen. Nicht unter den Begriff der **29** „Schuldverschreibung" fallen **Schuldscheindarlehen** (vgl. statt vieler *Habersack* in MüKoBGB, Vor §§ 793 ff. Rn. 21; *R. Müller* in Kümpel/Wittig, Rn. 15.265 f.). Im Zuge der Finanzkrise von 2007 und danach haben Schuldscheindarlehen erheblich an Bedeutung als Finanzierungsmittel für Unternehmen gewonnen, da sie nach den internationalen Rechnungslegungsvorschriften für finanzielle Vermögenswerte und Verbindlichkeiten (IAS 39, zukünftig IFRS 9) nicht zum Marktwert (*Fair Value*), sondern zum Nennwert bilanziert werden können. Sie enthalten durch die Verbriefung des Leistungsanspruchs in Form eines (allerdings in der Praxis nicht zwingend physisch vorhandenen) Schuldscheins und die damit einhergehende (wenn auch eingeschränkte) Fungibilität eine gewisse Kapitalmarktkomponente. Letztlich sind Schuldscheindarlehen indes als Darlehen zu qualifizieren, bei denen der eventuell vorhandene Schuldschein lediglich als Beweisurkunde (§ 371 BGB) dient (statt vieler *Wehrhahn* BKR 2012, 363, 364; *Lenenbach*, Rn. 2.196; *Hartwig-Jacob* in Friedl/Hartwig-Jacob, § 1 Rn. 44 f.).

30 **d) Inhaltsgleichheit.** Die Schuldverschreibungen müssen **inhaltsgleich** sein, dh auf denselben Bedingungen basieren und gleiche Rechte (vgl. der Wortlaut des § 1 Abs. 1 SchVG 1899) für alle Schuldverschreibungen vorsehen. Die Begr. RegE geht davon aus, dass die Inhaltsgleichheit bereits durch das Erfordernis der Gesamtemission gegeben sein dürfte (Begr. RegE zu § 1).

31 Dies sollte jedoch differenziert betrachtet werden. Bei **Erhöhungen von Schuldverschreibungsemissionen** (Aufstockung oder *Tap*) spricht man hinsichtlich der einzelnen begebenen Tranchen von einer gleichen Serie oder Gesamtemission. Die einzelnen Tranchen zeichnen sich indes dadurch aus, dass der Verzinsungsbeginn und regelmäßig auch – aufgrund des unterschiedlichen Marktumfelds zum Zeitpunkt der Begebung – der Emissionspreis verschieden sind. Der Terminus „Inhaltsgleichheit" iSd § 1 Abs. 1 ist daher **restriktiv auszulegen** und ist nicht im Sinne einer Inhaltsidentität zu sehen (*Preuße* in Preuße, § 1 Rn. 8; *Hartwig-Jacob* in Friedl/Hartwig-Jacob, § 1 Rn. 115; *Bliesener/Schneider* in Bliesener/Langenbucher/Spindler § 1 Rn. 13; vgl. Begr. RegE zu § 1: es genügt die Austauschbarkeit).

32 Dies zeigt sich am Beispiel sog. **Tefra D-Emissionen** (nach der US-amerikanischen Steuerregelung aus § 1.163-5(c)(2)(i)(D) des US Tax Equity and Fiscal Responsibility Act von 1982), bei denen bei der Ursprungstranche bereits die vorläufige Globalurkunde in die permanente Globalurkunde ausgetauscht wurde. In solchen Fällen muss die neue Tranche eine andere vorläufige Wertpapierkennnummer zugewiesen bekommen und ist bis zum Austausch in die permanente Globalurkunde nicht fungibel mit der Ursprungsemission. Nach denen iRd § 21 Abs. 1 Satz 3 WpPG entwickelten Kriterien der Unterscheidbarkeit (insbesondere die Wertpapierkennnummer wird als Indiz zur Unterscheidung zweier Schuldverschreibungen herangezogen: Begr. RegE 3. Finanzmarktförderungsgesetz, BT-Drucks. 13/8933 noch zur Vorgängerregelung in § 45 Abs. 1 BörsG, jetzt § 23 Abs. 1 WpPG; *Pötzsch* WM 1998, 949, 950; vgl. auch *Klühs* BKR 2008, 154 ff.) könnte man demnach auch von einer unterschiedlichen Emission sprechen. Das ist in den konkreten Emissionen jedoch regelmäßig nicht intendiert, sondern es ist im Zweifel entweder die von den einschlägigen US-Steuerregelungen vorgesehene Maximalumtauschfrist von 180 Tagen bereits verstrichen oder die Verzögerung des Austauschs wurde schlicht nicht rechtzeitig bei der zuständigen Emissionsstelle organisiert, da der Umtausch standardmäßig nach der Mindestumtauschfrist von 40 Tagen erfolgt (*Delay the seasoning*). Die mangelnde temporäre Fungibilität der einzelnen Tranchen würde demnach lediglich aus US-Steuerrechtsvorschriften resultieren; wirtschaftlich handelt es sich indes um eine Emission des Schuldners, da insbesondere die wesentlichen Leistungsverpflichtungen des Emittenten wie Zins- und Rückzahlung identisch sind. Zudem ist auch der grundsätzlich unterschiedliche Emissionspreis einer Erhöhungstranche für die Bestimmung einer Gesamtemission unschädlich. Der jeweilige Emissionspreis ergibt sich aus systemimmanenten Marktbewegungen und ist regelmäßig lediglich im Übernahmevertrag geregelt, so dass auch keine Änderung der Emissionsbedingungen vorliegt. Die einzelnen Erhöhungstranchen bilden mithin mit der Ursprungsemission eine Gesamtemission iSd § 1 Abs. 1 (vgl. Begr. RegE zu § 1; *Preuße* in Preuße, § 1 Rn. 11; *Hartwig-Jacob* in Friedl/Hartwig-Jacob, § 1 Rn. 123; *Podewils* DStR 2009, 1914, 1915; *Horn* ZHR 173 (2009), 12, 44 f.).

33 Dahingehend ist auch der Hinweis in der Gesetzesbegründung zu verstehen, dass die Verbriefung der Schuldverschreibungen für die Anwendbarkeit nicht entscheidend ist, da die **Verbriefung nichts an der Gleichartigkeit der Schuld-**

Anwendungsbereich **§ 1**

verschreibungen ändert (Begr. RegE zu § 1). Wenn bereits die Frage der Verbriefung in einer Sammelurkunde oder in Einzelurkunden keine Rolle spielen soll, ist es auch ohne Bedeutung, ob die Sammelurkunde zunächst – wie in der Praxis bei Euroemissionen üblich, wenn der Erwerb der Schuldverschreibung durch einen US-Investor nicht *a priori* ausgeschlossen werden kann – durch eine vorläufige und erst später durch eine permanente Sammelurkunde verbrieft wird (Tefra D). Der Gesetzgeber verweist daher in seiner Begr. RegE ausdrücklich darauf hin, dass der Zeitpunkt der Begebung für die Zuordnung nicht relevant ist, so dass auch die einzelnen Tranchen einer Schuldverschreibung zu einer Anleihe iSd SchVG gehören (Begr. RegE zu § 1; zustimmend *Podewils* DStR 2009, 1914, 1915; *Bliesener/Schneider* in Bliesener/Langenbucher/Spindler § 1 Rn. 13; *Preuße* in Preuße, § 1 Rn. 11; *Hartwig-Jacob* in Friedl/Hartwig-Jacob, § 1 Rn. 123; *Kusserow* RdF 2012, 4, 7; *Horn* ZHR 173 (2009), 12, 44 f.).

Zum Teil wird vertreten, dass es auch keinerlei Auswirkungen auf die Inhalts- **34** gleichheit der Schuldverschreibungen hat, wenn die Schuldverschreibungen aus einer Gesamtemission unterschiedliche Stückelungen aufweisen (*Bliesener/Schneider* in Bliesener/Langenbucher/Spindler § 1 Rn. 13; *Hartwig-Jacob* in Friedl/Hartwig-Jacob, § 1 Rn. 117). Unklar bleibt jedoch, wie diese Auffassung mit dem sachenrechtlichen Bestimmtheitsgrundsatz und mit §§ 9a Abs. 2, 6 Abs. 1 DepotG zu vereinbaren ist. Nach zutreffender Ansicht sind diese Konstruktionen, wie sie aus dem britischen Kapitalmarkt bekannt sind (sog. *100k+1k incrementals*), unter deutschem Recht unzulässig (vgl. *Heidelbach/Preuße* BKR 2006, 316, 319; *Müller/Oulds* WM 2007, 573 f.).

e) Zwingende Anwendbarkeit des 1. Abschnitts des SchVG. Die §§ 1–4 **35** des SchVG sind zwingend auf alle die in § 1 genannten Schuldverschreibungen anwendbar (*Bliesener/Schneider* in Bliesener/Langenbucher/Spindler § 1 Rn. 1; *Hartwig-Jacob* in Friedl/Hartwig-Jacob, § 1 Rn. 3). Dagegen ist die **Anwendbarkeit der Vorschriften** des 2. Abschnitts hinsichtlich der Fassung von mehrheitlichen Gläubigerbeschlüssen mit allgemeiner Geltung davon abhängig, dass der Emittent dies gemäß § 5 Abs. 1 in den Emissionsbedingungen ausdrücklich vorsieht (vgl. zum Entscheidungsspielraum des Emittenten § 5 Abs. 1 Satz 2 und 3 sowie Abs. 3). Macht der Emittent hiervon keinen Gebrauch, ist er von der Möglichkeit von nachträglichen Änderungen über einen Mehrheitsbeschluss abgeschnitten (zum nachträglichen *Opt-in* für nach dem 5.8.2009 begebene Anleihen *Oulds* CFL 2012, 353, 357). Der RefE sah in § 20 noch die zwingende Anwendbarkeit der Regelungen zur Fassung von Gläubigerbeschlüssen vor, was zum Teil als zu weitgehend betrachtet wurde (DAV-Stellungnahme zum RefE, 6 f., 9; *Hopt* FS Schwark, S. 441, 447; *Bredow/Vogel* ZBB 2009, 153, 155; **aA** offenbar *Horn* ZHR 173 (2009), 12, 26 mit Verweis auf das zwingende Organisationsrecht bei der AG gemäß § 23 Abs. 5 AktG; offen *Baums* ZBB 2009, 1, 2). Der Erste RegE kam den geäußerten Bedenken nach und sah die Ermächtigungsvariante vor (vgl. auch der BMJ-Arbeitsentwurf). Diese soll insbesondere ermöglichen, dass bei Schuldverschreibungen wie kurz laufenden Anleihen (*Commercial Paper*), Zertifikaten oder Optionsscheinen mangels Zweckmäßigkeit keine nachträglichen Änderungen durch Gläubigerbeschlüsse vorgenommen werden können (vgl. Begr. RegE zu § 5; Verband der Auslandsbanken-Stellungnahme, Petitum 1; DAV-Stellungnahme zum RefE, 6 f.; *Hopt* FS Schwark, S. 441, 452; *Preuße* in Preuße, § 1 Rn. 19; *Schlitt/Schäfer* AG 2009, 477, 479, 486; *Baums* ZBB 2009, 1, 2; *Bredow/Vogel* ZBB 2009, 153, 155). Auch bei Anleihebedingungen von Verbriefungstiteln

(*Asset-backed-Securities*) ist eine nachträgliche Änderung durch Gläubigerbeschlüsse nicht sinnvoll, da insbesondere die Rangfolge der Gläubiger (*Waterfall*) nach international üblichen Klauseln austariert ist und die wirtschaftliche Kalkulation der Transaktion bei einer Änderung der Anleihebedingungen gefährdet sein könnte (*Hopt* FS Schwark, S. 441, 450; *Podewils* DStR 2009, 1914, 1915; vgl. *Horn* ZHR 173 (2009), 12, 45).

3. Zeitlicher Anwendungsbereich

36 a) **Zeitliche Geltung des SchVG.** Das SchVG gilt gemäß § 24 Abs. 1 für alle Schuldverschreibungen, die nach dem 5.8.2009 begeben worden sind. Für die vor diesem Datum begebenen Anleihen gilt eine Übergangsvorschrift nach § 24 Abs. 2, wonach die Gläubiger mit Zustimmung des Schuldners durch einen Beschluss mit qualifizierter Mehrheit die Vorschriften des SchVG für anwendbar erklären können (§ 24). Die Initiative für einen solchen Beschluss wird regelmäßig vom Schuldner selbst kommen (DAI-Stellungnahme, S. 21). Die Möglichkeit der Beschlussfassung nach § 24 Abs. 2 besteht nach zutreffender Ansicht auch für solche Anleihen, die weder dem SchVG 1899 unterfielen noch Mehrheitsentscheidungen vorsahen (BGHZ 202, 7 = WM 2014, 1810 Rn. 9, 11 f.; OLG Schleswig WM 2014, 744; LG Frankfurt/Main, NZG 2012, 23, 24 f.; *Veranneman* DB 2014, 2395; *Baums* ZHR 177 (2013), 807, 808; *Baums/Schmidtbleicher* ZIP 2012, 204, 205 ff.; *Grell/Splittgerber/Schneider* DB 2015, 111; *Hartwig-Jacob/Friedl* in Friedl/Hartwig-Jacob, § 24 Rn. 13; *Keller* BKR 2012, 15, 17; *Oulds* CFL 2012, 353, 355 ff.; *Paulus* WM 2012, 1109, 1112 f.; anders noch OLG Frankfurt/Main, NZG 2012, 593 f. „Pfleiderer"), solange der Rückzahlungsanspruch bei Inkrafttreten des SchVG 2009 noch nicht fällig geworden ist (BGHZ 202, 7 = WM 2014, 1810 Rn. 12 f.). Allerdings besteht die Möglichkeit nicht mehr, wenn das Insolvenzverfahren über das Vermögen des Emittenten eröffnet ist (OLG Dresden BB 2016, 272 ff. mit Anmerkung *Friedl;* → § 19 Rn. 47 ff.).

37 Im Falle einer **Aufstockung einer Schuldverschreibung** (Erhöhung oder *Tap*) nach dem 5.8.2009 können die §§ 5 ff. bei der Erhöhungstranche nicht für anwendbar erklärt werden, wenn die erste Tranche der Anleihe noch vor diesem Datum begeben worden war, da die Anleihebedingungen der beiden Tranchen *per definitionem* – bis auf Verzinsungsbeginn und Emissionspreis – identisch sein müssen. Eine Erklärung der Anwendbarkeit des SchVG würde zu einer Abweichung zu den Anleihebedingungen der Ursprungstranche führen; eine solche nachträgliche Änderung der Anleihebedingungen könnte bei der ersten Tranche nur über einen entsprechenden Gläubigerbeschluss nach § 24 Abs. 2 Satz 1 herbeigeführt werden. Nach Konsolidierung der beiden Tranchen würden die §§ 2 bis 4 auf beide Tranchen anwendbar sein (*Dippel* in Preuße, § 24 Rn. 7; *Bliesener/Schneider* in Bliesener/Langenbucher/Spindler § 24 Rn. 19 f.; vgl. auch § 24).

38 b) **Zeitliche Befristung der beschlossenen Maßnahmen.** Zudem müssen die von den Gläubigern gefassten Beschlüsse nicht zeitlich befristet werden. Etwas anderes galt noch gemäß § 11 Abs. 1 SchVG 1899. Danach war die Ermäßigung des Zinssatzes oder die Bewilligung einer Stundung lediglich für die Dauer von 3 Jahren (und zur Abwendung einer Zahlungseinstellung oder des Insolvenzverfahrens) möglich.

III. Ausnahmen von der Anwendbarkeit (Abs. 2)

Nach Abs. 2 sind verschiedene Emissionen von Schuldverschreibungen von der 39
Anwendbarkeit der Regelungen des SchVG ausgeschlossen. Grundsätzlich ging
der Gesetzgeber davon aus, dass die Anwendbarkeit bei gedeckten Schuldverschreibungen und bei Emissionen des Bundes, der Länder oder Gemeinden nicht
erforderlich sei.

1. Gedeckte Schuldverschreibungen

Das SchVG ist gemäß § 1 Abs. 2 **nicht** auf gedeckte Schuldverschreibungen 40
anwendbar. Nach der Begr. RegE können Pfandbriefe nach dem PfandBG vom
Anwendungsbereich ausgenommen werden, da das PfandBG besondere gesetzliche Abwicklungsmechanismen vorsehe. Auch wenn Mehrheitsentscheidungen
der Pfandbriefgläubiger nicht intendiert sind, würden die Interessen der Gläubiger
im Falle der Insolvenz des Emittenten durch den unabhängigen, nach § 30 Abs. 2
PfandBG staatlich bestellten Sachwalter der Deckungsmasse hinreichend gewahrt
(so bereits Begr. RefE zu § 1 Abs. 2; zustimmend *Hopt* FS Schwark, S. 441, 452).
Zudem fallen die in den Deckungsregistern eingetragenen Werte gemäß § 30
Abs. 1 PfandBG nicht in die Insolvenzmasse des Schuldners (dazu statt vieler
Hagen in Habersack/Mülbert/Schlitt, § 19 Rn. 31; *Koppmann* WM 2006, 305 f.),
so dass kein praktisches Bedürfnis einer nachträglichen Änderung der Anleihebedingungen bestünde (Begr. RegE zu § 1 Abs. 2). Dafür spricht, dass es seit dem
ersten von Friedrich dem Großen Ende des 18. Jahrhunderts begebenen Pfandbrief offenbar keinen registrierten Ausfall dieser Wertpapiere gegeben hat.

Die **Ausweitung des Anwendungsbereichs** des SchVG auch auf Pfandbriefe 41
als deutsche Form von gedeckten Schuldverschreibungen wäre indes **wünschenswert** gewesen. Denn auch das PfandBG vermag die Zahlungsunfähigkeit oder
Überschuldung der Deckungsmasse nicht auszuschließen und stellt entsprechende
Regelungen über ein gesondertes Insolvenzverfahren in § 30 Abs. 6 PfandBG
bereit (so auch *Hartwig-Jacob* in Friedl/Hartwig-Jacob, § 1 Rn. 133; *Paul* in Berliner Kommentar zum Insolvenzrecht, § 1 SchVG Rn. 9). In diesem Zusammenhang sind auch die Änderungen der Bewertungskriterien von Ratingagenturen
wie Standard & Poor's zu sehen. Gedeckte Schuldverschreibungen (*Covered Bonds*)
genießen demnach nicht mehr wie früher nahezu automatisch ein „AAA"-Rating,
sondern bei der Ermittlung des Ausfallrisikos wird auch das individuelle Risikoprofil des Emittenten selbst stärker berücksichtigt.

Das Risiko einer Überschuldung der Deckungsmasse mag insbesondere durch 42
die Zusammensetzung der Deckungswerte gemäß §§ 12 ff., 20, 21 ff., 26a ff.
PfandBG sowie jeweils der sichernden Überdeckung nach § 4 Abs. 1 PfandBG
minimiert sein. Unabhängig davon, ist das Interesse an der Herbeiführung einer
Änderung der Anleihebedingungen aber nicht notwendigerweise mit einer drohenden Zahlungsunfähigkeit oder gar Insolvenz verbunden. Die in § 5 Abs. 3
beispielhaft genannten Beschlussgegenstände könnten auch als Mittel zur Optimierung der Verbindlichkeitenstruktur (***Liability Management***) des Schuldners
verwendet werden oder, zB für den Fall des § 5 Abs. 3 Nr. 9, aus rein **steuerlichen Erwägungen** den Schuldneraustausch ermöglichen, der nicht bereits
durch die üblicherweise in den Anleihebedingungen vorhandenen Schuldnerersetzungsklausel (*Substitution*) gedeckt ist (DAI-Stellungnahme, S. 2; vgl. *Steffek* FS
Hopt, S. 2597, 2600; *Schneider*, 81 ff.; *Hutter* in Habersack/Mülbert/Schlitt, § 15

§ 1 Abschnitt 1 Allgemeine Vorschriften

Rn. 75 ff.). Jedenfalls hat der Gesetzgeber selbst gerade die Anknüpfung an die Abwendung der Zahlungsunfähigkeit oder Insolvenz als Voraussetzung eines Gläubigerbeschlusses mit Kollektivbindung durch die Novellierung abgeschafft. Demnach wäre zu befürworten, wenn das SchVG auch bei Pfandbriefemissionen grundsätzlich anwendbar wäre (vgl. *Schlitt/Schäfer* AG 2009, 477, 479; zur Möglichkeit eines *Opt-in* → Rn. 49 ff.). Die Tatsache, dass Pfandbriefemissionen zum Teil als Daueremissionen zu kleinen Volumina begeben werden und entsprechende Gläubigerversammlungen daher weniger praktikabel sein könnten, sollte nicht dagegen sprechen und kann einer Einzelfallentscheidung der Schuldner überlassen bleiben (darauf verweist auch *Preuße* in Preuße, § 1 Rn. 29).

2. Bund, Länder und Gemeinden als Schuldner

43 **a) Gesetzeslage vor Inkrafttreten des BSchuWG.** Emissionen des Bundes, von Sondervermögen des Bundes, der Länder und der Gemeinden sowie von der öffentlichen Hand garantierte Schuldverschreibungen sind gemäß § 1 Abs. 2 Satz 1 **vom Anwendungsbereich des SchVG ausgenommen.** Auch hier erblickte der Gesetzgeber mit dem Hinweis auf eine mangelnde Insolvenzfähigkeit des jeweiligen Schuldners kein praktisches Bedürfnis für eine Änderung der Anleihebedingungen durch Gläubigerbeschluss (Begr. RegE zu § 1 Abs. 2). Es sollten nach den Überlegungen des Gesetzgebers Verbindlichkeiten der öffentlichen Hand umfassend vom Anwendungsbereich des SchVG ausgenommen werden, dh solche auf rechtsgeschäftlicher Basis, aber auch gesetzliche Haftungstatbestände wie § 1a des KfW-Gesetzes für Schuldverschreibungen der KfW (Ber. Rechtsausschuss zu § 1 Abs. 2). Dies war bereits zum Inkrafttreten des SchVG zum Teil kritisiert worden (vgl. *Horn* BKR 2009, 446, 447; Voraufl. Rn. 43 ff.). Denn das Argument der mangelnden Insolvenzfähigkeit von Staaten und damit dem fehlenden Anwendungsbedarf konnte bereits vor der Novellierung des BSchuWG nicht gefolgt werden (zur Insolvenzfähigkeit und Erklärung des Staatsnotstands → Vor § 5 Rn. 33 ff.). Die Frage der Insolvenzfähigkeit des Bundes oder auch die des Rechts der Erklärung eines Staatsnotstands brauchte nicht entschieden zu werden, da ohnehin mit der Novellierung des SchVG die Möglichkeit von Mehrheitsbeschlüssen nicht mehr von der Abwehr einer Insolvenz oder Zahlungsunfähigkeit abhängig gemacht wurde. Zudem sah man die **Wettbewerbsfähigkeit des deutschen Rechts im internationalen Kapitalmarkt** ohne solche Klauseln als gefährdet an.

44 **b) Einführung des BSchuWG.** Derartige Umschuldungsklauseln für die öffentliche Hand wurden allerdings aufgrund einer europäischen Initiative ins deutsche Recht eingeführt. Die dann mit Wirkung zum 19.9.2012 verabschiedeten Ergänzungen zum BSchuWG (→ Vor § 5 Rn. 43 ff.) stellen die nationale Umsetzung der Einigung der Staaten der Eurozone im Vertrag zur Errichtung des Europäischen Stabilitätsmechanismus (ESM-Vertrag) vom 2.2.2012 (abgedruckt in BT-Drucks. 17/9045 vom 20.3.2012, 6 ff.; zum Ganzen *Kube* WM 2012, 245 ff.) dar. Danach sollen ab dem 1.1.2013 in den Anleihebedingungen der Eigenemissionen der jeweiligen Staaten Klauseln aufgenommen werden, die die nachträgliche Änderung durch Mehrheitsbeschlüsse der Anleihegläubiger ermöglichen (vgl. Erwägungsgrund 11 und Art. 12 Abs. 3 ESM-Vertrag). Man einigte sich dabei auch auf ein Muster solcher Umschuldungsklauseln (EFC-Muster, abrufbar unter http://europa.eu/efc/sub_committee/cac/cac_2012/index_en.htm (Stand: 7.6.2016)).

Anwendungsbereich § 1

aa) Emissionen des Bundes. Das BSchuWG erfasst nicht alle Emissionen 45
der öffentlichen Hand, die nach § 1 Abs. 2 vom Anwendungsbereich des SchVG
ausgenommen sind. Vielmehr sind die §§ 4a-4k BSchuWG insbesondere auf die
Emissionen des Bundes anwendbar. Gebietskörperschaften des Bundes fallen nicht
unter das BSchuWG und sind weiterhin nach § 1 Abs. 2 vom SchVG ausgenommen, so dass demnach weiterhin bei Anleihen dieser Emittenten keine Mehrheitsbeschlüsse möglich sind (dazu *Nodoushani* WM 2012, 1798, 1799 f.; *Oulds* CFL
2012, 353, 358; vgl. Begr. RegE BT-Drucks. 17/9049, 7). Dies stellt auch nicht
einmal ein Redaktionsversehen oä dar, da das Sub-Commitee on EU Sovereign
Debt Markets des Economic and Financial Committee (EFC Sub-Committee),
das den Standard für die Umschuldungsklauseln erstellt hatte (→ Vor § 5
Rn. 43 ff.), schlicht keine Notwendigkeit hierfür sah (Explanatory Note des EFC
Sub-Committee vom 26.7.2011, S. 2). Diese Einschätzung lässt sich allerdings aus
deutscher Sicht nicht teilen, da hier die Bundesländer und in letzter Zeit auch
(größere) Städte einzeln oder gemeinsam mit anderen Kommunen Anleiheemissionen in substantiellen Emissionsvolumina platziert haben, bei denen unabhängig
von der Frage, ob derartige Emittenten in Zahlungsschwierigkeiten geraten können, ein generelles Bedürfnis für Restrukturierungen der ausstehenden Schuldverschreibungen bestehen kann (wohl auch *Hartwig-Jacob* in Friedl/Hartwig-Jacob,
§ 1 Rn. 177).

Darüber hinaus ist es auch nicht ganz nachvollziehbar, dass Emissionen, für die 46
der Bund haftet oder die von einem Sondervermögen des Bundes begeben werden, nicht in den Anwendungsbereich des BSchuWG fallen, obwohl für diese
Anleihen gemäß § 1 Abs. 2 das SchVG weiterhin nicht gilt. An dieser Stelle wäre
es wünschenswert gewesen, dass der deutsche Gesetzgeber über die Vorgaben des
ESM-Vertrags hinausgegangen wäre; denn solche Emissionen entsprechen vom
Kreditrisiko gesehen den Emissionen des Bundes, so dass eine unterschiedliche
Behandlung nicht sachlich gerechtfertigt ist (vgl. dazu *Oulds* CFL 2012, 353,
358 f.).

bb) Emissionen von anderen Mitgliedstaaten des EU-Währungsge- 47
biets. § 1 Abs. 2 wurde im Rahmen der deutschen Umsetzung des ESM-Vertrags
lediglich dahingehend angepasst, dass nun nach dem neuen Satz 3 die §§ 4a-4i
und 4k BSchuWG auch auf **Emissionen von anderen Mitgliedstaaten des**
EU-Währungsgebiets nach deutschem Recht anwendbar sind (§ 4j BSchuWG
ist ausgeklammert, da ausländische Staaten keine entsprechenden Schuldbuchforderungen begeben können, vgl. Begr RegE, BT-Drucks. 17/9049 v. 20.3.2012,
zu Art. 2 Nr. 1). Diese Einfügung hielt der Gesetzgeber für erforderlich, da SchVG
und BSchuWG hinsichtlich mancher Aspekte voneinander abweichen (zB Mindestlaufzeit von 12 Monaten und das Ziel der Abwendung des Zahlungsausfalls,
Begr RegE, BT-Drucks. 17/9049 v. 20.3.2012, zu Art. 2 Nr. 1; kritisch zur praktischen Relevanz *Bliesener/Schneider* in Langenbucher/Bliesener/Spindler, Kap. 17,
§ 1 Rn. 58).

Umgekehrt heißt dies aber auch, dass Emissionen unter deutschem Recht, 48
die von **Drittstaaten und deren Gebietskörperschaften** sowie von **Finanz-**
agenturen selbst begeben oder garantiert werden, weder von § 1 Abs. 2 Satz 1
noch von Satz 2 erfasst werden (zur praktischen Relevanz der Wahl des deutschen Rechts *Herdegen* WM 2011, 913, 914). Diese können sich bei ihren Emissionen daher für eine Anwendbarkeit des SchVG nach § 5 Abs. 1 Satz 1 entscheiden (*Opt-in*). Allerdings ist zu befürchten, dass ein solcher Staat sich

§ 1 Abschnitt 1 Allgemeine Vorschriften

möglicherweise gegen die Anwendbarkeit des SchVG entscheiden könnte, wenn die Schuldverschreibungen der Bundesrepublik mit dem Argument der mangelnden praktischen Relevanz und Insolvenzferne schon nicht diesen Regelungen unterworfen sind (so auch die Einschätzung von *Hartwig-Jacob* in Friedl/Hartwig-Jacob, § 1 Rn. 161).

3. Möglichkeit eines Opt-in in den Fällen des § 1 Abs. 2

49 Das SchVG enthält für die Fälle von Emissionen, die grundsätzlich nach § 1 Abs. 2 vom Anwendungsbereich ausgenommen werden, kein ausdrückliches Recht der Emittenten trotzdem die Anwendbarkeit des SchVG freiwillig zu regeln (*Opt-in*). Ein solches Recht wäre aber für eine gesteigerte Rechtssicherheit wünschenswert. Die für einige Zeit in der Praxis herrschende Verunsicherung ist für **Emissionsbedingungen** von **Bundesanleihen** zwar durch die Verabschiedung des **BSchuWG** beseitigt worden (vgl. zB aus dieser Zeit das Informations Memorandum der 4.000.000.000 US-Dollar 1,50% Schuldverschreibungen 2009–2012 der Bundesrepublik Deutschland v. 16.9.2009, 3, in dem Regelungen zu Mehrheitsbeschlüssen nach dem SchVG mit dem expliziten Hinweis, dass die Anwendbarkeit unklar sei, eingefügt worden waren, dazu *Bliesener/Schneider* in Bliesener/Langenbucher/Spindler § 1 Rn. 49). Der sehr eingeschränkte Anwendungsbereich dieses Gesetzes führt aber dazu, dass für zB Emissionen der Gebietskörperschaften des Bundes oder von Sondervermögen ein Bedürfnis für ein *Opt-in* weiterhin besteht.

50 Für die *Opt-in*-Möglichkeit spricht, dass der Gesetzgeber eigentlich mit dem SchVG eine umfassende Zulässigkeit von CACs ermöglichen wollte (Begr. RegE S. 22) und demnach der Ausschluss von (ua) Emissionen der öffentlichen Hand nicht konsistent wäre. Darüber hinaus könnte für eine *Opt-in* Möglichkeit auch für die in § 1 Abs. 2 genannten Schuldverschreibungen sprechen, dass ansonsten als Maßstab für die Transparenz der Anleihebedingungen nicht § 3, sondern das AGB-rechtliche Transparenzgebot aus § 307 Abs. 1 Satz 2 BGB anwendbar wäre (vgl. *Horn* BKR 2009, 446, 453; **aA** *Bliesener/Schneider* in Bliesener/Langenbucher/Spindler § 1 Rn. 59; *Hartwig-Jacob* in Friedl/Hartwig-Jacob, § 1 Rn. 162). Damit wäre nicht der sachkundige Anleger, sondern vielmehr der typische Durchschnittskunde für die Bewertung relevant (→ § 3 Rn. 10 ff.). Eine unterschiedliche Bewertung von Anleihen der öffentlichen Hand im Vergleich zu Anleihen von zB Unternehmen oder Finanzinstituten ist zunächst grundsätzlich nicht im Sinne der Bundesrepublik als Emittent, aber auch nicht im Interesse des Kapitalmarktes und sachlich ohnehin nicht zu rechtfertigen. Allerdings kann eine mangelnde gesetzliche Regelung iSd Privatautonomie dazu führen, dass Parteien privatrechtlich eine vergleichbare Regelung trotzdem treffen (so *Horn* BKR 2009, 446, 448).

51 Der Gesetzgeber hat bestimmte Emissionen vom Anwendungsbereich des SchVG ausgenommen und daher offenbar **konkludent keinen *Opt-in*** vorgesehen, auch wenn das Argument des Gesetzgebers der mangelnden Insolvenzfähigkeit der in § 1 Abs. 2 genannten Emittenten (Begr. RegE zu § 1 Abs. 2) im Ergebnis, wie gezeigt, nicht vollends verfangen konnte (→ Vor § 5 Rn. 33; ebenso, allerdings ohne weitere Begründung: *Schlitt/Schäfer* AG 2009, 477, 479; vgl. aber *Horn* BKR 2009, 446, 448; *Bliesener/Schneider* in Langenbucher/Bliesener/Spindler, Kap. 17, § 1 Rn. 47 ff.; *Preuße* in Preuße, § 1 Rn. 33, die über die Vertragsfreiheit ein Quasi-*Opt-in* begründen). Im Rahmen der nationalen

Anwendungsbereich **§ 1**

Umsetzung des ESM-Vertrags im BSchuWG hat der deutsche Gesetzgeber es darüber hinaus vorgezogen, dem ESM-Vertrag strikt zu folgen und lediglich die Bundesemissionen in den Anwendungsbereich des BSchuWG einbezogen und ansonsten in Bezug auf die Gebietskörperschaften und Sondervermögen keine Änderungen vorgenommen. Angesichts der Tatsache, dass die Anwendbarkeit von Mehrheitsbeschlüssen auch zum Nachteil des überstimmten Teils der Gläubiger führen kann, wäre demnach ein *Opt-in* nur per Fassung eines Gläubigerbeschlusses gemäß § 24 Abs. 2 analog möglich. Problematisch bei einer Heranziehung einer Analogie ist indes die erforderliche planwidrige Regelungslücke, die man im Ergebnis ablehnen muss (*Schlitt/Schäfer* AG 2009, 477, 479; *Hartwig-Jacob* in Friedl/Hartwig-Jacob, § 1 Rn. 136; *Tetzlaff* in Schimansky/Bunte/Lwowski BankR-HdB, § 88 Rn. 52 f.; **aA** *Preuße* in Preuße, § 1 Rn. 29; *Horn* BKR 2009, 446, 448; *Bliesener/Schneider* in Langenbucher/Bliesener/Spindler, Kap. 17, § 1 Rn. 47 ff.; *Leuering/Zetzsche*, NJW 2009, 2856, 2857). Denn der (deutsche) Gesetzgeber kennt durchaus die Alternative eines *Opt-in* für ähnliche Konstellationen und hat trotzdem iRd SchVG keine entsprechende Regelung getroffen. Zum einen enthielt § 24 Abs. 2 SchVG 1899 eine Ermächtigung der Landesgesetzgeber, das Gesetz auf Gemeinden oder Gemeindeverbände für anwendbar zu erklären, so dass ein solches *Opt-in*-Recht bereits dem deutschen Schuldverschreibungsrecht historisch bekannt ist (dazu *Vogel* ZBB 1996, 321, 329; *Bredow/Vogel* ZBB 2009, 153, 154). Zum anderen ist aus neuerer Zeit zB auch in § 1 Abs. 3 WpPG die Möglichkeit der freiwilligen Erstellung eines Prospekts durch die in § 1 Abs. 2 WpPG genannten Emittenten nach den Regelungen des WpPG ausdrücklich geregelt, obwohl die Prospekterstellung ausschließlich dem Vorteil aller Anleger dient und demnach eine ausdrückliche Regelung gar nicht erforderlich gewesen wäre. Mangels allseitigen Vorteils bei den Anlegern aufgrund von mehrheitlich gefassten nachträglichen Änderungen der Anleiheemissionen iRd SchVG würde dies *a maiore ad minus* für die Notwendigkeit einer ausdrücklichen Regelung eines *Opt-in* sprechen. Allerdings ist in diesen Konstellationen eine Sanktionierung im Falle der Einhaltung von Regelungen, die denen des 2. Abschnitts des SchVG entsprechen und einzelvertraglich von den Parteien in den Anleiheemissionen vereinbart worden sind, nicht zu befürchten (wohl auch *Horn* BKR 2009, 446, 448). In anderen Staaten, wie zB den Niederlanden, erfolgt die Vereinbarung solcher Mehrheitsklauseln sogar zwingend über einzelvertragliche Regelungen, da es an einer entsprechenden gesetzlichen Regelung mangelt.

Das Gleiche muss auch für solche Anleihen gelten, die vor dem 5.8.2009 **52** begeben worden sind (Alt-Anleihen). Für seine Alt-Anleihen kann ein Emittent, der nach § 1 Abs. 2 ausgenommen ist, nicht in den Anwendungsbereich des SchVG über einen Gläubigerbeschluss nach § 24 Abs. 1 optieren (*Hartwig-Jacob* in Friedl/Hartwig-Jacob, § 1 Rn. 152).

4. Anwendbarkeit des 1. Abschnitts des SchVG auf nach § 1 Abs. 2 ausgenommene Anleihen

Nach Teilen der Literatur ist § 1 Abs. 2 Satz 1 dahingehend zu verstehen, dass **53** die dort genannten Emittenten lediglich von der Anwendbarkeit der §§ 5 ff. ausgeschlossen sind, die §§ 2 bis 4 aber auch für deren Emissionen nach deutschem Recht gelten (*Bliesener/Schneider* in Langenbucher/Bliesener/Spindler, Kap. 17, § 1 Rn. 59; *Hartwig-Jacob* in Friedl/Hartwig-Jacob, § 1 Rn. 162 ff.). Dafür spricht zwar, dass die Anwendung der in §§ 2 bis 4 niedergelegten Grundsätze auf die in Abs. 2 Satz 1 genannten Emittenten eigentlich im Interesse der Anleger und des Kapitalmarkts liegen würde (vgl. zum Transparenzgebot § 3 Rn. 21 ff.). Nach dem eindeutigen Wortlaut des Abs. 2 Satz 1 als Grenze der Auslegung ist allerdings nach zutreffender Ansicht das gesamte SchVG nicht anwendbar (*Dippel*/*Preuße* in Preuße, § 3 Rn. 24; *Horn* BKR 2009, 446, 453; *Horn* FS Graf von Westphalen, 353, 362; *Schroeter* ZGR 2015, 769, 792; *Tetzlaff* in Schimansky/Bunte/Lwowski BankR-HdB, § 88 Rn. 52). Es findet sich dort nicht etwa eine Einschränkung auf bestimmte Regelungen des SchVG, die auf derartige Emittenten nicht anwendbar sein sollen (etwas Anderes ergibt sich auch nicht aus der Begr. RegE, zu § 1 Abs. 2). Zudem ist der von der Gegenansicht ebenfalls angeführte Verdacht eines Redaktionsversehens des Gesetzgebers ebenfalls nicht mehr haltbar. Spätestens mit der Ergänzung des § 1 Abs. 2 Satz 2 im Zuge der Umsetzung des ESM-Vertrags (→ Rn. Vor § 5 Rn. 43 ff.) hätte der Gesetzgeber die Gelegenheit dazu gehabt, ein derartiges Versehen zu bereinigen, wovon er indes nicht Gebrauch gemacht hat.

§ 2 Anleihebedingungen

¹Die Bedingungen zur Beschreibung der Leistung sowie der Rechte und Pflichten des Schuldners und der Gläubiger (Anleihebedingungen) müssen sich vorbehaltlich von Satz 2 aus der Urkunde ergeben. ²Ist die Urkunde nicht zum Umlauf bestimmt, kann in ihr auch auf außerhalb der Urkunde niedergelegte Anleihebedingungen Bezug genommen werden. ³Änderungen des Inhalts der Urkunde oder der Anleihebedingungen nach Abschnitt 2 dieses Gesetzes werden erst wirksam, wenn sie in der Urkunde oder in den Anleihebedingungen vollzogen worden sind.

Übersicht

	Rn.
I. Einführung	1
II. Definition der Anleihebedingungen (Satz 1)	2
1. Begriff	2
2. Inhalt der Anleihebedingungen	3
III. Skripturprinzip (Satz 1)	8
IV. Ausnahmen vom Skripturprinzip (Satz 2)	9
1. Nicht zum Umlauf bestimmte Urkunden	9
a) Grundsätzliches	9
b) Einschränkungen bei der Einbeziehung von Anleihebedingungen	12
c) New Global Notes	14
2. Sammelverwahrte Einzelurkunden und andere zum Umlauf bestimmte Urkunden	15
3. Leistungsbestimmungsrechte und Gleitklauseln	17
4. Rechtsfolge der Einbeziehung	18
V. Vollzug von Änderungen in der Urkunde (Satz 3)	19
1. Grundsätzliches	19
2. Vertriebs- und Prospektrecht	22
VI. Veröffentlichung von Anleihebedingungen	23

I. Einführung

§ 2 enthält eine Legaldefinition des Begriffes der Anleihebedingungen und verweist auf das traditionelle wertpapierrechtliche Leitbild einer umlauffähigen Urkunde, aus der sich Rechte und Pflichten des Schuldners und der Gläubiger direkt entnehmen lassen müssen (Skripturprinzip). Satz 2 greift die gängige Praxis auf, dass die Verbriefung idR in Form einer zentral verwahrten Sammelurkunde erfolgt (§ 9a DepotG) und daher die Urkunde nicht zum Umlauf bestimmt ist. Dafür enthält die Vorschrift eine Ausnahme bereit, dass Sammelurkunden auch auf außerhalb der Urkunde niedergelegte Anleihebedingungen verweisen können. Ferner enthält § 2 in Satz 3 die Regelung eines Vollzugs jeglicher Änderungen der Anleihebedingungen in der Urkunde und wird durch die Vorschrift in § 21 spezifiziert.

II. Definition der Anleihebedingungen (Satz 1)

1. Begriff

Anleihebedingungen sind gemäß § 2 Satz 1 die Beschreibung der Leistung sowie die Rechte und Pflichten des Schuldners und der Gläubiger. Der Gesetzgeber differenziert damit zwischen der Leistungsbeschreibung im engeren Sinne, den weiteren Bedingungen zur Ausgestaltung der beiderseitigen Rechte sowie – durch die Nennung in § 5 Abs. 3 Satz 1 Nr. 10 – den Nebenbedingungen. Generell ist der **Begriff „Anleihebedingungen" weit** und als Oberbegriff für das Rechtsverhältnis zwischen Schuldner und Anleihegläubiger zu verstehen (so auch *Roh/Dörfler* in Preuße, § 2 Rn. 13; *Bliesener/Schneider* in Langenbucher/Bliesener/Spindler, Kap. 17, § 2 Rn. 2; *Hartwig-Jacob* in Friedl/Hartwig-Jacob, § 2 Rn. 15; *Sester* AcP 209 (2009), 628, 635).

2. Inhalt der Anleihebedingungen

Zur Leistungsbeschreibung gehören – abhängig von der konkreten Ausgestaltung der Schuldverschreibung – insbesondere der Nennbetrag bzw. Rückzahlungsbetrag der Anleihe, Verzinsung und Zahlungstermine. Die Anleihebedingungen können aber auch durch Kündigungsrechte des Emittenten (*Call*) oder der Gläubiger (*Put*) eine vorzeitige Rückzahlung vorsehen. Ein Kündigungsrecht des Emittenten liegt typischerweise dann vor, wenn dieser ansonsten aufgrund steuerlicher Änderungen (*Tax Call*, zB bei Anfallen/Erhöhung einer Quellensteuer) zur Vermeidung eines Nachteils der Anleihegläubiger zusätzliche Beträge als Ausgleich zahlen müsste (*Gross-up*, vgl. *Hartwig-Jacob*, S. 296; *Bosch/Groß*, Rn. 10, 189 f.); den Gläubigern steht ein Kündigungsrecht insbesondere dann zu, wenn der Emittent seinen (Zahlungs-) Pflichten nicht nachgekommen ist oder das Insolvenzverfahren über sein Vermögen eröffnet wurde (*Siebel*, S. 500; *Bosch/Groß*, Rn. 10/184). Üblich ist auch eine sog. Drittverzugsklausel (*Cross Default*), nach der ein Kündigungsrecht besteht, wenn der Schuldner in Bezug auf eine Drittverbindlichkeit in Verzug geraten ist. Oftmals wird den Anleihegläubigern auch ein Kündigungsrecht eingeräumt, wenn es zu einem Kontrollwechsel beim Emittenten kommt (*Change of Control*); zumeist ist der Eintritt dieses Kündigungsrechts zusätzlich von einer Ratingänderung beim Schuldner abhängig (*Rating Event*, dazu statt vieler *Hartwig-Jacob*, S. 302 ff.).

4 Der Großteil der international begebenen Schuldverschreibungen ist nicht besichert. Eine Ausnahme bilden hier die Pfandbriefe oder auch eingeschränkt die Garantie, zB die der Muttergesellschaft für eine Emission der Finanzierungstochter. Zum Schutz der nicht besicherten Anleihegläubiger enthalten die Anleihebedingungen grundsätzlich daher sog. Negativverpflichtungen (*Negative Pledge*). Damit verpflichtet sich der Emittent, andere (Kapitalmarkt)Verbindlichkeiten nicht oder nur unter bestimmten Voraussetzungen zu besichern, zB unter gleichzeitiger Besicherung der Anleihegläubiger mit einer gleichwertigen Sicherheit. Zum Schutz der Anleihegläubiger ist mit der Negativverpflichtung regelmäßig auch eine Gleichrangklausel verbunden (*Pari Passu*).

5 Zudem finden sich sog. **Schuldnerersetzungsklauseln** (*Substitution*), die dem Emittenten die Möglichkeit einräumen, den Schuldner während der Laufzeit zu ändern. Mit dieser Klausel soll insbesondere internationalen Konzernen die Flexibilität zur Hand gegeben werden, auf zB gesellschaftsrechtliche oder steuerliche Veränderungen reagieren zu können. Das Kreditrisiko der Gläubiger erhöht sich durch die Ersetzung mit einem neuen Schuldner grundsätzlich nicht, da die Klausel üblicherweise vorsieht, dass entweder der bisherige Schuldner eine Garantie für die Verpflichtungen des neuen Schuldners übernimmt oder sich die bestehende Garantie der Muttergesellschaft auch auf die Verbindlichkeit des neuen Schuldners bezieht. Wirtschaftlich liegt also kein Schuldnerwechsel vor, so dass auch kein Fall des § 415 BGB gegeben ist; wenn man nicht ohnehin bereits in der Zeichnung der Anleihe, in deren Anleihebedingungen eine solche Schuldnersetzung vorgesehen ist, eine Einwilligung des Gläubigers iSd § 183 Satz 1 BGB zum Schuldnerwechsel erblicken möchte. Im Falle der Ausgestaltung der Klausel in der genannten Form ist daher für eine Schuldnerersetzung kein Gläubigerbeschluss nach § 5 Abs. 3 Satz 1 Nr. 9 erforderlich.

6 Die Anleihebedingungen enthalten darüber hinaus eine **Rechtswahlklausel** über das auf die Schuldverschreibungen anwendbare Recht. Diese Entscheidung ist zum Einen für eventuelle spätere Streitigkeiten von großer Bedeutung, zum Anderen kann sich die Rechtswahl aber auch erheblich auf den Platzierungserfolg auswirken. Die Klausel regelt in diesem Zusammenhang auch einen entsprechenden **Gerichtsstand.**

7 Schließlich enthalten die Anleihebedingungen sonstige Regelungen, die im direkten Zusammenhang mit der spezifischen Form der jeweiligen Schuldverschreibung stehen. Bei zB Wandel- und Optionsanleihen werden die entsprechenden **Wandlungs- und Optionsrechte** auf Aktien, im Falle von Nachranganleihen der Grad der **Nachrangigkeit** der Forderungen der Gläubiger im Falle der Insolvenz des Schuldners ausführlich beschrieben (dazu *Siebel*, S. 476 ff.; *Bosch/Groß*, Rn. 10/207; *Schrell/Kirchner* BKR 2004, 212, 214 ff.).

III. Skripturprinzip (Satz 1)

8 Die Anleihebedingungen müssen sich vorbehaltlich Satz 2 aus der Urkunde ergeben. Das SchVG bestätigt damit die Geltung des Skripturprinzips, wonach sich das Leistungsversprechen mit all seinen Elementen, einschließlich Rechte und Pflichten, unmittelbar aus der Schuldverschreibungsurkunde ergeben müssen. Dies spiegelt §§ 793 Abs. 1 Satz 1, 796 BGB wider und entspricht auch anderen Rechtsordnungen sowie der internationalen Marktanschauung (*Horn* ZHR 173 (2009), 12, 33 mwN; *Röh/Dörfler* in Preuße, § 2 Rn. 19; *Hartwig-Jacob* in Friedl/

Hartwig-Jacob, § 2 Rn. 2, 55). Entscheidend ist, welche Eigenschaften der Emittent dem Wertpapier durch die Urkunde als abstraktem Schuldversprechen verleiht (*Assmann* WM 2005, 1053; *Grundmann* in Schimansky/Bunte/Lwowski BankR-HdB, § 112 Rn. 114; *Habersack* in MüKoBGB, § 793 Rn. 34; *Schmidt/Schrader* BKR 2009, 397, 398). Nach deutschem Recht entsteht das verbriefte Recht jedenfalls durch die Verbriefung und erstmalige Begebung an den Erwerber (modifizierte Vertragstheorie, statt vieler *Marburger* in Staudinger, Vor § 793 Rn. 15 ff.; § 793 Rn. 14 ff.). Das Skripturprinzip wird zudem durch die Regelung in § 2 Satz 3 ergänzt und verstärkt, indem auch Änderungen der Anleihebedingungen erst durch die Vollziehung in der Urkunde (→ § 21) wirksam werden (*Horn* ZHR 173 (2009), 12, 33; *Bliesener/Schneider* in Langenbucher/Bliesener/Spindler, Kap. 17, § 2 Rn. 3; allgemein *Hueck/Canaris*, § 3 I 2; BGH NJW 1973, 283).

IV. Ausnahmen vom Skripturprinzip (Satz 2)

1. Nicht zum Umlauf bestimmte Urkunden

a) Grundsätzliches. Satz 2 schafft eine Ausnahme vom Skripturprinzip für Wertpapiere, die nicht zum Umlauf bestimmt sind. Dies wird insbesondere dem **Grundsatz in der heutigen Praxis** gerecht, dass über eine Anleihe nicht mehr einzelne Schuldverschreibungen ausgestellt werden, sondern lediglich zur zentralen Verwahrung eine **Sammelurkunde iSd § 9a DepotG** ausgefertigt wird (vgl. Begr. RegE zu § 2; *Than*, Emissionsbedingungen, S. 3 ff.; zur Entstehungsgeschichte der Vorschrift *Hartwig-Jacob* in Friedl/Hartwig-Jacob, § 2 Rn. 6 ff.). In einem solchen Falle kann nach § 2 Satz 2 auch auf außerhalb der Urkunde niedergelegte Anleihebedingungen verwiesen werden (*Hopt* FS Schwark, 441, 452 f.; kritisch hierzu DAV-Stellungnahme zum RefE, S. 7 f.; *Bliesener*, S. 355, 358). Dies ermöglicht, dass in Anleihebedingungen zB auf einen bereits veröffentlichten Emissionsprospekt oder auf sonstige Regelwerke wie die *ISDA Credit Derivative Definitions* oder *ISDA Equity Derivative Definitions* in der zum Zeitpunkt der Begebung gültigen Fassung verwiesen werden kann. 9

Unklar bleibt bei der Formulierung „Bezugnahme auf außerhalb der Urkunde niedergelegte Anleihebedingungen" aber, ob die Anleihebedingungen zusammen mit der Urkunde verwahrt werden müssen. Typischerweise ist dies der Fall (*Bliesener/Schneider* in Langenbucher/Bliesener/Spindler, Kap. 17, § 2 Rn. 6; *Hopt* FS Schwark, S. 441, 452), zum Teil werden die Anleihebedingungen aber auch vom Emittenten selbst verwahrt und damit nicht zusammen mit der Urkunde. Der Wortlaut des § 2 Satz 2 lässt die weite Auslegung zu, dass auch in den zuletzt genannten Konstellationen eine Ausnahme vom Skripturprinzip iSd § 2 Satz 2 vorliegt (*Bliesener/Schneider* in Langenbucher/Bliesener/Spindler, Kap. 17, § 2 Rn. 6; *Hartwig-Jacob* in Friedl/Hartwig-Jacob, § 2 Rn. 67). Eine mangelnde Publizität bzw. Transparenz der Anleihebedingungen ist dabei nicht zu befürchten, da die Anleger ohnehin in der Regel nicht die zentralverwahrte Sammelurkunde einsehen werden können und für die zur Schuldverschreibung erhältlichen Informationen, insbesondere im in der Praxis häufigen Fall eines vorhandenen Prospekts, auf die Internetseite der zuständigen Behörde des Herkunftsstaats iSd § 2 Nr. 13 WpPG bzw. des Emittenten zurückgreifen werden (DAV-Stellungnahme zum RefE, August 2008, S. 8; *Hartwig-Jacob* in Friedl/Hartwig-Jacob, § 2 Rn. 67). 10

Zudem können noch weitere Anleihebedingungen nach Satz 2 als außerhalb der Urkunde liegende Dokumente einbezogen werden. Dazu gehören unter ande- 11 rem die im Emissionsprospekt enthaltene Garantie zB der Muttergesellschaft des Emittenten (*Hartwig-Jacob*, S. 199), andere in den Emissionsprospekt über § 11 Abs. 1 Satz 1 WpPG einbezogene Dokumente oder die im Zahlstellenvertrag (*Agency Agreement*) oder Treuhandvertrag (*Trust Agreement*) enthaltenen Bestimmungen zB zur Fassung von Mehrheitsbeschlüssen (vgl. *Bliesener/Schneider* in Langenbucher/Bliesener/Spindler, Kap. 17, § 2 Rn. 7). Die Bestimmungen müssen zwar gemäß § 5 Abs. 1 Satz 1 in den Anleihebedingungen enthalten sein; es ist aber angesichts der individuellen Gestaltungsmöglichkeiten der Emittenten sinnvoll, diese nicht zwingend in die Urkunde mit aufzunehmen. Entsprechend der anglo-amerikanischen Rechtspraxis werden die Regelungen daher üblicherweise im Emissionsprospekt und/oder im Zahlstellenvertrag (*Agency Agreement*) dargestellt. Zu beachten ist indes auch dabei das Transparenzgebot gemäß § 3 (→ § 3 Rn. 6).

12 **b) Einschränkungen bei der Einbeziehung von Anleihebedingungen.** Die Einbeziehung von außerhalb der Urkunde niedergelegten Anleihebedingungen ist allerdings gewissen Grenzen ausgesetzt. So lassen sich nur Dokumente einbinden, die zum Zeitpunkt der Veröffentlichung der Anleihebedingungen (dies wird regelmäßig der Zeitpunkt der Veröffentlichung des Prospekts nach § 14 WpPG sein) bereits veröffentlicht waren oder zum gleichen Zeitpunkt veröffentlicht werden **(statische Verweisung).** Es ist demnach nicht zulässig bei einer Verweisung auf das „jeweils gültige" Dokument oder gar auf ein zukünftig zu veröffentlichte Dokument zu verweisen **(dynamische Verweisung,** vgl. auch *Röh/Dörfler* in Preuße, § 2 Rn. 35; *Friedl* in JVRZ, WpPG, § 11 WpPG Rn. 13; *von Ilberg* in Assmann/Schlitt/von Kopp-Colomb, WpPG, § 11 Rn. 16; *Hartwig-Jacob* in Friedl/Hartwig-Jacob, § 2 Rn. 69; *Assion* in Holzborn, WpPG, § 11 Rn. 12; **aA** *Bliesener/Schneider* in Langenbucher/Bliesener/Spindler, Kap. 17, § 2 Rn. 8). Dies ist zu bedauern und erschwert die Dokumentation von Schuldverschreibungen in der Praxis, da Regelwerke wie zB die *ISDA Credit Derivative Definitions* oder *ISDA Equity Derivative Definitions* regelmäßig angepasst werden. Diese Einschränkung führt auch zu einem Wettbewerbsnachteil des deutschen Rechts gegenüber anderen Rechtsordnungen, zB die Vereinigten Staaten, bei denen eine solche dynamische Verweisung zulässig ist und sollte daher gesetzlich angepasst werden.

13 Die Bezugnahme von außerhalb der Urkunde liegende Anleihebedingungen soll darüber hinaus nach verbreiteter Ansicht auch nicht über einen **Kettenverweis** zulässig sein. Darunter versteht man einen Verweis auf ein Dokument, das seinerseits auf ein oder mehrere andere relevante Dokumente verweist (*Meyer* in Habersack/Mülbert/Schlitt, § 36 Rn. 77; *Assion* in Holzborn, WpPG, § 11 Rn. 13; *von Ilberg* in Assmann/Schlitt/von Kopp-Colomb, WpPG, § 11 Rn. 21). Gegen eine Zulässigkeit eines solchen Kettenverweises wird angeführt, dass sich der Gläubiger erst über die Durchsicht von drei oder mehr Dokumenten einen Überblick über die Anleihebedingungen verschaffen muss und dies daher mit dem Gebot der Transparenz und Rechtssicherheit nicht zu vereinbaren sei (*Assion* in Holzborn, WpPG, § 11 Rn. 13; *Hartwig-Jacob* in Friedl/Hartwig-Jacob, § 2 Rn. 70; *Röh/Dörfler* in Preuße, § 2 Rn. 34). Andererseits sollte eine drohende Intransparenz der Anleihebedingungen nicht *per se* zu einer Unzulässigkeit des Kettenverweises führen. Wie die allgemeine Einbeziehung von außerhalb der Urkunde liegenden Dokumenten sollte auch ein Kettenverweis unter der Voraussetzung der Transparenz iSd § 3 zulässig sein.

Anleihebedingungen § 2

c) **New Global Notes.** Durch die Regelung in § 2 Satz 2 bleiben auch die 14 seit 2006 eingeführten sog. *New Global Notes* („NGN") weiterhin zulässig. Bei diesen ergibt sich das ausstehende Emissionsvolumen nicht aus der hinterlegten Urkunde, sondern aus den jeweils abgestimmten Beständen des *International Central Securities Depositories* („ICSD", Clearstream Banking, société anonyme, Luxemburg, und Euroclear Bank SA/NV). Die NGN hat mittlerweile eine hohe praktische Relevanz erfahren und war eingeführt worden, um Inhaberschuldverschreibungen weiterhin als notenbankfähige Sicherheiten zu bewahren (vgl. *Bliesener*, S. 355, 367). Die Verwahrung von sog. *Classical Global Notes* („CGN") bei den Emissionsstellen (*Common Depository*) und die offenbar oftmals ausbleibende physische Eintragung eventueller Änderungen des ausstehenden Gesamtnennbetrages wurde als Verstoß gegen die Mindestverwahrungsstandards angesehen, so dass nun die Globalurkunden für eine EZB-Fähigkeit in der NGN-Form grundsätzlich bei den ICSD direkt verwahrt werden und das ausstehende Emissionsvolumen von diesen elektronisch geführt wird.

2. Sammelverwahrte Einzelurkunden und andere zum Umlauf bestimmte Urkunden

Die Ausnahme vom Skripturprinzip gilt nach dem Wortlaut nicht, wenn die 15 Urkunde zum Umlauf bestimmt ist. Darunter fallen auch Einzelurkunden, die in **Sammelverwahrung nach § 5 DepotG** genommen worden sind. Gemäß § 6 Abs. 2 Satz 1 DepotG besteht in einem solchen Falle ein Herausforderungsanspruch des Gläubigers, so dass die Urkunden an sich doch zum Umlauf iSd § 2 Satz 2 bestimmt sind. Die Tatsache, dass der Herausgabeanspruch zunächst geltend gemacht und bei der Übertragung einer Schuldverschreibung das Miteigentum nach Bruchteilen am Sammelbestand übertragen wird, ändert nichts an dieser Einschätzung. Die Frage kann jedoch im Ergebnis offen bleiben, da diese Konstellation in der Praxis nur noch von untergeordneter Bedeutung ist. Die Erstellung effektiver Stücke wird grundsätzlich in den Emissionsbedingungen nach deutschem Recht ausdrücklich ausgeschlossen.

Ebenfalls für den Umlauf bestimmt, sind die in der Praxis seltenen Fälle von 16 Urkunden, die in einer **Sonderverwahrung nach § 2 DepotG** verwahrt werden (dazu *Gößmann/Klanten* in Schimansky/Bunte/Lwowski BankR-HdB, § 72 Rn. 124; *Scherer/Löber* in Scherer, DepotG, § 2 Rn. 2; *Hartwig-Jacob* in Friedl/Hartwig-Jacob, § 2 Rn. 64), und **Einzelurkunden,** die jeweils dem Anleihegläubiger **ausgehändigt wurden und von diesem selbst verwahrt** werden (dazu *Röh/Dörfler* in Preuße, § 2 Rn. 28). Auch auf solche Konstellationen ist die Ausnahme vom Skripturprinzip nach Satz 2 nicht anwendbar.

3. Leistungsbestimmungsrechte und Gleitklauseln

Das Skripturprinzip spricht auch nicht gegen die Zulässigkeit von (einseitigen) 17 Leistungsbestimmungsrechten des Emittenten und Gleitklauseln (zu den Begriffen → § 3 Rn. 22 ff.). Die Bestimmung der Leistungspflichten durch den Emittenten durch auch außerhalb der Urkunde liegende Umstände (wie das Abfragen eines Zinsindex, zB EURIBOR, bei einer Nachrichtenagentur wie Reuters zur Ermittlung des fälligen Zinscoupons) werden durch das Skripturprinzip nicht verhindert, solange die Emissionsbedingungen hinreichend das Verfahren der Bestimmung der Leistungspflicht konkretisieren. Dies ist insbesondere für den Fall relevant, bei dem zB der jeweilige Zinssatz am relevanten Berechnungstag auf der einschlägigen Bildschirmseite nicht verfügbar ist und die Berechnungsstelle (*Calculation Agent*) den Zinssatz anderweitig ermitteln muss. Letztlich verbleibt auch noch ein Spielraum für eine eventuell erforderliche Auslegung gemäß §§ 133, 157 BGB (*Bliesener,* S. 355, 358; *Grundmann* in Schimansky/Bunte/Lwowski BankR-HdB, § 112 Rn. 114; vgl. auch BGHZ 28, 259, 263 f.).

4. Rechtsfolge der Einbeziehung

18 Fraglich wird aber in der Praxis sein, ob eine Einbeziehung von außerhalb der Urkunde liegenden Dokumenten immer von Vorteil ist. Durch die Einbeziehung sind diese Dokumente als Teil der Anleihebedingungen anzusehen und können daher auch lediglich iRd § 4 geändert werden. Zudem ist das Transparenzgebot nach § 3 bei der Einbeziehung solcher Bedingungen zu berücksichtigen.

V. Vollzug von Änderungen in der Urkunde (Satz 3)

1. Grundsätzliches

19 § 2 Satz 3 enthält einen ersten Hinweis auf die Durchführung der gefassten Gläubigerbeschlüsse und wird durch die **Regelung in § 21 für den Fall der Sammelurkunde iSd § 9a DepotG entsprechend ergänzt** (→ ausführlich § 21 Rn. 3 ff.). Danach ist eine Änderung der Anleihebedingungen durch Beschluss der Gläubiger nach Abschnitt 2 des SchVG nur dann wirksam, wenn die Urkunde oder der für sie maßgebende Text der Anleihebedingungen entsprechend geändert oder ergänzt worden ist. Nach § 21 erfolgt der Vollzug einer Änderung durch **Beifügung der Niederschrift** zum die Anleihebedingungen ändernden Beschluss. Die Vorschrift stellt ein Novum dar, da § 9 Abs. 1 SchVG 1899 zur Wirksamkeit von Gläubigerbeschlüssen lediglich die notarielle Beurkundung des Protokolls vorsah.

20 Ob ein solcher Vollzug tatsächlich im Interesse der Anleger erforderlich ist, kann bezweifelt werden, da es primär auf die wirksame Vereinbarung und Bekanntmachung der Änderung ankommt, weil der Anleger im Falle der Sammelverwahrung die Urkunde nicht zu Gesicht bekommt (kritisch auch DAV-Stellungnahme zum RefE, S. 8; *Bredow/Vogel* ZBB 2009, 153, 156; *Bliesener,* S. 355, 364 f.). Zudem wird dadurch eine nachträgliche Änderung der Emissionsbedingungen für den (allerdings mittlerweile sehr seltenen) Fall der effektiven Stücke faktisch unmöglich, da im Zweifel nicht alle Urkunden ausgetauscht bzw. geändert werden könnten (*Bredow/Vogel* ZBB 2009, 153, 156; *Bliesener,* S. 355, 365). In der Praxis werden Emittenten daher in diesen Konstellationen gemäß § 9a Abs. 1 Satz 2 Nr. 2 DepotG die einzelnen Wertpapiere eines Sammelbestands durch eine Sammelurkunde ersetzen (zustimmend *Hartwig-Jacob* in Friedl/Hartwig-Jacob, § 2 Rn. 79).

21 Ein solcher Vollzug an der Urkunde schafft jedenfalls durch den stets aktuellen Inhalt der Urkunde zumindest für den heutzutage üblichen Fall der Sammelverwahrung der Urkunde bei einer Wertpapiersammelbank die gewünschte **Rechtssicherheit**. In diesen Konstellationen genügt es nach § 21 Abs. 1 Satz 2, dass der Versammlungs- bzw. Abstimmungsleiter die Niederschrift an die Wertpapiersammelbank übermittelt und die Beifügung der eingereichten Dokumente an die Urkunde beantragt. Dabei muss er die Bestätigung abgeben, dass der Beschluss

vollzogen werden darf; dies ist insbesondere dann der Fall, wenn die einmonatige Klagefrist verstrichen ist und keine Klage erhoben wurde oder das Gericht die Freigabe der Vollziehung gemäß § 20 Abs. 3 Satz 4 eröffnet hat (im Einzelnen → § 20 Rn. 13 ff., 31 ff.).

2. Vertriebs- und Prospektrecht

Zu bedenken ist nach Änderungen der Anleihebedingungen zudem auch, dass 22 der für das Angebot oder die Börsenzulassung erstellte Prospekt oder sonstiges Informationsmaterial zur Vermeidung von Missverständnissen im Sekundärmarkt entsprechend angepasst werden sollte. Eine gesetzliche Pflicht zB nach § 16 WpPG zur Veröffentlichung eines Nachtrags besteht zwar nicht, da die Nachtragspflicht spätestens mit dem Ende des öffentlichen Angebots bzw. der Einführung der Wertpapiere im regulierten Markt endet (dazu Bericht und Beschlussfassung des Finanzausschusses zum Prospektrichtlinie-Umsetzungsgesetz, BT-Drucks. 15/5373, S. 50; zustimmend zum Teil noch zur alten Rechtslage: OLG Frankfurt ZIP 2004, 1411, 1413; *Assmann* in Assmann/Schütze, § 7 Rn. 71; *Hauptmann* in Vortmann, § 3 Rn. 79; *Schäfer* in Schäfer/Hamann, §§ 45, 46 BörsG aF Rn. 90; *Groß*, §§ 44, 45 BörsG Rn. 59; *Mülbert/Steup* in Habersack/Mülbert/Schlitt, § 33 Rn. 48; **aA** *Ellenberger*, S. 17 f., der die Aktualisierungspflicht bis zu sechs Monate nach Einführung ausdehnen möchte). Indes kann es vor dem Hintergrund insbesondere der Beratungshaftung zweckmäßig sein, eine Korrektur vorzunehmen (so auch *Bliesener*, S. 355, 369; *Hartwig-Jacob* in Friedl/Hartwig-Jacob, § 2 Rn. 80).

VI. Veröffentlichung von Anleihebedingungen

Über die im SchVG genannten Publikationspflichten hinaus sind keine gesonderten Veröffentlichungen der Anleihebedingungen erforderlich. Veröffentlichungspflichten dienen gemeinhin der Information der Anleger und der Transparenz. Im Zeitalter der Dematerialisierung, bei der lediglich eine Globalurkunde vorhanden ist und der Anleger nicht die Urkunde mit den Anleihebedingungen erhält, könnte es daran zwar mangeln. Die immer noch sachenrechtlich erforderliche Übertragung des Wertpapiers wird dabei im Rahmen einer Wertpapierkontenübertragung vorgenommen, bei der die Übertragung des mittelbaren Besitzes auf den Erwerber durch Änderung des Besitzmittlungswillens im Wege der Depotgutschrift erfolgt (BGHZ 92, 280, 288; *Bliesener*, S. 355, 363 f.; *Horn* WM Sonderbeilage 2/2002, S. 1, 9 mwN). Dies führt dazu, dass der Investor möglicherweise die Anleihebedingungen nicht zu Gesicht bekommt, worin ein **Informationsdefizit des Anleiheerwerbers** gesehen werden könnte. Diese vermeintliche Lücke versuchte der RefE noch durch eine Regelung in § 2 Abs. 2 Satz 1 RefE zu beseitigen, indem er für öffentlich angebotene oder zu einem organisierten Handel zugelassene Schuldverschreibungen eine **zusätzliche Veröffentlichungspflicht** hinsichtlich der Anleihebedingungen vorsah (vgl. dazu *Horn* ZHR 173 (2009), 12, 35). Die Vorschrift statuierte, dass der Schuldner die Anleihebedingungen auf seiner Internetwebsite oder auf andere Weise der Öffentlichkeit kostenlos zugänglich machen sollte und in allen die Schuldverschreibungen betreffenden Unterlagen oder Veröffentlichungen darauf hinweisen sollte, wo die Anleihebedingungen kostenlos zugänglich gemacht worden sind. Nach der Begründung zum RefE sollte diese Pflicht dem Schutz und dem Informationsbedürfnis der Anleger dienen; die Begründung verweist indes selbst darauf, dass die Anleihebedingungen in den genannten Konstellationen bereits im Prospekt nach § 7 WpPG enthalten sind und dieser Prospekt ebenfalls gemäß § 14 Abs. 2 WpPG im Internet oder auf sonstige Weise veröffentlicht worden ist (vgl. Begr. RefE zu § 2 Abs. 2). Diese Vorschrift ist mithin zu recht im Laufe des weiteren Gesetzgebungsverfahrens entfernt worden, da die Publizität der Anleihebedingungen durch den Prospekt selbst und durch die vorhandene Veröffentlichung des Prospekts gemäß § 14 WpPG hinreichend gewahrt wird und es keiner weiteren Veröffentlichung bedarf (kritisch *Hartwig-Jacob* in Friedl/Hartwig-Jacob, § 2 Rn. 74 f.).

§ 3 Transparenz des Leistungsversprechens

Nach den Anleihebedingungen muss die vom Schuldner versprochene Leistung durch einen Anleger, der hinsichtlich der jeweiligen Art von Schuldverschreibungen sachkundig ist, ermittelt werden können.

Übersicht

	Rn.
I. Einführung	1
II. Transparenzgebot	2
1. Allgemeines	2
2. Begriff der Transparenz	3
3. Reichweite des Transparenzgebots	4
4. Bestimmung der Transparenz mittels Prospekte und Anlageberatung	8
III. Begriff des sachkundigen Anlegers	10
1. Maßstab des Erklärungsempfängers iRd §§ 305 ff. BGB	11
2. Maßstab des Anlegers iRd Prospekthaftung gemäß §§ 21 ff. WpPG	12
3. Maßstab des sachkundigen Anlegers im SchVG	13
4. Keine ausdrückliche Festlegung des Anlegerkreises	15
IV. Richterliche Inhaltskontrolle nach §§ 305 ff. BGB	19
1. Anleihebedingungen als AGBs iSd §§ 305 ff. BGB	19
2. Verhältnis des § 307 Abs. 1 Satz 2 BGB zu § 3	20
V. Leistungsbestimmungsrechte	22
1. Begriff	23
2. Abgrenzung	24
3. Zulässigkeit im Lichte des Transparenzgebots	26
4. Anforderungen an die Ausgestaltung	27
VI. Rechtsfolgen eines Verstoßes	29
1. Allgemeines	29
2. Nichtigkeit oder Schadensersatz?	30

I. Einführung

1 Die Vorschrift ist ein Produkt der Finanzkrise von 2007/2008 und versucht insbesondere in Bezug auf strukturierte Schuldverschreibungen, dh Emissionen, bei denen im Wesentlichen die Verzinsung und/oder Rückzahlung von bestimmten Bedingungen abhängig ist, eine klare und eindeutige Ermittlung des Leistungsversprechens durch den Anleger zu ermöglichen (zur Entstehung der Vorschrift *Horn* ZHR 173 (2009), 12, 39 f.). Die Begr. RegE verweist darauf, dass zB bei

Ketten-Verbriefungen und *Basket*-Zertifikaten selbst für professionelle Investoren die Evaluierung schwierig sein könne (Begr. RegE zu § 3). Die Ermittlung der versprochenen Leistungen soll demnach für einen hinsichtlich der jeweiligen Art der Schuldverschreibungen sachkundigen Anleger möglich sein. Damit sollen nach dem Willen des Gesetzgebers auch zukünftig komplizierte Bedingungen rechtlich zulässig sein und lediglich verhindert werden, dass hinsichtlich der konkreten Emission unkundige Anleger die Schuldverschreibungen erwerben (Begr. RegE zu § 3).

II. Transparenzgebot

1. Allgemeines

Das Transparenzgebot wird in der Begr. RegE als spezialgesetzliches Transparenzgebot für Anleihebedingungen hinsichtlich des Leistungsversprechens des Emittenten bezeichnet (Begr. RegE S. 21). Die Vorschrift hat insbesondere Anleihebedingungen von strukturierten Anleihen im Fokus, die zum Teil hochkomplex und ggf. schwer verständlich sind. Es gilt mithin dem Anleger zu ermöglichen, die Risiken für die Anlage, und hauptsächlich das Risiko einer Minderung der Leistungen des Emittenten aus der Schuldverschreibung, zu ersehen. Durch eine transparente Information soll eine Grundlage für die informierte Anlageentscheidung des Investors und damit auch eine effiziente Kapitalallokation geschaffen werden. Die Vorschrift beabsichtigt dagegen nicht, bestimmte Emissionen unzulässig werden zu lassen. Es sollen nach der Begr. RegE weiterhin komplexe Emissionsstrukturen möglich sein, bei denen die Beschreibung der Emissionsbedingungen durch die gebotene Präzision entsprechend umfangreich und mitunter für manche Investorenkreise unverständlich werden könnte (Begr. RegE zu § 3; so auch *Hartwig-Jacob* in Friedl/Hartwig-Jacob, § 3 Rn. 3). Das tatsächlich Neue an der Statuierung eines Transparenzgebots für Schuldverschreibungen liegt mithin darin, dass ein solches Gebot explizit eingeführt wird.

2

2. Begriff der Transparenz

Die Anleihebedingungen sollen dem Anleger eine klare und eindeutige Ermittlung des Leistungsversprechens ermöglichen, um eine informierte Entscheidung über den Erwerb einer Schuldverschreibung zu gewährleisten (*Sester* AcP 209 (2009), 628, 655; *Hartwig-Jacob* in Friedl/Hartwig-Jacob, § 3 Rn. 29). Dafür sollte die Leistung durch den sachkundigen Anleger aufgrund hinreichender Verständlichkeit der Beschreibung problemlos ermittelt werden können. Dies betrifft nicht nur eine sprachliche Klarheit, sondern auch einen verständlichen Aufbau der Bedingungen. Zu einer Intransparenz der Anleihebedingungen können im Einzelfall zB Vorbehalte zu Gestaltungsrechten des Emittenten, Verwendung von ungenauen Begriffen oder sonstige Bedingungen führen, deren Voraussetzungen oder Folgen unklar bleiben und demnach gegen das Bestimmtheitsgebot verstoßen könnten (statt vieler *Hartwig-Jacob* in Friedl/Hartwig-Jacob, § 3 Rn. 70 mwN; *Bliesener/Schneider* in Langenbucher/Bliesener/Spindler, Kap. 17, § 3 Rn. 3).

3

3. Reichweite des Transparenzgebots

Das Transparenzgebot nach § 3 ist **für alle Schuldverschreibungen nach deutschem Recht** anwendbar, die nach § 1 in den Anwendungsbereich des

4

SchVG fallen, unabhängig davon, ob der Emittent sich für ein *Opt-in* nach § 5 Abs. 1 Satz 1 entschieden hat.

5   Der Wortlaut des § 3 spricht davon, dass die **„vom Schuldner versprochene Leistung ermittelt werden können"** muss. Dies könnte dafür sprechen, dass lediglich die Leistungspflichten im engeren Sinne des Emittenten vom Transparenzgebot erfasst werden, nicht aber auch eventuelle Nebenbestimmungen. Entgegen § 2, der eine Differenzierung zwischen „Beschreibung der Leistung" und „Rechte und Pflichten des Schuldners" trifft, erfasst das Transparenzgebot gemäß § 3 nach dem Wortlaut alle Rechte und Pflichten, inklusive Leistungen. Zu berücksichtigen ist, dass auch die Nebenbestimmungen im Zweifel den Leistungsumfang mitgestalten und damit Bestandteil der Leistungspflicht des Schuldners im weiteren Sinne sind (*Dippel/Preuße* in Preuße, § 3 Rn. 8; *Schroeter* ZGR 2015, 769, 790 f.; *Bliesener/Schneider* in Langenbucher/Bliesener/Spindler, Kap. 17, § 3 Rn. 3 ff.; *Hartwig-Jacob* in Friedl/Hartwig-Jacob, § 3 Rn. 63 ff.; vgl. *Podewils* ZHR 174 (2010), 192, 195).

6   Das Transparenzgebot erfasst daneben auch Bestimmungen, die über § 2 Satz 2 **in die Anleihebedingungen inkorporiert worden sind** (*Bliesener/Schneider* in Langenbucher/Bliesener/Spindler, Kap. 17, § 3 Rn. 5; *Hartwig-Jacob* in Friedl/Hartwig-Jacob, § 3 Rn. 33). Dabei ist der jeweilig eingezogene Text und der Zusammenhang mit den übrigen Bedingungen dem Transparenzgebot zu unterziehen.

7   Schließlich ist das Transparenzgebot auch bei der Dokumentation von Schuldverschreibungen zu beachten. Bei Anleihen, die unter einem **Emissionsprogramm** (*Debt Issuance Programme*, dazu § 1 Rn. 7) begeben werden, enthält der Basisprospekt verschiedene Muster von Anleihebedingungen für unter dem Programm zulässige Emissionen, die mit den sog. endgültigen Bedingungen iSd § 6 Abs. 3 WpPG (*Final Terms*) finalisiert werden. Dadurch muss der Anleger im Grundfall die Anleihebedingungen aus zwei verschiedenen Dokumenten selbst zusammenstellen (*Long Form Conditions*), da es keine Verpflichtung zur Ausformulierung und Veröffentlichung der Anleihebedingungen in solchen Konstellationen gibt (*Hartwig-Jacob* in Friedl/Hartwig-Jacob, § 3 Rn. 39). Aus Gründen der Transparenz und besseren Lesbarkeit ist es allerdings im deutschen Markt üblich, insbesondere bei kleinen Stückelungen von typischerweise EUR 1.000 (Retailstückelung), eine **konsolidierte Fassung der Anleihebedingungen** (*Integrated Conditions*) zu erstellen, da man bei derartigen Anleihen davon ausgehen muss, dass auch weniger erfahrene Anleger das Wertpapier erwerben könnten. Aus den gleichen Erwägungen werden die Anleihebedingungen für derartige Schuldverschreibungen neben der englischen Fassung auch in **deutscher Sprache** erstellt, wobei Letztere als die bindende Sprachversion bestimmt wird (*Hartwig-Jacob* in Friedl/Hartwig-Jacob, § 3 Rn. 42; kritisch aber in Bezug auf die Transparenz für die nicht-deutschsprachigen Investoren und im Hinblick auf die weite Verbreitung der englischen Sprache: *Bliesener/Schneider* in Langenbucher/Bliesener/Spindler, Kap. 17, § 3 Rn. 10).

4. Bestimmung der Transparenz mittels Prospekte und Anlageberatung

8   Die Transparenz der Anleihebedingungen iSd § 3 ist nicht etwa mit der Verständlichkeit der Wertpapierbeschreibung in Prospekten gemäß § 5 Abs. 1 WpPG im Falle einer Prospektpflicht nach § 1 Abs. 1 WpPG gleichzusetzen. Ein Prospekt

soll gemäß § 5 Abs. 1 WpPG in leicht analysierbarer und verständlicher Form sämtliche Angaben im Hinblick auf (den Emittenten und) die Wertpapiere enthalten, die notwendig sind, dem Publikum ein zutreffendes Urteil ua über die mit diesen Wertpapieren verbundenen Rechte zu ermöglichen. Nach § 5 Abs. 1 Satz 3 WpPG muss darüber hinaus der Prospekt in einer Form abgefasst sein, die sein Verständnis und seine Auslegung erleichtern. Prospekte iSd WpPG dienen jedoch nicht der Herstellung der Transparenz von Anleihebedingungen im engeren Sinne des § 3, sondern sollen die Information der Anleger im Falle von öffentlichen Angeboten oder einer Zulassung an einem organisierten Markt ermöglichen (vgl. *Sester* AcP 209 (2009), 628, 647; *Schroeter* ZGR 2015, 769, 780 f. mit dem Hinweis auf gemäß § 3 Abs. 2 WpPG vorhandene Ausnahmen von der Prospektpflicht, wohingegen § 3 für alle Schuldverschreibungen zur Anwendung gelangt). Die hierfür den potenziellen Anlegern zur Verfügung gestellten Informationen betreffen aber nicht nur die Anleihebedingungen, sondern insbesondere die Emittentenbeschreibung und die mit dem Emittenten und den relevanten Wertpapieren verbundenen Risiken. Die Anleihebedingungen bilden daher nur einen Teil eines Prospekts iSd WpPG, so dass das SchVG mit § 3 eine Spezialregelung für Anleihebedingungen enthält. Ansonsten würden Inhaltsvoraussetzungen an Anleihebedingungen mit Vertriebsfragen vermengt (*Schmidt/Schrader* BKR 2009, 397, 400; *Schroeter* ZGR 2015, 769, 780 f.; vgl. auch *Hartwig-Jacob* in Friedl/Hartwig-Jacob, § 3 Rn. 34 f.).

Gleiches gilt auch für eine eventuell erfolgte **Anlageberatung des spezifischen Anlegers.** Das Transparenzgebot gilt für die Anleihebedingungen der Schuldverschreibung für alle Anleger einheitlich. Eine eventuelle Intransparenz der Anleihebedingungen wird nicht etwa durch eine adäquate Aufklärung oder Beratung des Anlegers geheilt (*Hartwig-Jacob* in Friedl/Hartwig-Jacob, § 3 Rn. 26; *Lenenbach*, Kapitalmarktrecht, Rn. 2.72). 9

III. Begriff des sachkundigen Anlegers

Von wesentlicher Bedeutung für die Ausgestaltung des Transparenzgebots ist der Maßstab des sachkundigen Anlegers, der objektiv für alle Gläubiger der Schuldverschreibung einheitlich zu ermitteln ist (*Bliesener/Schneider* in Langenbucher/Bliesener/Spindler, Kap. 17, § 3 Rn. 7 f.; *Sester* AcP 209 (2009), 628, 648; *Podewils* ZHR 174 (2010), 192, 195). Der Gesetzgeber hat sich dahingehend geäußert, dass allgemein erwartbare Vorkenntnisse des Adressatenkreises bei der Abfassung der Anleihebedingungen berücksichtigt werden können (Begr. RegE zu § 3). Welche Vorkenntnisse dies sein könnten, bleibt jedoch offen. Dem sachkundigen Anleger iSd § 3 dürfen im Ergebnis weitgehende Vorkenntnisse zugetraut werden, die über die iRv §§ 305 ff. BGB oder §§ 21 ff. WpPG geforderten Erfahrungen hinausgehen (*Dippel/Preuße* in Preuße, § 3 Rn. 11; *Hartwig-Jacob* in Friedl/Hartwig-Jacob, § 3 Rn. 2; *Schmidt/Schrader* BKR 2009, 397, 398). 10

1. Maßstab des Erklärungsempfängers iRd §§ 305 ff. BGB

IRd Transparenzgebots nach § 307 Abs. 1 BGB ist der relevante Maßstab grundsätzlich der durchschnittliche Vertreter der angesprochenen Kundenkreise und damit der rechtsunkundige Durchschnittsbürger (st. Rspr., vgl. BGHZ 106, 42, 49 = NJW 1989, 222; BGHZ 112, 115, 118 = NJW 1990, 2383; BGHZ 116, 1, 7 = NJW 1992, 179; BGH, NJW 1999, 2279, 2280; *Kieninger* in MüKoBGB, 11

§ 307 Rn. 58; vgl. auch *Heinrichs* in Palandt, § 307 Rn. 17). Eine Ausnahme wird nur dann angenommen, wenn es um Verträge zwischen Unternehmen verschiedener Handelsstufen der gleichen Branche geht, bei dem Fachwissen des Kunden angenommen werden kann (st. Rspr., BGH, NJW 1999, 942; *Kieninger* in MüKoBGB, § 307 Rn. 58). Die niedrigen Anforderungen an die Transparenz der allgemeinen Geschäftsbedingungen beziehen sich dabei jedoch lediglich auf eine geringere Verständlichkeit, nicht auf eine fehlende Konkretisierung, da auch diese für einen Unternehmer gleichermaßen nachteilig ist wie für einen Verbraucher (*Kieninger* in MüKoBGB, § 307 Rn. 58; **aA** OLG Brandenburg WM 2003, 1465).

2. Maßstab des Anlegers iRd Prospekthaftung gemäß §§ 21 ff. WpPG

12   Bei der Frage, ob ein Prospekt unrichtig oder unvollständig ist, sind die vorauszusetzenden Vorkenntnisse des potenziellen Anlegers iRv §§ 21 ff. WpPG ebenfalls zu berücksichtigen. In der Literatur wird zum Teil vertreten, dass maßgeblich nur ein „Fachmann" oder zumindest ein „verständiger Anleger" sein könne (*Groß*, §§ 44, 45 BörsG Rn. 41 f.; Nachweise bei *Assmann* in *Assmann/Schütze*, § 7 Rn. 64 Fn. 138 und 139). Die Rechtsprechung setzt jedoch geringere Anforderungen an die Vorkenntnisse der Anleger und damit höhere Voraussetzungen an die Erläuterungen im Prospekt. Danach soll der „durchschnittliche Anleger" genügen, der nicht in allen Einzelheiten mit der Materie vertraut ist, jedoch im Stande ist, eine Bilanz zu lesen (BGH WM 1982, 862, 865 *„Beton- und Monierbau"*; OLG Düsseldorf WM 1984, 586, 593 f.; OLG Frankfurt ZIP 2004, 1411, 1412; zustimmend *Ehricke* in Hopt/Voigt, S. 187, 220). Richtet sich die Anleiheemission erkennbar an Kleinanleger – zB indiziert durch eine kleine Mindeststückelung der Emission – sind nach der Rechtsprechung sogar keinerlei Spezialkenntnisse des Anlegers vorauszusetzen (BGH WM 2012, 2147 *„Wohnungsbau Leipzig"*).

3. Maßstab des sachkundigen Anlegers im SchVG

13   Dem sachkundigen Anleger iSd § 3 dürfen jedoch weitergehende Vorkenntnisse zugetraut werden als dies iRd §§ 305 ff. BGB oder §§ 21 ff. WpPG der Fall ist. Dies ist am **Schutzzweck der jeweiligen Norm** auszurichten. IRd Prospekthaftung gemäß §§ 21 ff. WpPG kann der Prospektverantwortliche seine Haftung ausschließen, wenn er nach § 23 Abs. 2 Nr. 3 WpPG nachweisen kann, dass der Erwerber die Unrichtigkeit oder Unvollständigkeit der Angaben kannte oder kennen musste. Es geht mithin um die Ermittlung der Ansprüche eines konkreten Anlegers. IRd § 3 zielt die Frage der Transparenz indes auf die **generelle Zulässigkeit der Klausel** ab und greift damit zeitlich früher ein. An die Unzulässigkeit sind somit erhöhte Voraussetzungen zu setzen und eine solche nur dann zu bejahen, wenn die Anleihebedingungen mit wesentlichen Grundprinzipien der Rechtsordnung kollidieren. IRd § 3 ist daher der sachkundige Anleger dahingehend zu verstehen, dass es sich um einen **Fachmann** handelt, der zB auf **Investitionen in auch riskante Anlagen spezialisiert** ist (vgl. Begr. RegE zu § 3; *Bredow/Vogel* ZBB 2009, 153, 155; *Podewils* ZHR 174 (2010), 192, 195; *Dippel/Preuße* in Preuße, § 3 Rn. 9; *Horn* FS Graf von Westpfalen, S. 353, 364; vgl. zum Terminus „Sachkunde" auch §§ 1 iVm 4 WpHG-Mitarbeiteranzeigeverordnung, die sich indes auf die geforderte Sachkunde von Mitarbeitern in der Anlageberatung nach § 34d WpHG beziehen und auf der Anlegerseite nur Indizien bieten können, dazu

Schroeter ZGR 2015, 769, 788 f.). Dafür spricht auch die Formulierung „Ermittlung des Leistungsversprechen" in § 3, der damit eine gewisse eigene Aktivität des Anlegers voraussetzt, um Zeitpunkt, Art und Höhe der versprochenen Zahlungspflichten zu erfahren (*Schroeter* ZGR 2015, 769, 791). Der „sachkundige Anleger" ist damit ein Anleger mit Sachkunde, der grundsätzlich wesentlich erfahrener ist als der Durchschnittsanleger iRd §§ 21 ff. WpPG und – aufgrund der noch geringeren Anforderungen an die Vorkenntnisse – auch erst recht als der Durchschnittskunde iSd §§ 305 ff. BGB (vgl. *Dippel/Preuße* in Preuße, § 3 Rn. 11; *Hartwig-Jacob* in Friedl/Hartwig-Jacob, § 3 Rn. 2, 23, 139 f.; *Schmidt/Schrader* BKR 2009, 397, 398; BGHZ 119, 305, 313).

Der Gesetzeswortlaut stellt auch lediglich auf abstrakt vorhandene Sachkunde 14 ab, so dass die Anleihebedingungen nicht die Möglichkeit der Verschaffung von entsprechender Sachkunde gewährleisten müssen und damit der Emittent auch grundsätzlich bei allen Emissionen, unabhängig davon, ob es bereits übliche oder neue Strukturen sind, die entsprechende Sachkunde voraussetzen kann (so auch *Hartwig-Jacob* in Friedl/Hartwig-Jacob, § 3 Rn. 141; *Dippel/Preuße* in Preuße, § 3 Rn. 13; *Schmidt/Schrader* BKR 2009, 397, 398; vgl. Begr. RegE zu § 3). Maßgeblich ist der durchschnittliche Verständnishorizont eines sachkundigen Anlegers. Erst wenn sich einem solchen die Leistungsversprechen des Schuldners und die Risiken der Anlage nicht erschließen, könnte ein Verstoß des Transparenzgebots vorliegen. Da es um die Ermittlung der generellen Zulässigkeit der Anleihebedingungen geht, ist nur der **sachkundige Anleger des Primärmarktes** maßgeblich, nicht die Sachkunde der eventuell später im Sekundärmarkt erwerbenden Anleger (*Schlitt/Schäfer* AG 2009, 477, 486; *Bliesener/Schneider* in Langenbucher/Bliesener/Spindler, Kap. 17, § 3 Rn. 7; *Schroeter* ZGR 2015, 769, 777, 789; vgl. auch *Dippel/Preuße* in Preuße, § 3 Rn. 17; *Sester* AcP 209 (2009), 629, 647).

4. Keine ausdrückliche Festlegung des Anlegerkreises

Aus der Referenzierung auf einen hinsichtlich der jeweiligen Art der Schuldverschreibung sachkundigen Anleger resultiert nicht, dass im Prospekt bzw. den Anleihebedingungen ausdrücklich darauf hinzuweisen ist, an welchen Investorenkreis sich die Anlage wendet (*Dippel/Preuße* in Preuße, § 3 Rn. 15; *Hartwig-Jacob* in Friedl/Hartwig-Jacob, § 3 Rn. 146 ff.; *Bliesener/Schneider* in Langenbucher/Bliesener/Spindler, Kap. 17, § 3 Rn. 8; *Schmidt/Schrader* BKR 2009, 397, 399; *Schlitt/Schäfer* FS Maier-Reimer, S. 615, 617; **aA** *Bredow/Vogel* ZBB 2009, 153, 155; *Schroeter* ZGR 2015, 769, 783 ff.; *Lenenbach*, Kapitalmarktrecht, Rn. 2.73; tendenziell auch *Sester* AcP 209 (2009), 628, 652). Eine solche Einschränkung der Emittenten würde die Begebung von Schuldverschreibungen unnötig erschweren und wäre damit ua mit dem Ziel des *Financial Services Action Plan* (Aktionsplan für Finanzdienstleistungen, Mitteilung der Kommission v. 11.5.1999, abgedruckt in ZBB 1999, 254 ff.) einer effektiven Kapitalallokation nicht zu vereinbaren. Der Gesetzgeber hat zwar auf den jeweiligen sachkundigen Anleger abgestellt, dahingehend jedoch **keinen ausdrücklichen Verweis in der Dokumentation vorgesehen.** Die Begr. RegE bleibt missverständlich, wenn dort davon die Rede ist, dass auch sehr komplizierte Bedingungen zulässig sein können, „soweit sie erkennbar an einen Anlegerkreis gerichtet sind, der über entsprechende Kenntnisse verfügt" (Begr. RegE zu § 3). Die Plenarprotokolle des Bundestages verdeutlichen jedoch, dass der Gesetzgeber nicht darauf abstellte, dass jeder individuelle Anleger alle Regelungen der Anleihebedingungen versteht. Denn zum

§ 3 Abschnitt 1 Allgemeine Vorschriften

Einen sei der **Kreis der konkreten Erwerber** zum Zeitpunkt der Begebung überhaupt nicht bekannt, zum Anderen könnten Emittenten auch gar nicht kontrollieren, wer die Schuldverschreibungen letztlich erwerben würde (Deutscher Bundestag, Plenarprotokoll 16/231 v. 3.7.2009, S. 26225, 26226; *Bliesener/Schneider* in Langenbucher/Bliesener/Spindler, Kap. 17, § 3 Rn. 8; *Dippel/Preuße* in Preuße, § 3 Rn. 15; *Sester* AcP 209 (2009), 628, 652; dies einräumend *Bredow/Vogel* ZBB 2009, 153, 155). Dies würde eine Differenzierung zwischen Erst- und Zweiterwerb zwar nahe legen, indes zu einer nicht sachgerechten Ungleichbehandlung führen (so auch *Schmidt/Schrader* BKR 2009, 397, 400; *Hartwig-Jacob* in Friedl/Hartwig-Jacob, § 3 Rn. 147; vgl. *Sester* AcP 209 (2009), 628, 650 ff.; *Schlitt/Schäfer* AG 2009, 477, 486). Es ist mithin bereits nach dem Wortlaut des § 3 vielmehr **objektiv durch Auslegung der Anleihebedingungen zu beurteilen,** welcher Anlegerkreis durch die Anleiheemission angesprochen wird (Deutscher Bundestag, Plenarprotokoll 16/231 v. 3.7.2009, S. 26225, 26226; zustimmend *Schmidt/Schrader* BKR 2009, 397, 399 f.).

16 Diese Auslegung richtet sich **nach den allgemeinen Grundsätzen der Rechtsprechung** des BGH zur Auslegung von Anleihebedingungen. Danach muss eine solche für alle Stücke einheitlich und unabhängig von den Besonderheiten beim einzelnen Inhaber erfolgen, da ansonsten die inhaltliche Austauschbarkeit aller Wertpapiere derselben Emission und die Funktionsfähigkeit des auf schnelle und anonyme Abwicklung des Massengeschäfts ausgerichteten Kapitalmarkts gefährdet wäre (BGH WM 2009, 1500, 1501 „*Änderungsklauseln*"; BGHZ 163, 311, 317 „*Einbeziehungskontrolle*"; BGHZ 28, 259, 263, 265; BGHZ 102, 384, 389 f.; BGH BKR 2008, 417, 418 f.; zustimmend *Sester* AcP 209 (2009), 628, 648; *Hopt* FS Steindorff, 340, 369; *Schroeter* ZGR 2015, 769, 779; *Hartwig-Jacob* in Friedl/Hartwig-Jacob, § 3 Rn. 155; *Habersack* in MüKoBGB, § 793 Rn. 47). Der BGH stellt dabei darauf ab, wie die Papiere der jeweiligen Art in den beteiligten Wirtschaftskreisen, mithin typischerweise bei Personen mit Fachwissen, im Zeitpunkt der Ausgabe allgemein beurteilt werden (BGH WM 2009, 1500, 1501 „*Änderungsklauseln*"; so auch *Schmidt/Schrader* BKR 2009, 397, 399). Etwas anderes kann auch nicht für den sachkundigen Anleger iSd § 3 gelten (vgl. auch *Sester* AcP 209 (2009), 628, 648).

17 Für die Annahme eines Individualschutzes des § 3 besteht iRd Auslegung zur Ermittlung des Adressatenkreises auch kein Bedürfnis, da die **berechtigen Einzelinteressen eines Anlegers** anderweitig geschützt werden. Zum einen durch das Prospektrecht, wonach der Prospekt gemäß § 5 Abs. 1 WpPG ein zutreffendes Urteil der Vermögenslage des Emittenten und der mit den Wertpapieren verbundenen Rechte ermöglichen soll. Bei Unrichtigkeit oder Unvollständigkeit des Prospekts kommt insbesondere eine Prospekthaftung nach § 21 ff. WpPG in Betracht, bei der es, wie unter Rn. 12 gezeigt, auf die individuellen Kenntnisse des Klägers ankommen kann. Zum anderen sind die Verhaltenspflichten der Wertpapierdienstleistungsunternehmen nach den §§ 31 ff. WpHG zu nennen, nach denen diese ua ihre Dienstleistungen mit der erforderlichen Sachkenntnis, Sorgfalt und Gewissenhaftigkeit im Interesse der Kunden zu erbringen haben, Interessenkonflikte vermeiden (§ 31 Abs. 1 WpHG) und die Kunden iRd Anlageberatung gemäß § 31 Abs. 4 WpHG anleger- und anlagegerecht beraten sollten (so auch *Sester* AcP 209 (2009), 628, 646 f., 651; vgl. dazu auch die von der Rechtsprechung entwickelten Grundsätze: grundlegend BGHZ 123, 126 „*Bond*"). Schließlich ist die Beratungshaftung durch das gleiche Artikelgesetz, das auch die Novellierung des SchVG bewirkt hat, im Wege der Neueinführung des § 34 Abs. 2a WpHG iVm § 14 Abs. 6 WpDVerOV gestärkt worden (vgl. Begr. RegE zu § 34 WpHG). Der Gesetzgeber zielte daher bei der Einführung des § 3 durch das gleiche Artikelgesetz nicht darauf ab, einen Anlegerkreis konkret bereits in den Anleihebedingungen zu benennen, um damit die Interessen der potenziellen Anleger zu schützen. Das Transparenzgebot gemäß § 3 gewährt mithin keinen individuellen Anlegerschutz, sondern gilt im Hinblick auf die zu wahrende Verkehrsfähigkeit der Schuldverschreibungen für alle Gläubiger einheitlich.

Als geeignetes **Indiz für den intendierten Adressatenkreis,** und daher im 18 Rahmen der Auslegung zu berücksichtigen, **erscheint die Höhe der Mindeststückelung;** im Falle einer Stückelung von ab EUR 1.000 (die übliche Stückelung für Retailemissionen, bei denen kein Gebrauch von Prospektausnahmen bzw. -begünstigungen nach § 1 Abs. 2 WpPG gemacht wird) muss ein Emittent damit rechnen, dass auch ein unerfahrener Anleger die Wertpapiere erwirbt und daher die Formulierung der Anleihebedingungen an diesen Investor ausrichten (*Sester* AcP 209 (2009), 628, 652; *Hartwig-Jacob* in Friedl/Hartwig-Jacob, § 3 Rn. 150). Ein weiteres Indiz für den Adressatenkreis kann sich indes auch aus der **Struktur des angebotenen Wertpapiers selbst** ergeben. Produkte wie *Asset-Backed-Securities* (ABS) oder *Commercial Mortgage Backed Securities* (CMBS) werden aufgrund ihrer komplexen Struktur und Abhängigkeit von Referenzwerten regelmäßig nur an auf solche Anlagen spezialisierte institutionelle Investoren verkauft und nicht etwa an private Kleinanleger (so auch die Einschätzung von *Hartwig-Jacob* in Friedl/Hartwig-Jacob, § 3 Rn. 149). Gleiches gilt auch zB für so genannte *Contingent Convertible Bonds* (CoCo's), die von Kreditinstituten zur Verbesserung ihrer Eigenkapitalbasis begeben werden und bei denen es bei Unterschreiten bestimmter Kernkapitalquoten (*Trigger Event*) zu einer Umwandlung in Instrumente des harten Kernkapitals (insb. Aktien) oder Herabschreibung des Nominalbetrags der Anleihe kommen kann. Die Aufsichtsbehörden untersagen zT (zB Financial Conduct Authority im Vereinigten Königreich, kritisch auch die BaFin) den Verkauf an Privatanleger aufgrund der hohen Komplexität des Produkts. Derartige Emissionen richten sich daher zwangsläufig lediglich an hinreichend erfahrene institutionelle Investoren.

IV. Richterliche Inhaltskontrolle nach §§ 305 ff. BGB

1. Anleihebedingungen als AGBs iSd §§ 305 ff. BGB

Über das Transparenzgebot hinaus könnten Anleihebedingungen auch einer 19 **Inhaltskontrolle** nach §§ 305 ff. BGB unterliegen. Der Gesetzgeber hat entgegen vielfach erhobener Bedenken (DAI-Stellungnahme, S. 1 ff.; DAV-Stellungnahme zum RefE, S. 4 f.; *Hopt* FS Schwark, 441, 445; auch *Oulds* CFL 2012, 353, 359 f.; *Schmidt/Schrader* BKR 2009, 397, 400; *Balz* ZBB 2009, 401, 410 in Fn. 26; IMF, The Design and Effectiveness of Collective Action Clauses, S. 7 f. unter Nr. 15), es in der Begründung zum Regierungsentwurf zum SchVG ausdrücklich offen gelassen, ob Anleihebedingungen der richterlichen Inhaltskontrolle nach den Vorschriften der Allgemeinen Geschäftsbedingungen nach §§ 305 ff. BGB. BGB unterfallen und damit die Fassung des § 795 Abs. 2 Satz 3 BGB-E Diskussionsentwurf von 2003 bzw. des § 2 Abs. 3 des Diskussionsentwurfs von 2004 aufgegeben (BMJ-Arbeitsentwurf: „Die §§ 305 bis 309 des Bürgerlichen Gesetzbuches sind nicht anzuwenden"). Diese Entscheidung hatte der Gesetzgeber in der Begründung

§ 3 Abschnitt 1 Allgemeine Vorschriften

zum Regierungsentwurf SchVG noch davon abhängig gemacht, ob die Richtlinie 93/13/EWG des Rates vom 5.4.1993 über missbräuchliche Klauseln in Verbraucherverträgen auf Anleihebedingungen anwendbar sein könnte. Obwohl die entsprechende **neue Verbraucherrechterichtlinie 2011/83/EU** vom 25.10.2011 in der Zwischenzeit verabschiedet worden war und Anleihebedingungen nicht erfasste (vgl. *Sester* AcP 209 (2009), 628, 644; *Baum* FS Hopt, 1595, 1612; vgl. zur englischen Umsetzung *Burn* in Baums/Cahn, S. 219, 223), ist der Gesetzgeber in seiner Begründung zum Gesetzesentwurf zum BSchuWG (dazu allgemein → Vor § 5 Rn. 43 ff.) von einer grundsätzlichen Einordnung von Anleihebedingungen als Allgemeine Geschäftsbedingungen ausgegangen (dazu Begr. RegE, BT-Drucks. 17/9049, Allg. Teil S. 7). Die Anwendbarkeit der §§ 305 ff. BGB auf Anleihebedingungen wird in der Literatur umfassend diskutiert, jedoch von der Rechtsprechung bisher vorausgesetzt (zum Spektrum der in der Literatur vertretenen Ansichten und zur bisher ergangenen Rechtsprechung → Vor § 5 Rn. 4 ff.).

2. Verhältnis des § 307 Abs. 1 Satz 2 BGB zu § 3

20   Das Transparenzgebot wird als spezialgesetzliches Transparenzgebot für Anleihebedingungen hinsichtlich des Leistungsversprechens des Emittenten bezeichnet (Begr. RegE, S. 21) und ist daher nach zutreffender Ansicht **als *lex specialis* zu der Regelung in § 307 Abs. 1 Satz 2 BGB** zu sehen (so *M. Otto* WM 2010, 2013, 2015; *Dippel/Preuße* in Preuße, § 3 Rn. 65; *Hartwig-Jacob* in Friedl/Hartwig-Jacob, § 3 Rn. 16; *R. Müller* in Kümpel/Wittig, Rn. 15.341; *Schmidt/Schrader* BKR 2009, 397, 398, 400; *Leuering/Zetzsche* NJW 2009, 2856, 2857; *Schlitt/Schäfer* AG 2009, 477, 485 f.; *Horn* BKR 2009, 446, 453; *Horn* FS Graf von Westphalen, S. 353, 362; *Tetzlaff* in Schimansky/Bunte/Lwowski BankR-HdB, § 88 Rn. 44; *Schroeter* ZGR 2015, 769, 792; vgl. auch *Sester* AcP 209 (2009), 628, 650; *Baum* FS Hopt, S. 1595, 1609 f.). Es stellt mithin eine Einschränkung der weitergehenden Inhaltskontrolle nach den Regelungen der Allgemeinen Geschäftsbedingungen dar. Ein anderes Verständnis über das Verhältnis der beiden Vorschriften würde den Sinn der Einführung des Transparenzgebots in § 3 grundlegend in Frage stellen. Letztlich greift das SchVG hier auf das aus dem Finanzmarktrichtlinieumsetzungsgesetz (FRUG) bekannte Konzept zurück, den Schutz des Investors an seiner Schutzbedürftigkeit, dh an seinen Vorkenntnissen und Erfahrungen, auszurichten (so auch *Schlitt/Schäfer* AG 2009, 477, 486; vgl. die Kundenkategorisierung in § 31a WpHG). Im Sinne einer uneingeschränkten Fungibilität der Schuldverschreibungen darf demnach auch die Auslegung der Anleihebedingungen nicht von individuellen Umständen abhängen, sondern lediglich objektiv erfolgen (*Sester* AcP 209 (2009), 628, 640 f.; → Rn. 16). Zudem scheidet eine Kontrolle nach § 307 Abs. 3 BGB aus, da die Anleihebedingungen regelmäßig eine spezifisch austarierte Risiko- und Chancenverteilung enthalten, die durch die Änderung einzelner Bestimmungen beeinträchtigt würde (zB bei ABS-Transaktionen der sog. *Waterfall*). Dies gilt uneingeschränkt für alle Schuldverschreibungen, die in den Anwendungsbereich des SchVG fallen (anders offenbar *Horn* ZHR 173 (2009), 12, 39 für komplexe Derivate), da § 3 keinerlei Differenzierung vorsieht.

21   Problematisch ist die Anwendbarkeit des § 3 bei Schuldverschreibungen, auf die nach dem Wortlaut des § 1 Abs. 2 Satz 1 das SchVG nicht anwendbar sein soll (→ § 1 Rn. 39 ff.). Dies führt im Ergebnis dazu, dass zB auf Emissionen des Bundes – mangels einer dem § 3 entsprechenden Regelung im BSchuWG –

strengere Anforderungen an die Transparenz der Anleihebedingungen zu stellen sind als an sonstige Unternehmensanleihen oder auch insbesondere an Staatsanleihen von Drittstaaten (vgl. *Preuße* in Preuße, § 1 Rn. 35; *Schroeter* ZGR 2015, 769, 793; *Horn* BKR 2009, 446, 453; *Oulds* CFL 2012, 353, 359 f.). Dies scheint nicht sachlich gerechtfertigt zu sein und dürfte auch nicht im Interesse des Marktes liegen. Auch hieran zeigt es sich, dass *de lege ferenda* generell bei in § 1 Abs. 2 genannten Schuldverschreibungen ein *Opt-in*-Recht bestehen bzw. speziell bei Emissionen des Bundes § 3 anwendbar sein sollte, wenn keine derartige Vorschrift in das BSchuWG aufgenommen wird (*Oulds* CFL 2012, 353, 360; weitergehend *Bliesener/Schneider* in Langenbucher/Bliesener/Spindler, Kap. 17, § 1 Rn. 59; *Hartwig-Jacob* in Friedl/Hartwig-Jacob, § 1 Rn. 162, 165, § 3 Rn. 22, die dies bereits *de lege lata* annehmen („technisches Versehen des Gesetzgebers"), → § 1 Rn. 50).

V. Leistungsbestimmungsrechte

Das Transparenzgebot hindert nicht die Statuierung von einseitigen Leistungsbestimmungsrechten in den Anleihebedingungen. Die Leistungsbestimmungsrechte sind aber im Einklang mit der Rechtsprechung des BGH zu Änderungsklauseln zu formulieren. 22

1. Begriff

In der Praxis sind solche Leistungsbestimmungsrechte der Emittenten durchaus üblich und treten zB in Form von **Änderungsrechten** in Zertifikatebedingungen, wie der Austausch von Basiswerten, oder **Bestimmungsrechten** auf, zB bei der Fixierung von Barrieren innerhalb von festgelegten Spannen und Mindestwerten aE der Zeichnungsfrist (dazu *Schmidt/Schrader* BKR 2009, 397, 402; *Dippel/Preuße* in Preuße, § 3 Rn. 69; *Heidelbach/Preuße* BKR 2008, 10, 14; *Podewils* DStR 2009, 1914, 1915). Ein weiteres Beispiel solcher Leistungsbestimmungsrechte sind **Verwässerungsschutzbestimmungen** in Wandel- und Umtauschanleihebedingungen (dazu *Schlitt/Hemeling* in Habersack/Mülbert/Schlitt, § 12 Rn. 67 ff.; *Schlitt/Kammerlohr* in Habersack/Mülbert/Schlitt, § 13 Rn. 26 ff.), bei denen insbesondere die Höhe der Leistungspflichten von bestimmten Bedingungen abhängig sein kann. Im Falle der Beteiligung der Altaktionäre verwässernden Ereignissen wie Kapitalmaßnahmen oder Vermögensveräußerungen des Emittenten sehen die Anleihebedingungen idR eine Anpassung des Wandlungsverhältnisses oder Wandlungspreises im Interesse der Gläubiger der Wandelanleihe vor. Hintergrund dafür ist, dass der ökonomische Wert der Wandelschuldverschreibung maßgeblich von diesen Parametern geprägt wird und sich die zum Zeitpunkt der Emission getroffenen Annahmen durch die verwässernden Umstände verändert haben. Mit Hilfe dieser Vorbehalte kann der Emittent mithin einseitig das in den Emissionsbedingungen statuierte Rechtsverhältnis mit den Anleihegläubigern gestalten (*Schmidt/Schrader* BKR 2009, 397, 402; *Friedl/Schmidtbleicher* in Friedl/Hartwig-Jacob, § 4 Rn. 30). 23

2. Abgrenzung

Diese einseitigen Leistungsbestimmungsrechte sind abzugrenzen von sog. **Gleitklauseln.** Darunter sind Klauseln in Anleihebedingungen zu verstehen, bei 24 denen das Rechtsverhältnis zwischen Emittent und Anleihegläubiger unmittelbar an eine bestimmte Bezugsgröße gekoppelt ist. Typisches Beispiel ist die **Höhe der Verzinsung bei variabel verzinslichen Schuldverschreibungen** (*Floating Rate Notes*), die an die Entwicklung eines Marktzinssatzes wie dem EURIBOR gebunden sind. Die Leistungspflichten resultieren in solchen Fällen unmittelbar aus der Änderung der jeweiligen Bezugsgröße und unabhängig von einer ändernden Erklärung des Emittenten; der in den Anleihebedingungen ebenfalls vereinbarte Aufschlag (Marge) auf den Referenzzinssatz, der das spezifische Kreditrisiko des jeweiligen Emittenten reflektiert, bleibt zB über die Laufzeit unverändert (vgl. *Schmidt/Schrader* BKR 2009, 397, 402; *Dippel/Preuße* in Preuße, § 3 Rn. 73; *Hartwig-Jacob* in Friedl/Hartwig-Jacob, § 3 Rn. 134). Solche Klauseln erfüllen die Voraussetzungen des Transparenzgebots, wenn die Anleihebedingungen hinreichende Angaben und Bestimmungsmerkmale der Bezugsgröße enthalten (*Hartwig-Jacob* in Friedl/Hartwig-Jacob, § 3 Rn. 135). In der Praxis von zB variabel verzinslichen Schuldverschreibungen wird in den Anleihebedingungen typischerweise die konkrete Bildschirmseite des Nachrichtendienstes (wie Reuters oder Bloomberg) angegeben, auf der der jeweilige Zinssatz (zB 3-Monats-EURIBOR oder 6-Monats-LIBOR) zum Bestimmungszeitpunkt von der Berechnungsstelle abgefragt werden wird bzw. die jeweiligen Eskalationsprozesse ausführlich dargestellt, falls durch einen Systemzusammenbruch oä die entsprechenden Daten auf der Bildschirmseite nicht erhältlich sein sollten.

25 Gegen die Zulässigkeit von Gleitklauseln sprechen auch nicht die **skripturrechtlichen Anforderungen** nach §§ 793, 796 BGB, die einen Spielraum für eine Auslegung der Emissionsbedingungen gemäß §§ 133, 157 BGB und für die Bezugnahme auch außerhalb der Urkunde liegende Umstände zur Verfügung stellen (*Bliesener*, S. 355, 358; *Grundmann* in Schimansky/Bunte/Lwowski BankR-HdB, § 112 Rn. 114; vgl. auch BGHZ 28, 259, 263 f.).

3. Zulässigkeit im Lichte des Transparenzgebots

26 Einseitige Leistungsbestimmungsrechte sind nach herrschender Ansicht **grundsätzlich zulässig** und sind Ausfluss der Privatautonomie (*Dippel/Preuße* in Preuße, § 3 Rn. 71; *Hartwig-Jacob* in Friedl/Hartwig-Jacob, § 3 Rn. 81). Dabei geht es bei Schuldverschreibungen typischerweise nicht um die Überwindung von Einigungsmängeln der Parteien, sondern entweder um das Ausfüllen von Vertragslücken, die wie Bestimmungsvorbehalte nach dem billigem Ermessen einer Partei gemäß §§ 315 Abs. 1, 317 Abs. 1 BGB unter Berücksichtigung des Transparenzgebots geschlossen werden könnten (wie zB Schuldnerersetzung, Änderung von Zahlstellen oder Berechnungsstellen, vgl. *Bliesener*, S. 355, 359; *Podewils* ZHR 174 (2010), 192, 199; *Podewils* DStR 2009, 1914, 1916; *Gottwald* in MüKoBGB, § 315 Rn. 1a; *Rieble* in Staudinger, § 315 BGB Rn. 5 f.) oder um die Ermittlung der konkreten Leistungspflicht zum jeweiligen relevanten Tag (zB Zinszahlungstag) anhand einer vorher vereinbarten Formel oder sonstigen Berechnungsmethode. Die Instanzen-Rechtsprechung hat grundsätzlich ein Interesse an solchen Vereinbarungen für die Funktionsfähigkeit des Kapitalmarkts anerkannt (OLG Frankfurt, BeckRS 2007, 01589; zustimmend *Dippel/Preuße* in Preuße, § 3 Rn. 71; *Schmidt/Schrader* BKR 2009, 397, 402). Auch der BGH hat die Zulässigkeit bisher nicht grundsätzlich in Frage gestellt, indes in Bezug auf Optionsscheinbedingungen die Grenzen der **Ausgestaltung im Hinblick auf sog. Änderungsklauseln** aufgezeigt (BGH WM 2009, 1500, 1502; *Bliesener*, S. 355, 358 f.; BGH NJW

2005, 2917 ff.). Änderungsklauseln können auch die Gestalt eines einseitigen Leistungsbestimmungsrechts annehmen, so dass man im Ergebnis davon ausgehen kann, dass die Rechtsprechung für einseitige Leistungsbestimmungsrechte die gleichen oder ähnliche Grundsätze anwenden wird. Hierauf wird bei der Ausgestaltung eines einseitigen Leistungsbestimmungsrechts in Anleihebedingungen daher zu achten sein.

4. Anforderungen an die Ausgestaltung

Nach der Rechtsprechung des BGH muss eine solche Änderungsklausel konkret zunächst so ausgestaltet sein, dass sie für die Anleihegläubiger **zumutbar** ist (BGH WM 2009, 1500, 1502; BGHZ 89, 206, 211). Die Ermittlung erfordert eine Interessenabwägung zwischen den Interessen des Klauselverwenders die Leistungspflichten abändern zu können und dem Interesse des Gläubigers an der Unveränderlichkeit der zu erbringenden Leistung (*Dippel/Preuße* in Preuße, § 3 Rn. 63; *Podewils* ZHR 174 (2010), 192, 201; *Hartwig-Jacob* in Friedl/Hartwig-Jacob, § 3 Rn. 82). Grundsätzlich geht die Rechtsprechung davon aus, dass ein Änderungsvorbehalt, der sich nicht nur auf die Umstände der Leistungserbringung oder auf Nebenpflichten bezieht, sondern eine Änderung des Inhalts oder Umfangs der Hauptleistung ermöglicht, als besonders nachteilig und dies möglicherweise als Indiz für eine Unzumutbarkeit anzusehen ist (BGH WM 2008, 308; vgl. *Coester-Waltjen* in Staudinger, § 308 BGB Rn. 7; *Kieninger* in MüKoBGB, § 308 Nr. 4 BGB Rn. 7). Darüber hinaus muss nach der Rechtsprechung das Leistungsbestimmungsrecht dem **Grundsatz der Erforderlichkeit** entsprechen, woran es insbesondere dann fehlen kann, wenn der Verwender dem Vertragspartner bereits bei Vertragsschluss die Leistung in der geänderten Form hätte versprechen können (BGH WM 2009, 1500, 1502; *Wolf/Lindacher/Pfeiffer/Dammann*, § 308 Nr. 4 BGB Rn. 24; vgl. auch BGH WM 1987, 426, 429). Schließlich müssen die Voraussetzungen und Folgen der Änderungsklausel für die Investoren ein gewisses **Maß an Kalkulierbarkeit** hinsichtlich der möglichen Leistungsänderung enthalten (BGH WM 2008, 308; BGH WM 2009, 1500, 1502; BGH, NJW 2000, 651, 652; zustimmend *Podewils* ZHR 174 (2010), 192, 201; *Hartwig-Jacob* in Friedl/Hartwig-Jacob, § 3 Rn. 87). Diese Voraussetzungen sind zB nach der Rechtsprechung dann nicht erfüllt, wenn der Emittent die Bedingungen nachträglich ändern kann, soweit ihm dies „angemessen und erforderlich erscheint, um den wirtschaftlichen Zweck der Bedingungen gerecht zu werden". Das gilt selbst dann, wenn die Änderung lediglich einen vermeintlich offensichtlichen Irrtum beseitigen soll (BGH WM 2009, 1500, 1502).

Etwas anderes gilt für sog. **„*Mistrade*"-Klauseln,** nach denen die Vertragsparteien eine eng befristete Möglichkeit der einseitigen Vertragslösung besitzen, wenn der Wertpapierkauf zu einem offensichtlich nicht marktgerechten Preis abgeschlossen worden war (grundlegend BGH WM 2002, 1687, 1689 „*Mistrade*"; dazu OLG Frankfurt WM 2009, 1032, 1034; *Fleckner/Vollmuth* WM 2004, 1263, 1264; *Fridrich/Seidel* BKR 2008, 497; zur AGB-Inhaltskontrolle *Horn* BKR 2009, 446, 453). Solche Klauseln berücksichtigen die aus der Irrtumsanfechtung bekannten Grundsätze, wonach die Vertragsparteien im Falle einer Anfechtung wegen Irrtums nicht mehr an den Vertrag gebunden sind und sind bereits nach den Börsenusancen seit langem anerkannt (vgl. zB §§ 24, 29 der Bedingungen für Geschäfte an der Frankfurter Wertpapierbörse). Daher sind diese *Mistrade*-Klauseln in der im Markt üblichen Ausgestaltung auch mit § 3 vereinbar.

VI. Rechtsfolgen eines Verstoßes

1. Allgemeines

29 Die Rechtsfolgen eines Verstoßes gegen das Transparenzgebot sind nicht ausdrücklich stipuliert. Der Gesetzgeber hat sich diesbezüglich recht intransparent gehalten und verweist lediglich darauf, dass die allgemeinen Bestimmungen anwendbar seien. Je nach den konkreten Umständen des Einzelfalls sei daher eine Auslegung der Anleihebedingungen, ein Anspruch aus §§ 280 Abs. 1, 311 Abs. 2 iVm 241 Abs. 2 BGB (*culpa in contrahendo*) oder eine Nichtigkeit wegen Verstoßes gegen ein gesetzliches Verbot wie § 134 BGB möglich (Begr. RegE zu § 3; kritisch *Leuering/Zetzsche* NJW 2009, 2856, 2857 f.). In der Literatur wird daher zum Teil auf eine erhöhte Rechtsunsicherheit für Anleihegläubiger und Emittenten hingewiesen (*Schmidt/Schrader* BKR 2009, 397, 398). Im Ergebnis ist insbesondere die Möglichkeit der **Auslegung von Anleihebedingungen** und auch eine denkbare Schadensersatzpflicht zu bejahen. Streng genommen ist die Auslegung allerdings nicht als eine Rechtsfolge der Intransparenz zu betrachten, sondern dient diese der Ermittlung, ob eine Klausel dem Transparenzgebot gerecht wird (*Bliesener/Schneider* in Langenbucher/Bliesener/Spindler, Kap. 17, § 3 Rn. 12; *Hartwig-Jacob* in Friedl/Hartwig-Jacob, § 3 Rn. 2, 49, 156; *Schroeter* ZGR 2015, 769, 797).

2. Nichtigkeit oder Schadensersatz?

30 Die **Nichtigkeit einer Klausel der Anleihebedingungen** ist nur dann zu bejahen, wenn selbst der fachkundigste Anleger nicht in der Lage ist, die versprochene Leistung zu ermitteln. Wie gezeigt, ist zur Erhaltung der Fungibilität der Schuldverschreibungen eine einheitliche Auslegung geboten (→ Rn. 16), so dass eine vermeintliche Intransparenz der Klausel aus Sicht eines durchschnittlichen Anlegers nicht relevant ist und daher auch § 3 auf den sachkundigen Anleger als Maßstab abstellt. Die Voraussetzungen an eine Nichtigkeit sind auch deswegen hoch anzusetzen und nur in Ausnahmefällen anzunehmen (*Bliesener/Schneider* in Langenbucher/Bliesener/Spindler, Kap. 17, § 3 Rn. 16 ff.; *Hartwig-Jacob* in Friedl/Hartwig-Jacob, § 3 Rn. 158; *Tetzlaff* in Schimansky/Bunte/Lwowski, BankR-HdB, § 88 Rn. 45; *Leuering/Zetzsche* NJW 2009, 2856, 2857), da bei Schuldverschreibungen nur schwierig zwischen Haupt- und Nebenabreden differenziert werden kann und § 3 die Transparenz aller Bestimmungen der Anleihebedingungen erfasst (→ Rn. 5). Eine Nichtigkeit würde demnach praktisch zum Wegfall des Vertrags führen, so dass zB für eine richterliche Vertragsergänzung kein Raum besteht (*Sester* AcP 209 (2009), 628, 659; *Dippel/Preuße* in Preuße, § 3 Rn. 22; *Hartwig-Jacob* in Friedl/Hartwig-Jacob, § 3 Rn. 159; *Tetzlaff* in Schimansky/Bunte/Lwowski, BankR-HdB, § 88 Rn. 45). Problematisch ist auch, dass der Anleihegläubiger regelmäßig seine Geldleistung bereits erbracht hat und der Emittent im Rahmen einer Rückabwicklung sich womöglich auf eine Entreicherung nach § 818 Abs. 3 BGB berufen könnte (*Baum* FS Hopt, 1595, 1608; *Leuering/Zetzsche* NJW 2009, 2856, 2857; *Dippel/Preuße* in Preuße, § 3 Rn. 22; *Podewils* ZHR 174 (2010), 192, 196; *Schroeter* ZGR 2015, 769, 797). Schließlich würde die Nichtigkeit einer Klausel auch die Funktionsfähigkeit des Kapitalmarkts gefährden, da die Nichtigkeit aufgrund der kollektiven Bindung nach § 4 gegenüber sämtlichen Anleihegläubigern gelten würde und somit auch die gesamte Anleihe unter entsprechenden praktischen Schwierigkeiten rückabgewickelt werden müsste (*Bliesener/Schneider* in Langenbucher/Bliesener/Spindler, Kap. 17, § 3 Rn. 16a; *Hartwig-Jacob* in Friedl/Hartwig-Jacob, § 3 Rn. 160).

Es verbleibt damit der **Schadensersatzanspruch** nach §§ 280 Abs. 1, 311 Abs. 2 iVm 241 Abs. 2 BGB (*culpa in contrahendo*) auf das **negative Interesse** (so auch *Sester* AcP 209 (2009), 628, 659 f., 665; *Dippel/Preuße* in Preuße, § 3 Rn. 22; *Bliesener/Schneider* in Langenbucher/Bliesener/Spindler, Kap. 17, § 3 Rn. 15; *Schroeter* ZGR 2015, 769, 798; *Leuering/Zetzsche* NJW 2009, 2856, 2857; *Hartwig-Jacob* in Friedl/Hartwig-Jacob, § 3 Rn. 161 ff.; *Tetzlaff* in Schimansky/Bunte/Lwowski BankR-HdB, § 88 Rn. 45). Ersetzt wird dabei als Mindestschaden der Anlagezins entsprechend einer vergleichbaren Anleihe eines vergleichbaren Emittenten mit ähnlichem Rating (*Hartwig-Jacob* in Friedl/Hartwig-Jacob, § 3 Rn. 163; anders *Sester* AcP 209 (2009), 628, 665, der lediglich den Zinssatz einer Bundesanleihe mit ähnlicher Laufzeit ansetzen möchte, die jedoch aufgrund des guten Ratings der Bundesrepublik gering verzinst wird und daher im Zweifel nicht als adäquater Schadensersatz erscheint). Der **Anspruchsgegner des Schadensersatzanspruchs** sind der Emittent oder uU die emissionsbegleitenden Banken unter den üblichen Voraussetzungen wie Kausalität des Schadens und Verschulden des Anspruchsgegners. Für den Schadensersatzanspruch spricht insbesondere, dass der Ausgleich lediglich zwischen dem vermeintlich geschädigten Anleger und dem Anspruchsgegner erfolgt und nicht die Gesamtheit der Anleihegläubiger tangiert (*Sester* AcP 209 (2009), 628, 660).

31

§ 4 Kollektive Bindung

¹**Bestimmungen in Anleihebedingungen können während der Laufzeit der Anleihe durch Rechtsgeschäft nur durch gleichlautenden Vertrag mit sämtlichen Gläubigern oder nach Abschnitt 2 dieses Gesetzes geändert werden (kollektive Bindung).** ²**Der Schuldner muss die Gläubiger insoweit gleich behandeln.**

Übersicht

	Rn.
I. Einführung	1
II. Gleichlautender Vertrag mit sämtlichen Gläubigern	2
1. Erfordernis einer Zustimmung des Schuldners	3
2. Zustimmung durch Einwilligung oder Genehmigung	4
3. Beachtung der gesellschaftsrechtlichen Ermächtigungen	6
4. Rechtsfolge einer Verweigerung der Zustimmung	8
III. Kollektive Bindung (Satz 1)	9
1. Begriff	9
2. Funktion der kollektiven Bindung	11
3. Rechtsnatur des Kollektivs der Anleihegläubiger	12
a) Meinungsstand	13
b) Eigene Stellungnahme	15
4. Reichweite der kollektiven Bindung	23
a) Rechtsgeschäftliche Änderungen	23
b) Gerichtlich herbeigeführte Änderungen	24
c) Erstreckung der kollektiven Bindung auf die Garantie	32
d) Erstreckung der kollektiven Bindung auf vorangegangene Kündigungen durch Anleihegläubiger	35

	Rn.
e) Einseitige Leistungsbestimmungsrechte	38
f) Zeitliche Reichweite der kollektiven Bindung	39
g) Nichtigkeit des Gläubigerbeschlusses als Grenze der kollektiven Bindung	40
5. Korrektur offensichtlicher Fehler	43
IV. Gleichbehandlungsgrundsatz (Satz 2)	44
1. Bilateraler Handlungsspielraum	46
2. Rückkauf von Schuldverschreibungen	47
3. Gleichbehandlung iRd Insolvenz	49
4. Allgemeinverbindlichkeit der Gläubigerbeschlüsse	50

I. Einführung

1   § 4 statuiert den Grundsatz, dass eine nachträgliche Änderung der Anleihebedingungen nur dann möglich ist, wenn der Schuldner **mit allen Gläubigern einen gleich lautenden Vertrag** abschließt. Diese Vorschrift gilt für alle Schuldverschreibungen, die unter § 1 fallen, zwingend (*Friedl/Schmidtbleicher* in Friedl/Hartwig-Jacob, § 4 Rn. 6; *Röh/Dörfler* in Preuße, § 4 Rn. 8; *Horn* BKR 2009, 446, 448). Die Anleihebedingungen können indes vorsehen, ob und wieweit eine Änderung der Emissionsbedingungen durch Mehrheitsbeschluss der Gläubiger nach den Vorschriften des Abschnitts 2 des SchVG möglich sind, um somit die grundsätzliche **Zustimmung aller Gläubiger zu ersetzen**. Dieses Wahlrecht stellt ein Novum gegenüber dem SchVG 1899 dar, wonach die gesetzlichen Regelungen automatisch anwendbar waren (darauf verweist auch die Begr. RegE S. 22). Darüber hinaus kann die Zustimmung der Gläubiger durch den gemeinsamen Vertreter erteilt werden (vgl. zu den möglichen Aufgaben § 7 Abs. 2). Wenn der gemeinsame Vertreter bereits in den Anleihebedingungen bestellt wurde, darf die entsprechende Änderung der Anleihebedingungen keinen Verzicht auf Rechte der Gläubiger enthalten, § 8 Abs. 2 Satz 2; im Falle einer Bestellung durch einen Gläubigerbeschluss ist dies dagegen möglich, wenn die Befugnisse des gemeinsamen Vertreters entsprechend gemäß § 7 Abs. 2 durch die Gläubigermehrheit beschlossen wurde (§§ 7, 8).

II. Gleichlautender Vertrag mit sämtlichen Gläubigern

2   Nach § 4 Satz 1 ist ein gleichlautender Vertrag mit sämtlichen Gläubigern oder ein Gläubigerbeschluss nach Abschnitt 2 des SchVG zur nachträglichen Änderung von Anleihebedingungen erforderlich. Das Gesetz versucht demnach mit den Vorschriften in Abschnitt 2 des SchVG nur das Erfordernis der Einstimmigkeit seitens der Gläubiger zu vermeiden. Die Vorschrift regelt daher ausdrücklich lediglich die Willenserklärung auf der Gläubigerseite und nicht die auf der Schuldnerseite.

1. Erfordernis einer Zustimmung des Schuldners

3   Der Wortlaut des § 4 bleibt insofern ein wenig missverständlich, indem nicht explizit festgestellt wird, dass die Zustimmung des Schuldners immer notwendig ist, wohingegen dies in § 24 Abs. 2 für die Änderung von Anleihebedingungen von vor dem Inkrafttreten des SchVG begebenen Schuldverschreibungen aus-

Kollektive Bindung **§ 4**

drücklich statuiert ist. Gleichwohl ist eine Zustimmung des Schuldners auch iRd § 4 erforderlich, da ein Vertrag mit den Gläubigern nach allgemeinen zivilrechtlichen Grundsätzen zwei übereinstimmende Willenserklärungen voraussetzt und damit auch eine **Willensbekundung des Schuldners** (vgl. BGH WM 2015, 470 = BB 2015, 719 Rn. 44 mit Anm. Moser; zustimmend *Bliesener/Schneider* in Langenbucher/Bliesener/Spindler, Kap. 17, § 5 Rn. 77; *Röh/Dörfler* in Preuße, § 4 Rn. 29, 32; *Vogel* in Preuße, § 5 Rn. 1; *Schmidtbleicher*, S. 202 in Fn. 249, 377 ff.; *Friedl/Schmidtbleicher* in Friedl/Hartwig-Jacob, § 4 Rn. 39; *Kessler/Rühe* BB 2014, 907, 911). Die explizite Statuierung der Zustimmung durch den Schuldner war daher zu recht zum Teil vorgeschlagen worden (DAI-Stellungnahme, S. 6). Der Gesetzgeber verzichtete indes darauf, offenbar unter dem Eindruck, dass im Regelfall der Schuldner ohnehin einen entsprechenden Beschluss in Notsituationen herbeiführen und deswegen den Spielraum des SchVG nutzen werden möchte (vgl. zB Begr. RegE S. 21 und den Wortlaut des § 5 Abs. 3: „die Gläubiger können folgenden Maßnahmen *zustimmen*"). Dann könnte man nämlich die Zustimmung des Schuldners als konkludent erteilt ansehen (→ Rn. 4 ff.).

2. Zustimmung durch Einwilligung oder Genehmigung

Der Schuldner kann zunächst dem Beschluss der Gläubigerversammlung durch **Genehmigung** zustimmen, indem er nach Beschlussfassung durch die Gläubiger seine Zustimmung erteilt. Dies stellt im Zweifel für den Emittenten die vorzugswürdige Variante dar (*Friedl/Schmidtbleicher* in Friedl/Hartwig-Jacob, § 4 Rn. 43). Die Zustimmung könnte aber auch in Form der **Einwilligung** vor dem Beschluss der Gläubigerversammlung erfolgen (*Röh/Dörfler* in Preuße, § 4 Rn. 33; *Friedl/ Schmidtbleicher* in Friedl/Hartwig-Jacob, § 4 Rn. 39). Das Vorliegen einer konkludent erklärten Einwilligung kann zB bejaht werden, wenn der Schuldner als Einberufender bestimmte Beschlussgegenstände der Gläubigerversammlung nach § 13 Abs. 1 vorschlägt. Etwas anderes gilt indes für den Fall, dass der Schuldner auf Verlangen der Gläubiger zu einer Gläubigerversammlung gemäß § 9 Abs. 1 Satz 2 einlädt. Das Gesetz enthält keinen Formzwang für die Zustimmungserklärung (*Friedl/Schmidtbleicher* in Friedl/Hartwig-Jacob, § 4 Rn. 44; *Röh/Dörfler* in Preuße, § 4 Rn. 34). Allerdings werden Änderungen der Anleihebedingungen erst dann wirksam, wenn sie in der Urkunde oder den Anleihebedingungen vollzogen sind (§ 21 Abs. 1 Satz 1). Im Falle der marktüblichen Verwahrung der Sammelurkunde durch eine Wertpapiersammelbank müssen dieser die einvernehmlichen Änderungen in geeigneter Form dokumentiert werden, damit sie die Änderungen der Anleihebedingungen (nach-)vollziehen kann (§ 21 Abs. 1 Satz 2; → § 21 Rn. 5). Vor diesem Hintergrund sollte der Schuldner die Zustimmung regelmäßig entweder iRd Gläubigerversammlung zur Niederschrift oder in einem separat beglaubigten Dokument erklären, ansonsten wird die Wertpapiersammelbank die Einvernehmlichkeit der Änderungen nicht feststellen können und die Änderungen mithin nicht vollziehen.

Denkbar ist aber auch, dass der Schuldner bereits in den Anleihebedingungen einer nachträglichen Änderung *ex ante* zustimmt. Allerdings könnte der Schuldner sich in einem solchen Fall grundsätzlich nicht gegen einen gefassten Beschluss der Gläubiger wehren, da ihm zB für eine Anfechtungsklage nach § 20 die Klagebefugnis fehlt (ausführlich → § 20 Rn. 18). Dem Schuldner bliebe lediglich, eine allgemeine Feststellungsklage zu erheben, in der er geltend machen müsste, dass Zweifel an der Wirksamkeit oder dem Umfang der vorab erteilten Zustimmung bestehen. Aus Sicht des Schuldners ist es daher im Zweifel sinnvoll, sich die Erklärung der Genehmigung vorzubehalten.

3. Beachtung der gesellschaftsrechtlichen Ermächtigungen

6   Darüber hinaus ist die gesellschaftsrechtliche Ermächtigung des Schuldners, insbesondere bei Wandel- und Optionsanleihen, *Debt-Equity-Swaps* oder Genussrechten, ggf. bei der Abgabe der Zustimmung durch den Schuldner zu beachten (*Röh/Dörfler* in Preuße, § 4 Rn. 35; *Friedl/Schmidtbleicher* in Friedl/Hartwig-Jacob, § 4 Rn. 45). Sollte die **Anleihe aufgrund eines Gesellschafterbeschlusses** oder einer sonstigen Ermächtigung ausgegeben worden sein, kann der Schuldner einer Änderung nur dann zustimmen, wenn die entsprechende Änderung von der zugrunde liegenden Ermächtigung oder vom Beschluss gedeckt ist oder die Gesellschafterversammlung bzw. das sonstige zuständige Organ der Änderung zugestimmt hat. Das SchVG sieht keine Verknüpfung der jeweils eventuell erforderlichen Gläubiger- und Gesellschafterbeschlüsse vor. Der Emittent müsste daher im Zweifel die Organisation beider Beschlüsse auf sich nehmen.

7   Würde der Vorstand einer AG als Emittent ohne Ermächtigung seiner Aktionäre bzw. je nach Fallkonstellation ohne Zustimmung des Aufsichtsrats der Änderung der Anleihebedingungen durch den Gläubigerbeschluss zustimmen, so wäre diese Änderung im Verhältnis zu den Anleihegläubigern zwar wirksam, jedoch würde sich der Vorstand gemäß § 93 Abs. 2 AktG gegenüber der Gesellschaft womöglich schadensersatzpflichtig machen (*Röh/Dörfler* in Preuße, § 4 Rn. 35; *Friedl/Schmidtbleicher* in Friedl/Hartwig-Jacob, § 4 Rn. 45). In der typischen Konstellation, in der ein Gläubigerbeschluss zur Sanierung des Emittenten gefasst wird, würde es zwar aller Voraussicht nach an einem Schaden für den Schuldner mangeln; andererseits ist dann fraglich, warum der Vorstand die Zustimmung der Gesellschafter bzw. des Aufsichtsrats nicht eingeholt hat oder sich über einen entsprechenden Beschluss hinwegsetzen wollte. Weiterhin könnte im Falle der fehlenden Ermächtigung des Vorstands diesem die Entlastung gemäß § 120 AktG versagt werden oder von der Hauptversammlung eine Sonderprüfung beantragt werden. Firmiert der Emittent in einer anderen Gesellschaftsform als einer AG würden im Prinzip ähnliche Überlegungen anzustellen sein.

4. Rechtsfolge einer Verweigerung der Zustimmung

8   Erteilt der Schuldner seine Zustimmung nicht, bleibt der Beschluss der Gläubigerversammlung bis zur Genehmigung durch den Schuldner **schwebend unwirksam.** Allerdings ist zu beachten, dass sich der Emittent eventuell **schadensersatzpflichtig** machen kann, wenn er selbst eine Gläubigerversammlung anberaumt hat, seine Beschlussvorschläge beschlossen worden sind und er sodann aber im Nachhinein die Zustimmung verweigert (*Friedl/Schmidtbleicher* in Friedl/Hartwig-Jacob, § 4 Rn. 46).

III. Kollektive Bindung (Satz 1)

1. Begriff

9   Die Vorschrift verdeutlicht, dass eine Schuldverschreibung Anleihebedingungen aufweist, die per Rechtsgeschäft mit allen Gläubigern gleich ausgestaltet sind. Eine

nachträgliche Änderung könnte demnach grundsätzlich nur durch **Vertrag mit allen Gläubigern** erfolgen (dazu Begr. RegE zu § 4; DAV-Stellungnahme zum RefE, S. 10: der RefE sah lediglich eine Änderung der Anleihebedingungen nach Abschnitt 2 per Gläubigerbeschluss vor und vernachlässigte die Möglichkeit eines einstimmigen Vertrags). Das Gesetz sieht erfreulicherweise **keine besonderen Formvorschriften** für den Vertrag mit allen Gläubigern vor und regelt auch nicht die Notwendigkeit der Gleichzeitigkeit des Abschlusses. Das kann in der Praxis im Einzelfall das Prozedere erheblich vereinfachen. Bei entsprechender Ausgestaltung des Angebots auf Erwerb der Schuldverschreibungen könnte die Annahme durch den Gläubiger auch eine Annahme einer Änderung der Anleihebedingungen darstellen. Sieht man aber von den Konstellationen ab, bei denen dem Emittenten sämtliche Gläubiger bekannt sind (zB bei Privatplatzierungen, die lediglich bei einer geringen Anzahl von Investoren untergebracht werden), kann es bei breit angebotenen Inhaberschuldverschreibungen bereits praktisch schwierig sein, alle Gläubiger mit dem Anliegen einer Änderung der Anleihebedingungen zu erreichen (*Balz* ZBB 2009, 401, 403; *Baums* ZBB 2009, 1, 5; *Bredow/Vogel* ZBB 2008, 221, 222). Darüber hinaus liegt es in der Natur der Sache, dass die Wahrscheinlichkeit einer einstimmigen Zustimmung mit der Größe der Anzahl der Investoren sinkt (vgl. *Schmolke* ZBB 2009, 8; *Schneider*, S. 69, 73 mwN).

Der Begriff der „kollektiven Bindung" bezeichnet nach der Begr. RegE die **10 Beschränkung der individuellen Rechtsmacht,** da durch einen Gläubigerbeschluss auch diejenigen Gläubiger gebunden werden, die den Beschluss abgelehnt hatten (Begr. RegE zu § 4). Die Bezeichnung „gemeinsame Rechte" in der alten Fassung des SchVG wurde zu recht durch die neue Terminologie abgelöst, da ansonsten der Eindruck von zusätzlichen Rechten bestehen könnte und schließlich der Begriff „Bindung" die angestrebte Einschränkung in der Rechtsgestaltung zum Ausdruck bringt (Begr. RegE zu § 4; tendenziell kritisch *Bredow/Vogel* ZBB 2008, 221, 226, 231).

2. Funktion der kollektiven Bindung

Eine kollektive Bindung ist im Hinblick auf die erforderliche Fungibilität der **11** Wertpapiere zweckdienlich und **gewährleistet die Umlauffähigkeit der Schuldverschreibungen.** Durch die Vereinheitlichung der Rechte steht die Gesamtheit der Anleihegläubiger als eine gedachte Person (*Single Owner*) gegenüber dem Emittenten (*Schmidtbleicher*, S. 35 ff., 65 ff.; *Friedl/Schmidtbleicher* in Friedl/Hartwig-Jacob, § 4 Rn. 6). Dies setzt nicht nur den identischen Inhalt der Anleihebedingungen voraus, sondern auch die Handelbarkeit zu einem einheitlichen Preis. Ansonsten könnte der Kapitalmarkt nicht mehr den schnellen und anonymen Austausch von Wertpapieren im Massengeschäft zur Verfügung stellen (vgl. Begr. RegE zu § 5 Abs. 2; dazu auch BGHZ 163, 311, 317; *Bliesener/Schneider* in Langenbucher/Bliesener/Spindler, Kap. 17, § 4 Rn. 2). Die Einheitlichkeit der Rechtsstellung bezieht sich dabei nicht nur auf eine Serie von Schuldverschreibungen, die dadurch gekennzeichnet ist, dass sie dieselben Anleihebedingungen und eine einheitliche Wertpapierkennnummer (ISIN, WKN) aufweisen. Damit bilden auch Aufstockungstranchen mit der Ursprungsanleihe eine einheitliche Serie (→ § 1 Rn. 30 f.).

3. Rechtsnatur des Kollektivs der Anleihegläubiger

Mit dem Erwerb der Schuldverschreibungen werden die einzelnen Anleihe- **12** gläubiger Kapitalgeber des Emittenten. Es handelt sich dabei um einzelne Rechtsverhältnisse zwischen Schuldner und Gläubiger, die lediglich in Form der Anleihebedingungen für eine Vielzahl von individuellen Fällen gleich ausgestaltet sind. Fraglich ist, inwiefern die kollektive Bindung nach § 4 das Verhältnis zwischen den Anleihegläubigern untereinander beeinflusst und ein Rechtsverhältnis begründet.

13 **a) Meinungsstand.** In der Literatur wird zum Teil die Auffassung vertreten, dass durch die kollektive Bindung eine **Vergemeinschaftung der Gläubiger** entsteht, für die die §§ 741 ff. bzw. §§ 705 ff. BGB anwendbar sind (noch zur alten Rechtslage *Eidenmüller*, S. 597 ff. mwN). Dies entspricht der Rechtslage in der Schweiz, wonach gemäß Art. 1157 ff. Obligationenrecht die Gläubiger eine Gläubigergemeinschaft von Gesetzes wegen darstellen (vgl. dazu *Heldt* FS Teubner, 315, 321). Der Gesetzgeber hat sich bisher nicht zu einer Einordnung geäußert.

14 Würden die Gläubiger in ihrer Gesamtheit eine Gesellschaft gemäß §§ 705 ff. BGB darstellen, würde das Kollektiv nach der Rechtsprechung des BGH als Außengesellschaft am Rechtsverkehr teilnehmen und Verbindlichkeiten eingehen können, ohne allerdings eine eigene Rechtspersönlichkeit oder Rechtsfähigkeit zu besitzen (BGH NJW 2001, 1056; NJW 2002, 368 und 1207; NJW 2008, 1378; vgl. *Sprau* in Palandt, § 705 BGB Rn. 24). Nach den Vorschriften der Gemeinschaft gemäß §§ 741 ff. BGB hätte ein Gläubiger ua auch in den Fällen, in denen die Mehrheitsbeschlussfassung nicht in den Anleihebedingungen vorgesehen ist, eine Notgeschäftsführungsbefugnis gemäß § 744 Abs. 2 BGB und könnte notwendige Maßregeln zur Erhaltung des Gegenstands vornehmen, die alle Anleihegläubiger treffen würden.

15 **b) Eigene Stellungnahme.** Nach zutreffender Ansicht stellt das Gläubigerkollektiv weder eine Gesellschaft nach §§ 705 ff. BGB noch eine Gemeinschaft gemäß §§ 741 ff. BGB dar. Vielmehr ist davon auszugehen, dass die Gläubiger für die Zwecke der Beschlussfassung innerhalb des Anwendungsbereichs des SchVG und iRd in den Anleihebedingungen geschaffenen Gestaltungsmöglichkeiten ein **Kollektiv *sui generis*** darstellen (*Röh/Dörfler* in Preuße, § 4 Rn. 47; *Vogel*, Anleihen als Finanzierungsinstrument, S. 9; so auch bereits zur alten Rechtslage *Göppert/Trendelenburg*, Vor § 1; *Vogel*, Die Vergemeinschaftung der Anleihegläubiger, S. 127 f. mwN; vgl. aber *Friedl/Schmidtbleicher* in Friedl/Hartwig-Jacob, § 4 Rn. 18 in Fn. 50).

16 Gegen die Begründung einer Gesellschaft oder Gemeinschaft spricht bereits, dass der Gesetzgeber in der Begr. RegE davon ausgeht, dass die Gläubigergemeinschaft **nicht prozessfähig** ist (Begr. RegE zu § 7, S. 20). Es ist allerdings zu konzedieren, dass die Gesetzesbegründung zu § 6 von „außerhalb des Anwendungsbereichs des Gesetzes keine Gemeinschaft bilden" spricht und die Regelung das Stimmrecht legitimiert, das ansonsten für Gläubiger von Schuldverschreibungen nicht bestehen würde. Hieraus könnte man ableiten, dass der Gesetzgeber im Falle einer Änderung der Anleihebedingungen durch die Gläubiger generell zumindest eine Gemeinschaft der Gläubiger nicht ausschließen wollte. Dafür spricht zum Einen die kollektive Bindung eines Mehrheitsbeschlusses, bei dem die abstimmenden Gläubiger tatsächlich als ein Kollektiv angesehen werden könnten; zum Anderen, dass die Gläubiger einen gemeinsamen Vertreter bestimmen können, der die Gesamtheit der Gläubiger vertritt.

17 **aa)** Gegen die Annahme einer Gesellschaft der Anleihegläubiger spricht im Ergebnis allerdings, dass zahlreiche **Regelungen der §§ 705 ff. BGB** auf das Kollektiv der Gläubiger nicht passen (*Friedl/Schmidtbleicher* in Friedl/Hartwig-Jacob, § 4 Rn. 21; im Ergebnis auch bereits zur alten Rechtslage *Göppert/Trendelen-*

Kollektive Bindung § 4

burg, Vor § 1; **aA** *Horn* ZHR 173 (2009), 12, 48 f.). So wählen die Gläubiger iRd Anwendungsbereichs des SchVG zwar womöglich einen gemeinsamen Vertreter, der unter den Voraussetzungen des § 7 Abs. 1 auch ein Anleihegläubiger sein könnte; der Gläubiger, der gerichtlich einen Anspruch gegen den Schuldner geltend macht, klagt indes primär für sich und nicht als nach §§ 710, 714 BGB gewählter Vertreter der Gläubiger mit entsprechender Geschäftsführungs- und Vertretungsmacht (*Röh/Dörfler* in Preuße, § 4 Rn. 45; *Friedl/Schmidtbleicher* in Friedl/Hartwig-Jacob, § 4 Rn. 21). Bereits das Vorliegen eines gemeinsamen Zwecks iSd § 705 BGB ist fraglich, da die Gläubiger grundsätzlich primär die Erzielung einer Verzinsung und damit einen individuellen Zweck verfolgen (so auch *Podewils* DStR 2009, 1914, 1915; *Vogel*, Die Vergemeinschaftung der Anleihegläubiger, S. 127). In Bezug auf die Beschlussfassung durch die Gläubiger könnte darin zwar ein solcher gemeinsamer Zweck zu sehen sein (so *Horn* ZHR 173 (2009), 12, 49; *Horn* BKR 2009, 446, 450), bei dem die Änderung der Anleihebedingungen zB der Maximierung der Wahrscheinlichkeit bzw. der Höhe einer Zins- bzw. Rückzahlung der Schuldverschreibungen dient. Allerdings sind die Gläubiger nicht daran interessiert, durch den Beschluss über die Änderung der Anleihebedingungen das Kollektiv der Gläubiger im Sinne eines gemeinsamen Zwecks voranzubringen, sondern versuchen in erster Linie die Zinszahlung bzw. Rückzahlung ihrer eigenen Anlage und nicht der Gesamtemission zu sichern. Die Gläubiger verfolgen damit keine Mitgliedsrechte, sondern lediglich Gläubigerrechte (vgl. *Vogel*, Die Vergemeinschaftung der Anleihegläubiger, S. 128; zustimmend *Röh/Dörfler* in Preuße, § 4 Rn. 45; *Friedl/Schmidtbleicher* in Friedl/Hartwig-Jacob, § 4 Rn. 21; *Podewils* DStR 2009, 1914, 1915). Unter der alten Rechtslage hätte man hier eventuell noch die Vermeidung der Insolvenz oder Zahlungseinstellung als gemeinsamen Zweck anführen können. Wie gezeigt, ist diese Voraussetzung aber mit der Novellierung des SchVG entfallen. Im Ergebnis vereint die Gläubiger daher kein gemeinsamer Zweck iSd § 705 BGB.

Darüber hinaus wird ein Gläubiger aus den gleichen Gründen auch nicht die **18 Haftung nach § 708 BGB** gegenüber den anderen Gläubigern übernehmen wollen. Unklar blieben auch die einzelnen Beiträge der Gläubiger iSd § 706 BGB, die nach der Grundkonzeption der Gesellschaft grundsätzlich gleich sein sollen (*Röh/Dörfler* in Preuße, § 4 Rn. 45; *Friedl/Schmidtbleicher* in Friedl/Hartwig-Jacob, § 4 Rn. 21). Der Grad der Beteiligung eines Gläubigers ist aber unter Heranziehung des Stimmrechts nach § 6 von seinem rechnerischen Anteil an der entsprechenden Schuldverschreibung abhängig, so dass sich die einzelnen Beiträge der Gläubiger erheblich unterscheiden werden. Zudem sieht § 718 Abs. 1 BGB vor, dass die Beiträge der Gesellschafter (und die für die Gesellschaft erworbenen Gegenstände) gemeinschaftliches Vermögen der Gesellschafter werden und der Gesellschafter nach § 719 BGB über keine Teilung verlangen kann. Auch eine solche Rechtsfolge würde nicht den Interessen der Gläubiger entsprechen (*Röh/Dörfler* in Preuße, § 4 Rn. 45; *Friedl/Schmidtbleicher* in Friedl/Hartwig-Jacob, § 4 Rn. 21). Bereits deswegen bestimmen zB §§ 7 Abs. 6, 9 Abs. 4, 17 Abs. 1, 18 Abs. 6, dass jegliche Kosten im Zusammenhang einer Beschlussfassung oder Vertretung der Gläubiger durch einen gemeinsamen Vertreter mangels eines Vermögens der Gläubigergesamtheit durch den Schuldner zu tragen sind (vgl. Begr. RegE zu § 7: „[…] da [die Gläubiger] nicht über gemeinsame Mittel verfügen"). Schließlich würden die individuellen Rechte jedes Gläubigers unverhältnismäßig beschnitten, wenn das Widerspruchsrecht der anderen Gläubiger gemäß § 711 BGB oder der Entzug der Vertretungs- und Geschäftsführungsmacht nach §§ 712,

§ 4 Abschnitt 1 Allgemeine Vorschriften

715 BGB möglich wären und damit die Klagemöglichkeit eines Gläubigers verhindern könnten. Es ist indes zu konzedieren, dass für eine solche Einschränkung das Kollektivkündigungsrecht nach § 5 Abs. 5 sprechen könnte, bei der die Wirkung einer Kündigung durch einen entsprechenden Gläubigerbeschluss mit Wirkung *inter omnes* aufgehoben werden kann (→ allgemein § 5 Rn. 46 ff.). Die Heranziehung der §§ 705 ff. BGB erscheint jedoch im Ergebnis für die Einordnung des Verhältnisses aller Anleihegläubiger nicht zweckmäßig (vgl. aber *Friedl/ Schmidtbleicher* in Friedl/Hartwig-Jacob, § 4 Rn. 21, die darauf hinweisen, dass eine BGB-Gesellschaft bei einem Zusammenschluss einzelner Anleihegläubiger außerhalb des SchVG in zB Sanierungssituationen in Betracht kommen kann).

19 bb) Auch die Regelungen zur **Gemeinschaft nach §§ 741 ff. BGB** passen nicht vollständig auf das Kollektiv der Gläubiger (*Horn* ZHR 173 (2009), 12, 48; vgl. auch zur alten Rechtslage *Vogel*, Die Vergemeinschaftung der Anleihegläubiger, S. 51 f.; BGHZ 116, 319, 332 f., wonach Gläubiger einer in der Krise stehenden Gesellschaft keine rechtlich relevante „Gläubigergemeinschaft" darstellen), auch wenn die Gemeinschaft iSd § 741 BGB dem Verhältnis zwischen den Gläubigern näher kommt als die Gesellschaft. Mangels gemeinsamen Zwecks iSd § 705 BGB ist die Anwendbarkeit der §§ 741 ff. BGB zwar denkbar (zum Vorrang der §§ 705 ff. BGB als *lex specialis* bei Vorliegen eines gemeinsamen Zwecks statt vieler: *Sprau* in Palandt, § 741 BGB Rn. 1). In Bezug auf die Beschlussfassung über eine bestimmte Änderung der Anleihebedingungen könnte das Kollektiv der Gläubiger eine Zweckgemeinschaft iSd §§ 741 ff. BGB darstellen. Nicht vereinbar ist die Gläubigergemeinschaft jedoch mit dem Grundgedanken der Gemeinschaft iSd §§ 741 ff. BGB dahingehend, dass der gemeinschaftliche Gegenstand als solcher ungeteilt ist, die Teilhaber über den **Gegenstand als Ganzem nur gemeinschaftlich verfügen können**, § 747 Satz 2 BGB, und die Teilung des gemeinschaftlichen Gegenstands grundsätzlich gemäß § 752 BGB oder § 753 BGB zur Aufhebung der Gemeinschaft führt (*Röh/Dörfler* in Preuße, § 4 Rn. 45; *Friedl/Schmidtbleicher* in Friedl/Hartwig-Jacob, § 4 Rn. 23). Nach § 6 kann ein Gläubiger nach Maßgabe des Nennwerts oder des rechnerischen Anteils seiner Berechtigung an den ausstehenden Schuldverschreibungen an den Beschlussfassungen teilnehmen. Zudem divergieren die Beschlussmechanismen des SchVG wesentlich von denen der Gemeinschaft nach §§ 743 ff. BGB (*Schmidtbleicher*, S. 394 ff.; *Friedl/Schmidtbleicher* in Friedl/Hartwig-Jacob, § 4 Rn. 23). Schließlich entfaltet eine von Gläubigern ausgesprochene Kündigung auch nur eine Wirkung für diese kündigenden Gläubiger (Begr. RegE zu § 5 Abs. 5), die unter den Voraussetzungen des § 5 Abs. 5 Satz 2 allerdings durch die übrigen Gläubiger verhindert werden kann (→ § 5 Rn. 46 ff.). Im Ergebnis ist der Gegenstand iSd §§ 741 ff. BGB – nämlich die Schuldverschreibung – jedoch durchaus teilbar. Eine Bruchteilsgemeinschaft der Gläubiger an der (grundsätzlich vorhandenen) Globalurkunde ist zwar generell denkbar, jedoch steht dann für den Anleger nicht die Berechtigung an dieser Urkunde oder die Verwahrung und Verwaltung im Fokus des Interesses (vgl. *Vogel*, Die Vergemeinschaftung der Anleihegläubiger, S. 52).

20 Die Heranziehung der **Notgeschäftsführungsbefugnis gemäß § 744 Abs. 2 BGB** wirft zudem weitere Zweifel auf (*Friedl/Schmidtbleicher* in Friedl/Hartwig-Jacob, § 4 Rn. 23; *Röh/Dörfler* in Preuße, § 4 Rn. 46; so auch bereits zur alten Rechtslage *Vogel*, Die Vergemeinschaftung der Anleihegläubiger, S. 52). Es könnte fraglich sein, ob eine gerichtliche oder außergerichtliche Geltendmachung einer Änderung der Anleihebedingungen durch einen Gläubiger als eine „zur Erhaltung

des Gegenstands notwendige Maßregel" anzusehen wäre, die dieser Gläubiger „ohne Zustimmung der anderen Gläubiger" treffen darf. Zudem erscheint es nicht zweckmäßig, den anderen Gläubigern die Pflicht nach § 744 Abs. 2 BGB aufzubürden, die Einwilligung im Voraus zu erteilen (*Friedl/Schmidtbleicher* in Friedl/Hartwig-Jacob, § 4 Rn. 23).

cc) Bei Anleihegläubigern bestehen auch keine **gesellschaftsrechtlichen** 21 **Kooperationspflichten** aufgrund einer gesellschaftsrechtlichen Sonderverbindung wie es ein Teil in der Literatur befürwortet (*Eidenmüller*, Unternehmenssanierung zwischen Markt und Gesetz, S. 551 ff.; *Steffek* FS Hopt, 2597, 2607). Eine darin zum Ausdruck kommende Treuepflicht für (Fremdkapital)Gläubiger wird gemeinhin abgelehnt (vgl. zuletzt OLG Frankfurt ZIP 2014, 2176, 2178 ff. „Solar-World"; LG Bonn ZIP 2014, 1073; *Hopt* FS Steindorff, 341, 378 ff.) und kann daher erst recht nicht zur Anwendung gelangen, wenn es an jeglichen schuldrechtlichen Verbindungen der Beteiligten fehlt (*Friedl/Schmidtbleicher* in Friedl/Hartwig-Jacob, § 4 Rn. 22; vgl. *Baums* FS Canaris, S. 3, 22).

dd) Die Gläubiger stellen darüber hinaus auch keine **Teilgläubiger nach § 420** 22 **2. Alt BGB** oder **Gesamtgläubiger gemäß §§ 428, 432 BGB** dar, sondern sind Einzelgläubiger gleicher Ansprüche, die jeweils nicht den Gesamtbetrag der Anleihe fordern können (vgl Begr. RegE zu § 7; vgl. auch *Röh/Dörfler* in Preuße, § 4 Rn. 42; *Steffek* FS Hopt, 2597, 2607; *Horn* ZHR 173 (2009), 12, 46; **aA** in Bezug auf die Teilgläubigerschaft: *Friedl/Schmidtbleicher* in Friedl/Hartwig-Jacob, § 4 Rn. 17 f.). Die Begründung zum Regierungsentwurf verweist daher auch darauf, dass die Gläubiger nicht berechtigt sind, Leistung an alle zu verlangen (Begr. RegE, zu § 4).

4. Reichweite der kollektiven Bindung

a) Rechtsgeschäftliche Änderungen. Der Gesetzgeber hat die kollektive 23 Bindung ausdrücklich auf rechtsgeschäftliche Änderungen der Emissionsbedingungen beschränkt (Begr. RegE zu § 4; vgl. *Röh/Dörfler* in Preuße, § 4 Rn. 2). Innerhalb dessen hat er die Reichweite nicht weiter spezifiziert und lediglich festgestellt, dass die kollektive Bindung soweit reicht, wie es ihr Zweck gebietet (→ Rn. 11)

b) Gerichtlich herbeigeführte Änderungen. aa) Problemstellung. Ob 24 gerichtlich herbeigeführte (einseitige) Änderungen ausgeschlossen sind oder entsprechend eingeschränkt werden müssen, wurde in der Begr. RegE ausdrücklich offen gelassen. Als Begründung verweist der Gesetzgeber darauf, dass noch nicht klar sei, ob die Verbraucherschutz-Richtlinie 93/13/EWG (ABl. EG Nr. L 95, S. 29) und die Richtlinie 98/27/EG (ABl. EG Nr. L 166, S. 51) auf Anleihebedingungen Anwendung findet (Begr. RegE zu § 4; vgl. zur mittlerweile ergangenen Verbraucherrechte-Richtlinie 2011/83/EU → § 3 Rn. 19). Die Konstellation der gerichtlich herbeigeführten Änderung der Anleihebedingungen ist insbesondere im Lichte der Klagemöglichkeit nach § 20 relevant. Würde ein Gläubiger eine Änderung im Wege der Einzelklage erfolgreich erstreiten, würde diese grundsätzlich nur zwischen diesem einen Gläubiger und dem Schuldner gelten (*Inter-partes-*Wirkung). Dadurch läge indes ein Verstoß gegen die kollektive Bindung gemäß § 4 vor.

bb) Eigene Stellungnahme. Der Schuldner ist dazu verpflichtet, ein rechts- 25 kräftiges Urteil zugunsten eines Gläubigers auch zugunsten der übrigen Gläubiger

§ 4 Abschnitt 1 Allgemeine Vorschriften

anzuwenden. Gerichtliche Entscheidungen besitzen demnach grundsätzlich Kollektivbindung iSd § 4 Satz 1 (*Inter-omnes*-Wirkung, zustimmend *Friedl/Schmidtbleicher* in Friedl/Hartwig-Jacob, § 4 Rn. 52; *Röh/Dörfler* in Preuße, § 4 Rn. 49; *Bliesener/Schneider* in Langenbucher/Bliesener/Spindler, Kap. 17, § 4 Rn. 25).

26 Zum Teil wird in der rechtswissenschaftlichen Diskussion vertreten, dass eine „*Inter -partes*"-Wirkung einer Gerichtsentscheidung und damit eine **Durchbrechung der Kollektivbindung** nach § 4 Satz 1 unschädlich ist. Dafür spreche, dass nur der eine Gläubiger Klage erhoben und dabei nicht die Interessen des Kollektivs verfolgt habe (vgl. zur Rechtsnatur des Gläubigerkollektivs Rn. 12 ff.). Ein Gläubiger, der sich ebenfalls in seinen Rechten beeinträchtigt sehe, habe die jederzeitige Gelegenheit, die gleiche Klage zu erheben. Sollten die gleichen Voraussetzungen auch in seiner Person gegeben sein, bestehe sogar ein reduziertes Prozessrisiko (vgl. *Friedl/Schmidtbleicher* in Friedl/Hartwig-Jacob, § 4 Rn. 50; *Röh/Dörfler* in Preuße, § 4 Rn. 38).

27 Voraussetzung ist allerdings, dass die anderen Gläubiger von dem fraglichen Urteil Kenntnis erlangt haben, was grundsätzlich bezweifelt werden kann, wenn das Urteil nicht das öffentliche Interesse wecken konnte oder die Gläubiger nicht entsprechend benachrichtigt werden (*Friedl/Schmidtbleicher* in Friedl/Hartwig-Jacob, § 4 Rn. 50). Dagegen würde auch sprechen, dass die Durchbrechung der Kollektivbindung zu einer Einzelverbriefung der Schuldverschreibungen des fraglichen Gläubigers führen müsste. Diese wäre jedoch sodann mit entsprechenden negativen Konsequenzen für die Liquidität dieser abgetrennten Schuldverschreibungen verbunden, die nicht mehr fungibel mit der übrigen Emission sein würden. Dagegen spricht auch, dass Klagen nach § 20 in Analogie zum aktienrechtlichen Anfechtungsrecht grundsätzlich für die Gesamtemission und damit für alle Gläubiger wirken.

28 Daher sollte nicht jeder einzelne Gläubiger auf eine weitere (kostenintensive) separate Klage verwiesen werden. Hinsichtlich eines bestehenden rechtskräftigen Urteils zugunsten eines Gläubigers ist auch nicht zu erwarten, dass der entsprechende Präzedenzfall nicht grundsätzlich auch für die übrigen Gläubiger maßgebend sein soll. Auch wenn nicht alle Gläubiger geklagt hatten, dürfte das fragliche Urteil für alle Gläubiger vorteilhaft sein oder zumindest im Interesse aller Gläubiger liegen. Daher ist der Schuldner im Falle eines rechtskräftigen Urteils zugunsten eines Gläubigers dazu verpflichtet, dieses Urteil auch **zugunsten der übrigen Gläubiger anzuwenden** und damit kollektive Bindung nach § 4 zu verleihen (*Bliesener/Schneider* in Langenbucher/Bliesener/Spindler, Kap. 17, § 3 Rz. 15, § 4 Rn. 25). Hierfür spricht, dass der Gesetzgeber von einer weiten Reichweite der kollektiven Bindung ausgeht. Dies zeigt sich ua daran, dass der in § 3 Abs. 3 RefE vorgesehene Katalog der kollektiven Bindung unterliegenden Bestimmungen in Anleihebedingungen letztlich aufgegeben wurde (diese Auflistung sollte rein exemplarisch sein und einer größeren Rechtssicherheit dienen, vgl. Begr. RefE, zu § 3 Abs. 3; kritisch DAV-Stellungnahme zum RefE, S. 9; DAI-Stellungnahme, S. 5), da der Gesetzgeber die konkrete Reichweite der kollektiven Bindung nicht abschließend bestimmen könne (Begr. RegE zu § 4). Eine weitreichende kollektive Bindung ist auch erforderlich, um die hinreichende Fungibilität der Wertpapiere zu gewährleisten. Bestünden Zweifel an der Austauschbarkeit aller Wertpapiere einer Emission wäre die Funktionsfähigkeit des Kapitalmarkts gefährdet (darauf verweist auch die Begr. RegE zu § 5 Abs. 2; zustimmend *Sester* AcP 209 (2009), 628, 640 f.; *Schmidt/Schrader* BKR 2009, 397, 401; *Friedl/Schmidtbleicher* in Friedl/Hartwig-Jacob, § 4 Rn. 23; *Röh/Dörfler* in Preuße, § 4 Rn. 49).

Hat das Urteil eine Änderung einer Leistungspflicht des Schuldners bewirkt 29
(zB Erhöhung des Zinssatzes oder Bestellung einer Sicherheit), ergibt sich diese
Pflicht bereits aus einer **extensiven Auslegung des Gleichbehandlungsgebots
nach § 4 Satz 2** (*Friedl/Schmidtbleicher* in Friedl/Hartwig-Jacob, § 4 Rn. 53; *Röh/
Dörfler* in Preuße, § 4 Rn. 50; *Bliesener/Schneider* in Langenbucher/Bliesener/
Spindler, Kap. 17, § 3 Rn. 15, § 4 Rn. 25); handelt es sich um eine Klarstellung
jedweder Art, kann die Pflicht des Schuldners abhängig vom Tenor des Urteils
auch aus dem **Transparenzgebot gemäß § 3** resultieren, ansonsten zumindest
aus der allgemeinen Treuepflicht des Schuldners gegenüber seinen Gläubigern
(*Röh/Dörfler* in Preuße, § 4 Rn. 50; **aA** *Friedl/Schmidtbleicher* in Friedl/Hartwig-Jacob, § 4 Rn. 53). Der Schuldner hat sodann nach den in den Anleihebedingungen geregelten Benachrichtigungsverfahren (*Notices*) die übrigen Gläubiger von dem Urteil zu benachrichtigen.

Es ist auch nicht erforderlich, dass die Gläubiger zur Allgemeingeltung des 30
fraglichen Urteils einen entsprechenden **Gläubigerbeschluss** fassen, der ohnehin
de lege lata erfordern würde, dass die Anleihebedingungen die Fassung von Gläubigerbeschlüssen grundsätzlich vorsehen und ein solcher Beschluss als Ergänzung
zu der in § 5 Abs. 3 genannten Aufzählung möglicher Beschlussgegenstände vereinbart wurde. Umgekehrt könnte es aber *de lege ferenda* sinnvoll sein, den Gläubigern – entsprechend dem Gedanken aus § 5 Abs. 5 – die Möglichkeit zu geben,
eine Kollektivbindung eines Urteils durch Gläubigerbeschluss zu verhindern.

Sollte ein Gläubiger eine Klage erhoben haben und mit dieser keinen Erfolg 31
gehabt haben, wirkt sich dieses Urteil nicht auf die übrigen Gläubiger aus und es
verbleibt bei der **„*Inter-partes*"-Wirkung** des Urteils (*Friedl/Schmidtbleicher* in
Friedl/Hartwig-Jacob, § 4 Rn. 54).

c) Erstreckung der kollektiven Bindung auf die Garantie. Die kollektive 32
Bindung kann auch ggf. eine **Sicherungsabrede, wie zB eine Garantie,** erfassen. Schuldverschreibungen werden in der Praxis oftmals insbesondere aus steuerlichen Erwägungen über ausländische Finanzierungsgesellschaften begeben. Verbreitet ist dabei die Emission über eine niederländische Tochtergesellschaft der
(deutschen) Muttergesellschaft (dazu *Mihm* in Habersack/Mülbert/Schlitt, § 15
Rn. 36 ff.; *Schlitt/Schäfer* AG 2009, 477, 480). Diese Finanzierungsgesellschaften
dienen grundsätzlich allein dazu, die Anleiheemissionserlöse über *Inter-Group*-Darlehen innerhalb des Konzerns weiterzureichen und verfügen selbst ansonsten
über keinerlei Vermögen. Aufgrund der damit einhergehenden schlechteren Bonität ist der Erfolg einer Emission grundsätzlich von einer Sicherheit durch die
Muttergesellschaft, idR in Form einer Garantie, abhängig. Da die Sicherungsabrede oftmals nicht Bestandteil der Anleihebedingungen ist, würde ein Gläubigerbeschluss nach § 5 nicht die Änderung der Sicherungsabrede bewirken. Nach § 22
ist daher auch die Erfassung einer Sicherheitenbestellung durch einen Mitverpflichteten zulässig, wenn dies unter Benennung der Rechtsgeschäfte (Abgabe
einer Garantie) und der entsprechenden Mitverpflichteten (Garant) ausdrücklich
in den Anleihebedingungen geregelt ist (*Friedl/Schmidtbleicher* in Friedl/Hartwig-Jacob, § 4 Rn. 34; *Röh/Dörfler* in Preuße, § 4 Rn. 58). Dies reflektierend muss auch
die Sicherungsabrede die nachträgliche Änderungen durch Mehrheitsbeschluss
der Gläubiger vorsehen (*Lawall* in Friedl/Hartwig-Jacob, § 22 Rn. 2, 9; *Kusserow*
WM 2011, 1645, 1650 f.; *Dippel/Preuße* in Preuße, § 22 Rn. 10).

Problematisch ist dies aber, wenn die **Sicherungsabrede ausländischem** 33
Recht unterliegt. Dann dürfte eine Änderung nach den allgemeinen Grundsät-

§ 4 Abschnitt 1 Allgemeine Vorschriften

zen des internationalen Privatrechts auch nur nach dem jeweils relevanten ausländischen Recht erfolgen können und eine kollektive Bindung nach § 4 scheitern (vgl. Art. 3, 12 der VO (EG) Nr. 593/2008, dazu *Kusserow* WM 2011, 1645, 1651; *Dippel/Preuße* in Preuße, § 22 Rn. 11; *Röh/Dörfler* in Preuße, § 4 Rn. 58; ausführlich die Kommentierung bei → § 22 Rn. 5). Ist die **Sicherungsabrede deutschem Recht** unterstellt, würde eine solche grundsätzlich ein Vertrag zugunsten Dritter darstellen, so dass gemäß § 328 Abs. 2 BGB aus den Umständen erkennbar sein muss, ob die Vertragsschließenden die Rechte des begünstigten Dritten abändern oder aufheben können (so auch *Lawall* in Friedl/Hartwig-Jacob, § 22 Rn. 9). Aus einer fehlenden Regelung der Anwendbarkeit des SchVG wird man jedoch noch nicht schließen können, dass keine Änderung möglich sein soll. Entsprechend sollte die Sicherheit selbst auch einen Hinweis auf die Anleihebedingungen und ggf. entsprechende Bestimmungen enthalten (vgl. *Schlitt/Schäfer* AG 2009, 477, 480 f.; *Kusserow* WM 2011, 1645, 1651; *Röh/Dörfler* in Preuße, § 4 Rn. 59; *Dippel/Preuße* in Preuße, § 22 Rn. 10; *Friedl/Schmidtbleicher* in Friedl/Hartwig-Jacob, § 4 Rn. 36; zum Ganzen eingehend § 22).

34 Die Vorschrift hat keinen entsprechenden Vorläufer im SchVG 1899, unter dem hierfür allerdings auch grundsätzlich kein praktisches Bedürfnis bestand, da die hiervon betroffenen Konstellationen idR grenzüberschreitende Sachverhalte darstellen, bei denen der sachliche Anwendungsbereich des SchVG 1899 nicht eröffnet war (darauf verweisen auch *Schlitt/Schäfer* AG 2009, 477, 480).

35 **d) Erstreckung der kollektiven Bindung auf vorangegangene Kündigungen durch Anleihegläubiger.** Den Anleihegläubigern wird typischerweise in den Anleihebedingungen ein außerordentliches Kündigungsrecht für zB den Fall der Nichterfüllung der Rückzahlungs- oder Zinszahlungspflicht oder auch der Insolvenz eingeräumt (eine parallele **Anwendbarkeit der allgemeinen gesetzlichen Kündigungsrechte** ist zu verneinen, **zu § 490 BGB:** BGH BeckRS 2016, 11742 Rn. 30; OLG Frankfurt ZIP 2014, 2176 ff. „SolarWorld"; OLG München ZIP 2015, 2174 mit Anmerkung *Lürken* GWR 2015, 496; *Seibt/Schwarz* ZIP 2015, 401, 407 f.; *Paulus* WM 2012, 1109, 1112 f.; **zu § 314 BGB:** *Gaier* in MüKoBGB, § 314 BGB Rn. 6; *Maier-Reimer* in Baums/Cahn, S. 129, 135 f.; *Grüneberg* in Palandt, § 314 BGB Rn. 4; *Friedl/Schmidtbleicher* in Friedl/Hartwig-Jacob, § 5 Rn. 99; *Bliesener/Schneider* in Langenbucher/Bliesener/Spindler, Kap. 17, § 5 Rn. 102 ff.). Fraglich ist aber, ob die kollektive Bindung eines Gläubigerbeschlusses sich auch auf vor der Beschlussfassung erklärte Kündigungen durch Anleihegläubiger erstreckt, diese mithin *ex tunc* unwirksam macht.

36 Das OLG Frankfurt/Main hatte in seiner „*SolarWorld*"-**Entscheidung** im Jahre 2014 dies verneint und eine wirksame Kündigung des Anleihegläubigers angenommen, nachdem der Emittent nach § 9 Abs. 1 SchVG eine Gläubigerversammlung anberaumt hatte und die ursprünglichen Leistungspflichten mit einem Gläubigerbeschluss reduzieren wollte (OLG Frankfurt ZIP 2014, 2176 ff. „Solar-World"; dazu *Seibt/Schwarz* ZIP 2015, 401 ff.; *Lürken* GWR 2014, 505). Die Anleihebedingungen sahen – wie im deutschen Anleihemarkt bis zu dieser Entscheidung verbreitet – ein Kündigungsrecht der Gläubiger für den Fall vor, dass der Emittent „**eine allgemeine Schuldenregelung zugunsten ihrer Gläubiger anbietet**". Die Kündigung sei danach aus Sicht des OLG Frankfurt/Main ab Erhalt der Einladung zur Gläubigerversammlung bis zur Beschlussfassung zulässig (anders LG Bonn ZIP 2014, 1073 (1074 f.), das das Kündigungsrecht bereits zum Zeitpunkt einer vorher veröffentlichten Ad-Hoc-Mitteilung als gegeben ansah).

Die Entscheidung des OLG Frankfurt hatte zu weitgehender Ablehnung in der Literatur geführt (*Seibt/Schwarz* ZIP 2015, 401, 406 f., 410; *Lürken* in Theiselmann, Kap. 5 Rn. 42; *Lürken* GWR 2014, 505; vgl. *Paulus* WM 2012, 1109, 1112; *Trautrims* BB 2012, 1823, 1824; *Bliesener/Schneider* in Langenbucher/Bliesener/Spindler, Kap. 17, § 5 Rn. 110 ff.) und der BGH hat diese mittlerweile auch zu Recht aufgehoben (BGH WM 2016, 305 ff.).

Der Beschluss einer Gläubigerversammlung nach § 5 Abs. 2 ist für alle Gläubiger gleichermaßen verbindlich, so dass der Vollzug des Gläubigerbeschlusses nach § 21 **zum Wegfall auch von vor Beschlussfassung erklärten Kündigungen** führt. Dies deckt sich im Übrigen auch mit dem **Gleichheitsgebot nach § 4 Satz 2** (BGH WM 2016, 305 Rn. 17; vgl. BGHZ 202, 7 = WM 2014, 1810; OLG München ZIP 2015, 2174, 2175, 2176; *Röh/Dörfler* in Preuße, § 4 Rn. 60; *Cagalj*, S. 129; *Friedl/Schmidtbleicher* in Friedl/Hartwig-Jacob, § 5 Rn. 30; *Grell/Splittgerber/Schneider* DB 2015, 111, 112; *Ostermann* DZWiR 2015, 313, 316 f.; *Seibt/Schwarz* ZIP 2015, 401, 411 ff.). Dafür spricht, dass die Kündigung nichts an der Gläubigerstellung ändert; diese bleibt bis zur vollständigen Erfüllung der Forderung in Inhalt und Umfang bestehen. Zudem intendiert das SchVG, alle Anleihegläubiger in einem geordneten und transparenten Verfahren gleichmäßig an einer Restrukturierung des Schuldners zu beteiligen. Es wäre mit diesem angestrebten Zweck nicht zu vereinbaren, wenn sich einzelne Gläubiger durch vorzeitige Kündigung aus der Verantwortung ziehen und die Sanierungsbemühungen gefährden könnten. Damit käme es bei finanziellen Schwierigkeiten des Emittenten zu einem **Wettlauf der Kündigungserklärungen** und es entfiele schließlich auch der **praktische Nutzen des SchVG** (BGH WM 2016, 305 Rn. 24 f.; *Seibt/Schwarz* ZIP 2015, 401, 406 f., 410; *Lürken* in Theiselmann, Kap. 5 Rn. 42; *Lürken* GWR 2014, 505; vgl. auch Begr. RegE, Allg. Teil S. 13 f.). Etwas Anderes ergibt sich auch nicht aus § 5 Abs. 5 (→ § 5 Rn. 42 ff.). Deswegen hat der Gesetzgeber auch bewusst die Reichweite der kollektiven Bindung nicht gesetzlich fixiert (→ Rn. 23). Die kollektive Bindung eines Gläubigerbeschlusses nach § 4 Satz 1 erfasst damit auch der Beschlussfassung vorangegangene Kündigungen einzelner Anleihegläubiger und macht derartige Kündigungen *ex tunc* unwirksam. 37

e) Einseitige Leistungsbestimmungsrechte. Die in § 4 Satz 1 statuierte kollektive Bindung der Anleihebedingungen hindert nicht die in Emissionsbedingungen zum Teil vorhandenen einseitigen Leistungsbestimmungsrechte (zum Begriff § 3 Rn. 23). Die Ausübung des Leistungsbestimmungsrechts erfolgt zwar durch ein einseitiges Rechtsgeschäft, indes geschieht dies durch Wahrnehmung eines vertraglich vereinbarten Gestaltungsrechts des Emittenten in den Anleihebedingungen. Es stellt demnach keine Änderung iSd § 4 Satz 1 dar und erfordert mithin auch keinen entsprechenden Gläubigerbeschluss (so auch *Schlitt/Schäfer* AG 2009, 477, 486; *Bliesener/Schneider* in Langenbucher/Bliesener/Spindler, Kap. 17, § 4 Rn. 15 f.; *Schmidt/Schrader* BKR 2009, 397, 402; *Friedl/Schmidtbleicher* in Friedl/Hartwig-Jacob, § 4 Rn. 30; *Röh/Dörfler* in Preuße, § 4 Rn. 17). Voraussetzung ist dabei, dass die Rechte der Anleihegläubiger nach in den Anleihebedingungen bereits festgelegten Berechnungsmethoden angepasst werden. Dafür spricht auch, neben fehlenden anders lautenden Hinweisen in der Vorschrift selbst oder in der Gesetzesbegründung (darauf verweisen *Schmidt/Schrader* BKR 2009, 397, 402), der Gesetzeszweck der Vorschrift, der durch die kollektive Bindung die Gleichbehandlung aller Anleihegläubiger und damit die Fungibilität der Schuldverschreibungen gewährleisten soll (Begr. RegE zu § 5 Abs. 2). Die kollektive Bindung 38 nach § 4 soll demnach nur Änderungen der Emissionsbedingungen vermeiden, die nicht von allen Anleihegläubigern getragen werden. Die Ausübung eines einseitigen Leistungsbestimmungsrechts erfolgt jedoch für Wirkung aller Investoren (*Schmidt/Schrader* BKR 2009, 397, 402; *Friedl/Schmidtbleicher* in Friedl/Hartwig-Jacob, § 4 Rn. 30). Darüber hinaus würde die Ausübung eines Leistungsbestimmungsrechts – würde man den Vorbehalt eines Gläubigerbeschlusses annehmen – voraussetzen, dass die Möglichkeit eines Gläubigerbeschlusses gemäß § 5 in den Anleihebedingungen vorgesehen ist. In anderen Fällen wäre die Ausübung der Leistungsbestimmungsrechte nicht mehr möglich. Es ist nicht zu vermuten, dass der Gesetzgeber die Erschwernis oder Einschränkung von einseitigen Leistungsbestimmungsrechten anstrebte (so auch *Schmidt/Schrader* BKR 2009, 397, 402), so dass solche Gestaltungsrechte im Einklang mit § 4 stehen.

39 **f) Zeitliche Reichweite der kollektiven Bindung.** Nach dem Wortlaut des § 4 Satz 1 gilt die kollektive Bindung der Bestimmungen in den Anleihebedingungen lediglich **während der Laufzeit der Anleihe.** Nach Laufzeitende wäre demnach eine Änderung der Anleihebestimmung durch Individualvereinbarung möglich. Die praktische Relevanz einer solchen Änderungsmöglichkeit erscheint allerdings fraglich; es sei denn, man wollte zB den Fall, dass der Emittent zum Endfälligkeitsdatum die vereinbarte Rückzahlung nicht leistet (*Default*), hierunter subsumieren wollen. Die Anleihebedingungen sehen in der Praxis indes regelmäßig vor, dass im Falle einer verspäteten Rückzahlung der Zinslauf endet und das Kapital sowie Zinsen bis zum tatsächlichen Rückzahlungstag zum gesetzlichen Verzugszinssatz gemäß §§ 288 Abs. 1, 247 Abs. 1 BGB verzinst werden. Daraus lässt sich herleiten, dass selbst in einem solchen Fall die Laufzeit als beendet angesehen wird. Im Ergebnis wird dem Zusatz „während der Laufzeit" daher keine größere Bedeutung zukommen (vgl. dazu auch *Horn* BKR 2009, 446, 448). Der Gesetzgeber wollte nicht etwa einen Spielraum für Änderungen der Anleihebedingungen schaffen, wie etwa der Zusatz verzichtbar gewesen wäre (BGH WM 2016, 305 Rn. 21; BGHZ 202, 7; *Bliesener/Schneider* in Langenbucher/Bliesener/Spindler, Kap. 17, § 4 Rn. 11; *Friedl/Schmidtbleicher* in Friedl/Hartwig-Jacob, § 4 Rn. 37; **aA** *Röh/Dörfler* in Preuße, § 4 Rn. 60).

40 **g) Nichtigkeit des Gläubigerbeschlusses als Grenze der kollektiven Bindung.** Das SchVG reflektiert zwar in Bezug auf das Anfechtungsrecht unter ausdrücklichen Verweisen das AktG, **verzichtet dagegen auf den §§ 241, 242 AktG entsprechende Regelungen** in Bezug auf nichtige Beschlüsse der Gläubiger. Gleichwohl ist ein Gläubigerbeschluss nichtig, wenn zB ein Verstoß gegen die Gläubigerinteressen oder sonstige im öffentlichen Interesse stehende Vorschriften vorliegen (*Baums* ZBB 2009, 1, 4 mwN). Nichtig kann zB ein Beschluss sein, der die Kompetenzen der Gläubigerversammlung überschreitet oder der entgegen § 16 Abs. 3 nicht beurkundet wurde (vgl. zum Letzteren § 241 Nr. 2 AktG; siehe *Baums* ZBB 2009, 1, 4; *Arbeitskreis Reform SchVG* ZIP 2014, 845, 848, 854; *Maier-Reimer* NJW 2010, 1317, 1319; *D. Otto* DNotZ 2012, 809, 825; *Vogel* ZBB 2010, 211, 218).

41 Die Rechtsprechung hat jüngst darüber hinaus die **Nichtigkeit eines Gläubigerbeschlusses nach § 5 Abs. 2 Satz 2** angenommen, bei denen nicht für alle Gläubiger die gleichen Bedingungen vorgesehen waren (BGHZ 202, 7 = WM 2014, 1810 Rn. 15; zustimmend *Veranneman* DB 2014, 2395; *Baums* ZBB 2009, 1, 4; *Kessler* BB 2014, 2572, 2576). Nichtigkeit ist danach unabhängig davon gegeben, ob der Vollzug des Beschlusses durch Abänderung oder Ergänzung der

Sammelurkunde erfolgt ist oder ob der Beschluss von Anleihegläubiger gemäß § 20 angefochten wurde.

Eine Nichtigkeit des Beschlusses ergibt sich nicht etwa daraus, dass die **"gemeinsamen Interessen der Gläubiger"** nicht gewahrt wurden. Die aF des SchVG 1899 sah in § 1 Abs. 1 SchVG 1899 noch einen entsprechenden Zweck des Beschlusses vor. Bereits nach der früher herrschenden Ansicht in der Literatur setzte dieses materielle Erfordernis allerdings keine Interessenprüfung voraus, sondern stellte ein subjektives Kriterium dar (statt vieler *Ansmann*, § 1 Rn. 50; *Göppert/Trendelenburg*, § 1 Rn. 6). Darauf hat der Gesetzgeber von 2009 zu recht verzichtet, da durch eine formell wirksam gefasste Mehrheitsentscheidung an sich bereits gewährleistet ist, dass die Interessen der Gläubiger gewahrt werden. Zum einen stellt das Erfordernis der qualifizierten Mehrheit bei wesentlichen Entscheidungen nach § 5 Abs. 4 Satz 2 sicher, dass die Zahl der überstimmten Gläubiger minimiert wird. Zum anderen erfolgt durch die Selbstbetroffenheit der beschließenden Mehrheit ein **reflexartiger Schutz der überstimmten Minderheit** (dies konzedierend *Baums* ZBB 2009, 1, 5). Eine zusätzliche Prüfung der Interessenswahrung ist demnach nicht erforderlich (so auch *Bredow/Vogel* ZBB 2008, 221, 226; *Vogel* ZBB 1996, 321, 330; **aA** *Baums* ZBB 2009, 1, 5) und kann daher bei Fehlen auch nicht zu einer Nichtigkeit des Gläubigerbeschlusses führen. **42**

5. Korrektur offensichtlicher Fehler

Unstreitig dürfte die einseitige Korrektur offensichtlicher Fehler in den Anleihebedingungen durch den Emittenten ohne Gläubigerbeschluss zulässig sein und daher ebenfalls kollektive Bindung entfalten (*Friedl/Schmidtbleicher* in Friedl/Hartwig-Jacob, § 4 Rn. 55; *Röh/Dörfler* in Preuße, § 4 Rn. 24). Die Bejahung eines „offensichtlichen Fehlers" kann im Einzelfall indes schwierig sein (vgl. dazu auch die Paralleldiskussion iRd Berichtigung eines richterlichen Urteils, *Musielak*, ZPO, § 319 ZPO Rn. 5). Handelt es sich um bloße Tippfehler in möglicherweise weniger wichtigen Regelungen der Emissionsbedingungen steht das zeit- und kostenintensive Verfahren eines Gläubigerbeschlusses in keinem Verhältnis zum zu korrigierenden Fehler. Dann ist eine Korrektur durch den Schuldner ohne Beschluss zulässig und es besteht ein schützenswertes Interesse der Anleihegläubiger nur auf eine Bekanntmachung der vorgenommenen Korrektur (so auch *Schlitt/Schäfer* AG 2009, 477, 480; vgl. *Balz* ZBB 2009, 401, 408). Anders gelagert können solche Fälle sein, in denen es sich aus Sicht des Schuldners um offensichtliche Fehler handelt, da das Ergebnis für ihn wirtschaftlich unattraktiv ist, die Gläubiger dagegen unter Umständen gerade deswegen die Investition vorgenommen hatten; zB bei einem Tippfehler iRd Berechnungsformel der Verzinsung (*Friedl/Schmidtbleicher* in Friedl/Hartwig-Jacob, § 4 Rn. 56; *Bliesener/Schneider* in Langenbucher/Bliesener/Spindler, Kap. 17, § 4 Rn. 13; vgl. *Röh/Dörfler* in Preuße, § 4 Rn. 24). Im Lichte der BGH-Rechtsprechung zu Änderungsklauseln wird es zukünftig empfehlenswert sein, Richtlinien und Grenzen für die **Berichtigung von offensichtlichen Irrtümern** eindeutig anzugeben (vgl. BGH WM 2009, 1500 ff.; *Schmidt/Schrader* BKR 2009, 397, 403; *Röh/Dörfler* in Preuße, § 4 Rn. 24). **43**

IV. Gleichbehandlungsgrundsatz (Satz 2)

Satz 2 stellt fest, dass die Gläubiger im Hinblick auf die der kollektiven Bindung unterliegenden Inhalte materiell gleich behandelt werden müssen. Das Gleichbe- **44** handlungsgebot **bezieht sich daher nur auf die der kollektiven Bindung unterliegenden Sachverhalte** und nur auf die Gläubiger einer Anleihe (inkl. eventueller Aufstockungen). Ein Gleichbehandlungsgebot gilt indes nicht für die Gläubiger unterschiedlicher Anleihen eines Emittenten (*Röh/Dörfler* in Preuße, § 4 Rn. 54).

45 Der Gleichbehandlungsgrundsatz dient nicht etwa dem Individualschutz des einzelnen Anleihegläubigers, sondern vielmehr der **Austauschbarkeit und Verkehrsfähigkeit der Schuldverschreibungen** und soll das Vertrauen in die Funktionsfähigkeit des Kapitalmarkts stärken (so auch *Bliesener/Schneider* in Langenbucher/Bliesener/Spindler, Kap. 17, § 4 Rn. 26). Die Regelung des § 4 Satz 2 ist nicht als Verbotsgesetz iSd § 134 BGB zu qualifizieren; ein Verstoß resultiert aber in der **Rechtswidrigkeit des Rechtsgeschäfts bzw. des Handeln/Unterlassens** des Emittenten und ggfs. zu Unterlassungs- und Schadensersatzansprüchen von benachteiligten Anleihegläubigern (*Bliesener/Schneider* in Langenbucher/Bliesener/Spindler, Kap. 17, § 4 Rn. 30; zur Nichtigkeit eines Gläubigerbeschlusses wegen Verstoßes gegen § 5 Abs. 2 Satz 2: BGH WM 2014, 1810 Rn. 15; *Veranneman* DB 2014, 2395). Auch wenn zu bemerken ist, dass § 5 Abs. 2 Satz 2 eine spezifische Rechtsfolge eines Verstoßes regelt ("unwirksam") und eine solche Regelung iRv § 4 Satz 2 fehlt, verfolgen § 5 Abs. 2 Satz 2 und § 4 Satz 2 doch das gleiche Ziel der Gleichbehandlung der Gläubiger. Daher ist auch bei einem Verstoß gegen den Gleichbehandlungsgrundsatz nach § 4 Satz 2 eine Nichtigkeit der zurechenbaren Handlung bzw. des Unterlassens zu bejahen.

1. Bilateraler Handlungsspielraum

46 Die kollektive Bindung soll grundsätzlich auch darin resultieren, dass der Emittent nicht mit einzelnen Anleihegläubigern **bilaterale Änderungen der Emissionsbedingungen** vereinbaren kann. Es kann aber aus Sicht des Anleiheschuldners durchaus sinnvoll sein, mit einem einzelnen Gläubiger eine gesonderte individuelle Vereinbarung über die Regelungen der Emissionsbedingungen, wie eine Stundung der Haupt- oder Zinsforderung, mit Wirkung für nur diesen Gläubiger zu treffen. Im Einzelfall könnte auch der Anleihegläubiger ein Interesse an einer solchen Vereinbarung haben, wenn er damit die Insolvenz des Emittenten und eine zu befürchtende niedrige Insolvenzquote zu vermeiden versucht. Nach § 12 Abs. 1 Satz 3 SchVG 1899 waren Vereinbarungen mit einzelnen Gläubigern zulässig, **solange keine Anleihegläubiger begünstigt wurden.** Eine entsprechende Regelung fehlt zwar in der Neufassung des SchVG (darauf verweisen auch *Schlitt/ Schäfer* AG 2009, 477, 481). Es ist jedoch auch mit der Neufassung davon auszugehen, dass die Vorschrift primär eine Gleichbehandlung dahingehend bezweckt, dass kein Anleihegläubiger begünstigt werden soll (BGH WM 2014, 1810 Rn. 25). Vereinbarungen des Schuldners mit einem einzelnen Gläubiger, die lediglich den Emittenten als Schuldner begünstigen, sind aus Sicht des Kollektivs der Anleihegläubiger mangels Benachteiligung unproblematisch und demnach zulässig (so auch *Hopt* FS Schwark, 441, 454; *Schlitt/Schäfer* AG 2009, 477, 481; *Röh/Dörfler* in Preuße, § 4 Rn. 56; DAV-Stellungnahme zum RefE, S. 10; *Schmidtbleicher*, S. 178 f.; *Friedl/Schmidtbleicher* in Friedl/Hartwig-Jacob, § 4 Rn. 9, 63 f.; *Grell/Splittgerber/Schneider* DB 2015, 111, 113; *Bliesener/Schneider* in Langenbucher/Bliesener/Spindler, Kap. 17, § 4 Rn. 28a). Solche Vereinbarungen hätten gemäß § 796 BGB aber nur dann auch Wirkung für einen Rechtsnachfolger des Gläubigers, mit dem die entsprechende Vereinbarung getroffen wurde, wenn sie

Kollektive Bindung **§ 4**

sich aus der Urkunde selbst ergeben würden. Das schließt bilaterale schuldrechtliche Zusatzvereinbarungen grundsätzlich aus (*Schlitt/Schäfer* AG 2009, 477, 481; *Röh/Dörfler* in Preuße, § 4 Rn. 56). Im Zweifel sieht sich der Emittent mithin dem Risiko ausgesetzt, dass ein eventueller Rechtsnachfolger sich nicht an die Vereinbarungen mit dem Rechtsvorgänger gebunden fühlt und die vollständigen Ansprüche aus den Anleihebedingungen geltend macht (*Schlitt/Schäfer* FS Maier-Reimer, 615, 619).

2. Rückkauf von Schuldverschreibungen

Das Gleichbehandlungsgebot gemäß § 4 Satz 2 resultiert nicht in einer Unzulässigkeit von Rückkäufen von Schuldverschreibungen, da ein Rückkauf *per se* **keine Änderung der Anleihebedingungen** darstellt. Der Rückkauf ist zwar im SchVG nicht explizit genannt, aber grundsätzlich als Restrukturierungsmittel anerkannt und kann über die Börse (*Open Market Purchase*), einem öffentlichen Rückkaufangebot (*Tender* oder *Exchange Offer*) oder durch den direkten Ankauf von einzelnen, verkaufsbereiten Anleihegläubigern erfolgen. Die zuletzt genannten *Negotiated Repurchases* könnten gegen das Gleichbehandlungsgebot aus § 30a Abs. 1 Nr. 1 WpHG verstoßen, wenn dieses so extensiv zu verstehen wäre wie das aktienrechtliche Gleichbehandlungsgebot gemäß § 53a AktG. Eine so weitgehende Gleichbehandlungspflicht lässt sich aber nach zutreffender Ansicht selbst nicht bei börsennotierten Wertpapieren annehmen (*Friedl/Schmidtbleicher* in Friedl/Hartwig-Jacob, § 4 Rn. 65; *Röh/Dörfler* in Preuße, § 4 Rn. 52; *Zimmermann* in Fuchs, WpHG, § 30a WpHG Rn. 9 f.; *Heidelbach* in Schwark/Zimmer, § 30a WpHG Rn. 7; *Lürken* in Theiselmann, Kap. 5 Rn. 157; vgl. *Seibt* CFL 2010, 165, 175; *Mülbert* in Assmann/Schneider, WpHG, § 30a WpHG Rn. 4, DAV-Stellungnahme zum RefE, S. 10; *Schlitt/Schäfer* AG 2009, 477, 487); vielmehr geht es primär um die gleiche Information aller Anleger. **47**

Zum anderen besteht darüber hinaus auch **kein Verstoß gegen das Gleichbehandlungsgebot** des § 4 Satz 2. Denn der Wortlaut „insoweit gleich behandeln" legt nahe, dass es dabei nur um die Gleichbehandlung in Bezug auf Änderungen von Anleihebedingungen geht. Der Rückkauf ist indes im Regelfall in Schuldverschreibungen vorgesehen, so dass bereits deswegen keine Änderung der Anleihebedingungen vorliegt (*Schlitt/Schäfer* AG 2009, 477, 487; *Wieneke* WM 2013, 1540, 1542; *Bredow/Sickinger/Weinand-Härer/Liebscher* BB 2012, 2134, 2138; *Tetzlaff* in Schimansky/Bunte/Lwowski BankR-HdB, § 88 Rn. 110), auch wenn im Ergebnis durch die Rückzahlung der in den Bedingungen geregelte Zeitpunkt der Rückzahlung sich in Bezug auf den Verkäufer der Schuldverschreibungen faktisch ändert. Nach den Anleihebedingungen hat der Emittent als Rückkäufer regelmäßig die Möglichkeit, den zurückgekauften Teil der Anleihe zu behalten, weiterzuveräußern oder bei der Emissionsstelle zur Entwertung einzureichen. Das **Zusammenfallen von Schuldner- und Gläubigerstellung in der Person des Emittenten** führt dabei bei verbrieften Forderungen wie Inhaberschuldverschreibungen im Sinne des § 793 BGB nicht zum Untergang der Forderung (Konfusion) (die Forderung ruht vielmehr in einem solchen Fall, so auch *Bredow/Sickinger/Weinand-Härer/Liebscher* BB 2012, 2134, 2135; *Friedl/Schmidtbleicher* in Friedl/Hartwig-Jacob, § 4 Rn. 66; *Lürken* in Theiselmann, Kap. 5 Rn. 150; vgl. RGZ 147, 233, 243; *Sprau* in Palandt, § 793 BGB Rn. 9; *Gehrlein* in Bamberger/Roth, § 793 BGB Rn. 11; *Busch* AG 2005, 429, 432). Grundsätzlich wird der Emittent zwar mit einem Rückkauf die Reduzierung der ausstehenden Forderung beab- **48** sichtigen (*Rödding/Bühring* DStR 2009, 1933, 1935); unter Umständen kann es aber auch intendiert sein, den mit der Konfusion einhergehenden, steuerpflichtigen, außerordentlichen Ertrag zwischen Nennwert und Kaufpreis zu vermeiden (*Aleth/Böhle* DStR 2010, 1186, 1190; *Bredow/Sickinger/Weinand-Härer/Liebscher* BB 2012, 2134, 2139). Dann kann es für den Emittenten vorzugswürdig sein, den zurückgekauften Anteil der Schuldverschreibungen auf den eigenen Büchern zu lassen.

3. Gleichbehandlung iRd Insolvenz

49 Das Gleichbehandlungsgebot gilt gemäß § 19 Abs. 4 auch im Rahmen eines Insolvenzverfahrens, in dem den Gläubigern einer Schuldverschreibung in einem Insolvenzplan gleiche Rechte anzubieten sind (ausführlich § 19).

4. Allgemeinverbindlichkeit der Gläubigerbeschlüsse

50 Das Prinzip der Gleichbehandlung der Anleihegläubiger wird auch im Rahmen einer Beschlussfassung der Gläubiger nach § 5 fortgesetzt. Danach ist ein Beschluss für die Gläubiger derselben Anleihe gleichermaßen verbindlich und gemäß § 5 Abs. 2 Satz 2 grundsätzlich unwirksam, wenn nicht für alle Gläubiger die gleichen Bedingungen vorgesehen werden (Begr. RegE zu § 5 Abs. 2; vgl. BGH WM 2014, 1810 Rn. 15; ausführlich § 5). Unterschiedliche Bedingungen für einzelne Gläubiger sind danach nur dann zulässig, wenn die benachteiligten Gläubiger der Ungleichbehandlung ausdrücklich zustimmen, § 5 Abs. 2 Satz 2 aE.

Abschnitt 2 Beschlüsse der Gläubiger

Vorbemerkung zu § 5 SchVG

Übersicht

	Rn.
I. Anleihebedingungen und AGB	1
1. Einleitung	1
2. Qualifikation von Anleihebedingungen als AGB	4
a) Herrschende Meinung	4
b) Mindermeinung	9
3. Einbeziehungskontrolle	12
4. Inhaltskontrolle	15
a) Herrschende Meinung	16
b) Mindermeinung	22
5. Ausblick	23
II. Collective Action Clauses	25
1. Einleitung	25
2. Internationale Diskussionen über Collective Action Clauses	26
3. Notwendigkeit von Collective Action Clauses bei Staatsanleihen	31
a) Rechtsverbindlichkeit von Staatsemissionen gegenüber privaten Gläubigern	32
b) Insolvenzfähigkeit von Staaten	33
c) Zulässigkeit eines Staatsnotstands als Änderungsrecht	34
4. Arten von Collective Action Clauses	37
5. Collective Action Clauses und das SchVG	40
6. Collective Action Clauses nach dem BSchuWG	43
a) Anwendungsbereich des BSchuWG	44
b) Zustimmung des Bundes	48
c) Mehrheitsbeschlüsse von Gläubigern	49
d) Verfahrensvorschriften	61
e) Rechtsmittel und Vollzug von Änderungsbeschlüssen	65

I. Anleihebedingungen und AGB

1. Einleitung

Stellt die eine Vertragspartei (Verwender) bei Abschluss eines Vertrags der anderen Vertragspartei die Vertragsbedingungen und wurden diese Vertragsbedingungen für eine Vielzahl von Verträgen vorformuliert, so qualifizieren die Vertragsbedingungen als AGB (§ 305 Abs. 1 BGB). Auch bei der Begründung einer Schuldverschreibung wird neben der Errichtung einer Urkunde (Skripturakt) ein schuldrechtlicher **Begebungsvertrag** abgeschlossen (BGH NJW 1973, 283; BGH WM 2013, 1264 Rn. 9; s. dazu auch *Bungert* DZWiR 1996, 185 ff.; *Masuch* S. 38 f. mwN). In diesen Begebungsvertrag werden die Anleihebedingungen regelmäßig konkludent einbezogen. Vor diesem Hintergrund stellt sich auch bei der Begründung einer Schuldverschreibung die Frage, ob die Anleihebedingungen 1

Vorbemerkung zu § 5 Abschnitt 2 Beschlüsse der Gläubiger

als **AGB** qualifizieren und deshalb der AGB-Kontrolle gemäß **§§ 305 ff. BGB** unterliegen.

2   Die Frage der Anwendbarkeit der AGB-Kontrolle auf Anleihebedingungen wird in der Literatur und Rechtsprechung kontrovers diskutiert (s. insbesondere *Hopt* FS Steindorff, 340, 364 ff.; *Hopt* FS Schwark, 441, 444 ff.; *Masuch* S. 37 ff.; *Kallrath* S. 56 ff. und 115 ff.; *Hartwig-Jacob*, Internationale Anleiheemissionen, S. 204 ff.; *Siebel*, 339 ff.; *Gottschalk* ZIP 2006, 1121 ff.; *Heldt* FS Teubner, 315 ff.; *Gruson/Harrer* ZBB 1996, 37 ff.; *Ekkenga* ZHR 160 (1996), 59 ff.; *Bungert* DZWiR 1996, 185 ff.; *Assmann* WM 2005, 1053 ff.; *Than* FS Coing, 521, 532 ff.; *v. Randow* ZBB 1994, 23 ff.; *Baum* FS Hopt, 1595 ff.; *Ulmer/Habersack* in Ulmer/Brandner/Henson § 305 Rn. 70 ff.; *Dippel/Preuße* in Preuße § 3 Rn. 25 ff.; *Bliesener/Schneider* in Langenbucher/Bliesener/Spindler, Kap. 17, § 3 Rn. 19 ff.; *Hartwig-Jacob* in Friedl/Hartwig-Jacob § 3 Rn. 50 ff.). Während die hM die Frage bejaht, bei der Begründung für ihre Antwort allerdings zwischen Direkt- und Fremdemission differenziert (→ Rn. 4 ff.), verneint die Mindermeinung die Frage grundsätzlich (→ Rn. 9 f.). Sofern die Qualifizierung von Anleihebedingungen als AGB bejaht wird, besteht im Übrigen weitgehend Einigkeit darüber, dass eine Einbeziehungskontrolle nach § 305 Abs. 2 BGB im Emissionsgeschäft nicht zu erfolgen hat (→ Rn. 12 ff.), die Anleihebedingungen jedoch der AGB-rechtlichen Inhaltskontrolle gemäß §§ 307 ff. BGB unterliegen (→ Rn. 15 ff.).

3   An dieser unklaren Rechtslage hat sich auch **mit Inkrafttreten des SchVG nichts geändert.** Obwohl in dem unveröffentlichten Diskussionsentwurf von 2003 noch vorgesehen war, Anleihebedingungen von Inhaberschuldverschreibungen generell der Einbeziehungs- und Inhaltskontrolle des Rechts der allgemeinen Geschäftsbedingungen zu entziehen, hat der Gesetzgeber davon abgesehen, dies in das SchVG zu übernehmen (in dem Diskussionsentwurf 2003 sollte § 795 Abs. 2 Satz 3 BGB noch wie folgt lauten: „Auf die Emissionsbedingungen finden die §§ 305 bis 309 keine Anwendung"; s. *Hopt* FS Schwark, 441, 445; *Sester* AcP 209 (2009), 632, 633). In der Begründung zum SchVG heißt es, bislang sei nicht geklärt, ob **die Richtlinie 93/13/EWG des Rates v. 5.4.1993 über missbräuchliche Klauseln in Verbraucherverträgen** (ABl. EG Nr. L 95 29) auf Anleihebedingungen anwendbar sei. Die Bundesregierung werde deshalb vor diesem Hintergrund versuchen, im Zuge der von der Kommission angekündigten Überarbeitung der verbraucherrechtlichen Richtlinien auf eine genauere Bestimmung des Anwendungsbereichs der Richtlinie hinzuwirken (Begr. RegE S. 21). Die zwischenzeitlich erfolgte Überarbeitung der „Klausel-Richtlinie" (2011/83 vom 25.10.2011) hat jedoch für keine Klärung gesorgt, da sie die Anleihebedingungen nicht erfasst (→ § 3 Rn. 19).

2. Qualifikation von Anleihebedingungen als AGB

4   **a) Herrschende Meinung.** Die hM geht davon aus, dass Anleihebedingungen als AGB qualifizieren. Dabei werden unterschiedliche Begründungansätze verfolgt, je nachdem ob es sich um eine Direkt- oder um eine Fremdemission handelt (→ Rn. 5 ff.). Allerdings ist diese Differenzierung bereits im Ansatz verfehlt und sollte aufgegeben werden (→ Rn. 8).

5   **aa) Direktemission.** Vertreibt der Aussteller die Schuldverschreibungen direkt im eigenen Namen und auf eigene Rechnung an das Anlegerpublikum (sog. Direkt-, Selbst- oder Eigenemission bzw. Direktplatzierung), schließt der Emittent mit einer Vielzahl von Anlegern einen Begebungsvertrag. Dabei haben die Anle-

ger keinerlei Einfluss auf die Gestaltung der vorformulierten und dem Begebungsvertrag beifügten Anleihebedingungen. Nach Ansicht des **BGH** (BGHZ 163, 311 ff.; bestätigt durch BGH ZIP 2009, 1560) und der hM in der Literatur (s. insbesondere *Ulmer/Habersack* in Ulmer/Brandner/Henson § 305 Rn. 70a mwN; *Hartwig-Jacob* in Friedl/Hartwig-Jacob § 3 Rn. 50 mwN) werden die Anleihebedingungen in dieser Konstellation vom Emittenten als Verwender iSd § 305 Abs. 1 BGB gestellt mit der Folge, dass die §§ 305 ff. BGB auf direktemittierte Schuldverschreibungen (entsprechend) anwendbar sein sollen.

bb) Fremdemission. Im Unterschied zu der Direktemission kommt es bei 6 einer Fremdemission nicht zum Abschluss eines Begebungsvertrags zwischen dem Emittenten und den Anlegern. Vielmehr richtet sich der Emittent bei der Fremdemission zwecks Abwicklung der Emission an eine oder mehrere Banken, die auf das Emissionsgeschäft spezialisiert sind und die sich idR als Emissionskonsortium zusammenschließen, um sich deren Verbindungen zu potenziellen Investoren und deren Absatzorganisation zunutze zu machen. Das Emissionskonsortium, das als Intermediär fungiert, erwirbt sodann Eigentum an den Schuldverschreibungen und veräußert sie im eigenen Namen weiter (*Gottschalk* ZIP 2006, 1121, 1124). Vertragspartner des Emittenten sind mithin nicht die Privatanleger sondern die eingeschalteten **Emissionsbanken, also Unternehmer gemäß § 14 BGB.** Bei der Fremdemission werden die Anleihebedingungen darüber hinaus zumeist nicht einseitig vom Emittenten gestellt, vielmehr werden sie im Regelfall von dem das Absatzrisiko tragenden Emissionskonsortium vorgegeben und dann zwischen dem Emissionskonsortium und dem Emittenten **individualvertraglich ausgehandelt** (s. *Gottschalk* ZIP 2006, 1121 ff.).

Obwohl die Schuldverschreibungen bei einer Fremdemission als „fertiges Pro- 7 dukt" von den Emissionsbanken an die Anleger vertrieben werden, so dass es bereits an einer vertraglichen Beziehung zwischen Emittent und Anleger sowie an dem einseitigen Stellen der Anleihebedingungen durch den Emittenten iSd § 305 Abs. 1 BGB fehlt, bejaht die hM dennoch auch bei der Fremdemission – jedenfalls ab dem Zeitpunkt des Weiterverkaufs an die Anleger – die Qualifizierung der Anleihebedingungen als AGB (BGH NJW 2016, 1175 ff. [29] mit Anmerkung *Veranneman* – SolarWorld Anleihe; BGHZ 119, 305 – Klöckner-Genussscheine; BGHZ 163, 311 – Aktienanleihe; BGH WM 2009, 1500, 1501; *Ulmer/Habersack* in Ulmer/Brandner/Henson § 305 Rn. 71 mwN; siehe auch BegrRegE AGB-Gesetz, BT-Drucks. 7/3919, S. 18). Argumentiert wird unter anderem mit der Anwendbarkeit des Umgehungsverbots (§ 306a BGB), einer analogen Anwendbarkeit der §§ 305 ff. BGB sowie einer teleologischen Betrachtung, wonach keineswegs auf das Verhältnis des Emittenten zu den Emissionsbanken sondern entsprechend den wirtschaftlichen Gegebenheiten auf das Verhältnis des Emittenten zu den Anlegern abzustellen sei. Darüber hinaus wird argumentiert, es bestünde auch bei dem lediglich derivativen Eintritt des Anlegers in das zwischen Emittent und Emissionsbanken begründete Rechtsverhältnis eine AGB-typische Gefährdungslage, da der Emittent bei der Aufstellung der Anleihebedingungen seine Vertragsgestaltungsfreiheit zu seinen Gunsten ausnutzen könnte. Keine dieser Argumentationen vermag letztendlich zu überzeugen (*Masuch* S. 117 ff.; *Gottschalk* ZIP 2006, 1121, 1124 ff.; *Bliesener/Schneider* in Langenbucher/Bliesener/Spindler, Kap. 17, § 3 Rn. 29 ff.; *Dippel/Preuße* in Preuße § 3 Rn. 35 ff.)

cc) Unterscheidung zwischen Direkt- und Fremdemission ist verfehlt. 8 Die Unterscheidung zwischen Direkt- und Fremdemission zur Beantwortung

Vorbemerkung zu § 5   Abschnitt 2 Beschlüsse der Gläubiger

der Frage, ob Anleihebedingungen als AGB qualifizieren, ist bereits im Ansatz verfehlt und sollte aufgegeben werden (*Bliesener/Schneider* in Langenbucher/Bliesener/Spindler, Kap. 17, § 3 Rn. 31). Zum einen macht es für spätere Erwerber einer Schuldverschreibung keinen Unterschied (und es ist für sie im Normalfall auch gar nicht erkennbar; → Rn. 13 f. – der BGH hält genau aus diesem Grund die Einbeziehungskontrolle für im Emissionsgeschäft nicht anwendbar), ob eine Schuldverschreibung im Wege der Eigen- oder Fremdemission platziert worden ist. Es ist daher auch nicht einzusehen, warum sich die (auch) dem Schutz des späteren Erwerbers dienende Auslegung und Inhaltskontrolle von Anleihebedingungen an der Art des Ersterwerbs orientieren sollte. Zum anderen kann die Differenzierung zwischen Direkt- und Fremdemission eine eingeschränkte Fungibilität und Kapitalmarktfähigkeit von girosammelverwahrten Schuldverschreibungen zur Folge haben. Würden nämlich Schuldverschreibungen aus einer Direktemission rechtlich anders behandelt als Schuldverschreibungen aus einer Fremdemission, könnten Schuldverschreibungen ein und derselben Anleihe nicht mehr unter derselben Wertpapierkennnummer gehandelt werden, wenn sie in verschiedenen Tranchen einmal als Direktemission und das andere Mal als Fremdemission platziert worden sind.

9   **b) Mindermeinung.** Eine kleine Gruppe von Autoren vertritt die Ansicht, dass bei Anleihebedingungen die Voraussetzungen für eine AGB-Kontrolle nicht erfüllt sind (*Assmann* WM 2005, 1053 ff.; *Bliesener/Schneider* in Langenbucher/Bliesener/Spindler, Kap. 17, § 3 Rn. 29 ff.; *Sester* AcP 209 (2009), 632 ff.; *Baum* FS Hopt, 1595, 1602 ff.).

10   Diese Ansicht überzeugt mit der Argumentation, dass das Recht der allgemeinen Geschäftsbedingungen systematisch auf die Kontrolle von **mehrseitigen Austauschverträgen** im normalen Waren- und Dienstleistungsverkehr zugeschnitten ist, bei denen ein Vertragspartner bei mehreren (nicht miteinander verbundenen) Transaktionen inhaltsgleiche (von ihm vorformulierte) Nebenbestimmungen verwendet und sich dadurch einen Vorteil bei der Abwicklung der Transaktionen verschafft. Demgegenüber verbrieft eine Schuldverschreibung ein **einseitiges Leistungsversprechen** des Emittenten. Die Inhaltsgleichheit der Bedingungen der einen Schuldverschreibung mit den Bedingungen der anderen Schuldverschreibungen des Emittenten resultiert nicht daher, dass der Emittent ohne Not bei mehreren (nicht miteinander verbundenen) Transaktionen inhaltsgleiche (von ihm vorformulierte) Nebenbestimmungen verwendet; vielmehr ist die Inhaltsgleichheit zwingende Voraussetzung der Verkehrsfähigkeit der Schuldverschreibungen. Da das Leistungsversprechen im Übrigen nach seiner Begebung losgelöst von dem ursprünglichen Vertragsverhältnis (Begebungsvertrag) zu einem Börsenkurs bzw. Preis gehandelt wird, der durch das Chance-Risiko-Profil des Leistungsversprechens in seiner Gesamtheit beeinflusst wird, würde es durch die nachträgliche Abänderung einzelner Bedingungen mit Hilfe der AGB-Kontrolle zu einer Veränderung des Chance-Risiko-Profils und damit zu einer AGB-rechtlich nicht gewollten Preisanpassung kommen.

11   Nicht überzeugen kann hingegen ein anderer Argumentationsversuch, wonach die Anwendbarkeit der §§ 305 ff. BGB auf Anleihebedingungen nach Inkrafttreten des SchVG wegen der analogen Anwendbarkeit der gesellschaftsrechtlichen Bereichsausnahme für Aktien (§ 310 Abs. 4 Satz 1 BGB) gänzlich ausgeschlossen ist (*Sester* AcP 209 (2009), 632 ff.; so auch *Baum* FS Hopt, 1595, 1614). Zum einen liegen die **Voraussetzungen** für eine solch weitgehende **Analogie** nicht vor. Eine

Vorbemerkung zu § 5

Regelungslücke kann nämlich nur dann Grundlage für eine Analogie sein, wenn sie **planwidrig** ist. Der Gesetzgeber aber hat bewusst davon abgesehen, die Anwendbarkeit der §§ 305 ff. BGB auf Schuldverschreibungen auszuschließen. Zum anderen verbietet sich eine Analogie auch deshalb, weil – anders als bei Aktien – die Parteien bei der Ausgestaltung der Anleihebedingungen weitestgehend frei sind.

3. Einbeziehungskontrolle

Gemäß **§ 305 Abs. 2 BGB** werden AGB nur dann Bestandteil eines Vertrags, wenn der Verwender auf sie hinweist und die zumutbare Möglichkeit der Kenntnisnahme besteht. Sofern man mit der hM davon ausgeht, dass Anleihebedingungen als AGB qualifizieren, unterliegen sie damit grundsätzlich einer Einbeziehungskontrolle iSd § 305 Abs. 2 BGB. 12

Für Anleger, die **Unternehmer** iSd § 14 BGB sind, greift allerdings bereits die **Bereichsausnahme** des § 310 Abs. 1 BGB. Für Anleger, die **Verbraucher** iSd § 13 BGB sind, liegt demgegenüber keine ausdrücklich normierte Bereichsausnahme vor. Allerdings ist anerkannt, dass § 310 BGB trotz seines Ausnahmecharakters nicht abschließender Natur ist, er vielmehr weitere Ausnahmen für andere Rechtsgebiete und Vertragstypen zulässt. Der BGH hat vor diesem Hintergrund entschieden, dass der Wortlaut des § 305 Abs. 2 BGB einer **funktionalen Reduktion** unterliegt und § 305 Abs. 2 BGB im Emissionsgeschäft insgesamt **keine Anwendung** findet (BGHZ 163, 311 ff.; dazu *Korte/Tal*, S. 682 ff. mwN). Die BGH-Entscheidung basiert auf den folgenden zutreffenden Überlegungen: 13

Nach dem Willen des Gesetzgebers soll der Rechtsverkehr durch § 305 Abs. 2 BGB nicht unnötig behindert werden. Zudem soll es möglich sein, Teilschuldverschreibungen als fungible Wertpapiere auszugestalten. In dem zur Bewältigung des heutigen Massengeschäfts üblichen stückelosen Effektenverkehr können die Anforderungen des § 305 Abs. 2 BGB in aller Regel nicht durch Übergabe von Wertpapierurkunden eingehalten werden, auf denen die Bedingungen abgedruckt sind. Der Emittent müsste den Anforderungen des § 305 Abs. 2 BGB also auf andere Weise genügen, etwa durch die individuelle Aushändigung der Bedingungen an jeden Ersterwerber. Für spätere Erwerber wäre dann aber nicht mehr erkennbar, ob bei der Emission der von ihm erworbenen Teilschuldverschreibung die Voraussetzungen des § 305 Abs. 2 BGB erfüllt wurden und die Bedingungen damit Vertragsbestandteil geworden sind. Gegen die Anwendbarkeit des § 305 Abs. 2 BGB spricht ferner der Grundsatz, dass die Auslegung von Schuldverschreibungen für alle Stücke einheitlich und ohne Rücksicht auf Besonderheiten in der Person des einzelnen Inhabers erfolgen muss. Dem Bedürfnis des Kapitalmarkts nach einem einheitlichen, standardisierten Inhalt der Wertpapiere widerspräche es aber, wenn Wertpapiere derselben Emission unterschiedlichen Anforderungen an die Einbeziehung der Bedingungen unterlägen und infolgedessen unter Umständen unterschiedlich ausgestaltete Rechte verbrieften. Im Ergebnis genügt es deshalb für eine wirksame Einbeziehung, wenn die Anleihebedingungen gemäß § 796 BGB mit der Urkunde an die relevante Clearing-Stelle versandt werden. 14

4. Inhaltskontrolle

Sofern man mit der hM davon ausgeht, dass Anleihebedingungen als AGB qualifizieren, unterliegen sie einer AGB-rechtlichen Inhaltskontrolle (→ Rn. 16 ff.). Demgegenüber unterliegen die Anleihebedingungen nach einer Mindermeinung 15

Vorbemerkung zu § 5 Abschnitt 2 Beschlüsse der Gläubiger

auch dann keiner Inhaltskontrolle, wenn man davon ausgeht, dass Anleihebedingungen als AGB qualifizieren (→ Rn. 22 ff.).

16   **a) Herrschende Meinung.** Nach dem **BGH** (BGH ZIP 2009, 1558 ff.) und der hM in der Literatur (*Habersack* in MüKoBGB § 793 Rn. 48 mwN) unterliegen jedenfalls diejenigen Anleihebedingungen einer direktemittierten Schuldverschreibung einer **AGB-rechtlichen Inhaltskontrolle,** die nicht den Hauptleistungsinhalt zum Gegenstand haben (zu den kontrollfreien Klauseln des Hauptleistungsinhalts gehören die Höhe des Rückzahlungsbetrags, der Zinssatz, der Nachrang einer Forderung und die Verlustbeteiligung, s. BGH NJW 1993, 57 ff.; *Habersack* in MüKoBGB § 793 Rn. 48; *Bliesener/Schneider* in Langenbucher/Bliesener/Spindler, Kap. 17, § 3 Rn. 38). Die Inhaltskontrolle erfolgt dabei in zwei Schritten. Zunächst muss der Wortlaut der jeweiligen Klausel in einem ersten Schritt ausgelegt werden (→ Rn. 17), bevor dann in einem zweiten Schritt geprüft wird, ob sie den Vertragspartner unangemessen benachteiligt. Die unangemessene Benachteiligung kann sich dabei sowohl aus einer Verletzung des Transparenzgebotes (→ Rn. 18 f.) als auch aus einer Verletzung der Klauselverbote (→ Rn. 20 f.) ergeben.

17   **aa) Auslegung von Anleihebedingungen.** Die Auslegung bildet den Ausgangspunkt der Inhaltskontrolle. Für die Auslegung von Anleihebedingungen gelten nach dem BGH konsequenterweise die **allgemeinen Auslegungsgrundsätze zu AGB** (zuletzt BGH ZIP 2009, 1558, 1559) unter Verweis auf *Horn* ZHR 173 (2009), 12, 37). Daneben gelten der Ausschluss überraschender Klauseln (§ 305c BGB) und die Auslegung mehrdeutiger Klauseln gegen den Anleiheschuldner als Verwender (§ 305c Abs. 2 BGB) sowie § 157 BGB (*Horn* ZHR 173 (2009), 12, 37). Ausgangspunkt der gebotenen objektiven, nicht am Willen der konkreten Vertragsparteien zu orientierenden Auslegung ist dabei der Wortlaut der Klausel (s. *Hopt* FS Steindorff, 341, 369 f.). Ist dieser nicht eindeutig, kommt es entscheidend darauf an, wie der Vertragstext aus Sicht der typischerweise an Geschäften dieser Art beteiligten Verkehrskreise zu verstehen ist, wobei der Vertragswille verständlicher und redlicher Vertragsparteien beachtet werden muss. Die Auslegung von Schuldverschreibungen hat im Interesse der Verkehrsfähigkeit der Kapitalmarktpapiere und der Funktionsfähigkeit des Wertpapierhandels für alle Stücke **einheitlich und ohne Rücksicht auf Besonderheiten in der Person des einzelnen Inhabers** zu erfolgen (BGHZ 28, 259, 265; BGHZ 163, 311, 317; BGH ZIP 2009, 1558, 1559).

18   **bb) Transparenzgebot.** Grundsätzlich wären die Anleihebedingungen an dem in § 307 Abs. 1 Satz 2 BGB normierten Transparenzgebot **(AGB-rechtliche Transparenzgebot)** zu messen, wonach sich eine unangemessene Benachteiligung auch daraus ergeben kann, dass die jeweilige Bestimmung für den Vertragspartner des Verwenders nicht klar und verständlich ist. Dabei wäre die Verständlichkeit der AGB aus der Sicht des rechtsunkundigen Durchschnittsbürgers zu beurteilen (st. Rspr., s. BGHZ 106, 42, 49); BGHZ 112, 115, 118; BGHZ 116, 1, 7; BGH NJW 1999, 2279, 2280).

19   Das AGB-rechtliche Transparenzgebot wird allerdings von dem neu eingeführten Transparenzgebot in **§ 3 SchVG (als lex specialis)** verdrängt (→ § 3 Rn. 20). Die Gesetzesbegründung stellt klar, dass Anleihebedingungen so gefasst sein müssen, dass ein bezüglich der jeweiligen Schuldverschreibung sachkundiger Anleger diese Ermittlung vornehmen kann (Begr. RegE zu § 3). Allgemein erwartbare

Vorbemerkung zu § 5

Vorkenntnisse des jeweiligen Adressatenkreises können bei Abfassung der Bedingungen berücksichtigt werden. Unter gegebenen Voraussetzungen sollen so auch komplizierte Bedingungen rechtlich zulässig sein, soweit sie erkennbar an einen Adressatenkreis gerichtet sind, der über entsprechende Kenntnisse verfügt, zB weil er sich auf bestimmte Investitionen in risikoreiche Schuldtitel spezialisiert hat. Die unterschiedlichen Transparenzanforderungen des § 3 SchVG einerseits und des § 307 Abs. 1 Satz 2 BGB andererseits machen im Übrigen ein Nebeneinander der Vorschriften unmöglich. Denn es wäre widersinnig, wenn der Gesetzgeber einerseits ein spezialgesetzliches Transparenzgebot normiert, das entsprechend den Bedürfnissen des Kapitalmarktgeschäfts den Maßstab eines sachkundigen Anleger zugrunde legt (→ § 3 Rn. 10), dieses aber andererseits dadurch konterkariert, dass nach dem ebenfalls anwendbaren AGB-rechtlichen Transparenzgebot zudem auch noch auf die Verständnismöglichkeiten eines durchschnittlichen Vertreters der angesprochenen Kundenkreise abzustellen ist.

cc) Klauselverbote. Schließlich ist iRd Inhaltskontrolle zu prüfen, ob die 20 Anleger durch die jeweilige Klausel in den Anleihebedingungen unangemessen benachteiligt werden. Der BGH beschränkt die Inhaltskontrolle dabei nicht etwa auf die Generalklausel **§ 307 Abs. 1, 2 BGB,** sondern er wendet ebenfalls die besonderen Klauselverbote in den **§§ 308, 309 BGB** an (BGH ZIP 2009, 1558 ff.).

Ungeklärt ist, wie es sich in dem Fall verhalten würde, in dem eine Klausel 21 zwar gegenüber Verbrauchern gemäß §§ 308, 309 BGB unwirksam wäre, nicht aber **gegenüber Unternehmern** gemäß § 307 Abs. 1, 2 BGB. Der BGH hat dies in seiner Entscheidung offen gelassen (BGH ZIP 2009, 1558 ff.; die im Rahmen dieser Entscheidung von ihm überprüfte Klausel hielt er sowohl gegenüber Verbrauchern gemäß § 308 Nr. 4 BGB als auch aus den gleichen Gründen gegenüber Unternehmern gemäß § 307 Abs. 1 Nr. 1 BGB für unwirksam). Angesichts des vom BGH in seiner Entscheidung zur Einbeziehungskontrolle (→ Rn. 13 ff.) anerkannten Bedürfnisses des Kapitalmarkts nach standardisierten, einheitlichen Produkten spricht Vieles dafür, dass der BGH bei der Beurteilung der Klauseln unabhängig von der Unternehmer- oder Verbrauchereigenschaft des Anlegers in Zukunft stets den gleichen Maßstab anlegen wird. Bis zu einer klärenden BGH-Entscheidung bleibt jedoch ein erheblicher Anteil an Rechtsunsicherheit.

b) Mindermeinung. Auf eine Inhaltskontrolle ist nach richtiger Ansicht in 22 der Literatur selbst dann zu verzichten, wenn man Anleihebedingungen als AGB auffasst (*Assmann* WM 2005, 1053 ff.; *Bliesener/Schneider* in Langenbucher/Bliesener/Spindler, Kap. 17, § 3 Rn. 43). So stellt das Leistungsversprechen kein im Gesetz nach Leistung und Gegenleistung umschriebenes Versprechen eines bestimmten Inhalts dar, das durch klauselartige Regelungen über Art und Weise der Rechtsausübung oder der Leistungserbringung ergänzt wird und über das eine Urkunde ausgestellt wird. Das Leistungsversprechen lässt sich ausschließlich mittels der Festsetzungen des Emittenten in den Anleihebedingungen ermitteln (so auch die DAI-Stellungnahme S. 3). Jede einzelne Bestimmung in den Anleihebedingungen beeinflusst das Chance-Risiko-Profil und damit den Preis des Leistungsversprechens (*Bliesener/Schneider* in Langenbucher/Bliesener/Spindler, Kap. 17, § 3 Rn. 43). Aus diesem Grund sind bei Schuldverschreibungen die Anleihebedingungen in ihrer Gesamtheit als Leistungsbeschreibung einzuordnen. Im Übrigen fehlt für Schuldverschreibungen ein gesetzlicher Kontrollmaßstab (*Assmann* WM 2005, 1053 ff.; *Bliesener/Schneider* in Langenbucher/Bliesener/Spindler, Kap. 17,

Vorbemerkung zu § 5

§ 3 Rn. 44). So enthält weder das SchVG noch die §§ 793–806 BGB Vorgaben zu Art, Inhalt und Ausgestaltung des Leistungsversprechens.

5. Ausblick

23   Das Thema Anleihebedingungen und AGB ist noch lange nicht geklärt. Zwar sind einige gängige Klauseln in Anleihebedingungen mit Inkrafttreten des SchVG wegen § 307 Abs. 3 BGB nicht mehr überprüfbar, da sie dem gesetzlichen Leitbild entsprechen (vgl. die Ausführungen zu *Collective Action Clauses* unter → Rn. 25 ff.; dazu auch *Baums* ZBB 2009, 1, 2). Die Bundesregierung hat jedoch, wie oben beschrieben, von einem gänzlichen Ausschluss der Anwendbarkeit der §§ 305 ff. BGB auf Schuldverschreibungen leider abgesehen, da nicht geklärt sei, ob die Richtlinie 93/13/EWG des Rates vom 5.4.1993 über missbräuchliche Klauseln in Verbraucherverträgen (ABl. EG Nr. L 95 29) auf Anleihebedingungen Anwendung findet. Das ist allerdings nicht überzeugend (so bereits *Hopt* FS Schwark, 441, 445). In Großbritannien ist die Richtlinie vor 20 Jahren nämlich dahingehend umgesetzt worden, dass sie auf Schuldverschreibungen keine Anwendung findet. Die Kommission hat die Regelung zwar zwischenzeitlich erneut aufgegriffen, jedoch ohne die vorstehende Rechtsfrage zu klären (→ Rn. 3, → § 3 Rn. 19). Es ist zwar theoretisch möglich, dass die Kommission diese Regelung ein weiteres Mal aufgreift. Der deutsche Gesetzgeber sollte ein solches Risiko im Interesse eines wettbewerbsfähigen Kapitalmarkts jedoch eingehen. Die Unsicherheit, ob der Ausschluss der Anwendbarkeit der §§ 305 ff. BGB – wider Erwarten – zu irgendeinem Zeitpunkt Gegenstand einer Beanstandung durch den EuGH sein wird, ist allemal besser, als die augenblickliche Rechtsunsicherheit.

24   Auch wenn der BGH zum Thema Einbeziehung und Inhaltskontrolle Stellung bezogen hat, sind mehrere Fragen offen geblieben. Eine davon betrifft den Maßstab, der für die Inhaltskontrolle bei Erwerb der Teilschuldverschreibung durch einen Unternehmer gelten soll. Unsicherheiten haben bei standardisierten Kapitalmarktprodukten stets Auswirkungen auf deren Preis. Da im hart umkämpften Anleihegeschäft die Margen für Emittenten in den letzten Jahren stetig gesunken sind, werden Unsicherheiten über die Rechtswirksamkeit von Bestimmungen deshalb unmittelbar in das *Pricing* einfließen. Die Folge ist, dass der Anleger, der durch die Anwendung der §§ 305 ff. BGB vermeintlich geschützt wird, für die vom BGH und vom Gesetzgeber geschaffene Rechtsunsicherheit zahlen muss.

II. Collective Action Clauses

1. Einleitung

25   Die Novellierung des SchVG soll generell auch die Schaffung von international üblichen Umschuldungsklauseln (sog. *Collective Action Clauses*, „CACs", dazu *Rey-Report*, S. 9 ff.) ermöglichen, um internationalen Anforderungen nach zu kommen (Begr. RegE S. 22). Insbesondere im Zusammenhang mit Emissionen von Schuldverschreibungen von Schwellenländern entstand das Bedürfnis der Schuldner die Verbindlichkeiten aufgrund von Zahlungsschwierigkeiten nachträglich zu restrukturieren. Die Anleihebedingungen enthielten indes regelmäßig keine entsprechenden Regelungen, so dass grundsätzlich eine Einigung über eine Änderung der Anleihebedingungen mit allen Gläubigern erforderlich gewesen wäre. Das Thema *Collective Action Clauses* wurde aber spätestens im Lichte der Staatskrise Griechen-

Vorbemerkung zu § 5

land im Jahre 2012 wieder aktuell als Griechenland durch entsprechende gesetzliche Änderungen nachträglich derartige Klauseln in die dem griechischen Recht unterliegenden Staatsanleihen einfügte. Letztlich einigte man sich in der EU iRd ESM-Vertrags (→ Rn. 30) darauf, dass CACs in den Anleihebedingungen von Anleihen der Mitgliedstaaten enthalten sind. Die Vorgaben wurden national im BSchuWG entsprechend umgesetzt (→ Rn. 43 ff.).

2. Internationale Diskussionen über Collective Action Clauses

Zum Teil war die Zulässigkeit von CACs bei Staatsanleihen unter deutschem Recht bereits unter alter Rechtslage bejaht worden (*Deutsche Bundesbank*, Monatsbericht Dezember 1999, S. 45 ff., 49; *Pressemitteilung des Bundesministeriums der Finanzen* v. 14.2.2000, abgedruckt in *Deutsche Bundesbank*, Geschäftsbericht 1999, S. 117; so wohl auch *Than* FS Coing, S. 521; *Hopt* FS Steindorff, 341, 361 ff.; offen *Keller/Langner* BKR 2003, 616, 619). Zu einem anderen Ergebnis kam jedoch eine Studie der Rechtsabteilung des **Internationalen Währungsfonds** v. Juni 2002 (IMF, The Design and Effectiveness of Collective Action Clauses, 2002, S. 7 ff. unter Nr. 13 ff.; vgl. auch *Quarles-Report*, S. 7), wonach die Möglichkeit einer Restrukturierung von Auslandsanleihen im Vergleich der vier maßgeblichen Rechtsordnungen, nach denen Anleihen von Schwellenländern üblicherweise begeben werden (New York, Vereinigtes Königreich, Japan und Deutschland), lediglich hinsichtlich des deutschen Rechts zweifelhaft sei (dazu *Schneider*, S. 69, 72). Unabhängig von einer Einschätzung nach deutschem Recht, wurden im Zuge vielfacher Zahlungsausfälle oder Zahlungsschwierigkeiten bei Staatsanleihen, insbesondere von Schwellenländern, international Forderungen laut, CACs in den Anleihebedingungen zu vereinbaren. 26

Der sog. **Quarles-Report** einer Arbeitsgruppe der **G10-Länder** (*Quarles-Report*, S. 9 ff. Annex 1; dazu *Keller* BKR 2003, 313, 314; *Keller/Langner* BKR 2003, 616, 619; *Keller*, S. 157, 166; *Hartwig-Jacob* FS Horn, 717 ff.) enthielt ein Muster einer Umschuldungsklausel für Staatsanleihen nach New Yorker Recht und ermöglichte insbesondere die Änderung der Hauptleistungspflichten des Schuldners mit einem Mehrheitsbeschluss der Gläubiger. Der Entwurf sah grundsätzlich eine Mehrheitsentscheidung mit 75% des ausstehenden Kapitals im Falle von Änderungen der Zahlungsbedingungen vor, bei sonstigen Bedingungen lediglich eine 2/3 Mehrheit des ausstehenden Kapitals. Die G-10-Arbeitsgruppe unter dem Vorsitz von *Randal Quarles* vom US-Finanzministerium sah darüber hinaus noch die Einführung eines Anleihetreuhänders oder Vertreters vor, der insbesondere Alleingänge einzelner Gläubiger verhindern sollte. 27

Im Folgenden veröffentlichte auch die **International Capital Markets Association** (ICMA) in ihrem *IPMA Handbook* im Oktober 2004 ein Muster einer CAC für Staatsanleihen ursprünglich nur nach englischem Recht und später auch für New Yorker Recht (siehe ICMA Primary Market Handbook, August 2015, Appendix A14 – Sovereign Bonds). Die Empfehlung der ICMA greift im Wesentlichen die Überlegungen des Entwurfs des *Quarles-Reports* wie zB in Bezug auf erforderliche Beschlussfähigkeiten und Mehrheitserfordernisse auf. Besonders einschneidende Beschlüsse, wie die Änderung des geltenden Rechts oder der Gerichtsstand der Schuldverschreibungen, werden dabei von Mehrheitsentscheidungen grundsätzlich ausgenommen und sollen nur einstimmig beschlossen werden können. Die Empfehlung der ICMA sieht ebenfalls eine 75% Mehrheit des anwesenden Kapitals für wesentliche Entscheidungen, wie die Änderung der Zins- oder Hauptforderung, 28

Vorbemerkung zu § 5 Abschnitt 2 Beschlüsse der Gläubiger

vor; bei allen anderen Maßnahmen soll dagegen eine 2/3 Mehrheit genügen. Schließlich ist auch dort eine Vertretung der Anleihegläubiger vorgesehen, wobei die ICMA-Empfehlung nicht von einer einzelnen Person als Vertretung auszugehen scheint, sondern grundsätzlich von einem Gremium (*Noteholders' Committee*).

29   Die Entwicklung zu einem umfassenden Regelungsrahmen für die Umschuldung und Restrukturierung von Staatsanleihen wurde schließlich durch die **Schaffung eines freiwilligen Verhaltenskodex** komplettiert, auf den sich Vertreter führender Schuldnerstaaten, wie Brasilien, Mexiko, Südkorea und die Türkei, mit dem Internationalen Bankenverband IIF einigen konnten (Principles for Stable Capital Flows and Fair Debt Restructuring in Emerging Markets, 2004; dazu *Ritter*, Transnational Governance in Global Finance). Dieser Kodex sieht insbesondere einen transparenten Informationsaustausch, eine faire Kooperation zwischen Gläubiger und Schuldner im Rahmen einer Umschuldung sowie die Gleichbehandlung der Gläubiger vor. Der Kodex empfiehlt darüber hinaus, dass der Austausch zwischen Schuldner und Gläubiger in beiderseitigem Interesse bereits vor Eintritt und damit auch zur Vermeidung einer Zahlungsstörung stattfinden sollte. Zur Optimierung der Kommunikation zwischen Schuldner und Gläubiger sieht der Kodex – wie auch die oben genannten Entwürfe von CACs – die Bestellung eines Gläubigerausschusses (*Creditor Committee*) oder eines sonstigen Repräsentanten vor, der als Schnittstelle zwischen den Beteiligten dienen, aber auch speziell für den Schuldnerstaat ein Forum darstellen soll, die Zahlungssituation und Finanzierungsbestrebungen zu erläutern.

30   Die **Europäische Union** folgte diesen Vorschlägen letztlich durch den Vertrag zur Errichtung des Europäischen Stabilitätsmechanismus vom 2.2.2012 (ESM-Vertrag), wonach ab dem 1.1.2013 in den Anleihebedingungen der Anleihen der Mitgliedstaaten solche CACs aufzunehmen sind (→ Rn. 43 ff.); vgl. auch zur historischen Entwicklung: *Hartwig-Jacob* FS Horn, 717, 719; *Horn* ZHR 173 (2009), 12, 28).

3. Notwendigkeit von Collective Action Clauses bei Staatsanleihen

31   Die Erforderlichkeit von CACs wurde insbesondere im Zusammenhang mit **Zahlungsschwierigkeiten iRv Schuldverschreibungen von Schwellenländern** diskutiert. Ein Bedürfnis für die Installation von Umschuldungsklauseln würde bei Staaten grundsätzlich fehlen, wenn diese als Schuldner einer Schuldverschreibung die Anleihebedingungen auch ohne Mitwirkung der Gläubiger nachträglich einseitig ändern könnten. Dies wird unter dem Gesichtspunkt einer Immunität der Staaten (→ Rn. 32), einer mangelnden Insolvenzfähigkeit von Staaten, die damit eine Umschuldung in Bezug auf Staatsanleihen grundsätzlich eigentlich nicht erforderlich macht (→ Rn. 33), und der Möglichkeit der Erklärung eines Staatsnotstands durch den Emittenten (→ Rn. 34) erwogen. Im Ergebnis ist indes ein Bedürfnis für CACs auch bei Staatsanleihen zu konstatieren (*Sester* WM 2011, 1057, 1059; kritisch *Herdegen* WM 2011, 917). Wie im Falle Griechenland in 2012 geschehen, ist dabei aus Sicht der Anleihegläubiger auch zu berücksichtigen, dass ein Staat als Emittent zumindest die seinem Heimatrecht unterliegenden Schuldverschreibungen einseitig durch entsprechende gesetzliche Änderungen nachträglich mit CACs versehen und so Gläubigerbeschlüsse initiieren kann.

32   **a) Rechtsverbindlichkeit von Staatsemissionen gegenüber privaten Gläubigern.** Zunächst sind privatrechtlich begründete Verbindlichkeiten von

Vorbemerkung zu § 5

Staaten nach herrschender Ansicht **gegenüber privaten Gläubigern rechtsverbindlich** (vgl. statt vieler BVerfGE 16, 27 ff. *„Iran-Beschluss"*; BGH BKR 2015, 254 *„Argentinien"*; *v. Schönfeld* NJW 1986, 2980, 2984; *Siebel*, S. 142 ff., 153 ff.), so dass ein Staat sich grundsätzlich nicht auf seine Immunität berufen könnte. Das gilt auch dann, wenn der Staat auf einen Staatsnotstand verweist oder eine Restrukturierung seiner Verbindlichkeiten mit einer Gläubigermehrheit vorgenommen hat (BGH BKR 2015, 254 *„Argentinien"*). Zur Vermeidung eventueller Lücken wurden von manchen Staaten explizite **Immunitätsverzichte** bezüglich möglicher Klagen von Gläubigern aufgenommen (vgl. OLG Frankfurt NJW 2006, 2931 zu einer Argentinien-Anleihe nach deutschem Recht; dazu *Keller*, S. 157, 162 f.; *Cranshaw* DZWiR 2007, 133 ff.; *Einsele* WM 2009, 289 ff.; *Kleinlein* NJW 2007, 2591, 2593), die allerdings nach der Rechtsprechung des BVerfG nicht uneingeschränkt möglich sind (*„Argentinien-Beschlüsse"* BVerfG WM 2007, 1315; BVerfG WM 2007, 57 ff.; BVerfG, NJW 2006, 2907; vgl. dazu auch *Geimer* in Zöller, IZPR Rn. 36c mwN; *Baars/Böckel* ZBB 2004, 445, 452 f.; *Kleinlein* NJW 2007, 2591 ff.; *Mayer* WM 2008, 425 ff.).

b) Insolvenzfähigkeit von Staaten. Die Insolvenzfähigkeit von Staaten wird 33 umfassend diskutiert und zum Teil in der Literatur auch bejaht (*Sester* WM 2011, 1057, 1058 f.; *Sester* NJW 2006, 2891, 2892; vgl. *Ohler* JZ 2005, 590, 592 ff.; *Baars/Böckel* ZBB 2004, 445, 458; *Paulus* WM 2002, 725 ff.). Der Internationale Währungsfonds schlug aufgrund der bestehenden Rechtsunsicherheiten eine gesetzliche Regelung für internationale Insolvenzverfahren vor, die auch die Gründung eines internationalen Insolvenzgerichtshofs beinhaltete (Sovereign Debt Restructuring Mechanism, 2002; vgl. auch *Keller*, S. 157, 165; *Baars/Böckel* ZBB 2004, 445 ff.; *Hartwig-Jacob* FS Horn, S. 717, 718; *Ohler* JZ 2005, 590, 598; *Paulus* ZRP 2002, 383 ff.; *Schwarz* ZRP 2003, 170 ff.). Die Statuierung eines solchen Verfahrens stieß indes auf keine substantielle Resonanz, stattdessen wurden insbesondere von der *Group of Ten* (G10) Vorschläge für Klauseln in Anleihebedingungen unterbreitet, die die nachträgliche Änderung der Emissionsbedingungen zur Vermeidung von Zahlungsausfällen und Optimierung von Umschuldungsverhandlungen durch CACs ermöglichen sollen (vgl. der *Quarles-Report*, → Rn. 27). Selbst wenn man also eine Insolvenzfähigkeit von Staaten ablehnen möchte, haben die jüngsten Entwicklungen an den Kapitalmärkten gezeigt, dass auch bei Staaten zumindest die Möglichkeit einer Zahlungsschwierigkeit besteht, die eine Umschuldung im Wege von Gläubigerbeschlüssen sinnvoll machen kann (vgl. *Horn* ZHR 173 (2009), 12, 27 f.; *Hartwig-Jacob* FS Horn, S. 717 ff.). Die prominentesten Beispiele hierfür sind die Mexiko-Krise von 1994–1995 („Tequila"-Krise), die letztlich noch andauernde Argentinien-Krise von 2002 (dazu *Sester* WM 2011, 1057, 1061 f.) und zuletzt die Staatskrise von Griechenland von 2012.

c) Zulässigkeit eines Staatsnotstands als Änderungsrecht. Für ein man- 34 gelndes Bedürfnis der Möglichkeit eines Gläubigerbeschlusses spricht auch nicht ein Staatsnotstandsrecht, mit Hilfe dessen ein Schuldner einseitig die Emissionsbedingungen nachträglich ändern, dh einen Zahlungsaufschub oä festlegen könnte. Diskutiert wird zwar, ob Staaten ein solches Notstandsrecht bei drohender Zahlungsunfähigkeit oder bei Zahlungsschwierigkeiten zukommen kann. Im Ergebnis ist dies indes nach zutreffender Ansicht grundsätzlich abzulehnen.

Die **Zulässigkeit eines völkerrechtlichen Notstands** richtet sich nach den 35 engen Voraussetzungen des Art. 25 Abs. 1 der (völkergewohnheitsrechtlichen) Regelungen zur Verantwortlichkeit von Staaten für völkerrechtswidriges Handeln

Vorbemerkung zu § 5   Abschnitt 2 Beschlüsse der Gläubiger

der Völkerrechtskommission der Vereinten Nationen (*International Law Commission* „ILC", Responsibility of States for internationally wrongful acts, 2001; diese sind von der Generalversammlung der Vereinten Nationen mit Resolution 56/83 im Dezember 2001 angenommen, aber noch nicht in einen völkerrechtlichen Vertrag überführt), so dass ein solcher Staatsnotstand die Zahlungspflichten des Schuldnerstaats lediglich für die Dauer der vorliegenden Voraussetzungen suspendieren kann (OLG Frankfurt NJW 2006, 2931, 2932; vgl. *Sester* NJW 2006, 2891). Erforderlich ist insbesondere, dass „wesentliche Interessen" des Schuldnerstaats die Zahlungsaussetzung erfordern, wobei die Anforderungen hieran hoch anzusetzen sind. Nicht ausreichend ist, dass die Zahlung für den Staat wirtschaftlich unmöglich ist, sondern dass der Staat andernfalls wesentlichen Aufgaben wie die Daseinsvorsorge, Gewährleistung von Frieden oder das Überleben eines Teils der Bevölkerung möglicherweise nicht mehr nachkommen könnte (BVerfG NJW 2007, 2614 ff.; OLG Frankfurt NJW 2006, 2931, 2932 mwN; *Pfeiffer* ZVglRWiss 2003, 141, 162 ff.; *Mayer* WM 2008, 425 ff.; *Geimer* in Zöller, IZPR Rn. 36c).

36   Die Rechtsprechung hat jüngst auch in Sachen Argentinien bestätigt, dass privatrechtlich begründete Verbindlichkeiten von Staaten durch private Gläubiger **vollstreckungsfähig** sind, auch wenn der Schuldner sich auf einen Staatsnotstand oder einer bestehenden Vereinbarung zu einem Schuldenschnitt mit einer Vielzahl seiner Anleihegläubiger beruft (BGH BKR 2015, 254 „*Argentinien*").

4. Arten von Collective Action Clauses

37   Die Spielarten von CACs sind vielfältig. Insbesondere bei britischen und japanischen Staatsanleihen sind seit längerem **Mehrheitsklauseln** üblich, die nun auch durch die Novellierung des SchVG ermöglicht werden (zur internationalen Diskussion um die G10-Vorschläge *Hartwig-Jacob* FS Horn, S. 717, 727 ff.). Die Einführung einer Mehrheitsklausel ist im Regelfall sinnvoll, da in der Vergangenheit die Anleihebedingungen von Staatsanleihen grundsätzlich lediglich die nachträgliche Veränderung der Zahlungsbedingungen oder -fristen durch einen einstimmigen Beschluss der Anleihegläubiger vorsahen **(Unanimous Action Clauses).** Die Emissionsbedingungen solcher Staatsanleihen, die solche Klauseln enthielten, waren jedoch nur in Bezug auf die wesentlichen Pflichten der Bedingungen wie Höhe und Zahlungsfrist der Kapital- und Zinszahlung für eine nachträgliche Anpassung von einem einstimmigen Beschluss der Anleihegläubiger abhängig (*Hartwig-Jacob* FS Horn, 717, 720). Im Falle von geplanten Restrukturierungen, die keine Einstimmigkeit bei der Beschlussfassung erwarten ließen, behalfen sich jene Staatsemittenten mit der Technik des sog. **Exit Consent.** Dabei wurden solche Klauseln der Anleihebedingungen verändert, die nur eine einfache oder qualifizierte Mehrheit für die Beschlussfassung über eine nachträgliche Anpassung oder Änderung vorsahen. Die Änderungen der Anleihebedingungen sollten die Bedingungen der Anleihe für solche Anleger unattraktiv machen, die sich einer Beteiligung an einer Umstrukturierung verweigern wollten (*Rogue Creditors* oder *Hold-outs*). Zu den für diese Zwecke angepassten Klauseln gehörten typischerweise die Regelungen über den Verzicht auf die Staatsimmunität, die Voraussetzungen für eine Börsenzulassung der Schuldverschreibungen, das anwendbare Recht oder das zuständige Gericht für eventuelle Streitigkeiten (dazu *Hartwig-Jacob* FS Horn, 717, 720 f.; kritisch *Keller*, S. 157, 163).

38   Zudem finden sich im Kapitalmarkt **Repräsentativklauseln**, die versuchen, den Abstimmungsprozess zwischen Gläubiger und Schuldner durch die Einrich-

Vorbemerkung zu § 5

tung gemeinsamer Gremien zu optimieren (ausführlich *Hartwig-Jacob* FS Horn, 717, 722 ff.; zur Bedeutung einer Abstimmung in Bezug auf das Beispiel der Umschuldung von Argentinien im Jahre 2005: *Sester* NJW 2006, 2891, 2892). Der Vertreter der Anleihegläubiger soll insbesondere die Kommunikation zwischen Schuldner und Gläubiger erleichtern, die Prozessführungsbefugnis gegen den Schuldner in der Person des Vertreters bündeln, um die Zahl der Einzelklagen zu minimieren, und schließlich auch die Zahlungen durch den Schuldner an die Anleihegläubiger abwickeln. Insbesondere bei Schuldverschreibungen unter englischem Recht nimmt diese Vertretungsfunktion ein Anleihetreuhänder (*Bond Trustee*) wahr, ansonsten überwiegt die Bestellung der Emissionsstelle (*Fiscal Agent*) für die Übernahme der anfallenden Aufgaben. Der wesentliche Unterschied zwischen beiden Konstruktionen liegt darin, dass der Anleihetreuhänder zur Vertretung der Interessen der Anleihegläubiger gegenüber dem Schuldner, die Emissionsstelle dagegen zur Wahrung der Interessen des Schuldners bei der Durchführung des Anleihedienstes bestimmt wird (*Hartwig-Jacob* FS Horn, 717, 723 f.). Im Falle der Beteiligung der Emissionsstelle verbleibt daher das Recht zur gerichtlichen Geltendmachung von Ansprüchen gegen den Schuldner bei den einzelnen Anleihegläubigern, so dass der *Quarles-Report* auch für das New Yorker Recht die Bestellung eines Anlegervertreters empfohlen hatte (vgl. *Quarles-Report*, S. 2; darauf verweist auch *Hartwig-Jacob* FS Horn, 717, 724).

Außerdem sind **Teilungsklauseln** denkbar, nach denen die Gleichbehandlung **39** der Gläubiger gewährleistet und unwillige Gläubiger (*Rogue Creditors*) davon abgehalten werden sollen, gerichtlich individuelle Vereinbarungen mit dem Emittenten anzustreben (vgl. *Hartwig-Jacob* FS Horn, 717, 731 ff.; *Baars/Böckel* ZBB 2004, 445, 454 f. zur Gleichrangklausel, die im Ergebnis eine Gleichbehandlung gewährleisten könnte). Schließlich finden sich **Aggregationsklauseln,** bei denen für eine Umschuldung mehrere Emissionsserien zusammengefasst werden können (dazu ausführlich *Keller*, S. 157, 167 ff.; *Hopt* FS Schwark, 441, 454 f.; *Hartwig-Jacob* FS Horn, 717, 730 f.; → Rn. 41 f.). Die Kombination der einzelnen Elemente ist dabei möglich.

5. Collective Action Clauses und das SchVG

Der Gesetzgeber hält ausweislich der Begr. RegE mit der Novellierung des **40** SchVG CACs nach deutschem Recht für umfassend zulässig (Begr. RegE S. 22). Dem kann nicht vollends gefolgt werden. Der Gesetzgeber hat sich darauf beschränkt, insbesondere die oben genannten **Teilungsklauseln** (§ 4 Satz 2), die international üblichen **Mehrheitsklauseln** (§ 5) sowie die **Repräsentativklauseln** (vgl. die Vorschriften zum gemeinsamen Vertreter in §§ 7, 8) zu ermöglichen. Eine umfassendere Ermöglichung von CACs wäre dagegen aus Sicht der Praxis wünschenswert gewesen. Zunächst ist der **Anwendungsbereich des SchVG** durch den Ausschluss von den in § 1 Abs. 2 genannten Schuldverschreibungen bedauerlicherweise unnötig eingeschränkt worden. Die Integration von CACs in die Anleihen des Bundes über das BSchuWG ist ein Schritt in die richtige Richtung, vermag aber aufgrund des eingeschränkten Anwendungsbereichs nicht vollends zu überzeugen (→ § 1 Rn. 45 f. und sogleich → Rn. 43 ff.).

Zudem hat der Gesetzgeber im SchVG bedauerlicherweise die Möglichkeit **41** ausgelassen – anders als zB nach Art. 1171 des Schweizerischen Obligationenrecht – die Zusammenfassung von einzelnen Gesamtemissionen über sog. **Aggregationsklauseln** einzuführen (kritisch bereits der *Quarles-Report*, S. 5; so auch

Vorbemerkung zu § 5 Abschnitt 2 Beschlüsse der Gläubiger

DAI-Stellungnahme, S. 6; DAV-Stellungnahme zum RefE, S. 15; *Arbeitskreis Reform SchVG* ZIP 2014, 845, 846, 852; *Hopt* FS Schwark, 441, 454 f.; *Vogel* ZBB 2010, 211, 213 f.; *Schlitt/Schäfer* AG 2009, 477, 479; *Oulds* CFL 2012, 353, 361; vgl. *Hofmann/Keller* ZHR 175 (2011), 684, 693 in Fn. 33). Die Begr. RegE weist ausdrücklich darauf hin, dass im Falle von unterschiedlichen Anleihen eines Schuldners die Gläubiger auch dann keine gemeinsamen Befugnisse haben, wenn sie ggf. gemeinsame Interessen verfolgen (vgl. Begr. RegE zu § 5 Abs. 1). Aggregationsklauseln können indes zum Einen dann sinnvoll sein, wenn sich bei kleineren Emissionsvolumina die Organisation eines Gläubigerbeschlusses aus administrativen oder Kostengründen nicht rentiert (vgl. zB zu Derivaten § 1 Rn. 24); zum Anderen ist der typische Anwendungsfall einer nachträglichen Änderung der Anleihebedingungen eine Zahlungsschwierigkeit des Emittenten, die grundsätzlich jegliche ausstehende Verbindlichkeiten betreffen dürfte, so dass für mehrere Schuldverschreibungen eines Emittenten die gleichen Maßnahmen sinnvoll sein können. Durch die fehlende Möglichkeit einer Zusammenfassung entsteht ein erheblicher Mehraufwand für die Schuldner, die Umstrukturierung von mehreren ausstehenden Schuldverschreibungen durchzuführen (vgl. hierzu ausführlich *Keller*, S. 157, 166 ff.). Zudem könnten sich Gläubiger einer Anleihe weigern, Zugeständnisse zu machen, wenn unklar bleibt, ob auch Gläubiger anderer Schuldverschreibungen ihre Ansprüche korrigieren werden (vgl. *Schmidtbleicher* in Ekkenga/Schröer, Handbuch AG-Finanzierung, Kap. 12, B. I.1; *Florstedt* GewArch Beilage WiVerw 2014, 155, 159; *Arbeitskreis Reform SchVG* ZIP 2014, 845, 847, 852; *Baums* ZHR 177 (2013), 807, 811 f.; *Tetzlaff* in Schimansky/Bunte/Lwowski BankR-HdB, Kap. 16, § 88 Rn. 37). Damit entgeht Schuldnern unter deutschem Recht ein wertvolles, potentielles Sanierungsmittel.

42 Praktische Schwierigkeiten **bei fehlenden Aggregationsmöglichkeiten** von verschiedenen Emissionen können auch im Sonderfall der *Asset-backed Securities* entstehen. Die bei diesen Transaktionen typischerweise vorgenommene Tranchierung in verschiedene Risikoklassen führt zur Bildung mehrerer Schuldverschreibungen (*Hartwig-Jacob* in Friedl/Hartwig-Jacob, § 1 Rn. 40, 124 ff.; *Preuße* in Preuße, § 1 Rn. 23 f.; dazu *Arbeitskreis Reform SchVG* ZIP 2014, 845, 847, 852; aA *Horn* ZHR 173 (2009), 12, 45; *Horn* BKR 2009, 446, 448 f. allerdings mit Verweis auf den später aufgehobenen § 3 Abs. 3 Nr. 5 RefE), die zwar einheitlich mit Hilfe eines Wertpapierprospekts vermarktet (und möglicherweise zum Handel an einer Börse zugelassen) werden, indes durch getrennte Urkunden verbrieft werden. Ist die Zusammenfassung dieser einzelnen Tranchen in einer Gläubigerversammlung wie nach derzeitiger Rechtslage nicht zulässig, ist es denkbar, dass sich die von den einzelnen Gläubigerversammlungen getroffenen Beschlüsse gegenseitig bzw. der ursprünglichen Risikoverteilung widersprechen (*Hartwig-Jacob* in Friedl/Hartwig-Jacob, § 1 Rn. 127). Beispielhaft sei hier zu nennen, dass die Gläubiger einer ursprünglichen *Senior Tranche* die Nachrangigkeit beschließen, die einer ursprünglichen *Junior Tranche* indes nur einen Zinsverzicht. Zum Teil wird daher in der Literatur vertreten, dass eine Zusammenfassung einzelner Tranchen nur dann zulässig ist, wenn Unterschiede proportional aufrechterhalten werden (*Horn* ZHR 173 (2009), 12, 44 f.; *Horn* BKR 2009, 446, 449). Es ist indes zu befürchten, dass diese Aufrechterhaltung der Unterschiede in der Praxis – angesichts der in § 5 Abs. 3 nur beispielhaften Auflistung der möglichen Maßnahmen – nicht bei allen Beschlussgegenständen möglich sein wird. Die Zulässigkeit einer Aggregierung von verschiedenen Schuldverschreibungen sollte aber nicht von der Art des jeweiligen Beschlussgegenstands abhängig gemacht werden.

Vorbemerkung zu § 5

6. Collective Action Clauses nach dem BSchuWG

Insbesondere vor dem Hintergrund der Staatsfinanzkrise Griechenlands, in der **43** sich zeigte, dass Insolvenzen auch bei Staaten als Emittenten theoretisch denkbar erscheinen, hat man auf europäischer Ebene die Einführung von *Collective Action Clauses* vorangetrieben. Erste Bemühungen waren bereits sehr viel früher im April 2003 deutlich geworden, als der damalige Präsident des Rates für Wirtschaft und Finanzen (ECOFIN) in einer Erklärung vorschlug, zukünftig in den Anleihebedingungen der Anleihen der Mitgliedstaaten solche CACs aufzunehmen (EC-Note, S. 14 ff.; vgl. zur historischen Entwicklung: *Hartwig-Jacob* FS Horn, 717, 719; *Horn* ZHR 173 (2009), 12, 28). Weiter konkretisiert wurden die Pläne sodann im Rahmen des Abschlusses des Vertrags zur Errichtung des Europäischen Stabilitätsmechanismus (ESM-Vertrag) am 2.2.2012. Danach vereinbarten die Staaten der Eurozone einen Standard von Umschuldungsklauseln, die ab dem 1.1.2013 in den Anleihebedingungen der Eigenemissionen der jeweiligen Staaten aufgenommen werden sollen (vgl. Erwägungsgrund 11 und Art. 12 Abs. 3 ESM – Vertrag, abgedruckt in BT-Drucks. 17/9045 vom 20.3.2012, S. 6 ff.; allgemein zum Ganzen *Kube* WM 2012, 245 ff.; *Sester* WM 2011, 1057, 1063 ff.). Dieses Muster von Umschuldungsklauseln war vom Sub-Commitee on EU Sovereign Debt Markets des Economic and Financial Committee (EFC Sub-Committee) auf Basis des Quarles-Reports (→ Rn. 27) erstellt und am 17.2.2012 finalisiert worden (abrufbar unter http://europa.eu/efc/sub_committee/cac/cac_2012/index_en.htm (EFC-Muster) (Stand: 7.6.2016)). Die Vorgaben des ESM-Vertrags wurden in Deutschland durch entsprechende Ergänzungen des BSchuWG mit Wirkung zum 19.9.2012 national umgesetzt.

a) Anwendungsbereich des BSchuWG. Das BSchuWG regelt die Aufgaben **44** und Instrumente der Schuldenverwaltung des Bundes, spezifiziert dafür die Finanzierungsmittel, wie Schuldverschreibungen, Schuldscheindarlehen und Bankkredite, in § 4 Abs. 1 BSchuWG, überträgt nach §§ 1 ff. BSchuWG die Wahrnehmung der Aufgaben des Schuldenwesens der Bundesrepublik Deutschland – Finanzagentur GmbH und regelt die parlamentarische Kontrolle deren Tätigkeit. In §§ 4a bis 4k BSchuWG wurden jüngst die Regelungen zu Umschuldungsklauseln eingefügt.

Nach § 4a Satz 1 BSchuWG können Anleihebedingungen der **vom Bund** **45** **begebenen Schuldverschreibungen** mit einer Laufzeit von über einem Jahr Klauseln enthalten, die zum Zwecke der Umschuldung eine Änderung der Anleihebedingungen durch Mehrheitsbeschluss der Gläubiger mit Zustimmung des Bundes vorsehen. Der Gesetzgeber folgt dabei also iRd BSchuWG dem Konzept des Ermächtigungsmodells des § 5 Abs. 1 SchVG, ohne allerdings ein nachträgliches *Opt-in* wie in § 24 Abs. 2 SchVG vorzusehen. Dies ist demnach für Anleihen des Bundes an sich nur mit Zustimmung aller Gläubiger zulässig (dazu *Nodoushani* WM 2012, 1798, 1801). Im Lichte von Art. 12 Abs. 3 des ESM-Vertrags ist dies praktisch indes nicht relevant, da man sich auf europäischer Ebene darauf geeinigt hat, dass die Anleihebedingungen solche Klauseln zwingend enthalten werden (vgl. *Hartwig-Jacob* in Friedl/Hartwig-Jacob, § 1 Rn. 168, 175; *Bliesener/Schneider* in Langenbucher/Bliesener/Spindler, Kap. 17, § 1 Rn. 54). Der Bund kann allerdings gemäß § 4a Satz 3 BSchuWG in den Anleihebedingungen von den §§ 4b bis 4k BSchuWG abweichen, so dass diese lediglich als Mindeststandards anzusehen sind.

Vorbemerkung zu § 5 Abschnitt 2 Beschlüsse der Gläubiger

46 Bedauerlicherweise ist die Anwendbarkeit auf die Emissionen des Bundes beschränkt und erfasst nicht etwa auch die von den **Gebietskörperschaften des Bundes** oder auch Emissionen, die von einem **Sondervermögen des Bundes** oder für die der **Bund oder seine Gebietskörperschaften haften** (→ § 1 Rn. 45 f.). Nach § 1 Abs. 2 Satz 3 SchVG sind die §§ 4a bis 4i und 4k BSchuWG indes auch auf **Emissionen von anderen Mitgliedstaaten des EU-Währungsgebiets** nach deutschem Recht anwendbar (→ § 1 Rn. 47 f.). Diese Ergänzung hielt der Gesetzgeber vor dem Hintergrund für erforderlich, dass sich alle Mitgliedstaaten des Euro-Währungsgebiets im ESM-Vertrag über die vereinbarten Musterklauseln zur Verwendung von einheitlichen Umschuldungsregelungen verpflichtet haben und die Vorschriften des BSchuWG zum Teil von denen des SchVG abweichen (Begr. RegE, BT-Drucks. 17/9049 v. 20.3.2012, zu Art. 2 Nr. 1, S. 9).

47 Das BSchuWG und das SchVG unterscheiden sich bzgl. ihres jeweiligen Anwendungsbereichs hinsichtlich zweier wesentlicher Aspekte: zum einen ist das BSchuWG lediglich für Schuldverschreibungen anwendbar, die eine **„ursprüngliche Laufzeit von über einem Jahr"** aufweisen (vgl. zu Aufstockungen *Hartwig-Jacob* in Friedl/Hartwig-Jacob, § 1 Rn. 176 mwN), zum anderen muss die Änderung der Anleihebedingungen iRd BSchuWG zum Zwecke der Umschuldung geschehen. Ersteres ist nachvollziehbar und wird im Regierungsentwurf mit den Vereinbarungen in Art. 12 Abs. 3 des ESM-Vertrags begründet, aber auch damit, dass Umschuldungen bei einer kurzen Laufzeit keine Wirkung entfalten könnten (Begr. RegE, BT-Drucks. 17/9049 v. 20.3.2012, zu Art. 2 Nr. 1; dazu *Nodoushani* WM 2012, 1798, 1799). Die **Abhängigkeit des Mehrheitsbeschlusses vom Zweck der Umschuldung** iRd BSchuWG entfernt sich zwar vom Grundgedanken des SchVG von 2009, wonach ein solcher Zweck gerade nicht erforderlich sein muss (→ § 5 Rn. 14). Andererseits ist die Interessenlage bei staatlichen Emittenten anders als bei Emittenten aus der Privatwirtschaft, denen iRd SchVG maximale Flexibilität verschafft werden sollte und für die es auch unabhängig von Zahlungsschwierigkeiten Anwendungsbereiche für nachträgliche Änderungen der Anleihebedingungen geben könnte. So ist es zB nicht denkbar, dass ein staatlicher Emittent aus steuerlichen Gründen oder zur Stärkung der Eigenkapitalbasis (zB über einen *Debt-Equity-Swap*) eine Restrukturierung seiner ausstehenden Schuldverschreibungen vornehmen möchte. Es ist daher hinnehmbar, dass man sich im Rahmen der Verhandlungen zum ESM-Vertrag auf eine Zweckbindung der Mehrheitsbeschlüsse geeinigt hat und der deutsche Gesetzgeber dies entsprechend im BSchuWG reflektiert hat.

48 **b) Zustimmung des Bundes.** Das BSchuWG stellt ausdrücklich klar, dass für jeden Mehrheitsbeschluss der Gläubiger die Zustimmung des Bundes erforderlich ist (§ 4b Abs. 7 BSchuWG). Eine solche Regelung ist zur Vermeidung von Missverständnissen sinnvoll, auch wenn freilich im Ergebnis auch im Rahmen des SchVG nichts Anderes vertreten wird, obwohl eine entsprechende Regelung dort fehlt (→ § 4 Rn. 3 f.; kritisch zum Zustimmungsvorbehalt auch aus insolvenzrechtlicher Sicht: *Nodoushani* WM 2012, 1798, 1802).

49 **c) Mehrheitsbeschlüsse von Gläubigern. aa) Beschlussgegenstände von Gläubigerbeschlüssen.** § 4b BSchuWG führt § 5 Abs. 3 SchVG entsprechend beispielhaft („insbesondere") die **potentiellen Beschlussgegenstände eines Mehrheitsbeschlusses** der Gläubiger auf. Dies sind insbesondere die Verringerung, Veränderung der Fälligkeit oder Veränderung des Verfahrens für die Berech-

Vorbemerkung zu § 5

nung der Zinsen oder der Hauptforderung. Die explizit aufgeführten Beschlussgegenstände werden dabei als „wesentliche Beschlussgegenstände" definiert, was sich auf die für die Beschlussfassung erforderliche Mehrheit auswirkt (→ Rn. 53 ff.). Wie in § 5 Abs. 2 Satz 1 SchVG sind auch nach § 4b Abs. 6 Satz 1 BSchuWG die Mehrheitsbeschlüsse der Gläubiger für alle Gläubiger derselben Anleihe gleichermaßen verbindlich. Das Prinzip der kollektiven Bindung und der Gleichbehandlungsgrundsatz (§ 4 SchVG) sind zwar nicht explizit im BSchuWG geregelt, sind aber wegen ihrer fundamentalen Bedeutung auch bei Staatsanleihen zu beachten (*Baums* FS Canaris, 3, 23 ff.; *Schmidtbleicher*, S. 85 ff.; *Nodoushani* WM 2012, 1798, 1803).

bb) Gläubigerversammlung und schriftliche Abstimmung. Wie das 50 SchVG sieht auch das BSchuWG eine Beschlussfassung in Form einer Gläubigerversammlung oder einer schriftlichen Abstimmung alternativ vor (§ 4b Abs. 2 BSchuWG). Nach § 4h BSchuWG sind auf das schriftliche Abstimmungsverfahren die gleichen Vorschriften wie für die Gläubigerversammlung anzuwenden. Der deutsche Gesetzgeber beließ es bei einem derartig kurzen Verweis, da nach dem EFC-Muster hierzu keine Angaben gemacht wurden und lediglich vorgesehen war, dass die Anleihebedingungen Bestimmungen über die Person des Abstimmungsleiters und die Modalitäten der Stimmabgabe enthalten sollten (Begr. RegE, BT-Drucks. 17/9049 v. 20.3.2012, zu Art. 1, S. 8). Allerdings blendet die Vorschrift die im Detail bestehenden Unterschiede zwischen den beiden Arten der Beschlussfassung aus. Eine dem **§ 18 SchVG vergleichbare Regelung wäre demnach empfehlenswert gewesen** (*Oulds* CFL 2012, 353, 360). So weicht § 18 Abs. 2 SchVG von der Vorsitzregelung für Gläubigerversammlungen gemäß §§ 15 iVm 9 SchVG ab, indem ein vom Schuldner beauftragter Notar, der gemeinsame Vertreter der Gläubiger oder eine vom Gericht bestellte Person die Abstimmung zu leiten hat. Dies ist angesichts der fehlenden Publizität der schriftlichen Abstimmung gerechtfertigt und fehlt im BSchuWG gänzlich. Darüber hinaus ist iRd BSchuWG keine notarielle Niederschrift des Beschlusses erforderlich und der Bund kann grundsätzlich den Vorsitzenden nach § 4f Abs. 1 BSchuWG benennen. Dadurch erhält der Bund als Schuldner unnötig großes Ermessen (*Oulds* CFL 2012, 353, 360). Gleiches gilt auch hinsichtlich der Modalitäten der Stimmabgabe, die der Bund ohne gesetzliche Vorgaben in den Anleihebedingungen frei gestalten kann. Hier wäre es erforderlich gewesen, eine dem § 18 Abs. 3 SchVG entsprechende Vorschrift zur Durchführung der Abstimmung, zB in Bezug auf den Zeitraum und Form der Abstimmung, zu ergänzen. Der Abstimmungszeitraum von 72 Stunden und die Textform der Stimmabgabe nach § 126b BGB würden auch iRd BSchuWG praktikabel sein (*Nodoushani* WM 2012, 1798, 1801 f.; *Oulds* CFL 2012, 353, 360).

cc) Stimmrecht des Gläubigers. Nach § 4c Abs. 1 BSchuWG besitzt jeder 51 **Gläubiger ein Stimmrecht entsprechend des Nennwerts** der von ihm am Stichtag (→ Rn. 57) gehaltenen ausstehenden Schuldverschreibungen. Die Art des Nachweises des Stimmrechts ist nicht geregelt und soll nach dem EFC-Muster in der Bekanntmachung der Gläubigerversammlung aufgeführt werden (Explanatory Note des EFC Sub-Committee vom 26.7.2011, S. 7 f.). Eine Schuldverschreibung gilt nicht als „ausstehend", wenn der Bund oder ein vom Bund beherrschter Rechtsträger diese hält, so dass dieser Rechtsträger nicht frei abstimmen kann (vgl. Art. 2.7 und 2.9 des EFC-Musters; Explanatory Note des EFC

Vorbemerkung zu § 5 Abschnitt 2 Beschlüsse der Gläubiger

Sub-Committee vom 26.7.2011, S. 4 ff.). Die Vorschrift soll Interessenkonflikte bei der Stimmrechtsausübung vermeiden und findet sich ähnlich auch in §§ 6 Abs. 1 Satz 2 und 15 Abs. 3 Satz 4 SchVG. In § 4c Abs. 2 Satz 2 und 3 BSchuWG wird weiter statuiert, wann ein Rechtsträger als vom Bund beherrscht gilt bzw. wann angenommen werden kann, dass ein Gläubiger frei abstimmen kann. Wohingegen der Gesetzeswortlaut auf die Beherrschung durch den Bund abstellt, die durch die Möglichkeit zur Erteilung von Weisungen oder der Wahl der Mehrheit der Mitglieder eines Aufsichtsrats (oder vergleichbarem Aufsichtsorgan) beim fraglichen Rechtsträger zum Ausdruck kommt, stellt die Begründung zum Regierungsentwurf darüber hinaus fest, dass bereits ein Unternehmen mit staatlicher (Mehrheits-)Beteiligung ebenfalls einer **Stimmrechtsbeschränkung** unterliegt und dem Beherrschungserfordernis generell ein weites Verständnis zugrundeliegt (Begr. RegE, BT-Drucks. 17/9049 v. 20.3.2012, zu Art. 1, S. 4). Die Gläubiger können gemäß § 4c Abs. 3 BSchuWG davon abweichend im Rahmen eines als „wesentlich" eingestuften Beschlusses bestimmen, wann eine Schuldverschreibung als „ausstehend" gilt. Der Bund ist jedenfalls gemäß § 4c Abs. 4 BSchuWG dazu verpflichtet, vor dem Stichtag eine Liste der Gläubiger bekannt zu machen, die einer Stimmrechtsbeschränkung unterliegen.

52 Der Gläubiger kann sich auch durch **Erteilung einer schriftlichen Vollmacht** von einem Bevollmächtigten vertreten lassen (§ 4g Abs. 1 BSchuWG, § 14 SchVG). Die Bevollmächtigung ist dem Bund spätestens 48 Stunden vor dem Tag der Gläubigerversammlung nachzuweisen.

53 **dd) Mehrheitserfordernisse und Beschlussfähigkeit.** (1) Die **für einen Beschluss erforderliche Mehrheit** wird danach ermittelt, ob der Beschluss über eine Gläubigerversammlung oder im Wege einer schriftlichen Abstimmung erfolgt. Bei beiden Konstellationen werden einfache Beschlüsse mit einer Mehrheit von 50 Prozent des bei der Beschlussfassung vertretenen Nennwerts der ausstehenden Schuldverschreibungen im Falle der Gläubigerversammlung bzw. des Nennwerts der ausstehenden Schuldverschreibungen im Falle der schriftlichen Abstimmung gefasst (s. § 4b Abs. 3 bzw. Abs. 4 BSchuWG). Nach § 4b Abs. 3 Satz 2 BSchuWG wird im Falle einer Gläubigerversammlung bei wesentlichen Beschlussgegenständen das Erfordernis einer 75-Prozent-Mehrheit des bei der Beschlussfassung vertretenen Nennwerts der ausstehenden Schuldverschreibungen statuiert. Dagegen ist bei schriftlicher Abstimmung nach § 4b Abs. 4 Satz 2 BSchuWG lediglich eine Mehrheit von 66 2/3 Prozent des Nennwerts der ausstehenden Schuldverschreibungen erforderlich. Im Ergebnis sind – entgegen dem ersten Eindruck und dem EFC-Muster folgend – sehr ähnliche Mehrheiten für beide Beschlussfassungen erforderlich. Dies geschieht über die Regelungen zum Quorum und über die Anknüpfung an den Nennwert der ausstehenden Schuldverschreibungen bei schriftlichen Abstimmungen bzw. den Nennwert der bei der Beschlussfassung vertretenen Schuldverschreibungen bei der Gläubigerversammlung (Supplementary Explanatory Note des EFC Sub-Committee vom 26.3.2012, S. 3). Allerdings ist nicht ganz nachvollziehbar, warum nicht beide Verfahren, unter Berücksichtigung ihrer jeweiligen Besonderheiten, vollständig gleichbehandelt werden.

54 (2) Eine **Gläubigerversammlung ist nach § 4f Abs. 2 BSchuWG beschlussfähig,** wenn die Anwesenden mindestens 50 Prozent des Nennwerts der ausstehenden Schuldverschreibungen repräsentieren. Für wesentliche Beschlüsse ist ein Quorum von 66 2/3 Prozent erforderlich. Muss eine Gläubigerversammlung

Vorbemerkung zu § 5

mangels Quorum vertagt werden, genügt für ein Quorum der zweiten Gläubigerversammlung, dass 25 Prozent des Nennwerts der ausstehenden Schuldverschreibungen anwesend sind. Für wesentliche Beschlüsse müssen bei der vertagten Gläubigerversammlung indes weiterhin 66 2/3 Prozent des Nennwerts der ausstehenden Schuldverschreibungen vertreten sein. Dies weicht erheblich von der entsprechenden Regelung des SchVG (§ 15 Abs. 3 Satz 3 SchVG) ab, wonach die zweite Gläubigerversammlung für einfache Beschlüsse beschlussfähig und für qualifizierte Beschlüsse lediglich ein Quorum von 25 Prozent erforderlich ist. Vor dem Hintergrund des Gesetzeszwecks – Möglichkeit der erleichterten Umschuldung beim Emittenten über Mehrheitsbeschlüsse der Gläubiger – wäre eine erleichterte Einberufung und Beschlussfassung im Falle einer bereits gescheiterten Gläubigerversammlung zu bevorzugen.

Das Gesetz lässt offen, in welcher Form die **vertagte Gläubigerversammlung** 55 einberufen werden muss, sondern bestimmt in § 4f Abs. 3 Satz 1 BSchuWG nur, ab wann ein Quorum als verfehlt angesehen wird. Im Gegensatz zum SchVG enthält § 4e Abs. 2 Satz 2 BSchuWG aber immerhin eine verkürzte Frist für die Einberufung. Eine Diskussion zu den Details zur vertagten Gläubigerversammlung wird auch iRv § 15 Abs. 3 SchVG geführt. Der Konflikt zwischen dem Ziel der Ermöglichung einer möglichst schnellen Beschlussfassung der Gläubiger zur Abwendung einer Insolvenz des Schuldners einerseits und einer hinreichenden Legitimation des aus der Beschlussfassung resultierenden Eingriffs in die Gläubigerrechte andererseits, wird dort nach zutreffender Ansicht dadurch gelöst, dass der Versammlungsleiter unter Einhaltung der gesetzlichen Einberufungsfrist inhaltsgleich mit der letzten Einberufung und den gleichen Tagesordnungspunkten die Gläubigerversammlung erneut einberufen kann (*Schmidtbleicher* in Friedl/Hartwig-Jacob, § 15 Rn. 40 f.; vgl. die Kommentierung bei → § 15 Rn. 23 ff.). Auf der Basis der bereits vorgesehenen verkürzten Einberufungsfrist von 14 Tagen gemäß § 4e Abs. 2 Satz 2 BSchuWG sind die gleichen Grundsätze beim BSchuWG anzusetzen.

(3) Wie das SchVG ermöglicht auch das BSchuWG die **Änderung der Mehr-** 56 **heitserfordernisse oder der Beschlussfähigkeit.** §§ 5 Abs. 4 Satz 3 und 15 Abs. 3 Satz 5 SchVG sprechen indes explizit davon, dass die Gläubiger *höhere* Voraussetzungen bestimmen können. Die äquivalenten Regelungen in §§ 4b Abs. 5 bzw. 4f Abs. 4 BSchuWG dagegen bleiben missverständlich und eröffnen den Gläubigern die Möglichkeit, die erforderlichen Mehrheiten jeweils „abweichend festzulegen". Dem Wortlaut der Vorschrift sowie der Begründung des Regierungsentwurfs ist nicht zu entnehmen, dass dem Bund an dieser Stelle maximale Flexibilität gewährt werden sollte. Es ist vielmehr davon auszugehen, dass die entsprechenden Regelungen im BSchuWG als Mindeststandard zu verstehen sind (*Oulds* CFL 2012, 353, 361 mit Hinweis auf das EFC-Muster und die Explanatory Notes des EFC Sub-Committee vom 26.7.2011 und 26.3.2012, die dies jeweils nicht problematisieren).

ee) Feststellung der erreichten Mehrheit. Verbesserungswürdig erscheint 57 die **Regelung zur Feststellung der erreichten Mehrheit** im BSchuWG. Die Feststellung erfolgt durch den vom Bund gemäß § 4d Abs. 1 BSchuWG ernannte Berechnungsstelle. Diese Funktion soll nach den Vorstellungen des EFC in der Regel von der Emissions- und Zahlstelle wahrgenommen werden (Explanatory Note des EFC Sub-Committee v. 26.7.2011, S. 7). Die Bezeichnung als Berechnungsstelle (*Calculation Agent*) erscheint ein wenig misslich (dazu *Oulds* CFL

Vorbemerkung zu § 5 Abschnitt 2 Beschlüsse der Gläubiger

2012, 353, 361). Entscheidend ist aber, dass § 4d Abs. 2 BSchuWG vorsieht, dass der Bund der Berechnungsstelle vor der Beschlussfassung der Gläubiger eine Bescheinigung übergibt, aus der der Nennwert der ausstehenden Schuldverschreibungen sowie Nennwert und Namen der Gläubiger der als nicht ausstehend geltenden Schuldverschreibungen hervorgeht. Diese Bescheinigung soll vom Bund gemäß § 4d Abs. 2 Satz 2 BSchuWG rechtzeitig vor einer Beschlussfassung der Gläubiger bekannt gemacht werden, so dass ein **„angemessen verständiger und sachkundiger Gläubiger"** die Richtigkeit der Angaben bis zur Beschlussfassung prüfen kann. Die Anforderungen an den verständigen und sachkundigen Gläubiger ergeben sich weder aus dem Gesetzeswortlaut noch aus der Gesetzesbegründung, so dass die Überlegungen zum „sachverständigen Anleger" iSd § 3 SchVG als Orientierung dienen mögen (unter Berücksichtigung der Ergänzung der „angemessenen Verständigkeit" sind leicht geringere Anforderungen an den Gläubiger isD § 4d Abs. 2 BSchuWG zu stellen als an den unter § 3 SchVG, vgl. zur Sachkunde die Kommentierung bei § 3 Rn. 10 ff.); maßgeblich für die Ausstellung der Bescheinigung ist indes der **Stichtag**, der nach § 4b Abs. 6 Satz 2 BSchuWG *„höchstens fünf Geschäftstage"* vor der Gläubigerversammlung oder dem Beginn der schriftlichen Abstimmung liegen darf (die Frist orientiert sich an Art. 4.3 c) des EFC-Musters; der Stichtag ist dort in Art. 1 j) allerdings unklar definiert). Die Ausgestaltung als Maximalfrist ist nicht gerechtfertigt und sollte eine Mindestfrist darstellen. Denn nach § 4d Abs. 3 BSchuWG ist die Bescheinigung des Bundes für alle Gläubiger verbindlich, sofern ein betroffener Gläubiger nicht bereits vor der Beschlussfassung der Gläubiger schriftlich unter Angabe von Gründen der Richtigkeit der Angaben widerspricht und sofern dieser Gläubiger nicht einen Gläubigerbeschluss binnen 15 Tagen nach Bekanntmachung durch Klage nach § 4i BSchuWG anficht. Zur Prüfung der Bescheinigung und der zur Verfügung stehenden Rechtsmittel sollten den Gläubigern daher mindestens fünf Geschäftstage Zeit gegeben werden (*Oulds* CFL 2012, 353, 361).

58 **ff) Aggregation von Schuldverschreibungen.** Nach § 4a Satz 2 BSchuWG können die Umschuldungsklauseln die **Möglichkeit zur einheitlichen Beschlussfassung für mehrere Anleihen des Schuldners** vorsehen (Aggregation). Dies greift erfreulicherweise einen Mangel iRd SchVG auf (*Arbeitskreis Reform SchVG* ZIP 2014, 845, 847, 852; *Baums* ZHR 177 (2013), 807, 812; *Nodoushani* WM 2012, 1798, 1802; *Oulds* CFL 2012, 353, 361; vgl. zum SchVG die Kommentierung bei Rn. 41 f.). Die Aggregation ermöglicht, dass im Rahmen einer Restrukturierung mehrere oder gar alle ausstehenden Schuldverschreibungen des Emittenten zusammengefasst und mit einer Beschlussfassung behandelt werden. Dies kann deswegen sinnvoll sein, weil (i) der Aufwand für eine Gläubigerversammlung insbesondere für nur einzelne kleinvolumige Emissionen unverhältnismäßig hoch ist, (ii) in der Situation einer erforderlichen Umstrukturierung die Interessenlage aller Anleihegläubiger ähnlich sein kann und es naheliegt, die gleichen Maßnahmen (zB Verringerung der Zinsschuld, Abschreibung eines Teilbetrags oder Verlängerung der Laufzeit) bei allen ausstehenden Anleihen des Schuldners zu verfolgen und (iii) Anleihegläubiger typischerweise eher einer Restrukturierung zustimmen, wenn Gewissheit besteht, dass auch die anderen Anleihegläubiger Abstriche hinnehmen (Kollektivhandlungsproblem). Durch eine gemeinsame Beschlussfassung über alle Anleihen werden auch alle Anleihegläubiger gleich behandelt.

Vorbemerkung zu § 5

§ 4b Abs. 3 Satz 3 und Abs. 4 Satz 3 BSchuWG regeln die **Mehrheitsanforde- 59 rungen bei der Aggregierung,** wonach wie bei einer Beschlussfassung in Bezug auf eine einzelne Anleihe die Anforderungen von der Form des Gläubigerbeschlusses abhängig ist. Bei wesentlichen Beschlüssen in einer Gläubigerversammlung ist eine 75 Prozent-Mehrheit des bei der Beschlussfassung vertretenen Nennwerts der ausstehenden Schuldverschreibungen hinsichtlich aller von der Änderung betroffener Anleihen erforderlich, wobei in Bezug auf jede einzelne Anleihe mindestens eine Mehrheit von 66 2/3 Prozent des bei der Beschlussfassung vertretenen Nennwerts erreicht werden muss. Bei einer schriftlichen Abstimmung reduzieren sich die beiden entsprechenden Werte auf 66 2/3 Prozent bzw. 50 Prozent hinsichtlich der einzelnen Anleihe (vgl. Art. 2.2 des EFC-Musters; zu potentiellen Schwierigkeiten bei der Berechnung *Keller*, S. 157, 167 ff.). Die Anleihebedingungen können vorsehen, dass der Aggregationsbeschluss von der Beschlussfassung in allen beteiligten Gläubigerversammlungen abhängig ist (*Schmidtbleicher*, S. 228), nach § 4b Abs. 6 BSchuWG ist in Umsetzung des Art. 2.4 des EFC-Musters aber auch eine partielle Aggregation (*Partial Cross-Series Modification*) möglich, dh der Gläubigerbeschluss gilt dann nur für die einzelnen Anleihen, bei denen die individuelle Mehrheit erreicht wurde (vgl. dazu Explanatory Note des EFC Sub-Committee vom 26.7.2011, S. 3; *Hofmann/ Keller* ZHR 175 (2011), 684, 722). Dies ist vor dem Hintergrund einer effizienten Restrukturierung zu begrüßen (*Nodoushani* WM 2012, 1798, 1802; *Oulds* CFL 2012, 353, 361; *Vogel* ZBB 2010, 211, 214 mit Verweis auf Art. 1171 Abs. 1 des Schweizer Obligationenrecht; dazu *Schmidtbleicher*, S. 213 ff., 227 f. mwN; *Florstedt* RIW 2013, 583, 585 ff.).

Die Aggregation von Schuldverschreibungen unterliegt allerdings **gewissen 60 Restriktionen:** so soll zur Vermeidung von Konflikten zwischen einzelnen anwendbaren Rechtsordnungen die Zusammenfassung von Anleihen jurisdiktionsbezogen erfolgen, dh nur solche Anleihen zusammengefasst werden, die dem gleichen Recht unterliegen. Dies ergibt sich nicht direkt aus dem BSchuWG und auch nicht aus dem EFC-Muster, sondern aus den Erläuterungen des EFC Sub-Committees (Explanatory Note des EFC Sub-Committee vom 26.7.2011, S. 4). Dies ist aber insofern überraschend, da die Schaffung eines einheitlichen Standards für CACs zu einem „*level playing field*" innerhalb der EU führen sollte und die generell vorhandenen Marktstandards für Anleiheemissionen zusammen genommen eine jurisdiktionsbezogene Einschränkung der Aggregation nicht erforderlich machen. Maßgeblich für eine effiziente Restrukturierung von Staatsanleihen ist nicht das unterliegende Recht, sondern die Kompatibilität der Anleihebedingungen selbst (so auch *Sester* WM 2011, 1057, 1064).

d) Verfahrensvorschriften. Das BSchuWG enthält in § 4e Vorschriften zum 61 Verfahren hinsichtlich der **Einberufungsformalitäten** wie Einberufungsbefugnis und Inhalt der Einberufungsnachricht sowie die jeweils **zu beachtenden Fristen.** Danach kann – wie nach § 9 SchVG – der Bund jederzeit eine Gläubigerversammlung einberufen und muss dies tun, wenn ein in den Anleihebedingungen vorgesehener Fall der Nichterfüllung einer Zahlungsverpflichtung des Bundes gegeben ist und Gläubiger von mindestens 10 Prozent des Nennwerts der ausstehenden Schuldverschreibungen die Einberufung schriftlich verlangen. Nach § 4e Abs. 1 BSchuWG sind die Voraussetzungen für das Einberufungsrecht der Gläubiger damit leicht gegenüber denen des § 9 Abs. 1 SchVG erhöht (ausführlich → § 9 Rn. 8). Die § 9 Abs. 2 bis 4 SchVG sind aber gemäß § 4e Abs. 1 Satz 3 BSchuWG

Vorbemerkung zu § 5 Abschnitt 2 Beschlüsse der Gläubiger

entsprechend anzuwenden. Der Inhalt der Einberufung ergibt sich aus § 4e Abs. 3 BSchuWG und entspricht weitgehend den Anforderungen des § 12 SchVG. Detailregelungen wie in §§ 11, 13 SchVG fehlen allerdings.

62 Die **Einberufungsfrist** ist mit 21 Tagen etwas länger als die von § 10 Abs. 1 SchVG vorgesehene Frist. Hilfreich ist aber die explizite Angabe der verkürzten Einberufungsfrist von 14 Tagen für eine vertagte Gläubigerversammlung nach § 4e Abs. 2 Satz 2 BSchuWG, die einen wichtigen Aspekt des Verfahrens einer zweiten Gläubigerversammlung rechtssicher regelt und entsprechende Schwierigkeiten aufgrund der fehlenden entsprechenden Regelung iRd SchVG aufgreift (→ Rn. 55).

63 Insbesondere sieht das BSchuWG indes nicht die **Ernennung eines gemeinsamen Vertreters** wie in §§ 7, 8 SchVG vor. Dies ist überraschend, da sich international die Benennung eines Gläubigervertreters als Sprachrohr der Anleihegläubiger iRv Restrukturierungen zur Verbesserung der Kommunikation zwischen Gläubigern und Schuldner als überaus sinnvoll erwiesen hat und das Fehlen dagegen sogar zu einer potentiellen Erhöhung der Anzahl der sich der Umstrukturierung weigernden Anleihegläubiger (*Rogue Creditors*) in der Vergangenheit geführt hat (kritisch auch *Hartwig-Jacob* in Friedl/Hartwig-Jacob, § 1 Rn. 190). Die meisten *Collective Action Clauses* sehen daher die Ernennung eines gemeinsamen Vertreters vor (*Hartwig-Jacob* FS Horn, 717, 722 ff.; *Hofmann/Keller* ZHR 175 (2011), 684, 706 ff.; *Oulds* CFL 2012, 353, 362; → Rn. 26 ff.).

64 Ebenso wird der **Vorsitzende der Gläubigerversammlung** grundsätzlich vom Bund bestimmt (§ 4f Abs. 1 BSchuWG in Umsetzung des Art. 4.4 des EFC-Musters). Nur in Ausnahmefällen können Gläubiger, die mehr als 50 Prozent des in der Versammlung vertretenen Nennwerts der ausstehenden Schuldverschreibungen halten und wenn die vom Bund bestimmte Person nicht in der Versammlung erscheint, oder das zuständige Gericht nach Maßgabe des § 4e Abs. 1 Satz 3 BSchuWG iVm § 9 Abs. 2 SchVG den Vorsitzenden bestimmen. Es findet sich auch keine Vorschrift über die (notarielle) **Niederschrift der Gläubigerversammlung** wie in § 16 Abs. 3 SchVG. Diese aus Sicht des SchVG reduzierten Anforderungen erleichtern die Beschlussfassung der Gläubiger nach dem BSchuWG zugunsten des Bunds und erhöhen an sich das Risiko eines Eingriffs in die Rechtsposition der Anleihegläubiger. Angesichts der guten Bonität der Bundesrepublik mag das Risiko einer die Gläubiger benachteiligende Restrukturierung der Bundesschulden gering sein; bezeichnend ist aber, dass der deutsche Gesetzgeber im Wesentlichen die Vorgaben des ESM-Vertrags bzw. des EFC-Musters umgesetzt hat und daher derartige Regelungen bei Schuldverschreibungen anderer EU-Mitgliedstaaten auch für deutsche Investoren relevant werden könnten.

65 **e) Rechtsmittel und Vollzug von Änderungsbeschlüssen.** Zum Schutz der Anleihegläubiger vor inadäquaten Mehrheitsbeschlüssen kommt diesen wie gemäß § 20 SchVG nach § 4i BSchuWG ein **Anfechtungsrecht** zu, wenn ein Beschluss gegen das Gesetz oder die Anleihebedingungen verstoßen hat (zur Einschränkung der Anfechtungsrechts *Sester* WM 2011, 1057, 1065). An dieser Stelle ist der deutsche Gesetzgeber vom EFC-Muster abgewichen, das eine solche Anfechtungsmöglichkeit, mit Ausnahme des Rechtsschutzes nach § 4d Abs. 3 BSchuWG, nicht vorsieht (dazu *Hartwig-Jacob* in Friedl/Hartwig-Jacob, § 1 Rn. 188; *Bliesener/Schneider* in Langenbucher/Bliesener/Spindler, Kap. 17, § 1 Rn. 57). § 4i Abs. 2 und 3 BSchuWG enthalten entsprechende prozessuale Angaben, wie über Klagefrist und zuständiges Gericht, und verweisen im Übrigen explizit auf § 20 Abs. 1 Satz 2 und Abs. 2 SchVG und § 246 Abs. 3 Satz 4 bis 6 AktG sowie für das ebenfalls vorgesehene Freigabeverfahren auf § 246a AktG. Zu beachten ist lediglich, dass aufgrund der hohen Bedeutung das OLG am Sitz der Deutschen Bundesbank als erstinstanzliches Gericht zuständig ist (dazu Begr. RegE, BT-Drucks. 17/9049 v. 20.3.2012, zu Art. 1 Nr. 1, S. 8). Für Klagen gegen andere EU-Mitgliedstaaten ist diese Zuständigkeit aber nicht überzeugend (*Nodoushani* WM 2012, 1798, 1804 ff.).

Gläubigerbeschlüsse werden nach § 4j BSchuWG **erst mit Vollzug wirksam,** 66 dh mit Bekanntmachung der Anleihebedingungen im elektronischen Bundesanzeiger in ihrer geänderten Fassung nach § 4k BSchuWG (vgl. *Hartwig-Jacob* in Friedl/Hartwig-Jacob, § 1 Rn. 189, § 2 Rn. 79 mwN). Das BSchuWG weicht hier vom § 21 SchVG ab, da über die Schuldverschreibungen des Bundes als Schuldbuchforderungen iSd §§ 6, 7 BSchuWG keine Urkunde ausgestellt wird (Begr. RegE, BT-Drucks. 17/9049 v. 20.3.2012, zu Art. 1 Nr. 1, S. 8 f.; vgl. dazu allgemein *Will* in Kümpel/Wittig, Rn. 18.151 ff.). Der Vollzug darf dabei erst dann erfolgen, wenn die Anfechtungsfrist verstrichen ist bzw. das Gericht eine rechtskräftige Entscheidung getroffen oder auf Antrag der Bundesrepublik iRd Freigabeverfahrens nach § 246a AktG die aufschiebende Wirkung der Anfechtungsklage aufgehoben hat.

§ 5 Mehrheitsbeschlüsse der Gläubiger

(1) ¹**Die Anleihebedingungen können vorsehen, dass die Gläubiger derselben Anleihe nach Maßgabe dieses Abschnitts durch Mehrheitsbeschluss Änderungen der Anleihebedingungen zustimmen und zur Wahrnehmung ihrer Rechte einen gemeinsamen Vertreter für alle Gläubiger bestellen können.** ²**Die Anleihebedingungen können dabei von den §§ 5 bis 21 zu Lasten der Gläubiger nur abweichen, soweit es in diesem Gesetz ausdrücklich vorgesehen ist.** ³**Eine Verpflichtung zur Leistung kann für die Gläubiger durch Mehrheitsbeschluss nicht begründet werden.**

(2) ¹**Die Mehrheitsbeschlüsse der Gläubiger sind für alle Gläubiger derselben Anleihe gleichermaßen verbindlich.** ²**Ein Mehrheitsbeschluss der Gläubiger, der nicht gleiche Bedingungen für alle Gläubiger vorsieht, ist unwirksam, es sei denn, die benachteiligten Gläubiger stimmen ihrer Benachteiligung ausdrücklich zu.**

(3) ¹**Die Gläubiger können durch Mehrheitsbeschluss insbesondere folgenden Maßnahmen zustimmen:**
1. **der Veränderung der Fälligkeit, der Verringerung oder dem Ausschluss der Zinsen;**
2. **der Veränderung der Fälligkeit der Hauptforderung;**
3. **der Verringerung der Hauptforderung;**
4. **dem Nachrang der Forderungen aus den Schuldverschreibungen im Insolvenzverfahren des Schuldners;**
5. **der Umwandlung oder dem Umtausch der Schuldverschreibungen in Gesellschaftsanteile, andere Wertpapiere oder andere Leistungsversprechen;**
6. **dem Austausch und der Freigabe von Sicherheiten;**
7. **der Änderung der Währung der Schuldverschreibungen;**

8. dem Verzicht auf das Kündigungsrecht der Gläubiger oder dessen Beschränkung;
9. der Schuldnerersetzung;
10. der Änderung oder Aufhebung von Nebenbestimmungen der Schuldverschreibungen.

²Die Anleihebedingungen können die Möglichkeit von Gläubigerbeschlüssen auf einzeln benannte Maßnahmen beschränken oder einzeln benannte Maßnahmen von dieser Möglichkeit ausnehmen.

(4) ¹Die Gläubiger entscheiden mit der einfachen Mehrheit der an der Abstimmung teilnehmenden Stimmrechte. ²Beschlüsse, durch welche der wesentliche Inhalt der Anleihebedingungen geändert wird, insbesondere in den Fällen des Absatzes 3 Nummer 1 bis 9, bedürfen zu ihrer Wirksamkeit einer Mehrheit von mindestens 75 Prozent der teilnehmenden Stimmrechte (qualifizierte Mehrheit). ³Die Anleihebedingungen können für einzelne oder alle Maßnahmen eine höhere Mehrheit vorschreiben.

(5) ¹Ist in Anleihebedingungen bestimmt, dass die Kündigung von ausstehenden Schuldverschreibungen nur von mehreren Gläubigern und einheitlich erklärt werden kann, darf der für die Kündigung erforderliche Mindestanteil der ausstehenden Schuldverschreibungen nicht mehr als 25 Prozent betragen. ²Die Wirkung einer solchen Kündigung entfällt, wenn die Gläubiger dies binnen drei Monaten mit Mehrheit beschließen. ³Für den Beschluss über die Unwirksamkeit der Kündigung genügt die einfache Mehrheit der Stimmrechte, es müssen aber in jedem Fall mehr Gläubiger zustimmen als gekündigt haben.

(6) ¹Die Gläubiger beschließen entweder in einer Gläubigerversammlung oder im Wege einer Abstimmung ohne Versammlung. ²Die Anleihebedingungen können ausschließlich eine der beiden Möglichkeiten vorsehen.

Übersicht

	Rn.
I. Normzweck	1
II. Mehrheitsbeschlüsse kraft Ermächtigung (Abs. 1)	3
1. Ermächtigung	3
2. Anwendungsbereiche	10
III. Wirkung von Mehrheitsbeschlüssen (Abs. 2)	16
IV. Beschlussgegenstände (Abs. 3)	19
1. Maßnahmenkatalog (Satz 1)	20
a) Hauptforderung	27
b) Nebenforderungen	31
c) Nebenbestimmungen	32
d) Sicherheiten	33
e) Kündigungsrecht	34
f) Exkurs	35
2. Abweichende Regelung (Satz 2)	37
V. Mehrheitserfordernisse (Abs. 4)	38
VI. Gesamtkündigung (Abs. 5)	42
1. Erklärung der Gesamtkündigung (Satz 1)	44
2. Entfallen der Wirkung der Gesamtkündigung (Satz 2)	46
VII. Forum für Beschlüsse (Abs. 6)	51

Mehrheitsbeschlüsse der Gläubiger § 5

I. Normzweck

Eine Änderung der Anleihebedingungen bedarf nach allgemeinen Regeln eines 1
Änderungsvertrages zwischen Schuldner und Anleihegläubiger und damit der
Mitwirkung jedes Inhabers der Anleihe (*Larenz*, S. 89). Da Schuldverschreibungen
jedoch bei einem breiten Anlegerpublikum platziert werden, stellt die Mitwirkung
aller Anleihegläubiger in der Praxis eine unüberwindbare Hürde dar. Vor diesem
Hintergrund bestimmt § 4 Satz 1, dass Bestimmungen der Anleihebedingungen
während der Laufzeit der Anleihe durch Rechtsgeschäft nicht nur durch gleichlautenden
Vertrag mit sämtlichen Gläubigern sondern auch nach Abschnitt 2 des
SchVG, dh durch einen aufgrund Ermächtigung durch den Emittenten möglichen
Mehrheitsbeschluss der Gläubiger, geändert werden können.

§ 5 stellt dementsprechend eine der Kernvorschriften des SchVG dar. Er eröffnet 2
nicht nur die prinzipielle Möglichkeit für die Gläubiger, neben der Bestellung
eines gemeinsamen Vertreters auch einer Änderung von Anleihebedingungen
durch Mehrheitsbeschluss zuzustimmen. Vielmehr dokumentiert er auch die
wichtige gesetzgeberische Entscheidung, die Anwendbarkeit der SchVG-Regelungen
und damit die Zulässigkeit von Mehrheitsbeschlüssen der Anleihegläubiger
zur Änderung der Anleihebedingungen und zur Bestellung eines gemeinsamen
Vertreters in die Ermächtigung des Emittenten zu stellen. Zudem enthält er die
wesentlichen Vorgaben für die Ausübung dieser Ermächtigung: Erstens kann der
Emittent bei der Ausübung der Ermächtigung nicht zu Lasten der Anleihegläubiger
von den Regelung in §§ 5 bis 21 abweichen. Zweitens bestimmt er neben
dem Anwendungsbereich für Mehrheitsbeschlüsse, zu denen der Emittent die
Anleihegläubiger ermächtigen kann, auch die wichtigen Mehrheitserfordernisse
für Beschlüsse der Anleihegläubiger.

II. Mehrheitsbeschlüsse kraft Ermächtigung (Abs. 1)

1. Ermächtigung

Anders als noch im SchVG 1899 haben die Anleihegläubiger nicht mehr *de* 3
lege lata das Recht, mittels eines Mehrheitsbeschlusses Änderungen der Anleihebedingungen
zuzustimmen und zur Wahrnehmung ihrer Rechte einen gemeinsamen
Vertreter zu bestellen. Vielmehr steht es ausweislich des Wortlauts von Satz 1
nun allein im Ermessen des Emittenten, den Anleihegläubigern diese Rechte in
den Anleihebedingungen einzuräumen.

Die gesetzgeberische Entscheidung für eine **Ermächtigungslösung** kommt 4
unzweifelhaft zum Ausdruck in dem Wortlaut von § 5 Abs. 1 Satz 1 („Die Anleihebedingungen
können vorsehen") sowie in der Begr. RegE (S. 22: „Anders als
das SchVG von 1899 – das mit seinem engen Anwendungsbereich zwingend, dh
auch ohne Regelungen in den Anleihebedingungen gilt – soll es künftig den
Regelungen in den Anleihebedingungen überlassen bleiben, ob und in welchem
Umfang der Schuldner von der Möglichkeit Gebrauch machen kann, eine Änderung
der Anleihebedingungen durch Mehrheitsbeschlüsse anzustreben."; ähnlich
auch S. 28). Wird der Emittent nicht tätig, dh enthalten die Anleihebedingungen
keinerlei Regelungen für Mehrheitsbeschlüsse, dann haben die Anleihegläubiger
keine Möglichkeit, die Anleihebedingungen mittels eines Mehrheitsbeschlusses
abzuändern oder einen gemeinsamen Vertreter zu bestellen.

§ 5 Abschnitt 2 Beschlüsse der Gläubiger

5 Angesichts der gesetzgeberischen Entscheidung für eine Ermächtigungslösung verwundert die Formulierung in der Begr. RegE (zu § 5), wonach „die Anleihegläubiger aufgrund der gesetzlichen Ermächtigung nach den Vorschriften des zweiten Abschnitts mit Mehrheit ihre Zustimmung erklären" können. Diese Formulierung lässt sich wohl nur mit einem Versehen des Gesetzgebers erklären. So ist dem Gesetzgeber das Hin und Her zum Verhängnis geworden von (1) der Ermächtigungslösung im BMJ-Arbeitsentwurf zu (2) der Einräumung von Gläubigerrechten *de lege lata* im RefE und zurück zu (3) der Ermächtigungslösung im RegE (→ Einf. Rn. 14). Der Gesetzgeber hat offensichtlich übersehen, die in der Begr. RefE (S. 26) enthaltene und auf die Anwendbarkeit *de lege lata* abzielende Formulierung der letztendlich im Gesetz verfolgten Lösung anzupassen.

6 Der Emittent kann das Recht, die Anleihebedingungen durch Mehrheitsbeschluss zu ändern oder einen gemeinsamen Vertreter zu bestellen, vollständig, teilweise oder nur mit Einschränkungen gewähren. Insbesondere kann er den Anleihegläubigern ein derartiges Recht auch nur für bestimmte Situationen einräumen, zB für den Fall einer Krise des Emittenten.

7 Enthalten die Anleihebedingungen keine Ermächtigung der Gläubiger, der Änderung von Anleihebedingungen durch Mehrheitsbeschluss zuzustimmen oder einen gemeinsamen Vertreter zu bestellen, kann der Emittent den Anleihegläubigern diese Rechte nachträglich nur einräumen, indem er mit jedem einzelnen Anleihegläubiger einen entsprechenden Änderungsvertrag abschließt. Die Anleihegläubiger können sich dabei auch von einem gemeinsamen (Vertrags-) Vertreter vertreten lassen, sofern dieser mit einstimmigem Beschluss der Anleihegläubiger zu einem solchen Vorgehen ermächtigt worden ist (eine Ermächtigung des gemeinsamen Vertrags- oder Wahlvertreters durch einen qualifizierten Mehrheitsbeschluss genügt in diesem Fall nicht, da dies mit der gesetzlichen Ermächtigungslösung im Widerspruch stünde; so hat der Emittent den Anleihegläubigern das Recht, der Änderung der Anleihebedingungen durch Mehrheitsbeschluss zuzustimmen, gerade nicht gewährt, mithin können sie auch einen gemeinsamen Vertragsvertreter nicht durch Mehrheitsbeschluss zur Wahrnehmung eines solchen Rechts bevollmächtigen; → §§ 7, 8 Rn. 60).

8 Werden die Anleihegläubiger in den Anleihebedingungen ermächtigt, der Änderung von Anleihebedingungen durch Mehrheitsbeschluss zuzustimmen, kann in den Anleihebedingungen von den Regelungen in §§ 5 bis 21 nur insoweit zu Lasten der Anleihegläubiger abgewichen werden, als das SchVG dies ausdrücklich erlaubt (§ 5 Abs. 1 Satz 2). Weicht der Emittent entgegen der Regelung in Satz 2 bei der Einräumung von Rechten in den Anleihebedingungen zu Lasten der Anleihegläubiger von den §§ 5 bis 21 ab, dann ist die entsprechende Ermächtigung in ihrer Wirkung auf ihren Kern zu reduzieren, der im Einklang mit der gesetzlichen Regelung steht (geltungserhaltende Reduktion). Die geltungserhaltende Reduktion erscheint angemessen, da sie nicht etwa zu einer ungerechtfertigten Begünstigung des Emittenten führt. Vielmehr sanktioniert sie das Fehlverhalten des Emittenten und berücksichtigt dabei zugleich das berechtigte Interesse der Anleihegläubiger am Erhalt der ihnen erteilten Ermächtigung.

9 Die Wahl des Gesetzgebers für die Ermächtigungslösung bedeutet nicht, dass die in § 5 Abs. 3 geregelten Beschlussgegenstände ausschließlich einer Regelung seitens der Gläubigerversammlung vorbehalten sind, mithin einer Regelung in den Anleihebedingungen nicht zugänglich sind. Dem Schuldner ist es vielmehr trotz der Regelung in § 5 Abs. 3 möglich, die dort geregelten Beschlussgegenstände (beispielsweise eine Schuldnersetzung) bereits in den Anleihebedingun-

gen zu regeln, so dass in diesem Fall kein Erfordernis für einen Mehrheitsbeschluss der Gläubigerversammlung über die Schuldnerersetzung besteht (*Bredow/Vogel* ZBB 2009, 153, 155).

2. Anwendungsbereiche

Abs. 1 umreißt den personellen und inhaltlichen Anwendungsbereich für Mehrheitsbeschlüsse der Anleihegläubiger, zu deren Fassung der Emittent die Anleihegläubiger in den Anleihebedingungen ermächtigen kann. 10

Der **personelle Anwendungsbereich** ist beschränkt auf alle Anleihegläubiger der jeweils selben Anleihe. Dabei gehören zur selben Anleihe nur inhaltsgleiche Schuldverschreibungen aus Gesamtemissionen, dh, Schuldverschreibungen mit den gleichen Rechten. Liegen diese Voraussetzungen vor, ist es irrelevant, wenn die Schuldverschreibungen nicht zum selben Zeitpunkt, sondern in verschiedenen Tranchen und unter Nutzung verschiedener Globalurkunden ausgegeben worden sind. Die typischen Fälle der unter einer einheitlichen Wertpapierkennnummer laufenden Aufstockungen sind daher beispielsweise als „dieselbe Anleihe" zu betrachten (Begr. RegE zu § 1). Bei Schuldverschreibungen, die in verschiedenen Tranchen mit unterschiedlichen Bedingungen aufgeteilt wurden, können Gläubigerbeschlüsse hingegen nicht tranchenübergreifend gefasst werden. Dies erscheint zwar unglücklich, da auch Anleihegläubiger unterschiedlicher Anleihen desselben Emittenten gemeinsame Interessen haben können. Die gesetzgeberische Entscheidung ist aber eindeutig. Darüber hinaus bleibt es den Anleihegläubigern unterschiedlicher Anleihen unbenommen, sich über ihre jeweiligen gemeinsamen Vertreter auf ein einheitliches Vorgehen zu verständigen. Insbesondere nachdem in den europäisch harmonisierten Umschuldungsklauseln für die Schuldverschreibungen des Bundes (§§ 4a – 4k BSchuWG, → Vor § 5 Rn. 43 ff.) anleiheübergreifender Gläubigerbeschlüsse (Aggregation) ermöglicht worden sind, wird vermehrt die Forderung nach einer entsprechenden Änderung des SchVG laut (*Arbeitskreis Reform SchVG* ZIP 2014, 845, 846f). 11

Der personelle Geltungsbereich kann sich auch auf andere Personen erstrecken, die als Schuldner für die Verpflichtungen des Emittenten Sicherheiten gewährt haben (§ 22). 12

Der **inhaltliche Anwendungsbereich** der Mehrheitsbeschlüsse, zu denen der Emittent die Anleihegläubiger in den Anleihebedingungen ermächtigen kann, ist beschränkt auf eine Zustimmung zur Änderung der Anleihebedingungen sowie auf die Bestellung eines gemeinsamen Vertreters zur Wahrnehmung der Rechte der Anleihegläubiger. Ein Beschluss der Anleihegläubiger über die Änderung der Anleihebedingungen (nicht hingegen ein Beschluss über die Bestellung eines gemeinsamen Vertreters) bedarf stets der **Zustimmung des Emittenten** (entweder vor Beschlussfassung durch die Gläubiger als Einwilligung – § 183 Satz 1 BGB – oder nachträglich als Genehmigung – § 184 Abs. 1 BGB). Satz 3 schränkt den inhaltlichen Anwendungsbereich darüber hinaus noch weiter ein: So kann der Emittent die Anleihegläubiger zu keiner Mehrheitsentscheidung ermächtigen, die eine Verpflichtung zur Leistung begründet. Das entspricht dem Grundverständnis von Finanzanlagen. So haben Anleihegläubiger von Schuldverschreibungen als Fremdkapitalgeber zwar uU das Risiko des Kapitalverlusts zu tragen, sie übernehmen darüber hinaus jedoch keine weiteren Pflichten, insbesondere keine Nachschusspflichten. Allerdings ist das Verbot zur Begründung von Leistungspflichten einschränkend dahingehend zu interpretieren, dass das Verbot nur einseitige finan- 13 zielle Verpflichtungen der Anleihegläubiger erfasst (beispielsweise Nachschusspflichten der Gläubiger). Nicht erfasst werden demgegenüber (1) Verpflichtungen zu einer Mitwirkung an einer gesetzlich zulässigen Maßnahme (beispielsweise der Mitwirkung an einem *Debt-Equity-Swap* (→ Rn. 29), bei dem die Anleihegläubiger eine wirtschaftlich gleichwertige Gegenleistung erhalten), und (2) Verpflichtungen, die eine gesetzliche Folgepflicht einer bereits ergriffenen und gesetzlich zulässigen Maßnahme darstellen (beispielsweise die Verpflichtung zur Zahlung nach Inanspruchnahme aus der Differenzhaftung für Aktien, die der Anleihegläubiger infolge der Umwandlung der Schuldverschreibungen erhalten hat). Letzteres ist nicht unbillig, da die Differenzhaftung nur zum Tragen kommt, wenn der Wert der als Sacheinlage erbrachten Schuldverschreibungen unter dem Wert des geringsten Ausgabebetrages lag, mithin die Differenz zwischen dem Wert der Schuldverschreibung und dem geringsten Ausgabebetrag nachgezahlt werden muss. In diesem Fall steht der Anleihegläubiger bei einer *ex ante* -Betrachtung wirtschaftlich nicht schlechter da, als wenn der Wert seiner als Sacheinlage eingelegten Schuldverschreibung gleich mit dem richtigen Wert angesetzt worden wäre.

14 Weitere Beschränkungen des inhaltlichen Anwendungsbereichs bestehen nicht. Insbesondere ist – anders als noch im SchVG 1899 – nicht erforderlich, dass eine wie auch immer geartete Notlage des Schuldners vorliegt. Die Bemühungen zur Sanierung des Schuldners können damit vor Eintritt einer Notlage ansetzen, was die Aussicht auf ihren nachhaltigen Erfolg deutlich erhöht. Dem Emittenten bleibt es aber nach wie vor unbenommen, Mehrheitsbeschlüsse der Anleihegläubiger nur für bestimmte Situationen vorzusehen, wie zB für den Fall einer Krise des Schuldners. Angesichts der gesetzgeberischen Entscheidung, Mehrheitsbeschlüsse auch ohne Krisensituation zuzulassen, und der grundsätzlich gleichgerichteten Interessen der Gläubiger trägt ein (ggf. qualifizierter) Mehrheitsbeschluss seine **sachliche Rechtfertigung** bereits in sich, er unterliegt mithin nur einer Mißbrauchskontrolle, jedoch keiner materielle Kontrolle auf seine Geeignetheit, Erforderlichkeit oder Angemessenheit (*Simon* CFL 2010, 159, 161; kritisch *Podewils* DStR 2009, 1914, 1918; **aA** *Baums* ZBB 2009, 1, 6; *Horn* ZHR 173 (2009), 12, 62).

15 Die vorstehend beschriebenen Beschränkungen dürfen im Übrigen nicht darüber hinwegtäuschen, dass selbst dann, wenn die Anleihebedingungen keine Ermächtigung der Anleihegläubiger zur Beschlussfassung durch Mehrheitsbeschluss enthalten, die Anleihegläubiger *de lege lata* zu einer Reihe von eigenständigen und nicht von der Zustimmung des Schuldners abhängigen Mehrheitsentscheidungen berechtigt sind: (1) den Anleihegläubigern wird in § 5 Abs. 5 Satz 2 das gesetzliche Recht eingeräumt, einer Gesamtkündigung durch Mehrheitsbeschluss die Wirkung zu entziehen (→ Rn. 42 ff.); (2) den Anleihegläubigern werden in § 8 Abs. 4 iVm § 7 Abs. 2 bis 6 die gesetzlichen Rechte eingeräumt, einem Vertragsvertreter durch Mehrheitsbeschluss Weisungen zu erteilen (→ §§ 7, 8 Rn. 66), die Haftung des Vertragsvertreters durch Mehrheitsbeschluss zu beschränken (→ §§ 7, 8 Rn. 71), über die Geltendmachung von Ersatzansprüchen gegen den Vertragsvertreter durch Mehrheitsbeschluss zu beschließen (→ §§ 7, 8 Rn. 73) sowie den Vertragsvertreter durch Mehrheitsbeschluss abzuberufen (→ §§ 7, 8 Rn. 75); und (3) den Anleihegläubigern wird in § 19 Abs. 2 Satz 1 das gesetzliche Recht eingeräumt, im Falle der Eröffnung eines Insolvenzverfahrens unabhängig von einer in den Anleihebedingungen vorgesehenen Ermächtigung durch Mehrheitsbeschluss einen gemeinsamen Vertreter zu bestellen (→ § 19 Rn. 38 und 73 ff.).

III. Wirkung von Mehrheitsbeschlüssen (Abs. 2)

Nach Satz 1 – aber vorbehaltlich der Regelung in Satz 2 – hat ein Mehrheitsbeschluss der Anleihegläubiger für alle Anleihegläubiger derselben Anleihe verbindliche Kraft (Ausfluss der kollektiven Bindung). Die Verbindlichkeit des Mehrheitsbeschlusses gilt für einen Anleihegläubiger unabhängig davon, ob er die Anleihe zuvor wegen der Verschlechterung der Vermögensverhältnisse des Emittenten außerordentlich gekündigt hat (BGH NJW 2016, 1175 ff. [18 ff.] und [23 ff.] mit Anmerkung *Veranneman* – SolarWorld Anleihe; allg. zur Kündigungsmöglichkeit; differenzierend *Florstedt* ZIP 2016, 645, 652, der auf einen zwingenden – und deshalb majorisierungsfesten – Kerngehalt von § 314 BGB hinweist; → Rn. 35 f.) oder ob er an der Beschlussfassung mitgewirkt hat oder nicht. Da sich dieselbe Rechtsfolge der Sache nach bereits aus der Befugnis in § 5 Abs. 1 ergibt, ist der Regelung in Satz 1 lediglich klarstellender Charakter beizumessen. 16

Verbindliche Wirkung entfaltet ein Mehrheitsbeschluss allerdings dann nicht, wenn infolge des Mehrheitsbeschlusses die Anleihebedingungen nicht mehr dieselben Bedingungen für alle Anleihegläubiger vorsehen (Gleichbehandlungsgrundsatz); in diesem Fall ist der Mehrheitsbeschluss unwirksam und nichtig (Begr. RegE zu § 5). Etwas anderes gilt nur dann, wenn die benachteiligten Anleihegläubiger der Benachteiligung ausdrücklich zugestimmt haben (Satz 2). Das Erfordernis einer ausdrücklichen Zustimmung erfordert entweder eine Zustimmungserklärung in der Gläubigerversammlung bzw. im Rahmen einer Abstimmung ohne Versammlung, die in der Niederschrift gemäß § 16 Abs. 3 bzw. § 18 Abs. 4 Satz 3 vermerkt wird, oder eine nachträgliche, an den Emittenten gerichtete Genehmigung der Benachteiligung. Wird eine Ungleichbehandlung der Anleihegläubiger infolge der ausdrücklichen Zustimmung durch die benachteiligten Anleihegläubiger wirksam, zerfällt eine bis dahin einheitliche Anleihe allerdings in unterschiedliche Anleiheserien. Dem muss der Emittent durch unterschiedliche Wertpapierkennnummern Rechnung tragen, damit die unterschiedlichen Anleiheserien im Effektengiroverkehr voneinander getrennt werden können. Nur dadurch kann die freie Handelbarkeit der Schuldverschreibungen zu einem einheitlichen Preis gewährleistet werden (Begr. RegE zu § 4). Für Anleihegläubiger anderer Anleihen desselben Schuldners entfaltet der Mehrheitsbeschluss in keinem Fall eine Verbindlichkeit. Sie müssen jeweils für sich entsprechende Beschlüsse fassen; ein Anleihen übergreifendes gemeinsames Mehrheitsprinzip (Aggregation) gibt es nicht (→ Rn. 11). 17

Die Änderung der Anleihebedingungen setzt neben der Zustimmung der Anleihegläubiger durch Mehrheitsbeschluss auch das Einverständnis des Schuldners voraus (ausführlich → § 4 Rn. 3 ff.). 18

IV. Beschlussgegenstände (Abs. 3)

§ 5 Abs. 3 konkretisiert den Maßnahmenkatalog, der den Anleihegläubigern zur Verfügung steht. 19

1. Maßnahmenkatalog (Satz 1)

Der Wortlaut von Satz 1 ist insoweit missverständlich, als er davon spricht, dass die Anleihegläubiger zu näher spezifizierten Maßnahmen durch Mehrheitsbeschluss zustimmen können. Angesichts der vom Gesetzgeber verfolgten Ermächti- 20

§ 5 Abschnitt 2 Beschlüsse der Gläubiger

gungslösung steht die Befugnis der Gläubiger, Änderungen der Anleihebedingungen durch Mehrheitsbeschluss zuzustimmen, allerdings unter dem Vorbehalt einer Ermächtigung seitens des Schuldners.

21 Satz 1 konkretisiert die in § 5 Abs. 1 abstrakt umschriebene Möglichkeit zur Ermächtigung der Gläubiger, Änderungen der Anleihebedingungen durch Mehrheitsbeschluss zuzustimmen. Die Aufzählung der möglichen Beschlussgegenstände in den Nr. 1 bis 10 ist nicht abschließend („insbesondere"). Sie dient zum einen der Klarstellung und schafft dadurch Rechtssicherheit. Zum anderen ist sie aber auch insoweit bedeutsam, als

(1) die in § 5 Abs. 3 Satz 1 Nr. 1 bis 9 genannten Entscheidungen nur mit einer qualifizierten Mehrheit gefasst werden können (§ 5 Abs. 4 Satz 2) und
(2) ein bereits in den Anleihebedingungen bestellter gemeinsamer Vertreter zur Vornahme der in § 5 Abs. 3 Satz 1 Nr. 1 bis 9 genannten Entscheidungen nur auf Grund eines Beschlusses der Gläubigerversammlung ermächtigt werden kann (§ 8 Abs. 2 Satz 2).

22 Bei der Bestimmung, welche Beschlussgegenstände zum Gegenstand eines Mehrheitsbeschlusses gemacht werden können, gibt das Gesetz – vorbehaltlich dem Verbot der Begründung von Leistungspflichten und der Pflicht zur Gleichbehandlung der Anleihegläubiger derselben Anleihe – den Parteien maximale Flexibilität. Die Anleihebedingungen können die Änderungsmöglichkeiten durch pauschale Verweisung auf oder durch enumerative Aufzählung aller oder einzelner der in § 5 Abs. 3 Satz 1 Nr. 1 bis 9 genannten Maßnahmen erlauben. Es kann auch eine Öffnungsklausel in die Anleihebedingungen aufgenommen werden, die es der Gläubigerversammlung gestattet, einen vorhandenen Katalog möglicher Mehrheitsbeschlussgegenstände zu erweitern oder zu reduzieren. Umgekehrt können die Anleihebedingungen die Änderungsmöglichkeiten auch an Bedingungen, zB den Eintritt zukünftiger Umstände oder Ereignisse, knüpfen sowie anderen Modifizierungen unterwerfen. Diese zum Teil als „Ausdehnung der Gläubigerbefugnisse" gefeierte Errungenschaft darf allerdings nicht darüber hinwegtäuschen, dass erweiterte Befugnisse der Gläubigerversammlung aus Sicht des Einzelgläubigers mit einer wesentlichen Einschränkung individueller Rechte einher geht (so zum RefE *Bredow/Vogel* ZBB 2009, 153, 154).

23 Durch die Ausweitung des Mehrheitsprinzips wird die Handlungsfähigkeit der Anleihegläubiger insgesamt gesteigert und dadurch für die Schuldner die Aussicht erhöht, auf eine unvorhergesehene Situation flexibel reagieren zu können. Insbesondere werden die Anleihegläubiger in die Lage versetzt, im Vergleich zu anderen Anleihegläubigern einen substanziellen Sanierungsbeitrag zu leisten, wenn es zur Rettung des Schuldners erforderlich ist. Das erfüllt auch die Forderung der EU-Finanzminister, nach deren im September 2002 gefassten Beschluss es in Zukunft möglich sein soll, die marktüblichem Umschuldungsklauseln (sog. *Collective Action Clauses*) in die Anleihebedingungen der Auslandsanleihen der Mitgliedstaaten aufzunehmen (EC-Note S. 15 f.). Da entsprechende Klauseln in international üblichen Anleihebedingungen regelmäßig enthalten sind, stieg durch die Ausweitung des Mehrheitsprinzips die internationale Attraktivität des deutschen Rechts.

24 Belange des Minderheitenschutzes sprechen nicht grundsätzlich gegen die Ausweitung des Mehrheitsprinzips, sofern jeder einzelne Anleihegläubiger eine zumutbare Möglichkeit hat, an den Abstimmungen der Anleihegläubiger teilzunehmen, und sofern die Bedingungen für Abstimmungen eine rationale Entscheidung auf wohl informierter Grundlage gewährleisten.

Mehrheitsbeschlüsse der Gläubiger **§ 5**

In § 5 Abs. 3 Satz 1 Nr. 1 bis 10 findet sich eine beispielhafte Auflistung von 25
möglichen Beschlussgegenständen: Veränderung der Fälligkeit, Verringerung oder
Ausschluss der Zinsen (Nr. 1); Veränderung der Fälligkeit der Hauptforderung
(Nr. 2); Verringerung der Hauptforderung (Nr. 3); Anordnung des Nachrangs der
Forderungen aus den Schuldverschreibungen im Insolvenzverfahren des Schuldners (Nr. 4); Umwandlung oder Umtausch der Schuldverschreibungen in Gesellschaftsanteile, andere Wertpapiere oder andere Leistungsversprechen (Nr. 5); Austausch und Freigabe von Sicherheiten (Nr. 6); Änderung der Währung der
Schuldverschreibungen (Nr. 7); Verzicht auf das Kündigungsrecht der Anleihegläubiger oder dessen Beschränkung (Nr. 8); Schuldnerersetzung (Nr. 9); Änderung oder Aufhebung von Nebenbestimmungen der Schuldverschreibungen
(Nr. 10).

Sortiert man die in § 5 Abs. 3 Satz 1 Nr. 1 bis 10 genannten Beschlussgegen- 26
stände nach Themenbereichen, ergibt sich das folgende Bild:

a) Hauptforderung. Die Gläubigerversammlung kann ermächtigt werden, 27
der Änderung der Fälligkeit (§ 5 Abs. 3 Satz 1 Nr. 2), Höhe (§ 5 Abs. 3 Satz 1
Nr. 3) und Währung (§ 5 Abs. 3 Satz 1 Nr. 7) sowie des Rangs (§ 5 Abs. 3 Satz 1
Nr. 4 für das Insolvenzverfahren) der Hauptforderung zuzustimmen. Sie kann
darüber hinaus der Änderung des Leistungsgegenstandes durch Umwandlung oder
dem Umtausch der Hauptforderung in Gesellschaftsanteile (hierzu bedarf es über
die Zustimmung des Schuldners hinaus auch der Zustimmung der Gesellschafter
des Schuldners; → Rn. 29), andere Wertpapiere oder andere Leistungsversprechen (§ 5 Abs. 3 Satz 1 Nr. 5) sowie der Ersetzung des Schuldners (§ 5 Abs. 3
Satz 1 Nr. 9) der Hauptforderung zustimmen.

Zwar spricht § 5 Abs. 3 Satz 1 Nr. 3 nur von einer Verringerung der Hauptfor- 28
derung (im Gegensatz zu § 5 Abs. 3 Satz 1 Nr. 1, der von einer Verringerung oder
dem Ausschluss von Zinsen spricht); daraus kann jedoch keineswegs abgeleitet
werden, dass der Emittent die Anleihegläubiger nur zu einer Beschlussfassung
über eine teilweise Verringerung der Hauptforderung (so *Friedl/Schmidtbleicher* in
Friedl/Hartwig-Jacob § 5 Rn. 39f – „nahe Null"; *Bliesener/Schneider* in Langenbucher/Bliesener/Spindler, Kap. 17, § 5 Rn. 25) nicht jedoch auch zu einer
Beschlussfassung über einen Komplettverzicht auf die Hauptforderung ermächtigen kann. Eine derartige Beschränkung der den Anleihegläubigern zur Verfügung
stehenden Handlungsalternativen stünde in deutlichem Widerspruch zu der (auch
im Gesetzeswortlaut durch die Verwendung des Wortes „insbesondere" zum Ausdruck kommenden) Intention des Gesetzgebers, dass die Anleihegläubiger prinzipiell jeder Änderung der Anleihebedingungen zustimmen können (Begr. RegE
zu § 5 Abs. 3). Da die Verringerung der Hauptschuld „nahe Null" bzw. der Komplettverzicht auf die Hauptforderung allerdings einen erheblichen Einschnitt in
die Rechtsposition der Anleihegläubiger darstellt, bedarf diese Maßnahme einer
materiellen Rechtfertigung; die materielle Rechtfertigung unterliegt ihrerseits
dann der gerichtlichen Kontrolle nach § 20 (*Vogel* in Preuße § 5 Rn. 32).

Bei der Umwandlung oder dem Umtausch der Hauptforderung in Gesell- 29
schaftsanteile (sog. *Debt-Equity-Swap*) hatte der Gesetzgeber eine Zwangsumwandlung der Schuldverschreibungen in Gesellschaftsanteile oder Aktien vor
Augen. So denn kein ausreichendes genehmigtes Kapital vorhanden ist, muss die
Haupt- bzw. Gesellschafterversammlung des Emittenten an dieser Zwangsumwandlung zur Schaffung des notwendigen Kapitals sowie zum Ausschluss des
Bezugsrechts mitwirken. In der Praxis wird allerdings von einer Zwangsumwand-

§ 5 Abschnitt 2 Beschlüsse der Gläubiger

lung regelmäßig abgesehen. Stattdessen wird von der Gläubigerversammlung beschlossen, die Hauptforderungen in Rechte zum Erwerb von Gesellschaftsanteilen zu tauschen. Die ehemaligen Anleihegläubiger haben dann die Wahl, ihre Erwerbsrechte entweder zum Erwerb einer korrespondierenden Anzahl von Aktien oder zum Erhalt eines aus dem Handel ihrer Erwerbsrechte erzielten Barausgleichs zu verwenden. Mithilfe dieses Vorgehens werden eine Reihe von rechtlichen Problemen umschifft: Es bedarf keiner Auseinandersetzung mit der Frage, ob (i) die Zwangsumwandlung gegen Art. 9 Abs. 1 GG (negative Vereinigungsfreiheit) verstößt (ausführlich zu dieser Problematik *Friedl/Schmidtbleicher* in Friedl/Hartwig-Jacob § 5 Rn. 44 ff.; mit guten Gründen gegen einen verfassungsrechtlichen Verstoß, jedenfalls soweit fungible Aktien gewährt werden, *Maier-Reimer* FS Goette, S. 299, 303f); (ii) das SchVG eine Zwangsumwandlung nur dann erlaubt, wenn die Gesellschaftsanteile eine vergleichbare Fungibilität aufweisen wie zuvor die Schuldverschreibungen (*Otto* DNotZ 2012,809, 812); (iii) die Anleihegläubiger durch eine Zwangsumwandlung in eine Differenzhaftung getrieben (→ Rn. 13 und 30) und ggf. zwangsweise einer gesellschaftsrechtlichen Treuepflicht unterworfen werden dürfen (*Kessler/Rühle* BB 2014, 907, 912); sowie (iv) die Zwangsumwandlung unabhängig von einer Börsenzulassung der neu auszugebenden Aktien (in diesem Fall bedarf es gemäß § 3 Abs. 4 WpPG jedenfalls der Erstellung eines Börsenprospekts) prospektpflichtig ist (ausführlich zu dieser Problematik *Cahn/Hutter/Kaulamo/Meyer/Weiß* WM 2014, 1309, 1313 ff., die unter zutreffendem Hinweis auf den begrenzten Personenkreis, das Fehlen einer individuellen Anlageentscheidung sowie das eingeschränkte Informationsbedürfnis eine Prospektpflicht ablehnen; ebenfalls ablehnend: *Bliesener/Schneider* in Langenbucher/Bliesener/Spindler, Kap. 17, § 5 Rn. 27; bejahend hingegen: *Becker/Pospiech* NJW-Spezial 2014, 591 ff.).

30 Der *Debt-Equity-Swap* unterliegt den für Sacheinlagen geltenden gesetzlichen Regeln, mithin bedarf er bei einer Aktiengesellschaft immer einer Werthaltigkeitsprüfung nach § 183 Abs. 3 AktG. *De lege lata* kann eine Schuldverschreibung also nur dann zum Nennwert eingebracht werden, wenn die durch sie verkörperte Hauptforderung vollwertig ist, mithin der Emittent in der Lage ist, alle seine fälligen Verbindlichkeiten vollständig zu begleichen (BGH WM 1984, 652, 653 und WM 1990, 222, 226f). Die Werthaltigkeitsprüfung ist zeitaufwändig und teuer (mangels Notierung der Schuldverschreibungen an einem organisierten Markt iSd § 2 Abs. 5 WpHG ist es häufig nicht möglich, zur Bewertung den Börsenkurs der Schuldverschreibungen heranzuziehen – § 183a Abs. 1 Satz 1 iVm § 33a AktG). Da Emittenten in der Krise weder Zeit noch Geld haben, scheuen sie deshalb oftmals den *Debt-Equity-Swap* als Sanierungsinstrument. Da im Rahmen einer Sanierung weder der Schutz der Gesellschafter noch der Schutz der Gläubiger eine Werthaltigkeitskontrolle erfordert, wird in der Literatur zunehmend gefordert, das Dilemma (entsprechend der seit dem 1.1.2016 für die Wandelschuldverschreibung geltenden Regelung, § 194 Abs. 1 S. 2 AktG) *de lege ferenda* zu lösen, so dass in Zukunft bei einem *Debt-Equity-Swap* die einzubringenden Forderungen mit ihrem Nennwert auf die Einlageverbindlichkeit angerechnet werden (*Cahn/Hutter/Kaulamo/Meyer/Weiß* WM 2014, 1309 ff. mwN).

31 **b) Nebenforderungen.** Die Gläubigerversammlung kann ermächtigt werden, der Änderung der Fälligkeit (§ 5 Abs. 3 Satz 1 Nr. 1), Höhe (§ 5 Abs. 3 Satz 1 Nr. 1) und Währung (§ 5 Abs. 3 Satz 1 Nr. 7) sowie des Rangs (§ 5 Abs. 3 Satz 1 Nr. 4 für das Insolvenzverfahren) der Zinsforderungen sowie sonstiger Nebenfor-

Mehrheitsbeschlüsse der Gläubiger **§ 5**

derungen zuzustimmen. Sie kann darüber hinaus der Änderung des Leistungsgegenstandes durch Umwandlung oder dem Umtausch der Hauptforderung in Gesellschaftsanteile (hierzu bedarf es über die Zustimmung des Schuldners hinaus auch der Zustimmung der Gesellschafter des Schuldners; → Rn. 29 f.), andere Wertpapiere oder andere Leistungsversprechen (§ 5 Abs. 3 Satz 1 Nr. 5) sowie der Ersetzung des Schuldners (§ 5 Abs. 3 Satz 1 Nr. 9) der Nebenforderungen zustimmen.

c) Nebenbestimmungen. Die Gläubigerversammlung kann ermächtigt werden, jeglicher Änderung und Aufhebung von in den Anleihebedingungen enthaltenen Nebenbestimmungen (§ 5 Abs. 3 Satz 1 Nr. 10) zuzustimmen. Unter den Begriff der „Nebenbestimmungen" fallen zB (i) Bestimmungen über die Hinterlegung und den Austausch der Urkunde, die Modalitäten der Zahlung, die Fristen für die Ausübung von Rechten der Gläubiger, die Vorlegungs- und Verjährungsfristen, die Anforderungen an die gerichtliche Geltendmachung von Ansprüchen, das anwendbare Recht und den Gerichtsstand sowie (ii) Nebenverpflichtungen, dh vom Schuldner übernommene Handlungs- und Unterlassungspflichten, die nicht Zahlungs- oder Lieferpflichten sind (zB die Zusicherungen, deren Verletzung ein außerordentliches Kündigungsrecht der Anleihegläubiger auslösen, sowie eine Negativklausel, derzufolge der Emittent keine Sicherheiten für andere Finanzschulden bestellen darf, sofern er für die Verbindlichkeiten aus der Anleihe nicht gleichzeitig im gleichen Rang und im gleichen Verhältnis die gleiche oder eine gleichwertige Sicherheit bestellt). 32

d) Sicherheiten. Die Gläubigerversammlung kann ermächtigt werden, dem Austausch und der Freigabe von Sicherheiten (§ 5 Abs. 3 Satz 1 Nr. 6) zuzustimmen. 33

e) Kündigungsrecht. Die Gläubigerversammlung kann ermächtigt werden, der inhaltlichen Beschränkung eines in den Anleihebedingungen vorgesehenen Kündigungsrechts sowie dem Verzicht auf ein solches Kündigungsrecht (fallbezogen oder generell) (§ 5 Abs. 3 Satz 1 Nr. 8) zustimmen. Ist in den Anleihebedingungen eine entsprechende Ermächtigung erteilt worden, kann die Gläubigerversammlung auch der Beschränkung des außerordentlichen Kündigungsrechts gemäß § 314 BGB (→ Rn. 35) bzw. dem Verzicht auf ein solches Kündigungsrecht zuzustimmen. 34

f) Exkurs. Als abstrakte Schuldversprechen nach § 780 BGB (BGH ZIP 2014, 1778 Rn. 32) unterliegen Schuldverschreibungen zwar nicht einem (abdingbaren) außerordentlichen Kündigungsrecht gemäß § 490 Abs. 1 BGB (*Bliesener/Schneider* in Langenbucher/Bliesener/Spindler, Kap. 17, § 5 Rn. 103 ff.; *Florstedt/von Randow ZBB 2014, 345, 353*; *Seibt/Schwarz* ZIP 2015, 401, 407f mwN; *Florstedt* ZIP 2016, 645, 651; *aA Baums* ILF-Arbeitspapier, 9 ff.; *Vogel* in Preuße § 5 Rn. 56). Sie unterliegen jedoch als Dauerschuldverhältnisse einem dem allgemeinem Billigkeitsdenken entspringenden Kündigungsrecht aus wichtigem Grund gemäß § 314 BGB (OLG München ZIP 2015, 2174; OLG Köln ZIP 2015, 1924; OLG Frankfurt/M. ZIP 2014, 2176; *Florstedt/von Randow ZBB 2014, 345, 347*; *Seibt/Schwarz* ZIP 2015, 401, 408f; *Vogel* in Preuße § 5 Rn. 56; *Florstedt* ZIP 2016, 645, 651; **aA** *Bliesener/Schneider* in Langenbucher/Bliesener/Spindler, Kap. 17, § 5 Rn. 110 ff.). Dieses dem allgemeinen Billigkeitsdenken entspringende Kündigungsrecht steht allerdings solchen Gläubigern nicht zu, welche in Kenntnis der wirtschaftlichen Schwierigkeiten des Emittenten die Anleihen zu einem diese wirtschaftlichen 35

Schwierigkeiten bereits reflektierenden Einstandspreis erworben haben (OLG München ZIP 2015, 2174; *Florstedt* ZIP 2016, 645, 651).

36 Während noch der RefE dem Emittenten die Möglichkeit gewähren wollte, in bestimmten Fällen das Kündigungsrecht der Gläubiger (einschl. des Kündigungsrechts aus wichtigem Grund) vollständig auszuschließen (so § 22 Abs. 1 und 2 RefE; Begr. RefE zu § 22), entschied sich der Gesetzgeber im Gesetzgebungsverfahren bewusst gegen diesen im RefE enthaltenen Vorschlag. Die Gesetzgebungshistorie lässt demzufolge nur den Schluss zu, dass den Anleihegläubigern das Kündigungsrecht aus wichtigem Grund in den Anleihebedingungen nicht vollständig entzogen werden darf. Allerdings hat der Gesetzgeber erkannt, dass der Emittent in einer Sanierungssituation die nötige Rechtssicherheit und finanzielle Planungssicherheit haben muss. Er erlaubt daher dem Emittenten, das Kündigungsrecht der Gläubiger (einschl. das Kündigungsrecht aus wichtigem Grund gemäß § 314 BGB) in den Anleihebedingungen mittelbar einzuschränken, indem er festlegt, dass die Kündigung von Schuldverschreibungen nur von mehreren Gläubiger und nur einheitlich erklärt werden kann und dass einer solchen Kündigung durch Mehrheitsbeschluss der Gläubiger die Wirkung entzogen werden kann (so auch *Baums*, ILF-Arbeitspapier, 20; s. zur Gesamtkündigung Rn. 42 ff.). Darüber hinaus darf der Emittent das Kündigungsrecht aus wichtigem Grund in den Anleihebedingungen konkretisieren und damit für den durch Risikozuweisung in den Anleihebedingungen konkretisierten Bereich das Kündigungsrecht gemäß § 314 BGB partiell sperren (so auch OLG Frankfurt/M. ZIP 2014, 2176, 2177f; *Baums*, ILF-Arbeitspapier, 18f; *Seibt/Schwarz* ZIP 2015, 401, 408f mwN; *Florstedt* ZIP 2016, 645, 652).

2. Abweichende Regelung (Satz 2)

37 Satz 2 bestimmt, dass der Schuldner in den Anleihebedingungen die Möglichkeiten für Mehrheitsbeschlüsse der Anleihegläubiger einschränken kann, indem er entweder bestimmte Bereiche von Änderungen ausnimmt oder von vornherein nur einen abschließenden Katalog von Änderungsmöglichkeiten aufzählt. Vor dem Hintergrund der vom Gesetzgeber verfolgten Ermächtigungslösung spricht diese Regelung eigentlich eine Selbstverständlichkeit aus. Sinn und Zweck der Regelung erschließt sich allerdings in Anbetracht der Regelung in § 5 Abs. 1 Satz 2: Hätte der Gesetzgeber die Möglichkeit, dass der Schuldner die Möglichkeiten für Mehrheitsbeschlüsse der Anleihegläubiger einschränken kann, nicht vorgesehen, wäre dem Schuldner durch § 5 Abs. 1 Satz 2 verwehrt gewesen, bestimmte Bereiche von Änderungen auszunehmen oder von vornherein nur einen abschließenden Katalog von Änderungsmöglichkeiten aufzuzählen. Es hätte vielmehr vor der „Alles-oder-Nichts"-Wahl gestanden.

V. Mehrheitserfordernisse (Abs. 4)

38 Abs. 4 bestimmt die Mehrheitserfordernisse. Hinzukommen muss die Beschlussfähigkeit der Versammlung, die nur gegeben ist, wenn das nach § 15 Abs. 3 erforderliche Quorum der Anleihegläubiger anwesend ist.

39 Das Gesetz sieht als Regelfall vor, dass Beschlüsse mit der einfachen Mehrheit der an der Abstimmung teilnehmenden Stimmrechte gefasst werden (Satz 1). Ausnahmsweise ist ein Beschluss mit qualifizierter Mehrheit zu fassen, wenn über eine Änderung des wesentlichen Inhalts der Anleihebedingungen abgestimmt wird

Mehrheitsbeschlüsse der Gläubiger § 5

(Satz 2). Die qualifizierte Mehrheit ist erreicht, wenn – die Beschlussfähigkeit der Versammlung vorausgesetzt – mehr als 75% der an der Abstimmung teilnehmenden Stimmen auf den zur Abstimmung gestellten Vorschlag entfallen. Das entspricht internationalen Standards.

Da sich nicht immer zweifelsfrei feststellen lässt, ob der von der Änderung betroffene Inhalt der Anleihebedingungen wesentlich ist, ist die Praxis dazu übergegangen, in Zweifelsfällen eine Beschlussfassung mit qualifizierter Mehrheit zu verlangen. Anders als vom Gesetzgeber vorgesehen ist daher in der Praxis nicht die Beschlussfassung mit einfacher Mehrheit sondern die Beschlussfassung mit qualifizierter Mehrheit der Regelfall.

Eine Änderung des wesentlichen Inhalts der Anleihebedingungen liegt dann **40** vor, wenn
(1) über eine der in Abs. 3 Nr. 1 bis Nr. 9 aufgeführten Maßnahmen (Katalogmaßnahmen) Beschluss gefasst werden soll (Regelbeispiel in Satz 2); oder
(2) die vorgeschlagene Änderung der Anleihebedingungen entweder in ihrer Eingriffsintensität mit der Eingriffsintensität einer Katalogmaßnahme vergleichbar ist oder aus sonstigen Gründen als wesentlich einzustufen ist. Dabei ist unerheblich, ob die Änderung eine Haupt- oder eine Nebenbestimmung der Anleihebedingungen betrifft (so auch *Bliesener/Schneider* in Langenbucher/Bliesener/Spindler, Kap. 17, § 5 Rn. 76; *Friedl/Schmidtbleicher* in Friedl/Hartwig-Jacob § 5 Rn. 86f, die allerdings zu weitgehend alle Bestimmungen, die nicht als Nebenbestimmungen qualifizieren, als wesentlich einstufen wollen). Auch wenn zB bei der Beschränkung eines bestehenden Katalogs wesentlicher Maßnahmen, der Änderung einer Negativklausel, der Änderung der bislang geltenden Beschlussmehrheiten oder der Änderung des anwendbaren Rechts Vieles für ein Überschreiten der Wesentlichkeitsschwelle spricht, verbietet sich eine generalisierende Betrachtung; vielmehr hat die notwendige Auslegung stets anhand der konkreten Umstände des Einzelfalls zu erfolgen.

Sämtliche Mehrheitserfordernisse sind nur Mindestanforderungen; die Anleihebe- **41** dingungen können für einzelne oder alle Beschlüsse höhere, nicht jedoch geringere, Stimmenmehrheiten vorschreiben (Satz 3). Obwohl rechtlich zulässig, macht die Einführung des Erfordernisses einer Nennwertmehrheit (in Entsprechung der aktienrechtlichen Kapitalmehrheit) keinen Sinn, da jeder Anleihegläubiger sowieso nach Maßgabe des Nennwerts oder des rechnerischen Anteils seiner Berechtigung an den ausstehenden Schuldverschreibungen an der Abstimmung teilnimmt (s. § 6 Abs. 1), mithin die Stimmenmehrheit auch die Nennwertmehrheit repräsentiert. Grundsätzlich ist es auch zulässig, in den Anleihebedingungen die Berechnungsgrundlage der Mehrheit dahingehend anzupassen, dass sich die Mehrheiten nicht anhand der teilnehmenden sondern anhand der ausstehenden Stimmrechte berechnen (*Friedl/Schmidtbleicher* in Friedl/Hartwig-Jacob § 5 Rn. 92). Zweckmäßig ist dies allerdings nicht, da dies in der Praxis dazu führen wird, dass eine Beschlussfassung unmöglich gemacht wird. Es mag da sinnvoller sein, von der Möglichkeit Gebrauch zu machen, das Quorum für die Beschlussfähigkeit anzuheben (§ 15 Abs. 3 Satz 5).

VI. Gesamtkündigung (Abs. 5)

Anleihebedingungen, die englischem oder amerikanischem Recht unterliegen, **42** erlauben regelmäßig

§ 5 Abschnitt 2 Beschlüsse der Gläubiger

(1) Gläubigern, die gemeinsam mindestens 25% der ausstehenden Anleihe (Minimal-Schwellenwert) auf sich vereinigen, bei Vorliegen eines außerordentlichen Kündigungsgrundes von dem Anleihetreuhänder (*trustee*) zu verlangen, die gesamte Anleihe zu kündigen;
(2) Gläubigern, die gemeinsam mindestens Zweidrittel der ausstehenden Anleihe auf sich vereinigen, die vorstehende Anweisung an den Treuhänder sowie eine ggf. schon ausgesprochene Kündigung zurückzunehmen.

Sinn und Zweck dieser Regelungen ist die Vermeidung von „*disruptive legal actions*", dh von Kündigungen durch eine Gläubigerminderheit, die den Prozess der Umschuldung und Sanierung stören (EC-Note S. 14). Eine Empfehlung, entsprechende Vorkehrungen auch in Anleihen der Schwellenländer zu treffen, findet sich auch in dem *Quarles-Report* (S. 13).

43 Im Gegensatz dazu erlaubt Abs. 5 dem Emittenten, in den Anleihebedingungen festzulegen, dass
(1) die Kündigung von ausstehenden Schuldverschreibungen nur von mehreren Gläubigern und nur einheitlich erklärt werden kann (Gesamtkündigung), wobei der Anteil der Gläubiger, von deren Mitwirkung die Wirksamkeit einer Gesamtkündigung abhängig gemacht wird, den Maximal-Schwellenwert von 25% der ausstehenden Schuldverschreibungen nicht übersteigen darf (Satz 1);
(2) im Falle einer Gesamtkündigung die Gläubigerversammlung *de lege lata* das Recht hat, einer solchen Gesamtkündigung innerhalb einer Frist von drei Monaten die Wirksamkeit zu entziehen (Satz 2). Zu diesem Zweck müssen die Anleihegläubiger einen Beschluss über die Unwirksamkeit der Gesamtkündigung mit der einfachen Mehrheit der Stimmrechte fassen und mehr Anleihegläubiger dem Beschluss zustimmen als gekündigt haben (Satz 3).

1. Erklärung der Gesamtkündigung (Satz 1)

44 In den Anleihebedingungen kann das Kündigungsrecht von Schuldverschreibungen beschränkt werden, indem festgelegt wird, dass ausstehende Schuldverschreibungen nur von mehreren Gläubigern und nur einheitlich gekündigt werden können. Dabei darf der Anteil der Gläubiger, von deren Mitwirkung die Wirksamkeit einer Gesamtkündigung abhängig gemacht wird, 25% der ausstehenden Schuldverschreibungen (Maximal-Schwellenwert) nicht überschreiten (Satz 1). Unterhalb des Maximal-Schwellenwerts kann der Emittent den Schwellenwert frei bestimmen. Als Bezugsgröße für den von dem Emittenten bestimmten Schwellenwert ist auf die Gesamtzahl der ausstehenden Schuldverschreibungen abzustellen. Für die Bestimmung der Gesamtzahl ist es dabei irrelevant, ob ausstehende Schuldverschreibungen stimmberechtigt sind oder nicht (unter gewissen Umständen ruht bei Schuldverschreibungen das Stimmrecht – → § 6 Rn. 8 ff. –, so dass der Nominalwert der ausstehenden Schuldverschreibungen durchaus von dem Nominalwert der stimmberechtigten Schuldverschreibungen abweichen kann). Stimmberechtigte wie nicht stimmberechtigte Schuldverschreibungen sind vielmehr in die Gesamtzahl mit einzurechnen (ebenso *Friedl/Schmidtbleicher* in Friedl/Hartwig-Jacob § 5 Rn. 95). Stehen dem Schuldner Schuldverschreibungen zu oder werden sie für seine Rechnung gehalten (§ 6 Abs. 1 Satz 2), beeinflusst das also für eine wirksame Gesamtkündigung erforderliche Gesamtzahl an Schuldverschreibungen nicht. Die Gesamtkündigung setzt keinen Beschluss der Gläubiger voraus (so auch *Bliesener/Schneider* in Langenbucher/Bliesener/Spindler, Kap. 17, § 5 Rn. 90; *Friedl/Schmidtbleicher* in Friedl/Hartwig-Jacob § 5 Rn. 96).

Ob eine Gesamtkündigung als „**unechte Gesamtkündigung**" Wirkung nur 45 für und gegen die kündigenden Gläubiger (so *Friedl/Schmidtbleicher* in Friedl/ Hartwig-Jacob § 5 Rn. 100 mwN; *Vogel* in Preuße § 5 Rn. 57; *Podewils* DStR 2009, 1914, 1916; *Schlitt/Schäfer* AG 2009, 477, 486f) oder als „**echte Gesamtkündigung**" Wirkung für und gegen sämtliche Anleihegläubiger (so *Bliesener/ Schneider* in Langenbucher/Bliesener/Spindler, Kap. 17, § 5 Rn. 92ff.) entfaltet, ist gesetzlich nicht geregelt. Die Gesetzesbegründung enthält allerdings einen unmissverständlichen Hinweis auf die gesetzgeberische Intention („Eine solche Kollektivkündigung entfaltet ihre Wirkung nur für diejenigen Gläubiger, die ihr zugestimmt haben"; Begr. RegE zu § 5). Außerdem hat der Gesetzgeber – anders als in international üblichen Bestimmungen (→ Rn. 42) – die Wirksamkeit einer Gesamtkündigung keineswegs an die Bedingung geknüpft, dass mindestens 25% der ausstehenden Schuldverschreibungen gekündigt werden. Ansonsten hätte man dies durchaus als Indiz dafür werten können, dass der Gesetzgeber einer substanziellen Minderheit das Recht einräumen wollte, die gesamte Anleihe zu kündigen. Der Gesetzgeber hat vielmehr im Gegenteil dem Emittenten „nur" das (für deutsche Anleihebedingungen nicht unübliche) Recht eingeräumt, die Wirksamkeit von Einzelkündigungen davon abhängig zu machen, dass sie im Kollektiv abgegeben werden. Dabei hat er wiederum das Recht des Emittenten dahingehend beschränkt, dass der vom Emittenten festgesetzte maximale Schwellenwert für das Kollektiv nicht höher als bei 25% der ausstehenden Schuldverschreibungen angesetzt werden darf. Vor diesem Hintergrund ist davon auszugehen, dass der Gesetzgeber keine „echte Gesamtkündigung" intendierte, vielmehr die Gesamtkündigung im Falle ihres Wirksamwerdens nur für diejenigen Gläubiger Wirkung entfalten soll, welche die Kündigung im Kollektiv ausgesprochen haben; die Rechte der anderen Anleihegläubiger werden durch die Gesamtkündigung nicht tangiert. Der deutsche Gesetzgeber hat damit zugegebenermaßen einen Sonderweg beschritten, der entgegen der an anderer Stelle geäußerten gesetzgeberischen Absichtserklärung (Begr. RegE zu § 5) nicht im Einklang mit international üblichen Bestimmungen steht und dessen Sinnhaftigkeit angezweifelt werden kann (s. die beachtliche Argumentation bei *Bliesener/Schneider* in Langenbucher/Bliesener/ Spindler, Kap. 17, § 5 Rn. 94f; instruktiv dazu auch die Reformvorschläge des *Arbeitskreis Reform SchVG* ZIP 2014, 845, 851).

2. Entfallen der Wirkung der Gesamtkündigung (Satz 2)

Sofern eine Gesamtkündigung erklärt worden ist, hat die Gläubigerversamm- 46 lung *de lege lata* das Recht, einer solchen Gesamtkündigung innerhalb einer Frist von drei Monaten mittels eines mehrheitlich gefassten Beschlusses die Wirksamkeit zu entziehen (Satz 2). Satz 2 stellt eine auflösende Rechtsbedingung („Die Wirkung einer solchen Kündigung entfällt …") in der besonderen Form der Zufallsbedingung dar; so ist aufgrund gesetzlicher Vorschrift der Fortbestand der Rechtswirkungen, welche durch die Erklärung der Gesamtkündigung gezeitigt werden, von dem zukünftigen willensabhängigen Verhalten eines Dritten (Gläubigerversammlung) abhängig. Selbst wenn dies wünschenswert wäre (mit zutreffendem Hinweis auf die Problematik, dass der Schuldner ohne ein Leistungsverweigerungsrecht das Insolvenzrisiko der Gläubiger zu tragen hat, *Friedl/Schmidtbleicher* in Friedl/Hartwig-Jacob § 5 Rn. 101), resultiert aus dieser auflösenden Bedingung mangels expliziter gesetzlicher Regelung kein Leistungsverweigerungsrecht für den Schuldner (**aA** Begr. RegE zu § 5 und Vorauflage). Es empfiehlt sich daher, dieses Problem durch eine entsprechende Regelung in den Anleihebedingungen zu adressieren, so dass der Schuldner die Zahlungen gegenüber den kündigenden Gläubigern bis zum Ablauf des Dreimonatszeitraums verweigern darf.

47 Der Fristbeginn des Dreimonatszeitraums ist gesetzlich nicht geregelt. Die Begr. RegE zu § 5 spricht von „drei Monaten seit der Kündigung". Es ist deshalb davon auszugehen, dass der Dreimonatszeitraum mit dem Zugang der Kündigung bei dem Schuldner zu laufen beginnt. Angesichts der gesetzgeberischen Intention, der Internetseite des Schuldners die Funktion einer Informationsbasis auch für die Angelegenheiten der Schuldverschreibungsgläubiger zukommen zu lassen (Begr. RegE zu § 12), wäre es sicherlich vorzugswürdig gewesen, den Schuldner zur Veröffentlichung der Kündigung auf der Internetseite (oder sogar entsprechend § 17 zu einer Veröffentlichung im elektronischen Bundesanzeiger) zu verpflichten und den Dreimonatszeitraum am Tag nach der entsprechenden Veröffentlichung beginnen zu lassen (§ 187 Abs. 1 BGB).

48 Der Beschluss über die Unwirksamkeit der Gesamtkündigung ist mit der einfachen Mehrheit der Stimmrechte zu fassen (Satz 3 Hs. 1). Trotz der Wortwahl des Gesetzgebers in Abs. 5 (der Gesetzgeber verwendet das Wort „Stimmrechte" statt der in Abs. 4 verwendeten Worte „an der Abstimmung teilnehmenden Stimmrechte") sowie in der Gesetzesbegründung („… genügt für die Wirksamkeit des Beschlusses … die einfache Mehrheit der Gläubiger"; Begr. RegE zu § 5) reicht für einen derartigen Beschluss die einfache Mehrheit der an der Abstimmung teilnehmenden Stimmrechte (*Friedl/Schmidtbleicher* in Friedl/Hartwig-Jacob § 5 Rn. 98; **aA** Vorauflage). Für diese Auslegung spricht, dass ansonsten die Klarstellung in Satz 3 Hs. 2 bedeutungslos wäre. Bedürfte es nämlich der einfachen Mehrheit aller Stimmrechte und nicht nur der einfachen Mehrheit der an der Abstimmung teilnehmenden Stimmrechte, wäre der Fall nicht denkbar, dass weniger Gläubiger zustimmen als gekündigt haben.

49 Es müssen sich im Übrigen mehr Anleihegläubiger gegen als für die Kündigung ausgesprochen haben (Satz 3 Hs. 2). Bezogen auf diese Wirksamkeitsvoraussetzung legt der Gesetzeswortlaut nahe, dass für die Bestimmung, ob die relevante Schwelle erreicht ist, die Zahl der Anleihegläubiger (nach Köpfen) maßgeblich sein soll. Vor dem Hintergrund der Regelung in § 6 (Stimmrecht) kann jedoch Satz 3 Hs. 2 nur dahingehend verstanden werden, dass die einem solchen Beschluss zustimmenden Anleihegläubiger nach dem Nominalwert ihrer Anleihen mehr Stimmrechte auf sich vereinen als die kündigenden Gläubiger (*Podewils* DStR 2009, 1914, 1916; *Bliesener/Schneider* in Langenbucher/Bliesener/Spindler, Kap. 17, § 5 Rn. 91; *Friedl/Schmidtbleicher* in Friedl/Hartwig-Jacob § 5 Rn. 98).

50 Das Mehrheitserfordernis kann nicht – wie im Fall anderer Beschlüsse (→ Rn. 41) – in den Anleihebedingungen erhöht werden („für den Beschluss … genügt die einfache Mehrheit der Stimmrechte.") (*Bliesener/Schneider* in Langenbucher/Bliesener/Spindler, Kap. 17, § 5 Rn. 91; **aA** *Simon* CFl 2010, 159, 161).

VII. Forum für Beschlüsse (Abs. 6)

51 Die Anleihegläubiger können Beschlüsse im Rahmen einer Gläubigerversammlung (§§ 9 bis 17) oder in einem neuen Verfahren als Abstimmung ohne Versammlung (§ 18) fassen (ausführlich → § 18 Rn. 1 ff.). Bei einer derartigen Beschlussfassung tritt anstelle der physischen Versammlung an einem Ort ein Abstimmungszeitraum, innerhalb dessen die Anleihegläubiger ihre Stimme per

Brief oder in elektronischer Textform (zB E-mail) abgeben können. Der Emittent kann die Anleihegläubiger in den Anleihebedingungen auf eine der beiden Möglichkeiten beschränken (Satz 2).

§ 6 Stimmrecht

(1) ¹An Abstimmungen der Gläubiger nimmt jeder Gläubiger nach Maßgabe des Nennwerts oder des rechnerischen Anteils seiner Berechtigung an den ausstehenden Schuldverschreibungen teil. ²Das Stimmrecht ruht, solange die Anteile dem Schuldner oder einem mit ihm verbundenen Unternehmen (§ 271 Absatz 2 des Handelsgesetzbuchs) zustehen oder für Rechnung des Schuldners oder eines mit ihm verbundenen Unternehmens gehalten werden. ³Der Schuldner darf Schuldverschreibungen, deren Stimmrechte ruhen, einem anderen nicht zu dem Zweck überlassen, die Stimmrechte an seiner Stelle auszuüben; dies gilt auch für ein mit dem Schuldner verbundenes Unternehmen. ⁴Niemand darf das Stimmrecht zu dem in Satz 3 erster Halbsatz bezeichneten Zweck ausüben.

(2) Niemand darf dafür, dass eine stimmberechtigte Person bei einer Gläubigerversammlung oder einer Abstimmung nicht oder in einem bestimmten Sinne stimme, Vorteile als Gegenleistung anbieten, versprechen oder gewähren.

(3) Wer stimmberechtigt ist, darf dafür, dass er bei einer Gläubigerversammlung oder einer Abstimmung nicht oder in einem bestimmten Sinne stimme, keinen Vorteil und keine Gegenleistung fordern, sich versprechen lassen oder annehmen.

I. Normzweck

§ 6 stellt die Rechtsgrundlage für das Stimmrecht der Anleihegläubiger dar 1 und regelt die Stimmberechtigung. Darüber hinaus wird in Anlehnung an das Aktienrecht bestimmt, dass im Falle eines Interessenskonflikts das Stimmrecht ruht sowie dass der Stimmenkauf verboten ist.

II. Stimmberechtigung (Abs. 1)

Abs. 1 begründet das Stimmrecht der Anleihegläubiger, um ihnen die Findung 2 und Artikulation eines Mehrheitswillens zu ermöglichen (*Vogel* in Preuße § 6 Rn. 1), und legt die rechtliche Grundlage für seine Bemessung sowie Ausübbarkeit.

1. Stimmrecht, -anteil und -berechtigter

a) Stimmrecht. Die Anleihegläubiger einer Schuldverschreibung bilden 3 außerhalb des Anwendungsbereichs des SchVG keine Gemeinschaft (Begr. RegE zu § 6). Anders als eine Aktie verkörpert eine Schuldverschreibung daher nicht *per se* Mitgliedschaftsrechte (einschl. eines Stimmrechts). Das Stimmrecht musste deshalb in Satz 1 gesetzlich angeordnet werden.

b) Stimmanteil. Das Stimmrecht bestimmt sich entweder – im Falle einer 4 auf einen Gesamtbetrag lautenden Anleihe – nach dem Nennwert der einzelnen

§ 6 Abschnitt 2 Beschlüsse der Gläubiger

Schuldverschreibungen oder – im Falle einer (in Deutschland nicht marktüblichen) nennwertlosen Anleihe – nach dem rechnerischen Anteil der einzelnen Schuldverschreibung an den ausstehenden Schuldverschreibungen. Als ausstehend gelten dabei alle Schuldverschreibungen, die im Zeitpunkt der Gläubigerversammlung noch nicht von dem Schuldner erfüllt/getilgt worden sind.

5   Jede Schuldverschreibung der kleinsten Stückelung gewährt (zumindest) ein Stimmrecht (Begr. RegE zu § 6). Existieren bei einer Anleihe **Schuldverschreibungen mit unterschiedlicher Stückelung** und entspricht der Nennbetrag einzelner Schuldverschreibungen nicht exakt einem Mehrfachen der kleinsten Stückelung, ist der größte gemeinsame Teiler (ggT) der unterschiedlichen Stückelungen zu suchen. Die Anzahl der Stimmrechte, die eine Schuldverschreibung (auch die Schuldverschreibung mit der kleinsten Stückelung) sodann gewährt, errechnet sich aus der Division des Nennbetrages durch den ggT (*Schmidtbleicher* in Friedl/Hartwig-Jacob § 6 Rn. 6; **aA** *Vogel* in Preuße § 6 Rn. 7). Auf diese Art und Weise bildet das Stimmrecht das finanzielle Engagement eines jeden Gläubigers zutreffend ab. Zu der Stückelung von Wertpapieren sowie der Anwendung des sachenrechtlichen Bestimmtheitsgrundsatzes mit der Folge, dass bei Wertpapieren, die in einer Globalurkunde verkörpert sind, zwingend die Stückelung gleich sein muss (*Heidelbach/Preuße* BKR 2006, 316, 319; *Hamann* in Schäfer/Hamann, § 3 WpPG Rn. 21).

6   Das Stimmrecht des einzelnen Gläubigers kann nicht davon abhängig gemacht werden, dass er eine **Mindestzahl** oder einen Mindestnennbetrag von Schuldverschreibungen besitzt (*Vogel* in Preuße § 6 Rn. 10). Ebensowenig können durch **Festsetzung eines Höchstbetrags** oder von **Abstufungen im Stimmrecht** Beschränkungen für die Ausübung von Stimmrechten festgelegt werden (*Vogel* in Preuße § 6 Rn. 10). Zu den Voraussetzungen der Ausübbarkeit eines Stimmrechts → § 10 Rn. 4 ff..

7   **c) Stimmberechtigter.** Satz 1 bringt zum Ausdruck, dass es ohne Schuldverschreibung kein Stimmrecht gibt. Wie auch bei der Aktie gilt ein **Abspaltungsverbot,** ein Stimmrecht kann einem Nicht-Anleihegläubiger also nicht durch isolierte Übertragung verschafft werden (so wohl schon für das SchVG 1899 *Vogel*, Die Vergemeinschaftung der Anleihegläubiger, S. 165; *Bliesener/Schneider* in Langenbucher/Bliesener/Spindler, Kap. 17, § 6 Rn. 2; **aA** *Schmidtbleicher* in Friedl/Hartwig-Jacob § 6 Rn. 37). Dementsprechend steht das Stimmrecht aus ver- oder gepfändeten Schuldverschreibungen, das Stimmrecht aus einer Wertpapierleihe unterliegenden Schuldverschreibungen sowie das Stimmrecht aus sicherungsübereigneten Schuldverschreibungen grundsätzlich dem Eigentümer der Schuldverschreibung zu (*Schmidtbleicher* in Friedl/Hartwig-Jacob § 6 Rn. 9 ff.). Dennoch hat das Stimmrecht keinen höchstpersönlichen Charakter. Ein Gläubiger kann sich bei der Ausübung des Stimmrechts von einem Dritten als Bevollmächtigten vertreten lassen (§ 14 Abs. 1 S. 1). Zur Zulässigkeit einer Legitimationsübertragung (ein Dritter wird nach außen hin als Inhaber der Schuldverschreibung legitimiert und zur Ausübung des Stimmrechts gemäß § 185 BGB im eigenen Namen ermächtigt) → § 14 Rn. 3.

2. Ruhen des Stimmrechts

8   Kann der Schuldner unmittelbar oder mittelbar Einfluss auf Stimmrechte aus den von ihm begebenen Schuldverschreibungen nehmen, besteht die Gefahr, dass die Beschlüsse der Gläubigerversammlung durch Interessenskonflikte verfälscht

Stimmrecht **§ 6**

werden (Begr. RegE zu § 6). Der Gesetzgeber hat deshalb für gewisse Konstellationen ein Ruhen des Stimmrechts aus Schuldverschreibungen angeordnet.

a) Gefahr der unmittelbaren Einflussnahme. Erwirbt der Schuldner eine 9 seiner Schuldverschreibungen, ohne dass die der Schuldverschreibung zugrunde liegende Forderung erlischt, löst dieser Kauf das Ruhen des mit der Schuldverschreibung verbundenen Stimmrechts aus (Satz 2 Hs. 1 Alt. 1). Für die Frage, ob die der Schuldverschreibung zugrundeliegende Forderung durch Rückerwerb erlischt, ist die Art und der Anlass des Rückerwerbs entscheidend; während nach einem Rückerwerb der Schuldverschreibung über die Börse die verbriefte Forderung ruht und bei Neubegebung wieder im alten Umfang wirksam wird, erlischt die Forderung, wenn der Schuldner die Schuldverschreibung durch Zahlung an den berechtigten Inhaber einlöst und dann das Eigentum am Papier nach § 797 Satz 2 BGB erwirbt (*Pleyer* WM 1979, 850 ff., 852; *Marburger* in Staudinger, § 793 Rn. 19).

b) Gefahr der mittelbaren Einflussnahme. Erwirbt ein mit dem Schuldner 10 iSv § 271 Abs. 2 HGB verbundenes Unternehmen eine der Schuldverschreibungen des Schuldners, löst dieser Kauf ebenfalls das Ruhen des mit der Schuldverschreibung verbundenen Stimmrechts aus (Satz 2 Hs. 1 Alt. 2). Der Begriff des „verbundenen Unternehmens" iSd § 271 Abs. 2 HGB ist unter Rückgriff auf die Normen der Konzernrechnungslegung gemäß §§ 290 ff. HGB speziell definiert und damit deutlich weitergehend als der Begriff der „verbundenen Unternehmen" iSd § 15 AktG. So gilt ein Unternehmen als verbunden, wenn es zum **Konsolidierungskreis** des obersten (auch ausländischen) Mutterunternehmens gehört; demzufolge ist jedes Tochterunternehmen mit jedem anderen Unternehmen desselben Konsolidierungskreises iSd § 271 Abs. 1 HGB verbunden. Dabei ist die tatsächliche Aufstellung des Konzernabschlusses für die Erfüllung der Definitionsmerkmale des § 271 Abs. 2 HGB nicht maßgeblich. Problematisch bleiben allerdings die Fälle, in denen dem Konsolidierungskreis eines ausländischen Emittenten von Schuldverschreibungen kein inländisches Unternehmen angehört (*Schmidtbleicher* in Friedl/Hartwig-Jacob § 6 Rn. 23, 30); in diesem Fall ist Satz 2 Hs. 1 Alt. 2 auf Stimmrechte, die von dem Mutterunternehmen oder einem Schwester- oder Tochterunternehmen des Emittenten gehalten werden, nicht anwendbar.

Die Stimmrechte ruhen darüber hinaus auch, wenn ein Dritter eine Schuldver- 11 schreibung des Schuldners kauft und diese für Rechnung des Schuldners oder eines mit ihm verbundenen Unternehmens hält (Satz 2 Hs. 2). Ein Dritter hält die Schuldverschreibung dann „für Rechnung des Schuldners oder eines mit ihm verbundenen Unternehmens", wenn nicht der Dritte sondern entweder der Schuldner oder das mit ihm verbundene Unternehmen die wirtschaftlichen Chancen und Risiken der Schuldverschreibung trägt und daher zu vermuten ist, dass der Dritte bei der Ausübung von Gläubigerrechten aus der Schuldverschreibung die Interessen des wirtschaftlichen Eigentümers berücksichtigt.

c) Mitverpflichtete. Sofern die Anleihebedingungen vorsehen, dass die 12 Beschlüsse der Gläubigerversammlung auch für die Mitverpflichteten Gültigkeit haben, gilt die Regelung in Satz 2 zum Ruhen des Stimmrechts auch für mitverpflichtete Unternehmen iSd § 22.

d) Wiederaufleben des Stimmrechts. Wird die Schuldverschreibung, des- 13 sen Stimmrecht ruht, zu einem späteren Zeitpunkt erneut begeben, indem der Schuldner oder das mit ihm verbundene Unternehmen die Schuldverschreibung

Veranneman

auf einen unabhängigen Anleihegläubiger überträgt, lebt das der Schuldverschreibung zugrunde liegende Stimmrecht wieder auf (Begr. RegE zu § 6).

3. Überlassungs-, Ausübungs und allgemeines Stimmverbot

14 a) **Überlassungsverbot.** Weder der Schuldner noch ein mit ihm verbundenes Unternehmen darf einem Dritten eine Schuldverschreibung, deren Stimmrecht ruht, zu dem Zweck überlassen, das Stimmrecht für den Schuldner auszuüben (Satz 3). Durch dieses Überlassungsverbot soll eine Umgehung der Ruhensregelung (zB durch Bevollmächtigung oder Legitimationsübertragung) verhindert werden. Unklar ist, warum der Gesetzgeber das Überlassungsverbot nicht auch auf solche Schuldverschreibungen erstreckt hat, die von einem Dritten für Rechnung des Schuldners oder eines mit ihm verbundenen Unternehmens gehalten werden. Die Gefahr einer Umgehung der Ruhensregelung ist jedenfalls vergleichbar. Vermutlich handelt es sich dabei um ein redaktionelles Versehen des Gesetzgebers, welches allerdings ua wegen der OWiG-Bewehrtheit eines Verstosses gegen diese Vorschrift (§ 23 Abs. 1 Nr. 1) nicht im Wege der Analogie geschlossen werden kann (*Schmidtbleicher* in Friedl/Hartwig-Jacob § 6 Rn. 27).

15 b) **Ausübungsverbot.** Stimmrechte, die einem Dritten unter Mißachtung des Verbots in Satz 3 überlassen worden sind, dürfen nicht ausgeübt werden (Satz 4). Ein Verstoß gegen das Ausübungsverbot führt zur Nichtigkeit der Stimmabgabe (Satz 4 ist ein Verbotsgesetz iSd § 134 BGB; *Schmidtbleicher* in Friedl/Hartwig-Jacob § 6 Rn. 26).

16 c) **Allgemeines Stimmverbot.** Über die von dem Gesetzgeber im SchVG kodifizierten Fälle hinaus gibt es eine Vielzahl von denkbaren Interessenkonflikten, die in der Person eines Schuldverschreibungsgläubgiers vorliegen können. Von diesen Interessenskonflikten rechtfertigt aber nur der mögliche Verstoß gegen das im deutschen Recht geltende Verbot, in eigener Sache zu richten (§ 181 BGB, dh insbesondere die Teilnahme eines Schuldverschreibungsgläubigers an einer Beschlussfassung über die eigene Entlastung, die eigene Befreiung von einer Verbindlichkeit, die Einleitung oder Beendigung eines gegen einen selbst gerichteten Rechtsstreits oder Vornahme eines Rechtsgeschäfts mit einem selbst) ein allgemeines Stimmverbot mit der Folge der Nichtigkeit der Stimmabgabe (*Vogel* in Preuße § 6 Rn. 24; *Schmidtbleicher* in Friedl/Hartwig-Jacob § 6 Rn. 28). Alle anderen nicht kodifizierten Interessenskonflikte rechtfertigen kein Stimmverbot; ein Mehrheitsbeschluss, welcher durch einen Interessenskonflikt der Mehrheit entgegen den gemeinsamen Interessen der Schuldverschreibungsgläubiger gefasst worden ist, unterliegt allerdings in letzter Instanz dem Korrektiv der Mißbrauchskontrolle (→ § 5 Rn. 14).

17 d) **Mitverpflichtete.** Sofern die Anleihebedingungen vorsehen, dass die Beschlüsse der Gläubigerversammlung auch für die Mitverpflichteten Gültigkeit haben, gelten die Regelungen in den Sätzen 3 (Überlassungsverbot) und 4 (Ausübungsverbot) auch für mitverpflichtete Unternehmen iSd § 22. Auch die vorstehenden Überlegungen zum allgemeinen Stimmverbot gelten für mitverpflichtete Unternehmen entsprechend.

18 e) **Ordnungswidrigkeit.** Die Nichtbeachtung des Überlassungs- und Ausübungsverbot stellt eine Ordnungswidrigkeit dar und ist mit Geldbuße von bis zu 100.000 Euro bedroht (§ 23 Abs. 1).

III. Verbot des Stimmrechtskaufs – Bestechlichkeit (Abs. 2 und 3)

Um die freie Willensbildung der Anleihegläubiger vor Fremdeinflüssen zu schützen, sind sowohl der Stimmenkauf (Abs. 2) als auch die Bestechlichkeit des Stimmberechtigten verboten. Inhaltlich entsprechen beide Verbotstatbestände den Vorgaben in § 405 Abs. 3 Nr. 7 AktG. Die Zuwiderhandlung gegen dieses Verbotsgesetz führt zur Nichtigkeit des zugrundeliegenden Rechtsgeschäfts (§ 134 BGB) und stellt eine Ordnungswidrigkeit dar, die mit Geldbuße von bis zu 100.000 Euro bedroht ist (§ 23 Abs. 1).

19

§ 7 Gemeinsamer Vertreter der Gläubiger

(1) ¹Zum gemeinsamen Vertreter für alle Gläubiger kann jede geschäftsfähige Person oder eine sachkundige juristische Person bestellt werden. ²Eine Person, welche
1. Mitglied des Vorstands, des Aufsichtsrats, des Verwaltungsrats oder eines ähnlichen Organs, Angestellter oder sonstiger Mitarbeiter des Schuldners oder eines mit diesem verbundenen Unternehmens ist,
2. am Stamm- oder Grundkapital des Schuldners oder eines mit diesem verbundenen Unternehmens mit mindestens 20 Prozent beteiligt ist,
3. Finanzgläubiger des Schuldners oder eines mit diesem verbundenen Unternehmens mit einer Forderung in Höhe von mindestens 20 Prozent der ausstehenden Anleihe oder Organmitglied, Angestellter oder sonstiger Mitarbeiter dieses Finanzgläubigers ist oder
4. auf Grund einer besonderen persönlichen Beziehung zu den in den Nummern 1 bis 3 aufgeführten Personen unter deren bestimmendem Einfluss steht,

muss den Gläubigern vor ihrer Bestellung zum gemeinsamen Vertreter die maßgeblichen Umstände offenlegen. ³Der gemeinsame Vertreter hat die Gläubiger unverzüglich in geeigneter Form darüber zu unterrichten, wenn in seiner Person solche Umstände nach der Bestellung eintreten.

(2) ¹Der gemeinsame Vertreter hat die Aufgaben und Befugnisse, welche ihm durch Gesetz oder von den Gläubigern durch Mehrheitsbeschluss eingeräumt wurden. ²Er hat die Weisungen der Gläubiger zu befolgen. ³Soweit er zur Geltendmachung von Rechten der Gläubiger ermächtigt ist, sind die einzelnen Gläubiger zur selbständigen Geltendmachung dieser Rechte nicht befugt, es sei denn, der Mehrheitsbeschluss sieht dies ausdrücklich vor. ⁴Über seine Tätigkeit hat der gemeinsame Vertreter den Gläubigern zu berichten.

(3) ¹Der gemeinsame Vertreter haftet den Gläubigern als Gesamtgläubigern für die ordnungsgemäße Erfüllung seiner Aufgaben; bei seiner Tätigkeit hat er die Sorgfalt eines ordentlichen und gewissenhaften Geschäftsleiters anzuwenden. ²Die Haftung des gemeinsamen Vertreters kann durch Beschluss der Gläubiger beschränkt werden. ³Über die Geltendmachung von Ersatzansprüchen der Gläubiger gegen den gemeinsamen Vertreter entscheiden die Gläubiger.

(4) Der gemeinsame Vertreter kann von den Gläubigern jederzeit ohne Angabe von Gründen abberufen werden.

(5) Der gemeinsame Vertreter der Gläubiger kann vom Schuldner verlangen, alle Auskünfte zu erteilen, die zur Erfüllung der ihm übertragenen Aufgaben erforderlich sind.

(6) Die durch die Bestellung eines gemeinsamen Vertreters der Gläubiger entstehenden Kosten und Aufwendungen, einschließlich einer angemessenen Vergütung des gemeinsamen Vertreters, trägt der Schuldner.

§ 8 Bestellung des gemeinsamen Vertreters in den Anleihebedingungen

(1) ¹Ein gemeinsamer Vertreter der Gläubiger kann bereits in den Anleihebedingungen bestellt werden. ²Mitglieder des Vorstands, des Aufsichtsrats, des Verwaltungsrats oder eines ähnlichen Organs, Angestellte oder sonstige Mitarbeiter des Schuldners oder eines mit ihm verbundenen Unternehmens dürfen nicht bereits in den Anleihebedingungen als gemeinsamer Vertreter der Gläubiger bestellt werden. ³Ihre Bestellung ist nichtig. ⁴Dies gilt auch, wenn die in Satz 1 genannten Umstände nachträglich eintreten. ⁵Aus den in § 7 Absatz 1 Satz 2 Nummer 2 bis 4 genannten Personengruppen kann ein gemeinsamer Vertreter der Gläubiger bestellt werden, sofern in den Emissionsbedingungen die maßgeblichen Umstände offengelegt werden. ⁶Wenn solche Umstände nachträglich eintreten, gilt § 7 Absatz 1 Satz 3 entsprechend.

(2) ¹Mit der Bestellung ist der Umfang der Befugnisse des gemeinsamen Vertreters zu bestimmen. ²Zu einem Verzicht auf Rechte der Gläubiger, insbesondere zu den in § 5 Absatz 3 Satz 1 Nummer 1 bis 9 genannten Entscheidungen, kann der Vertreter nur auf Grund eines Beschlusses der Gläubigerversammlung ermächtigt werden. ³In diesen Fällen kann die Ermächtigung nur im Einzelfall erteilt werden.

(3) In den Anleihebedingungen kann die Haftung des gemeinsamen Vertreters auf das Zehnfache seiner jährlichen Vergütung begrenzt werden, es sei denn, dem gemeinsamen Vertreter fällt Vorsatz oder grobe Fahrlässigkeit zur Last.

(4) Für den in den Anleihebedingungen bestellten gemeinsamen Vertreter gilt § 7 Absatz 2 bis 6 entsprechend.

Übersicht

	Rn.
I. Normzweck	1
II. Auswahl und Bestellung	3
1. Wahlvertreter	4
a) Auswahlkriterien	5
b) Offenlegung von Interessenskonflikten	10
c) Bestellung	21
d) Bestellung mehrerer Vertreter	24
e) Rechtsverhältnis	26
2. Vertragsvertreter	28
a) Auswahlkriterien	29
b) Interessenskonflikte	32
c) Bestellung	39
d) Bestellung mehrerer Vertreter	40

	Rn.
e) Rechtsverhältnis	42
III. Aufgaben und Befugnisse	45
1. Mindestaufgaben und -befugnisse	46
a) Berichtspflicht	47
b) Einberufung der Gläubigerversammlung	54
c) Versammlungsvorsitz/Abstimmungsleitung	55
d) Informationsrechte	56
e) Exklusives Recht zur Geltendmachung von Gläubigerrechten im Fall der Insolvenz	57
2. Zusätzliche Aufgaben und Befugnisse	58
a) Möglicher Umfang	58
b) Verdrängendes Mandat	63
3. Weisungsrecht der Anleihegläubiger	66
IV. Wirkung der Vertretung	67
V. Haftung	68
1. Haftungsmaßstab	69
2. Beweislast	70
3. Haftungsbegrenzung	71
4. Gesamtgläubigerschaft	72
a) Geltendmachung von Ersatzansprüchen	73
b) Leistung auf Ersatzansprüche	74
VI. Abberufung	75
VII. Kündigung seitens des gemeinsamen Vertreters	77
VIII. Kostentragung	79
1. Anspruchsinhaber und -gegner	80
2. Umfang der Kostentragungspflicht	81
a) Vergütung	82
b) Aufwendungen	85
3. Mehrere gemeinsame Vertreter	89
4. Kostentragung in der Insolvenz	93

I. Normzweck

Im Rahmen einer Gesamtemission wird eine Anleihe häufig an eine Vielzahl von Anleihegläubigern begeben. Während der Laufzeit der Anleihe ergibt sich unter gewissen Umständen die Notwendigkeit, dass die Anleihegläubiger eine kollektive Entscheidung über ihre Rechte oder deren Geltendmachung treffen. Will man vermeiden, dass in einem solchen Fall entweder alle Anleihegläubiger zustimmen müssen oder ein Mehrheitsbeschluss der Anleihegläubiger gefasst werden muss, müssen die Anleihegläubiger mit einer Stimme sprechen können. Eine Zentralisierung von Gläubigerrechten liegt dabei nicht nur im Fall einer Krise auch im Interesse des Schuldners.

Zu diesem Zweck sieht das Gesetz vor, dass ein gemeinsamer Vertreter der Anleihegläubiger – sofern der Schuldner den Anleihegläubigern dieses Recht in den Anleihebedingungen eingeräumt hat – von den Anleihegläubigern durch Mehrheitsbeschluss (Wahlvertreter – § 5 Abs. 1 Satz 1) bzw. von dem Schuldner in den Anleihebedingungen (Vertragsvertreter – § 8 Abs. 1 Satz 1) bestellt werden kann. Die Tätigkeit des gemeinsamen Vertreters verlangt „häufig eine unternehmerische Prognose über die zukünftige Entwicklung des Schuldners" (Begr. RegE § 7), was dafür spricht, dass nach der Vorstellung des Gesetzgebers der gemeinsame

1

2

Vertreter im Regelfall die Funktion einer aktiven und – unabhängig von einer Krise – kontinuierlich tätigen Kontroll- und Überwachungsinstanz einnimmt (**aA** *Wöckener* in Friedl/Hartwig-Jacob § 7 Rn. 6, der dem gemeinsamen Vertreter lediglich die Rolle eines Koordinators zubilligt). Der Vertreter soll zudem während der Laufzeit der Anleihe gewährleisten, dass Kollektivhandlungsprobleme der regelmäßig stark fragmentierten und in ihrem Bestand fluktuierenden Gläubigergesamtheit überwunden und informierte, rasche und flexible Entscheidungen der Anleihegläubiger getroffen werden können. Mit diesem Ziel vor Augen, regeln die §§ 7 und 8 in Bezug auf den gemeinsamen Vertreter neben der Haftung und Kostentragung insbesondere das Auswahl-, Bestellungs- und Abberufungsverfahren sowie den Katalog seiner Aufgaben und Befugnisse.

II. Auswahl und Bestellung

3   Bei der Auswahl und Bestellung des gemeinsamen Vertreters hat der Gesetzgeber differenziert, ob dieser durch Mehrheitsbeschluss der Gläubigerversammlung (Wahlvertreter) oder in den Anleihebedingungen (Vertragsvertreter) bestellt wird.

1. Wahlvertreter

4   Das SchVG regelt die Auswahl des Wahlvertreters in § 7 Abs. 1, seine Bestellung ist hingegen im Zusammenhang mit den Regelungen über die Mehrheitsbeschlüsse der Anleihegläubiger (§ 5) geregelt.

5   **a) Auswahlkriterien.** Bei der Auswahl der Person des Wahlvertreters unterliegen die Anleihegläubiger nahezu keinen Beschränkungen.

6   Es kann jede **juristische Person** bestellt werden, sofern sie sachkundig ist (§ 7 Abs. 1 Satz 1). Der Begriff der Sachkunde ist nicht legaldefiniert. Da die vom Gesetzgeber in § 3 von einem Anleger geforderte Sachkunde offenkundig eine andere als die in § 7 von einem gemeinsamen Vertreter geforderte Sachkunde ist, können die Erläuterungen in der Begr. RegE zum in § 3 verwendeten Begriff der Sachkunde (→ § 3 Rn. 10 ff.) nicht zur Bestimmung des in § 7 verwendeten Begriffs der Sachkunde herangezogen werden. Die in § 7 geforderte Sachkunde einer juristischen Person wird dann anzunehmen sein, wenn sie (mindestens in der Person eines organschaftlichen Vertreters) über Fähigkeiten verfügt, die es ihr erlauben, die rechtlichen und wirtschaftlichen Aufgabenstellungen iRd Tätigkeit als gemeinsamer Vertreter den theoretischen Anforderungen gemäß selbstständig und eigenverantwortlich zu bewältigen sowie die auftauchenden Probleme technisch einwandfrei und zielgerecht zu lösen. Dabei ist es irrelevant, ob die für die Sachkunde der juristischen Person relevanten organschaftlichen Vertreter die notwendigen Fertigkeiten und Kenntnisse im Rahmen einer entsprechenden Ausbildung oder allein durch Erfahrung erworben worden sind. Erforderlich sind dabei insbesondere Kenntnisse im Kapitalmarkt-, Handels-, Gesellschafts- und Steuerrecht. Diese Sachkunde dürfte insbesondere bei Rechtsanwalts- oder Wirtschaftsprüfungsgesellschaften vorhanden sein (Begr. RegE zu § 7 Abs. 1).

7   Darüber hinaus kann auch jede **natürliche Person** bestellt werden, die uneingeschränkt geschäftsfähig ist. Warum zwar von einer juristischen Person nicht jedoch von einer natürlichen Person Sachkunde verlangt wird, ist nicht nachvollziehbar. Der Gesetzeswortlaut sowie die Gesetzesbegründung (Begr. RegE zu § 7 Abs. 1) sind insofern allerdings eindeutig.

Bestellung des gemeinsamen Vertreters in den Anleihebedingungen **§§ 7, 8**

Um zu gewährleisten, dass die Anleihegläubiger ihre Kontroll- und Anfech- 8
tungsrechte auch tatsächlich ausüben können, muss die Sachkunde der juristischen Person bzw. die uneingeschränkte Geschäftsfähigkeit der natürlichen Person im Zeitpunkt der Beschlussfassung durch die Gläubigerversammlung (Bestellung) vorliegen (nicht ausreichend ist es, wenn die Sachkunde bzw. uneingeschränkte Geschäftsfähigkeit erst im Zeitpunkt der eventuell später erklärten Annahmeerklärung seitens des Wahlvertreters vorliegt). Liegt bei einer zum Wahlvertreter ausgewählten juristischen Person die Sachkunde oder bei einer zum Wahlvertreter ausgewählten natürlichen Person die uneingeschränkte Geschäftsfähigkeit im Zeitpunkt der Beschlussfassung durch die Gläubigerversammlung (noch) nicht vor, ist der Bestellungsbeschluss wegen Verletzung des Gesetzes anfechtbar.

Fällt nach ihrer Bestellung zum Wahlvertreter die Sachkunde einer juristischen 9
Person (bspw. weil der einzige sachkundige organschaftliche Vertreter sein Amt niederlegt) oder die uneingeschränkte Geschäftsfähigkeit einer natürlichen Person weg, führt dies – vorbehaltlich der nachstehenden Ausnahme – nicht zur Beendigung des Geschäftsbesorgungsverhältnisses (→ Rn. 26) und der Vollmacht. Liegt allerdings eine nicht nur temporäre Geschäftsunfähigkeit vor, führt dies zur Beendigung sowohl des Geschäftsbesorgungsverhältnisses als auch der Vollmacht (allgemein zur Geschäftsunfähigkeit eines Bevollmächtigten s. *Schubert* in MüKoBGB, § 168 Rn. 7; *Ellenberger* in Palandt, § 168 Rn. 3). Unabhängig davon bleibt den Anleihegläubigern natürlich unbenommen, den Wahlvertreter im Falle des Wegfalls seiner Sachkunde oder uneingeschränkten Geschäftsfähigkeit jederzeit abzuberufen.

b) Offenlegung von Interessenskonflikten. Die in § 7 Abs. 1 Satz 2 Nr. 1 10
bis Nr. 4 abschließend aufgeführten Interessenkonflikte sind **vor der Bestellung** als gemeinsamer Vertreter offenzulegen:

(1) Eine Offenlegungspflicht besteht, sofern der Kandidat Mitglied des Vorstands, 11
des (zwingenden oder freiwilligen) Aufsichtsrats, des Verwaltungsrats oder eines ähnlichen Organs (darunter fallen zwar Beiräte, denen eine Kontrollfunktion eingeräumt worden ist, nicht jedoch rein wissenschaftliche Beiräte), Angestellter oder sonstiger Mitarbeiter (darunter fallen jegliche Personen, die als Einzelpersonen in einem wirtschaftlichen Abhängigkeitsverhältnis zum Schuldner stehen, einschl. sog. *free lancer* und selbstständige Handelsvertreter) des Schuldners oder eines mit diesem iSd von § 15 AktG verbundenen Unternehmens ist **(§ 7 Abs. 1 Satz 2 Nr. 1).**

(2) Der Kandidat hat auch offenzulegen, ob er am Stamm- oder Grundkapital 12
des Schuldners oder eines mit diesem verbundenen Unternehmens mit mindestens 20% beteiligt ist **(§ 7 Abs. 1 Satz 2 Nr. 2).** Der Wortwahl des Gesetzes nach ist die wertmäßige Beteiligung an dem Stamm- oder Grundkapital entscheidend. Ob diese Beteiligung in der gleichen Höhe Stimmrechte vermittelt, ist demgegenüber irrelevant. Eine solche Auslegung entspricht der Ratio des § 7 Abs. 1 Satz 2 Nr. 2. Bei den Gesellschaftern kann nämlich unabhängig davon, ob ihnen ein Stimmrecht zusteht oder nicht, ab einer gewissen Größenordnung ein für die Anleihegläubiger relevanter Interessenkonflikt vorliegen.

(3) Sofern der Kandidat Finanzgläubiger des Schuldners oder eines mit diesem 13
verbundenen Unternehmens mit einer Forderung in Höhe von mindestens 20% der ausstehenden Anleihe ist, muss er auch dies offenlegen; dasselbe gilt, wenn der Kandidat Organmitglied, Angestellter oder sonstiger Mitarbeiter

§§ 7, 8 Abschnitt 2 Beschlüsse der Gläubiger

(→ Rn. 11) dieses Finanzgläubigers ist (**§ 7 Abs. 1 Satz 2 Nr. 3**). Unter den nicht legaldefinierten Begriff des „Finanzgläubigers" fällt dabei jeglicher Fremdkapitalgeber. Für diese Auslegung spricht zum einen, dass der Gesetzgeber den von ihm an anderer Stelle des SchVG verwendeten Begriff des „Anleihegläubigers" verwendet hätte, wenn er die Anwendbarkeit des § 7 Abs. 1 Satz 2 Nr. 3 auf die Gruppe der Anleihegläubiger hätte beschränken wollen. Zum anderen wird eine solche Auslegung auch von der Ratio des § 7 Abs. 1 Satz 2 Nr. 3 SchVG gestützt. Bei den Fremdkapitalgebern kann nämlich unabhängig davon, ob sie Darlehensgläubiger oder Anleihegläubiger sind, ab einer gewissen Größenordnung ein Interessenkonflikt vorliegen, über den die Anleihegläubiger Bescheid wissen sollten.

14 (4) Steht der Kandidat auf Grund einer besonderen persönlichen Beziehung unter dem bestimmenden Einfluss einer der vorstehend unter (1) bis (3) aufgeführten Personen, muss er auch dies offenlegen (**§ 7 Abs. 1 Satz 2 Nr. 4**).

15 Die geforderte „**besondere persönliche Beziehung**" liegt dann vor, wenn eine biographisch gewachsene Beziehung und wechselseitiges Zusammengehörigkeits- bzw. Verantwortungsgefühl sowie eine häufige, enge und persönliche Interaktion über einen längeren Zeitraum vorliegt. Eine „enge Beziehung" iSd § 15a Abs. 3 WpHG qualifiziert dabei jedenfalls als „besondere persönliche Beziehung". Rein ökonomisch motivierte oder rein zweckrationale Beziehungen stellen demgegenüber niemals eine „besondere persönliche Beziehung" dar.

16 Darüber hinaus muss der Kandidat allerdings zusätzlich unter dem „**bestimmenden Einfluss**" der Person stehen, mit der ihn eine besondere persönliche Beziehung verbindet. Einen „bestimmenden Einfluss" wird man dann annehmen müssen, wenn Rechte, Verträge oder andere Mittel (einzeln oder zusammen unter Berücksichtigung aller tatsächlichen oder rechtlichen Umstände) der anderen Person die Möglichkeit gewähren, das Verhalten des Kandidaten zu beeinflussen. Dabei genügt die bloße Vermutung für einen bestimmenden Einfluss nicht, es müssen sich vielmehr aus der Natur der Sache greifbare Anhaltspunkte für die Gefahr der Beeinflussung ergeben (so bereits für den Begriff des „maßgebenden Einfluss" im SchVG 1899, *Ansmann* § 14a Rn. 4). Vor dem Hintergrund des unscharfen Rechtsbegriffs sind Kandidaten für das Amt des gemeinsamen Vertreters sicherlich gut beraten, lieber zu viel als zu wenig offenzulegen und es damit der Beurteilung der Gläubigerversammlung zu überlassen, ob ein Recht, ein Vertrag oder ein anderes Mittel einer Person, mit welcher der Kandidat in einer besonderen persönlichen Beziehung steht, einen bestimmenden Einfluss ermöglicht.

17 Eine Zuwiderhandlung gegen die Pflicht, die in § 7 Abs. 1 Satz 2 Nr. 1 bis Nr. 4 aufgeführten Interessenskonflikte vor der Bestellung offenzulegen, führt zur Anfechtbarkeit des Bestellungsbeschlusses und ist als Ordnungswidrigkeit mit Geldbuße bedroht (§ 23 Abs. 2). Tritt ein Interessenkonflikt nach der Beschlussfassung durch die Gläubigerversammlung aber vor Ablauf der Anfechtungsfrist ein, bedingt dies nicht die Anfechtbarkeit des Beschlusses (**aA** zum SchVG 1899 *Ansmann* § 14a Rn. 5). Der Wahlvertreter hat die Anleihegläubiger über die neu eingetretenen Umstände allerdings unverzüglich zu unterrichten (→ Rn. 18); danach bleibt den Anleihegläubigern lediglich die Abberufung des gemeinsamen Vertreters (→ Rn. 75 ff.).

18 Treten die Umstände, die der Wahlvertreter vor seiner Bestellung hätte offenlegen müssen, **nach der Bestellung** ein, hat der Wahlvertreter die Anleihegläubiger

Bestellung des gemeinsamen Vertreters in den Anleihebedingungen **§§ 7, 8**

unverzüglich in geeigneter Form darüber zu unterrichten (§ 7 Abs. 1 Satz 3). Die Unterrichtungspflicht besteht im Übrigen auch dann, wenn der Wahlvertreter zB wegen einer drohenden Krisensituation in den Aufsichtsrat des Schuldners gewählt wird, um dort in seiner Funktion als Wahlvertreter die Interessen der Anleihegläubiger wahrzunehmen. Auch in diesem Fall drohen dem Wahlvertreter nämlich unüberbrückbare Interessenskonflikte, da er angesichts des auch hier geltenden Grundsatzes der Rollentrennung in seiner Funktion als Aufsichtsratsmitglied grundsätzlich verpflichtet ist, ausschließlich im Interesse des Schuldners zu handeln.

Sofern der Schuldner seinen Sitz im Inland hat, ist eine **Unterrichtung durch** 19 **Veröffentlichung** im elektronischen Bundesanzeiger jedenfalls als eine geeignete Unterrichtung anzusehen (§ 17 Abs. 1 Satz 2 analog). Darüber hinaus sind auch alle anderen Publikationsmedien geeignet, die in den Anleihebedingungen zur Unterrichtung der Anleihegläubiger zugelassen sind. Durch die Unterrichtung sollen die Anleihegläubiger in die Lage versetzt werden, von ihrem Recht zur jederzeitigen Abberufung des gemeinsamen Vertreters (§ 7 Abs. 4) auf sachlicher Grundlage Gebrauch zu machen. Eine Zuwiderhandlung gegen die Pflicht, die in § 7 Abs. 1 Satz 2 Nr. 1 bis Nr. 4 aufgeführten Interessenskonflikte nach der Bestellung offenzulegen, ist nicht als Ordnungswidrigkeit mit Geldbuße bedroht (§ 23 Abs. 2 verweist nur auf § 7 Abs. 1 Satz 2, nicht jedoch auf § 7 Abs. 1 Satz 3; → § 23 Rn. 4), stellt aber eine Verletzung der Aufklärungspflichten des Wahlvertreters unter dem entgeltlichen Geschäftsbesorgungsvertrag dar.

Eine Offenlegung der in seiner Person bestehenden, in § 7 Abs. 1 Satz 2 Nr. 1 20 bis Nr. 4 aufgeführten Interessenskonflikte befreit den Wahlvertreter nicht von seiner Pflicht, in seiner Funktion als gemeinsamer Vertreter ausschließlich die gemeinsamen Gläubigerinteressen wahrzunehmen.

c) Bestellung. Für die wirksame Bestellung des Wahlvertreters bedarf es eines 21 entsprechenden Mehrheitsbeschluss der Gläubigerversammlung (→ Rn. 22) sowie einer Erklärung des Wahlvertreter, die Bestellung anzunehmen (Annahmeerklärung) (→ Rn. 23). Die Bestellung kann auch **zeitlich befristet** erfolgen. Weder ist für die wirksame Bestellung eine Zustimmung des Schuldners nach § 4 noch eine Vollziehung nach § 21 Abs. 1 notwendig, da die Anleihebedingungen durch die bloße Bestellung nicht geändert werden.

Das Gesetz regelt nicht ausdrücklich, welche **Mehrheit** für den Beschluss über 22 die Bestellung eines gemeinsamen Vertreters erforderlich ist. Das bedeutet, dass der Bestellungsbeschluss grundsätzlich mit der einfachen Mehrheit der an der Abstimmung teilnehmenden Stimmrechte gefasst werden kann (§ 5 Abs. 4 Satz 1), es sei denn, nach den Anleihebedingungen ist eine höhere Mehrheit erforderlich (§ 5 Abs. 4 Satz 3). Allerdings wäre es mit der gesetzgeberischen Intention nicht vereinbar, wenn die Ermächtigung des gemeinsamen Vertreters zur Änderung des wesentlichen Inhalts der Anleihebedingungen mit einer einfachen Stimmenmehrheit erfolgen könnte. Deshalb bedarf der Bestellungsbeschluss (vorbehaltlich einer in den Anleihebedingungen vorgesehenen höheren Mehrheit) einer qualifizierten Mehrheit der an der Abstimmung teilnehmenden Stimmrechte (s. Begr. RegE zu § 7), sofern der gemeinsame Vertreter bereits im Rahmen des Bestellungsbeschlusses ermächtigt werden soll, die Anleihegläubiger bei der Änderung des wesentlichen Inhalts der Anleihebedingungen (beispielsweise bei der Entscheidung über eine der in § 5 Abs. 3 Satz 1 Nr. 1 bis 9 aufgeführten Maßnahmen) zu vertreten (*Gloeckner/Bankel* ZIP 2015, 2393, 2395, weisen zutreffend darauf hin, dass dies nicht gilt, wenn die Gläubiger über das „Ob", dh die Bestellung, und das „Wie", dh die Ermächtigung, separat Beschluss fassen).

§§ 7, 8 Abschnitt 2 Beschlüsse der Gläubiger

23   Im Gesetz ist nicht geregelt, wie der gemeinsame Vertreter die **Annahme der Wahl** erklären kann. Da der gemeinsame Vertreter – anders als das Aufsichtsratsmitglied – nicht Mitglied eines Organs der AG ist, kann er die Annahme seiner Wahl nicht gegenüber dem durch den Vorstand vertretenen Schuldner erklären. Vielmehr muss er die Annahme der Wahl vom Grundsatz her entweder gegenüber der Gläubigerversammlung als dem Wahlorgan iRd Gläubigerversammlung oder gegenüber jedem einzelnen Anleihegläubiger erklären (so auch *Bliesener/ Schneider* in Langenbucher/Bliesener/Spindler, Kap. 17, § 7 Rn. 6 f.; **aA** *Wöckener* in Friedl/Hartwig-Jacob § 7 Rn. 25). Mangels entsprechender gesetzlicher Regelung genügt eine öffentliche Bekanntmachung der Annahmeerklärung nur dann, wenn die Anleihebedingungen dies als zulässig vorgesehen und die geeignete Form der Bekanntmachung bestimmt haben. Sollte bereits ein anderer gemeinsamer Vertreter bestellt und zur Entgegennahme einer entsprechenden Erklärung (→ Rn. 62) bevollmächtigt worden sein, kann der neu gewählte gemeinsame Vertreter die Annahme seiner Wahl auch gegenüber dem anderen gemeinsamen Vertreter erklären (dies selbst dann, wenn iRd Wahl des weiteren gemeinsamen Vertreters die ursprüngliche Einzelvertretungsmacht des anderen gemeinsamen Vertreters auf eine gemeinschaftliche Vertretungsmacht geändert worden ist; denn bis zur wirksamen Bestellung des weiteren gemeinsamen Vertreters besteht die Einzelvertretungsmacht fort). Zweckmäßigerweise wird allerdings der Wahlvertreter seinerseits der Gläubigerversammlung bereits vor der Beschlussfassung ein Angebot unterbreiten, welches die Gläubigerversammlung dann durch Beschlussfassung annimmt. Dadurch wird verhindert, dass ein zweiter Beschluss der Gläubigerversammlung gefasst werden muss, falls der Vertreter das ihm unterbreitete Angebot nicht annimmt bzw. nachverhandelt.

24   **d) Bestellung mehrerer Vertreter.** Anders als noch das SchVG 1899 enthält das SchVG keine Regelung darüber, ob mehr als ein Wahlvertreter bestellt werden kann und wie im Fall der Bestellung von mehreren Vertretern deren Vertretungsmacht ist (§ 14 Abs. 5 SchVG 1899 enthielt eine gesetzliche Vermutung für eine gemeinschaftliche Vertretungsmacht, vorbehaltlich einer abweichenden Regelung in dem Bestellungsbeschluss). Mangels gesetzlicher Regelung und mangels eines Hinweises in der Gesetzesbegründung (**aA** *Bredow/Vogel* ZBB 2009, 153, 157, die den Hinweis, von den Anleihegläubigern könnten nicht mehrere gemeinsame Vertreter gleichzeitig auf Kosten des Schuldners bestellt werden, als Verbot der gleichzeitigen Bestellung mehrerer Vertreter interpretieren) gelten daher die allgemeinen zivilrechtlichen Grundsätze. Danach ist es zulässig, mehr als einen Vertreter zu bestellen. Ferner ist die Frage, ob Einzel- oder Gesamtvertretungsvollmacht erteilt worden ist, anhand der Auslegung des die Vertretungsmacht begründenden Bestellungsbeschlusses zu beantworten (s. allgemein *Schilken* in Staudinger, § 167 Rn. 52). Wird trotz eines bereits mit Einzelvertretungsmacht bestellten Wahl- oder Vertragsvertreters ein weiterer Wahlvertreter bestellt, ist also anhand der Auslegung des Bestellungsbeschlusses des weiteren Wahlvertreters zu bestimmen, ob die dem ersten Wahlvertreter eingeräumte Einzelvertretungsmacht iRd weiteren Bestellungsbeschlusses widerrufen worden ist oder nicht. Zur Kostentragungspflicht im Fall der Bestellung von mehreren Vertretern → Rn. 89 ff.

25   Es darf allerdings bezweifelt werden, dass es zielführend war, (1) anders als der BMJ-Arbeitsentwurf zu § 795e Abs. 1 BGB-E keine Alternativität von Wahl- und Vertragsvertreter vorzusehen (*Vogel*, Die Stellung des Anleihetreuhänders, S. 94, 112) und (2) anders als noch das SchVG 1899 und anders als für die organschaftli-

chen Vertreter juristischer Personen (s. § 78 Abs. 2 AktG, § 35 Abs. 2 Satz 2 GmbHG, § 25 Abs. 1 Satz 1 GenG) keine gesetzliche Regelung für die Vertretung durch mehr als einen Wahlvertreter zu treffen. Dadurch wird die gesetzgeberische Intention konterkariert, Kollektivhandlungen der Gläubigergesamtheit auf eine eindeutige gesetzliche Grundlage zu stellen und ihre Handhabung zu vereinfachen.

e) Rechtsverhältnis. Mit Annahme der Bestellung kommt zwischen dem 26 Wahlvertreter und der Gesamtheit der Anleihegläubiger (zur Rechtsfähigkeit der Gesamtheit der Anleihegläubiger → § 4 Rn. 12 ff.) ein entgeltliches Geschäftsbesorgungsverhältnis zustande, das ihn zur Wahrnehmung der gemeinsamen Gläubigerinteressen nach Maßgabe des Gesetzes und des Beschlusses verpflichtet (RGZ 90, 211, 214). Auf dieses Geschäftsbesorgungsverhältnis, dem ein Auftrag zugrunde liegt (so auch Begr. RegE zu § 7; *Bliesener/Schneider* in Langenbucher/Bliesener/Spindler, Kap. 17, § 7 Rn. 5; *Nesselrodt* in Preuße § 7 Rn. 39; **aA** *Wöckener* in Friedl/Hartwig-Jacob § 7 Rn. 19, der davon ausgeht, dass dem Geschäftsbesorgungsverhältnis ein Dienstvertrag zugrunde liegt), sind die Vorschriften der §§ 663, 665 bis 670, 672 bis 674 BGB anwendbar (§ 675 Abs. 1 BGB), vorbehaltlich allerdings abweichender Regelungen des SchVG als *lex specialis*. Zwischen dem Schuldner und dem Wahlvertreter kommt grundsätzlich kein Vertragsverhältnis zustande.

Erweist sich die Bestellung nachträglich als *ex tunc* oder *ex nunc* unwirksam, so 27 finden auf das Rechtsverhältnis folgerichtig *ex tunc* bzw. *ex nunc* die Regeln über die Geschäftsführung ohne Auftrag (§§ 677 ff. BGB) Anwendung.

2. Vertragsvertreter

Das SchVG regelt die Auswahl und die Bestellung des Vertragsvertreters in § 8 28 Abs. 1. Während der Vertragsvertreter nach dem SchVG 1899 auch die Interessen des Schuldners zu wahren hatte und dem Schuldner deshalb ein vertragliches Recht auf unveränderten Fortbestand des Vertragsvertreters zugebilligt wurde (*Ansmann*, § 16 Rn. 1), ist der nach dem SchVG bestellte Vertragsvertreter lediglich ein vorläufiger Vertreter der Gläubiger, der jederzeit ohne Angabe von Gründen durch Mehrheitsbeschluss abberufen werden kann (Begr. RegE zu § 8).

a) Auswahlkriterien. Bei der Auswahl der Person des Vertragsvertreters hat 29 der Schuldner zuerst eine Negativauswahl zu treffen:

Als Vertragsvertreter kommt nicht in Betracht, wer Mitglied des Vorstands, des 30 Aufsichtsrats, des Verwaltungsrats oder eines ähnlichen Organs, Angestellter oder sonstiger Mitarbeiter des Schuldners oder eines mit diesem verbundenen Unternehmens ist (§ 8 Abs. 1 Satz 2; → Rn. 11). Maßgeblich für die Frage, ob in der Person des Vertragsvertreters ein Bestellungshindernis erfüllt ist oder nicht, ist – anders als im Fall des Wahlvertreters (→ Rn. 8) – nicht der Zeitpunkt des formalen Bestellvorgangs, sondern der Zeitpunkt des Wirksamwerdens der Bestellung. Wirksam wird die Bestellung im Zeitpunkt des Erwerbs der ersten Teilschuldverschreibung durch einen Anleihegläubiger (→ Rn. 39 und → Rn. 42 ff.). Liegt in diesem Zeitpunkt in der Person des Vertragsvertreters ein Bestellungshindernis vor, dann ist die Bestellung *ex tunc* nichtig (§ 8 Abs. 1 Satz 3). Liegt in der Person des Vertragsvertreters zwar nicht im Zeitpunkt der Bestellung jedoch zu einem späteren Zeitpunkt ein Bestellungshindernis der in § 8 Abs. 1 Satz 2 genannten Art vor, wird die Bestellung mit *ex nunc*-Wirkung nichtig (so auch *Bliesener/*

§§ 7, 8 Abschnitt 2 Beschlüsse der Gläubiger

Schneider in Langenbucher/Bliesener/Spindler, Kap. 17, § 8 Rn. 10; *Wöckener* in Friedl/Hartwig-Jacob § 8 Rn. 10; **aA** *Nesselrodt* in Preuße § 8 Rn. 8), dh sobald das Negativ-Auswahlkriterium in der Person des Vertragsvertreters erfüllt ist (§ 8 Abs. 1 Satz 4; der Verweis in § 8 Abs. 1 Satz 4 auf Satz 1 statt auf Satz 2 ist auf ein Redaktionsversehen des Gesetzgebers zurückzuführen). Eine rückwirkende Entziehung der Befugnis, als gemeinsamer Vertreter zu agieren, würde die Rechtswirksamkeit von Rechtsakten in Frage stellen, an denen der gemeinsame Vertreter zu einem Zeitpunkt mitgewirkt hat, als noch keine Inkompatibilität vorlag.

31 Als Vertragsvertreter kommt im Übrigen nur eine uneingeschränkt geschäftsfähige natürliche Person bzw. eine sachkundige juristische Person in Betracht. Zwar fehlt in § 8 ein Verweis auf § 7 Abs. 1 Satz 1. Angesichts der gesetzgeberischen Intention, wonach – da die Anleihegläubiger keinen Einfluss auf die Auswahl der Person des Vertragsvertreters haben – an die Auswahl des Vertragsvertreters strengere Anforderungen zu stellen sind als an die Auswahl des Wahlvertreters (Begr. RegE zu § 8), ist allerdings davon auszugehen, dass unabhängig von einem fehlenden Verweis in § 8 die Regelung in § 7 Abs. 1 Satz 1 auch für den Vertragsvertreter Gültigkeit hat (→ Rn. 5 ff.) (so auch *Bredow/Vogel* ZBB 2009, 153, 157, *Bliesener/Schneider* in Langenbucher/Bliesener/Spindler, Kap. 17, § 8 Rn. 11). Maßgeblich für die Frage, ob die uneingeschränkte Geschäftsfähigkeit bzw. Sachkunde vorliegt, ist – anders als im Fall des Wahlvertreters (→ Rn. 8) – auch hier nicht der Zeitpunkt des formalen Bestellvorgangs, sondern der Zeitpunkt des Wirksamwerdens der Bestellung. Wirksam wird die Bestellung im Zeitpunkt des Erwerbs der ersten Teilschuldverschreibung durch einen Anleihegläubiger (→ Rn. 39 und → Rn. 42 ff.). Ist der Vertragsvertreter in diesem Zeitpunkt nicht uneingeschränkt geschäftsfähig bzw. sachkundig, dann ist die Bestellung *ex tunc* nichtig (§ 8 Abs. 1 Satz 3 analog). Fällt die Sachkunde einer juristischen Person bzw. die uneingeschränkte Geschäftsfähigkeit einer natürlichen Person nach ihrer Bestellung zum Vertragsvertreter weg, → Rn. 9.

32 **b) Interessenskonflikte.** Der Schuldner ist verpflichtet, die nachstehend aufgeführten Umstände in der Person des Vertragsvertreters, die zu einem Interessenskonflikt führen können, in den Anleihebedingungen offenzulegen (§ 8 Abs. 1 Satz 5). Auch hier gilt, dass die dem Transparenzgebot unterliegenden Fallgruppen aus Gründen der Bestimmtheit abschließend sind.

33 (1) Der Kandidat ist am Stamm- oder Grundkapital des Schuldners oder eines mit diesem verbundenen Unternehmens mit mindestens 20% beteiligt (§ 8 Abs. 1 Satz 5 iVm § 7 Abs. 1 Satz 2 Nr. 2, → Rn. 12).

34 (2) Der Kandidat ist Finanzgläubiger des Schuldners oder eines mit diesem verbundenen Unternehmens mit einer Forderung in Höhe von mindestens 20% der ausstehenden Anleihe oder Organmitglied, Angestellter oder sonstiger Mitarbeiter dieses Finanzgläubigers (§ 8 Abs. 1 Satz 5 iVm § 7 Abs. 1 Satz 2 Nr. 3, → Rn. 13).

35 (3) Der Kandidat steht auf Grund einer besonderen persönlichen Beziehung unter dem bestimmendem Einfluss einer der in § 7 Abs. 1 Satz 2 Nr. 1 bis 3 genannten Personen (§ 8 Abs. 1 Satz 5 iVm § 7 Abs. 1 Satz 2 Nr. 4, → Rn. 14 ff.).

36 Legt der Schuldner die vorstehenden Umstände in den Anleihebedingungen entgegen seiner Verpflichtung nicht offen, ist die Bestellung nicht mit *ex tunc*-Wirkung nichtig (der Gesetzgeber beschränkt die Nichtigkeitsfolge eindeutig auf den Fall der Bestellung von Mitgliedern des Vorstands, des Aufsichtsrats, des Verwaltungsrats oder eines ähnlichen Organs, Angestellter oder sonstiger Mitarbeiter des

Schuldners oder eines mit ihm verbundenen Unternehmens). Eine entsprechende **Pflichtverletzung** ist auch nicht mit Geldbuße sanktioniert (§ 23 Abs. 2 qualifiziert lediglich einen Verstoß gegen § 7 Abs. 1 Satz 2 nicht jedoch einen Verstoß gegen § 8 Abs. 1 Satz 5 als Ordnungswidrigkeit), sie kann jedoch zu einer Haftung des Schuldners gemäß §§ 21, 22 WpPG führen (so auch *Bliesener/Schneider* in Langenbucher/Bliesener/Spindler, Kap. 17, § 8 Rn. 13 mit Verweis auf Vorgängervorschriften). So hat der Gesetzgeber durch die gesetzliche Verpflichtung zur Offenlegung eines Interessenskonflikts zum Ausdruck gebracht, dass er einen offenzulegenden Interessenkonflikt als eine zur Beurteilung der Wertpapiere wesentliche Angabe erachtet. Erfahren die Anleihegläubiger nachträglich von dem Interessenkonflikt, könnten sie den gemeinsamen Vertreter natürlich jederzeit abberufen (→ Rn. 75).

Treten **nach der Bestellung** in der Person des Vertragsvertreters Umstände 37 ein, die der Schuldner in den Anleihebedingungen hätte offenlegen müssen, hat der Vertragsvertreter die Anleihegläubiger davon unverzüglich in geeigneter Form zu unterrichten (§ 8 Abs. 1 Satz 6 iVm § 7 Abs. 1 Satz 3). Zu der Frage, auf welchem Weg die Publikation erfolgen kann, → Rn. 19. Die Anleihegläubiger können den gemeinsamen Vertreter dann (ohne Angabe von Gründen) abberufen (§ 8 Abs. 4 iVm § 7 Abs. 4). Verletzt der Vertragsvertreter seine Pflicht zur Unterrichtung der Gläubiger, stellt dies zwar keine mit Geldbuße bedrohte Ordnungswidrigkeit (§ 23 Abs. 2 verweist nur auf § 7 Abs. 1 Satz 2, nicht jedoch auf § 8 Abs. 1 Satz 6 iVm § 7 Abs. 1 Satz 3), jedoch eine Verletzung der Aufklärungspflichten des Vertragsvertreters unter dem entgeltlichen Geschäftsbesorgungsvertrag dar (so auch *Bliesener/Schneider* in Langenbucher/Bliesener/Spindler, Kap. 17, § 8 Rn. 13).

Eine Offenlegung der in seiner Person bestehenden, in § 7 Abs. 1 Satz 2 Nr. 1 38 bis Nr. 4 aufgeführten Interessenskonflikte befreit den Vertragsvertreter nicht von seiner Pflicht, in seiner Funktion als gemeinsamer Vertreter ausschließlich die gemeinsamen Gläubigerinteressen wahrzunehmen.

c) Bestellung. Die Bestellung des Vertragsvertreters erfolgt mit Wirksamwer- 39 den des entgeltlichen Geschäftsbesorgungsvertrages (→ Rn. 42 ff.).

d) Bestellung mehrerer Vertreter. Ausweislich des Wortlauts von § 8 Abs. 1 40 Satz 1 kann der Schuldner nur einen gemeinsamen Vertreter, nicht jedoch mehrere gemeinsame Vertreter in den Anleihebedingungen bestellen. Wird mehr als ein gemeinsamer Vertreter in den Anleihebedingungen bestellt, ist nur die Bestellung des ersten Vertragsvertreters wirksam. Lässt sich nicht feststellen, welcher der mehreren Vertragsvertreter als zuerst bestellt anzusehen ist, ist die Bestellung aller Vertragsvertreter nichtig.

Wird trotz eines bereits mit Einzelvertretungsmacht bestellten Vertragsvertreters 41 von der Gläubigerversammlung zusätzlich ein Wahlvertreter bestellt, ist anhand der Auslegung des Bestellungsbeschlusses des Wahlvertreters zu bestimmen, ob die dem Vertragsvertreter eingeräumte Einzelvertretungsmacht iRd weiteren Bestellungsbeschlusses widerrufen worden ist oder nicht. Zur Kostentragungspflicht im Falle der Bestellung von mehreren Vertretern → Rn. 89 ff..

e) Rechtsverhältnis. Hier sind zwei unterschiedliche Fallkonstellationen denk- 42 bar: Entweder der Schuldner und der Vertragsvertreter schließen einen als entgeltlichen Geschäftsbesorgungsvertrag zu charakterisierenden Vertrag (→ Rn. 26), der den Vertragsvertreter zur Wahrnehmung der gemeinsamen Interessen der Anleihe-

§§ 7, 8

gläubiger (echter Vertrag zugunsten Dritter, § 328 BGB) nach Maßgabe des Gesetzes und der Vertragsbedingungen verpflichtet (dass die Mandatierung auf diese Weise erfolgt, vertreten *Bliesener/Schneider* in Langenbucher/Bliesener/Spindler, Kap. 17, § 8 Rn. 4). Dieser entgeltliche Geschäftsbesorgungsvertrag ist in seiner Wirksamkeit aufschiebend bedingt auf die Bevollmächtigung des Vertragsvertreters seitens der Anleihegläubiger, wobei diese Bevollmächtigung implizit mit Erwerb der ersten Teilschuldverschreibung erfolgt.

43 Oder der Schuldner – handelnd als Vertreter ohne Vertretungsmacht (*falsus procurator*) der Gesamtheit der Anleihegläubiger (zur Rechtsfähigkeit der Gesamtheit der Anleihegläubiger → § Rn. 12 ff.) – und der Vertragsvertreter schließen einen entgeltlichen Geschäftsbesorgungsvertrag (→ Rn. 26), der den Vertragsvertreter zur Wahrnehmung der gemeinsamen Interessen der Anleihegläubiger nach Maßgabe des Gesetzes und der Vertragsbedingungen verpflichtet. Das Handeln des Schuldners als Vertreter ohne Vertretungsmacht wird dann mit dem Erwerb der Teilschuldverschreibungen von den Anleihegläubigern implizit genehmigt (s. § 177 Abs. 1 BGB; so wohl auch zum SchVG 1899 *Ansmann*, § 16 Rn. 11; *Wöckener* in Friedl/Hartwig-Jacob § 8 Rn. 13), da dass letztendlich wie im Fall des Wahlvertreters das entgeltliche Geschäftsbesorgungsverhältnis zwischen dem Vertragsvertreter und der Gesamtheit der Anleihegläubiger besteht (**aA** *Bliesener/Schneider* in Langenbucher/Bliesener/Spindler, Kap. 17, § 8 Rn. 4, die eine Mandatierung auf diesem Wege für ausgeschlossen halten, da die Anleihegläubiger durch den Erwerb von kapitalmarktfähigen Schuldverschreibungen keine vertraglichen Haupt- oder Nebenpflichten übernehmen sollen). Zwischen dem Schuldner und dem Vertragsvertreter kommt in diesem Fall kein Vertragsverhältnis zustande.

44 Der Gesetzgeber des SchVG scheint davon ausgegangen zu sein, dass der Schuldner den entgeltlichen Geschäftsbesorgungsvertrag als Vertreter ohne Vertretungsmacht (*falsus procurator*) der Anleihegläubiger abschließt. Denn nur so lässt sich erklären, warum der Gesetzgeber in § 8 Abs. 4 auch auf § 7 Abs. 6 verweist. Dieser Verweis wäre nämlich überflüssig, wenn der Schuldner bereits aufgrund des zwischen ihm und dem Vertragsvertreter bestehenden entgeltlichen Geschäftsbesorgungsverhältnisses zur Zahlung einer angemessenen Vergütung sowie zum Aufwendungsersatz verpflichtet wäre. Letztendlich ist aber durch Auslegung der Anleihebedingungen zu ermitteln, ob ein Vertragsverhältnis zwischen dem Schuldner und dem Vertragsvertreter oder zwischen der Gesamtheit der Anleihegläubiger und dem Vertragsvertreter vorliegt.

III. Aufgaben und Befugnisse

45 Die Mindestaufgaben und -befugnisse des gemeinsamen Vertreters ergeben sich aus dem Gesetz (§ 7 Abs. 2 für den Wahlvertreter und § 8 Abs. 4 iVm § 7 Abs. 2 für den Vertragsvertreter). Darüber hinausgehende Aufgaben und Befugnisse werden ihm durch Rechtsgeschäft (Vertragsvertreter) oder durch den Mehrheitsbeschluss (Vertrags- bzw. Wahlvertreter) übertragen.

1. Mindestaufgaben und -befugnisse

46 Als Mindestaufgaben und -befugnisse des gemeinsamen Vertreters sieht das Gesetz die Berichtspflicht (§ 7 Abs. 2 Satz 4 ggf. iVm § 8 Abs. 4), das Recht zur Einberufung der Gläubigerversammlung bzw. das Recht zur Veranlassung einer

Bestellung des gemeinsamen Vertreters in den Anleihebedingungen   §§ 7, 8

Abstimmung ohne Versammlung (§ 9 Abs. 1 Satz 1), das Recht zur Versammlungsleitung bzw. Abstimmungsleitung (§ 15 Abs. 1) sowie gewisse Informationsrechte (§ 7 Abs. 5 ggf. iVm § 8 Abs. 4) vor. Darüber hinaus gewährt das Gesetz dem gemeinsamen Vertreter für den Fall der Insolvenz des Schuldners das exklusive Recht, die Rechte der Anleihegläubiger geltend zu machen (§ 19 Abs. 3). Die dem gemeinsamen Vertreter durch Gesetz eingeräumten Mindestaufgaben und -befugnisse können weder in den Anleihebedingungen (§ 5 Abs. 1 Satz 2) noch durch Mehrheitsbeschluss der Anleihegläubiger eingeschränkt werden (§ 7 Abs. 2 Satz 1 ggf. iVm § 8 Abs. 4; so auch *Bliesener/Schneider* in Langenbucher/Bliesener/Spindler, Kap. 17, § 7 Rn. 27f; *Nesselrodt* in Preuße § 7 Rn. 41; **aA** *Wöckener* in Friedl/Hartwig-Jacob § 7 Rn. 36 ff., der davon auszugehen scheint, dass sich eine Beschränkung der Vertretungsmacht des gemeinsamen Vertreters zu Gunsten der Anleihegläubiger auswirkt (§ 5 Abs. 1 Satz 2) und daher die gesetzlichen Mindestaufgaben und -befugnisse des gemeinsamen Vertreters sowohl in den Anleihebedingungen als auch durch Mehrheitsbeschluss beschränkt werden können; dabei verkennt er aber, dass der Gesetzgeber mit § 5 Abs. 1 Satz 2 lediglich die Konformität der Anleihebedingungen mit den für Mehrheitsbeschlüsse geforderten gesetzlichen Mindestanforderungen sicherstellen wollte (Begr. RegE zu § 5) sowie eine Beschränkung der Mindestaufgaben und -befugnisse des gemeinsamen Vertreters im Regelfall zu Lasten der Anleihegläubiger geht, weil dem gemeinsamen Vertreter mehr Rechte als dem einzelnen Anleihegläubiger zustehen und jedenfalls dieses Mehr an Rechten bei Beschränkung bzw. Entzug dieser Rechte verloren geht).

a) Berichtspflicht. Aufgrund des bestehenden Auftragsverhältnisses zwischen   47
den Anleihegläubigern und dem gemeinsamen Vertreter hat der gemeinsame Vertreter gemäß § 666 BGB eine **vertragliche Berichtspflicht** (s. zu den Einzelheiten der Berichtspflicht *Martinek* in Staudinger, § 666 Rn. 1 ff.). Diese Berichtspflicht kann eingeschränkt oder sogar ganz abbedungen werden (*Martinek* in Staudinger, § 666 Rn. 17). Die in § 7 Abs. 2 Satz 4 **gesetzlich angeordnete Berichtspflicht** des gemeinsamen Vertreters tritt neben die vertragliche Berichtspflicht. Inhalt und Umfang beider Berichtspflichten sind deckungsgleich. Durch ihre gesetzliche Anordnung wird die Berichtspflicht des gemeinsamen Vertreters als eine seiner Mindestaufgaben festgelegt, sie kann deshalb weder eingeschränkt noch abbedungen werden (→ Rn. 46).

Die Anleihegläubiger müssen sich in Bezug auf ihre gemeinsame Vertretung   48
als Gesamtheit behandeln lassen (Begr. RegE zu § 7). Dementsprechend besteht die Berichtspflicht nicht dem einzelnen Anleihegläubiger gegenüber. Auch kann der einzelne Anleihegläubiger nur verlangen, dass allen Anleihegläubigern gemeinsam Bericht erstattet wird. Es ist deshalb erforderlich (aber auch ausreichend), dass der gemeinsame Vertreter die **Berichterstattung an die informationsberechtigte Gesamtheit der Anleihegläubiger** z.B durch die Nutzung einer hierzu im Vorfeld festgelegten Internetseite (*Blaufuß/Braun* NZI 2016, 5, 8 f.) adressiert (kollektive Adressierung).

Der gemeinsame Vertreter hat grundsätzlich über alle für die Anleihegläubiger   49
bedeutsamen Informationen Bericht zu erstatten. Die Berichtspflicht besteht zum einen im Hinblick auf Informationen, die der gemeinsame Vertreter gemäß § 7 Abs. 5 vom Schuldner erlangt hat, sowie im Hinblick auf den Stand eventueller Verhandlungen zwischen dem gemeinsamen Vertreter und dem Emittenten. Zum anderen hat der gemeinsame Vertreter aber auch darüber zu berichten, wenn ihm

§§ 7, 8
Abschnitt 2 Beschlüsse der Gläubiger

Informationen trotz eines entsprechenden Auskunftsverlangens verweigert (zB aufgrund von insiderrechtlichen Gründen; → § 16 Rn. 13) oder nicht in der verlangten Qualität erteilt worden sind.

50 Der gemeinsame Vertreter hat in den folgenden Fällen ein Recht zur **Auskunftsverweigerung:**

51 (1) Der gemeinsame Vertreter würde durch die Berichterstattung **gesetzliche Vorschriften verletzen** oder sich **strafbar** machen. Das Auskunftsverweigerungsrecht besteht insbesondere dann, wenn der gemeinsame Vertreter im Rahmen seiner Tätigkeit Kenntnis von den Schuldner betreffenden **Insiderinformationen** iSd § 13 Abs. 1 WpHG erlangt. Da Insiderinformationen durch die Berichterstattung nicht öffentlich werden (keine Bereichsöffentlichkeit; dazu allgemein *Klöhn* in Kölner Kommentar zum WpHG, § 13 Rn. 133 ff.) und die Weitergabe nicht iSd § 14 Abs. 1 Nr. 2 WpHG „befugt" erfolgt (die Berichtspflicht gemäß § 666 BGB bzw. § 7 Abs. 2 Satz 4 qualifiziert nicht als Mitteilungspflicht ordnungsrechtlicher Natur und setzt sich deshalb nicht gegenüber dem allgemeinen Insiderhandelsverbot durch; dazu allgemein *Klöhn* in Kölner Kommentar zum WpHG, § 14 Rn. 348f), stellt die Weitergabe von Insiderinformationen im Rahmen der Berichterstattung einen strafbewehrten (§ 38 Abs. 1 Nr. 2c iVm § 39 Abs. 2 Nr. 3 WpHG) Verstoß gegen das Weitergabeverbot gemäß § 14 Abs. 1 Nr. 2 WpHG dar.

52 (2) Der gemeinsame Vertreter würde durch die Berichterstattung gegen eine (regelmäßig strafbewehrte) **Geheimhaltungsvereinbarung** mit dem Schuldner verstoßen, deren Unterzeichnung *conditio sine qua non* dafür war, dass der gemeinsame Vertreter seine Aufgaben im besten Interesse der Anleihegläubiger wahrnehmen konnte. Davon ist zB auszugehen, wenn ein Schuldner in der Krise die Unterzeichnung einer Geheimhaltungsvereinbarung zur Voraussetzung für Verhandlungen mit dem gemeinsamen Vertreter (zB über eine Reduzierung der Hauptforderung) macht, weil er nur dadurch die Vertraulichkeit der Insiderinformation als Voraussetzung für die Selbstbefreiung gemäß § 15 Abs. 3 Satz 1 WpHG gewährleisten und die ad-hoc Veröffentlichung der Insiderinformation weiterhin verhindern kann.

53 Eine schuldhafte Verletzung der Berichtspflicht, etwa durch unterlassene oder unrichtige Benachrichtigung, Auskünfte oder Rechenschaft, stellt die Verletzung einer Nebenleistungspflicht dar und macht den gemeinsamen Vertreter gegenüber der Gesamtheit der Anleihegläubiger schadensersatzpflichtig (§§ 666, 280 Abs. 1 BGB). Die Unterzeichnung einer Geheimhaltungsvereinbarung mit dem Schuldner stellt keine Verletzung von Pflichten des gemeinsamen Vertreters aus dem Auftragsverhältnis dar, sofern der gemeinsame Vertreter erst durch die Unterzeichnung dieser Vereinbarung in die Lage versetzt wird, seine Aufgaben im besten Interesse der Anleihegläubiger wahrzunehmen (→ Rn. 52).

54 **b) Einberufung der Gläubigerversammlung.** Der gemeinsame Vertreter ist neben dem Schuldner berechtigt, die Gläubigerversammlung einzuberufen (§ 9 Abs. 1 Satz 1; → § 9 Rn. 4 f.) sowie die Abhaltung einer Abstimmung ohne Versammlung zu bestimmen (§ 18 Abs. 1 Satz 1 iVm § 9 Abs. 1 Satz 1; → § 18 Rn. 9).

55 **c) Versammlungsvorsitz/Abstimmungsleitung.** Sofern er die Gläubigerversammlung einberufen hat, ist der gemeinsame Vertreter berechtigt, als Versammlungsleiter die Gläubigerversammlung (§ 15 Abs. 1; → § 15 Rn. 1) sowie

als Abstimmungsleiter die Abhaltung einer Abstimmung ohne Versammlung zu leiten (§ 18 Abs. 2 Satz 1; → § 18 Rn. 17).

d) Informationsrechte. Das Gesetz räumt dem gemeinsamen Vertreter (und 56 nicht etwa der Gläubigerversammlung) das Recht ein, von dem Schuldner alle Auskünfte zu verlangen, die zur Erfüllung der ihm übertragenen Aufgaben erforderlich sind (§ 7 Abs. 5). Das Merkmal der Erforderlichkeit ist dabei weit auszulegen. Damit stehen dem gemeinsamen Vertreter mehr Rechte zu als dem einzelnen Anleihegläubiger oder der Gläubigerversammlung. Aus diesem gesetzlichen Recht ergibt sich die korrespondierende Pflicht des Schuldners, dem gemeinsamen Vertreter die verlangten Auskünfte zu erteilen. Das gesetzliche Informationsrecht berechtigt den gemeinsamen Vertreter nicht zur Einsichtnahme in die Bücher des Schuldners sowie zur Teilnahme an Mitglieder- oder Gesellschafterversammlungen des Schuldners mit Rede- und Fragerecht (so noch § 7 RefE). Ein derartiges Einsichtnahme- und Informationsrecht wurde als zu starke Annäherung der Position der Fremdkapitalgeber an die Position der Aktionäre kritisiert und demzufolge vom Gesetzgeber im RegE fallen gelassen (*Schlitt/Schäfer* AG 2009, 477, 484 Fn. 89). Es bleibt dem Schuldner aber unbenommen, dem gemeinsamen Vertreter in den Anleihebedingungen über das gesetzliche Informationsrecht hinaus (auch in Annäherung an die Position der Aktionäre) freiwillig weitere Informationsrechte einzuräumen. In Analogie zu § 131 Abs. 3 Nr. 1 und 5 AktG findet das Informationsrecht des gemeinsamen Vertreters seine Grenze und steht dem Schuldner ein entsprechendes Auskunftsverweigerungsrecht zu, wenn die Auskunftserteilung nach vernünftiger kaufmännischer Beurteilung geeignet ist, dem Schuldner oder einem verbundenen Unternehmen einen nicht unerheblichen Nachteil zuzufügen oder zur Strafbarkeit des für den Schuldner antwortenden Repräsentanten zu führen (→ § 16 Rn. 12 f.; so auch *Bliesener/Schneider* in Langenbucher/Bliesener/Spindler, Kap. 17, § 7 Rn. 39).

e) Exklusives Recht zur Geltendmachung von Gläubigerrechten im 57 **Fall der Insolvenz.** Für den Fall, dass über das Vermögen des Anleiheschuldners das Insolvenzverfahren eröffnet wird, enthält das SchVG besondere Vorschriften (§ 19 Abs. 3; → § 19 Rn. 79). So können die Anleihegläubiger zur Wahrnehmung ihrer Rechte im Insolvenzverfahren einen gemeinsamen Vertreter bestellen. Dieser verdrängt die einzelnen Anleihegläubiger. Er ist exklusiv berechtigt, die Rechte der Anleihegläubiger in dem Insolvenzverfahren geltend zu machen. Sofern bereits vor der Insolvenz für alle Anleihegläubiger ein gemeinsamer Vertreter bestellt worden ist, erfährt dieser mit der Eröffnung des Insolvenzverfahrens kraft Gesetzes einen Zuwachs an Aufgaben und Befugnissen, er erhält automatisch die Alleinvertretungsbefugnis aus § 19 Abs. 3 SchVG (*Leuering* NZI 2009, 638, 640). Für den Insolvenzverwalter wird ein gemeinsamer Vertreter damit zum alleinigen Ansprechpartner. Hierdurch wollte der Gesetzgeber erreichen, dass das Insolvenzverfahren trotz der großen Anzahl von Anleihegläubigern zügig durchgeführt werden kann.

2. Zusätzliche Aufgaben und Befugnisse

a) Möglicher Umfang. Der **Schuldner** kann dem **Vertragsvertreter** über 58 die gesetzlichen Mindestaufgaben und -befugnisse hinaus in den Anleihebedingungen alle erdenklichen Aufgaben und Befugnisse einräumen mit Ausnahme allerdings der Ermächtigung, auf Gläubigerrechte zu verzichten (§ 8 Abs. 2 Satz 2).

§§ 7, 8 Abschnitt 2 Beschlüsse der Gläubiger

Zu einem solchen Verzicht auf Gläubigerrechte kann der Vertragsvertreter allein durch einen Beschluss der Gläubigerversammlung ermächtigt werden.

59 Vorbehaltlich einer entsprechenden Ermächtigung seitens des Schuldners kann die **Gläubigerversammlung** ihrem **gemeinsamen Vertreter** (Wahl- und Vertragsvertreter) über die gesetzlichen Mindestaufgaben und -befugnisse hinaus durch Mehrheitsbeschluss alle erdenklichen Aufgaben und Befugnissen einräumen. Dabei unterliegt sie im Prinzip nur zwei inhaltlichen Beschränkungen.

60 Zum einen kann der Wahl- und Vertragsvertreter nur dann durch Mehrheitsbeschluss zur Änderung der Anleihebedingungen ermächtigt werden, wenn die Gläubigerversammlung ihrerseits von dem Schuldner in den Anleihebedingungen ermächtigt worden ist, Änderungen der Anleihebedingungen durch Mehrheitsbeschluss zuzustimmen (Prinzip der abgeleiteten Befugnisse). So findet das Recht der Gläubigerversammlung, dem Vertragsvertreter durch Mehrheitsbeschluss Ermächtigungen zu erteilen, ihre natürliche Grenze in dem Umfang einer der Gläubigerversammlung von dem Emittenten erteilten Ermächtigung (so auch schon zum SchVG 1899 *Ansmann*, § 14 Rn. 3 und § 16 Rn. 1). Hat also der Emittent die Anleihegläubiger in den Anleihebedingungen nicht ermächtigt, Änderungen der Anleihebedingungen mit Mehrheitsbeschluss zuzustimmen, dann können die Anleihegläubiger auch einen gemeinsamen Vertreter nicht mit Mehrheitsbeschluss zur Vornahme einer solchen Maßnahme ermächtigen (→ § 5 Rn. 7).

61 Zum anderen dürfen die Anleihegläubiger zwar dem Wahlvertreter nicht aber dem Vertragsvertreter eine Generalvollmacht zum Verzicht auf Gläubigerrechte einräumen; dies selbst dann nicht, wenn die Anleihegläubiger in den Anleihebedingungen dazu ermächtigt worden sind, Änderungen der Anleihebedingungen durch Mehrheitsbeschluss zuzustimmen. Eine Ermächtigung des Vertragsvertreters zum Verzicht auf Gläubigerrechte müssen die Anleihegläubiger vielmehr für jeden Einzelfall erneut aussprechen (§ 8 Abs. 2 Satz 2 und 3). So empfand es der Gesetzgeber als zu großes Risiko, wenn einem dem Schuldner nahestehenden Vertragsvertreter eine Blankoermächtigung eingeräumt wird, Änderungen der Anleihebedingungen zulasten der Anleihegläubiger zuzustimmen.

62 Zusätzlich zu der Ermächtigung, über die Änderung der Anleihebedingungen zu verhandeln und der Änderung der Anleihebedingungen zuzustimmen, können dem gemeinsamen Vertreter (Wahl- und Vertragsvertreter) auch eine **Generalvollmacht** oder auf spezielle Situationen zugeschnittene **Spezialvollmachten** eingeräumt werden, beispielsweise die Spezialvollmacht zur Geltendmachung von Leistungsstörungsrechten, insbesondere Kündigung aus wichtigem Grund, oder die Spezialvollmacht zur gerichtlichen und außergerichtlichen Geltendmachung von Zahlungs- und Zinsansprüchen. Der Umfang des Mandats des gemeinsamen Vertreters lässt sich ausschließlich mit Hilfe des Wortlauts oder – im Falle eines unklaren Wortlauts – durch Auslegung des Wortlauts des Bestellungsbeschlusses bzw. der Anleihebedingungen bestimmen. Vor diesem Hintergrund empfiehlt es sich, den Umfang der Vertretungsmacht in dem Bestellungsbeschluss bzw. den Anleihebedingungen möglichst konkret zu fassen (beispielsweise auch, ob der gemeinsame Vertreter Empfangsvertreter für jegliche an die Gläubigergesamtheit gerichtete Erklärungen ist oder nicht).

63 **b) Verdrängendes Mandat.** Ist der Wahl- oder Vertragsvertreter zur Geltendmachung von Gläubigerrechten ermächtigt, entfällt insoweit die Rechtszuständigkeit der einzelnen Gläubiger (§ 7 Abs. 2 Satz 3 Hs. 1 ggf. iVm § 8 Abs. 4).

Bestellung des gemeinsamen Vertreters in den Anleihebedingungen §§ 7, 8

Vorbehaltlich einer entsprechenden Ermächtigung seitens der Anleihegläubiger hat der gemeinsame Vertreter damit ein „verdrängendes Mandat", das in seinem Wirkungskreis die Wahrnehmung von Rechten durch die einzelnen Anleihegläubiger selbst ausschließt (*Podewils* DStR 2009, 1914, 1918). Der Vorteil der Zentralisierung der Gläubigerrechte manifestiert sich insbesondere bei Leistungsstörungen vorübergehender oder technischer Natur, aus denen sich kein unmittelbarer materieller Schaden für die Anleihegläubiger ergibt. Zudem rechtfertigt sich ein Ausschluss der Einzelgläubiger mit dem Interesse an rascher und effektiver Geltendmachung von Gläubigerrechten. Die individuelle Durchsetzung von Gläubigerrechten führt zu einer Aufsplitterung von Klagen verbunden mit höherem Aufwand und höheren Kosten.

Abweichend von dem **Regelfall** des „verdrängenden Mandats" sind die Gläubiger jedoch **ausnahmsweise** dann zur selbstständigen Geltendmachung ihrer eigenen Rechte befugt, wenn ein Mehrheitsbeschluss dies ausdrücklich vorsieht (§ 7 Abs. 2 Satz 3 Hs. 2 ggf. iVm § 8 Abs. 4). Dabei können alle Gläubiger oder auch nur ein einzelner Gläubiger zur selbstständigen Geltendmachung ihrer bzw. seiner eigenen Rechte ermächtigt werden. Das Mehrheitserfordernis für einen solchen „entmachtenden Beschluss" richtet sich dabei nach der Mehrheit, welche erforderlich war, um dem gemeinsamen Vertreter das verdrängende Mandat für genau jenes Gläubigerrecht einzuräumen, welches ihm nun durch den „entmachtenden Beschluss" entzogen werden soll. MaW, soll dem gemeinsamen Vertreter zB das Recht entzogen werden, für alle Anleihegläubiger der Verringerung der Hauptforderung zuzustimmen, bedarf dieser Beschluss einer qualifizierten Mehrheit, da auch die Ermächtigung des gemeinsamen Vertreters zur Vornahme einer solchen Maßnahme nur mit einer qualifizierten Mehrheit erfolgen konnte. 64

Der Gesetzeswortlaut der **Ausnahme** ist im Übrigen deutlich zu weit geraten und bedarf der **teleologischen Reduktion.** Nach dem Willen des Gesetzgebers dient die Bestellung eines gemeinsamen Vertreters und seine damit einhergehende ausschließliche Zuständigkeit der geordneten und einheitlichen Abwicklung, weshalb der einzelne Gläubiger nach Bestellung eines gemeinsamen Vertreters seine eigenen Rechte einzig und allein dann noch selbstständig geltend machen darf, wenn ihm dies **im Einzelfall** durch Mehrheitsbeschluss gestattet worden ist (Begr. RegE zu § 7). Auch wenn eigentlich vom Gesetzeswortlaut gedeckt, wäre es demgegenüber nicht zulässig, dem gemeinsamen Vertreter das (verdrängende) Mandat bei Bestellung nur solange und nur insoweit zu erteilen, als der einzelne Anleihegläubiger keinen Gebrauch von seinen Gläubigerrechten macht (aA *Gloeckner/Bankel* ZIP 2015, 2393, 2395). Weitere Ausnahmefälle zum verdrängenden Mandat existieren im Übrigen nicht, insbesondere fällt die Befugnis zur Geltendmachung von Gläubigerrechten nicht automatisch an den einzelnen Gläubiger zurück, wenn der gemeinsame Vertreter pflichtwidrig untätig bleibt (so aber *Schmolke* ZBB 2009, 8, 16; *Bliesener/Schneider* in Langenbucher/Bliesener/Spindler, Kap. 17, § 7 Rn. 33). So würde ein solcher „Rückfall" von Gläubigerrechten nicht nur im Widerspruch zu der gesetzgeberischen Intention zu einer völlig unübersichtlichen Rechtslage sondern auch zu einer reduzierten Haftung des gemeinsamen Vertreters gegenüber den Anleihegläubigern führen. Der „Rückfall" von Gläubigerrechten setzt nämlich bereits begrifflich voraus, dass die Gläubigerrechte im Zeitpunkt des Zurückfallens noch ausübbar sind; es müsste also vor dem endgültigen Verfall von Gläubigerrechten (von wem?) beurteilt werden, ab wann eine Untätigkeit des gemeinsamen Vertreters – die durchaus taktischen Überlegungen geschuldet sein kann – pflichtwidrig ist. Zudem müssten sich 65

Veranneman 125

Gläubiger, deren Rechte trotz Zurückfallens nicht fristgerecht ausgeübt worden sind, immer eine Mitschuld iSd § 254 BGB zurechnen lassen; ein Zurückfallen von Gläubigerrechten schränkt mithin die Möglichkeit der Gläubiger ein, den gemeinsamen Vertreter wegen einer Pflichtverletzung auf Schadensersatz in Anspruch zu nehmen.

3. Weisungsrecht der Anleihegläubiger

66   Erteilt ein einzelner Anleihegläubiger eine Weisung, so bindet eine solche Weisung den gemeinsamen Vertreter nicht (→ Begr. RegE zu § 7 Abs. 2). Anders ist das im Fall einer Weisung durch die Gläubigerversammlung; in diesem Fall ist der gemeinsame Vertreter an die Weisung gebunden (§ 7 Abs. 2 Satz 2 ggf. iVm § 8 Abs. 4). Der gemeinsame Vertreter ist auch dann nicht berechtigt, von der Weisung abzuweichen, wenn er den Umständen nach annehmen darf, dass die Anleihegläubiger bei Kenntnis der Sachlage die Abweichung billigen würden. § 7 Abs. 2 Satz 2 ist *lex specialis* zu § 665 BGB. Der Schuldner kann im Übrigen in den Anleihebedingungen das Recht der Anleihegläubiger, über die Erteilung einer Weisung an einen Vertragsvertreter durch Mehrheitsbeschluss abzustimmen, nicht abbedingen.

IV. Wirkung der Vertretung

67   Der gemeinsame Vertreter ist kein gesetzlicher (so aber für das SchVG 1899 *Ansmann*, § 14 Rn. 8) oder organschaftlicher Vertreter, sondern ein rechtsgeschäftlich bestellter Vertreter (Begr. RegE zu § 7). Die Wirkung seiner Vertretung bestimmt sich mithin nach §§ 164 ff. BGB. Überschreitet der gemeinsame Vertreter die ihm von der Gläubigerversammlung erteilte Befugnis, so sind die von ihm vorgenommenen Rechtshandlungen wegen mangelnder Vertretungsbefugnis schwebend unwirksam.

V. Haftung

68   Der gemeinsame Vertreter haftet den Anleihegläubigern für die ordnungsgemäße Erfüllung der ihm übertragenen Aufgaben und der ihm erteilten Weisungen.

1. Haftungsmaßstab

69   Bei seiner Tätigkeit hat der gemeinsame Vertreter die Sorgfalt eines gewissenhaften Geschäftsleiters anzuwenden (§ 7 Abs. 3 Satz 1 Hs. 2). In diesem Zusammenhang wird in der Begr. RegE auf § 93 Abs. 1 AktG verwiesen. Dieser besondere Sorgfaltsmaßstab erscheint angemessen. Zwar hat der gemeinsame Vertreter nicht die Aufgaben eines Geschäftsleiters. Jedoch wird die Tätigkeit des gemeinsamen Vertreters häufig eine unternehmerische Prognose über die zukünftige Entwicklung des Schuldners verlangen. Bei insofern nicht immer zu vermeidenden Fehleinschätzungen kann er sich so unter Hinweis auf § 93 Abs. 1 Satz 2 AktG (*Business Judgement Rule*) exkulpieren (*Schmolke* ZBB 2009, 8, 18; *Tetzlaff* in BankR-HdB § 88 Rn. 99; *Nesselrodt* in Preuße § 7 Rn. 78; **aA** *Bliesener/Schneider* in Langenbucher/Bliesener/Spindler, Kap. 17, § 7 Rn. 45, die aber konzedieren, dass eine Enthaftung des gemeinsamen Vertreters für Prognose- und andere Ent-

scheidungen im Vorhinein vertraglich vereinbart werden kann). Bei vorsätzlicher oder fahrlässiger Pflichtverletzung hat er den Anleihegläubigern den daraus entstehenden Schaden zu ersetzen (§ 280 Abs. 1 BGB).

2. Beweislast

Obwohl es dem gemeinsamen Vertreter erlaubt ist, sich unter Hinweis auf § 93 Abs. 1 Satz 2 AktG (*Business Judgement Rule*) zu exkulpieren, trifft ihn nicht die Beweislastumkehr aus § 93 Abs. 2 Satz 2 AktG. So hätte die Festlegung der Beweislast zu Lasten des gemeinsamen Vertreters als Abweichung von den allgemeinen Grundsätzen der Normentheorie einer gesetzlichen Regelung bedurft (so auch *Bliesener/Schneider* in Langenbucher/Bliesener/Spindler, Kap. 17, § 7 Rn. 47; *Nesselrodt* in Preuße § 7 Rn. 75); das Gesetz sieht aber eine entsprechende Beweislastumkehr nicht vor. Auch spricht Vieles dafür, dass sich der Gesetzgeber wegen der prinzipiellen Unterschiede zwischen einem Leitungsorgan einer Aktiengesellschaft und einem gemeinsamen Vertreter bewusst gegen eine solche Regelung entschieden hat, die für den gemeinsamen Vertreter eine Erhöhung des Haftungsrisikos bedeutet hätte (Hinweis auf das Erfordernis einer Regelung zur Beweislastumkehr in der BR-Stellungnahme zu § 7 Abs. 3). **70**

3. Haftungsbegrenzung

In den Anleihebedingungen kann der Schuldner die Haftung des Vertragsvertreters für ein Verhalten, dass nicht vorsätzlich oder grob fahrlässig war, auf das Zehnfache seiner jährlichen Vergütung begrenzen (§ 8 Abs. 3); eine weitergehende Haftungsbegrenzung in den Anleihebedingungen ist ausgeschlossen. Die Anleihegläubiger sind demgegenüber frei, die Haftung des Wahl- oder Vertragsvertreters durch Mehrheitsbeschluss zu beschränken (auch über die § 8 Abs. 3 genannten Grenze hinaus) oder sogar ganz auszuschließen (§ 7 Abs. 3 Satz 2); einzig eine Beschränkung oder ein Ausschluss der Haftung wegen Vorsatzes kann dem gemeinsamen Vertreter nicht im Voraus erlassen werden (§ 276 Abs. 3 BGB). Der Schuldner kann in den Anleihebedingungen das Recht der Anleihegläubiger, über die Beschränkung der Haftung eines Vertragsvertreters durch Mehrheitsbeschluss abzustimmen, nicht abbedingen. **71**

4. Gesamtgläubigerschaft

Etwaige Ansprüche gegen den gemeinsamen Vertreter stehen den Anleihegläubigern als Gesamtgläubiger zu (§ 7 Abs. 3 Satz 1 ggf. iVm § 8 Abs. 4). **72**

a) Geltendmachung von Ersatzansprüchen. Abweichend von § 428 BGB, wonach jeder der Anleihegläubiger voll forderungsberechtigt ist (*Bydlinski* in MüKoBGB, § 428 Rn. 3), darf der einzelne Anleihegläubiger einen Ersatzanspruch nicht selbstständig geltend machen (s. Begr. RegE zu § 7 Abs. 3). Vielmehr setzt die Geltendmachung eines Ersatzanspruches voraus, dass die Anleihegläubiger zuvor mit der einfachen Mehrheit der Stimmen (§ 5 Abs. 4 Satz 1) beschlossen haben, den Ersatzanspruch gegen den gemeinsamen Vertreter geltend zu machen (§ 7 Abs. 3 Satz 3 ggf. iVm § 8 Abs. 4). Der Schuldner kann in den Anleihebedingungen das Recht der Anleihegläubiger, über die Geltendmachung von Ersatzansprüchen gegen den Vertragsvertreter durch Mehrheitsbeschluss abzustimmen, nicht abbedingen. Da die Gläubigergesamtheit zwar nicht **73**

§§ 7, 8 Abschnitt 2 Beschlüsse der Gläubiger

prozessfähig jedoch aktiv prozessführungsbefugt ist (mit der Anerkennung der Rechtsfähigkeit der GbR ist zwingend deren aktive und passive Prozessführungsbefugnis verbunden; *Gummert* in MHdBBGB, § 19 Rn. 21 ff; *Wertenbruch* NJW 2002, 324, 325), müssen sich die Anleihegläubiger in dem Beschluss auch darauf verständigen, wer stellvertretend für alle Anleihegläubiger den Ersatzanspruch einfordern soll. Dass dieser Stellvertreter nicht mit dem gemeinsamen Vertreter personenidentisch sein darf, ergibt sich bereits aus dem Grundgedanken, dass niemand als Vertreter eines anderen mit sich selbst prozessieren oder beide Prozessparteien zugleich vertreten kann (s. *Schilken* in Staudinger, § 181 Rn. 28).

74 **b) Leistung auf Ersatzansprüche.** Wegen der Gesamtgläubigerschaft der Anleihegläubiger kann der gemeinsame Vertreter entscheiden, wie er sich von dieser Verpflichtung befreit. Er kann entweder an einen nach Belieben ausgewählten Anleihegläubiger oder pro rata an jeden einzelnen Anleihegläubiger leisten, solange er dem Empfänger bzw. den Empfängern insgesamt 100% des Geschuldeten zukommen lässt. Durch Leistung an einen einzelnen Anleihegläubiger kann sich der gemeinsame Vertreter seinerseits Sonderbeziehungen zu diesem Anleihegläubiger nutzbar machen, beispielsweise indem er mit einer Gegenforderung aufrechnet und so Befreiung erlangt.

VI. Abberufung

75 Die Anleihegläubiger können den Wahl- wie auch Vertragsvertreter jederzeit ohne Angabe von Gründen abberufen (§ 7 Abs. 4 ggf. iVm § 8 Abs. 4). Der Schuldner kann in den Anleihebedingungen das Recht der Anleihegläubiger, über die Abberufung des Vertragsvertreters durch Mehrheitsbeschluss abzustimmen, nicht abbedingen. Die Abberufung erfordert einen mit der erforderlichen Mehrheit gefassten Beschluss der Anleihegläubiger. Die Mehrheitserfordernisse für die Abberufung entsprechen denen für seine Berufung (s. Begr. RegE zu § 7 Abs. 4). Mithin kann der Beschluss mit einfacher Mehrheit gefasst werden, es sei denn, der gemeinsame Vertreter wurde iRd Bestellung ermächtigt, die Anleihegläubiger bei der Änderung des wesentlichen Inhalts der Anleihebedingungen zu vertreten. In diesem Fall erfordert die Abberufung einen Beschluss mit qualifizierter Mehrheit oder mit einer in den Anleihebedingungen vorgesehenen höheren Mehrheit der an der Abstimmung teilnehmenden Stimmrechte (→ Rn. 22). Sofern nicht zeitgleich mit der Abberufung ein neuer gemeinsamer Vertreter gewählt wird, müssen die Anleihegläubiger in dem Beschluss bestimmen, wer stellvertretend für die Gesamtheit der Anleihegläubiger die Kündigung gegenüber dem bisherigen gemeinsamen Vertreter aussprechen soll. Der Beschluss ist im Übrigen in geeigneter Form öffentlich bekannt zu machen (→ § 17 Rn. 4 ff.).

76 Nach dem SchVG 1899 konnte das Gericht auf Antrag nach der Abberufung des alten Vertragsvertreters einen neuen gemeinsamen Vertreter bestellen. Eine entsprechende Regelung sieht das SchVG nicht vor. Will der Schuldner für den Fall, dass ohne gleichzeitige Bestellung eines Wahlvertreters der Vertragsvertreter abberufen wird, Vorsorge treffen, dann sollte er in den Anleihebedingungen für diesen Fall eine Regelung treffen (so zum BMJ-Arbeitsentwurf bereits *Vogel*, Die Stellung des Anleihetreuhänders, S. 120).

VII. Kündigung seitens des gemeinsamen Vertreters

Die Zulässigkeit einer Kündigung seitens des gemeinsamen Vertreters richtet 77
sich nach allgemeinem Auftragsrecht, mithin nach § 671 BGB. Daraus ergibt sich,
dass der gemeinsame Vertreter jederzeit, jedoch nicht zur Unzeit, ohne Angabe
von Gründen kündigen kann. Etwas anderes gilt nur dann, wenn das Kündigungsrecht des gemeinsamen Vertreters in den Anleihebedingungen oder in dem entgeltlichen Geschäftsbesorgungsvertrag auf Fälle der Kündigung aus wichtigem
Grund beschränkt worden ist.

Das Gesetz enthält keine Regelung, wem gegenüber eine Kündigung seitens 78
des gemeinsamen Vertreters zu erklären ist. Jedenfalls gilt, dass eine Kündigung
des Wahlvertreters ebenso wie die Annahme der Wahl (→ Rn. 23) wirksam durch
Erklärung in der Gläubigerversammlung erfolgen kann. Für die Wirksamkeit der
in der Gläubigerversammlung erklärten Kündigung ist es erforderlich, dass die
Kündigung auf der Tagesordnung angekündigt worden ist (so auch zum SchVG
1899 *Ansmann*, § 14 Rn. 22). Nicht erforderlich ist es aber, dass die Kündigungserklärung an die nicht erschienenen und unbekannten Anleihegläubiger öffentlich
zugestellt wird (so bereits zum SchVG 1899 *Ansmann*, § 14 Rn. 22). Sind mehrere
gemeinsame Vertreter bestellt, so kann der eine Vertreter durch Erklärung gegenüber dem anderen Vertreter nur dann wirksam kündigen, wenn der andere Vertreter als Empfangsvertreter für derartige Erklärungen bevollmächtigt wurde (so
bereits zum SchVG 1899 *Ansmann* § 16 Rn. 17; → Rn. 62). Gegenüber dem
Schuldner braucht die Kündigung nur dann erklärt zu werden, wenn der entgeltliche Geschäftsbesorgungsvertrag mit ihm abgeschlossen worden ist (→ Rn. 42 ff.).
Darüber hinaus wäre es wünschenswert gewesen, wenn der Gesetzgeber auch
eine Kündigung durch öffentliche Bekanntmachung vorgesehen hätte bzw. iRd
nächsten Gesetzesänderung vorsehen würde.

VIII. Kostentragung

Die durch die Bestellung eines gemeinsamen Vertreters entstehenden Kosten 79
und Aufwendungen (insbesondere eine angemessene Vergütung des gemeinsamen
Vertreters) hat der Schuldner gemäß § 7 Abs. 6 ggf. iVm § 8 Abs. 4 zu tragen).
Der im Zuge der Diskussion des RefE unterbreitete Vorschlag, dass der Schuldner
berechtigt werden sollte, von ihm verauslagte Aufwendungen, Kosten und Vergütung des gemeinsamen Vertreters vom Rückzahlungs- oder Zinsanspruch der
Anleihegläubiger in Abzug zu bringen (DAI-Stellungnahme zum RefE, S. 8),
wurde im RegE nicht aufgegriffen.

1. Anspruchsinhaber und -gegner

Der gemeinsame Vertreter hat außerhalb seiner Amtsstellung einen persönli- 80
chen Anspruch auf Aufwendungsersatz bzw. Zahlung der angemessenen Vergütung (so auch OLG Dresden ZIP 2015, 1650), der sich ausnahmsweise nicht
gegen seine Auftraggeber, die Anleihegläubiger, sondern *de lege lata* direkt gegen den Schuldner richtet (s. Begr. RegE zu § 7 Abs. 6; **aA** *Gloeckner/Bankel* ZIP
2015, 2393, 2399, die davon ausgehen, dass eine Gesamtschuldnerschaft zwischen
den Anleihegläubigern und dem Schuldner besteht). Dies gilt nicht nur für einen
Vertragsvertreter, der ggf. Partei eines entgeltlichen Geschäftsbesorgungsvertrages

§§ 7, 8

mit dem Schuldner ist (→ Rn. 42 ff.), sondern auch für den Wahlvertreter, der unter keinen Umständen einen entgeltlichen Geschäftsbesorgungsvertrag mit dem Schuldner abgeschlossen hat.

2. Umfang der Kostentragungspflicht

81 Die Kostentragungspflicht erstreckt sich insbesondere auf eine angemessene Vergütung und die von dem gemeinsamen Vertreter getätigten Aufwendungen.

82 **a) Vergütung.** Das Gesetz spricht von einem Anspruch des gemeinsamen Vertreters auf Zahlung einer angemessenen Vergütung. Was hierunter im Einzelnen zu verstehen ist, wird weder im Gesetz noch in der Gesetzesbegründung näher dargelegt.

83 Je nachdem ob der Schuldner wirtschaftlich völlig gesund ist oder ob er weit vor, kurz vor bzw. schon mitten in der Krise ist, wird sowohl der Umfang der Tätigkeit des gemeinsamen Vertreters als auch die Schwierigkeiten, mit denen der gemeinsame Vertreter konfrontiert wird, erheblich variieren. Vor diesem Hintergrund erscheint es nicht angemessen zu sein, für die gesamte Laufzeit der Anleihe einen monatlichen Pauschalbetrag als Vergütung festzusetzen. Vielmehr ist die Festsetzung der Vergütung von den entfalteten Tätigkeiten und den sich stellenden Schwierigkeiten sowie davon abhängig zu machen, dass dem gemeinsamen Vertreter nach Abzug aller Kosten eine seinen individuellen Fähigkeiten entsprechende persönliche Vergütung verbleibt. Vor diesem Hintergrund spricht Vieles dafür, sich bei der Bestimmung der angemessenen Vergütung an den marktüblichen Stundensätzen zu orientieren, die ein sachkundiger Interessensvertreter (zB Rechtsanwalt oder Wirtschaftsprüfer) mit vergleichbarer Erfahrung verlangen würde. Dadurch wird in der Vergütungshöhe nicht nur der Umfang der Tätigkeit und die iRd Verfahrens auftretenden Schwierigkeiten, sondern auch die Erfahrung und Sachkunde des gemeinsamen Vertreters reflektiert. Daneben kann auch angemessen sein, wenn sich die Vergütung ab dem Zeitpunkt, in welchem der Schuldner restrukturiert werden muss, an den für einen sachkundigen Interessensvertreter gültigen Gebührenordnung (zB RVG) orientiert.

84 Keinesfalls muss der Schuldner zwangsläufig die Vergütung tragen, die im Rahmen eines Bestellungsbeschlusses festgelegt worden ist. Vielmehr muss der Schuldner die iRd Bestellungsbeschlusses festgelegte Vergütung nur insoweit tragen, als sie angemessen ist. Ein darüber hinausgehender Anspruch richtet sich somit gegen die Gesamtheit der Anleihegläubiger, die zwar nicht prozessfähig jedoch passiv prozessführungsbefugt ist (→ Rn. 73). Allerdings stellt sich in diesem Zusammenhang das Problem, dass niemand als Vertreter eines anderen mit sich selbst prozessieren oder beide Prozessparteien zugleich vertreten kann (s. *Staudinger-Schilken*, § 181 Rn. 28), mithin der gemeinsame Vertreter seinen Anspruch nicht vor Gericht durchsetzen kann, es sei denn, es wurden mehrere gemeinsame Vertreter mit Einzelvertretungsmacht bestellt, die prozessführungsbefugt sind.

85 **b) Aufwendungen.** Ferner hat der Schuldner die Aufwendungen des gemeinsamen Vertreters zu tragen. Der Umfang der Pflicht zum Ersatz der Aufwendungen richtet sich nach § 675 Abs. 1 BGB iVm § 670 BGB. Der Schuldner ist mithin nur zum Ersatz solcher Aufwendungen verpflichtet, die der gemeinsame Vertreter zum Zweck der Interessensvertretung tatsächlich erbracht hat und die er den Umständen nach für erforderlich halten durfte.

Bestellung des gemeinsamen Vertreters in den Anleihebedingungen **§§ 7, 8**

Nachdem dem gemeinsamen Vertreter nach dem Inhalt des Geschäftsbesorgungsauftrags keine Aufwendungen unmittelbar aufgegeben werden, sind nur solche Aufwendungen **zum Zweck der Interessensvertretung** erbracht, die die Geschäftsbesorgung entweder vorbereiten, fördern oder sich als Folgekosten ergeben. Als Neben- und Folgekosten kommen insbesondere in Betracht Ausgaben für Reisen, Hilfskräfte, Nachrichtenübermittlung (Telefon, Fax, E-mail usw.), Gebühren, Steuern, Zinsen und Prozesskosten zur Führung eines Rechtsstreits. 86

Für die **Erforderlichkeit** ist maßgeblich die Situation des gemeinsamen Vertreters im Zeitpunkt der Erbringung der Aufwendungen (subjektives Merkmal) vom Standpunkt eines nach verständigem Ermessen Handelnden (objektives Merkmal). Es kommt also nicht auf das tatsächliche Urteil und Verhalten des gemeinsamen Vertreters an. Vielmehr beurteilt sich die Erforderlichkeit danach, was der gemeinsame Vertreter nach sorgfältiger Prüfung der ihm bekannten Umstände des Falles vernünftigerweise aufzuwenden hatte. 87

Der gemeinsame Vertreter kann nach § 675 Abs. 1 BGB iVm § 669 BGB **Vorschuss** auf die erforderlichen Aufwendungen verlangen (so bereits zum SchVG 1899 *Ansmann* § 14a Rn. 21). 88

3. Mehrere gemeinsame Vertreter

Der Wortlaut von § 7 Abs. 6 lässt offen, ob der Schuldner die gesetzliche Pflicht hat, nur die durch die Bestellung eines einzigen oder die durch die Bestellung aller (eines jeden) gemeinsamen Vertreters entstehenden Kosten und Aufwendungen zu tragen. Diese Frage beantwortet der Gesetzgeber in der Begr. RegE zu § 7 Abs. 6, wenn es dort heißt: „Der Schuldner hat die Kosten für einen gemeinsamen Vertreter zu tragen. Mehrere gemeinsame Vertreter können von den Anleihegläubigern demnach nicht gleichzeitig auf seine Kosten bestellt werden." (s. Begr. RegE zu § 7 Abs. 6). Der Gesetzgeber scheint demzufolge davon auszugehen, dass während eines Zeitraums, in dem mehrere gemeinsame Vertreter bestellt sind, nur ein einziger gemeinsamer Vertreter einen gesetzlichen Anspruch auf Kosten- und Aufwendungsersatz gemäß § 7 Abs. 6 hat. 89

Unbeantwortet bleibt in der Begr. RegE aber, welchem von mehreren gemeinsamen Vertretern der gesetzliche Anspruch auf Kosten- und Aufwendungsersatz zusteht. Vorbehaltlich einer Regelung im Zusammenhang mit dem Bestellungsbeschluss ist davon auszugehen, dass der gesetzliche Anspruch auf Kosten- und Aufwendungsersatz dem zeitlich zuerst bestellten gemeinsamen Vertreter zusteht. Jeder weitere gemeinsame Vertreter hat dann für den Zeitraum seiner Bestellung, der sich mit dem Zeitraum der Bestellung des zuerst bestellten Vertreters überschneidet, aus dem entgeltlichen Geschäftsbesorgungsvertrag einen Kosten- und Aufwendungsersatzanspruch (nur) gegen die Gesamtheit der Anleihegläubiger (einen Anspruch auf Ersatz seiner Aufwendung gemäß § 670 BGB und – da es keinen gesetzlichen Anspruch auf eine angemessene Vergütung gibt – einen Anspruch auf Vergütung in der iRd Bestellung festgesetzten Höhe). Seinen Anspruch wird der gemeinsame Vertreter in der Praxis allerdings nicht durchsetzen können, da zum einen – wie der Gesetzgeber richtig ausführt (Begr. RegE zu § 7) – die Anleihegläubiger nicht über gemeinsame Mittel verfügen und deshalb (eigentlich) nicht mit Kosten belastet werden sollen und zum anderen die (größtenteils unbekannten) Anleihegläubiger für den Kosten- und Aufwendungsersatzanspruch nur zu dem Teil aufkommen müssen, der ihrem pro rata-Anteil an der Gesamtemission entspricht (Teilschuld, § 420 BGB). 90

91 Ist der Emittent der Überzeugung, dass die Bestellung von mehr als einem gemeinsamen Vertreter auch in seinem Interesse liegt, kann er das vorstehend beschriebene Dilemma dadurch lösen, dass er der Schuld der Anleihegläubiger, die Kosten und Aufwendungen des weiteren gemeinsamen Vertreters zu tragen, freiwillig als Gesamtschuldner beitritt **(Schuldbeitritt)** oder sich gegenüber dem gemeinsamen Vertreter freiwillig für die Erfüllung dieser Verbindlichkeit verbürgt **(Bürgschaft).** Wird der Schuldner aufgrund eines Schuldbeitritts von dem weiteren gemeinsamen Vertreter auf Ersatz der Kosten und Aufwendungen in Anspruch genommen, geht der gegen die Anleihegläubiger gerichtete vertragliche Anspruch des gemeinsamen Vertreters an den Schuldner über (§ 426 Abs. 2 BGB), sofern sich die Anleihegläubiger iRd Bestellungsbeschlusses damit einverstanden erklärt haben, im Innenverhältnis zum Emittenten die Kosten und Aufwendungen des weiteren gemeinsamen Vertreters zu tragen. Wird der Schuldner hingegen aufgrund einer Bürgschaft von dem weiteren gemeinsamen Vertreter auf Ersatz der Kosten und Aufwendungen in Anspruch genommen, geht der gegen die Anleihegläubiger gerichtete vertragliche Anspruch des gemeinsamen Vertreters in jedem Fall auf den Schuldner über (§ 774 Abs. 1 BGB). Im Falle des Übergangs des vertraglichen Anspruchs kommt es zu einer Aufrechnungslage zwischen der Forderung jedes einzelnen Anleihegläubigers auf Rückzahlung der Schuldverschreibung oder auf Zahlung von Zinsen mit der von dem gemeinsamen Vertreter auf den Schuldner übergegangenen Forderung auf Kosten und Aufwendungsersatz.

92 **Kritik:** Die Entscheidung des Gesetzgebers, nur einem von mehreren zur gleichen Zeit bestellten Vertretern einen gesetzlichen Anspruch auf Kosten- und Aufwendungsersatz zu gewähren, erscheint verfehlt und steht im Widerspruch zu der gesetzgeberischen Intention, Kollektivhandlungen der Gläubigergesamtheit (insbesondere in der Krise) zu vereinfachen. Hat nämlich nur der zuerst bestellte gemeinsame Vertreter einen gesetzlichen Anspruch gegen den Schuldner, wird beispielsweise ein im Zuge der Abberufung dieses Vertreters neu gewählter Vertreter keine Maßnahmen zur Rettung des Schuldners ergreifen (wollen), wenn der Abberufungsbeschluss angefochten worden ist. Kommt das Gericht nämlich in diesem Fall zum Schluss, dass die Abberufung unwirksam war, steht der gesetzliche Anspruch auf Kosten- und Aufwendungsersatz nur dem zuerst bestellten Vorgänger zu, der neu bestellte gemeinsame Vertreter muss seinen (ggf. hinsichtlich der Höhe der Vergütung iRd Bestellung auch nicht hinreichend konkretisierten) Anspruch gegen die Gesamtheit der Anleihegläubiger richten und wird daher in der Praxis zumeist leer ausgehen. Vor diesem Hintergrund wäre es sinnvoller gewesen, allen gemeinsamen Vertretern einen gesetzlichen Anspruch gegen den Schuldner auf Kosten- und Aufwendungsersatz zu gewähren und das gewünschte Ergebnis (Kostenverteilung) dadurch zu erreichen, dem Schuldner im Falle der Bestellung von mehreren gemeinsamen Vertretern zur gleichen Zeit zwar nicht für den zuerst bestellten Vertreter, jedoch für jeden weiteren Vertreter einen Regressanspruch gegen die Gesamtheit der Anleihegläubiger in Höhe der verauslagten Kosten und Aufwendungen einzuräumen. Diesen Regressanspruch hätte der Schuldner dann mit der Forderung auf Rückzahlung der Schuldverschreibung bzw. auf Zahlung von Zinsen verrechnen können.

4. Kostentragung in der Insolvenz

93 Zu der Frage, ob der Kosten- und Aufwendungsersatzanspruch des schon vor Stellung des Insolvenzantrags / Eröffnung des Insolvenzverfahrens tätig gewordenen gemeinsamen Vertreters als Masseschuld qualifiziert → § 19 Rn. 86 ff.

§ 9 Einberufung der Gläubigerversammlung

(1) ¹Die Gläubigerversammlung wird vom Schuldner oder von dem gemeinsamen Vertreter der Gläubiger einberufen. ²Sie ist einzuberufen, wenn Gläubiger, deren Schuldverschreibungen zusammen 5 Prozent der ausstehenden Schuldverschreibungen erreichen, dies schriftlich mit der Begründung verlangen, sie wollten einen gemeinsamen Vertreter bestellen oder abberufen, sie wollten nach § 5 Absatz 5 Satz 2 über das Entfallen der Wirkung der Kündigung beschließen oder sie hätten ein sonstiges besonderes Interesse an der Einberufung. ³Die Anleihebedingungen können vorsehen, dass die Gläubiger auch aus anderen Gründen die Einberufung verlangen können.

(2) ¹Gläubiger, deren berechtigtem Verlangen nicht entsprochen worden ist, können bei Gericht beantragen, sie zu ermächtigen, die Gläubigerversammlung einzuberufen. ²Das Gericht kann zugleich den Vorsitzenden der Versammlung bestimmen. ³Auf die Ermächtigung muss in der Bekanntmachung der Einberufung hingewiesen werden.

(3) ¹Zuständig ist das Gericht, in dessen Bezirk der Schuldner seinen Sitz hat oder mangels eines Sitzes im Inland das Amtsgericht Frankfurt am Main. ²Gegen die Entscheidung des Gerichts ist die Beschwerde statthaft.

(4) Der Schuldner trägt die Kosten der Gläubigerversammlung und, wenn das Gericht dem Antrag nach Absatz 2 stattgegeben hat, auch die Kosten dieses Verfahrens.

Übersicht

	Rn.
I. Allgemeines	1
II. Einberufungsrecht des Schuldners und des gemeinsamen Vertreters (Abs. 1 Satz 1)	4
III. Einberufungsverlangen der qualifizierten Minderheit (§ 9 Abs. 1 Satz 2)	6
1. Formelle Voraussetzungen	8
a) Quorum	8
b) Adressat	11
c) Form und sonstige Wirksamkeitserfordernisse	12
2. Materielle Voraussetzungen	13
IV. Gerichtliche Ermächtigung der qualifizierten Minderheit zur Einberufung (§ 9 Abs. 2)	15
1. Statthaftes Verfahren	15
2. Zulässigkeit	17
a) Antragsteller	17
b) Antragsinhalt	18
c) Zuständiges Gericht	19
d) Rechtsschutzbedürfnis	21
3. Entscheidung des Gerichts	22
4. Einberufung durch Gläubiger	26
V. Kosten	28

§ 9 Abschnitt 2 Beschlüsse der Gläubiger

I. Allgemeines

1   Das SchVG soll nach dem Willen des Gesetzgebers die Befugnisse der Gläubiger, mit Mehrheit über die Anleihebedingungen zu entscheiden, erweitern. In diesem Zusammenhang wurde das Verfahren der Gläubigerabstimmung (in §§ 9 bis 16, 18) neu geregelt und „an das moderne und bewährte Recht der Hauptversammlung bei der Aktiengesellschaft angelehnt" (Begr. RegE S. 1). Im Einklang mit dieser Äußerung des Gesetzgebers werden Gläubigerversammlungen in der Praxis grundsätzlich wie Hauptversammlungen geplant und durchgeführt. Die aus dem Umfeld der Hauptversammlung bekannten Themen begegnen daher auch im Zusammenhang mit der Gläubigerversammlung. Vor diesem Hintergrund ist eine Berücksichtigung der zu den jeweiligen aktienrechtlichen Parallelvorschriften ergangenen Rechtsprechung und dem dazu vorhandenen Schrifttum bei der Auslegung der §§ 9 bis 16 (*Schindele* in Preuße § 9 Rn. 1; *Schmidtbleicher* in Friedl/Hartwig-Jacob § 9 Rn. 2) im Grundsatz sachgerecht. Allerdings weicht das SchVG an etlichen Stellen vom Aktienrecht ab, teilweise ist es auch lückenhaft. Über die Übertragung aktienrechtlicher Wertungen und Lösungen ist daher einzelfallabhängig zu entscheiden und dabei behutsam vorzugehen (auch *Wasmann/Steber* ZIP 2014, 2005).

2   Die Gläubigerversammlung ist gemäß § 5 Abs. 6 einer der beiden möglichen Wege einer Beschlussfassung der Gläubiger (neben der Beschlussfassung durch Abstimmung ohne Versammlung gemäß § 18), in der Praxis der häufiger gewählte. §§ 9 bis 16 regeln die Einberufung und Durchführung der Gläubigerversammlung. Auf die Abstimmung ohne Versammlung sind §§ 9 bis 16 gemäß § 18 Abs. 1 grundsätzlich entsprechend anzuwenden (→ § 18 Rn. 8 ff.). Abweichungen von (ua) §§ 9 bis 16 zu Lasten der Gläubiger können die Anleihebedingungen nur vorsehen, soweit dies im SchVG ausdrücklich zugelassen ist (§ 5 Abs. 1 Satz 2). Eine unter Verzicht auf die in §§ 9 ff. enthaltenen Anforderungen an die Einberufung durchgeführte Vollversammlung wird in der Literatur zwar vereinzelt unter bestimmten Voraussetzungen für zulässig gehalten (*Schmidtbleicher* in Friedl/Hartwig-Jacob § 9 Rn. 49 ff.). Vor dem Hintergrund der Anfechtbarkeit formell fehlerhafter Beschlüsse durch jeden Gläubiger (§ 20 Abs. 1 Satz 1, Abs. 2 Nr. 1, Nr. 2) einerseits und der fehlenden ausdrücklichen Zulassung der Vollversammlung im SchVG (im Gegensatz etwa zu § 121 Abs. 6 AktG, § 51 Abs. 3 GmbHG) andererseits dürfte die Durchführung einer Vollversammlung aufgrund des damit verbundenen hohen Maßes an Rechtsunsicherheit in der Praxis allerdings kaum jemals in Betracht kommen.

3   § 9 regelt die Zuständigkeit für die Einberufung der Gläubigerversammlung, die etwaige gerichtliche Durchsetzung der Einberufung durch eine qualifizierte Minderheit von Gläubigern, die Kostentragung für die Gläubigerversammlung und ein etwaiges gerichtliches Verfahren. Die Norm fasst weitgehend den Inhalt der §§ 3 und 4 SchVG 1899, verbunden mit einer redaktionellen Neufassung, zusammen und führt das Einberufungsrecht des gemeinsamen Vertreters neu ein (→ Rn. 4). Zur Einberufung der Gläubigerversammlung sind grundsätzlich nur Schuldner und gemeinsamer Vertreter der Gläubiger befugt. Eine Minderheit der Gläubiger, die zusammen 5% der ausstehenden, inhaltsgleichen Schuldverschreibungen (→ § 1 Rn. 30 ff.) hält, kann die Einberufung vom Schuldner oder vom gemeinsamen Vertreter aus besonderen Gründen verlangen und, soweit diese dem Verlangen nicht entsprechen, bei Gericht eine Ermächtigung zur Einberufung beantragen. Für die Einberufung der ersten Gläubigerversammlung nach Eröffnung des Insolvenzverfahrens über das Vermögen des Schuldners, die die

Einberufung der Gläubigerversammlung § 9

Beschlussfassung über die Bestellung eines gemeinsamen Vertreters zum Gegenstand hat, ist das Insolvenzgericht ausschließlich zuständig (§ 19 Abs. 2 Satz 2); für weitere, danach stattfindende Gläubigerversammlungen gilt allerdings wieder § 9 (OLG Zweibrücken ZInsO 2013, 2119, 2120; → § 19 Rn. 66 ff.; *Schmidtbleicher* in Friedl/Hartwig-Jacob § 9 Rn. 31 f.). § 9 gilt nicht für die Einberufung einer sog. zweiten Versammlung iSv § 15 Abs. 3 Satz 2 und 3. Hierfür ist ausschließlich der Vorsitzende der (ersten) Gläubigerversammlung zuständig (§ 15 Abs. 3 Satz 2; BGH NZG 2015, 360 Rn. 20 ff.).

II. Einberufungsrecht des Schuldners und des gemeinsamen Vertreters (Abs. 1 Satz 1)

Der Schuldner kann die Gläubigerversammlung aus eigener Initiative einberufen. Neben dem Schuldner räumt das SchVG auch dem gemeinsamen Vertreter das Recht ein, die Gläubigerversammlung selbständig einzuberufen. Nach dem SchVG 1899 hatte der gemeinsame Vertreter hingegen keine selbständige Befugnis, die Versammlung einzuberufen, sondern lediglich ein Antragsrecht entsprechend dem Antragsrecht der Gläubigerminderheit (§ 3 Abs. 1, Abs. 2 SchVG 1899). Besondere Voraussetzungen müssen nicht erfüllt sein, die Entscheidung liegt im Ermessen des Einberufungsberechtigten; der gemeinsame Vertreter kann freilich durch Mehrheitsbeschluss der Gläubiger zur Einberufung der Gläubigerversammlung angewiesen werden (*Bliesener/Schneider* in Langenbucher/Bliesener/Spindler, Kap. 17, § 9 Rn. 5; *Müller* in Heidel § 9 Rn. 1). Zur Einberufungspflicht auf Verlangen einer qualifizierten Minderheit von Gläubigern nach Abs. 1 Satz 2 → Rn. 6 ff. Für die Einberufung einer sog. zweiten Versammlung sind weder der Schuldner noch der gemeinsame Vertreter, sondern nur der Vorsitzende der (ersten) Gläubigerversammlung zuständig (→ Rn. 3 aE). 4

Ist der Schuldner oder der gemeinsame Vertreter eine juristische Person oder eine rechtsfähige Personengesellschaft, beruft in seinem Namen das vertretungsberechtigte Organ bzw. der/die vertretungsberechtigte(n) Gesellschafter die Gläubigerversammlung ein. Ob rechtsgeschäftliche Vertretung (Vollmacht) in Frage kommt (so *Schmidtbleicher* in Friedl/Hartwig-Jacob § 9 Rn. 6), ist zweifelhaft, da die Einberufung jedenfalls im Gesellschaftsrecht keinen rechtsgeschäftlichen Charakter hat (BGHZ 100, 264, 267: „rein innergesellschaftliche Verfahrenshandlung") und ihre Rechtsnatur auch im Rahmen des SchVG nicht anders zu beurteilen sein dürfte. Jedenfalls würde auch ein rechtsgeschäftlicher Vertreter seine Vertretungsmacht stets von einem organschaftlichen Vertreter herleiten. Bei ausländischen Gesellschaften ist die Frage nach der Vertretung bei der Einberufung nach der für ihre Rechtsverhältnisse maßgeblichen Rechtsordnung (Personalstatut bzw. Gesellschaftsstatut) zu beurteilen (*Schmidtbleicher* in Friedl/Hartwig-Jacob § 9 Rn. 7), die nach den herkömmlichen Regeln des IPR zu ermitteln ist (→ *Kindler* in MüKoBGB IntGesR Rn. 351 ff.). 5

III. Einberufungsverlangen der qualifizierten Minderheit (§ 9 Abs. 1 Satz 2)

Nach Abs. 1 Satz 2 kann unter bestimmten Voraussetzungen (→ Rn. 8 ff.) eine qualifizierte Minderheit von Gläubigern vom Schuldner oder vom gemeinsamen 6

Vertreter die Einberufung der Gläubigerversammlung verlangen. Der Adressat des Verlangens hat dieses unverzüglich zu prüfen und darüber zu entscheiden (*Schindele* in Preuße § 9 Rn. 12; *Müller* in Heidel § 9 Rn. 4; **aA** *Schmidtbleicher* in Friedl/Hartwig-Jacob § 9 Rn. 34: Entwicklung eines eigenen Regimes analog § 147 Abs. 2 BGB). Unverzüglich meint dabei nicht sofort, sondern (wie bei § 121 BGB) ohne schuldhaftes Zögern, so dass insbesondere für die (Vorbereitung der) Beschlussfassung in den zuständigen Organen des Schuldners oder gemeinsamen Vertreters genügend Zeit bleibt (auf dieses Erfordernis weist auch hin *Schmidtbleicher* in Friedl/Hartwig-Jacob § 9 Rn. 34). Setzt die Gläubigerminderheit im Verlangen eine (angemessene) Frist, muss sie sich daran freilich festhalten lassen (so auch *Schmidtbleicher* in Friedl/Hartwig-Jacob § 9 Rn. 34), weil in der Ausnutzung einer solchen Frist durch den Adressaten des Verlangens niemals ein schuldhaftes Zögern liegen kann.

7   Liegen die Voraussetzungen des Abs. 1 Satz 2 vor, ist der Adressat des Verlangens verpflichtet, die Gläubigerversammlung einzuberufen. Für den Fall, dass dies nicht geschieht, kommt die gerichtliche Ermächtigung der qualifizierten Minderheit nach Abs. 2 in Betracht (→ Rn. 15 ff.).

1. Formelle Voraussetzungen

8   **a) Quorum.** Das Verlangen der Minderheit, die Gläubigerversammlung einzuberufen, müssen Gläubiger stellen, die, soweit die Anleihebedingungen keine geringeren Anforderungen enthalten (§ 5 Abs. 1 Satz 2), zusammen 5% der ausstehenden, inhaltsgleichen Schuldverschreibungen (→ § 1 Rn. 30 ff.) halten. Eine vergleichbare Regelung enthält § 122 Abs. 1 AktG für das Verlangen einer qualifizierten Minderheit von Aktionären betreffend die Einberufung der Hauptversammlung. Das Verlangen, die Gläubigerversammlung einzuberufen, kann auch ein einzelner Gläubiger stellen, sofern er 5% der ausstehenden, inhaltsgleichen Schuldverschreibungen auf sich vereint (*Bliesener/Schneider* in Langenbucher/Bliesener/Spindler, Kap. 17, § 9 Rn. 7; *Schmidtbleicher* in Friedl/Hartwig-Jacob § 9 Rn. 16). Schuldverschreibungen, hinsichtlich derer das Stimmrecht ruht (§ 6 Abs. 1 Satz 2; → § 6 Rn. 8 ff.), gehören auch im Rahmen von Abs. 1 Satz 2 nicht zu den „ausstehenden" Schuldverschreibungen. Die in § 15 Abs. 3 Satz 4 enthaltene Definition ist auch hier maßgeblich (ebenso *Schindele* in Preuße § 9 Rn. 4; **aA** *Schmidtbleicher* in Friedl/Hartwig-Jacob § 9 Rn. 17). Die insoweit im Vergleich zum Aktienrecht andere Behandlung (*Hüffer* § 122 Rn. 3) ist durch den unterschiedlichen Gesetzeswortlaut begründet (§ 122 Abs. 1 AktG spricht vom „Grundkapital", wozu zweifelsohne zB auch eigene Aktien gehören, für die das Stimmrecht nach § 71b AktG, ggf. iVm § 71d Satz 4 AktG, ruht). Schuldverschreibungen, hinsichtlich derer das Stimmrecht ruht, mindern mithin einerseits das für die Berechnung der 5%-Schwelle maßgebliche Emissionsvolumen; andererseits können die Inhaber solcher Schuldverschreibungen sich nicht am Minderheitsverlangen nach Abs. 1 Satz 2 beteiligen (**aA** *Schmidtbleicher* in Friedl/Hartwig-Jacob § 9 Rn. 19, der dies mit dem Teilnahmerecht der nicht stimmberechtigten Gläubiger an der einzuberufenden Gläubigerversammlung begründet, was nicht überzeugt).

9   Die Gläubigereigenschaft muss – wie schon aus dem Wortlaut von Abs. 1 Satz 2 folgt – jedenfalls im Zeitpunkt des Zugangs des Einberufungsverlangens beim Adressaten (Schuldner oder gemeinsamer Vertreter) bestehen (*Moser* BB 2014, 84; *Bliesener/Schneider* in Langenbucher/Bliesener/Spindler, Kap. 17, § 9 Rn. 12;

Einberufung der Gläubigerversammlung § 9

Schindele in Preuße § 9 Rn. 5); zu Sonderfällen wie Sicherungsübereignung, Nießbrauch, (Ver-)Pfändung und Wertpapierleihe vgl. *Schmidtbleicher* in Friedl/Hartwig-Jacob § 9 Rn. 20 ff. Weitergehende Erfordernisse dahingehend, dass die Gläubigereigenschaft auch im Zeitpunkt der (Entscheidung des Schuldners oder des gemeinsamen Vertreters über die) Einberufung oder im Zeitpunkt der Versammlung noch gegeben sein müsste, bestehen hingegen nicht (*Bliesener/Schneider* in Langenbucher/Bliesener/Spindler, Kap. 17, § 9 Rn. 12; *Schindele* in Preuße § 9 Rn. 5; zur kontroversen Diskussion der Parallelproblematik in der aktienrechtlichen Literatur bis zur Aktienrechtsnovelle 2016 siehe *Hüffer* § 122 Rn. 3a; für den Fall der gerichtlichen Durchsetzung nach Abs. 2 aber → Rn. 17): Der Wortlaut von Abs. 1 Satz 2 spricht dagegen und auch der Zweck der Regelung verlangt eine solche Auslegung zuungunsten der Gläubiger nicht. Im Gegenteil erschiene es vielmehr wenig sachgerecht, das Erreichen des Quorums davon abhängig zu machen, wann der Adressat sich mit dem Einberufungsverlangen beschäftigt (*Schindele* in Preuße § 9 Rn. 5). Das SchVG sieht – anders als das AktG für die Aktionärsstellung beim Verlangen der Einberufung der Hauptversammlung (§ 122 Abs. 1 Satz 3 AktG) – auch keine Vorbesitzzeit vor; eine analoge Anwendung der aktienrechtlichen Regelungen kommt nicht in Betracht. Ein Gläubiger, der Schuldverschreibungen ausschließlich zu dem Zweck erwirbt oder aufstockt, das Quorum für die Stellung des Verlangens auf Einberufung einer Gläubigerversammlung zu erreichen, handelt nicht rechtsmissbräuchlich (wie hier *Schindele* in Preuße § 9 Rn. 5; **aA** *Backmann* in Vorauflage Rn. 9).

Den Nachweis der Gläubigereigenschaft regelt Abs. 1 Satz 2 nicht. Eine Pflicht **10** des Schuldners oder des gemeinsamen Vertreters zur Einberufung der Gläubigerversammlung wird man jedoch nur annehmen können, wenn ihm gegenüber die Gläubigereigenschaft nicht nur behauptet, sondern auch nachgewiesen ist (*Schindele* in Preuße § 9 Rn. 6). Enthalten die Anleihebedingungen hierzu keine Regelung, ist eine analoge Anwendung von § 10 Abs. 3 Satz 2 SchVG sachgerecht (*Bliesener/Schneider* in Langenbucher/Bliesener/Spindler, Kap. 17, § 9 Rn. 13; *Schmidtbleicher* in Friedl/Hartwig-Jacob § 9 Rn. 28), der Nachweis mithin für in einer Sammelurkunde verbriefte Schuldverschreibungen (absoluter Regelfall in der Praxis) durch Vorlage eines in Textform (§ 126b BGB) erstellten besonderen Nachweises der depotführenden Instituts zu führen.

b) Adressat. Der qualifizierten Minderheit ist freigestellt, ob sie ihr Einberu- **11** fungsverlangen an den Schuldner oder den gemeinsamen Vertreter richtet. Der Adressat des Verlangens ist zur Einberufung verpflichtet, wenn die formellen (Quorum, Form) und materiellen Voraussetzungen (besonderes Interesse an der Einberufung) des Verlangens erfüllt sind.

c) Form und sonstige Wirksamkeitserfordernisse. Das Verlangen ist eine **12** rechtsgeschäftsähnliche Handlung, mithin gelten §§ 104 ff. BGB analog (*Schindele* in Preuße § 9 Rn. 8). Es ist mit einer Begründung des besonderen Interesses an der Einberufung zu versehen; hierbei handelt es sich bereits um ein formelles Erfordernis (*Schindele* in Preuße Rn. 8; *Schmidtbleicher* in Friedl/Hartwig-Jacob § 9 Rn. 30), dem aber schon durch Nennung der Tagesordnung und der Beschlussgegenstände genügt wird (*Schindele* in Preuße Rn. 8). Das Verlangen muss, soweit die Anleihebedingungen keine Erleichterung der Form, etwa Textform (§ 126b BGB), vorsehen, dem Adressaten schriftlich zugehen (§ 130 Abs. 1 Satz 1 BGB), dh der Schriftform nach § 126 BGB genügen. Erforderlich ist also, dass alle das Quorum bildenden Gläubiger das Verlangen mit Namensunterschrift eigenhändig unterzeichnen (§ 126 BGB), wobei dies nicht auf derselben Urkunde geschehen muss, sondern eine wechselseitige Bezugnahme in separaten Urkunden genügt (*Schindele* in Preuße § 9 Rn. 9; *Schmidtbleicher* in Friedl/Hartwig-Jacob § 9 Rn. 30; zu § 122 Abs. 1 AktG *Kubis* in MüKoAktG § 122 Rn. 12; zum Erfordernis der wechselseitigen Bezugnahme für die Einhaltung des Schriftformerfordernisses bei in mehreren Urkunden enthaltenem Vertrag BGH NJW 1997, 2954, 2955; *Einsele* in MüKoBGB § 126 Rn. 8). Stellvertretung ist möglich. Die Vollmacht bedarf keiner Form (§ 167 Abs. 2 BGB); formlose Erteilung der Vollmacht birgt aber die Gefahr der Unwirksamkeit bei Zurückweisung durch den Adressaten nach § 174 Satz 1 BGB (*Schmidtbleicher* in Friedl/Hartwig-Jacob § 9 Rn. 30).

2. Materielle Voraussetzungen

13 Die Gläubiger können die Einberufung nur verlangen, wenn sie ein besonderes Interesse an der Einberufung haben. Das Gesetz nennt in Abs. 1 Satz 2 ausdrücklich zwei Fälle für ein solches besonderes Interesse: (i) die Beschlussfassung über die Bestellung oder Abberufung eines gemeinsamen Vertreters und (ii) die Beschlussfassung nach § 5 Abs. 5 Satz 2 über das Entfallen der Wirkung einer Kündigung (→ § 5 Rn. 46 ff.). Die Aufzählung ist nicht abschließend, es sind mithin ausdrücklich andere Fälle eines besonderen Interesses der qualifizierten Minderheit an der Einberufung einer Gläubigerversammlung denkbar. Die Bestimmung solcher anderen Fälle bereitet freilich Schwierigkeiten und bringt Rechtsunsicherheit mit sich (*Bliesener/Schneider* in Langenbucher/Bliesener/Spindler, Kap. 17, § 9 Rn. 11). Nach der gesetzlichen Konzeption ist immerhin klar, dass die sonstigen Fälle eines besonderen Interesses an der Einberufung nur solche sein können, die für das rechtliche Verhältnis zwischen Gläubigern und Schuldner von vergleichbarer Bedeutung sind. Vor diesem Hintergrund besteht ein besonderes Interesse an der Einberufung einer Gläubigerversammlung jedenfalls nicht, wenn diese nur der Erörterung dient, in ihr also gar keine Beschlüsse gefasst werden sollen (*Schindele* in Preuße § 9 Rn. 7). Umgekehrt ist nicht jeder denkbare Beschlussgegenstand für die Gläubiger von solcher Relevanz, dass ein besonderes Interesse an der Einberufung der Gläubigerversammlung zu bejahen wäre (so aber *Schmidtbleicher* in Friedl/Hartwig-Jacob § 9 Rn. 32); man denke nur an die Änderung oder Aufhebung von Nebenbestimmungen der Schuldverschreibungen (§ 5 Abs. 3 Nr. 10). Die in § 5 Abs. 3 Nr. 1 bis Nr. 9 aufgeführten, nur mit qualifizierter Mehrheit zu beschließenden Maßnahmen (§ 5 Abs. 4 Satz 1), haben für das Rechtsverhältnis zwischen Schuldner und Gläubigern allerdings ein mit den in § 9 Abs. 1 Satz 2 genannten Fällen mindestens vergleichbares Gewicht; besonders augenfällig ist dabei die sachliche Nähe zwischen der Beschränkung des Kündigungsrechts der Gläubiger (§ 5 Abs. 3 Nr. 8) und dem Beschluss über die Unwirksamkeit einer erklärten Kündigung (§ 5 Abs. 5 Satz 2 iVm § 9 Abs. 1 Satz 2). Ist ein solcher Beschlussgegenstand vorgesehen, ist das besondere Interesse an der Einberufung daher idR zu bejahen. Bedarf allerdings ein Beschluss der Zustimmung des Schuldners (zB zur Änderung der Anleihebedingungen → § 4 Rn. 3 ff.) oder zum Opt-in nach § 24 Abs. 2 Satz 1 (→ § 24 Rn. 11) und hat dieser die Zustimmung bereits verweigert, fehlt es an einem besonderen Interesse der Gläubigerminderheit an der Einberufung (*Moser* BB 2015, 723; *Kessler/Rühle* BB 2014, 907, 910 f.).

14 Die Anleihebedingungen können vorsehen, dass die Gläubiger auch aus anderen Gründen die Einberufung verlangen können (Abs. 1 Satz 3). In den Anleihe-

bedingungen kann auch gänzlich darauf verzichtet werden, dass die Gläubiger ein besonderes Interesse iSv Abs. 1 Satz 2 nachweisen müssen. Die Anleihebedingungen können auf diesem Wege das Recht der qualifizierten Minderheit, ein Einberufungsverlangen zu stellen und ggf. auch gerichtlich durchzusetzen, inhaltlich erweitern.

IV. Gerichtliche Ermächtigung der qualifizierten Minderheit zur Einberufung (§ 9 Abs. 2)

1. Statthaftes Verfahren

Beruft der Adressat (Schuldner oder gemeinsamer Vertreter) trotz berechtigtem 15 Verlangen einer qualifizierten Gläubigerminderheit die Gläubigerversammlung nicht ein, kann die Gläubigerminderheit nach Abs. 2 bei Gericht einen Antrag auf Ermächtigung zur Einberufung stellen. Der Antrag ist auch zulässig, wenn der Adressat seine Entscheidung unangemessen verzögert (dh nicht unverzüglich darüber entscheidet) oder wenn er dem Verlangen der qualifizierten Minderheit nur mit Einschränkungen oder unter Bedingungen stattgibt (*Bliesener/Schneider* in Langenbucher/Bliesener/Spindler, Kap. 17, § 9 Rn. 16; *Müller* in Heidel § 9 Rn. 4). Zum Rechtsschutzbedürfnis der Gläubigerminderheit für einen Antrag bei Gericht nach Ablehnung des Verlangens durch den gemeinsamen Vertreter → Rn. 21.

Das Verfahren nach Abs. 2 ist eine Angelegenheit der freiwilligen Gerichtsbar- 16 keit (unternehmensrechtliches Verfahren, § 23a Abs. 1 Satz 1 Nr. 2, Abs. 2 Nr. 4 GVG iVm § 375 Nr. 16 FamFG). Die qualifizierte Minderheit ist als Antragsteller kraft Gesetzes Beteiligter (§ 7 Abs. 1 FamFG). Der Schuldner ist als Beteiligter hinzuzuziehen, da er durch das Verfahren in seinen Rechten unmittelbar betroffen iSv § 7 Abs. 2 Nr. 1 FamFG ist (*Müller* in Heidel § 9 Rn. 4; *Bliesener/Schneider* in Langenbucher/Bliesener/Spindler, Kap. 17, § 9 Rn. 16). Denn der Schuldner hat bei stattgebendem Antrag sowohl die Kosten des Verfahrens als auch die Kosten der dann stattfindenden Versammlung zu tragen (→ Rn. 28 ff.). Ggf. ist auch der gemeinsame Vertreter hinzuzuziehen, wenn er durch das Verfahren in seinen Rechten unmittelbar betroffen wird (*Müller* in Heidel § 9 Rn. 4). Letzteres dürfte aber idR ausscheiden: Sobald der gemeinsame Vertreter ein Einberufungsverlangen ablehnt, hat er sein Recht, über eine Einberufung zu entscheiden, wahrgenommen. Seine sonstigen Rechte und Befugnisse (→ §§ 7,8 Rn. 45 ff.) werden durch das Antragsverfahren grundsätzlich nicht unmittelbar betroffen.

2. Zulässigkeit

a) Antragsteller. Der Antrag muss von der qualifizierten Gläubigerminderheit 17 gestellt werden, deren Einberufungsverlangen erfolglos geblieben ist. Unschädlich ist, wenn einzelne Gläubiger sich an dem Antrag nicht beteiligen, sofern das Quorum erhalten bleibt (*Schmidtbleicher* in Friedl/Hartwig-Jacob § 9 Rn. 27; → zum Aktienrecht OLG Düsseldorf NZG 2004, 239; *Hüffer* § 122 Rn. 10). Sinkt das Quorum vor Stellung des Antrags unter die notwendigen 5% der ausstehenden, inhaltsgleichen Schuldverschreibungen ab, und schließen sich dem neue Gläubiger an, so dass das Quorum wieder erreicht wird, soll nach verbreiteter Ansicht die qualifizierte Minderheit in der neuen Zusammensetzung zunächst erneut ihr Verlangen nach Abs. 1 Satz 2 beim Schuldner bzw. gemeinsamen Ver-

§ 9 Abschnitt 2 Beschlüsse der Gläubiger

treter stellen müssen, bevor sie eine Ermächtigung zur Einberufung der Gläubigerversammlung bei Gericht beantragen kann (*Moser* BB 2014, 84; *Schindele* in Preuße § 9 Rn. 15; *Schmidtbleicher* in Friedl/Hartwig-Jacob § 9 Rn. 27; *Müller* in Heidel § 9 Rn. 4; *Backmann* in Vorauflage Rn. 15; **aA** schon bisher *Bliesener/Schneider* in Langenbucher/Bliesener/Spindler, Kap. 17, § 9 Rn. 18). Dafür sprechen zwar dogmatische Argumente (*Müller* in Heidel § 9 Rn. 4) ebenso wie der Vergleich zum Aktienrecht (OLG Düsseldorf NZG 2004, 239; *Hüffer* § 122 Rn. 10). Jedenfalls aber dann, wenn sich der Schuldner (oder der gemeinsame Vertreter) bei der Zurückweisung des Verlangens nicht auf das fehlende Quorum, sondern auf andere Gründe gestützt hat, daher aus denselben Gründen erneut mit einer Zurückweisung des Verlangens zu rechnen und das Erfordernis eines erneuten Verlangens nach Abs. 1 Satz 2 somit bloße Förmelei wäre, kann die (neu zusammengesetzte) qualifizierte Minderheit gleich den Antrag bei Gericht nach Abs. 2 stellen. Die Rechtsprechung hält in einer solchen Situation den Antrag bei Gericht sogar dann für zulässig, wenn beim vorangehenden Verlangen nach Abs. 1 Satz 2 das Quorum nicht erfüllt gewesen sein sollte (OLG Zweibrücken ZinsO 2013, 2119, 2120).

18   **b) Antragsinhalt.** Inhaltlich muss der Antrag auf gerichtliche Ermächtigung mit dem Verlangen der Einberufung übereinstimmen, dem der Schuldner oder der gemeinsame Vertreter nicht entsprochen hat (*Bliesener/Schneider* in Langenbucher/Bliesener/Spindler, Kap. 17, § 9 Rn. 19; *Schmidtbleicher* in Friedl/Hartwig-Jacob § 9 Rn. 37). Die qualifizierte Gläubigerminderheit kann die Begründung des besonderen Interesses bei Stellung des gerichtlichen Antrags präzisieren. Die Präzisierung darf aber nicht dazu führen, dass sich die dem Schuldner bzw. gemeinsamen Vertreter präsentierte Entscheidungsgrundlage, auf deren Basis er das Einberufungsverlangen abgelehnt hat, inhaltlich ändert. Denn der Schuldner hat bei stattgebendem Antrag die Kosten des Verfahrens zu tragen (Abs. 4; → Rn. 28 ff.).

19   **c) Zuständiges Gericht.** Sachlich zuständig sind die Amtsgerichte (§ 23a Abs. 1 Satz 1 Nr. 2, Abs. 2 Nr. 4 GVG iVm § 375 Nr. 16 FamFG).

20   Ausschließlich örtlich zuständig ist das Amtsgericht, in dessen Bezirk der Schuldner seinen Sitz hat (Abs. 3 Satz 1 Alt. 1, § 377 Abs. 1 FamFG). Maßgeblich ist der Satzungssitz (*Heinemann* in Keidel § 377 Rn. 7). Dabei ist die Zuständigkeitskonzentration nach § 376 Abs. 1 FamFG (Zuständigkeit des Amtsgerichts, in dessen Bezirk ein Landgericht seinen Sitz hat, für den gesamten Landgerichtsbezirk) ebenso zu berücksichtigen wie die Abweichungsmöglichkeit für die Landesregierungen und Landesjustizverwaltungen nach § 376 Abs. 2 FamFG. Hat der Schuldner keinen Sitz im Inland (handelt es sich also um eine nach ausländischem Recht gegründete Gesellschaft), ist das Amtsgericht Frankfurt am Main örtlich zuständig. Auch diese Zuständigkeit ist ausschließlich (*Müller* in Heidel § 9 Rn. 5; *Bliesener/Schneider* in Langenbucher/Bliesener/Spindler, Kap. 17, § 9 Rn. 21; *Schmidtbleicher* in Friedl/Hartwig-Jacob § 9 Rn. 37).

21   **d) Rechtsschutzbedürfnis.** Die Gläubigerminderheit kann den Antrag nach Abs. 2 schon dann stellen, wenn der von ihr gewählte Adressat (→ Rn. 11) dem Einberufungsverlangen nicht entsprochen hat. Sie muss nicht zuvor noch den jeweils anderen potentiellen Adressaten mit dem Verlangen befassen. Dies gilt auch dann, wenn sie das Verlangen an den gemeinsamen Vertreter gerichtet hatte (*Schindele* in Preuße § 9 Rn. 17; *Bliesener/Schneider* in Langenbucher/Bliesener/Spindler, Kap. 17, § 9 Rn. 27; **aA** *Backmann* in Vorauflage Rn. 11: Unterrichtungspflicht der Minderheit gegenüber dem Schuldner wegen für diesen drohender Kostenfolge nach Abs. 4; *Schmidtbleicher* in Friedl/Hartwig-Jacob § 9 Rn. 29, 39: Unterrichtungspflicht der Minderheit gegenüber dem Schuldner, sonst fehlendes Rechtsschutzbedürfnis). Eine vorherige Unterrichtungspflicht der Gläubigerminderheit gegenüber dem Schuldner lässt sich nicht begründen (*Bliesener/Schneider* in Langenbucher/Bliesener/Spindler, Kap. 17, § 9 Rn. 27 Fn. 17). Dadurch würde das Wahlrecht des Abs. 1 Satz 2 faktisch ausgehebelt. Dass der Schuldner bei einer dem Antrag stattgebenden Entscheidung nach Abs. 4 ggf. mit der Kostenfolge (auch) für das gerichtliche Verfahren belastet sein kann, obwohl er zuvor keine Gelegenheit hatte, selbst über die Einberufung zu entscheiden (und ein unnötiges gerichtliches Verfahren zu verhindern), ist vor dem Hintergrund der klaren gesetzlichen Regelung hinzunehmen. Ob ein Vertragsvertreter iSv § 8 gegenüber dem Schuldner verpflichtet ist, ihn über das Verlangen der Gläubiger zu informieren (*Bliesener/Schneider* in Langenbucher/Bliesener/Spindler, Kap. 17, § 9 Rn. 27), ist zweifelhaft (→ §§ 7, 8 Rn. 47 ff.). Die Problematik scheint insgesamt theoretischer Natur zu sein; in der Praxis wird es der gemeinsame Vertreter kaum jemals unterlassen, den Schuldner über ein an ihn gerichtetes Verlangen zu informieren.

3. Entscheidung des Gerichts

Das Gericht prüft Zulässigkeit und Begründetheit des Antrags. Es gilt der Amtsermittlungsgrundsatz (§ 26 FamFG). Das Gericht entscheidet durch zu begründenden Beschluss (§ 38 Abs. 1, 3 FamFG). Es muss dem Antrag stattgeben, wenn er zulässig und begründet ist. Gibt es dem Antrag statt, werden die Gläubiger ermächtigt, die Einberufung selbst vorzunehmen. 22

Das Gericht kann nach Abs. 2 Satz 2 mit der stattgebenden Entscheidung zugleich den Vorsitzenden der Gläubigerversammlung bestimmen. Die Antragsteller können dies bei Antragstellung anregen und dafür auch einen Vorschlag machen (*Schindele* in Preuße § 9 Rn. 18). In seiner Entscheidung ist das Gericht frei; es kann auch einen unbeteiligten Dritten zum Vorsitzenden bestimmen (*Schmidtbleicher* in Friedl/Hartwig-Jacob § 9 Rn. 44). Da, wenn das Gericht keinen anderen Vorsitzenden bestimmt, nach § 15 Abs. 1 der Einberufende den Vorsitz in der Gläubigerversammlung führt, sollte in der Praxis jedenfalls dann, wenn die Gläubigerminderheit aus mehreren Personen besteht, unbedingt darauf geachtet werden, dass das Gericht auch den Vorsitzenden bestimmt. Denn einerseits ist die Versammlungsleitung durch die Gläubigerminderheit in diesen Fällen idR tatsächlich unmöglich (*Bliesener/Schneider* in Langenbucher/Bliesener/Spindler, Kap. 17, § 9 Rn. 23; *Müller* in Heidel § 9 Rn. 6), andererseits sprechen gewichtige Gründe gegen eine Wahl des Vorsitzenden durch die Gläubigerversammlung selbst (*Wasmann/Steber* ZIP 2014, 2205; → § 15 Rn. 1 aE, 12). 23

Das Gericht kann der Gläubigerminderheit für die Einberufung auch eine Frist setzen (*Schindele* in Preuße § 9 Rn. 18; *Bliesener/Schneider* in Langenbucher/Bliesener/Spindler, Kap. 17, § 9 Rn. 23; *Müller* in Heidel § 9 Rn. 6). Für die Praxis ist dies empfehlenswert (zur angemessen geltenden angemessenen Frist → Rn. 26). 24

Gegen den Beschluss des Amtsgerichts ist die Beschwerde statthaft (§ 9 Abs. 3 Satz 2). Lehnt das Gericht den Antrag ab, so steht die Beschwerde nach § 59 Abs. 2 FamFG nur der antragstellenden Gläubigerminderheit zu. Gibt das Gericht dem Antrag statt, ist der Schuldner beschwerdebefugt, da er in seinen Rechten beeinträchtigt ist (§ 59 Abs. 1 FamFG), schon weil er in diesem Fall die Kosten 25 des Verfahrens sowie die Kosten der Versammlung zu tragen hat (→ Rn. 28 ff.). Die Beschwerde ist gemäß § 63 Abs. 1 FamFG binnen eines Monats nach schriftlicher Bekanntgabe des Beschlusses an die Beteiligten einzulegen und entfaltet keine aufschiebende Wirkung (arg. e. § 64 Abs. 3 FamFG; *Sternal* in Keidel § 64 Rn. 57). Zuständiges Beschwerdegericht ist nach § 119 Abs. 1 Nr. 1 GVG das Oberlandesgericht (*Müller* in Heidel § 9 Rn. 7; unzutreffend *Schmidtbleicher* in Friedl/Hartwig-Jacob § 9 Rn. 42: Landgericht nach § 72 Abs. 1 GVG). Das Beschwerdegericht kann in der Beschwerdeentscheidung die Rechtsbeschwerde zum BGH (§ 133 GVG) zulassen (§ 70 Abs. 1, Abs. 2 FamFG); die Entscheidung über die (Nicht-)Zulassung der Rechtsbeschwerde ist unanfechtbar (*Meyer-Holz* in Keidel § 70 Rn. 41).

4. Einberufung durch Gläubiger

26   Das Gericht ermächtigt die Gläubigerminderheit lediglich, die Gläubigerversammlung einzuberufen. Die Einberufung selbst geschieht also nicht durch das Gericht, sondern durch die Gläubigerminderheit. Die allgemein für die Einberufung geltenden Regelungen gelten auch hier. So ist die 14-Tage-Frist des § 10 Abs. 1 zu beachten. Für den Inhalt der Einberufung gilt § 12 Abs. 1, für ihre Bekanntmachung (einschließlich der Kostentragungspflicht des Schuldners) § 12 Abs. 2 und für das Zugänglichmachen der Einberufung (einschließlich der Bedingungen für Teilnahme und Ausübung des Stimmrechts) auf der Internetseite des Schuldners § 12 Abs. 3. In der Bekanntmachung der Einberufung nach § 12 Abs. 2 muss zudem auf die Ermächtigung hingewiesen werden (Abs. 2 Satz 3), damit die Adressaten der Einberufung die Berechtigung zur Einberufung erkennen können (Begr. RegE S. 21). Ein allgemeiner Hinweis („kraft gerichtlicher Ermächtigung") genügt (*Bliesener/Schneider* in Langenbucher/Bliesener/Spindler, Kap. 17, § 9 Rn. 25; *Müller* in Heidel § 9 Rn. 8; → zur gleichgerichteten hM im Aktienrecht *Hüffer*, § 122 Rn. 12); weitergehende Angaben (Gericht, Datum, Aktenzeichen) sind nicht erforderlich, verlangt das Gesetz doch gerade nur einen „Hinweis" (aA *Schmidtbleicher* in Friedl/Hartwig-Jacob § 9 Rn. 46). Das 5%-Quorum muss auch im Zeitpunkt der Einberufung noch gegeben sein (*Schindele* in Preuße § 19), dh eine ausreichende Anzahl an Gläubigern, die bereits erfolglos die Einberufung verlangt hat, muss nicht nur den gerichtlichen Antrag mittragen, sondern auch auf Grundlage der gerichtlichen Ermächtigung die Gläubigerversammlung einberufen. Sofern die gerichtliche Ermächtigung keine Frist vorsieht, innerhalb der die Einberufung zu erfolgen hat, hat die Gläubigerminderheit eine angemessene Frist zu wahren. Was angemessen ist, hängt – wie stets – vom Einzelfall ab. Eine erhöhte Dringlichkeit der zu beschließenden Maßnahme(n), insbesondere in einer Krisensituation der Schuldnerin, mag für eine kürzere Frist sprechen (*Bliesener/Schneider* in Langenbucher/Bliesener/Spindler, Kap. 17, § 9 Rn. 25).

27   Entspricht die Einberufung nicht diesen Vorgaben, so sind von der Gläubigerversammlung dennoch gefasste Beschlüsse nach § 20 Abs. 1 Satz 1 anfechtbar (→ § 20 Rn. 14). Anfechtungsbefugt sind nach § 20 Abs. 2 Nr. 2 auch Gläubiger, die nicht an der Versammlung teilgenommen haben (→ § 20 Rn. 22).

V. Kosten

28   Der Schuldner trägt gemäß Abs. 4 stets die Kosten der Gläubigerversammlung, weil diese in erster Linie seinen Interessen dient (Begr. RegE S. 21). Die Kosten-

tragungspflicht des Schuldners gilt daher auch dann, wenn nicht er, sondern der gemeinsame Vertreter oder die qualifizierte Gläubigerminderheit die Gläubigerversammlung einberufen hat. Diese können die erforderlichen Verträge zwar nicht im Namen des Schuldners, sondern nur im eigenen Namen abschließen. Für daraus folgende Verbindlichkeiten haben sie aber einen Freistellungs- oder Erstattungsanspruch gegen den Schuldner (*Schindele* in Preuße § 9 Rn. 21; *Müller* in Heidel § 9 Rn. 9; *Schmidtbleicher* in Friedl/Hartwig-Jacob § 9 Rn. 60). Dies gilt auch hinsichtlich der (aufgrund des Beurkundungserfordernisses des § 16 Abs. 3 Satz 1 stets entstehenden) Notarkosten; eine direkte Kostenschuld des Schuldners folgt insoweit auch nicht aus § 29 Nr. 3 GNotKG, weil diese Vorschrift eine kraft Gesetzes bestehende (Außen-)Haftung gegenüber dem Notar erfordert (*Neie* in Bormann/Diehn/Sommerfeldt § 29 Rn. 29 ff.), diese aber nicht selbst begründet (so aber wohl *Müller* in Heidel § 9 Rn. 9 unter Bezugnahme auf § 27 Nr. 3 GNotKG).

Zu den Kosten der Gläubigerversammlung zählen alle für die Vorbereitung und Durchführung der Gläubigerversammlung entstehenden Sach- und Personalkosten. Zu den Sachkosten gehören zB die Kosten der Einberufung (die Kostentragungspflicht des Schuldners für die Bekanntmachung der Einberufung ist – eigentlich überflüssig – in § 12 Abs. 2 Satz 3 nochmals gesondert geregelt, → § 12 Rn. 6), des hinzugezogenen (Versammlungs-)Dienstleisters sowie von für die Einberufung oder Vorbereitung der Gläubigerversammlung konsultierten Rechtsanwälten oder sonstigen Beratern. Nicht zu den Kosten der Gläubigerversammlung gehören etwaige Kosten oder Spesen der Gläubiger im Zusammenhang mit der Teilnahme an der Gläubigerversammlung, einschließlich der Kosten für deren Rechtsanwälte oder andere Berater. **29**

Für die Kosten des gerichtlichen Verfahrens trifft Abs. 4 eine Sonderregelung gegenüber § 81 FamFG, wonach der Schuldner diese Kosten stets trägt, wenn das Gericht dem Antrag der Gläubigerminderheit (vollständig) stattgegeben hat. Zu den Kosten des Verfahrens gehören neben den Gerichtskosten (Gebühren und Auslagen) auch die zur Durchführung des Verfahrens notwendigen Aufwendungen der Beteiligten (§ 80 FamFG; **aA** – nur Gerichtskosten, allerdings ohne Begründung – *Schindele* in Preuße § 9 Rn. 23; *Müller* in Heidel § 9 Rn. 9; *Schmidtbleicher* in Friedl/Hartwig-Jacob § 9 Rn. 62). Kostenschuldner der Gerichtskosten gegenüber der Staatskasse bleiben zwar auch hier (zu den Notarkosten → Rn. 28) die Antragsteller (§ 22 Abs. 1 GNotKG); eine direkte Kostenschuld des Schuldners folgt insoweit auch nicht aus § 27 Nr. 3 GNotKG, weil diese Vorschrift eine kraft Gesetzes bestehende (Außen-)Haftung gegenüber der Staatskasse erfordert (*Neie* in Bormann/Diehn/Sommerfeldt § 27 Rn. 14 ff.), diese aber nicht selbst begründet. Die Antragsteller haben aber wiederum einen Freistellungs- oder Erstattungsanspruch gegen den Schuldner (*Schindele* in Preuße § 9 Rn. 22; *Müller* in Heidel § 9 Rn. 9; *Schmidtbleicher* in Friedl/Hartwig-Jacob § 9 Rn. 61). Entspricht das Gericht dem Antrag der Gläubigerminderheit nicht (vollständig), gilt Abs. 4 nicht. Es bleibt dann bei § 81 FamFG (Begr. RegE S. 21), dh das Gericht entscheidet über die Kosten des Verfahrens (Gerichtskosten und außergerichtliche Kosten) grundsätzlich nach billigem Ermessen (§ 81 Abs. 1 Satz 1 FamFG). **30**

§ 10 Frist, Anmeldung, Nachweis

(1) **Die Gläubigerversammlung ist mindestens 14 Tage vor dem Tag der Versammlung einzuberufen.**

§ 10 Abschnitt 2 Beschlüsse der Gläubiger

(2) ¹Sehen die Anleihebedingungen vor, dass die Teilnahme an der Gläubigerversammlung oder die Ausübung der Stimmrechte davon abhängig ist, dass sich die Gläubiger vor der Versammlung anmelden, so tritt für die Berechnung der Einberufungsfrist an die Stelle des Tages der Versammlung der Tag, bis zu dessen Ablauf sich die Gläubiger vor der Versammlung anmelden müssen. ²Die Anmeldung muss unter der in der Bekanntmachung der Einberufung mitgeteilten Adresse spätestens am dritten Tag vor der Gläubigerversammlung zugehen.

(3) ¹Die Anleihebedingungen können vorsehen, wie die Berechtigung zur Teilnahme an der Gläubigerversammlung nachzuweisen ist. ²Sofern die Anleihebedingungen nichts anderes bestimmen, reicht bei Schuldverschreibungen, die in einer Sammelurkunde verbrieft sind, ein in Textform erstellter besonderer Nachweis des depotführenden Instituts aus.

I. Einberufungsfrist

1   Abs. 1 regelt die Einberufungsfrist für die Gläubigerversammlung. Die Einberufungsfrist von mindestens 14 Tagen dient dazu, einerseits den Gläubigern ausreichend Zeit zur Vorbereitung zu belassen und andererseits eine zügige Abhaltung der Gläubigerversammlung zu ermöglichen. Insbesondere in einer akuten Krise des Schuldners kann eine Gläubigerversammlung noch abgehalten werden, bevor ggf. ein Insolvenzantrag gestellt werden muss (Begr. RegE S. 21). Ein solcher muss – ist der Schuldner wie idR eine juristische Person oder eine Kapitalgesellschaft & Co. KG – unverzüglich, spätestens innerhalb von drei Wochen nach Eintritt der Zahlungsunfähigkeit oder Überschuldung gestellt werden (§ 15a Abs. 1 InsO). Die Anleihebedingungen können keine längere Einberufungsfrist vorsehen (aA *Otto* DNotZ 2012, 809, 814; *Schindele* in Preuße § 10 Rn. 2). Voraussetzung dafür wäre, dass eine längere Einberufungsfrist niemals zu Lasten der Gläubiger ginge (arg. e. § 5 Abs. 1 Satz 2; so *Schindele* in Preuße § 10 Rn. 2). Das trifft zwar in der Regel, aber nicht immer zu: Gerade zB im Fall eines Einberufungsverlangens einer qualifizierten Gläubigerminderheit nach § 9 Abs. 1 Satz 2 wäre eine längere Einberufungsfrist für die Gläubiger nachteilig.

2   Für die Fristberechnung scheidet eine (analoge) Anwendung von §§ 121 Abs. 7, 123 Abs. 1 Satz 2 AktG mangels gesetzlicher Verweisung oder planwidriger Regelungslücke aus. Vielmehr gelten §§ 187 ff. BGB (*Otto* DNotZ 2012, 809, 814; *Schindele* in Preuße § 10 Rn. 3; *Bliesener/Schneider* in Langenbucher/Bliesener/Spindler, Kap. 17, § 10 Rn. 2; *Müller* in Heidel § 10 Rn. 1; *Schmidtbleicher* in Friedl/Hartwig-Jacob § 10 Rn. 3). Die Frist ist vom Tag der Gläubigerversammlung zurückzurechnen (*Schindele* in Preuße § 10 Rn. 3; *Müller* in Heidel § 10 Rn. 1; *Schmidtbleicher* in Friedl/Hartwig-Jacob § 10 Rn. 3; zur Fristberechnung bei Anmeldeerfordernis nach Abs. 2 → Rn. 6 f.). In der Wahl des Wochentages für die Gläubigerversammlung ist der Einberufende grundsätzlich frei. Einschränkungen sind nur für den Sonntag zu erwägen. Während aber im Aktienrecht die Abhaltung einer Hauptversammlung am Sonntag allenfalls in Ausnahmefällen für zulässig gehalten wird (*Hüffer* § 121 Rn. 17 mwN), dürfte dies bei der Gläubigerversammlung wegen der regelmäßig gegebenen Dringlichkeit und der – im Hinblick auf das Quorum für die Beschlussfähigkeit nach § 15 Abs. 3 Satz 1 wichtigen – ggf. höheren Teilnahmequote als an Werktagen großzügiger zu handhaben sein. § 193 BGB ist bei der Fristberechnung nicht anwendbar (*Schindele* in Preuße

§ 10 Rn. 3; *Schmidtbleicher* in Friedl/Hartwig-Jacob § 10 Rn. 3; **aA** *Otto* DNotZ 2012, 809, 815), schon weil keiner der dort geregelten Fälle vorliegt (weder geht es um die Abgabe einer Willenserklärung noch um die Bewirkung einer Leistung innerhalb einer bestimmten Frist oder zu einem bestimmten Tag), dh es ist rechtlich unerheblich, wenn der letzte Tag der zurückberechneten Frist oder der sich aus der Berechnung ergebende letzte mögliche Tag der Einberufung ein Samstag, Sonntag oder gesetzlichen Feiertag ist (so bereits vor der Einführung einer ausdrücklichen Regelung der Thematik die hM im Aktienrecht, → *Kubis* in MüKo-AktG, 2. Aufl., § 123 Rn. 9 mwN).

Beispiel: Die Gläubigerversammlung soll am Dienstag, den 18. Oktober, stattfinden. Nach § 187 Abs. 1 BGB ist Fristbeginn daher Montag, der 17. Oktober (24.00 Uhr); Fristende ist nach § 188 Abs. 1 BGB Dienstag, der 4. Oktober (0.00 Uhr). Die Gläubigerversammlung ist daher spätestens am 3. Oktober (24.00 Uhr) einzuberufen. Die Einberufung geschieht, wenn die Anleihebedingungen nicht zusätzliche Formen der Bekanntmachung vorsehen, durch Bekanntmachung im Bundesanzeiger (§ 12 Abs. 2; → § 12 Rn. 4 ff.). Da der 3. Oktober gesetzlicher Feiertag ist, an dem der Bundesanzeiger nicht erscheint, scheidet eine Bekanntmachung im Bundesanzeiger an diesem Tag ebenso aus wie am 2. Oktober (Sonntag) und am 1. Oktober (Samstag); sie hat daher am Freitag, den 30. September zu erfolgen. Um dies zu gewährleisten, ist wegen der üblichen Vorlaufzeiten beim Bundesanzeiger die Einberufung dort spätestens am Mittwoch, den 28. September (bis 14.00 Uhr) einzureichen.

Die Einberufungsfrist nach Abs. 1 gilt auch für die zweite Versammlung iSv **3** § 15 Abs. 3 Satz 2. Für das in Rn. 2 dargestellte Beispiel bedeutet dies: Stellt der Vorsitzende der Beschlussunfähigkeit der Gläubigerversammlung fest und möchte er eine zweite Versammlung einberufen, kann er – bei entsprechender Vorbereitung – die Einberufung noch am Dienstag, den 18. Oktober, bis 14.00 Uhr beim Bundesanzeiger einreichen. Die Einberufung wird dann am Donnerstag, den 20. Oktober, bekannt gemacht. Die zweite Versammlung kann somit frühestens am Freitag, den 4. November, stattfinden.

II. Anmeldung zur Gläubigerversammlung

Zwar besteht kraft Gesetzes kein Erfordernis der Anmeldung der Gläubiger zur **4** Teilnahme an der Gläubigerversammlung, nach Abs. 2 Satz 1 können aber die Anleihebedingungen das Recht zur Teilnahme an der Gläubigerversammlung und/oder zur Ausübung der Stimmrechte (in der Praxis idR beides) von einer vorherigen Anmeldung abhängig machen. Die Aufstellung des Teilnehmerverzeichnisses durch den Vorsitzenden (§ 15 Abs. 2) wird dadurch jedenfalls erheblich erleichtert (→ § 15 Rn. 6; *Wasmann/Steber* ZIP 2014, 2205, 2207). Der Vorsitzende kann und muss einen nicht (fristgerecht) angemeldeten Gläubiger von der Versammlung ausschließen oder von ihm abgegebene Stimmen unberücksichtigt lassen. Eine Gewährung von Teilnahme- oder Stimmrecht trotz Verletzung des Anmeldeerfordernisses kommt nicht in Betracht (so auch *Schmidtbleicher* in Friedl/Hartwig-Jacob § 10 Rn. 4; *Müller* in Heidel § 10 Rn. 2; **aA** *Bliesener/Schneider* in Langenbucher/Bliesener/Spindler, Kap. 17, § 10 Rn. 12). Das Anmeldeerfordernis kann aber auch – für die Gläubiger weniger einschränkend (§ 5 Abs. 1 Satz 2) – nur als organisatorisches Mittel zur Erleichterung der Durchführung der Gläubigerversammlung ohne Auswirkungen auf Teilnahme- und Stimmrecht der Gläubi-

§ 10 Abschnitt 2 Beschlüsse der Gläubiger

ger ausgestaltet werden (*Bliesener/Schneider* in Langenbucher/Bliesener/Spindler, Kap. 17, § 10 Rn. 10); eine fehlende oder nicht ordnungsgemäße Anmeldung hat dann keine Auswirkung auf Teilnahme- und Stimmrecht des Gläubigers.

5 Die Anmeldung ist eine empfangsbedürftige Willenserklärung, die der Gläubiger unter der in der Bekanntmachung der Einberufung mitgeteilten Adresse (Postadresse, Telefaxnummer und/oder E-Mail-Adresse) an den Einberufenden zu richten hat. Ist eine solche Adresse entgegen Abs. 2 Satz 2 nicht mitgeteilt, soll Anmeldung an der Geschäftsadresse des Einberufenden genügen (*Schindele* in Preuße § 10 Rn. 5), was bei Einberufung durch den Schuldner (*Bliesener/Schneider* in Langenbucher/Bliesener/Spindler, Kap. 17, § 10 Rn. 8) oder den gemeinsamen Vertreter die Frage nach der maßgebenden Adresse löst, bei Einberufung durch Gläubigerminderheit nicht unbedingt. Bleibt hiernach unklar, wo die Gläubiger sich anzumelden haben, kann dies nicht zulasten der Gläubiger gehen und das Anmeldeerfordernis sollte daher entfallen. Zu Form und Inhalt der Anmeldung macht Abs. 2 keine Vorgaben, dies bleibt den Anleihebedingungen überlassen. Sinnvollerweise sollten schon für die Anmeldung die Angaben gefordert werden, die später zur Erstellung des Teilnehmerverzeichnisses in der Gläubigerversammlung nötig sind (Name und Wohnort/Sitz, Zahl der vertretenen Stimmrechte), auch wenn mit Ablauf der Anmeldefrist keine Sperrwirkung eintritt (*Bliesener/Schneider* in Langenbucher/Bliesener/Spindler, Kap. 17, § 10 Rn. 11; → Rn. 11 f.) und sich daher die Zahl der vertretenen Stimmrechte zwischen Anmeldung und Gläubigerversammlung noch ändern kann.

6 Nach Abs. 2 Satz 1 muss die Anmeldung „spätestens am dritten Tag vor der Gläubigerversammlung zugehen". Gemeint ist, dass die Anmeldefrist höchstens drei Tage betragen darf; so soll auch bei einem Anmeldeerfordernis die Einhaltung der Drei-Wochen-Frist des § 15a Abs. 1 InsO noch möglich sein (Begr. RegE S. 21). Eine kürzere Anmeldefrist (ein oder zwei Tage vor der Gläubigerversammlung) ist – schon dem Wortlaut von Abs. 2 Satz 1 nach – zulässig. Die Frist ist auch hier gemäß §§ 187 ff. BGB vom Tag der Gläubigerversammlung an rückwärts zu rechnen (→ Rn. 2; *Schindele* in Preuße § 10 Rn. 6), wobei § 193 BGB wiederum nicht anwendbar ist. Zwar ist die Anmeldung eine Willenserklärung, der Anwendungsbereich der Norm wäre also grundsätzlich eröffnet. § 193 BGB dient aber dem Schutz des Erklärenden vor der Verkürzung einer ihm zustehenden Frist, Folge seiner Anwendung wäre also die Verlegung des letzten Tages der Frist, hier also des letztmöglichen Anmeldezeitpunkts, nach hinten (BGH NJW 2005, 1354, 1355). Dies wäre jedoch nicht sachgerecht, da das Anmeldeerfordernis und die dafür geltende Frist dem Einberufenden die Vorbereitung der Gläubigerversammlung erleichtern soll, also dem Schutz des Erklärungsempfängers dient. Überlegenswert wäre daher allenfalls eine Anwendung von § 193 BGB in umgekehrter Richtung, also eine Verlegung des letztmöglichen Anmeldezeitpunkts nach vorne (so vor der ausdrücklichen Regelung durch das UMAG im Jahr 2005 die hM im Aktienrecht, vgl. *Werner* in GroßkommAktG § 123 Rn. 12 mwN). Eine solche Anwendung von § 193 BGB zum Schutz des Erklärungsempfängers würde den Schutzzweck des § 193 BGB jedoch ins Gegenteil verkehren und kommt daher nicht in Betracht (siehe im Zusammenhang mit einer vertraglichen Kündigungserklärungsfrist BGH NJW 2005, 1354, 1355, wo eine Verlegung nach vorne nicht einmal erwogen wird).

7 Besteht ein Anmeldeerfordernis, verlängert sich nach Abs. 2 Satz 1 die Einberufungsfrist für die Gläubigerversammlung um die Anmeldefrist. Maßgebliches Ereignis, von dem ab die Frist rückwärts berechnet wird, ist damit nicht der Tag

der Versammlung, sondern der Tag des Ablaufs der Anmeldefrist. Für das in Rn. 2 dargestellte Beispiel bedeutet dies: Sehen die Anleihebedingungen eine Anmeldefrist von drei Tagen vor, muss die Anmeldung bis Samstag, den 15. Oktober (24.00 Uhr) zugehen. Nach § 187 Abs. 1 BGB ist Fristbeginn daher Freitag, der 14. Oktober (24.00 Uhr); Fristende ist nach § 188 Abs. 1 BGB Samstag, der 1. Oktober (0.00 Uhr). Die Gläubigerversammlung ist daher spätestens am Freitag, den 30. September (24.00 Uhr) durch Bekanntmachung im Bundesanzeiger einzuberufen.

Auch für die etwaige zweite Versammlung ist das Anmeldeerfordernis wiederum zu berücksichtigen, mit entsprechenden Auswirkungen auf die Fristberechnung. **8**

III. Legitimation (Nachweis der Gläubigerstellung)

Die Gläubigerversammlung ist (neben der Abstimmung ohne Versammlung **9** nach § 18) gemäß § 5 Abs. 6 das Forum für die Beschlussfassung der Gläubiger bei der Änderung der Anleihebedingungen und der Bestellung eines gemeinsamen Vertreters (§§ 4, 5 Abs. 1 Satz 1). Aus dieser materiell-rechtlichen Bedeutung der Gläubigerversammlung und der in ihr gefassten (Mehrheits-)Beschlüsse folgt, dass einerseits nur die Gläubiger bzw. Inhaber der Schuldverschreibungen (und etwaige Vertreter) und nicht sonstige Dritte Teilnahme- und Stimmrecht auf der Gläubigerversammlung haben (Begr. RegE S. 21), dass andererseits aber grundsätzlich auch allen Gläubigern die Teilnahme und Stimmabgabe zu ermöglichen ist (zur möglichen Anfechtbarkeit unter Verstoß hiergegen gefasster Beschlüsse → § 20 Rn. 14). Bei Durchführung der Gläubigerversammlung ist deshalb durch den Vorsitzenden oder die von ihm eingesetzten Hilfspersonen für jeden Erschienenen zu prüfen, ob er Gläubiger ist (oder einen Gläubiger vertritt) und daher teilnahmeberechtigt (und stimmberechtigt, insofern ist der Wortlaut von Abs. 3 Satz 1 zu eng) ist. Dass der Erschienene hierfür einen Nachweis über die Gläubigerstellung erbringen muss, ist selbstverständlich und in Abs. 3 Satz 1 vorausgesetzt.

Wie der Nachweis auszusehen hat, bleibt aber grundsätzlich einer Regelung in **10** den Anleihebedingungen vorbehalten; diese dürfen allerdings nur Anforderungen formulieren, die zur Feststellung der Identität und der Berechtigung des Gläubigers unerlässlich sind (Begr. RegE S. 21). Vorbehaltlich einer anderweitigen Regelung in den Anleihebedingungen reicht nach Abs. 3 Satz 2 für den Regelfall einer zentral verwahrten Sammelurkunde – in Anlehnung an das aktienrechtliche Regelungsmodell – ein besonderer Nachweis des depotführenden Instituts aus, bei welchem der Gläubiger den an der Sammelurkunde vermittelten Anteil verwahren lässt. Der Nachweis ist in Textform (§ 126b BGB) zu führen. Mit welchem genauen Inhalt die Nachweis zu führen ist, regelt das Gesetz hingegen nicht. Der Gesetzgeber wollte der Praxis ermöglichen, einen möglichst einfachen Weg zu finden, den Nachweis zu führen (Begr. RegE S. 21).

Das SchVG enthält keine ausdrückliche Regelung, auf welchen Zeitpunkt sich **11** der Nachweis der Gläubigerstellung beziehen muss, insbesondere sieht es anders als das Aktienrecht (§ 123 Abs. 4 Satz 2 AktG) kein sog. *Record Date* vor. Aus dem in Rn. 9 Ausgeführten folgt jedoch ohne weiteres, dass sich der Nachweis auf den Tag der Gläubigerversammlung (und dort noch genauer auf den Zeitpunkt der Abstimmung) beziehen muss. So ist auch die Gesetzesbegründung zu verstehen, wonach zu gewährleisten ist, „dass an den Abstimmungen der Gläubiger nur solche Personen teilnehmen, denen die Rechte aus den Schuldverschreibungen *im Zeitpunkt der Abstimmung* zustehen" (Begr. RegE S. 21). Einen solchen Nachweis kann der Gläubiger durch Vorlage einer Bankbescheinigung erbringen, die einen Sperrvermerk bis zum Ablauf des Tages der Gläubigerversammlung enthält (vgl. auch *Bliesener/Schneider* in Langenbucher/Bliesener/Spindler, Kap. 17, § 10 Rn. 16 und *Müller* in Heidel § 10 Rn. 3, die jedoch einen Sperrvermerk bloß bis zum Ende der Gläubigerversammlung oder Abstimmung vorschlagen; damit wäre aber Rechtsunsicherheit verbunden, weil die Depotbank am Tag der Versammlung oder Abstimmung keine Gewissheit über den Zeitpunkt von deren Ende erlangen kann).

12 Ein *Record Date* kann auch nicht in den Anleihebedingungen festgelegt werden (*Vogel* in Preuße § 6 Rn. 12; **aA** die hM, *Schlitt/Schäfer* AG 2009, 477, 481; *Schindele* in Preuße § 10 Rn. 10; *Bliesener/Schneider* in Langenbucher/Bliesener/ Spindler, Kap. 17, § 10 Rn. 16; *Müller* in Heidel § 10 Rn. 3; *Schmidtbleicher* in Friedl/Hartwig-Jacob § 10 Rn. 8 ff.; *Backmann* in Vorauflage Rn. 9): Die Einführung eines *Record Date* führte dazu, dass Gläubiger, die ihre Anleihen erst danach erworben haben, von der Teilnahme an der Gläubigerversammlung und der Abstimmung ausgeschlossen würden. Das wäre eine zum Nachteil dieser Gläubiger von dem in Rn. 9 dargestellten Grundsatz abweichende Regelung, die nur zulässig wäre, wenn sie im Gesetz ausdrücklich vorgesehen wäre (§ 5 Abs. 1 Satz 2). Dies ist indes nicht der Fall, insbesondere bildet § 10 Abs. 3 dafür keine Grundlage, da er den Anleihebedingungen Regelungsmacht nur über die Art des Nachweises von Teilnahme- und Stimmrecht, nicht aber über diese Rechte selbst verleiht. Die mit der Durchführung der Legitimationsprüfung am Tag der Versammlung anhand von auf diesen Tag bezogenen Nachweisen verbundenen praktischen Schwierigkeiten (diese hervorhebend *Schmidtbleicher* in Friedl/Hartwig-Jacob § 10 Rn. 9) sind nicht von der Hand zu weisen, vor dem Hintergrund der Gesetzeslage aber hinzunehmen und jedenfalls dann, wenn die Anleihebedingungen ein Anmeldeerfordernis vorsehen (→ Rn. 4), beherrschbar. Ob *de lege ferenda* eine dem § 123 Abs. 4 Satz 2 entsprechende Regelung eingeführt werden sollte, ist eine andere Frage. Dabei sollte nicht übersehen werden, dass – anders als die Hauptversammlung der AG – die Gläubigerversammlung nach § 15 Abs. 3 Satz 1 erst beschlussfähig ist, wenn die Hälfte der ausstehenden Schuldverschreibungen vertreten ist. Im Einzelfall wird dieses Quorum erst durch den kurzfristigen Hinzuerwerb weiterer Anleihen durch (fristgerecht angemeldete und) auf der Versammlung vertretene Gläubiger unmittelbar vor der Gläubigerversammlung erreicht.

§ 11 Ort der Gläubigerversammlung

¹**Die Gläubigerversammlung soll bei einem Schuldner mit Sitz im Inland am Sitz des Schuldners stattfinden.** ²**Sind die Schuldverschreibungen an einer Wertpapierbörse im Sinne des § 1 Absatz 3e des Kreditwesengesetzes zum Handel zugelassen, deren Sitz innerhalb der Mitgliedstaaten der Europäischen Union oder der anderen Vertragsstaaten des Abkommens über den Europäischen Wirtschaftsraum ist, so kann die Gläubigerversammlung auch am Sitz dieser Wertpapierbörse stattfinden.** ³**§ 30a Absatz 2 des Wertpapierhandelsgesetzes bleibt unberührt.**

Ort der Gläubigerversammlung **§ 11**

I. Schuldner mit Sitz im Inland

Hat der Schuldner seinen Sitz im Inland, soll nach Satz 1 die Gläubiger- 1
sammlung grundsätzlich an seinem Sitz stattfinden. Mit Sitz ist bei den Körperschaften (AG, SE, GmbH, Genossenschaft) der Satzungssitz gemeint, bei den Personengesellschaften der Verwaltungssitz (str., *Roth* in Baumbach/Hopt § 106 Rn. 8). Mit dieser grundsätzlichen Bestimmung des Versammlungsortes sollen Streitigkeiten vermieden werden, ob ein bestimmter Versammlungsort die berechtigten Interessen oder Rechte der Gläubiger verletzt (Begr. RegE S. 22). Maßgeblich ist der Tag der Einberufung, eine spätere Sitzverlegung ist unerheblich (*Schindele* in Preuße § 11 Rn. 4). Eine Bestimmung des Versammlungsorts in den Anleihebedingungen ist nicht möglich (**aA** *Bliesener/Schneider* in Langenbucher/Bliesener/Spindler, Kap. 17, § 11 Rn. 2; *Müller* in Heidel § 11 Rn. 2): Satz 1 eröffnet diese Möglichkeit nicht; der Vergleich mit § 121 Abs. 5 Satz 1 AktG spricht ebenfalls dagegen, da dort eine Satzungsregelung über den Ort der Hauptversammlung gerade ausdrücklich zugelassen ist. Abweichungen von der Soll-Regelung in Satz 1 sind nur insoweit zulässig, als hierfür sachliche Gründe bestehen, etwa wenn am Sitz der Gesellschaft kein geeigneter Versammlungsraum verfügbar ist (*Schindele* in Preuße § 11 Rn. 5; vgl. zum Aktienrecht OLG Dresden AG 2001, 489) oder der Versammlungsort für sämtliche Teilnehmer günstiger ist als der Satzungssitz (vgl. zum GmbH-Recht BGH AG 1985, 188, 189, wo sich dies für eine GmbH mit zwei Gesellschaftern vom Gericht feststellen ließ – bei einer Vielzahl von Gläubigern dürfte dies in der Praxis deutlich schwieriger sein).

Nach Satz 2 kann, wenn die Schuldverschreibungen eines Schuldners mit Sitz 2
im Inland an einer Wertpapierbörse iSv § 1 Abs. 3e KWG mit Sitz in einem Mitgliedstaat der EU (dazu gehört auch das Inland) oder einem anderen Vertragsstaat des EWR zum Handel zugelassen sind, die Gläubigerversammlung auch am Sitz dieser Wertpapierbörse stattfinden. Unter den Begriff der Wertpapierbörse fallen hierbei auch die Betreiber der Börsen sowie die Clearing-Stellen (§ 1 Abs. 3e Nr. 1 und 2 KWG), so dass die Gläubigerversammlung auch an deren Sitz stattfinden kann. Zulassung von Schuldverschreibungen zum Handel iSv Satz 2 bedeutet, dass sie zum Handel an einem organisierten Markt (im Inland dem regulierten Markt, § 32 BörsG) zugelassen sind, eine Einbeziehung in den Freiverkehr genügt nicht (*Schindele* in Preuße § 10 Rn. 7).

Nach Satz 3 bleibt für einen Schuldner mit Sitz im Inland außerdem § 30a 3
Abs. 2 WpHG unberührt, dh er kann abweichend von Satz 1 und 2 die Gläubigerversammlung an jedem beliebigen Ort in einem Mitgliedstaat der EU (dazu gehört wiederum auch das Inland) oder einem Vertragsstaat des EWR abhalten, wenn die Voraussetzungen des § 30a Abs. 2 WpHG erfüllt sind: Die Schuldverschreibungen müssen zugelassene Schuldtitel iSv § 30a Abs. 1 Nr. 6 WpHG, also an einem organisierten Markt zum Handel zugelassen sein (*Mülbert* in Assmann/Schneider § 30a Rn. 26), für den Schuldner muss iSv § 2 Abs. 6 WpHG die Bundesrepublik Deutschland der Herkunftsstaat sein, die Schuldverschreibungen müssen mindestens in Stücke von 100.000 Euro oder dem am Ausgabetag entsprechenden Gegenwert in einer anderen Währung eingeteilt sein und in dem Staat, in dem die Gläubigerversammlung abgehalten wird, müssen alle für die Ausübung der Rechte erforderlichen Einrichtungen und Informationen für die Gläubiger verfügbar sein. Satz 3 iVm § 30a Abs. 2 WpHG ist nur bei Einberufung der Gläubigerversammlung durch den Schuldner, sei es auf eigene Initiative oder auf Verlan-

gen einer qualifizierten Gläubigerminderheit (→ § 9 Rn. 4 ff.), anwendbar („kann abhalten").

4 Findet eine Gläubigerversammlung an einem von § 11 nicht vorgesehenen Ort statt, liegt darin eine Gesetzesverletzung, die nach § 20 Abs. 1 Satz 1 die Anfechtbarkeit der gefassten Beschlüsse zur Folge hat.

II. Schuldner mit Sitz im Ausland

5 Für einen Schuldner mit Sitz im Ausland (zur Anwendbarkeit des SchVG in diesem Fall → § 1 Rn. 9) trifft § 11 keine Regelung. § 30a Abs. 2 WpHG ist freilich auch in diesem Fall anwendbar, ist aber nicht abschließend. Der Einberufende ist daher in der Wahl des Versammlungsortes grundsätzlich frei, allerdings ist eine beschränkende Regelung in den Anleihebedingungen möglich (*Schindele* in Preuße § 11 Rn. 8; *Müller* in Heidel § 11 Rn. 4). Da der Einberufende regelmäßig ein Interesse daran hat, dass die Versammlung nach § 15 Abs. 3 Satz 1 beschlussfähig ist (zur Beschlussfähigkeit → § 15 Rn. 20 ff.), wird er idR einen Versammlungsort wählen, der eine möglichst hohe Präsenz verspricht. Liegt der Ort der Gläubigerversammlung im Ausland, ist darauf zu achten, dass die formalen Anforderungen des SchVG eingehalten werden können (zB das Beurkundungserfordernis, → § 16 Rn. 24 ff.).

§ 12 Inhalt der Einberufung, Bekanntmachung

(1) **In der Einberufung müssen die Firma, der Sitz des Schuldners, die Zeit und der Ort der Gläubigerversammlung sowie die Bedingungen angegeben werden, von denen die Teilnahme an der Gläubigerversammlung und die Ausübung des Stimmrechts abhängen.**

(2) **¹Die Einberufung ist unverzüglich im Bundesanzeiger öffentlich bekannt zu machen. ²Die Anleihebedingungen können zusätzliche Formen der öffentlichen Bekanntmachung vorsehen. ³Die Kosten der Bekanntmachung hat der Schuldner zu tragen.**

(3) **Der Schuldner hat die Einberufung und die genauen Bedingungen, von denen die Teilnahme an der Gläubigerversammlung und die Ausübung des Stimmrechts abhängen, vom Tag der Einberufung an bis zum Tag der Gläubigerversammlung im Internet unter seiner Adresse oder, wenn eine solche nicht vorhanden ist, unter der in den Anleihebedingungen festgelegten Internetseite den Gläubigern zugänglich zu machen.**

I. Inhalt der Einberufung

1 Abs. 1 regelt (nicht abschließend → Rn. 2) bestimmte Mindestangaben, die in der Einberufung enthalten sein müssen. Dies ist zunächst die Firma des Schuldners (§ 17 Abs. 1 HGB, auch mit jeweiligem Rechtsformzusatz, etwa § 19 HGB, § 4 AktG, § 4 GmbHG), bei einer ausländischen Gesellschaft die nach ausländischem Recht zulässige Firma (*Roth* in Baumbach/Hopt § 17 Rn. 49; BGH NJW 1971, 1522, 1523; NJW 1958, 17, 18; RGZ 117, 215, 218), wobei allerdings Abkürzungen beim Rechtsformzusatz zu vermeiden sind (*Kindler* in MüKoBGB IntGesR Rn. 243). Ferner ist der Sitz des Schuldners anzugeben (für inländische Gesell-

schaften → § 11 Rn. 1). Bei einer ausländischen Gesellschaft ist der Sitz nach dem auf sie nach den allgemeinen Regeln des IPR (*Kindler* in MüKoBGB IntGesR Rn. 351 ff, 426 ff.) zu ermittelnden anwendbaren (Gesellschafts-)Recht zu bestimmen. Hat die Gesellschaft ausnahmsweise einen Doppelsitz, sind beide Sitze anzugeben (*Schindele* in Preuße § 11 Rn. 2; genauso im Aktienrecht, *Hüffer* § 121 Rn. 9). Darüber hinaus sind in der Einberufung der Ort (→ § 11 Rn. 1 ff.) und die Zeit der Gläubigerversammlung anzugeben. Beim Ort ist die genaue postalische Anschrift des Versammlungslokals erforderlich, „Zeit" meint Datum (nicht: Wochentag) und Stunde des Beginns (nicht: voraussichtliche Dauer) (*Bliesener/ Schneider* in Langenbucher/Bliesener/Spindler, Kap. 17, § 12 Rn. 4 f.; *Schindele* in Preuße § 12 Rn. 3). Weiterhin sind die Bedingungen anzugeben, von denen die Teilnahme der Gläubiger an der Versammlung und die Ausübung des Stimmrechts abhängen. Dazu gehört zunächst ein etwaiges in den Anleihebedingungen enthaltenes Anmelderfordernis (→ § 10 Rn. 4 ff.), des Weiteren aber auch die Art des Nachweises der Berechtigung zur Teilnahme an der Gläubigerversammlung und zur Ausübung des Stimmrechts (→ § 10 Rn. 9 ff.), unabhängig davon ob die Art des Nachweises nach § 10 Abs. 3 Satz 1 in den Anleihebedingungen geregelt ist oder die gesetzliche Regelung des § 10 Abs. 3 Satz 2 gilt. Abs. 1 enthält selbst keine Ermächtigung zur Statuierung von Teilnahmebedingungen.

Abs. 1 regelt die erforderlichen Mindestangaben nicht abschließend. So ist in 2 der Einberufung auch auf die Möglichkeit der Vertretung durch einen Bevollmächtigten hinzuweisen; die Voraussetzungen für eine wirksame Vertretung sind anzugeben (§ 14 Abs. 1 Satz 2 und 3; → § 14 Rn. 11). Beruft eine durch Gericht nach § 9 Abs. 2 Satz 1 ermächtigte Gläubigerminderheit die Gläubigerversammlung ein, muss nach § 9 Abs. 2 Satz 3 auf die gerichtliche Ermächtigung „in der Bekanntmachung der Einberufung" hingewiesen werden (→ § 9 Rn. 26). Da die Einberufung erst durch eben diese Bekanntmachung geschieht, wird der Hinweis regelmäßig in der Einberufung selbst erscheinen. Aber auch in den anderen Fällen ist trotz fehlender ausdrücklicher gesetzlicher Regelung (wie auch im Aktienrecht, *Hüffer* § 121 Rn. 9) die Angabe des Einberufenden erforderlich (*Schindele* in Preuße § 12 Rn. 5; *Bliesener/Schneider* in Langenbucher/Bliesener/Spindler, Kap. 17, § 12 Rn. 8; *Schmidtbleicher* in Friedl/Hartwig-Jacob SchVG § 12 Rn. 7). Ebenso ist eine genaue Bezeichnung der Schuldverschreibungen erforderlich, um die es auf der Gläubigerversammlung geht (*Bliesener/Schneider* in Langenbucher/ Bliesener/Spindler, Kap. 17, § 12 Rn. 7; *Müller* in Heidel § 12 Rn. 2). Nicht (Mindest-)Inhalt der Einberufung, aber mit ihr gemäß § 13 Abs. 2 Satz 1 bekannt zu machen ist die Tagesordnung; diese kann freilich – wie in der Praxis üblich – in die Einberufung integriert und mit dieser zusammen als ein Dokument bekannt und auf der Internetseite zugänglich gemacht werden (→ § 13 Rn. 6).

Die Anleihebedingungen können weitergehende Angaben für die Einberufung 3 vorsehen (*Bliesener/Schneider* in Langenbucher/Bliesener/Spindler, Kap. 17, § 12 Rn. 1).

II. Bekanntmachung

Die Einberufung ist vom Einberufenden (Schuldner, gemeinsamer Vertreter 4 oder qualifizierte Gläubigerminderheit) nach Abs. 2 Satz 1 durch einmalige Veröffentlichung im Bundesanzeiger bekannt zu machen. Eine persönliche Einladung ist nicht vorgesehen. Erst mit der Bekanntmachung wird die Einberufung wirksam. Das offensichtlich dem § 30b Abs. 2 Satz 1 Nr. 1 WpHG entnommene Erfordernis der Unverzüglichkeit ist daher ohne Sinn (*Bliesener/Schneider* in Langenbucher/Bliesener/Spindler, Kap. 17, § 12 Rn. 11; *Schindele* in Preuße § 12 Rn. 7; *Müller* in Heidel § 12 Rn. 3; **aA** *Schmidtbleicher* in Friedl/Hartwig-Jacob § 12 Rn. 11 mit dem Argument, es komme auf den Zeitraum zwischen dem Entschluss zur Einberufung und der Bekanntmachung an, was aber im Gesetzeswortlaut keine Stütze findet und im Rahmen des SchVG, wo es anders als bei § 30b Abs. 2 WpHG nicht um eine kapitalmarktrechtliche Informationspflicht geht, auch keinen Sinn hat). Hat der Schuldner die Gläubigerversammlung einberufen, bedarf es einer weiteren Veröffentlichung nach § 30b Abs. 2 Satz 1 Nr. 1 WpHG im Übrigen nicht (§ 30b Abs. 2 Satz 2 iVm Abs. 1 Satz 2 WpHG). Hat hingegen der gemeinsame Vertreter oder eine qualifizierte Gläubigerminderheit die Gläubigerversammlung einberufen, ist unklar, ob auch dies den Schuldner nach § 30b Abs. 2 Satz 2 iVm Abs. 1 Satz 2 WpHG von seiner Veröffentlichungspflicht nach § 30b Abs. 2 Satz 1 Nr. 1 WpHG befreit; vorsichtshalber sollte der Schuldner daher die Veröffentlichung vornehmen.

5   Die Anleihebedingungen können zusätzliche Formen der öffentlichen Bekanntmachung vorsehen. Die Einberufung wird dann aber erst mit der letzten der vorgesehenen Bekanntmachungen wirksam. Empfehlenswert ist eine solche Regelung daher nicht. Hält es der Einberufende wegen des Quorums für die Beschlussfähigkeit nach § 15 Abs. 3 Satz 1 für zweckmäßig, die Einberufung noch anderweitig zu veröffentlichen, um ihre möglichst weite Verbreitung zu erreichen, kann er dies auch ohne eine solche Regelung in den Anleihebedingungen tun (*Bliesener/Schneider* in Langenbucher/Bliesener/Spindler, Kap. 17, § 12 Rn. 13; *Schindele* in Preuße § 12 Rn. 3).

6   Der Schuldner hat die Kosten der Bekanntmachung zu tragen. Diese Kostentragungspflicht trifft ihn auch, wenn der gemeinsame Vertreter oder eine qualifizierte Gläubigerminderheit nach Ermächtigung durch das Gericht die Versammlung durch öffentliche Bekanntmachung einberuft, es besteht dann eine Freistellungs- oder Erstattungspflicht des Schuldners (→ § 9 Rn. 28 f.). Das gilt aber nur für die gesetzlich oder zusätzlich in den Anleihebedingungen vorgesehene(n) Bekanntmachung(en), nicht für weitergehende freiwillige Bekanntmachungen durch den Einberufenden.

III. Ergänzende Veröffentlichung im Internet

7   Die Zugänglichmachung auf der Internetseite ist keine öffentliche Bekanntmachung. Der Schuldner kann daher die Unterlagen ausschließlich den Gläubigern zugänglich machen und die Öffentlichkeit vom Zugang ausschließen (Begr. RegE S. 22). Der Schuldner hat die Information auf der eigenen oder, wenn eine solche (wie ggf. im häufigen Fall einer reinen Finanzierungstochter) nicht vorhanden ist, auf der in den Anleihebedingungen festgelegten Internetseite zugänglich zu machen. Fehlt es an beidem, wäre die Zugänglichmachung der Informationen auf der Internetseite der Konzernmutter zwar ein in der Praxis gangbarer Weg; sicherer ist aber, wenn der Schuldner für diesen Zweck ad hoc eine Internetseite einrichtet.

8   Zugänglich zu machen sind nach Abs. 3 die Einberufung und die genauen Bedingungen, von denen die Teilnahme an der Gläubigerversammlung und die Ausübung des Stimmrechts abhängen. Dabei kommt dem – im Vergleich zu

Tagesordnung **§ 13**

Abs. 1 hinzugekommen – Attribut „genau" offensichtlich keine eigenständige Bedeutung zu, sodass die Wiedergabe der Einberufung genügt, wie sie im Bundesanzeiger bekannt gemacht wurde (wenn diese wiederum den Anforderungen des Abs. 1 genügt). Die Tagesordnung gehört nicht zur Einberufung; sie ist aber nach § 13 Abs. 2 Satz 2 ebenfalls zugänglich zu machen.

Die Unterlagen sind vom Tag der Einberufung an bis zum Tag der Gläubiger- 9 versammlung zugänglich zu machen. Abs. 3 weicht damit von der Parallelvorschrift des § 124a Satz 1 AktG („alsbald nach der Einberufung") ab. Tag der Einberufung ist der Tag, an dem die Einberufung im Bundesanzeiger bekannt gemacht wird. Dies geschieht jeweils um 15.00 Uhr. Eine Zugänglichmachung der Unterlagen auf der Internetseite des Schuldners vor diesem Zeitpunkt ist daher nicht sinnvoll und vom Gesetz nicht gefordert. Es genügt vielmehr, wenn die Unterlagen nach 15.00 Uhr, aber eben noch am selben Tag (bis 24.00 Uhr) zugänglich gemacht werden. Am Tag der Gläubigerversammlung sind die Unterlagen bis zum Ende der Gläubigerversammlung zugänglich zu machen. Ein Erfordernis, die Unterlagen noch bis 24.00 Uhr desselben Tages zugänglich zu machen, besteht hingegen nicht, da das Informationsbedürfnis der Gläubiger mit dem Ende der Gläubigerversammlung und nicht erst mit dem Ablauf des Tages der Gläubigerversammlung entfällt.

Die Pflicht nach Abs. 3 trifft auch dann den Schuldner, wenn der gemeinsame 10 Vertreter oder eine vom Gericht ermächtigte qualifizierte Minderheit von Gläubigern die Versammlung einberuft. Die Gläubiger haben unabhängig von der Person des Einberufenden ein Interesse daran, die in Abs. 3 genannten, für die Vorbereitung der Teilnahme an der Versammlung wichtigen Unterlagen einsehen zu können. Erfährt der Schuldner erst so spät von der Einberufung, dass er die Unterlagen nicht mehr am Tag der Einberufung auf der Internetseite zugänglich machen kann, hat er dies unverzüglich nach Kenntniserlangung nachzuholen.

IV. Rechtsfolgen bei Verstoß

Verstößt der Schuldner, der gemeinsame Vertreter oder bei entsprechender 11 gerichtlicher Ermächtigung die qualifizierte Gläubigerminderheit gegen die Vorschriften über die Einberufung und Bekanntmachung nach § 12 Abs. 1 und 2 oder der Schuldner gegen die Vorschriften über die Zugänglichmachung auf der Internetseite nach Abs. 3, können dennoch in der Gläubigerversammlung gefasste Beschlüsse anfechtbar sein (→ § 20 Rn. 14).

§ 13 Tagesordnung

(1) **Zu jedem Gegenstand, über den die Gläubigerversammlung beschließen soll, hat der Einberufende in der Tagesordnung einen Vorschlag zur Beschlussfassung zu machen.**

(2) ¹**Die Tagesordnung der Gläubigerversammlung ist mit der Einberufung bekannt zu machen.** ²**§ 12 Absatz 2 und 3 gilt entsprechend.** ³**Über Gegenstände der Tagesordnung, die nicht in der vorgeschriebenen Weise bekannt gemacht sind, dürfen Beschlüsse nicht gefasst werden.**

(3) ¹**Gläubiger, deren Schuldverschreibungen zusammen 5 Prozent der ausstehenden Schuldverschreibungen erreichen, können verlangen, dass**

§ 13 Abschnitt 2 Beschlüsse der Gläubiger

neue Gegenstände zur Beschlussfassung bekannt gemacht werden; § 9 Absatz 2 bis 4 gilt entsprechend. ²Diese neuen Gegenstände müssen spätestens am dritten Tag vor der Gläubigerversammlung bekannt gemacht sein.

(4) Gegenanträge, die ein Gläubiger vor der Versammlung angekündigt hat, muss der Schuldner unverzüglich bis zum Tag der Gläubigerversammlung im Internet unter seiner Adresse oder, wenn eine solche nicht vorhanden ist, unter der in den Anleihebedingungen festgelegten Internetseite den Gläubigern zugänglich machen.

I. Tagesordnung, Beschlussgegenstände und Beschlussvorschläge

1 Der Einberufende (Schuldner, gemeinsamer Vertreter oder vom Gericht hierzu ermächtigte qualifizierte Gläubigerminderheit) hat zunächst eine Tagesordnung für die Gläubigerversammlung zu erstellen. Abs. 1 regelt dies nicht unmittelbar, setzt eine solche Pflicht aber erkennbar voraus. Dabei müssen die Gegenstände der Tagesordnung einzeln bezeichnet und geordnet werden, sodass die Gläubiger erkennen können, worüber inhaltlich verhandelt und ggf. beschlossen werden soll (*Bliesener/Schneider* in Langenbucher/Bliesener/Spindler, Kap. 17, § 13 Rn. 2; *Müller* in Heidel § 13 Rn. 1; jeweils zutreffend unter Verweis auf die aktienrechtliche Literatur zur Parallelnorm § 121 Abs. 3 Satz 2 AktG, *Hüffer* § 121 Rn. 9).

2 Nicht für alle denkbaren Tagesordnungspunkte muss auch eine Beschlussfassung der Gläubigerversammlung vorgesehen sein. Nicht in Betracht kommt eine Beschlussfassung etwa, wenn der Tagesordnungspunkt nur verfahrensmäßige Bedeutung hat (zB „Feststellung der Beschlussfähigkeit") oder nur der (ggf. auch Beschlussfassungen zu anderen Tagesordnungspunkten vorbereitenden) Erörterung dient (zB „Vorstellung des Restrukturierungskonzepts"). Nur für solche Gegenstände der Tagesordnung, über die die Gläubigerversammlung Beschluss fassen soll (sog. Beschlussgegenstände), begründet Abs. 1 die weitergehende Pflicht des Einberufenden, einen Vorschlag zur Beschlussfassung zu machen. Mögliche Beschlussgegenstände sind va Änderungen der Anleihebedingungen (→ § 5 Rn. 3 ff.) und die Bestellung oder Abberufung eines gemeinsamen Vertreters (→ §§ 7, 8 Rn. 4 ff.). Der Einberufende hat auch im Fall des § 9 Abs. 1 Satz 2 Beschlussvorschläge zu machen, obwohl die Initiative für die Einberufung der Gläubigerversammlung nicht von ihm, sondern von der qualifizierten Gläubigerminderheit ausgegangen ist. Eine dem § 124 Abs. 3 Satz 3 Alt. 2 AktG vergleichbare Regelung, die die Beschlussvorschläge des Einberufenden in diesem Falle entbehrlich machte, enthält das SchVG nicht.

3 Der Beschlussvorschlag ist noch kein Beschlussantrag. Dieser wird – wie auch die nach Abs. 4 angekündigten Gegenanträge (→ Rn. 11 ff.) – erst in der Gläubigerversammlung mündlich gestellt (zum Mündlichkeitsprinzip auch → § 16 Rn. 5 f.). Erforderlich ist aber eine antragsförmige Ausformulierung (*Schindele* in Preuße § 13 Rn. 3; zum Aktienrecht *Hüffer* § 124 Rn. 17). Eine Pflicht zur Begründung der Beschlussvorschläge besteht ebenso wenig wie eine Berichtspflicht des Einberufenden. Für den Schuldner können solche Pflichten in den Anleihebedingungen vorgesehen werden (was in der Praxis unüblich ist), für den gemeinsamen Vertreter und die qualifizierte Gläubigerminderheit steht einer sol-

Tagesordnung § 13

chen Regelung § 5 Abs. 1 Satz 2 entgegen (*Schmidtbleicher* in Friedl/Hartwig-Jacob § 13 Rn. 4).

Der Einberufende ist in der Gläubigerversammlung nicht an den Beschlussvorschlag gebunden (*Schindele* in Preuße § 13 Rn. 3; *Bliesener/Schneider* in Langenbucher/Bliesener/Spindler, Kap. 17, § 13 Rn. 4). Dies ist folgerichtig, handelt es sich beim Beschlussvorschlag doch lediglich um die Ankündigung eines Antrags. Es steht dem Einberufenden – wie auch den Gläubigern, die nach Abs. 4 Gegenanträge angekündigt haben – daher frei, von einer Antragstellung abzusehen, etwa weil sich herausstellt, dass der Antrag keinen Erfolg hätte, oder weil der Einberufende den Gegenantrag eines Gläubigers unterstützt oder dieser jedenfalls bessere Erfolgsaussichten hat. In letzterem Fall kann der Vorsitzende (dieser ist bei Einberufung durch den Schuldner oder den gemeinsamen Vertreter mit dem Einberufenden identisch; → § 15 Rn. 1 f.) ggf. ohnehin zunächst über den Gegenantrag abstimmen lassen (zur Festlegung der Abstimmungsreihenfolge durch den Vorsitzenden → § 15 Rn. 17). Fasst die Gläubigerversammlung entsprechend dem Gegenantrag Beschluss, ist der Beschlussgegenstand erledigt und sind weitere Anträge hierzu nicht mehr zur Abstimmung zu stellen. 4

Aus dem Vorstehenden folgt, dass der Einberufende in der Gläubigerversammlung auch einen inhaltlich abweichenden Antrag stellen kann. In der Literatur wird hierfür allerdings verbreitet ein sachlicher Grund verlangt, etwa der Eintritt oder das Bekanntwerden neuer Tatsachen nach der Einberufung (*Schindele* in Preuße § 13 Rn. 3; *Bliesener/Schneider* in Langenbucher/Bliesener/Spindler, Kap. 17, § 13 Rn. 4; *Schmidtbleicher* in Friedl/Hartwig-Jacob § 13 Rn. 5; jeweils in Anlehnung an eine Meinung zur aktienrechtlichen Parallelnorm des § 124 Abs. 3 Satz 1 AktG, *Kubis* in MüKoAktG § 124 Rn. 45 mwN). Dem ist nicht zu folgen (so auch die Rspr. und mittlerweile wohl hM im Aktienrecht, OLG Hamm AG 2005, 361, 363; *Hüffer* § 124 Rn. 17 mwN). Der mit der Bekanntmachungspflicht nach Abs. 1 verfolgte Zweck, den Gläubigern die Entscheidung über die Teilnahme an der und die Vorbereitung auf die Gläubigerversammlung zu ermöglichen, wird durch die Möglichkeit eines abweichenden Antrags des Einberufenden in der Gläubigerversammlung nicht vereitelt, da ohnehin stets damit zu rechnen ist, dass über einen vom Beschlussvorschlag abweichenden (Gegen-)Antrag abzustimmen ist (zum Aktienrecht OLG Hamm AG 2005, 361, 363). Aus demselben Grund sprechen auch die in diesen Fällen leerlaufenden Weisungen an vom Schuldner benannte Stimmrechtsvertreter nicht gegen die Möglichkeit eines abweichenden Antrags durch den Einberufenden in der Gläubigerversammlung. Unzulässig ist die vom Beschlussvorschlag abweichende Antragstellung in der Gläubigerversammlung nur dann, wenn sie rechtsmissbräuchlich ist (*Schmidtbleicher* in Friedl/Hartwig-Jacob § 13 Rn. 5), zB bei Änderung des Antrags nur zu dem Zweck, eine Ablehnung mit den Stimmen der vom Schuldner benannten Stimmrechtsvertreter zu verhindern. Ein aufgrund eines rechtsmissbräuchlichen Antrags gefasster und festgestellter Beschluss der Gläubigerversammlung ist nach § 20 Abs. 1 anfechtbar. 5

II. Bekanntmachung der Tagesordnung und ergänzende Veröffentlichung im Internet

Der Einberufende hat die Tagesordnung (einschließlich seiner Beschlussvorschläge, die nach Abs. 1 Bestandteil der Tagesordnung sind) mit der Einberufung 6

§ 13 Abschnitt 2 Beschlüsse der Gläubiger

bekannt zu machen. Nach Abs. 2 gelten § 12 Abs. 2 und 3 entsprechend. Das bedeutet: Die Bekanntmachung erfolgt im Bundesanzeiger, wobei die Anleihebedingungen zusätzliche Formen der Bekanntmachung vorsehen können (→ § 12 Rn. 5). Der Schuldner hat, auch wenn er nicht Einberufender ist, die Kosten der Bekanntmachung zu tragen (→ § 12 Rn. 6). Der Schuldner hat die Tagesordnung außerdem auf seiner Internetseite zugänglich zu machen (→ § 12 Rn. 7 ff.). Die Tagesordnung kann freilich – wie in der Praxis üblich – in die Einberufung integriert und mit dieser zusammen als ein Dokument bekannt und auf der Internetseite zugänglich gemacht werden. Bei Beschlussvorschlägen zur Änderung der Anleihebedingungen braucht der ursprüngliche Wortlaut der Anleihebedingungen nicht mit bekanntgemacht und auf der Internetseite zugänglich gemacht zu werden: Erstens sind die ursprünglichen Anleihebedingungen nicht Inhalt des Beschlussvorschlags. Zweitens sprechen systematische Gründe dagegen, sieht doch § 17 Abs. 2 eine Pflicht zur Zugänglichmachung der ursprünglichen Anleihebedingungen lediglich auf der Internetseite und dies auch erst nach Beschlussfassung vor (*Bliesener/Schneider* in Langenbucher/Bliesener/Spindler, Kap. 17, § 13 Rn. 5; für freiwillige Aufnahme der Anleihebedingungen zur Information der Gläubiger *Müller* in Heidel § 13 Rn. 2).

7 Mit der Bekanntmachung der Tagesordnungspunkte und der Beschlussvorschläge des Einberufenden sollen die Gläubiger über den Zweck der Versammlung unterrichtet werden und ihre Entscheidung vorbereiten können (Begr. RegE S. 22). Den Gläubigern müssen die Tagesordnung und die Beschlussvorschläge des Einberufenden zudem bekannt sein, um die Rechte nach Abs. 3 (→ Rn. 8 ff.) und Abs. 4 (→ Rn. 11 ff.) ausüben zu können. Daher dürfen nach Abs. 2 Satz 3 über Tagesordnungspunkte, die nicht in der vorgeschriebenen Weise bekannt gemacht sind, keine Beschlüsse gefasst werden, dennoch gefasste Beschlüsse sind anfechtbar. Über Gegenanträge (egal ob nach Abs. 4 angekündigt) zu ordnungsgemäß bekannt gemachten Tagesordnungspunkten darf hingegen abgestimmt werden, ebenso über Geschäftsordnungsanträge (*Schindele* in Preuße § 13 Rn. 6; zu Geschäftsordnungsanträgen → § 15 Rn. 11 ff.).

III. Ergänzende Bekanntmachungspflicht für Minderheitenverlangen

8 Eine Minderheit von 5% der Gläubiger (→ § 9 Rn. 8 ff.) kann nach Abs. 3 verlangen, dass neue Beschlussgegenstände auf die Tagesordnung gesetzt werden. Adressat des Verlangens ist der Einberufende. Anders als § 9 Abs. 1 Satz 2 (und anders als die Vorgängerregelung in §§ 7 Abs. 3, Abs. 2 SchVG 1899 und die Parallelnorm § 122 Abs. 2 Satz 1, Abs. 1 Satz 1 AktG) verlangt § 13 Abs. 3 kein *schriftliches* Verlangen. Ein bloßes gesetzgeberisches Versehen ist darin nicht zu sehen (wie hier *Müller* in Heidel § 13 Rn. 3; *Schindele* in Preuße § 13 Rn. 7; **aA** *Bliesener/Schneider* in Langenbucher/Bliesener/Spindler, Kap. 17, § 13 Rn. 6a; *Schmidtbleicher* in Friedl/Hartwig-Jacob § 13 Rn. 9; *Backmann* in Vorauflage Rn. 3). Ein Verlangen in Textform (zB Fax oder E-Mail) genügt daher jedenfalls. Gleiches gilt konsequenterweise für ein mündliches Verlangen, allerdings ist Einhaltung mindestens der Textform in der Praxis schon für Dokumentationszwecke zu empfehlen.

9 Die neuen Beschlussgegenstände sind vom Einberufenden bekannt zu machen. Eine Pflicht, auch für die neuen Beschlussgegenstände einen Beschlussvorschlag

zu machen, trifft den Einberufenden aber nicht (wie hier *Schmidtbleicher* in Friedl/Hartwig-Jacob § 13 Rn. 9; **aA** *Schindele* in Preuße § 13 Rn. 3). Die Kosten für die ergänzende Bekanntmachung hat der Schuldner zu tragen, da auch diese zu den Kosten der Gläubigerversammlung zählen (allgemein schon § 9 Abs. 4 [→ § 9 Rn. 28 f.] sowie im Besonderen Abs. 2 Satz 2 iVm § 12 Abs. 2 Satz 3; im Ergebnis ebenso *Schindele* in Preuße § 13 Rn. 7; *Schmidtbleicher* in Friedl/Hartwig-Jacob SchVG § 13 Rn. 15). Die neuen Beschlussgegenstände müssen spätestens am dritten Tag vor der Gläubigerversammlung bekannt gemacht sein (Abs. 3 Satz 2). Über später bekannt gemachte Gegenstände kann nicht wirksam Beschluss gefasst werden. Die Gläubigerminderheit muss das Verlangen dem Einberufenden daher so rechtzeitig zukommen lassen, dass dieser unter Berücksichtigung der Bearbeitungszeit beim Bundesanzeiger die Bekanntmachung spätestens am dritten Tag vor der Versammlung bewirken kann (nach derzeitiger Praxis erfordert dies eine Einreichung beim Bundesanzeiger zwei Werktage vorher bis 14.00 Uhr).

Entspricht der Einberufende dem Bekanntmachungsverlangen nicht, so kann die qualifizierte Gläubigerminderheit das Bekanntmachungsverlangen nach Abs. 3 Satz 1, 2. Hs. entsprechend § 9 Abs. 2 bis 4 gerichtlich durchsetzen (→ § 9 Rn. 15 ff.). **10**

IV. Gegenanträge

Jeder Gläubiger kann in der Gläubigerversammlung unabhängig von der Anzahl seiner Schuldverschreibungen und auch, wenn sein Stimmrecht ruht, zu Gegenständen der Tagesordnung eigene, von den Beschlussvorschlägen des Einberufenden abweichende Beschlussvorschläge einbringen (sog. Gegenanträge). Die bloße Ankündigung, gegen den Vorschlag des Einberufenden zu stimmen, ist jedoch kein Gegenantrag iSv Abs. 4 (zur insoweit gleichen Beurteilung im Aktienrecht *Hüffer* § 126 Rn. 2). Kündigt der Gläubiger einen Gegenantrag vor der Gläubigerversammlung an, ist der Schuldner (vorausgesetzt die Ankündigung wird ihm gegenüber gemacht oder ihm jedenfalls mitgeteilt) verpflichtet, diesen Gegenantrag unverzüglich auf seiner Internetseite oder, wenn eine solche nicht vorhanden ist, unter der in den Anleihebedingungen festgelegten Internetseite (→ § 12 Rn. 7 ff.) den Gläubigern zugänglich zu machen. Damit sollen die übrigen Gläubiger über eine mögliche Opposition in der Gläubigerversammlung frühzeitig informiert und ihnen eine angemessene Vorbereitung ermöglicht werden. Eine Bekanntmachungspflicht (im Bundesanzeiger) besteht hingegen nicht. Gegenanträge können auch erst in der zweiten Versammlung gestellt und somit auch erst vor dieser angekündigt werden, was daraus folgt, dass die Vorschriften über die Modalitäten der Einberufung und Durchführung der Gläubigerversammlung für die zweite Versammlung entsprechend anzuwenden sind, soweit sich nicht (wie bei der alleinigen Zuständigkeit des Vorsitzenden für die Einberufung gemäß § 15 Abs. 3 Satz 2, BGH NZG 2015, 360 Rn. 20 ff.) aus dem Gesetz etwas anderes ergibt (wie hier *Schindele* in Preuße § 15 Rn. 17; *Müller* in Heidel § 15 Rn. 6; **aA** *Schmidtbleicher* in Friedl/Hartwig-Jacob § 15 Rn. 41; → § 15 Rn. 23 ff.). **11**

Die Gegenanträge sind bis zum Tag der Gläubigerversammlung (einschließlich) zugänglich zu machen, allerdings genügt Zugänglichmachung bis zum Ende der Gläubigerversammlung, also nicht notwendig bis zum Ablauf des Tages. Gegenanträge, die ein Gläubiger in der Gläubigerversammlung stellt, brauchen nicht zugänglich gemacht zu werden. Am Tag der Gläubigerversammlung, aber vor ihrem **12**

Beginn noch angekündigte Gegenanträge müssen nach dem Wortlaut von Abs. 4 grundsätzlich noch unverzüglich zugänglich gemacht werden, allerdings wird abhängig von den Umständen des Einzelfalls oftmals kein schuldhaftes Zögern vorliegen, wenn dies vor Beginn der Gläubigerversammlung nicht mehr gelingt, und damit die Pflicht nach Abs. 4 nicht verletzt sein; nach Beginn der Gläubigerversammlung besteht die Pflicht zur Zugänglichmachung dann nicht mehr.

13 § 13 Abs. 4 sieht (anders als etwa § 126 Abs. 1 Satz 1 AktG) nicht vor, dass der Gegenantrag begründet werden muss (*Schindele* in Preuße § 13 Rn. 8; *Bliesener/Schneider* in Langenbucher/Bliesener/Spindler, Kap. 17, § 13 Rn. 10). Eine solche Pflicht kann auch nicht in die Anleihebedingungen aufgenommen werden, da dies gegen § 5 Abs. 1 Satz 2 verstieße (*Bliesener/Schneider* in Langenbucher/Bliesener/Spindler, Kap. 17, § 13 Rn. 10; *Schmidtbleicher* in Friedl/Hartwig-Jacob SchVG § 13 Rn. 17). Auch ist für die Ankündigung eines Gegenantrags keine bestimmte Form vorgeschrieben (*Schindele* in Preuße § 13 Rn. 8; *Bliesener/Schneider* in Langenbucher/Bliesener/Spindler, Kap. 17, § 13 Rn. 11). Eine Zusendung in Textform (zB E-Mail oder Fax) ist daher ausreichend. Der Schuldner kann seiner Pflicht dann dadurch genügen, dass er einen Scan hiervon auf der Internetseite zugänglich macht. Auch eine mündliche Übermittlung des Gegenantrags durch den Gläubiger ist nach dem Wortlaut von Abs. 4 zulässig („angekündigt", im Unterschied etwa zu § 126 Abs. 1 Satz 1 AktG [„übersandt"]), wenn auch nicht empfehlenswert, weil die Ankündigung dann nicht dokumentiert ist.

§ 14 Vertretung

(1) ¹**Jeder Gläubiger kann sich in der Gläubigerversammlung durch einen Bevollmächtigten vertreten lassen.** ²**Hierauf ist in der Einberufung der Gläubigerversammlung hinzuweisen.** ³**In der Einberufung ist auch anzugeben, welche Voraussetzungen erfüllt sein müssen, um eine wirksame Vertretung zu gewährleisten.**

(2) ¹**Die Vollmacht und Weisungen des Vollmachtgebers an den Vertreter bedürfen der Textform.** ²**Wird ein vom Schuldner benannter Stimmrechtsvertreter bevollmächtigt, so ist die Vollmachtserklärung vom Schuldner drei Jahre nachprüfbar festzuhalten.**

I. Vertretung durch Bevollmächtigten

1. Rechtsgeschäftliche Vertretung

1 Abs. 1 Satz 1 stellt klar, dass (wie bei der Hauptversammlung der AG auch, § 134 Abs. 3 Satz 1 AktG) Teilnahme- und Stimmrecht keine höchstpersönlichen Rechte sind und ein Gläubiger sich daher in der Gläubigerversammlung durch einen Bevollmächtigten vertreten lassen kann. Der Bevollmächtigte darf das Teilnahmerecht (einschließlich Rederecht, Fragerecht und Antragsrecht) und das Stimmrecht des Gläubigers in der Gläubigerversammlung umfassend ausüben.

2 § 14 betrifft nur die durch Erteilung einer Vollmacht begründete rechtsgeschäftliche Vertretung iSv §§ 164 ff. BGB, nicht hingegen die organschaftliche oder die gesetzliche Vertretung (*Kirchner* in Preuße § 14 Rn. 8; *Bliesener/Schneider* in Langenbucher/Bliesener/Spindler, Kap. 17, § 14 Rn. 2; *Schmidtbleicher* in Friedl/Hartwig-Jacob § 14 Rn. 6), die ohne weiteres zulässig sind. Ihre Voraussetzungen

Vertretung § 14

bestimmen sich allein nach den jeweils zugrundeliegenden Rechtsverhältnissen, die Legitimation erfolgt durch die üblichen Unterlagen (Handelsregisterauszüge bzw. Personenstandsunterlagen oder Bestellungsurkunden).

Ebenfalls nicht durch § 14 geregelt, aber gleichwohl nach den allgemeinen 3 Regeln zulässig ist die sog. Legitimationszession, dh die Übertragung der Befugnis, Rechte aus fremden Schuldverschreibungen im eigenen Namen auszuüben (*Kirchner* in Preuße § 14 Rn. 9; *Bliesener/Schneider* in Langenbucher/Bliesener/Spindler, Kap. 17, § 14 Rn. 9; *Schmidtbleicher* in Friedl/Hartwig-Jacob § 14 Rn. 7).

2. Form

Nach Abs. 2 Satz 1 bedarf die Vollmacht der Textform iSv § 126b BGB. Dies 4 bedeutet eine Verschärfung gegenüber den allgemeinen Regelungen, da nach § 167 Abs. 2 BGB die Vollmacht formfrei wäre, entspricht aber der aktienrechtlichen Rechtslage (§ 134 Abs. 3 Satz 3 AktG). Die Anleihebedingungen können wegen § 5 Abs. 1 Satz 2 keine strengeren Formvorschriften vorsehen, insbesondere also nicht Schriftform anordnen (*Bliesener/Schneider* in Langenbucher/Bliesener/Spindler, Kap. 17, § 14 Rn. 8; *Müller* in Heidel § 14 Rn. 2; *Schmidtbleicher* in Friedl/Hartwig-Jacob § 14 Rn. 4; **aA** *Gärtner* in Vorauflage Rn. 7). Die Erteilung der Vollmacht per Fax oder E-Mail genügt für die Einhaltung der Textform. Ein Formverstoß führt zur Nichtigkeit der Vollmacht (§ 125 Satz 1 BGB). Der Textform bedürfen auch etwaige Weisungen des Vollmachtgebers an den Vertreter; ein Formverstoß führt auch hier zur Nichtigkeit. Für den Widerruf der Vollmacht gilt Abs. 2 Satz 1 hingegen nicht, dieser ist formfrei möglich (*Kirchner* in Preuße § 14 Rn. 13).

3. Person des Bevollmächtigten

Als Bevollmächtigter kommt grundsätzlich jede natürliche oder juristische Person in Betracht. 5

Abs. 2 Satz 2 setzt (entsprechend § 134 Abs. 3 Satz 5 AktG) voraus, dass Bevoll- 6 mächtigter auch ein vom Schuldner benannter Stimmrechtsvertreter sein kann, und bestimmt, dass der Schuldner in diesem Fall die Vollmachtserklärung drei Jahre nachprüfbar festzuhalten hat. Gemeint ist damit drei Jahre nach der Gläubigerversammlung (§§ 187 Abs. 1, 188 Abs. 2 BGB), auch wenn dadurch das vom Gesetzgeber verfolgte Ziel (Begr. RegE S. 23), die Vollmachtserklärung bis zur Verjährung möglicher Ansprüche gegen den Stimmrechtsvertreter festzuhalten, nicht erreicht wird (schon die Regelverjährung nach §§ 195, 199 Abs. 1 BGB tritt später ein). Die im Aktienrecht entwickelten Einschränkungen bei der Auswahl des Stimmrechtsvertreters (keine Organe oder Organmitglieder, generell Gewährleistung von Professionalität und damit Abstand gegenüber den Interessen der Verwaltung, *Hüffer* § 134 Rn. 26b) gelten im SchVG allerdings nicht (wie hier *Müller* in Heidel § 14 Rn. 3; **aA** *Gärtner* in Vorauflage Rn. 10; unklar *Schmidtbleicher* in Friedl/Hartwig-Jacob § 14 Rn. 10; *Bliesener/Schneider* in Langenbucher/Bliesener/Spindler, Kap. 17, § 14 Rn. 6): Zunächst fehlt es im SchVG an einer § 136 Abs. 2 AktG vergleichbaren Norm, aus der im Aktienrecht das Manipulationsverbot abgeleitet wird. Vor allem aber gilt der hinter dem Manipulationsverbot stehende Gedanke, wonach in der AG die Errichtung eines sich selbst stabilisierenden Systems durch die Ausübung von Stimmrechten durch die Verwaltung oder ihr nahestehende Personen verhindert werden soll, für das Verhältnis von Gläubigern und Schuldner nicht. Denn während es in der AG um die Sicher-

§ 14 Abschnitt 2 Beschlüsse der Gläubiger

stellung der ordnungsgemäßen Willensbildung innerhalb der Gesellschaft durch das zuständige Organ (Hauptversammlung) ohne unzulässigen Einfluss der anderen Organe (Vorstand oder Aufsichtsrat) geht, geht es im SchVG um die Willensbildung der Gläubiger im Zusammenhang mit den Anleihebedingungen, einem Vertragsverhältnis, bei dem sich Gläubiger und Schuldner als Vertragsparteien für alle Beteiligten erkennbar mit unterschiedlichen Interessen gegenüberstehen. Der Interessengegensatz ist hier also (anders als beim Stimmrechtsvertreter der Gesellschaft iSv § 134 Abs. 3 Satz 5 AktG) von vornherein angelegt. Dennoch hat der Gesetzgeber die Benennung eines Stimmrechtsvertreters durch den Schuldner zugelassen. Dass sich dieser Interessengegensatz nicht konkretisiert, der Stimmrechtsvertreter also nicht im Interesse des Schuldners statt der ihn bevollmächtigenden Gläubiger abstimmt, lässt sich durch die Erteilung entsprechender Weisungen verhindern. Wirksamkeitsvoraussetzungen für die Bevollmächtigung sind solche Weisungen (anders als im Aktienrecht, *Hüffer* § 134 Rn. 26b) gleichwohl nicht (wie hier *Bliesener/Schneider* in Langenbucher/Bliesener/Spindler, Kap. 17, § 14 Rn. 5; *Müller* in Heidel § 14 Rn. 3; **aA** *Gärtner* in Vorauflage Rn. 10).

7 Bevollmächtigter kann auch ein Kreditinstitut sein, in der Praxis va das depotführende Kreditinstitut (sog. Auftrags- oder Depotstimmrecht). Anders als im Aktienrecht (§ 135 AktG) ist dies im SchVG nicht gesondert geregelt. Eine analoge Anwendung von § 135 AktG scheidet allerdings aus (*Kirchner* in Preuße § 14 Rn. 6; *Bliesener/Schneider* in Langenbucher/Bliesener/Spindler, Kap. 17, § 14 Rn. 7; *Müller* in Heidel § 14 Rn. 4; **aA** *Gärtner* in Vorauflage Rn. 6), so dass es auch für diesen Fall bei der Geltung der allgemeinen Regeln bleibt.

8 Ein Gläubiger kann auch mehrere Personen bevollmächtigen, der Vorsitzende muss aber nur einen Bevollmächtigten zur Gläubigerversammlung zulassen und kann die übrigen zurückweisen (*Kirchner* in Preuße § 14 Rn. 10). Dies entspricht der Rechtslage bei der Hauptversammlung der AG (der mit dem ARUG eingeführte § 134 Abs. 3 Satz 2 AktG kodifiziert nur, was insoweit auch vorher schon galt, *Hüffer* § 134 Rn. 27).

4. Legitimation (Nachweis der Vertreterstellung)

9 Lässt sich ein Gläubiger durch einen Bevollmächtigten vertreten, haben der Vorsitzende oder die von ihm eingesetzten Hilfspersonen neben der Teilnahmeberechtigung des Gläubigers (→ § 10 Rn. 9) die Identität und Berechtigung des erschienenen Vertreters zu prüfen. Das Gesetz regelt bewusst nicht, wie dies zu geschehen hat, um Raum für die Berücksichtigung zukünftiger, insbesondere technischer Entwicklungen zu lassen. Abs. 1 Satz 3 überlässt die Ausgestaltung dabei grundsätzlich dem Einberufenden, auch können die Anleihebedingungen hierzu Vorgaben machen. Jedoch dürfen in beiden Fällen nur Anforderungen formuliert werden, die zur Feststellung der Identität und der Berechtigung des Vertreters unerlässlich sind (Begr. RegE S. 23), insbesondere dürfen nicht die materiell-rechtlichen Voraussetzungen für die Bevollmächtigung verschärft werden. Daher dürfen die Anleihebedingungen für die Vollmacht zB nicht die Schriftform vorsehen (→ Rn. 4). Soweit man § 174 BGB bei der Stimmabgabe überhaupt für anwendbar hält (*Schubert* in MüKoBGB § 174 Rn. 5), kann jedenfalls nicht, wie sonst (*Schubert* in MüKoBGB § 174 Rn. 15) Vorlage einer schriftlichen Vollmachtsurkunde verlangt werden, sondern muss die Vollmachtserklärung in Textform genügen (*Schmidtbleicher* in Friedl/Hartwig-Jacob § 14 Rn. 3). Für den Nachweis der Prokura genügt zwar grundsätzlich ein beglaubigter Handelsregis-

terausdruck (§ 9 Abs. 4, Abs. 5 HGB), ob aber die Eintragung die nach Abs. 2 Satz 1 erforderliche Textform als materiell-rechtliche Wirksamkeitsvoraussetzung der Vollmacht ersetzt, erscheint zweifelhaft (so aber *Kirchner* in Preuße § 14 Rn. 14; für das Aktienrecht *Hüffer* § 134 Rn. 23 aE).

Die Verwendung eines Formulars für die Vollmachterteilung darf den Gläubigern vorgegeben werden (Begr. RegE S. 23). Unabhängig davon besteht im Anwendungsbereich von § 30a Abs. 1 Nr. 6 WpHG (Schuldner ist Emittent, für den die Bundesrepublik Deutschland der Herkunftsstaat ist; Schuldverschreibungen sind zugelassene Schuldtitel) für den Schuldner sogar eine Verpflichtung, nach Anberaumung (dh Bekanntmachung) der Gläubigerversammlung auf Verlangen eines Gläubigers rechtzeitig in Textform ein Formular für die Erteilung einer Vollmacht für die Gläubigerversammlung zu übermitteln (§ 30a Abs. 1 Nr. 6 Alt. 2 WpHG). Eine Pflicht zur Übermittlung zusammen mit der Einladung zur Gläubigerversammlung (§ 30a Abs. 1 Nr. 6 Alt. 1 WpHG) scheidet im Anwendungsbereich des SchVG hingegen aus, weil die Einladung den Gläubigern nicht übermittelt, sondern stets nur im Bundesanzeiger bekannt gemacht wird (wie hier *Mülbert* in Assmann/Schneider § 30a Rn. 27; **aA** *Kirchner* in Preuße § 14 Rn. 17). Die Pflicht gemäß § 30a Abs. 1 Nr. 6 WpHG besteht für den Schuldner auch im Fall der Einberufung durch den gemeinsamen Vertreter oder eine qualifizierte Gläubigerminderheit (*Schmidtbleicher* in Friedl/Hartwig-Jacob § 14 Rn. 9; **aA** *Kirchner* in Preuße § 14 Rn. 18; *Gärtner* in Vorauflage Rn. 9). **10**

II. Angaben in der Einberufung

In der Einberufung der Gläubigerversammlung ist auf das Recht, sich durch einen Bevollmächtigten vertreten zu lassen, hinzuweisen (Abs. 1 Satz 2). Nach Abs. 1 Satz 3 ist ferner anzugeben, welche Voraussetzungen erfüllt sein müssen, um eine wirksame Vertretung zu gewährleisten; die Vorschrift hat mit Blick auf § 12 Abs. 1 klarstellende Bedeutung. Zu diesen Voraussetzungen gehören das Formerfordernis des Abs. 2 Satz 1 und die Anforderungen für die Legitimation des Bevollmächtigten (Feststellung von Identität und Berechtigung → Rn. 9). Auch von den Gläubigern zu verwendende Vollmachtformulare (→ Rn. 10) sind hier zu erwähnen. **11**

§ 15 Vorsitz, Beschlussfähigkeit

(1) **Der Einberufende führt den Vorsitz in der Gläubigerversammlung, sofern nicht das Gericht einen anderen Vorsitzenden bestimmt hat.**

(2) **¹In der Gläubigerversammlung ist durch den Vorsitzenden ein Verzeichnis der erschienenen oder durch Bevollmächtigte vertretenen Gläubiger aufzustellen. ²Im Verzeichnis sind die Gläubiger unter Angabe ihres Namens, Sitzes oder Wohnorts sowie der Zahl der von jedem vertretenen Stimmrechte aufzuführen. ³Das Verzeichnis ist vom Vorsitzenden der Versammlung zu unterschreiben und allen Gläubigern unverzüglich zugänglich zu machen.**

(3) **¹Die Gläubigerversammlung ist beschlussfähig, wenn die Anwesenden wertmäßig mindestens die Hälfte der ausstehenden Schuldverschreibungen vertreten. ²Wird in der Gläubigerversammlung die mangelnde**

§ 15 Abschnitt 2 Beschlüsse der Gläubiger

Beschlussfähigkeit festgestellt, kann der Vorsitzende eine zweite Versammlung zum Zweck der erneuten Beschlussfassung einberufen. ³Die zweite Versammlung ist beschlussfähig; für Beschlüsse, zu deren Wirksamkeit eine qualifizierte Mehrheit erforderlich ist, müssen die Anwesenden mindestens 25 Prozent der ausstehenden Schuldverschreibungen vertreten. ⁴Schuldverschreibungen, deren Stimmrechte ruhen, zählen nicht zu den ausstehenden Schuldverschreibungen. ⁵Die Anleihebedingungen können jeweils höhere Anforderungen an die Beschlussfähigkeit stellen.

Übersicht

	Rn.
I. Vorsitz	1
1. Person des Vorsitzenden	1
2. Kein Ausschluss der Geschäftsleitung des Schuldners von der Ausübung des Vorsitzes	2
3. Delegation des Vorsitzes auf einen Dritten	3
4. Delegation der Leitung innerhalb der Geschäftsleitung des Vorsitzenden bei Gesamtvertretungsberechtigung	4
II. Aufgaben und Kompetenzen des Vorsitzenden	5
1. Aufstellung des Teilnehmerverzeichnisses	6
2. Ordnungsmaßnahmen	10
3. Verfahrensanträge	11
a) Abwahl des Vorsitzenden	12
b) Vertagung einzelner Tagesordnungspunkte	13
c) Form der Stimmabgabe	14
4. Beschränkung des Frage- und Rederechts	15
5. Abstimmung	16
a) Feststellung der Beschlussfähigkeit	16
b) Leitung der Abstimmung	17
c) Ermittlung des Abstimmungsergebnisses: Behandlung von Stimmenthaltungen	18
d) Feststellung der Beschlussergebnisse	19
III. Beschlussfähigkeit	20
IV. Zweite Versammlung	23

I. Vorsitz

1. Person des Vorsitzenden

1 Gemäß Abs. 1 führt der Einberufende den Vorsitz in der Gläubigerversammlung, sofern nicht das Gericht einen anderen Vorsitzenden bestimmt hat. Die Zuständigkeit für die Einberufung ergibt sich aus § 9 (→ § 9 Rn. 4 ff.). Folgende Fälle sind danach denkbar (zum Ganzen bereits *Wasmann/Steber* ZIP 2014, 2005):

a) Der Schuldner hat – was der Regelfall sein dürfte – die Gläubigerversammlung einberufen (§ 9 Abs. 1 Satz 1 Alt. 1). In diesem Fall führt der Schuldner den Vorsitz.

b) Der gemeinsame Vertreter der Gläubiger hat die Gläubigerversammlung einberufen (§ 9 Abs. 1 Satz 1 Alt. 2). In diesem Fall führt der gemeinsame Vertreter der Gläubiger den Vorsitz.

c) Gläubiger, deren Schuldverschreibungen zusammen 5 % der ausstehenden Schuldverschreibungen erreichen, sind vom Gericht ermächtigt worden, die

Gläubigerversammlung einzuberufen (§ 9 Abs. 2 Satz 1). In diesem Fall ist zu unterscheiden: **aa)** Hat das Gericht zugleich den Vorsitzenden der Versammlung bestimmt (§ 9 Abs. 2 Satz 2), führt dieser den Vorsitz in der Gläubigerversammlung; dies kommt vor allem in Betracht, wenn die Gläubigerminderheit aus mehreren Personen besteht. **bb)** Hat das Gericht den Vorsitzenden nicht gemäß § 9 Abs. 2 Satz 2 bestimmt, hätte nach dem Wortlaut der gesetzlichen Regelung die Gläubigerminderheit den Vorsitz in der Gläubigerversammlung zu führen (*Bliesener/Schneider* in Langenbucher/Bliesener/Spindler, Kap. 17, § 15 Rn. 4). Dies erscheint noch sachgerecht, wenn ein Gläubiger allein das Minderheitenquorum erfüllt und die Gläubigerversammlung einberuft. Besteht die Gläubigerminderheit hingegen aus mehreren Personen, ist die Versammlungsleitung durch die Gläubigerminderheit tatsächlich unmöglich. Wie mit dieser Situation umzugehen ist, ist unklar. Ganz überwiegend wird der Gläubigerminderheit für diesen Fall das Recht, die Versammlung zu leiten, abgesprochen und der Gläubigerversammlung die Wahl des Vorsitzenden zugebilligt (*Kirchner* in Preuße § 15 Rn. 4; *Bliesener/Schneider* in Langenbucher/Bliesener/Spindler, Kap. 17, § 15 Rn. 4). Dabei bleibt aber zum einen offen, wer diese Wahl eigentlich leiten sollte (*Otto* DNotZ 2012, 809, 816f.). Zum anderen wäre eine Wahl durch die Gläubigerversammlung mit den klaren gesetzlichen Bestimmungen zum Vorsitzenden, die eine Wahl durch die Gläubigerversammlung nicht vorsehen, nicht vereinbar. Vor diesem Hintergrund sollte in der Praxis darauf geachtet werden, dass das Gericht, wenn es einem Einberufungsverlangen stattgibt, auch den Vorsitzenden bestimmt.

2. Kein Ausschluss der Geschäftsleitung des Schuldners von der Ausübung des Vorsitzes

Wird die Gläubigerversammlung durch den Schuldner einberufen (§ 9 Abs. 1 Satz 1 Alt. 1), ist gesetzlich berufener Vorsitzender sein Geschäftsführungsorgan, nicht das Aufsichtsorgan (*Bliesener/Schneider* in Langenbucher/Bliesener/Spindler, Kap. 17, § 15 SchVG Rn. 2). Schlicht nicht mit dem Gesetz in Einklang zu bringen ist die Auffassung, Mitglieder der Geschäftsleitung des Schuldners schieden wegen eines Interessenkonflikts als Versammlungsleiter aus (so aber *Schmidtbleicher* in Friedl/Hartwig-Jacob § 15 Rn. 6): Wenn das Gesetz den Vorsitz für den Regelfall dem Einberufenden zuweist, Einberufende im Regelfall aber wiederum der Schuldner oder der gewissermaßen seinen Gegenpart bildende gemeinsame Vertreter sind (§ 9 Abs. 1 Satz 1), akzeptiert es bewusst, dass die Versammlung von jemandem geleitet wird, der eindeutig einem beteiligten Lager (Schuldner- oder Gläubigerseite) zuzuordnen ist. Hätte der Gesetzgeber dies vermeiden wollen, hätte er die gerichtliche Bestimmung eines Vorsitzenden nicht nur – wie in § 9 Abs. 2 Satz 2 geschehen – für einen Sonderfall, sondern für alle Fälle vorsehen können (und müssen). Gerade das hat er aber – im Bewusstsein um die Möglichkeit einer gerichtlichen Bestellung – nicht getan. Bei etwaigen Rechtsverstößen durch den Versammlungsleiter sind die Gläubiger auf die Anfechtungsklage nach § 20 verwiesen.

3. Delegation des Vorsitzes auf einen Dritten

Des Weiteren stellt sich die Frage, ob der vom Gesetz oder vom Gericht bestimmte Vorsitzende den Vorsitz in der Versammlung (höchst-)persönlich ausüben muss oder diese Aufgabe delegieren kann (für eine ausdrückliche Regelung der Zulässigkeit der Delegation auf einen Dritten im Zuge einer Novellierung des

SchVG plädiert der *Arbeitskreis Reform des Schuldverschreibungsrechts* ZIP 2014, 845, 847 und 852 f.; für Möglichkeit der Delegation wohl auch OLG Karlsruhe ZIP 2015, 2116, 2123). Für ihre Lösung sind folgende Überlegungen maßgeblich (schon *Wasmann/Steber* ZIP 2014, 2005, 2006): Für eine höchstpersönliche Wahrnehmung des Vorsitzes durch den Einberufenden mag der Wortlaut von Abs. 1 sprechen, wonach der Einberufende „den Vorsitz führt" (*Horn* ZHR 173 (2009), 12, 59). Dies könnte man vor dem Hintergrund, dass es sich bei Abs. 1 gerade nicht nur um eine Zuständigkeitsregelung für die Bestimmung des Versammlungsleiters handelt (so aber *Schmidtbleicher* in Friedl/Hartwig-Jacob § 15 Rn. 2), so interpretieren, dass stets der Einberufende selbst bzw. seine organschaftlichen Vertreter die Versammlungsleitung übernehmen müssen. Für eine Delegierbarkeit des Vorsitzes auf einen Dritten spricht aber entscheidend, dass das Gesetz nicht eine natürliche Person zum Vorsitzenden bestimmt, sondern entweder den Schuldner, der in aller Regel keine natürliche Person ist, sondern durch die Mitglieder der Geschäftsleitung vertreten wird (→ Rn. 2), oder den gemeinsamen Vertreter, der gemäß § 7 Abs. 1 Satz 1 Alt. 2 jedenfalls auch eine juristische Person sein kann. Daraus lässt sich schließen, dass der Gesetzgeber auf eine höchstpersönliche Aufgabenwahrnehmung durch bestimmte natürliche Personen keinen Wert gelegt hat. Etwas anderes gilt auch nicht im Hinblick auf den gemäß § 9 Abs. 2 Satz 2 vom Gericht bestellten Vorsitzenden der Gläubigerversammlung. § 9 Abs. 2 Satz 2 dient nur der Lösung des Problems, dass eine sachgerechte Leitung der Gläubigerversammlung durch eine Mehrheit von Minderheitengläubigern nicht gewährleistet und deshalb allein aus Praktikabilitätsgründen *ein* Vorsitzender zu bestimmen ist, der im Übrigen wiederum eine juristische Person sein kann, zB einer der antragstellenden Gläubiger (*Bliesener/Schneider* in Langenbucher/Bliesener/Spindler, Kap. 17, § 9 Rn. 23; *Schmidtbleicher* in Friedl/Hartwig-Jacob § 9 Rn. 44). Das Gericht wählt diesen Vorsitzenden aber nicht aufgrund einer besonderen persönlichen Eignung aus, die eine höchstpersönliche Aufgabenwahrnehmung erfordern würde.

4. Delegation der Leitung innerhalb der Geschäftsleitung des Vorsitzenden bei Gesamtvertretungsberechtigung

4   Eine andere Frage ist, welche natürliche Person in der Gläubigerversammlung faktisch die Leitungsfunktion ausübt, wenn der vom Gesetz bestimmte Vorsitzende der Gläubigerversammlung durch ein Kollegialorgan vertreten wird. Dieser Fall kann in der Praxis insbesondere bei der Ausübung des Vorsitzes in der Gläubigerversammlung durch den Schuldner eintreten, wenn es sich bei diesem um eine Gesellschaft handelt, die von nur zur Gesamtvertretung berechtigten Organmitgliedern oder Gesellschaftern vertreten wird, aber auch, wenn der gemeinsame Vertreter der Gläubiger eine juristische Person ist (§ 7 Abs. 1 Satz 1 Alt. 2). Hierbei bietet es sich an, dass ein Mitglied des vertretungsberechtigten Kollegialorgans die Leitungsfunktion wahrnimmt, während die anderen Mitglieder zwar anwesend sind, die Leitungsmaßnahmen billigen und sich diese vorsorglich zu eigen machen, selbst aber nicht aktiv werden (*Wasmann/Steber* ZIP 2014, 2205, 2206; *Otto* DNotZ 2012, 809, 816).

II. Aufgaben und Kompetenzen des Vorsitzenden

5   Wie das AktG hält sich auch das SchVG mit der Beschreibung der Aufgaben und Kompetenzen des Versammlungsleiters sehr zurück (zum Ganzen bereits *Was-*

mann/Steber ZIP 2014, 2005, 2006 ff.). § 15 SchVG bestimmt lediglich, dass er den Vorsitz „führt" und ein Teilnehmerverzeichnis aufzustellen hat (→ Rn. 6). Zur Führung der Versammlung gehört es, auf die rechtmäßige und ordnungsgemäße Durchführung der Gläubigerversammlung zu achten. Der Vorsitzende hat hierbei zu bedenken, dass die Versammlung in angemessener Zeit beendet sein muss. In Anlehnung an im Aktienrecht verbreitete Auffassungen sollte eine Dauer von zehn bis zwölf Stunden nicht überschritten und bei einer – dringend zu empfehlenden – Einberufung auf nur *einen* Tag die Mitternachtsstunde als spätestmöglicher Beendigungszeitpunkt angesehen werden (zum Meinungsstand im Aktienrecht *Kubis* in MüKoAktG § 121 Rn. 34 mwN).

1. Aufstellung des Teilnehmerverzeichnisses

Der Vorsitzende hat gemäß Abs. 2 Satz 1 in der Gläubigerversammlung ein **6** Verzeichnis der erschienenen oder durch Bevollmächtigte vertretenen Gläubiger aufzustellen. Darin sind die Gläubiger unter Angabe ihres Namens, Sitzes oder Wohnorts sowie der Zahl der von jedem vertretenen Stimmrechte aufzuführen (Abs. 2 Satz 2). Auch etwaige Bevollmächtigte sind (unter Angabe des Namens und des Sitzes oder Wohnorts) gesondert aufzuführen, nicht aber organschaftliche oder gesetzliche Vertreter eines Gläubigers (zu Letzterem **aA** *Schmidtbleicher* in Friedl/Hartwig-Jacob § 15 Rn. 30). Angaben zum Eigen- oder Fremdbesitz (zur Legitimationszession → § 14 Rn. 3) sind nicht erforderlich. Nicht in das Teilnehmerverzeichnis aufzunehmen sind Gläubiger, die per Brief oder im Wege der elektronischen Kommunikation an der Abstimmung teilnehmen (→ § 16 Rn. 19). Die Bedeutung des Teilnehmerverzeichnisses für die Gläubigerversammlung besteht vor allem darin, dass es die Grundlage für die spätere, vor Beginn der Abstimmung erfolgende Feststellung der Beschlussfähigkeit durch den Vorsitzenden gemäß Abs. 3 Satz 1 bildet (*Kirchner* in Preuße § 15 Rn. 9; *Bliesener/Schneider* in Langenbucher/Bliesener/Spindler, Kap. 17, § 15 Rn. 6; → Rn. 22). Nach dem gesetzlichen Leitbild stellt der Vorsitzende das Teilnehmerverzeichnis im Rahmen einer unmittelbar vor der Versammlung stattfindenden Eingangskontrolle auf, bei der auch die Legitimation der Gläubiger (→ § 10 Rn. 9 ff.) und etwaiger Bevollmächtigter (→ § 14 Rn. 9 f.) geprüft wird. Wenn die Anleihebedingungen ein Anmeldeerfordernis enthalten, was gemäß § 10 Abs. 2 Satz 1 möglich, in der Praxis üblich und zu empfehlen ist (→ § 10 Rn. 4), kann auf Grundlage der eingehenden Anmeldungen schon in den Tagen vor der Versammlung ein Entwurf des Teilnehmerverzeichnisses erstellt werden, der dann im Rahmen der Eingangskontrolle nur noch finalisiert werden muss (*Kirchner* in Preuße § 15 Rn. 10). Da sich, auch wenn die Anleihebedingungen ein Anmeldeerfordernis vorsehen, die Legitimation der Anleihegläubiger auf den Tag der Gläubigerversammlung bezieht (zur Unzulässigkeit der Festlegung eines *Record Date* in den Anleihebedingungen → § 10 Rn. 12), können sich die Anleihebesitze und damit die in der Versammlung ausübbaren Stimmrechte einzelner Gläubiger auch zwischen Anmeldeschluss und Gläubigerversammlung noch verändern. Dies bietet gegebenenfalls die Möglichkeit, durch gezielten Zukauf von Anleihen durch angemeldete Gläubiger das gemäß Abs. 3 Satz 1 erforderliche Quorum für die Beschlussfähigkeit der Gläubigerversammlung doch noch zu erreichen, wenn sich nach Anmeldeschluss zunächst dessen Verfehlung abzeichnen sollte.

Das Verzeichnis ist gemäß Abs. 2 Satz 3 SchVG vom Vorsitzenden zu unter- **7** zeichnen. Wird der Vorsitzende von zur Gesamtvertretung berechtigten Organmitgliedern vertreten, bietet es sich an, dass vorsorglich alle für die Vertretung erforderlichen Geschäftsleitungsmitglieder, nicht nur der tatsächliche Versammlungsleiter, das Teilnehmerverzeichnis unterzeichnen.

8 Die in Abs. 2 Satz 3 vorgesehene unverzügliche Zugänglichmachung des Teilnehmerverzeichnisses gegenüber allen Gläubigern dient dem Zweck, dass die Gläubiger das Abstimmungsergebnis innerhalb der Anfechtungsfrist nach § 20 Abs. 3 Satz 1 prüfen können. Der Pflicht ist daher genügt, wenn den Gläubigern innerhalb der Anfechtungsfrist diese Prüfung ermöglicht wird. Im Umkehrschluss lässt sich daraus folgern, dass die Pflicht nach Ablauf der Anfechtungsfrist nicht mehr besteht. Anders als in der Hauptversammlung der Aktiengesellschaft (§ 129 Abs. 4 AktG) besteht eine Pflicht zur Zugänglichmachung des fertiggestellten Teilnehmerverzeichnisses in der Versammlung hingegen nicht (*Bliesener/Schneider* in Langenbucher/Bliesener/Spindler, Kap. 17, § 15 Rn. 8; *Schmidtbleicher* in Friedl/Hartwig-Jacob § 15 Rn. 33). Gleichwohl spricht nichts dagegen, das fertiggestellte Teilnehmerverzeichnis in der Versammlung für die dort anwesende Gläubiger auszulegen.

9 Fraglich ist, auf welche Weise das Teilnehmerverzeichnis den Gläubigern zugänglich zu machen ist. Die Zugänglichmachung auf der Internetseite des Schuldners genügt jedenfalls (Begr. RegE S. 23; *Bliesener/Schneider* in Langenbucher/Bliesener/Spindler, Kap. 17, § 15 Rn. 8; *Kirchner* in Preuße § 15 Rn. 11: Schutz durch Passwort aber zulässig; *Schmidtbleicher* in Friedl/Hartwig-Jacob § 15 Rn. 34: Schutz durch Passwort aus datenschutzrechtlichen Gründen erwägenswert). Allerdings ist die Zugänglichmachung auf der Internetseite des Schuldners nicht die einzige Möglichkeit, die Pflicht nach Abs. 2 Satz 3 zu erfüllen. Für dieses Ergebnis spricht schon der Vergleich von Abs. 2 Satz 3 mit § 17 Abs. 2, der ausdrücklich die Pflicht begründet, bestimmte Inhalte der Öffentlichkeit über die Internetseite des Schuldners zugänglich zu machen. Damit kommen bei Abs. 2 Satz 3 jedenfalls auch andere – datenschutzrechtlich weniger bedenkliche – Mittel der Zugänglichmachung in Betracht. Insbesondere reicht es auch aus, den Gläubigern auf Anforderung eine Kopie des Teilnehmerverzeichnisses zukommen zu lassen (*Schmidtbleicher* in Friedl/Hartwig-Jacob § 15 Rn. 34). Auf diese Möglichkeit kann der Schuldner auf seiner Internetseite hinweisen, ist hierzu jedoch nicht verpflichtet.

2. Ordnungsmaßnahmen

10 Der Vorsitzende kann gegen einzelne Versammlungsteilnehmer Ordnungsmaßnahmen ergreifen, wenn dies für einen ordnungsgemäßen Ablauf der Versammlung oder zur Behandlung der Tagesordnungspunkte erforderlich ist; die für die Hauptversammlung der Aktiengesellschaft entwickelten Regeln sind anwendbar (*Bliesener/Schneider* in Langenbucher/Bliesener/Spindler, Kap. 17, § 15 Rn. 5; *Kirchner* in Preuße § 15 Rn. 5 f.). Denkbare Maßnahmen des Vorsitzenden sind insbesondere die Rüge oder Abmahnung, die individuelle Begrenzung der Rede- und Fragezeit des Gläubigers, die Entziehung des Wortes und – nach vorheriger Androhung – die Verweisung aus dem Saal, wobei die vom Vorsitzenden verfügten Ordnungsmaßnahmen verhältnismäßig sein müssen (*Kirchner* in Preuße § 15 Rn. 6; *Bliesener/Schneider* in Langenbucher/Bliesener/Spindler, Kap. 17, § 15 Rn. 5; *Müller* in Heidel § 15 Rn. 2; für die aktienrechtliche Hauptversammlung *Hüffer* § 129 Rn. 31 f.).

3. Verfahrensanträge

Während der Gläubigerversammlung kann es zu sogenannten Verfahrens- oder Geschäftsordnungsanträgen von Gläubigern kommen (zum Ganzen schon *Wasmann/Steber* ZIP 2014, 2005, 2007 ff.). Es stellt sich zunächst die Frage, ob und wann der Vorsitzende diese den Gläubigern zur Beschlussfassung vorlegen muss. Wie in der Hauptversammlung gilt auch hier, dass eine Abstimmung der Gläubigerversammlung über Verfahrensanträge nur in Betracht kommt, soweit für den Gegenstand des Verfahrensantrags nicht der Vorsitzende der Gläubigerversammlung kraft eigener Leitungskompetenz zuständig ist (für die Hauptversammlung *Hoffmann-Becking* in MHdB AG § 37 Rn. 43). Ist ein Verfahrensantrag demnach zuzulassen, ist über ihn vor der Beschlussfassung über die Sachanträge abzustimmen (für die Hauptversammlung *Hüffer* § 129 Rn. 23). Auf Hauptversammlungen üblich sind insoweit va Anträge auf Abwahl des Versammlungsleiters, Vertagung einzelner Tagesordnungspunkte oder der gesamten Versammlung oder zur Form der Ausübung des Stimmrechts (*Kubis* in MüKoAktG § 119 Rn. 152). 11

a) Abwahl des Vorsitzenden. Anders als gegebenenfalls die Hauptversammlung der Aktiengesellschaft hat die Gläubigerversammlung keine Kompetenz zur Abwahl des Vorsitzenden. Denn anders als im Aktienrecht, wo die Bestimmung des Leiters der Hauptversammlung der Gesellschaft überlassen bleibt, die dies entweder in der Satzung regeln oder durch die Hauptversammlung beschließen lassen kann, ist die Bestimmung des Vorsitzenden der Gläubigerversammlung im Gesetz abschließend geregelt (→ Rn. 1 ff.). Ein Antrag auf Abwahl des Vorsitzenden ist daher zurückzuweisen, ohne dass der Vorsitzende darüber abstimmen lassen müsste. Anders wäre es nur bei einer abweichenden Regelung in den Anleihebedingungen, was nach § 5 Abs. 1 Satz 2 SchVG möglich ist, in der Praxis aber kaum vorkommen dürfte. 12

b) Vertagung einzelner Tagesordnungspunkte. Anträge zur Vertagung einzelner Tagesordnungspunkte oder der Gläubigerversammlung gehen über organisatorische Fragen der Gläubigerversammlung in der einberufenen Form hinaus. Entscheidungen hierüber kann der Vorsitzende daher nicht allein treffen, sondern muss sie der Gläubigerversammlung zur Entscheidung vorlegen (*Kirchner* in Preuße § 15 Rn. 5; *Bliesener/Schneider* in Langenbucher/Bliesener/Spindler, Kap. 17, § 15 Rn. 5; so auch die Handhabung in der Hauptversammlung, *Kubis* in MüKoAktG § 119 Rn. 152). 13

c) Form der Stimmabgabe. Die Form der Stimmabgabe kann durch die Anleihebedingungen geregelt werden (§ 16 Abs. 2). Eine solche Regelung in den Anleihebedingungen ist verbindlich und kann von der Gläubigerversammlung nicht aufgrund eines Geschäftsordnungsantrags geändert werden (→ § 16 Rn. 21). Fehlt eine solche Regelung, dürfte die Art der Abstimmung im Zweifel im Ermessen des Vorsitzenden liegen (→ § 16 Rn. 22). Es ist jedoch nicht auszuschließen, dass – wie im Aktienrecht für den Fall, dass die Satzung keine Regelung enthält – Gerichte vertreten könnten, der Vorsitzende dürfe zwar die Form der Stimmabgabe festlegen, müsse aber einen Geschäftsordnungsantrag hierzu der Gläubigerversammlung zur Beschlussfassung vorlegen (für das Aktienrecht *Schröer* in MüKoAktG § 134 Rn. 80 ff.). In der Praxis wird der Vorsitzende in diesen Fällen, um Anfechtungsrisiken möglichst zu minieren, entsprechende Geschäftsordnungsanträge der Gläubigerversammlung zur Beschlussfassung vorlegen. Nicht in Betracht 14 kommen hingegen Geschäftsordnungsanträge zur Art der Auszählung der Stimmen (→ Rn. 17 und → § 16 Rn. 23).

4. Beschränkung des Frage- und Rederechts

15 Der Vorsitzende ist auch berechtigt, das Rede- und Fragerecht der Gläubiger zeitlich zu beschränken, wenn dies erforderlich ist, um die Versammlung innerhalb der zulässigen Dauer (→ Rn. 5) beenden zu können (*Kirchner* in Preuße § 15 Rn. 5 und § 16 Rn. 30; *Bliesener/Schneider* in Langenbucher/Bliesener/Spindler, Kap. 17, § 15 Rn. 5; *Schmidtbleicher* in Friedl/Hartwig-Jacob § 15 Rn. 18 ff., § 16 Rn. 19; **aA** wohl *Arbeitskreis Reform des Schuldverschreibungsrechts* ZIP 2014, 845, 847 und 853). Eine analoge Anwendung von § 131 Abs. 2 Satz 2 AktG, wonach die Satzung oder die Geschäftsordnung der Hauptversammlung den Versammlungsleiter der Hauptversammlung ermächtigen können, das Frage- und Rederecht der Aktionäre zeitlich angemessen zu beschränken, kommt hierbei zwar nicht in Betracht. Wie im Aktienrecht ist aber von einer ungeschriebenen Ermächtigung des Vorsitzenden auszugehen, Frage- und Rederecht der Gläubiger zeitlich zu beschränken (*Kirchner* in Preuße § 16 Rn. 30; für das Aktienrecht *Hüffer* § 131 Rn. 22d). Dies liegt darin begründet, dass der Vorsitzende eine „geordnete" Meinungsbildung durch die Institution Versammlung „sicherstellen" muss (*Schmidtbleicher* in Friedl/Hartwig-Jacob § 15 Rn. 21). Die Verkürzung der Rede- und Fragezeit durch den Vorsitzenden dient also der Sicherstellung der Fassung rechtmäßiger Gläubigerbeschlüsse und erfährt in erster Linie hierdurch auch ihre Rechtfertigung. Mit der Einschränkung des Rede- und Fragerechts ist vom Vorsitzenden in einer die Verhältnismäßigkeit wahrenden Weise umzugehen (*Kirchner* in Preuße § 16 Rn. 30; *Schmidtbleicher* in Friedl/Hartwig-Jacob § 16 Rn. 19). In der Praxis sollte der Vorsitzende – wie in der Hauptversammlung auch – einen zusammengesetzten zeitlichen Rahmen für die Ausübung des Rede- und Fragerechts vorgeben (*Schmidtbleicher* in Friedl/Hartwig-Jacob § 16 Rn. 19). Hingegen sollte entgegen verbreiteter Literaturauffassungen (für das Aktienrecht *Drinhausen* in Hölters § 131 Rn. 28; *Martens* AG 2004, 238, 242) nicht zwischen dem Rederecht einerseits und dem Fragerecht andererseits differenziert und die Beschränkung des Fragerechts dabei strengeren Voraussetzungen unterworfen werden. Dagegen spricht schon, dass sich Frage- und Rederecht oft nicht klar voneinander abgrenzen lassen (fallen rhetorische Fragen in die Rede- oder in die Fragezeit? Was ist mit der Pause zwischen einem bloßen Redebeitrag und einer Frage?). Außerdem trifft die immer wieder erhobene Behauptung, das Fragerecht sei wichtiger als das Rederecht (*Schmidtbleicher* in § 16 Rn. 19; für das Aktienrecht BGH NZG 2010, 423 Rn. 18; *Hüffer* § 131 Rn. 22b), in dieser Allgemeinheit sicher nicht zu: Ein sachverständiger Wortbeitrag eines sachkundigen Gläubigers kann, auch wenn er keine einzige Frage enthält, für das Abstimmungsverhalten der Gläubiger gewiss viel bedeutsamer sein als abseitige Fragen zu unwichtigen Nebenaspekten.

5. Abstimmung

16 **a) Feststellung der Beschlussfähigkeit.** Die Feststellung der Beschlussfähigkeit (→ Rn. 20) fällt in den Aufgabenbereich des Vorsitzenden (*Kirchner* in Preuße § 15 Rn. 5; *Schmidtbleicher* in Friedl/Hartwig-Jacob § 15 Rn. 37; **aA** *Bliesener/Schneider* in Langenbucher/Bliesener/Spindler, Kap. 17, § 15 Rn. 13: Beschluss(un)fähigkeit folge aus dem Gesetz). Nach Feststellung der Beschlussfähigkeit durch den Vorsitzenden tritt die Gläubigerversammlung in die Abstim-

mung ein. Wird die mangelnde Beschlussfähigkeit festgestellt, schließt der Vorsitzende im Anschluss daran die Versammlung. Der Vorsitzende kann dann eine zweite Versammlung zum Zweck der erneuten Beschlussfassung einberufen (Abs. 3 Satz 2; → Rn. 23 ff.).

b) Leitung der Abstimmung. Der Vorsitzende leitet die Abstimmung der 17 Gläubigerversammlung über die Beschlussanträge (*Schmidtbleicher* in Friedl/Hartwig-Jacob § 15 Rn. 24). Er legt die Reihenfolge der (ordnungsgemäß bekanntgemachten → § 13 Rn. 6, 9) Beschlussgegenstände ebenso fest wie für den einzelnen Beschlussgegenstand ggf. die Reihenfolge der dazu gestellten – nicht bloß angekündigten (→ § 13 Rn. 3 ff., 11) – (Gegen-)Anträge (*Kirchner* in Preuße § 15 Rn. 5; *Schmidtbleicher* in Friedl/Hartwig-Jacob § 15 Rn. 26 ff.; zum Recht des Vorsitzenden, über einen Gegenantrag mit höheren Erfolgsaussichten zuerst abstimmen zu lassen → § 13 Rn. 4). Zur Abstimmungsleitung gehört außerdem – im Rahmen entweder der Regelung in den Anleihebedingungen (§ 16 Abs. 2) oder, bei Fehlen einer Regelung in den Anleihebedingungen, eines gegebenenfalls gefassten Beschlusses der Gläubigerversammlung – die Festlegung der Form der Stimmabgabe (→ § 16 Rn. 18 ff.). Ferner legt der Vorsitzende im Rahmen seiner Leitungsbefugnis die Art der Stimmenauszählung (Additions- oder Subtraktionsverfahren) fest (→ § 16 Rn. 23).

c) Ermittlung des Abstimmungsergebnisses: Behandlung von Stimm- 18 **enthaltungen.** Der Vorsitzende ermittelt das Abstimmungsergebnis, also die Anzahl der Ja- und Nein-Stimmen und die daraus folgende Annahme oder Ablehnung des zur Abstimmung stehenden Beschlussantrags. Gemäß § 5 Abs. 4 Satz 1 entscheiden die Gläubiger grundsätzlich mit der einfachen Mehrheit der an der Abstimmung teilnehmenden Stimmrechte. Beschlüsse, durch welche der wesentliche Inhalt der Anleihebedingungen geändert wird, bedürfen allerdings einer Mehrheit von mindestens 75 Prozent der teilnehmenden Stimmrechte (sog. qualifizierte Mehrheit, § 5 Abs. 4 Satz 2). Aus dem Wortlaut ergibt sich nicht eindeutig, ob Enthaltungen (seien es aktive Enthaltungen wie im Subtraktionsverfahren oder passive Enthaltungen wie im Additionsverfahren) zu den an der Abstimmung teilnehmenden Stimmrechten gehören (sich also faktisch wie Nein-Stimmen auswirken). Gegen die Mitberücksichtigung von Enthaltungen sprechen die folgenden zwei Gesichtspunkte:
a) Zunächst spricht gegen eine Berücksichtigung von Enthaltungen bei der Ermittlung der Abstimmungsergebnisse nach § 5 Abs. 4 ein Vergleich mit der Regelung zur Feststellung der Beschlussfähigkeit gemäß § 15 Abs. 3 Satz 1. Für diese wird ausschließlich auf die bloße Anwesenheit in der Versammlung abgestellt. Das Gesetz unterscheidet somit zwischen der bloßen Anwesenheit einerseits und der Teilnahme an der Abstimmung andererseits. Jedenfalls die passive Enthaltung (beim Additionsverfahren) kann somit schon aus diesem Grund nicht als Teilnahme an der Abstimmung iSv § 5 Abs. 4 Satz 1 eingeordnet werden.
b) Gegen eine Berücksichtigung von Enthaltungen (seien sie aktiv oder passiv) im Rahmen von § 5 Abs. 4 spricht auch die Parallele zum Aktienrecht. Denn auch dort werden bei den „abgegebenen Stimmen" (§ 133 Abs. 1 AktG) bzw. dem „bei der Beschlussfassung vertretenen Grundkapital" (so zB § 179 Abs. 2 Satz 1 AktG) nach allgemeiner Meinung die Enthaltungen nicht mitgezählt (*Hüffer* § 133 Rn. 12, § 179 Rn. 14 mwN). Werden bei 100 anwesenden Stimmen also 30 Ja-Stimmen und 10 Nein-Stimmen abgegeben, ist sowohl das Erfordernis der einfachen als auch der qualifizierten Mehrheit erfüllt.

19 d) Feststellung der Beschlussergebnisse. Nach der Durchführung der Abstimmung, der Auszählung der Stimmen und der Ermittlung des Abstimmungsergebnisses stellt der Vorsitzende das Beschlussergebnis fest (*Schmidtbleicher* in Friedl/Hartwig-Jacob § 16 Rn. 26). Die Feststellungen des Vorsitzenden über die Beschlussfassungen werden in die notarielle Niederschrift aufgenommen (§ 16 Abs. 3 Satz 3 iVm § 130 Abs. 2 Satz 1 AktG; → § 16 Rn. 27). Im Anschluss daran schließt der Vorsitzende die Versammlung.

III. Beschlussfähigkeit

20 Die Gläubigerversammlung ist anders als die aktienrechtliche Hauptversammlung nicht *per se*, sondern nur dann beschlussfähig, wenn die Anwesenden wertmäßig mindestens die Hälfte der ausstehenden Schuldverschreibung vertreten (Abs. 3 Satz 1). Schuldverschreibungen, deren Stimmrechte ruhen, zählen nicht zu den ausstehenden Schuldverschreibungen (Abs. 3 Satz 4). Ein Stimmrecht ruht gemäß § 6 Abs. 1 Satz 2, solange die Anteile dem Schuldner oder einem mit ihm verbundenen Unternehmen (§ 271 Abs. 2 HGB) zustehen oder für Rechnung des Schuldners oder eines mit ihm verbundenen Unternehmens gehalten werden (→ § 6 Rn. 8 ff.).

21 Das Quorum dient dem – gegenüber dem Aktienrecht insoweit erhöhten – Minderheitenschutz (BGH NZG 2015, 360 Rn. 42; *Kirchner* in Preuße § 15 Rn. 15; *Bliesener/Schneider* in Langenbucher/Bliesener/Spindler, Kap. 17, § 15 Rn. 12). Abs. 3 Satz 5 lässt höhere Anforderungen an die Beschlussfähigkeit in den Anleihebedingungen ausdrücklich zu; niedrigere Anforderungen sind wegen § 5 Abs. 1 Satz 2 unzulässig.

22 Der Vorsitzende hat die Voraussetzungen der Beschlussfähigkeit der Gläubigerversammlung zu prüfen und die Beschluss(un)fähigkeit festzustellen (→ Rn. 16). Grundlage dieser Prüfung bilden das von ihm erstellte Teilnehmerverzeichnis und die dabei durchgeführte Legitimationsprüfung der Teilnehmer (→ Rn. 6). Die Feststellung der Beschlussfähigkeit ist insofern deklaratorisch, als bei trotz Fehlen der Voraussetzungen des Abs. 3 Satz 1 festgestellter Beschlussfähigkeit gefasste Beschlüsse unter Verletzung des Gesetzes zustande kommen und damit gemäß § 20 Abs. 1 Satz 1 anfechtbar sind (→ § 20 Rn. 14). Auch besteht die Zuständigkeit des Vorsitzenden für die Einberufung einer zweiten Versammlung gemäß Abs. 3 Satz 2 unabhängig von der Feststellung der mangelnden Beschlussfähigkeit durch den Vorsitzenden nur dann, wenn die Gläubigerversammlung tatsächlich gemäß Abs. 3 Satz 1 beschlussunfähig war. Allerdings setzt Abs. 3 Satz 2 die formelle Feststellung der mangelnden Beschlussfähigkeit für das Einberufungsrecht des Vorsitzenden für die zweite Versammlung voraus (*Bliesener/Schneider* in Langenbucher/Bliesener/Spindler, Kap. 17, § 15 Rn. 14; *Müller* in Heidel § 15 Rn. 6).

IV. Zweite Versammlung

23 Nach Abs. 3 Satz 2 kann der Vorsitzende eine zweite Versammlung einberufen, wenn die Gläubigerversammlung gemäß Abs. 3 Satz 1 beschlussunfähig ist *und* die mangelnde Beschlussfähigkeit (vom Vorsitzenden) festgestellt wird (→ Rn. 22). Das Einberufungsrecht liegt auch dann beim Vorsitzenden, wenn innerhalb seiner Geschäftsleitung Gesamtvertretungsberechtigung besteht und daher eine natürliche Person fachlich die Leitungsverantwortung ausübt (→ Rn. 4), nicht etwa bei

letzterer (offen lassend *Seibt* ZIP 2016, 997, 1002). Das Einberufungsrecht des Vorsitzenden nach Abs. 3 Satz 2 verdrängt die sonst bestehenden Einberufungsrechte nach § 9, insbesondere besteht die Möglichkeit eines Minderheitsverlangens und seiner gerichtlichen Durchsetzung nach § 9 Abs. 1 Satz 2, Abs. 2 bis 4 nicht (BGH NZG 2015, 360 Rn. 20 ff.). Die Entscheidung über die Einberufung liegt im Ermessen des Vorsitzenden (BGH NZG 2015, 360 Rn. 47). Eine Einberufungspflicht besteht daher grundsätzlich nicht, die Verdichtung zu einer Pflicht im Sinne einer „Ermessensreduzierung auf Null" (BGH NZG 2015, 360 Rn. 51 f.) ist theoretisch denkbar, in der Praxis aber kaum vorstellbar. Den anderen nach § 9 Einberufungsberechtigten steht es freilich frei, das Verfahren nach § 9 durchzuführen, für eine auf diese Weise einberufene (erneut erste) Gläubigerversammlung gelten aber die Erleichterungen für die Beschlussfähigkeit nach Abs. 3 Satz 3 nicht. Für die Einberufung der zweiten Versammlung durch den Vorsitzenden enthält das Gesetz keine Frist. Sein Einberufungsrecht erlischt aber jedenfalls dann, wenn ein anderer Einberufungsberechtigter das Verfahren nach § 9 eingeleitet hat.

Das Quorum nach Abs. 3 Satz 1 gilt für die zweite Versammlung nicht, diese **24** ist unabhängig von dem wertmäßig vertretenen Teil der Schuldverschreibung grundsätzlich beschlussfähig (Abs. 3 Satz 3 Hs. 1); für Beschlüsse, für deren Wirksamkeit eine qualifizierte Mehrheit erforderlich ist (§ 5 Abs. 4 → § 5 Rn. 39 f.), müssen die anwesenden Gläubiger allerdings mindestens 25% der ausstehenden Schuldverschreibungen vertreten (Abs. 3 Satz 3 Hs. 2). Da die zweite Versammlung nach Abs. 3 Satz 2 „zum Zweck der erneuten Beschlussfassung" einberufen wird, ist ihre Tagesordnung mit der der (ersten) Gläubigerversammlung identisch; (weitere) Ergänzungsverlangen einer qualifizierten Gläubigerminderheit nach § 13 Abs. 3 scheiden daher aus (*Schmidtbleicher* in Friedl/Hartwig-Jacob § 15 Rn. 41).

Im Übrigen gelten für die zweite Versammlung die Regelungen über die Einbe- **25** rufung und Durchführung der Gläubigerversammlung entsprechend (*Kirchner* in Preuße § 15 Rn. 17; ohne ersichtlichen Grund begrenzt auf §§ 10, 12, 13 *Bliesener/Schneider* in Langenbucher/Bliesener/Spindler, Kap. 17, § 15 Rn. 14; *Müller* in Heidel § 15 Rn. 6; einschränkend auch *Schmidtbleicher* in Friedl/Hartwig-Jacob § 15 Rn. 40 f.). Das bedeutet im Einzelnen: Die Kostentragung richtet sich nach § 9 Abs. 4, dh der Schuldner trägt die Kosten (→ § 9 Rn. 28; *Schmidtbleicher* in Friedl/Hartwig-Jacob § 15 Rn. 42). Die Einberufungsfrist und etwaige Anmeldeerfordernisse und Legitimationserfordernisse richten sich nach § 10. Für den Ort der zweiten Versammlung gilt § 11. Für den Inhalt der Einberufung und der Tagesordnung sowie deren Bekanntmachung und Zugänglichmachung gelten §§ 12, 13 Abs. 1, Abs. 2; die bekannt zu machende Tagesordnung der zweiten Versammlung ist mit derjenigen der Gläubigerversammlung identisch, hat also etwaige Ergänzungsverlangen zu enthalten. § 13 Abs. 4 gilt auch für die zweite Versammlung (insoweit **aA** *Schmidtbleicher* in Friedl/Hartwig-Jacob § 15 Rn. 41), dh Gläubiger können auch für die zweite Versammlung noch Gegenanträge ankündigen (und diese in der Versammlung stellen) und es besteht für den Schuldner die Pflicht, solche Gegenanträge im Internet zugänglich zu machen. Für die Vertretung durch Bevollmächtigte gilt § 14. Der Vorsitzende wird auch bei der zweiten Versammlung nach Abs. 1 bestimmt, dh der Einberufende (und damit der Vorsitzende der Gläubigerversammlung) ist auch Vorsitzender der zweiten Versammlung (im Ergebnis ebenso *Bliesener/Schneider* in Langenbucher/Bliesener/Spindler, Kap. 17, § 15 Rn. 14). Die Aufgaben des Vorsitzenden der zweiten Versammlung entsprechen denen des Vorsitzenden der Gläubigerversammlung (insbesondere gilt Abs. 2; im Übrigen → Rn. 5 ff.). Abs. 3 Satz 4 gilt auch für die zweite Versammlung, ebenso Abs. 3 Satz 5 (*Kirchner*

§ 16 Abschnitt 2 Beschlüsse der Gläubiger

in Preuße § 15 Rn. 18), dh die Anleihebedingungen können höhere Anforderungen an das für die zweite Versammlung relevante Quorum stellen als in Abs. 3 Satz 3 vorgesehen. Des Weiteren gelten die Regelungen über die Auskunftspflicht des Schuldners und das Fragerecht der Gläubiger (§ 16 Abs. 1), die Abgabe und die Auszählung der Stimmen (§ 16 Abs. 2), die Beurkundung (§ 16 Abs. 3) und die Bekanntmachung (§ 17 Abs. 1) und Zugänglichmachung (§ 17 Abs. 2) von Beschlüssen auch für die zweite Versammlung.

§ 16 Auskunftspflicht, Abstimmung, Niederschrift

(1) **Der Schuldner hat jedem Gläubiger auf Verlangen in der Gläubigerversammlung Auskunft zu erteilen, soweit sie zur sachgemäßen Beurteilung eines Gegenstands der Tagesordnung oder eines Vorschlags zur Beschlussfassung erforderlich ist.**

(2) **Auf die Abgabe und die Auszählung der Stimmen sind die Vorschriften des Aktiengesetzes über die Abstimmung der Aktionäre in der Hauptversammlung entsprechend anzuwenden, soweit nicht in den Anleihebedingungen etwas anderes vorgesehen ist.**

(3) **¹Jeder Beschluss der Gläubigerversammlung bedarf zu seiner Gültigkeit der Beurkundung durch eine über die Verhandlung aufgenommene Niederschrift. ²Findet die Gläubigerversammlung im Inland statt, so ist die Niederschrift durch einen Notar aufzunehmen; bei einer Gläubigerversammlung im Ausland muss eine Niederschrift gewährleistet sein, die der Niederschrift durch einen Notar gleichwertig ist. ³§ 130 Absatz 2 bis 4 des Aktiengesetzes gilt entsprechend. ⁴Jeder Gläubiger, der in der Gläubigerversammlung erschienen oder durch Bevollmächtigte vertreten war, kann binnen eines Jahres nach dem Tag der Versammlung von dem Schuldner eine Abschrift der Niederschrift und der Anlagen verlangen.**

Übersicht

	Rn.
I. Auskunftspflicht	1
1. Allgemeines	1
2. Reichweite	8
3. Auskunftsverweigerungsrecht	11
4. Rechtsfolgen bei verweigerter Auskunft	15
II. Abstimmung	18
1. Abgabe der Stimmen	18
2. Auszählung der Stimmen	23
III. Beurkundung	24
1. Niederschrift	24
2. Erteilung von Abschriften der Niederschrift	28

I. Auskunftspflicht

1. Allgemeines

1   Gemäß Abs. 1 ist der Schuldner verpflichtet, jedem Gläubiger auf Verlangen in der Gläubigerversammlung Auskunft zu erteilen, soweit sie zur sachgemäßen

Auskunftspflicht, Abstimmung, Niederschrift § 16

Beurteilung eines Gegenstands der Tagesordnung oder eines Vorschlags zur Beschlussfassung erforderlich ist. Damit korrespondiert ein entsprechendes Fragerecht der Gläubiger (*Kirchner* in Preuße § 16 Rn. 8; Begr. RegE S. 23) und folglich auch ein Rederecht der Gläubiger (*Wasmann/Steber* ZIP 2014 2005, 2008; *Schmidtbleicher* in Friedl/Hartwig-Jacob § 15 Rn. 18 ff.; *Kirchner* in Preuße § 15 Rn. 5; *Bliesener/Schneider* in Langenbucher/Bliesener/Spindler, Kap. 17, § 15 Rn. 5). Zum Auskunftsanspruch des gemeinsamen Vertreters nach § 7 Abs. 5 → §§ 7, 8 Rn. 56.

Das Fragerecht ist ein Individualrecht (kein Minderheitenrecht), Gläubiger des 2 Auskunftsanspruchs ist mithin der einzelne Gläubiger (*Schmidtbleicher* in Friedl/Hartwig-Jacob § 16 Rn. 1). Das Fragerecht kann auch durch einen Stellvertreter ausgeübt werden (*Kirchner* in Preuße § 16 Rn. 13; → § 14 Rn. 1). Die Fragen müssen nicht begründet werden (*Kirchner* in Preuße § 16 Rn. 18).

Schuldner der Auskunftspflicht ist, unabhängig davon, wer (Schuldner, gemein- 3 samer Vertreter oder qualifizierter Gläubigerminderheit) die Gläubigerversammlung einberufen hat und den Vorsitz führt, der Schuldner. Dies erfordert die Anwesenheit des Schuldners in der Gläubigerversammlung. Die persönliche Anwesenheit des Schuldners ist aber nicht erforderlich, er kann auch einen Vertreter entsenden (*Schmidtbleicher* in Friedl/Hartwig-Jacob § 16 Rn. 5; zur Möglichkeit des Schuldners, im Fall der Einberufung der Gläubigerversammlung durch ihn auch den Vorsitz auf einen Vertreter zu delegieren → § 15 Rn. 3). Die Mitglieder des Vertretungsorgans des Schuldners (Vorstand, Geschäftsführer) müssen also nicht zwingend selbst anwesend sein, schon gar nicht (soweit überhaupt vorhanden) die Mitglieder des Aufsichtsrats. Unabhängig davon kann und wird der Schuldner (oder sein Vertreter) nicht alle Fragen selbst beantworten, sondern darf sich geeigneter Hilfspersonen (Mitarbeiter oder Externe) bedienen, deren Antworten er sich dann zu eigen macht (*Schmidtbleicher* in Friedl/Hartwig-Jacob § 16 Rn. 5; *Kirchner* in Preuße § 16 Rn. 14).

Auskunftspflicht und Fragerecht nach Abs. 1 bestehen nur in der Gläubigerver- 4 sammlung. Darüber hinausgehende Informationsrechte und -pflichten kennt das SchVG nicht (*Bliesener/Schneider* in Langenbucher/Bliesener/Spindler, Kap. 17, § 16 Rn. 2; *Schmidtbleicher* in Friedl/Hartwig-Jacob § 16 Rn. 3 ff.). Sie können sich allenfalls aus den Anleihebedingungen ergeben. Zur Abstimmung ohne Versammlung → § 18 Rn. 15.

Im Rahmen der Gläubigerversammlung gilt wie in der Hauptversammlung 5 der Aktiengesellschaft (dazu *Kubis* in MüKoAktG § 131 Rn. 29 und 81 mwN) das Prinzip der Mündlichkeit (*Wasmann/Steber* ZIP 2014, 2005, 2008; *Bliesener/Schneider* in Langenbucher/Bliesener/Spindler, Kap. 17, § 16 Rn. 7; *Kirchner* in Preuße § 16 Rn. 8). Daraus folgt zunächst, dass ein Gläubiger seine Fragen in der Versammlung mündlich stellen muss, und zwar auch dann, wenn er sie vorher angekündigt hat (*Kirchner* in Preuße § 16 Rn. 8; *Müller* in Heidel § 16 Rn. 1; **aA** *Bliesener/Schneider* in Langenbucher/Bliesener/Spindler, Kap. 17, § 16 Rn. 6). Eine solche vorherige Ankündigung ist zulässig und mag bei Fragen, die detaillierte Antworten erfordern, ggf. sinnvoll sein (*Kirchner* in Preuße § 16 Rn. 18; *Müller* in Heidel § 16 Rn. 1). Eine Pflicht des Gläubigers hierzu besteht aber nicht. Ebenso wenig besteht eine Pflicht des Schuldners zur Veröffentlichung vorher angekündigter Fragen. Falls ein Gläubiger sich weigert, eine vorher angekündigte Frage in der Gläubigerversammlung noch einmal mündlich zu wiederholen, der Schuldner diese aber trotzdem beantworten will, kann der Vorsitzende die Frage in der Versammlung vorlesen und auf diese Weise die

§ 16 Abschnitt 2 Beschlüsse der Gläubiger

Wahrung des Mündlichkeitsgrundsatzes gewährleisten (näher *Wasmann/Steber* ZIP 2014, 2005, 2008).

6 Des Weiteren folgt aus dem Mündlichkeitsgrundsatz, dass der Schuldner (nur) mündlich Auskunft erteilen muss (*Bliesener/Schneider* in Langenbucher/Bliesener/Spindler, Kap. 17, § 16 Rn. 7; *Müller* in Heidel § 16 Rn. 1). Die Vorlage von Dokumenten – insbesondere, wie in der Praxis häufig gefordert, eines Sanierungsgutachtens – können die Gläubiger nicht verlangen (*Wasmann/Steber* ZIP 2014, 2005, 2010; zum Sanierungsgutachten noch → Rn. 10, 14 aE). Die freiwillige Zugänglichmachung von Dokumenten ist freilich möglich (*Müller* in Heidel § 16 Rn. 1). Umgekehrt kann der Schuldner die Gläubiger auch nicht auf eine spätere schriftliche Beantwortung ihrer Fragen verweisen (*Müller* in Heidel § 16 Rn. 1). Auf die (mündliche) Beantwortung der Fragen in der Gläubigerversammlung muss sich der Schuldner angemessen vorbereiten. Außerdem hat er die erforderlichen organisatorischen und personellen Maßnahmen zu treffen, um während der Versammlung die für die Beantwortung der Fragen nötigen Informationen beschaffen zu können, wozu idR die Einrichtung eines sog. Back Office gehört (*Bliesener/Schneider* in Langenbucher/Bliesener/Spindler, Kap. 17, § 16 Rn. 7).

7 In welcher Sprache Fragen zu stellen und zu beantworten sind, lässt das SchVG, wie überhaupt die Sprache der Gläubigerversammlung, ungeregelt. Maßgeblich sollte vorbehaltlich einer anderweitigen Regelung in den Anleihebedingungen der Sitz des Schuldners sein. Bei einem Schuldner mit Sitz im Inland (→ § 11 Rn. 1) ist daher Deutsch die maßgebliche Sprache (*Kirchner* in Preuße § 16 Rn. 12, 16; so auch die Rechtslage im Aktienrecht, *Kubis* in MüKoAktG § 131 Rn. 27), bei einem Schuldner mit Sitz im Ausland gilt Entsprechendes. Die Anleihebedingungen können eine andere Sprache festlegen, was insbesondere in Betracht kommt, wenn die Anleihebedingungen in einer anderen Sprache (in der Praxis meist Englisch) abgefasst sind. § 5 Abs. 1 Satz 2 steht einer solchen Regelung nicht entgegen.

2. Reichweite

8 Auskunft kann nach Abs. 1 nur verlangt werden, soweit sie zur sachgemäßen Beurteilung eines Gegenstands der Tagesordnung oder eines Vorschlags zur Beschlussfassung erforderlich ist. Eine ähnliche Formulierung findet sich in § 131 Abs. 1 Satz 1 AktG („zur sachgemäßen Beurteilung des Gegenstands der Tagesordnung erforderlich"). Ist diese Voraussetzung dort gegeben, hat sich die Auskunft auf alle „Angelegenheiten der Gesellschaft" zu beziehen. Dies ginge – in Bezug auf den Schuldner – für die Gläubigerversammlung zu weit. Hier geht es ja nicht um das verfassungsrechtlich (Art. 14 Abs. 1 GG) abgesicherte Auskunftsrecht des das gesamte Unternehmensrisiko mittragenden Eigentümers (Treugebers) gegenüber dem Vorstand als seinem Verwalter (Treuhänder), sondern nur um Auskunftsrechte des letztlich lediglich mit dem Insolvenzrisiko des Schuldners belasteten Gläubigers gegenüber seinem Schuldner aus einer besonderen schuldrechtlichen Beziehung – der Schuldverschreibung (wie hier für eine Begrenzungsfunktion von Abs. 1 und ein gegenüber § 131 Abs. 1 Satz 1 AktG engeres Verständnis *Kirchner* in Preuße § 16 Rn. 20 f.; **aA** *Schmidtbleicher* in Friedl/Hartwig-Jacob § 16 Rn. 6). Für eine enge Auslegung des Auskunftsrechts der Gläubiger spricht ferner ein Detail aus der Gesetzgebungsgeschichte: Während der Referentenentwurf noch davon sprach, dass die Gläubigerversammlung in die Lage versetzt werden solle, auf „wohl informierter Grundlage" (Begr. RefE S. 1, insoweit nicht abge-

druckt in ZBB 2008, 200) Entscheidungen treffen zu können, begnügte sich die Regierungsbegründung damit, dass dies auf „informierter Grundlage" (Begr. RegE S. 1) geschehen solle.

Was zur sachgemäßen Beurteilung eines Gegenstands der Tagesordnung oder 9 eines Vorschlags zur Beschlussfassung erforderlich ist, ist nach dem – dem Aktienrecht entlehnten (*Hüffer* § 131 Rn. 12 mwN) – Maßstab eines objektiv denkenden Durchschnittsgläubigers zu bestimmen (*Kirchner* in Preuße § 16 Rn. 24 ff.; *Bliesener/Schneider* in Langenbucher/Bliesener/Spindler, Kap. 17, § 16 Rn. 3; *Müller* in Heidel § 16 Rn. 1). Das Auskunftsrecht wird sich dabei im Zweifel auf solche Angelegenheiten des Schuldners beschränken, den Umgang mit der Anleihe, auch im Verhältnis zu anderen Gläubigern, oder seine Bonität betreffen. Auch Fragen der Bonität eines Garanten (*Bliesener/Schneider* in Langenbucher/Bliesener/Spindler, Kap. 17, § 16 Rn. 5) oder – gerade wenn der Schuldner selbst ein bloßes Finanzierungsvehikel ist – der Konzernobergesellschaft (*Müller* in Heidel § 16 Rn. 1) können erfasst sein. Im Grundsatz allgemein anerkannt, wenn auch in der Praxis schwer handhabbar, ist die aus § 242 BGB herzuleitende Grenze der rechtsmissbräuchlichen Ausübung des Fragerechts, sowohl in qualitativer als auch in quantitativer Hinsicht (*Kirchner* in Preuße § 16 Rn. 28; *Bliesener/Schneider* in Langenbucher/Bliesener/Spindler, Kap. 17, § 16 Rn. 3; *Müller* in Heidel § 16 Rn. 1; zur allgemeinen, nicht auf einzelne Gläubiger bezogenen Begrenzung des Frage- und Rederechts durch den Vorsitzenden → § 15 Rn. 15).

Häufig betreffen Fragen von Gläubigern ein von einem Berater für den 10 Schuldner erstelltes und diesem vorliegendes Sanierungsgutachten. Die Verlesung des Sanierungsgutachtens kann ein Gläubiger nicht verlangen, weil die Verlesung des kompletten Sanierungsgutachtens nicht iSv § 16 Abs. 1 SchVG zur sachgemäßen Beurteilung der Tagesordnung oder der Beschlussvorschläge erforderlich sein wird. In Betracht kommt allenfalls, dass auf konkrete Nachfrage bezüglich einzelner Gesichtspunkte hin, die für einen Gegenstand der Tagesordnung oder einen Beschlussvorschlag relevant sind, der Schuldner Auszüge aus dem Sanierungsgutachten mitteilen muss (so wohl OLG Köln ZIP 2014, 268, 270). In der Praxis dürfte auch dies im Regelfall ausscheiden, weil die für die Tagesordnung oder Beschlussvorschläge relevanten Informationen in der Regel schon vom Schuldner in einer Managementpräsentation oder in einer ähnlichen geeigneten Form den Gläubigern mitgeteilt und offengelegt werden. Darüber hinausgehende Fragen zum Sanierungsgutachten bewegen sich damit dann in der Regel schon außerhalb des Anwendungsbereichs von Abs. 1 (zum Auskunftsverweigerungsrecht → Rn. 14 aE).

3. Auskunftsverweigerungsrecht

Das SchVG enthält keine dem § 131 Abs. 3 AktG entsprechende Regelung 11 zum Auskunftsverweigerungsrecht (für eine Übernahme von § 131 Abs. 3 AktG in das SchVG durch Aufnahme eines entsprechenden Verweises *de lege ferenda* zB *Arbeitskreis Reform des Schuldverschreibungsrechts* ZIP 2014, 845, 847 und 853; *Baums* ZHR 177 (2013), 807, 813). Eine generelle analoge Anwendung dieser Norm kommt nach einhelliger Auffassung nicht in Betracht. In einzelnen Regelungsbereichen besteht aber tatsächlich ein Gleichlauf mit § 131 Abs. 3 AktG bzw. ist ein solcher herzustellen.

So ist – zu Recht – weithin anerkannt, dass der Schuldner eine Auskunft nicht 12 erteilen muss, wenn sich die Auskunftsperson durch die Erteilung der Auskunft

§ 16 Abschnitt 2 Beschlüsse der Gläubiger

strafbar machen würde (*Bliesener/Schneider* in Langenbucher/Bliesener/Spindler, Kap. 17, § 16 Rn. 8; *Schmidtbleicher* in Friedl/Hartwig-Jacob § 16 Rn. 13; *Müller* in Heidel § 16 Rn. 3; **aA** *Kirchner* in Preuße § 16 Rn. 32 ff.). Dieses Ergebnis wird zum Teil auf eine analoge Anwendung von § 131 Abs. 3 Satz 1 Nr. 5 AktG gestützt (*Bliesener/Schneider* in Langenbucher/Bliesener/Spindler, Kap. 17, § 16 Rn. 8). Teilweise wird auch der *nemo tenetur*-Grundsatz zur Begründung herangezogen (*Schmidtbleicher* in Friedl/Hartwig-Jacob § 16 Rn. 13).

13 Hieraus lässt sich allerdings kein Recht des Schuldners zur Verweigerung von Auskünften über Insiderinformationen herleiten (in diesem Sinne bereits zur Rechtslage unter § 14 WpHG aF *Wasmann/Steber* ZIP 20014, 2005, 2009; **aA** *Bliesener/Schneider* in Langenbucher/Bliesener/Spindler, Kap. 17, § 16 Rn. 8; auch *Gärtner* in Vorauflage Rn. 12). Zwar besteht nach Art. 14 lit. c) MMV für den Schuldner bzw. die für ihn Auskunft erteilenden Personen das Verbot, Insiderinformationen unrechtmäßig offenzulegen; dieses Verbot ist auch gemäß § 38 Abs. 3 Nr. 3 WpHG strafbewehrt. Richtigerweise ist jedoch die Weitergabe einer Insiderinformation an die Gläubiger im Rahmen einer Gläubigerversammlung nicht unrechtmäßig iSv Art. 14 lit. c) iVm Art. 10 Abs. 1 Unterabs. 1 MMV, weil sie „im Zuge der normalen Erfüllung von Aufgaben" geschieht. Hiervon zu trennen ist die weitere Frage der möglichen Verletzung von Ad-hoc-Pflichten gemäß Art. 17 MMV, deren Verletzung eine Ordnungswidrigkeit ist (§ 39 Abs. 3d Nr. 6 bis 11 WpHG). Die Ad-hoc-Pflicht gilt (nur) für die in Art. 17 Abs. 1 Unterabs. 3 MMV genannten Emittenten. Ist Art. 17 MMV danach auf den Schuldner anwendbar, ist die Insiderinformation zeitgleich „vollständig und wirksam" zu veröffentlichen (Art. 17 Abs. 8 MMV).

14 Ferner hat der Schuldner ein § 131 Abs. 3 Satz 1 Nr. 1 AktG entsprechendes Auskunftsverweigerungsrecht (*Bliesener/Schneider* in Langenbucher/Bliesener/Spindler, Kap. 17, § 16 Rn. 8; auch *Müller* in Heidel § 16 Rn. 3: „wenn Geschäftsgeheimnisse betroffen sind"; im Ergebnis ähnlich *Kirchner* in Preuße § 16 Rn. 34). Nach dieser Vorschrift darf der Vorstand in der Hauptversammlung die Auskunft verweigern, „soweit die Erteilung der Auskunft nach vernünftiger kaufmännischer Beurteilung geeignet ist, der Gesellschaft oder einem mit ihr verbundenen Unternehmen einen nicht unerheblichen Nachteil zuzufügen". Hintergrund des Auskunftsverweigerungsrechts des § 131 Abs. 3 Satz 1 Nr. 1 AktG ist die Erwägung, dass die vom Aktionär verlangte Information durch eine weitere Offenbarung an Dritte, die nicht an der Hauptversammlung teilnehmen, zu einem Nachteil für die Gesellschaft oder für ein mit ihr verbundenes Unternehmen führen kann (*Kubis* in MüKoAktG § 131 Rn. 110). Insoweit ist die Interessenlage auf der Gläubigerversammlung identisch. Auch hier ist bei der Offenbarung von Informationen gegenüber den in der Versammlung anwesenden Gläubigern damit zu rechnen, dass diese Informationen in der Folge an die breite Öffentlichkeit dringen. Informationen, an denen ein gerechtfertigtes Geheimhaltungsinteresse besteht, müssen daher in der Versammlung zurückgehalten werden können. Hierfür spricht auch, dass auch bei den schuldrechtlichen Auskunftsansprüchen ein Geheimhaltungsinteresse des Auskunftsschuldners grundsätzlich anerkannt wird (zB beim Schutz von Geschäfts- oder Betriebsgeheimnissen) und die Auskunftserteilung daher im Einzelfall für den Auskunftsschuldner unzumutbar sein kann und er diese verweigern darf (*Krüger* in MüKoBGB § 259 Rn. 31; näher *Wasmann/Steber* ZIP 2014, 2005, 2010). Keine Zustimmung verdient mithin die Ansicht, der Schuldner habe ein Auskunftsverweigerungsrecht in der Gläubigerversammlung nicht zur Vermeidung von

Nachteilen für den Schuldner (oder verbundene Unternehmen), sondern nur zur Vermeidung von Nachteilen für das Kollektiv der Anleihegläubiger, die durch die Geltendmachung des Auskunftsanspruchs durch einen einzelnen Anleihegläubiger gegebenenfalls drohen (*Schmidtbleicher* in Friedl/Hartwig-Jacob § 16 Rn. 11 f.). Eine solche Verschiebung der Interessenbindung des Schuldners ist nicht begründbar. Ein Auskunftsverweigerungsrecht analog § 131 Abs. 3 Satz 1 Nr. 1 AktG kommt zB bei bestimmten Fragen zu einem Sanierungsgutachten in Betracht (etwa bei Fragen zur unternehmensinternen Kalkulation oder zu Planzahlen, vgl. zum Aktienrecht *Decher* in GroßkommAktG § 131 Rn. 305), freilich nur soweit die Frage überhaupt von Abs. 1 gedeckt ist (→ Rn. 10).

4. Rechtsfolgen bei verweigerter Auskunft

Erfüllt der Schuldner seine Auskunftspflicht nicht (vollständig), kann dies zur **15** Anfechtbarkeit des betreffenden Beschlusses der Gläubigerversammlung führen, allerdings nur wenn ein objektiv urteilender Gläubiger die Erteilung der Information als wesentliche Voraussetzung für sein Abstimmungsverhalten angesehen hätte (§ 20 Abs. 1 Satz 2). Beschlüsse der Gläubigerversammlung sind wegen einer Verletzung der Auskunftspflicht des Schuldners demnach nur eingeschränkt anfechtbar (näher → § 20 Rn. 15).

Neben der Beschlussanfechtung kommt die klageweise Erzwingung der Auskunftserteilung in Betracht. Ein gesondertes Verfahren sieht das SchVG hierfür **16** anders als das Aktienrecht (dort streitiges Verfahren der freiwilligen Gerichtsbarkeit nach § 132 AktG) nicht vor. Daher ist die allgemeine Leistungsklage statthaft (*Kirchner* in Preuße § 16 Rn. 38; *Müller* in Heidel § 16 Rn. 3; *Schmidtbleicher* in Friedl/Hartwig-Jacob § 16 Rn. 21 f.; so vor Einführung von § 132 AktG auch die Rechtslage im Aktienrecht, BGHZ 32, 159, 161 f.). Auskunftsklage und Anfechtungsklage sind voneinander unabhängige Verfahren (zum Aktienrecht BGHZ 86, 1, 3 ff.). Eine Anfechtungsklage setzt daher keine vorherige Auskunftsklage (samt rechtskräftiger Entscheidung darüber) voraus (*Kirchner* in Preuße § 16 Rn. 38). Ein auf Auskunftsklage hin ergangenes Urteil wirkt nur *inter partes* (*Müller* in Heidel § 16 Rn. 3; für das Aktienrecht BGHZ 180, 9 Rn. 35) und hat keine Bindungswirkung für eine Anfechtungsklage (**aA** *Schmidtbleicher* in Friedl/Hartwig-Jacob § 16 Rn. 22; wie hier *Kirchner* in Preuße § 16 Rn. 38; so auch die Rechtslage im Aktienrecht, BGHZ 180, 9 Rn. 35).

Ein Gläubiger, dem die Gesellschaft seiner Ansicht nach die (vollständige) **17** Beantwortung einer Frage verweigert hat, hat keinen Anspruch darauf, dass diese Frage und der Grund, aus dem ihre Beantwortung verweigert worden ist, in die notarielle Niederschrift über die Verhandlung aufgenommen werden (*Kirchner* in Preuße § 16 Rn. 36; *Müller* in Heidel § 16 Rn. 3, allerdings jeweils nur zur Aufnahme der Verweigerungsgründe). Eine dem § 131 Abs. 5 AktG entsprechende Regelung enthält das SchVG gerade nicht. Auch eine analoge Anwendung von § 131 Abs. 5 AktG kommt nicht in Betracht. Das Auskunftsrecht des Gläubigers hat in Abs. 1 eine eigenständige Regelung erfahren, die einen solchen Anspruch des Gläubigers nicht vorsieht, und auch auf das Vorliegen einer planwidrigen Regelungslücke, die eine analoge Anwendung von § 131 Abs. 5 AktG rechtfertigen könnte, deutet nichts hin. Der betroffene Gläubiger ist von Gesetzes wegen darauf verwiesen, im Rahmen einer auf die Verweigerung von Auskünften durch den Schuldner in der Gläubigerversammlung gestützten Anfechtungsklage oder einer auf Auskunft gerichteten Leistungsklage den Nachweis mit den sonstigen ihm zur Verfügung stehenden Beweismitteln zu führen. Unabhängig davon ist die freiwillige Aufnahme von (beantworteten oder unbeantworteten) Fragen und der Antworten hierauf bzw. der Gründe für die Verweigerung einer Antwort in die notarielle Niederschrift freilich rechtlich nicht zu beanstanden. Hierüber ist vom Notar in Rücksprache mit dem Vorsitzenden nach Zweckmäßigkeit zu entscheiden. Im Einzelfall kann eine Aufnahme von Frage und Antwort in die notarielle Niederschrift durchaus auch im Interesse des Schuldners sein, etwa wenn eine Frage seiner Ansicht tatsächlich richtig und vollständig beantwortet worden ist und dies auch dokumentiert werden soll.

II. Abstimmung

1. Abgabe der Stimmen

18 Abs. 2 regelt zunächst die Abgabe der Stimmen. Die Begrifflichkeit ist gleichbedeutend mit der „Form der Ausübung des Stimmrechts", wie sie in § 134 Abs. 4 AktG angesprochen ist. Es geht also va um die Frage, ob die Teilnehmer der Gläubigerversammlung ihre Stimmen unverkörpert (zB durch Handaufheben, Zuruf oder Aufstehen) oder verkörpert (zB durch Stimmkarten oder elektronische Abstimmung) abzugeben haben, daneben auch um die Frage der Stimmabgabe durch Abwesende per Brief oder im Wege der elektronischen Kommunikation (§ 118 Abs. 2 AktG). Die Form der Stimmabgabe kann nach Abs. 2 vorrangig durch die Anleihebedingungen geregelt werden. Eine Regelung in der Satzung des Schuldners scheidet hingegen schon dem Wortlaut von Abs. 2 nach aus, aber auch deswegen, weil die Satzung des Schuldners für die Gläubiger nicht verbindlich ist (*Kirchner* in Preuße § 16 Rn. 44). Die Anleihebedingungen können Einzelheiten zur Regelung der Form der Stimmabgabe auch ausdrücklich der Einberufung oder dem Vorsitzenden vorbehalten. Die Zuweisung an den Vorsitzenden hat den Vorteil, dass er bestimmte Abstimmungsvorgaben noch im Laufe der Versammlung ändern kann, wenn sie sich als nicht praktikabel erweisen (zB weil bei vorgesehener elektronischer Abstimmung die entsprechenden Geräte ausfallen).

19 Die Anleihebedingungen können – insofern gleichlaufend mit der aktienrechtlichen Hauptversammlung (§ 118 Abs. 2 AktG) – auch die Stimmabgabe per Brief oder im Wege der elektronischen Kommunikation zulassen oder deren Zulassung durch den Einberufenden (die Zulassung erst in der Gläubigerversammlung durch den Vorsitzenden käme hierfür stets zu spät) vorsehen (Begr. RegE S. 23; *Kirchner* in Preuße § 16 Rn. 51; *Bliesener/Schneider* in Langenbucher/Bliesener/Spindler, Kap. 17, § 16 Rn. 15; *Schmidtbleicher* in Friedl/Hartwig-Jacob § 16 Rn. 23; *Müller* in Heidel § 16 Rn. 4). Gläubiger, die auf diese Weise abstimmen, nehmen nicht an der Gläubigerversammlung teil. Sie sind daher nicht in das Verzeichnis nach § 15 Abs. 2 aufzunehmen (*Kirchner* in Preuße § 16 Rn. 51); gleichwohl ist eine ergänzende Dokumentation dieser in Abwesenheit an der Abstimmung teilnehmenden Gläubiger empfehlenswert, für die Durchführung des Subtraktionsverfahrens (→ Rn. 23) sogar notwendig. Bei der Feststellung der Beschlussfähigkeit nach § 15 Abs. 3 Satz 1 sind sie, weil nicht anwesend, ebenfalls nicht zu berücksichtigen. Sie haben auch kein Recht auf die Erteilung einer Abschrift der Niederschrift nach Abs. 3 Satz 4.

Die Zulassung der Online-Teilnahme an der Gläubigerversammlung in den **20**
Anleihebedingungen, wie dies nach § 118 Abs. 1 Satz 2 für die aktienrechtliche
Hauptversammlung durch die Satzung möglich ist, scheidet hingegen aus (wie
hier *Schmidbleicher* in Friedl/Hartwig-Jacob § 16 Rn. 24; **aA** *Kirchner* in Preuße
§ 16 Rn. 50; *Bliesener/Schneider* in Langenbucher/Bliesener/Spindler, Kap. 17,
§ 16 Rn. 12; *Müller* in Heidel § 16 Rn. 4): Dieser Punkt betrifft die Teilnahme
(ohne Anwesenheit) an der Versammlung, also nicht die Art der Stimmabgabe,
und ist daher vom Regelungsbereich von Abs. 2 nicht erfasst. Eine solche Teilnahme
ohne Anwesenheit ist auch ansonsten im SchVG nirgends vorgesehen und
scheidet daher *de lege lata* aus.

Eine Regelung in den Anleihebedingungen, die entweder die Form der **21**
Abstimmung selbst bestimmt oder – was entsprechend der aktienrechtlichen Praxis
vorzugswürdig sein dürfte (*Hüffer* § 134 Rn. 34) – dem Vorsitzenden die Kompetenz
zur Festlegung der Form der Abstimmung zuweist, ist verbindlich und kann
von der Gläubigerversammlung nicht auf Grundlage eines Geschäftsordnungsantrags
geändert werden (→ § 15 Rn. 14). In der Praxis sollte daher, um Unklarheiten
und zeitraubenden Streit über die Form der Stimmabgabe von vornherein
zu vermeiden, tunlichst darauf geachtet werden, dass die Anleihebedingungen
entsprechende Regelungen zur Form der Abstimmung enthalten.

Fehlt hingegen eine Regelung in den Anleihebedingungen, sind nach Abs. 2 **22**
die Vorschriften des AktG über die Abstimmung der Aktionäre in der Hauptversammlung
anzuwenden. Diese Verweisung auf das AktG ist unklar. Das AktG
regelt die Form der Stimmabgabe nämlich nicht selbst, sondern weist die Regelungskompetenz
hierfür dem Satzungsgeber zu (§§ 134 Abs. 4, 118 Abs. 2 AktG).
Insoweit geht die Verweisung ins Leere, weil eine Satzungsregelung, an die die
Gläubiger als solche nicht gebunden sind, zur Form der Abstimmung in der
Gläubigerversammlung ausscheidet (→ Rn. 18). Mit der offensichtlich missglückten
Verweisung dürfte lediglich die Klarstellung bezweckt sein, dass die Art
der Abstimmung im Zweifel im Ermessen des Vorsitzenden liegen soll (*Schmidtbleicher*
in Friedl/Hartwig-Jacob § 16 Rn. 25; *Otto* DNotZ 2012, 809, 818). Zu möglichen
Verfahrensanträgen wegen der Form der Stimmabgabe → § 15 Rn. 14.

2. Auszählung der Stimmen

Abs. 2 regelt des Weiteren die Auszählung der Stimmen. Auch hierfür ist eine **23**
Regelung in den Anleihebedingungen vorrangig, in der Praxis jedoch unüblich
und auch nicht empfehlenswert. In Abwesenheit einer solchen Regelung in den
Anleihebedingungen ist daher aufgrund des Verweises in Abs. 2 auf die gängigen
Verfahren zur Stimmenauszählung in der aktienrechtlichen Hauptversammlung
(Additions- oder Subtraktionsmethode, *Hüffer* § 133 Rn. 22 ff.) zurückzugreifen
(*Kirchner* in Preuße § 16 Rn. 53; *Schmidtbleicher* in Friedl/Hartwig-Jacob § 16
Rn. 26). Der Vorsitzende legt dabei die Auszählungsart fest (*Kirchner* in Preuße
§ 16 Rn. 53; *Schmidtbleicher* in Friedl/Hartwig-Jacob § 16 Rn. 26; → § 15
Rn. 17). Vorgaben der Gläubigerversammlung aufgrund eines Geschäftsordnungsantrags
sind hierzu nicht möglich, denn § 16 Abs. 2 sieht – bei Fehlen spezieller
Regelungen in den Anleihebedingungen – die Anwendung der aktienrechtlichen
Vorschriften vor und die Festlegung der Art der Stimmenauszählung gehört im
Aktienrecht zu den originären Aufgaben des Versammlungsleiters (*Kubis* in
MüKoAktG § 119 Rn. 157; *Hüffer* § 133 Rn. 22; → § 15 Rn. 14).

III. Beurkundung

1. Niederschrift

24 Nach Abs. 3 Satz 1 bedarf jeder Beschluss der Gläubigerversammlung zu seiner Gültigkeit der Beurkundung durch eine über die Verhandlung aufgenommene Niederschrift. Zu den Folgen einer fehlerhaften oder unterbliebenen Beurkundung → § 20 Rn. 6. Das Beurkundungserfordernis gilt für jegliche Art von Beschlüssen, also neben Sachbeschlüssen auch für Beschlüsse zur Geschäftsordnung oder zur Wahl eines gemeinsamen Vertreters, und zwar nicht nur für positive, sondern auch für ablehnende Beschlüsse; umgekehrt gilt das Beurkundungserfordernis für bloß verfahrensleitende Maßnahmen des Vorsitzenden nicht (*Bliesener/ Schneider* in Langenbucher/Bliesener/Spindler, Kap. 17, § 16 Rn. 16; *Kirchner* in Preuße § 16 Rn. 60; zur insoweit gleichen Rechtslage im Aktienrecht *Hüffer* § 130 Rn. 2). Weitere beurkundungsbedürftige Vorgänge nennt das SchVG nicht; insbesondere ist nicht vorgesehen, dass ein Widerspruch gegen einen Beschluss (§ 20 Abs. 2 Nr. 1) zur Niederschrift erklärt werden müsste (näher → § 20 Rn. 20). Die auch für das aktienrechtliche Hauptversammlung seit Langem umstrittene Frage, ob es neben den ausdrücklich geregelten weitere beurkundungspflichtige Vorgänge gibt, dürfte einerseits zu bejahen, andererseits auf unmittelbar beschlussrelevante Vorgänge zu beschränken sein (wie hier *Kirchner* in Preuße § 16 Rn. 62; für das Aktienrecht *Priester* DNotZ 2001, 661, 667 f.; *Hüffer* § 130 Rn. 5). Unproblematisch zulässig ist die Aufnahme weiterer Vorgänge über die gesetzlich vorgeschriebenen hinaus (*Kirchner* in Preuße § 16 Rn. 63; für das Aktienrecht *Hüffer* § 130 Rn. 6), zB bei der Verweigerung einer Auskunft (→ Rn. 17) oder einem Widerspruch gegen die Beschlussfassung (→ § 20 Rn. 20). Der Notar entscheidet darüber nach pflichtgemäßem Ermessen.

25 Die Kosten der Beurkundung gehören zu den Kosten der Gläubigerversammlung und sind daher nach § 9 Abs. 4 vom Schuldner zu tragen (→ § 9 Rn. 28; *Kirchner* in Preuße § 16 SchVG Rn. 64; *Bliesener/Schneider* in Langenbucher/Bliesener/Spindler, Kap. 17, § 16 Rn. 17; *Müller* in Heidel § 16 Rn. 5). Der Geschäftswert ist nach § 97 GNotKG zu bestimmen (*Müller* in Heidel § 16 Rn. 5 Fn. 15).

26 Abs. 3 Satz 2 regelt die Form der Niederschrift. Findet die Gläubigerversammlung im Inland statt (→ § 11 Rn. 1), ist die Niederschrift durch einen (deutschen) Notar aufzunehmen (§§ 1, 36 f. BeurkG). Bei einer Gläubigerversammlung im Ausland muss eine Niederschrift gewährleistet sein, die der Niederschrift durch einen (deutschen) Notar gleichwertig ist. Die Bedeutung dieser Anforderung ist umstritten. Nach einer Auffassung ist sie formal zu verstehen und mithin die Beurkundung durch eine nach dem am Ort der Gläubigerversammlung geltenden Recht zur Herstellung einer öffentlichen Urkunde befugte Person erforderlich (*Kirchner* in Preuße § 16 Rn. 65; *Müller* in Heidel § 16 Rn. 5). Nach anderer Auffassung soll es nur darauf ankommen, dass die Niederschrift eine entsprechende Qualität hat (*Bliesener/Schneider* in Langenbucher/Bliesener/Spindler, Kap. 17, § 16 Rn. 18) oder funktionell gleichwertig ist, dh von einer unabhängigen Person erstellt wurde (*Schmidtbleicher* in Friedl/Hartwig-Jacob § 16 Rn. 33). Richtigerweise muss die im Ausland erstellte Niederschrift sowohl in formaler als auch in inhaltlicher Hinsicht der einer deutschen Notar aufgenommenen Niederschrift gleichwertig sein. Formal muss es sich bei der Niederschrift wie bei ihrem inländischen Pendant (§§ 1, 36 BeurkG) um eine – freilich nach den Bestimmungen des anwendbaren ausländischen Rechts erstellte – öffentliche Urkunde han-

deln (das Erfordernis der Beurkundung folgt auch schon aus Abs. 3 Satz 1). Diese muss auch inhaltlich eine gleichwertige Qualität haben, was nur im Hinblick auf die Vorgaben des § 37 BeurkG im Einzelfall zweifelhaft sein kann (Abs. 3 Satz 3 iVm § 130 Abs. 2 bis Abs. 4 AktG gilt ohnehin auch für eine im Ausland erstellte Niederschrift).

Für den Inhalt der Niederschrift ordnet Abs. 3 Satz 3 die entsprechende Geltung von § 130 Abs. 2 bis 4 AktG an. Dies gilt für im Inland und im Ausland aufgenommene Niederschriften gleichermaßen (für die im Inland durch einen deutschen Notar aufgenommene Niederschrift gilt außerdem § 37 BeurkG). Demnach muss die Niederschrift den Ort und den Tag der Gläubigerversammlung, den Namen des Notars (oder – bei im Ausland aufgenommener Niederschrift – der anderweitigen Beurkundungsperson) sowie die Art und das Ergebnis der Abstimmung und die Feststellung des Vorsitzenden über die Beschlussfassung angeben (§ 130 Abs. 2 Satz 1 AktG). Die Belege über die Einberufung der Gläubigerversammlung sind der Niederschrift als Anlage beizufügen, wenn sie nicht unter Angabe ihres Inhalts in der Niederschrift aufgeführt sind (§ 130 Abs. 3 AktG). Die Niederschrift ist vom Notar zu unterschreiben, die Zuziehung von Zeugen ist nicht notwendig (§ 130 Abs. 4 AktG). Hinsichtlich all dieser Anforderungen kann auf das aktienrechtliche Schrifttum verwiesen werden (*Hüffer* § 130 Rn. 15 ff., 24 f., 26, jeweils mwN). Schwierigkeiten bereitet für die Gläubigerversammlung allein der Verweis in Abs. 3 Satz 3 auch auf die erweiterte Feststellung des Vorsitzenden über die Beschlussfassung bei börsennotierten Gesellschaften nach § 130 Abs. 2 Satz 2 AktG. Hierzu ist umstritten, ob es dafür auf die Börsennotierung (iSv § 3 Abs. 2 AktG) des Schuldners (*Bliesener/Schneider* in Langenbucher/Bliesener/Spindler, Kap. 17, § 16 Rn. 20; *Müller* in Heidel § 16 Rn. 6) oder der Anleihen (*Kirchner* in Preuße § 16 Rn. 75) ankommt. Näherliegend erscheint Letzteres, doch wird der Vorsitzende in der Praxis aufgrund der verbleibenden Unsicherheiten immer schon dann die erweiterte Feststellung über die Beschlussfassung treffen, wenn einer der beiden Fälle vorliegt und ein Gläubiger dies entsprechend § 130 Abs. 2 Satz 3 AktG vor Ende der Gläubigerversammlung (zur insoweit gleichen Rechtslage im Aktienrecht *Hüffer* § 130 Rn. 23b aE mwN) verlangt hat. Abzulehnen ist die Ansicht, die Angaben nach § 130 Abs. 2 Satz 2 AktG seien bei der Gläubigerversammlung stets erforderlich (so *Schmidtbleicher* in Friedl/Hartwig-Jacob § 16 Rn. 32 mit dem – unzutreffenden – Hinweis, diese Angaben hätten Bedeutung für die Quoren in § 15 Abs. 3 Satz 1, Satz 3 Hs. 2).

2. Erteilung von Abschriften der Niederschrift

Das SchVG sieht die Einreichung der notariellen Niederschrift über die Gläubigerversammlung oder einer Abschrift derselben zum Handelsregister (so § 130 Abs. 5 AktG für die Niederschrift über die Hauptversammlung der Aktiengesellschaft) oder eine andere Art der öffentlichen Zugänglichmachung nicht vor. Stattdessen hat gemäß Abs. 3 Satz 4 jeder Gläubiger, der in der Gläubigerversammlung erschienen oder durch Bevollmächtigte vertreten war, das Recht, binnen eines Jahres nach dem Tag der Versammlung vom Schuldner eine Abschrift der Niederschrift und der Anlagen zu verlangen. Das Recht ist also in zweifacher Hinsicht eingeschränkt: erstens haben in der Gläubigerversammlung nicht erschienene oder vertretene Gläubiger kein Recht auf Übermittlung einer Abschrift, zweitens besteht das Recht nur für ein Jahr ab dem Tag der Gläubigerversammlung. Es genügt die Übermittlung einer einfachen Abschrift der notariellen Niederschrift, was die damit verbundenen Kosten, die der Schuldner zu tragen hat (*Kirchner* in Preuße § 16 Rn. 80; *Bliesener/Schneider* in Langenbucher/Bliesener/Spindler, Kap. 17, § 16 Rn. 21; *Müller* in Heidel § 16 Rn. 6), in überschaubaren Grenzen hält.

§ 17 Bekanntmachung von Beschlüssen

(1) ¹**Der Schuldner hat die Beschlüsse der Gläubiger auf seine Kosten in geeigneter Form öffentlich bekannt zu machen.** ²**Hat der Schuldner seinen Sitz im Inland, so sind die Beschlüsse unverzüglich im Bundesanzeiger zu veröffentlichen; die nach § 30e Absatz 1 des Wertpapierhandelsgesetzes vorgeschriebene Veröffentlichung ist jedoch ausreichend.** ³**Die Anleihebedingungen können zusätzliche Formen der öffentlichen Bekanntmachung vorsehen.**

(2) **Außerdem hat der Schuldner die Beschlüsse der Gläubiger sowie, wenn ein Gläubigerbeschluss die Anleihebedingungen ändert, den Wortlaut der ursprünglichen Anleihebedingungen vom Tag nach der Gläubigerversammlung an für die Dauer von mindestens einem Monat im Internet unter seiner Adresse oder, wenn eine solche nicht vorhanden ist, unter der in den Anleihebedingungen festgelegten Internetseite der Öffentlichkeit zugänglich zu machen.**

I. Regelungsgegenstand; Zuständigkeit

1 § 17 bestimmt in seinem Abs. 1, dass alle Beschlüsse der Gläubiger öffentlich bekannt zu machen sind. Darüber hinaus („außerdem") schreibt Abs. 2 vor, dass die Beschlüsse für eine bestimmte Zeit der Öffentlichkeit im Internet zugänglich zu machen sind. Ändert ein Gläubigerbeschluss die Anleihebedingungen, ist zudem der Wortlaut der ursprünglichen Anleihebedingungen im Internet zugänglich zu machen. Im Übrigen bleibt es den Anleihebedingungen überlassen, etwaige weitere (nicht: alternative) Formen der öffentlichen Bekanntmachung vorzusehen. Mit diesen Offenlegungsverpflichtungen verfolgt das Gesetz den Zweck, Transparenz und eine einheitliche Informationsbasis für alle Gläubiger zu schaffen.

2 Die Verpflichtung sowohl zur Bekanntmachung als auch zu einem Zugänglichmachen im Internet trifft den Schuldner. Er hat auch die Kosten zu tragen. Die Kostentragung ist ausdrücklich zwar nur in Abs. 1 für die Bekanntmachung bestimmt. Kraft des inneren Zusammenhangs zwischen Abs. 2 und Abs. 1 und weil ein Dritter als Kostenschuldner nicht ernsthaft in Betracht kommt, muss dies aber auch für das Zugänglichmachen nach Abs. 2 gelten (*Bliesener/Schneider* in Langenbucher/Bliesener/Spindler, Kap. 17, § 17 SchVG Rn. 17; *Schmidtbleicher* in Friedl/Hartwig-Jacob § 17 Rn. 17).

3 § 17 steht systematisch etwas unglücklich zwischen den Vorschriften zu in Gläubigerversammlungen gefassten Beschlüssen und Beschlüssen, die nach § 18 ohne Versammlung gefasst werden. Eine Einordnung der Vorschrift im Anschluss an § 18 wäre sachgerechter gewesen. Während Abs. 1 neutral formuliert ist und zutreffend alle Beschlüsse unabhängig von der Art der Beschlussfassung erfasst, knüpft Abs. 2 formal an das Ende der Gläubigerversammlung an und setzt damit die Beschlussfassung in einer Versammlung voraus. Gleichwohl gilt Abs. 2 seinem Sinn und Zweck nach auch für Beschlüsse, die in einer Abstimmung ohne Ver-

sammlung gefasst wurden. Der insoweit zu kurz geratene Verweis in § 18 Abs. 1 nur auf die Vorschriften zur „Einberufung und Durchführung der Gläubigerversammlung" steht dem nicht entgegen (→ Rn. 10).

II. Bekanntmachung (Abs. 1)

Die Bekanntmachungspflicht nach Abs. 1 umfasst nur den Wortlaut der **4** Beschlüsse der Gläubiger. Im Umkehrschluss zu Abs. 2 ergibt sich, dass auch bei Änderungen der Anleihebedingungen insbesondere die ursprünglichen Anleihebedingungen nicht nach Abs. 1 bekanntzumachen sind (*Bliesener/Schneider* in Langenbucher/Bliesener/Spindler, Kap. 17, § 17 SchVG Rn. 6; **aA** *Kirchner* in Preuße § 17 Rn. 4). Konkrete Vorgaben zur Bekanntmachung enthält Abs. 1 Satz 1 nicht. Die Bekanntmachung hat „öffentlich" zu sein und insoweit „in geeigneter Form" zu erfolgen. Für einen Schuldner mit Sitz im Inland ist allerdings die Regelung in Satz 2 einschlägig, die insoweit als Sonderregelung zu verstehen ist und einem solchen Schuldner die nähere Auseinandersetzung mit Satz 1 abnimmt.

Von der Möglichkeit, zusätzliche Formen der Veröffentlichung in den Anleihebedingungen vorzusehen (Satz 3), wird in der Praxis soweit ersichtlich kaum Gebrauch gemacht. Vermutlich sehen die Beteiligten jede weitere Bekanntmachungsverpflichtung des Schuldners eher als Erschwernis und vermeidbaren Kostenauslöser an und weniger als nützliche Zusatzbedingung.

1. Schuldner mit Sitz im Inland

Gemäß Satz 2 Hs. 1 hat ein Schuldner mit Sitz im Inland die Beschlüsse im **5** Grundsatz im elektronischen Bundesanzeiger zu veröffentlichen, und zwar unverzüglich (also ohne schuldhaftes Zögern, § 121 Abs. 1 Satz 1 BGB). Eine einmalige Veröffentlichung ist ausreichend (Begr. RegE zu § 17). Auch wenn es Abs. 1 nicht ausdrücklich sagt, so ist mit dieser Veröffentlichung die Verpflichtung gemäß Satz 1 erfüllt. Das lässt sich der Begr. RegE entnehmen, nach der – wenngleich in etwas anderem Zusammenhang (sogleich → Rn. 6) – eine Verdopplung von Veröffentlichungspflichten vermieden werden soll (Begr. RegE zu § 17).

Ein Schuldner mit Sitz im Inland genügt der Veröffentlichungspflicht nach **6** Satz 1 auch dann, wenn die öffentliche Bekanntmachung in Übereinstimmung mit Satz 2 Hs. 2 nicht durch die Veröffentlichung im elektronischen Bundesanzeiger erfolgt, sondern gemäß § 30e Abs. 1 S. 1 Nr. 1 lit. b)WpHG (iVm § 30e Abs. 2 WpHG, §§ 26 Satz 1, 3a, 3b WpAIV) („Medienbündel"; *Bliesener/Schneider* in Langenbucher/Bliesener/Spindler, Kap. 17, § 17 SchVG Rn. 3). Nach dem Wortlaut von Satz 1 („vorgeschriebene Veröffentlichung") handelt es sich konzeptionell um einen Rechtsgrundverweis, nach dem der jeweilige Schuldner im Einzelfall also tatsächlich diesen Veröffentlichungsbestimmungen unterliegen muss (*Schmidtbleicher* in Friedl/Hartwig-Jacob § 17 Rn. 5). Dafür spricht auch die Begr. RegE, die dem Verweis auf das WpHG den Zweck beimisst, eine Verdopplung von Veröffentlichungs*pflichten* zu vermeiden (Begr. RegE zu § 17). Für die – praktisch wohl wenigen – Fälle, dass die Voraussetzungen des § 30e Abs. 1 WpHG nicht vorliegen, bleibt es danach für den Schuldner bei der Pflicht zur Veröffentlichung im elektronischen Bundesanzeiger. Eine freiwillige Befolgung der Veröffentlichungsregeln nach § 30e Abs. 1 WpHG reicht nicht aus.

2. Schuldner mit Sitz im Ausland

7 Für Schuldner, die keinen Sitz im Inland haben, bleibt es hinsichtlich der öffentlichen Bekanntmachung bei der allgemein gehaltenen Vorgabe nach Satz 1. Dieser Vorgabe dürfte häufig dadurch genügt werden, dass der Schuldner die nach dem jeweiligen lokalen Recht für ihn geltenden Bekanntmachungsvorschriften einhält (so auch *Kirchner* in Preuße § 17 Rn. 4; zweifelnd *Schmidtbleicher* in Friedl/Hartwig-Jacob § 17 Rn. 7). Alternativ sollte die Einhaltung der Vorgaben von §§ 26 Satz 1, 3a, 3b WpAIV – also Veröffentlichung über Medien, wobei ggf. eine Veröffentlichung in englischer Sprache erfolgen kann – ausreichen. Eine Verbreitung der Beschlüsse über das Internet genügt der Bekanntmachungspflicht nach Abs. 1 nicht (*Schmidtbleicher* in Friedl/Hartwig-Jacob § 17 Rn. 9). Zwar erkennt auch die Begr. RegE (zu §§ 17, 12) an, dass eine solche Verbreitung mindestens in gleichem Maße wie die öffentliche Bekanntmachung dazu geeignet ist, die Gläubiger zu informieren. Doch ist in dieser Äußerung bereits die Trennung zwischen der öffentlichen Bekanntmachung einerseits und der Verbreitung im Internet andererseits vorgezeichnet. Im Übrigen ergibt sich aus dem Wort „außerdem" in Abs. 2 ohne Weiteres, dass für die Zwecke der Bekanntmachung nach § 17 das Internet nur als zusätzliches Veröffentlichungsmedium anzusehen ist.

III. Zugänglichmachen im Internet (Abs. 2)

8 Zusätzlich zur Bekanntmachung nach Abs. 1 hat der Schuldner die Beschlüsse im Internet zugänglich zu machen. Ändert ein Beschluss die Anleihebedingungen, ist über den Beschluss hinaus auch der Wortlaut der ursprünglichen Anleihebedingungen zugänglich zu machen. Letzteres dürfte so zu verstehen sein, dass bei einer Änderung die gesamten Anleihebedingungen zugänglich zu machen sind und nicht nur die geänderte(n) Passage(n). Denn gemäß der Begr. RegE bezweckt das Zugänglichmachen der Anleihebedingungen, dass „damit ohne großen Aufwand die Änderungen im Textzusammenhang nachvollzogen werden können" (Begr. RegE zu § 17). Aus diesen Ausführungen folgt zugleich, dass es sich bei der geforderten „ursprünglichen" Fassung nicht um die Erstfassung handelt, sondern um die der Änderung unmittelbar vorangehende und bis zur Änderung geltende Fassung. Anderenfalls wäre der erforderliche Zusammenhang nicht gegeben und die Gegenüberstellung sinnlos.

9 Der Schuldner hat die erforderlichen Informationen im Internet im Grundsatz unter seiner Adresse zugänglich zu machen, also regelmäßig auf seiner Homepage. Verfügt der Schuldner über keine eigene Internetadresse, hat er die Informationen auf der in den Anleihebedingungen bestimmten Internetseite zugänglich zu machen. Diese Auffangregelung wurde auf eine Beschlussempfehlung des Rechtsausschusses hin aufgenommen (s. Ber. Rechtsausschuss zu Art. 1 § 12 Abs. 3, § 13 Abs. 4, § 17 Abs. 2). Hintergrund ist die Begebung von Schuldverschreibungen durch Zweckgesellschaften, die regelmäßig nicht über eine eigene Internetadresse verfügen.

10 Zum Zeitraum bestimmt Abs. 2, dass die Informationen vom Tag nach der Gläubigerversammlung an für mindestens einen Monat im Internet zugänglich sein müssen. Nach Sinn und Zweck der Vorschrift ist damit ein lückenloser Zeitraum gemeint, der im Zusammenhang mit der Monatsfrist für die Beschlussanfechtung gemäß § 20 Abs. 3 Satz 1 zu lesen ist und an ihr orientiert. Wurde der Beschluss nach § 18 im Rahmen einer Abstimmung ohne Versammlung gefasst, steht dem Tag nach der Gläubigerversammlung der Tag nach dem Ende des Abstimmungszeitraums gleich.

IV. Rechtsfolgen bei Pflichtverletzungen

Die in § 17 vorgesehenen Publikationspflichten sind der Beschlussfassung nachgelagert. Eine Verletzung dieser Pflichten lässt die Beschlussfassung und die gefassten Beschlüsse unberührt, berechtigt also insbesondere nicht zu einer Beschlussanfechtung (*Bliesener/Schneider* in Langenbucher/Bliesener/Spindler, Kap. 17, § 17 SchVG Rn. 11; *Kirchner* in Preuße § 17 Rn. 11). Grundsätzlich denkbare Schadensersatzansprüche dürften praktisch kaum Bedeutung gewinnen. 11

§ 18 Abstimmung ohne Versammlung

(1) **Auf die Abstimmung ohne Versammlung sind die Vorschriften über die Einberufung und Durchführung der Gläubigerversammlung entsprechend anzuwenden, soweit in den folgenden Absätzen nichts anderes bestimmt ist.**

(2) **¹Die Abstimmung wird vom Abstimmungsleiter geleitet. ²Abstimmungsleiter ist ein vom Schuldner beauftragter Notar oder der gemeinsame Vertreter der Gläubiger, wenn er zu der Abstimmung aufgefordert hat, oder eine vom Gericht bestimmte Person. ³§ 9 Absatz 2 Satz 2 ist entsprechend anwendbar.**

(3) **¹In der Aufforderung zur Stimmabgabe ist der Zeitraum anzugeben, innerhalb dessen die Stimmen abgegeben werden können. ²Er beträgt mindestens 72 Stunden. ³Während des Abstimmungszeitraums können die Gläubiger ihre Stimme gegenüber dem Abstimmungsleiter in Textform abgeben. ⁴In den Anleihebedingungen können auch andere Formen der Stimmabgabe vorgesehen werden. ⁵In der Aufforderung muss im Einzelnen angegeben werden, welche Voraussetzungen erfüllt sein müssen, damit die Stimmen gezählt werden.**

(4) **¹Der Abstimmungsleiter stellt die Berechtigung zur Stimmabgabe anhand der eingereichten Nachweise fest und erstellt ein Verzeichnis der stimmberechtigten Gläubiger. ²Wird die Beschlussfähigkeit nicht festgestellt, kann der Abstimmungsleiter eine Gläubigerversammlung einberufen; die Versammlung gilt als zweite Versammlung im Sinne des § 15 Absatz 3 Satz 3. ³Über jeden in der Abstimmung gefassten Beschluss ist eine Niederschrift aufzunehmen; § 16 Absatz 3 Satz 2 und 3 gilt entsprechend. ⁴Jeder Gläubiger, der an der Abstimmung teilgenommen hat, kann binnen eines Jahres nach Ablauf des Abstimmungszeitraums von dem Schuldner eine Abschrift der Niederschrift nebst Anlagen verlangen.**

(5) **¹Jeder Gläubiger, der an der Abstimmung teilgenommen hat, kann gegen das Ergebnis schriftlich Widerspruch erheben binnen zwei Wochen nach Bekanntmachung der Beschlüsse. ²Über den Widerspruch entscheidet der Abstimmungsleiter. ³Hilft er dem Widerspruch ab, hat er das Ergebnis unverzüglich bekannt zu machen; § 17 gilt entsprechend. ⁴Hilft**

der Abstimmungsleiter dem Widerspruch nicht ab, hat er dies dem widersprechenden Gläubiger unverzüglich schriftlich mitzuteilen.

(6) **Der Schuldner hat die Kosten einer Abstimmung ohne Versammlung zu tragen und, wenn das Gericht einem Antrag nach § 9 Absatz 2 stattgegeben hat, auch die Kosten des Verfahrens.**

Übersicht

	Rn.
I. Regelungsgegenstand	1
II. Grundsätzliches	3
1. Nur Abstimmung, keine „virtuelle Versammlung"	3
2. Kein Ausschluss bestimmter Beschlussgegenstände	5
3. Keine spezifischen Informationspflichten bei Aufforderung zur Stimmabgabe	6
4. Wahl des Verfahrens	7
III. Die entsprechend anzuwendenden Vorschriften (Abs. 1)	8
1. Einberufung	9
2. Frist, Anmeldung, Nachweis	10
3. Ort	11
4. Inhalt der Einberufung, Bekanntmachung	12
5. Tagesordnung, Vertretung	13
a) Ergänzungsanträge	13a
b) Gegenanträge	13b
c) Vertretung	13c
6. Vorsitz, Beschlussfähigkeit	14
7. Auskunftspflicht, Abstimmung, Niederschrift	15
IV. Abstimmungsleitung (Abs. 2)	16
1. Allgemeines	17
2. Notar als Abstimmungsleiter	18
V. Abstimmungszeitraum; Stimmabgabe (Abs. 3)	19
1. Abstimmungszeitraum	20
2. Stimmabgabe	22
a) Zugangserfordernis und Empfänger	23
b) Form	24
c) Integrität und Authentizität	26
3. Information und Zuständigkeit	28
a) Information	28
b) Zuständigkeit	28a
VI. Abstimmungsvorgang und Niederschrift (Abs. 4)	29
1. Allgemeiner Ablauf	29
2. Nachweis der Stimmberechtigung	31
3. Auszählung der Stimmen	32
a) Widersprüchliche Stimmabgabe	32a
b) Mehrfachzählung	33
4. Niederschrift	34
VII. Widerspruch und Abhilfe (Abs. 5)	35
1. Grundsätzliches	35
2. Widerspruchsbefugnis, -form und -frist	37
3. Widerspruchsgegenstand	38
4. Entscheidung über den Widerspruch	40
a) Entscheidung, Zuständigkeit, Frist	40
b) Abhilfeentscheidung	41

	Rn.
c) Benachrichtigung über die Entscheidung	42
d) Widerspruch gegen die Abhilfeentscheidung	43
VIII. Kosten (Abs. 6)	44

I. Regelungsgegenstand

§ 18 behandelt Abstimmungen der Gläubiger ohne die Abhaltung einer Gläubi- 1
gerversammlung. Die Norm knüpft an die Bestimmung in § 5 Abs. 6 Satz 1 an,
nach der Beschlüsse der Gläubiger entweder in einer Gläubigerversammlung oder
im Wege einer Abstimmung ohne Versammlung gefasst werden. Nach § 5 Abs. 6
Satz 2 können die Anleihebedingungen sogar vorsehen, dass Beschlüsse der Gläubiger nur in einer Gläubigerversammlung oder ausschließlich im Wege der
Abstimmung ohne Versammlung gefasst werden. Von der Regelungsmöglichkeit,
Beschlüsse ausschließlich in Abstimmungen ohne Versammlung zu fassen, wird
in der Praxis durchaus Gebrauch gemacht, und zwar sowohl bei großen Emissionen wie auch bei Mittelstandsanleihen.

Eine Abstimmung ohne Versammlung bietet sowohl für den Schuldner als auch 2
die Gläubiger eine kosten- und zeitsparende Alternative zur Beschlussfassung in
einer Versammlung. Zudem berechtigen technische Störungen, die zu einer
Beeinträchtigung oder gar Verhinderung der Stimmabgabe führen, im Grundsatz
nicht zu einer Beschlussanfechtung (§ 20 Abs. 1 Satz 3; → § 20 Rn. 16). Da es
im Verfahren nach § 18 allein um die Abstimmung geht und insbesondere keine
Fragerechte von Gläubigern oder spezielle Informationspflichten des Schuldners
im Vorfeld der Stimmabgabe bestehen (→ Rn. 3 ff.), entfallen etwaige Anfechtungsrisiken nach § 20 Abs. 1 Satz 2 wegen unrichtiger, unvollständiger oder verweigerter Informationserteilung.

II. Grundsätzliches

1. Nur Abstimmung, keine „virtuelle Versammlung"

Mit der Alternative einer Abstimmung ohne Versammlung beschreitet der 3
Gesetzgeber neue Wege. Zwar ermöglicht das Aktienrecht seit Inkrafttreten des
ARUG die Online-Teilnahme an der Hauptversammlung und auch die Online-Rechtsausübung einschließlich insbesondere der Stimmabgabe (§ 118 Abs. 1
Satz 2, Abs. 2 AktG; *Hüffer* § 118 Rn. 10 ff.; *Arnold* Der Konzern 2009, 88, 91 ff.;
Seibert/Florstedt ZIP 2008, 2145 f.). Es bedarf aber weiterhin der Abhaltung einer
physischen Hauptversammlung an einem bestimmten Ort (wenngleich theoretisch
kein Aktionär anwesend zu sein braucht). Eine reine „virtuelle Hauptversammlung" ist nicht zulässig (Regierungsbegründung zur Änderung von § 118 AktG
durch das ARUG, BT-Drucks. 16/11642, S. 37 ff.). Offenbar in Anlehnung an
diese Begrifflichkeit bezeichnet die Begr. RegE die neu geschaffene Möglichkeit
der Abstimmung ohne Versammlung als „virtuelle Versammlung" (Begr. RegE
zu § 18). Das ist indes nicht nur etwas zögerlich formuliert, sondern auch missverständlich, da der tatsächlich erreichte Entwicklungsstand von § 18 klar darüber
hinaus reicht. Während die Charakterisierung als virtuelle Versammlung suggeriert, dass letztlich immer noch eine (nur nicht physische) Zusammenkunft der
Stimmberechtigten stattfindet und sich ein Forum für Diskussionen, Fragen und

Beiträge insbesondere zu den auf der Tagesordnung stehenden Beschlusspunkten konstituiert, geht es bei der Abstimmung ohne Versammlung ausschließlich um die Abstimmung mit der damit verbundenen Stimmabgabe des einzelnen Gläubigers (vgl. auch ausdrücklich Begr. RegE zu § 18: „Die Abstimmung ohne Versammlung ist im Gesetz bislang ohne Vorbild."). Das Verfahren der Abstimmung ohne Versammlung ist konzeptionell nicht auf Diskussion und Informationsaustausch angelegt, sondern stellt lediglich einen Mechanismus für die Abstimmung bereit.

4   Im Rahmen einer Abstimmung ohne Versammlung besteht insbesondere kein Fragerecht der Gläubiger mit einer korrespondierenden Verpflichtung des Schuldners zur (unverzüglichen) Beantwortung (*Bertelmann/Schönen* ZIP 2014, 353 (358 f.) (mit „hilfsweisen" Überlegungen zum Auskunftsrecht); *Bliesener/Schneider* in Langenbucher/Bliesener/Spindler, Kap. 17, § 18 SchVG Rn. 21 f.; **aA** *Kirchner* in Preuße § 18 Rn. 28; *Wöckener* in Friedl/Hartwig-Jacob § 18 Rn. 21). Zwar verweist Abs. 1 im Rahmen des Generalverweises auf eine entsprechende Anwendung auch von § 16 Abs. 1. Danach hat der Schuldner jedem Gläubiger auf Verlangen in der Gläubigerversammlung mit Blick auf die Tagesordnungspunkte in bestimmtem Umfang Auskunft zu erteilen. Auf die Abstimmung ohne Versammlung ließe sich das dergestalt übertragen, dass ein Gläubiger während des Abstimmungszeitraums ein Auskunftsverlangen stellen kann und der Schuldner dieses in dem gegebenen Zeitrahmen derart mit der Möglichkeit zur Kenntnisnahme durch alle Gläubiger beantworten muss, dass noch ausreichend Zeit für die Stimmabgabe bleibt. Der Verweis in Abs. 1 auf § 16 ist aber insoweit einzuschränken. Die Begr. RegE lässt nämlich klar erkennen, dass der Gesetzgeber eine wie auch immer geartete Informationsaustausch der Beteiligten neben dem Abstimmungsprozess nicht vorgesehen hat. So heißt es, dass eine Abstimmung ohne Versammlung insbesondere dann in Betracht komme, „wenn erkennbar kein Informations- oder Diskussionsbedarf besteht, der nur in einer Versammlung befriedigt werden kann" (Begr. RegE zu § 18). Auch in der Erläuterung zu Abs. 4 zum Ablauf einer Abstimmung ohne Versammlung enthält die Begr. RegE keinerlei Hinweis auf etwaige Rede- oder Fragerechte von Gläubigern. Im Übrigen wäre völlig unklar, wie im Zusammenhang mit § 18 ein verlässlicher und für alle Gläubiger zumutbarer Rahmen geschaffen werden könnte, der einen wirkungsvollen Informationsaustausch unter Gleichbehandlung aller Gläubiger innerhalb des jeweils gegebenen Zeitrahmens ermöglicht (vgl. auch *Arbeitskreis Reform SchVG* ZIP 2014, 845 (854): „Bei einer Abstimmung ohne Versammlung ist die Erteilung von Auskünften und die damit verbundene Information aller teilnehmenden Gläubiger ohne Verzögerungen nicht durchführbar und daher nicht gewährleistet. Eine Auskunftspflicht passt daher nicht zu der Verfahrensform der Abstimmung ohne Versammlung.").

2. Kein Ausschluss bestimmter Beschlussgegenstände

5   Das Verfahren der Abstimmung ohne Versammlung steht für alle Beschlussgegenstände zur Verfügung, über die auch in einer Gläubigerversammlung abgestimmt werden kann. Die Begr. RegE führt beispielhaft potenzielle Beschlussgegenstände und Situationen auf, für die sich das neue Verfahren der Abstimmung ohne Versammlung anbieten würde (Begr. RegE zu § 18). Genannt werden die frühe Bestellung eines gemeinsamen Vertreters (ohne Ermächtigung zu Stundung oder Verzicht) oder auch die Nutzung als reiner Abstimmungsmechanismus

für den Fall, dass bereits eine Versammlung – hinzuzudenken ist wohl: zu denselben Beschlusspunkten – stattgefunden hat. Ggf. könnten die Gläubiger aber auch ausschließlich im Verfahren ohne Versammlung beschließen, insbesondere dann, wenn erkennbar kein Informations- oder Diskussionsbedarf besteht, der nur in einer Versammlung befriedigt werden kann. Gerade in dieser letzten Äußerung zeigt sich erneut ein Zögern des Gesetzgebers, Abstimmungen ohne jede Versammlung und damit ohne organisierte Aussprache zu den Beschlusspunkten zuzulassen (bereits → Rn. 3). Dieses Zögern hat allerdings keine praktischen Konsequenzen. Etwaige Einschränkungen für das Anwendungsspektrum von § 18 lassen sich daraus – und auch sonst aus dem Gesetz – nicht ableiten. Auch für komplexe und gewichtige Beschlüsse kann das Verfahren der Abstimmung ohne Versammlung genutzt werden. Ob sich in einem solchen Fall eine Abstimmung ohne Versammlung tatsächlich empfiehlt, ist im Einzelfall genau zu überlegen.

3. Keine spezifischen Informationspflichten bei Aufforderung zur Stimmabgabe

Aus der fehlenden Möglichkeit des organisierten Informationsaustauschs ergeben sich keine spezifischen, der Stimmabgabe vorgelagerten Informationspflichten des Schuldners. Insbesondere bedarf es in der Aufforderung zur Stimmabgabe keiner Erläuterungen zu „kritischen" Beschlussgegenständen. 6

4. Wahl des Verfahrens

Dem Einberufenden steht es frei, ob er eine Gläubigerversammlung einberuft oder zu einer Abstimmung ohne Versammlung auffordert, wenn nicht die Anleihebedingungen abweichende Regelungen vorsehen (→ Rn. 1) (*Kirchner* in Preuße § 18 Rn. 7). Einschränkungen ergeben sich weder aus dem Vorstehenden noch aus dem Umstand, dass das Abstimmungsverfahren nach § 18 wegen möglicher technischer Störungen unsicherer sein kann als die Abstimmung auf einer Präsenzversammlung. Insbesondere zum letztgenannten Punkt ist zu bedenken, dass über § 16 Abs. 2 auch bei einer Präsenzversammlung eine Online-Stimmabgabe möglich (§ 118 Abs. 2 AktG) und damit ein entsprechendes „Gefährdungspotenzial" gegeben sein kann. 7

III. Die entsprechend anzuwendenden Vorschriften (Abs. 1)

Nach Abs. 1 sind auf die Abstimmung ohne Versammlung im Grundsatz die Vorschriften über die Einberufung und Durchführung einer Gläubigerversammlung entsprechend anzuwenden. Damit wird darauf mit Blick auf die Regelungen in §§ 9 bis 16 verwiesen (zur Geltung von § 17, → § 17 Rn. 3 und 10). Diese Regelungen werden nach Abs. 1 allerdings durch die Abs. 2 bis 6 überlagert, soweit in diesen Absätzen etwas anderes bestimmt ist. 8

1. Einberufung

Der „Einberufung" steht iRv § 18 die Aufforderung zur Stimmabgabe (Abs. 3 Satz 1 und § 20 Abs. 2 Nr. 1; Begr. RegE zu § 18 Abs. 3) oder auch Aufforderung zur Abstimmung (so Abs. 2 Satz 2) gleich. Für sie ist § 9 entsprechend heranzuzie- 9 hen. Die Aufforderung kann danach vom Schuldner, vom gemeinsamen Vertreter oder vom Gläubigerquorum ausgehen.

An der Zuständigkeit des Schuldners ändert es nichts, dass zum Abstimmungsleiter nicht der Schuldner selbst, sondern ein von ihm beauftragter Notar bestimmt ist (Abs. 2 Satz 2). Ein Umkehrschluss aus § 15 Abs. 1 (Vorsitz in der Gläubigerversammlung) mit der Folge, dass der Schuldner bereits für die Aufforderung zur Stimmabgabe einen Notar zu beauftragen hätte, wäre nicht sachgerecht.

2. Frist, Anmeldung, Nachweis

10   Frist-, Anmelde- und Nachweiserfordernisse ergeben sich aus der analogen Anwendung von § 10 (zum Nachweis näher *Wöckener* in Friedl/Hartwig-Jacob § 18 Rn. 6). Hinsichtlich der Frist zur Aufforderung entsprechend § 10 Abs. 1 ist der Tag der Versammlung zu ersetzen durch den ersten Tag des mindestens 72 Stunden betragenden Abstimmungszeitraums (Abs. 3 Satz 1 und 2). Eine Anmeldung kann auch im Rahmen einer Abstimmung ohne Versammlung vorgesehen werden. Praktisch kann ihr hier sogar eine größere Bedeutung zukommen als bei einer Präsenzveranstaltung (→ Rn. 33).

3. Ort

11   Da es bei der Abstimmung ohne Versammlung gerade zu keiner physischen Zusammenkunft der Beteiligten kommt, geht die entsprechende Anwendung von § 11 ins Leere.

4. Inhalt der Einberufung, Bekanntmachung

12   Hinsichtlich der inhaltlichen Angaben nach § 12 Abs. 1 entfällt bei der Aufforderung zur Abstimmung der Ort (→ Rn. 11). Im Übrigen enthält Abs. 3 teils überlagernde, teils ergänzende inhaltliche Punkte, die in der Aufforderung zur Stimmabgabe zu berücksichtigen sind (näher → Rn. 28; *Kirchner* in Preuße § 18 Rn. 18 ff.).

5. Tagesordnung, Vertretung

13   Zur Tagesordnung und Möglichkeit der Vertretung bei der Stimmabgabe gelten §§ 13 und 14 entsprechend.

13a **a) Ergänzungsanträge.** Auch bei einer Abstimmung ohne Versammlung können Ergänzungsanträge (§ 13 Abs. 3) gestellt werden. Die Bestimmung des § 13 Abs. 3 lässt sich ohne Weiteres entsprechend anwenden (näher *Bertelmann/ Schönen* ZIP 2014, 353, 354 f.).

13b **b) Gegenanträge.** Dagegen ist die Regelung zu Gegenanträgen nach § 13 Abs. 4 für Zwecke des § 18 nicht passend. IRd Gläubigerversammlung kann der Gegenantrag in der Versammlung gestellt werden. Im Vorfeld der Versammlung reicht daher eine Ankündigung des Gegenantrags aus. Dagegen geht die bloße Ankündigung eines Gegenantrags bei einer Abstimmung ohne Versammlung ins Leere. Denn mangels Abhaltung einer Versammlung hat der Gläubiger spätestens ab Beginn des Abstimmungszeitraums keine Gelegenheit mehr, den eigentlichen Antrag derart zu stellen, dass darüber abgestimmt werden könnte. Die bloße Ankündigung eines Gegenantrags braucht der Schuldner daher iRv § 18 nicht zugänglich zu machen (*Bliesener/Schneider* in Langenbucher/Bliesener/Spindler, Kap. 17, § 18 SchVG Rn. 8; *Bertelmann/Schönen* ZIP 2014, 353, 355). Um Missverständnisse über die Beschlussgegenstände zu vermeiden, wird man den Schuldner sogar für verpflichtet halten müssen, eine solche Ankündigung nicht zugänglich zu machen. Allerdings hat der Abstimmungsleiter zu prüfen, ob die „Ankündigung" nicht als Gegenantrag auszulegen ist. Eine Verpflichtung des Abstimmungsleiters, bei dem jeweiligen Gläubiger nachzufragen oder ihn bei der Abfassung des Gegenantrags zu unterstützen, besteht nicht. Ein rechtzeitig gestellter Gegenantrag ist dagegen zu berücksichtigen und zu veröffentlichen. Fraglich ist, bis zu welchem Zeitpunkt eine Antragstellung spätestens zu erfolgen hat und auf welche Weise die Veröffentlichung vorzunehmen ist. Insoweit könnte auch für einen Gegenantrag § 13 Abs. 3 Satz 2 entsprechend herangezogen werden. Das würde eine einheitliche Behandlung von Ergänzungsverlangen und Gegenantrag bedeuten. Unter Berücksichtigung der in § 13 Abs. 3 und 4 angelegten Trennung von Ergänzungsverlangen und Gegenantrag und deren unterschiedlicher Qualität erscheint es allerdings sachgerechter, auch im Rahmen einer Abstimmung ohne Versammlung entsprechend zu unterscheiden (anders noch die Voraufl.). Hält man damit ein Zugänglichmachen eines Gegenantrags auf der entsprechenden Internetseite (§ 13 Abs. 4) für ausreichend, müssen Gegenanträge so rechtzeitig gestellt werden (also zugehen), dass ein solches Zugänglichmachen bei unverzüglichem Handeln bis zum ersten Tag des Abstimmungszeitraums möglich ist (zum Ganzen *Bertelmann/Schönen* ZIP 2014, 353 (355 ff.), die einen Zugang des Gegenantrags dergestalt verlangen, dass der Schuldner ihn bei unverzüglichem Handeln vor Beginn des Abstimmungszeitraums im Internet zugänglich machen kann; *Wöckener* in Friedl/Hartwig-Jacob § 18 Rn. 9, der wohl einen Zugang des Gegenantrags bis zum Beginn des Abstimmungszeitraums für zulässig hält). Zur widersprüchlichen Stimmabgabe bei Zustimmung sowohl zum Antrag als auch zum Gegenantrag → Rn. 32.

c) Vertretung. Die Frage der Vertretung ist bei der Abstimmung ohne Versammlung naturgemäß weniger relevant. Gleichwohl kommt auch in diesem Rahmen eine Vertretung bei der Stimmabgabe in Betracht (Begr. RegE zu § 18 Abs. 1). 13c

6. Vorsitz, Beschlussfähigkeit

Hinsichtlich des Vorsitzenden – hier: Abstimmungsleiter (Abs. 2 Satz 1) – enthält Abs. 2 eine Spezialregelung gegenüber § 15 Abs. 1. Die Bestimmungen des § 15 Abs. 2 und 3 zum Gläubigerverzeichnis und zur Beschlussfähigkeit werden durch Abs. 4 an die Situation bei einer Abstimmung ohne Versammlung angepasst. Ergänzend ist kurz auf die entsprechende Anwendung von § 15 Abs. 3 Satz 1 zur Beschlussfähigkeit einzugehen. Das Kriterium der Anwesenheit lässt sich nämlich nicht ohne Weiteres auf die Situation bei der Abstimmung ohne Versammlung übertragen. Vielmehr ist iRv § 18 zur Bestimmung des Abstimmungsquorums auf die Gläubiger abzustellen, hinsichtlich derer dem Abstimmungsleiter innerhalb des Abstimmungszeitraums Stimmerklärungen jedweder Art (einschließlich insbesondere von Enthaltungen) zugegangen sind, unabhängig von ihrer Wirksamkeit (*Kirchner* in Preuße § 18 Rn. 27). Ausreichend ist, dass eine solche Erklärung zu einem Beschlusspunkt zugegangen ist, auch wenn in der Abstimmung mehrere Beschlüsse zu fassen sind. 14

7. Auskunftspflicht, Abstimmung, Niederschrift

15 Nach § 16 Abs. 1 hat der Schuldner jedem Gläubiger auf Verlangen in der Gläubigerversammlung mit Blick auf die Tagesordnungspunkte in bestimmtem Umfang Auskunft zu erteilen. Auch wenn theoretisch ein Gläubiger während des Abstimmungszeitraums ein Auskunftsverlangen stellen und der Schuldner dieses in dem gegebenen Zeitrahmen beantworten könnte, kommt ein entsprechendes Vorgehen iRv Abstimmungen ohne Versammlung gemäß § 18 nicht in Betracht. Die Abstimmung ohne Versammlung ist konzeptionell nicht auf Diskussion und Informationsaustausch angelegt, sondern stellt lediglich einen Mechanismus für die Abstimmung bereit (→ Rn. 3 ff.). Die entsprechende Anwendung von § 16 Abs. 1 geht danach ins Leere. Mit Blick auf die erforderliche Abstimmung und Niederschrift (§ 16 Abs. 2 und 3) enthalten Abs. 3 und 4 teilweise besondere Bestimmungen.

IV. Abstimmungsleitung (Abs. 2)

16 In Entsprechung zum Vorsitzenden der Gläubigerversammlung (§ 15 Abs. 1) bestimmt Abs. 2 auch für die Abstimmung ohne Versammlung eine Person, die für die Leitung der Abstimmung verantwortlich ist (Satz 1).

1. Allgemeines

17 Der sog. Abstimmungsleiter kann ein vom Schuldner beauftragter Notar, der gemeinsame Vertreter oder eine vom Gericht bestimmte Person sein (Satz 2). Erwähnenswert ist dabei zum Einen, dass der Schuldner selbst nicht Abstimmungsleiter sein kann, sondern nur ein von ihm beauftragter Notar (sogleich → Rn. 18). Zum anderen ist nicht vorgesehen, dass die Gläubiger, die entsprechend § 9 Abs. 2 Satz 1 zur Abstimmung aufgefordert haben, aus ihrem Kreise den Abstimmungsleiter stellen (zur Bestimmung des Versammlungsvorsitzenden aus der Gläubigermitte → § 15 Rn. 1). Insoweit scheint unklar, wer die Abstimmungsleitung zu übernehmen hat, wenn das Gericht nach Antrag einer qualifizierten Gläubigerminderheit auf Abstimmung ohne Versammlung entsprechend § 9 Abs. 2 nicht zugleich den Abstimmungsleiter bestimmt. Anders als bei der Gläubigerversammlung gibt es iRd Abstimmung ohne Versammlung keine Möglichkeit, den Abstimmungsleiter nach der Bekanntmachung der Aufforderung zur Stimmabgabe zu wählen oder anderweitig zu bestimmen. In diesem Fall ist daher das Gericht als zur Bestimmung eines Abstimmungsleiters verpflichtet anzusehen und iRd entsprechenden Anwendung von § 9 Abs. 2 Satz 2 das „kann" als „hat" zu lesen.

2. Notar als Abstimmungsleiter

18 Zur Person des (vom Schuldner zu beauftragenden) Notars äußert sich Abs. 2 nicht weiter. **a) Deutscher Notar.** Unzweifelhaft kann ein deutscher Notar mit der Aufgabe des Abstimmungsleiters betraut werden, und zwar auch durch einen ausländischen Schuldner. **b) Ausländischer Notar.** Fraglich ist, inwieweit das Gesetz als Abstimmungsleiter einen ausländischen Notar zulässt, und zwar auch bei einem inländischen Schuldner. Zwar ergeben sich weder aus dem Gesetzeswortlaut noch aus der Begr. RegE Einschränkungen in dieser Hinsicht.

Jedoch haben die Ausbildung und vor allem die tatsächliche Tätigkeit und Erfahrung des ausländischen Notars mit der eines deutschen Notars möglicherweise nicht viel gemeinsam. Die damit aufgeworfene Frage nach der „Gleichwertigkeit" ist keineswegs neu, sondern bereits seit geraumer Zeit ein Aspekt der Diskussion zu Auslandsbeurkundungen im Gesellschaftsrecht (BGH NJW 1981, 1160; *Saenger/Scheuch* BB 2008, 65, 66). Zudem wird insbesondere für den Fall, dass es sich bei dem Schuldner um einen ausländischen Staat handelt, in der Literatur eine möglicherweise fehlende Unabhängigkeit des ausländischen Notars und eine denkbare Manipulation besorgt (*Horn* ZHR 173 (2009), 12, 60). Weder dem Gesetz noch der Begr. RegE lässt sich entnehmen, warum für die Zwecke der Abstimmungsleitung nur ein Notar beauftragt werden kann und nicht (alternativ) etwa ein einschlägig erfahrener Rechtsanwalt. Mit Blick auf die erforderliche Sachkunde und organisatorischen Anforderungen ist jedenfalls zu berücksichtigen, dass der Abstimmungsleiter nicht – jedenfalls nicht zwangsläufig – auch die Niederschrift über die Abstimmung erstellt. Insoweit verweist Abs. 4 Satz 3 Hs. 2 nämlich auf § 16 Abs. 3 Satz 2 (zu diesem Verweis → Rn. 34), der bei Gläubigerversammlungen im Ausland bemerkenswerterweise gerade kein Tätigwerden eines Notars verlangt, sondern nur eine gleichwertige Niederschrift (→ § 16 Rn. 26). Es darf wohl davon ausgegangen werden, dass neben der Sachkunde ein entscheidender Aspekt für die Regelung in Satz 2 die Stellung des Notars als Kraft gesetzlicher Vorgaben „unabhängiger und unparteiischer Betreuer der Beteiligten" (so § 14 Abs. 1 BNotO) ist und eine einseitige Bindung des Abstimmungsleiters an die Interessen des Schuldners vermieden werden sollte. Vor diesem Hintergrund erscheint es sachgerecht, an die oben erwähnte Diskussion zur Substitution einer deutschen Beurkundung durch eine Auslandsbeurkundung zurückzugreifen und einen ausländischen Notar dann als Abstimmungsleiter anzuerkennen, wenn der ausländische Notar nach seiner Vorbildung und Stellung im Rechtsleben eine der Tätigkeit eines deutschen Notars vergleichbare Funktion ausübt (großzügiger *Wöckener* in Friedl/Hartwig-Jacob § 18 Rn. 12, wie hier *Bliesener/Schneider* in Langenbucher/Bliesener/Spindler, Kap. 17, § 18 SchVG Rn. 9; *Kirchner* in Preuße § 18 Rn. 12; zu den relevanten Kriterien BGH NJW 1981, 1160; OLG Frankfurt am Main GmbHR 2005, 764, 766).

V. Abstimmungszeitraum; Stimmabgabe (Abs. 3)

Zum Inhalt der Aufforderung zur Stimmabgabe (→ Rn. 9) trifft Abs. 3 Regelungen mit Blick auf die Stimmabgabe und deren Wirksamkeit. Neben der Auffangbestimmung in Satz 5, dass in der Aufforderung alles Wesentliche dazu genannt sein muss, greifen die Sätze 1 bis 4 spezifische Aspekte im Zusammenhang mit der Stimmerklärung auf. **19**

1. Abstimmungszeitraum

Gemäß Satz 1 ist in der Aufforderung der Zeitraum zu bestimmen, innerhalb dessen die Stimmen abgegeben werden können. Nach Satz 2 hat dieser Zeitraum mindestens 72 Stunden zu betragen. Die Anleihebedingungen oder, mangels entsprechender Vorgaben, der Auffordernde können einen längeren Zeitraum bestimmen (Satz 5). In der Begr. RegE zu § 18 Abs. 3 heißt es, der Zeitraum sollte „so bemessen sein und so gelegt werden, dass der zeitgerechte Zugang der **20**

Stimme bei einer üblichen Übermittlung per Post erwartet werden kann". Vor dem Hintergrund der deutschrechtlichen Dogmatik, die neben der Abgabe der – empfangsbedürftigen – Stimmerklärung auch deren Zugang verlangt (näher → Rn. 23), widersprechen sich Gesetzeswortlaut und Begründung. Denn während das Gesetz die Stimmabgabe innerhalb des Abstimmungszeitraums genügen lässt, stellt die Begr. RegE auf den Zugang innerhalb dieses Zeitraums ab. Richtigerweise ist der Gesetzeswortlaut so auszulegen, dass es auf den Zugang der Stimme innerhalb des Abstimmungszeitraums ankommt. Anderenfalls wäre eine Abstimmung ohne Versammlung praktisch undurchführbar. Stets bestünde Ungewissheit darüber, ob nicht zu einem (deutlich) späteren Zeitpunkt noch rechtzeitig abgegebene Stimmen zugehen, die gezählt werden müssen. Auch wären Streitigkeiten über die Rechtzeitigkeit der Stimmabgabe vorprogrammiert.

21 Nach der Begr. RegE sind aus Gründen der Gleichbehandlung aller Gläubiger nicht nur die nach Ablauf, sondern auch die vor Beginn des Abstimmungszeitraums eingegangenen Stimmen nicht zu werten (Begr. RegE zu § 18 Abs. 3; kritisch mit Blick auf verfrüht eingegangene Stimmen die DAI-Stellungnahme, S. 17). Dem ist jedenfalls im Ergebnis zu folgen. Die Festlegung des Abstimmungszeitraums mit einem konkreten Anfangs- und Endtermin soll für alle Beteiligten Klarheit und eine rechtssichere Handhabung der Abstimmung schaffen. Eine Verpflichtung des Abstimmungsleiters, auch verfrüht eingegangene Stimmen zu berücksichtigen, liefe diesem Zweck zuwider und ist abzulehnen. Stünde es dem Abstimmungsleiter im konkreten Fall frei, auch verfrüht eingegangene Stimmen zu zählen, wären Manipulationen zu besorgen. Unter Berücksichtigung des Vorstehenden und mit Blick auf die internationalen Postlaufzeiten kann es sich empfehlen, einen Abstimmungszeitraum von mehr als 72 Stunden vorzusehen (zur Nutzung anderer, insbesondere elektronischer Kommunikationsmittel → Rn. 24).

2. Stimmabgabe

22 Satz 3 sieht vor, dass die Gläubiger während des Abstimmungszeitraums ihre Stimme gegenüber dem Abstimmungsleiter in Textform abgeben können. Dazu ergänzt Satz 4, dass die Anleihebedingungen auch andere Formen der Stimmabgabe vorsehen können. Im Übrigen ergibt sich aus Satz 5, dass auch hier weiterer Gestaltungsspielraum besteht.

23 **a) Zugangserfordernis und Empfänger. aa)** Bei der Stimmerklärung handelt es sich um eine (einseitige) empfangsbedürftige Willenserklärung (*Riekers* in Spindler/Stilz AktG § 133 Rn. 19; *Schröer* in MüKoAktG, § 133 Rn. 19 für das Aktienrecht). Zu ihrer Wirksamkeit bedarf es des Zugangs beim Empfänger (*Einsele* in MüKoBGB, § 130 Rn. 16; *Singer/Benedict* in Staudinger, § 130 Rn. 9). Diese Vorgabe des deutschen Rechts ist unter der Geltung des SchVG stets maßgeblich (*Bliesener/Schneider* in Langenbucher/Bliesener/Spindler, Kap. 17, § 18 SchVG Rn. 12; *Kirchner* in Preuße § 18 Rn. 13), und zwar auch in den Fällen, in denen Schuldner, gemeinsamer Vertreter, Abstimmungsleiter und abstimmender Gläubiger Ausländer sind. Das Übermittlungsrisiko trägt dementsprechend der jeweilige Gläubiger (*Einsele* in MüKoBGB, § 130 Rn. 11, 16; *Singer/Benedict* in Staudinger § 130 Rn. 8; im Ergebnis ebenso Begr. RegE zu § 18 Abs. 3).

bb) Als Empfänger der Stimmerklärung sieht Satz 3 den Abstimmungsleiter vor. Das ist sachgerecht, da der Abstimmungsleiter insbesondere die Stimmen zu zählen und das Beschlussergebnis festzustellen hat (Abs. 4 Satz 3 und § 16 Abs. 3 Satz 3 iVm § 130 Abs. 2 Satz 1 AktG; Begr. RegE zu § 18 Abs. 4). Unklar ist, ob eine andere Person als Empfänger benannt werden könnte. Dass Satz 4 nur die Form der Stimmabgabe aufgreift (und insoweit auch keine verdrängende Regelung ist oder zulässt; → Rn. 25), spricht eher dagegen. Letztlich dürfte für eine Abweichung aber auch kein praktisches Bedürfnis vorliegen. So kann im Bedarfsfall etwa als postalische Adresse eine andere als die (gewöhnliche) Geschäftsanschrift des Abstimmungsleiters angegeben werden, wenn zugleich entsprechende Vorkehrungen für einen Zugang beim Abstimmungsleiter getroffen werden.

b) Form. Satz 3 lässt für die Stimmabgabe die Textform ausreichen und 24 nimmt damit auf § 126b BGB Bezug. Danach ist die Stimmerklärung in einer Urkunde oder auf andere zur dauerhaften Wiedergabe in Schriftzeichen geeignete Weise abzugeben, die Person des Erklärenden zu nennen und der Abschluss der Erklärung durch Nachbildung der Namensunterschrift oder anders erkennbar zu machen. Zulässig ist damit insbesondere nicht nur eine Stimmabgabe per Telefax, sondern auch per E-mail (*Ellenberger* in Palandt, § 126b Rn. 3; *Einsele* in MüKoBGB, § 126b Rn. 9). Für die Praxis interessant ist eine Stimmabgabe per Internetformular, bei der je nach Ausgestaltung des dahinter stehenden technischen Verfahrens allerdings zweifelhaft sein kann, ob eine Eignung zur dauerhaften Wiedergabe vorliegt und die Textform noch gewahrt ist (die DAI-Stellungnahme, S. 17). In jedem Fall empfiehlt es sich, Formulare für die Stimmabgabe bereit zu stellen und die Gläubiger zur Verwendung dieser Formulare aufzufordern, und zwar für alle jeweils zugelassenen Kommunikationsmittel. Das erleichtert nicht nur dem Gläubiger die Stimmabgabe, sondern auch dem Abstimmungsleiter die Auszählung. Zudem verringert sich durch die Verwendung der (sorgfältig erstellten) Vorlage für die Stimmerklärung die Fehleranfälligkeit und damit das Wirksamkeitsrisiko gegenüber einer vom jeweiligen Gläubiger selbst entworfenen Erklärung. Bei der Erstellung und vor allem auch der Verwendung der Formulare ist freilich zu bedenken, dass Gläubiger bis kurz vor Beginn des Abstimmungszeitraums Ergänzungs- oder Gegenanträge einreichen können (→ Rn. 13). Eine Verpflichtung des Auffordernden oder des Abstimmungsleiters, das Formular nachträglich entsprechend zu ergänzen, besteht allerdings nicht.

Die Anleihebedingungen können gemäß Satz 4 auch andere Formen der 25 Stimmabgabe vorsehen. Daraus folgt zum Einen, dass ohne entsprechende Grundlage in den Anleihebedingungen der Abstimmungsleiter nicht von sich aus solche anderen Formen in der Aufforderung zur Stimmabgabe vorsehen kann. Zum anderen kann mit Blick auf den Wortlaut („auch andere") die Textform nicht durch andere Formen ersetzt, sondern nur ergänzt werden (zutreffend *Horn* ZHR 173 (2009), 12, 61). Um welche anderen Formen der Stimmabgabe es sich handeln kann, lässt das Gesetz bewusst offen (Begr. RegE zu § 18 Abs. 3). Denkbar ist hier insbesondere die Nutzung von Internetformularen, soweit dadurch nicht bereits die Textform gewahrt ist (→ Rn. 24).

c) Integrität und Authentizität. In der Begr. RegE findet sich der Satz, dass 26 für die Integrität und Authentizität der übermittelten Stimmen der Schuldner und der Abstimmungsleiter Sorge zu tragen haben (Begr. RegE zu § 18 Abs. 3). Das Gesetz enthalte sich aber bewusst jeder Vorgabe dazu (so Begr. RegE zu § 18 Abs. 3). Da auch bei einer Präsenzversammlung eine Stimmabgabe unter

§ 18 Abschnitt 2 Beschlüsse der Gläubiger

Abwesenden möglich ist (→ § 16 Rn. 18 f.), handelt es sich allerdings nicht um ein Spezifikum der Abstimmung ohne Versammlung. So äußert sich die Begr. RegE zu diesem Thema bereits im Zusammenhang mit einer Gläubigerversammlung. Danach ist die Stimmabgabe per elektronischer Post denkbar, soweit die Sendung unverfälscht ist und dem Absender eindeutig zugerechnet werden kann (Begr. RegE zu § 16 Abs. 2).

27 Der Hinweis auf die Integrität dürfte so zu verstehen sein, dass damit nur die Kommunikationswege in Bezug genommen sind, die vom Auffordernden oder jedenfalls unter dessen Mitwirkung eingerichtet wurden, und insoweit für einen Schutz vor unberechtigtem Zugriff durch Dritte gesorgt werden kann und muss. So hat der Auffordernde bei der Eröffnung des Weges der Stimmabgabe per E-Mail oder über ein Internetformular insbesondere die technischen Vorkehrungen zu treffen, die für eine sichere Datenübertragung erforderlich sind (*Bliesener/ Schneider* in Langenbucher/Bliesener/Spindler, Kap. 17, § 18 SchVG Rn. 14; *Kirchner* in Preuße § 18 Rn. 22). Mit diesem Verständnis ist der Begr. RegE zu folgen. Bedient sich der Gläubiger dagegen etwa des Postwegs, obliegt dessen Integrität nicht dem Auffordernden (oder gar dem Abstimmungsleiter).

3. Information und Zuständigkeit

28 **a) Information.** Die Aufforderung zur Stimmabgabe hat im Einzelnen anzugeben, welche Voraussetzungen erfüllt sein müssen, damit eine Stimmerklärung gezählt wird (Satz 5). Den Gläubigern ist insoweit genau und hinreichend verständlich darzulegen, was sie zu tun haben. Auch wenn keine Verpflichtung dazu besteht, sollte die Aufforderung zur Stimmabgabe die Gläubiger zugleich jedenfalls über typische Risiken des Verfahrens informieren, die von den Gläubigern zu tragen sind (insbesondere das Übermittlungsrisiko; → Rn. 23). Es ist erforderlich aber grundsätzlich auch hinreichend, dass die Gläubiger durch die Aufforderung zur Stimmabgabe informiert werden. Das eröffnet eine gewisse Flexibilität. Nicht notwendig ist es, dass (auch) die Anleihebedingungen entsprechende Vorgaben enthalten. Nach Satz 4 ist lediglich die Bestimmung einer anderen Form als der Textform für die Stimmabgabe ausdrücklich einer Bestimmung durch die Anleihebedingungen vorbehalten. Gleichwohl wäre es zulässig, wenn auch sonstige Vorgaben in die Anleihebedingungen aufgenommen würden.

28a **b) Zuständigkeit.** Soweit die Anleihebedingungen keine Vorgaben machen, legt der Auffordernde die Einzelheiten des Verfahrens fest. Ist Auffordernder der gemeinsame Vertreter oder eine vom Gericht bestimmte Person, steht dem Schuldner trotz seiner Kostentragungspflicht (Abs. 6) kein Mitbestimmungsrecht zu.

VI. Abstimmungsvorgang und Niederschrift (Abs. 4)

1. Allgemeiner Ablauf

29 Abs. 4 skizziert den Ablauf der Abstimmung ab Beginn des Abstimmungszeitraums. IVm Abs. 1 und den für die Gläubigerversammlung geltenden Vorschriften ergibt sich im Wesentlichen der nachstehende Verlauf (Begr. RegE zu § 18 Abs. 4). Im ersten Schritt prüft der Abstimmungsleiter die Berechtigung des jeweiligen Gläubigers zur Stimmabgabe anhand der eingereichten Nachweise (Satz 1). Parallel dazu stellt er das Teilnehmerverzeichnis auf (Satz 1; zum Inhalt des Verzeichnisses s. Abs. 1 iVm § 15 Abs. 2 Satz 2), das er gemäß Abs. 1 iVm § 15 Abs. 2 Satz 3 im Anschluss an die Aufstellung unterzeichnet und den Gläubigern zugänglich macht (etwa auf der Internetseite des Schuldners). Wurde das Abstimmungsquorum (→ Rn. 14) als Pendant zur Beschlussfähigkeit bei einer Gläubigerversammlung erreicht (s. dazu Abs. 1 iVm § 15 Abs. 3 Satz 1; Begr. RegE zu § 18 Abs. 4), zählt der Abstimmungsleiter die Stimmen aus und trifft Feststellungen zum (jeweiligen) Beschlussergebnis (Abs. 4 Satz 3, § 16 Abs. 3 Satz 3 iVm § 130 Abs. 2 Satz 1 AktG) und richtigerweise auch zum Erreichen des Quorums (Begr. RegE zu § 18 Abs. 4). Über die Beschlussfassung ist gemäß Satz 3 eine Niederschrift entsprechend § 16 Abs. 2 und 3 aufzunehmen, von der jeder Gläubiger gemäß und nach Maßgabe von Satz 4 eine Abschrift verlangen kann.

Wird das Quorum verfehlt, kann der Abstimmungsleiter gemäß Satz 2 eine **30** Gläubigerversammlung einberufen, die als zweite Versammlung iSv § 15 Abs. 3 Satz 3 gilt und die entsprechenden Erleichterungen bei der Beschlussfähigkeit nach sich zieht. Die Einberufungszuständigkeit des Abstimmungsleiters ist für den Fall zu berichtigen, dass der Schuldner zu der Abstimmung ohne Versammlung aufgefordert hat. In diesem Fall ist nämlich ein vom Schuldner beauftragter Notar der Abstimmungsleiter (→ Rn. 17), dem die Einberufung der Versammlung mit den dabei zu bestimmenden Einzelheiten und auch die damit verbundene mögliche Haftung schwerlich aufgebürdet werden kann. Auch wären insbesondere bei einer bekannt schwierigen wirtschaftlichen Lage des Schuldners eine gewisse Verwirrung und Missverständnis im (internationalen) Gläubigerkreis zu besorgen, wenn ein Notar die Versammlung einberuft. Richtigerweise ist in diesem Fall – auch zur Vermeidung einer Abweichung von § 9 Abs. 1 Satz 1 – der Schuldner für die Einberufung der Versammlung zuständig (iE auch *Kirchner* in Preuße § 18 Rn. 27; aA unter Berufung auf den Gesetzeswortlaut *Bliesener/Schneider* in Langenbucher/Bliesener/Spindler, Kap. 17, § 18 SchVG Rn. 11). Die nach § 18 Abs. 4 S. 2 als zweite Versammlung geltende Gläubigerversammlung muss eine physische Versammlung sein und kann keine weitere Abstimmung ohne Versammlung sein. Das entspricht neben dem eindeutigen Wortlaut von § 18 Abs. 4 S. 2 dem klaren Willen des Gesetzgebers (Begr. RegE zu § 18 Abs. 4; *Wöckener* in Friedl/Hartwig-Jacob § 18 Rn. 20). Das Gesetz macht keine zeitliche Vorgabe zur Abhaltung der zweiten Versammlung, insbesondere bestimmt es keinen Zeitpunkt, zu dem die Versammlung spätestens abgehalten werden muss. Mit Blick auf die Rechtfertigung der erleichterten Beschlussfähigkeit wird man einen engen zeitlichen Zusammenhang zur ersten Abstimmung verlangen müssen.

2. Nachweis der Stimmberechtigung

Für den Nachweis der Stimmberechtigung gilt § 10 Abs. 3 entsprechend **31** (Abs. 1). Insoweit gelten im vorliegenden Zusammenhang keine Besonderheiten. Nach § 10 Abs. 3 Satz 1 ist das „Wie" der Nachweiserbringung grundsätzlich in das Belieben der Anleihebedingungen gestellt. Für den Fall, dass die Schuldverschreibungen in einer Sammelurkunde verbrieft sind, ist nach der Auffangregelung in § 10 Abs. 3 Satz 2 ein in Textform erstellter Nachweis des depotführenden Instituts ausreichend (näher → § 10 Rn. 10).

§ 18 Abschnitt 2 Beschlüsse der Gläubiger

3. Auszählung der Stimmen

32 Die Art und Weise der Stimmauszählung unterscheidet sich im Grundsatz nicht von dem Vorgehen bei einer Präsenzabstimmung. Allerdings sind jedenfalls die nachstehenden Besonderheiten zu bedenken.

32a **a) Widersprüchliche Stimmabgabe.** Zu einer widersprüchlichen Stimmabgabe kann es kommen, wenn zu einem Beschlusspunkt ein Gegenantrag gestellt wurde (→ Rn. 13). Bei Abhaltung einer Versammlung wird der Versammlungsleiter in einem solchen Fall regelmäßig zunächst über den Beschlussvorschlag des Einberufenden abstimmen lassen und, bei Erreichen der erforderlichen Mehrheit, den Gegenantrag als damit abgelehnt behandeln und nicht mehr zur Abstimmung stellen. Über den Gegenantrag wird nur und erst dann Beschluss gefasst, wenn der Vorschlag des Einberufenden abgelehnt wurde. Ein solches Vorgehen entspricht der gängigen Hauptversammlungspraxis. Nun könnte man im Rahmen einer Abstimmung ohne Versammlung an ein entsprechendes Vorgehen denken und etwa einen Gegenantrag nur dann als zur Abstimmung gestellt betrachten, wenn der Beschlussvorschlag des Einberufenden nicht angenommen wurde. Für ein solches oä Vorgehen, was nicht unzweifelhaft erscheint, bedürfte es aber jedenfalls einer entsprechenden ausdrücklichen Vorgabe in den Anleihebedingungen oder der Aufforderung zur Stimmabgabe. Anderenfalls kann bei einer Abstimmung ohne Versammlung nicht ausgeschlossen werden, dass über den Gegenantrag abgestimmt wird und ein Gläubiger aus derselben Schuldverschreibung sowohl für den Antrag als auch für den Gegenantrag stimmt. In diesem Fall darf der Abstimmungsleiter nicht einfach beide Stimmen berücksichtigen oder ggf. nur die Stimme berücksichtigen, die den zuerst ausgezählten und (mit dieser Stimme) angenommenen Beschlussvorschlag betrifft. Vielmehr hat der Abstimmungsleiter zunächst mit angemessenem Aufwand zu versuchen, im Wege der Auslegung den tatsächlichen Willen des Erklärenden zu erforschen, wobei er im Regelfall aber nicht zu einer Nachfrage bei dem Erklärenden verpflichtet ist. Kann die Widersprüchlichkeit danach nicht beseitigt werden, dürfen die widersprüchlichen Stimmen nicht gezählt werden (*Bliesener/Schneider* in Langenbucher/Bliesener/Spindler, Kap. 17, § 18 SchVG Rn. 15). Vor diesem Hintergrund hat der Abstimmungsleiter dafür zu sorgen, dass eine solche widersprüchliche Stimmabgabe identifiziert werden kann und sie entsprechend behandelt wird.

33 **b) Mehrfachzählung.** Eine weitere Besonderheit kann sich daraus ergeben, dass die Stimme nicht zu einem bestimmten Zeitpunkt abzugeben ist, sondern innerhalb eines mehrtägigen Zeitraums abgegeben werden kann (Abs. 3 Satz 1 und 2). Theoretisch könnte ein Gläubiger abstimmen, sodann die Schuldverschreibung veräußern und der Erwerber aus derselben Schuldverschreibung erneut abstimmen. Eine solche unzulässige „Stimmvermehrung" ist praktisch insbesondere in dem Fall ausgeschlossen, dass die Anleihebedingungen ein *record date* (→ § 10 Rn. 12) oder eine Anmeldung vorsehen. Denn dann kann nur ein Gläubiger stimmberechtigt sein, und zwar derjenige, der im relevanten Zeitpunkt Inhaber der Schuldverschreibung ist (und das entsprechend nachweist). Aber auch sonst hat der Abstimmungsleiter Vorkehrungen dafür zu treffen, dass auch bei mehrfacher Stimmabgabe aus derselben Schuldverschreibung nur die erste Stimme gezählt – oder ggf. als ungültig behandelt – und die zweite Stimmerklärung in keinem Fall berücksichtigt wird (*Bliesener/Schneider* in Langenbucher/Bliesener/ Spindler, Kap. 17, § 18 SchVG Rn. 15).

4. Niederschrift

Für die über die Abstimmung zwingend aufzunehmende Niederschrift gilt 34
§ 16 Abs. 3 Satz 2 und 3 entsprechend (Abs. 4 Satz 3). Zur Bestimmung der die Niederschrift aufnehmenden Person unterscheidet § 16 Abs. 3 Satz 2 danach, ob die Gläubigerversammlung im Inland stattfindet oder im Ausland. Bei Abhaltung der Versammlung im Inland ist zwingend ein deutscher Notar zuständig, während es bei einer Versammlung im Ausland nur auf die Gleichwertigkeit der Niederschrift ankommt (→ § 16 Rn. 26). Bei einer Abstimmung ohne Versammlung entfällt diese Ortsbezogenheit. Hier ist als sachnächster Anknüpfungspunkt auf den Geschäftssitz oder, wenn es einen solchen nicht gibt, den Wohnsitz des Abstimmungsleiters abzustellen. Es spricht nichts dagegen, dass der als Abstimmungsleiter fungierende Notar zugleich die Niederschrift erstellt, denn auch bei solcher Personenidentität sind hinreichende Objektivität und Sorgfalt gewahrt (iE ebenso *Bliesener/Schneider* in Langenbucher/Bliesener/Spindler, Kap. 17, § 18 SchVG Rn. 15; *Otto* DNotZ 2012, 809, 821; *Kirchner* in Preuße § 18 Rn. 32, nach der keine Personenidentität bestehen sollte). Zur Niederschrift in den Fällen, in denen der Abstimmungsleiter kein Notar ist, *Maier-Reimer* NJW 2010, 1317 1318; *Otto* DNotZ 2012, 809, 822.

VII. Widerspruch und Abhilfe (Abs. 5)

1. Grundsätzliches

Als einen der Anfechtungsklage nach § 20 vorgeschalteten Rechtsbehelf sieht 35
Abs. 5 einen Widerspruch vor. Im Rahmen des Widerspruchs kann der Abstimmungsleiter dem Widerspruch abhelfen. Der Widerspruch erschöpft sich also nicht darin, dass der Gläubiger seine Opposition zum Ausdruck bringt und die Gesellschaft vor einer etwaigen gerichtlichen Auseinandersetzung über die Wirksamkeit des Beschlusses gewarnt wird. Jeder Gläubiger, der an der Abstimmung teilgenommen hat, kann gegen das Ergebnis der Abstimmung schriftlich Widerspruch erheben. Die Frist für die Erhebung beträgt zwei Wochen ab Bekanntmachung des entsprechenden Beschlusses. Über den Widerspruch entscheidet der Abstimmungsleiter. Dabei implizieren die Regelungen in Satz 2 und 3, dass dem Abstimmungsleiter eine Abhilfebefugnis zusteht. Im Fall der Abhilfe ist das Ergebnis unverzüglich entsprechend § 17 bekanntzumachen.

Eine Beschlussanfechtung nach § 20 Abs. 1 setzt voraus, dass der Anfechtende 36
vor Erhebung der Anfechtungsklage fristgerecht einen Widerspruch gegen den angefochtenen Beschluss erklärt hat (§ 20 Abs. 2 Nr. 1). Nach der Begr. RegE ist damit bei einer Abstimmung ohne Versammlung ein Widerspruch nach Abs. 5 gemeint (Begr. RegE zu § 18 Abs. 5). Dem ist insoweit zu folgen, als ein Widerspruch nach Abs. 5 stets als Widerspruch iSv § 20 Abs. 2 Nr. 1 anzusehen ist. Umgekehrt gilt das allerdings nicht (→ Rn. 38 f.).

2. Widerspruchsbefugnis, -form und -frist

Zum Widerspruch berechtigt ist nur ein Gläubiger, der an der Abstimmung 37
teilgenommen hat (Satz 1), dessen Stimmerklärung also dem Abstimmungsleiter

zugegangen ist. Hinsichtlich der Form des Widerspruchs sieht Satz 1 Schriftform (§ 126 BGB) vor. Das ist so hinzunehmen, auch wenn es wenig überzeugend ist vor dem Hintergrund, dass für die Stimmabgabe als solche jedenfalls Textform ausreichend ist (Abs. 3 Satz 3; → Rn. 24 f.). In zeitlicher Hinsicht kann der Widerspruch nur innerhalb von zwei Wochen ab Bekanntmachung des jeweiligen Beschlusses erhoben werden (Satz 1). Das bedeutet, dass der Widerspruch dem Abstimmungsleiter innerhalb dieser Frist zugegangen sein muss (*Kirchner* in Preuße § 18 Rn. 36). Hintergrund dieser Frist ist, dass über den Widerspruch nach Möglichkeit vor dem Ablauf der vierwöchigen Klagefrist nach § 20 Abs. 3 Satz 1 entschieden werden soll (Begr. RegE zu § 18 Abs. 5).

3. Widerspruchsgegenstand

38 Nach dem Wortlaut von Satz 1 richtet sich der Widerspruch gegen das *Ergebnis*. Gemeint ist offenbar das vom Abstimmungsleiter festgestellte und in der Niederschrift angegebene Abstimmungsergebnis zu einem bestimmten Beschlusspunkt (→ Rn. 29, 31). Das unterscheidet sich offenkundig von der in § 20 Abs. 2 Nr. 1 verwendeten (aus dem Aktienrecht bekannten; § 245 Nr. 1 AktG) Begrifflichkeit, dass der Widerspruch gegen den *Beschluss* zu erklären ist. Es ist nicht ersichtlich, dass es sich dabei um ein Versehen des Gesetzgebers handelt, so dass dieser Unterschied mit den entsprechenden Konsequenzen zu akzeptieren ist. Danach können mit dem Widerspruch nach Satz 1 nur solche Mängel geltend gemacht werden, die sich gegen das Zustandekommen des Beschlussergebnisses richten (*Kirchner* in Preuße § 18 Rn. 37; *Wöckener* in Friedl/Hartwig-Jacob § 18 Rn. 36). Das umfasst insbesondere Zählfehler oder etwa die Berücksichtigung ungültiger Stimmen bei der Stimmauszählung oder ähnliche formale Aspekte und blendet vor allem inhaltlich Mängel des Beschlusses aus. Für diese Lesart spricht ferner, dass über den Widerspruch vom Abstimmungsleiter entschieden wird – also der Person, der die Auszählung der Stimmen und die Feststellung des Beschlussergebnisses und allgemein der (formale) Ablauf des Abstimmungsvorgangs überantwortet sind – und der Abstimmungsleiter selbst dem Widerspruch abhelfen kann. Diese Regelungen wären ganz und gar systemwidrig und ungereimt, würde man sie auch auf inhaltliche Mängel des Beschlusses beziehen.

39 Bei zutreffendem Verständnis von dem systematischen Zusammenhang zwischen Abs. 5 und § 20 Abs. 2 Nr. 1 ergibt sich aus dem soeben Gesagten zwar kein Widerspruch zwischen diesen beiden Normen, wohl aber eine Lückenhaftigkeit der gesetzlichen Regelungen. Legt ein Gläubiger nach Abs. 5 Widerspruch gegen das Ergebnis ein, ist das als Unterfall eines Widerspruchs gegen den Beschluss iSv § 20 Abs. 2 Nr. 1 anzusehen. Will der Gläubiger andere Fehler rügen und etwa einen Inhaltsmangel des Beschlusses geltend machen, steht dafür zwar nicht der Widerspruch nach Abs. 5 zur Verfügung, doch kann insoweit auf die Rechtslage bei einer Gläubigerversammlung entsprechend zurückgegriffen werden. § 20 Abs. 2 Nr. 1 verlangt einen Widerspruch auch gegen einen in einer Versammlung gefassten Beschluss, ohne dass die Bestimmungen der §§ 9 bis 16 ein Widerspruchsrecht oder nähere Regelungen für einen solchen Widerspruch enthalten. Das Gesetz setzt schlicht voraus, dass ein Gläubiger einen solchen Widerspruch erklären kann (und nach § 20 Abs. 2 Nr. 1 auch muss, um die Klagebefugnis zu erlangen). Auch iRv § 18 ist die Möglichkeit zur Erklärung eines Widerspruchs, der andere als die in Abs. 5 aufgegriffenen (Ergebnis-)Mängel zum Gegenstand hat, als selbstverständlich vorauszusetzen. In Entsprechung zu Abs. 5 ist auch dieser Widerspruch in Schriftform und innerhalb von zwei Wochen ab Bekanntmachung des jeweiligen Beschlusses zu erklären, wobei zuzugeben ist, dass es dieser Frist mangels einer Abhilfemöglichkeit durch den Abstimmungsleiter (→ Rn. 38) an einem entsprechenden Regelungszweck fehlt.

4. Entscheidung über den Widerspruch

a) Entscheidung, Zuständigkeit, Frist. Nach Satz 3 ist über den Widerspruch zu entscheiden, und zwar durch den Abstimmungsleiter. Wie bereits (→ Rn. 35) dargelegt, geht es bei dem Widerspruch nicht nur um ein formales Erfordernis zur Erlangung der Anfechtungsbefugnis. Vielmehr steht dem Abstimmungsleiter eine Abhilfebefugnis zu, so dass dem Gläubigerbegehr ohne Einschaltung der Gerichte entsprochen werden kann (Begr. RegE zu § 18 Abs. 5). Während für die Erklärung des Widerspruchs gemäß Satz 1 eine Frist vorgesehen ist, fehlt eine entsprechende Bestimmung für die Entscheidung über den Widerspruch. Daraus folgt, dass die Entscheidung nicht zwingend bis zu einem bestimmten Zeitpunkt zu treffen ist. Aus dem Zusammenspiel von Abs. 5 und § 20 Abs. 2 und 3 ergibt sich allerdings, dass der Abstimmungsleiter angehalten ist, seine Entscheidung vor Ablauf der vierwöchigen Klagefrist zu treffen und bekanntzumachen oder, bei ablehnender Entscheidung, gemäß Satz 4 dem Gläubiger mitzuteilen (→ Rn. 37). Kommt es vor Ablauf der Klagefrist nicht zu einer Entscheidung über den Widerspruch, führt die (rechtzeitige) Klageerhebung nicht zu einer Erledigung des Widerspruchs. Im Übrigen ist über den Widerspruch auch dann noch zu entscheiden, wenn innerhalb der Frist des § 20 Abs. 3 keine Klage erhoben wird. 40

b) Abhilfeentscheidung. Die Abhilfeentscheidung korrigiert den mit dem Widerspruch geltend gemachten Mangel durch entsprechende Abänderung des bis dahin herrschenden Zustands. Der Widerspruch richtet sich (nur) gegen das Ergebnis der Abstimmung (→ Rn. 38). Ziel des Widerspruchs kann damit nur sein, bei einer Ablehnung des Beschlussvorschlags dessen Annahme zu erreichen oder umgekehrt. Mit der Abhilfeentscheidung verändert der Abstimmungsleiter seine vorherige Feststellung zur Beschlussfassung und stellt das neue Abstimmungsergebnis und damit entsprechend die Ablehnung oder Annahme des Beschlussvorschlags fest (DAV-Stellungnahme zum RegE § 18). Obwohl es das Gesetz nicht ausdrücklich vorsieht, ist insoweit auch die über die Abstimmung aufgenommene Niederschrift entsprechend zu ergänzen. Damit wird zugleich vermieden, dass es später zu Unklarheiten kommt, wenn ein Gläubiger nach (Bekanntmachung) der Abhilfeentscheidung gemäß Abs. 4 Satz 4 eine Abschrift von der Niederschrift verlangt und er ohne die Ergänzung eine Fassung der Niederschrift erhielte, die dann die tatsächliche Rechtslage unzutreffend wiedergäbe. 41

c) Benachrichtigung über die Entscheidung. Hilft der Abstimmungsleiter dem Widerspruch ab, hat er das Ergebnis unverzüglich bekannt zu machen (Satz 3). Für diese Bekanntmachung ordnet Satz 3 die entsprechende Geltung von § 17 an. Hilft der Abstimmungsleiter dem Widerspruch nicht ab, hat er diese Entscheidung dem widersprechenden Gläubiger schriftlich mitzuteilen. Nach der Begr. RegE (Begr. RegE zu § 18 Abs. 5) ist eine Begründung der Negativentschei- 42 dung nicht erforderlich. Richtigerweise gilt das auch für die Abhilfeentscheidung, hinsichtlich derer Satz 3 eine Bekanntmachung (nur) des Ergebnisses verlangt. Zwar können die übrigen Gläubiger den Grund für die Veränderung dann nicht nachvollziehen, da das Gesetz eine Bekanntmachung oder wenigstens ein Zugänglichmachen des Widerspruchs oder der darin geltend gemachten Mängel nicht vorsieht. Doch müssen sich die Gläubiger auch sonst darauf verlassen, dass der Abstimmungsleiter sorgfältig und ordnungsgemäß handelt.

43 **d) Widerspruch gegen die Abhilfeentscheidung.** Hilft der Abstimmungsleiter dem Widerspruch ab, kehrt er das ursprünglich festgestellte und bekannt gemachte Beschlussergebnis um. Das kann einen weiteren Widerspruch auslösen (DAV-Stellungnahme zum RegE zu § 18 zum – nicht Gesetz gewordenen – Vorschlag, auf den Widerspruch als Anfechtungsvoraussetzung zu verzichten, wenn die Beanstandung des Gläubigers auf der Abänderung beruht). Gegenstand dieses Widerspruchs ist das abgeänderte Ergebnis der Abstimmung, also der Beschluss in der durch die Abhilfeentscheidung geänderten Fassung. Insoweit gilt Abs. 5 ohne Weiteres auch für diese Konstellation. Ab Bekanntmachung des geänderten Beschlusses läuft die Frist von zwei Wochen gemäß Satz 1. Die Entscheidung des Abstimmungsleiters über diesen Widerspruch wird regelmäßig negativ ausfallen. In Ausnahmefällen kann es aber zu einer Abhilfe und damit einer erneuten Beschlusskorrektur kommen, durch die das ursprüngliche Beschlussergebnis wieder hergestellt wird. Da sich eine Anfechtungsklage gegen den Beschluss in seiner zuletzt geänderten Fassung richtet und nicht etwa gegen den Ausgangsbeschluss, beginnt die Klagefrist nach § 20 Abs. 3 Satz 1 ab Bekanntmachung des (erneut) geänderten Beschlusses. Vor Klageerhebung ist mit Blick auf § 20 Abs. 2 Nr. 1 jedenfalls vorsorglich erneut ein Widerspruch zu erklären.

VIII. Kosten (Abs. 6)

44 Die Kosten einer Abstimmung ohne Versammlung hat der Schuldner zu tragen. Die Kostentragung erstreckt sich auf das gerichtliche Verfahren nach § 9 Abs. 2, wenn ein solches der Abstimmung vorrangig. Abs. 6 entspricht damit der Regelung in § 9 Abs. 4 (Begr. RegE zu § 18 Abs. 6; → § 9 Rn. 28 ff.)

45 Unklar erscheint, wer die Kosten eines etwaigen Widerspruchsverfahrens zu tragen hat. Richtigerweise hat der Schuldner auch für diese Kosten aufzukommen (*Bliesener/Schneider* in Langenbucher/Bliesener/Spindler, Kap. 17, § 18 SchVG Rn. 19). Zwar legt es der Wortlaut von Abs. 6 mit dem Bezug auf die Abstimmung ohne Versammlung nahe, dass davon das sich an die Abstimmung anschließende Widerspruchsverfahren nicht umfasst ist. Dieses Verständnis ist allerdings keineswegs zwingend. Vielmehr lässt sich das Widerspruchsverfahren mit der Zuständigkeit des Abstimmungsleiters und der speziellen Abhilfemöglichkeit dem Komplex „Abstimmung ohne Versammlung" begrifflich durchaus zuordnen. Im Übrigen ist die systematische Stellung der Kostenregelung im Anschluss an die Widerspruchsbestimmungen ein deutlicher Beleg dafür, dass Abs. 6 auch die Kosten des Widerspruchsverfahrens umfassen soll. Der Verweis darauf, dass die Begr. RegE einen Gleichlauf von Abs. 6 mit § 9 Abs. 4 sieht und es bei einer Gläubigerversammlung ein Widerspruchsverfahren entsprechend Abs. 5 nicht gibt, ist demgegenüber unergiebig.

Insolvenzverfahren § 19

§ 19 Insolvenzverfahren

(1) ¹Ist über das Vermögen des Schuldners im Inland das Insolvenzverfahren eröffnet worden, so unterliegen die Beschlüsse der Gläubiger den Bestimmungen der Insolvenzordnung, soweit in den folgenden Absätzen nichts anderes bestimmt ist. ²§ 340 der Insolvenzordnung bleibt unberührt.

(2) ¹Die Gläubiger können durch Mehrheitsbeschluss zur Wahrnehmung ihrer Rechte im Insolvenzverfahren einen gemeinsamen Vertreter für alle Gläubiger bestellen. ²Das Insolvenzgericht hat zu diesem Zweck eine Gläubigerversammlung nach den Vorschriften dieses Gesetzes einzuberufen, wenn ein gemeinsamer Vertreter für alle Gläubiger noch nicht bestellt worden ist.

(3) Ein gemeinsamer Vertreter für alle Gläubiger ist allein berechtigt und verpflichtet, die Rechte der Gläubiger im Insolvenzverfahren geltend zu machen; dabei braucht er die Schuldurkunde nicht vorzulegen.

(4) In einem Insolvenzplan sind den Gläubigern gleiche Rechte anzubieten.

(5) Das Insolvenzgericht hat zu veranlassen, dass die Bekanntmachungen nach den Bestimmungen dieses Gesetzes zusätzlich im Internet unter der durch § 9 der Insolvenzordnung vorgeschriebenen Adresse veröffentlicht werden.

Übersicht

	Rn.
I. Einleitung	1
1. Ablauf eines Insolvenzverfahrens	2
2. § 19 – Entwicklung / Verhältnis zur InsO	4
3. Anwendungsbereich des § 19	13
a) Schuldverschreibungen	14
b) Eröffnung eines Insolvenzverfahrens	16
c) Internationale Zuständigkeit	17
d) Teilnehmer an einem organisierten Markt	22
II. Eröffnungsverfahren	23
1. Einführung	23
2. Anordnung von Sicherungsmaßnahmen	24
a) Bestellung eines „schwachen" vorläufigen Insolvenzverwalters	25
b) Anordnung eines „starken" vorläufigen Insolvenzverwalters	26
c) Anordnung eines vorläufigen Sachwalters im Eigenverwaltungsvorverfahren	27
3. Gemeinsamer Vertreter der Schuldverschreibungsgläubiger	33
a) Formen: Wahlvertreter/Vertragsvertreter	34
b) Bestellung eines gemeinsamen Vertreters im Eröffnungsverfahren	36
4. Einsetzung eines vorläufigen Gläubigerausschusses	39
III. Eröffnetes Insolvenzverfahren	42
1. Auswirkungen auf Schuldverschreibungen	43
2. Berücksichtigung von „Altanleihen" – Opt-in (§ 24 Abs. 2)	47
3. Die (erste) Gläubigerversammlung	50
a) Einberufung	50

	Rn.
b) Durchführung (Einberufungsfrist)	51
c) Kosten	54
4. Beschlüsse der Gläubigerversammlung	56
a) Beschlussfassung	56
b) Mehrheitserfordernis	61
c) Beschlusskontrolle	62
d) Gläubigerversammlungen außerhalb des Insolvenzverfahrens	65
5. Der gemeinsame Vertreter (§ 19 Abs. 2)	72
a) Bestellung	72
b) Handeln des gemeinsamen Vertreters	77
c) Geltendmachung von Ansprüchen	81
d) Die Vergütung	85
6. Liquidation des Emittenten	96
7. Sanierung des Emittenten	98
a) Übertragende Sanierung ("asset deal")	99
b) Insolvenzplan	100
8. Bekanntmachungen (§ 19 Abs. 5)	120

I. Einleitung

1   Das Schuldverschreibungsgesetz von 1899 (SchVG 1899) entfaltete für Schuldverschreibungen (Anleihen) in der Praxis kaum Bedeutung, da die Gläubiger lediglich eingeschränkte Rechte hatten. Um diesem vorzubeugen, sah sich der Gesetzgeber gezwungen, das SchVG zu reformieren und gleichzeitig die Sanierung von Unternehmen innerhalb eines Insolvenzverfahrens zu fördern. Die Modernisierung des SchVG und die Reform der InsO im Jahr 2012 ("ESUG") schafften einen Rahmen zur sanierungsfreundlicheren Restrukturierung von Schuldverschreibungen im Insolvenzverfahren.

1. Ablauf eines Insolvenzverfahrens

2   Nachdem der Emittent (Anleiheschuldner) oder ein Gläubiger des Emittenten einen Antrag auf Eröffnung eines Insolvenzverfahrens (§§ 13 ff. InsO) beim Insolvenzgericht gestellt hat, bestellt das Insolvenzgericht einen Sachverständigen oder einen vorläufigen Insolvenzverwalter, der zunächst die Vermögensverhältnisse des schuldnerischen Unternehmens prüft. Sofern ein Eröffnungsgrund nach §§ 16 ff. InsO vorliegt und die Kosten des Insolvenzverfahrens gemäß § 54 InsO gedeckt sind, empfiehlt der Sachverständige oder der vorläufige Insolvenzverwalter die Eröffnung des Insolvenzverfahrens. Grundsätzlich ist zwischen dem Eröffnungsverfahren und dem eröffneten Insolvenzverfahren zu unterscheiden. Bereits im Eröffnungsverfahren werden die Sanierungsaussichten geprüft und ggf. vorangetrieben. Die tatsächliche Sanierung wird regelmäßig erst mit Eröffnung des Insolvenzverfahrens durch den Insolvenzverwalter durchgeführt. Im Falle einer Sanierung mittels Eigenverwaltung (§§ 270 ff. InsO) hat der sog. Sachwalter lediglich eine überwachende Funktion. Die Verwaltungs- und Verfügungsbefugnis, die gemäß § 80 InsO in einem Insolvenzverfahren auf den Insolvenzverwalter übergeht, behält das schuldnerische Unternehmen weiterhin.

3   Zur Verdeutlichung befindet sich nachfolgend eine vereinfachte Darstellung über den Ablauf eines Regelinsolvenzverfahrens.

Insolvenzverfahren § 19

Abbildung: Übersicht Ablauf Regelinsolvenzverfahren

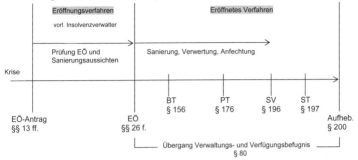

2. § 19 – Entwicklung / Verhältnis zur InsO

Bereits das am 4.12.1899 (Dt. RGbl. Band 1899, Nr. 47 S. 697 f.) in Kraft 4
getretene SchVG enthielt besondere Regelungen für den Fall des Konkurses des
Emittenten (Anleiheschuldners). Hierfür wurden eigens die §§ 18, 19 eingeführt.
Mit der Novellierung des Insolvenzrechts sah die InsO erstmals ein Insolvenzplanverfahren vor (BGBl. I 1994 S. 2866, S. 2894 ff.). Vor diesem Hintergrund
ergänzte der Gesetzgeber im SchVG den § 19a durch Art. 53 EGInsO (BGBl I
1994, 2911, 2938), der Sonderbestimmungen hinsichtlich der Aufnahme der
Rechte der Schuldverschreibungsgläubiger in einem Insolvenzplan vorsah.

Wegen mangelnder Sanierungseignung geriet das Gesetz in der Vergangenheit 5
nahezu außer Anwendung. Das SchVG von 1899 erlaubte nur relativ geringfügige
Eingriffe in die Rechte der Gläubiger, insbesondere keinen Forderungsverzicht,
es war nur auf Alt-Anleihen anwendbar, die ein Inländer begab und es entstanden
Auslegungsprobleme hinsichtlich des Anwendungsbereiches beider Gesetze. Um
dies zu minimieren und eine effizientere Durchführung des Insolvenzverfahrens
zu gewährleisten (*Friedl* in Friedl/Hartwig-Jacob § 19 Rn. 6), wurde das Schuldverschreibungsgesetz im August 2009 modernisiert.

Sah § 18 Abs. 1 SchVG 1899 noch vor, dass sich die Vorschriften über die 6
Versammlung der Anleihegläubiger und deren Beschlüsse nach den allgemeinen
Regeln des SchVG richten (*Scherber* in Preuße § 19 Rn. 2) und war der Konkursbzw. Insolvenzverwalter dadurch gezwungen, auch nach Eröffnung des Konkurs-/
Vergleichs- bzw. Insolvenzverfahrens, die Gläubigerversammlung im Weitesten
nach den Regelungen des SchVG durchzuführen (*Penzlin/Klerx* ZInsO 2004,
311, 312 f.), fasste der Gesetzgeber den **§ 19 Abs. 1 S. 1** inhaltlich neu: die
Beschlüsse der Gläubiger unterfallen den Bestimmungen der Insolvenzordnung,
sofern sich aus den Absätzen 2–5 keine Abweichungen ergeben. Dies betrifft nicht
nur die Beschlüsse der Anleihegläubiger, sondern bedeutet ein grundsätzliches
Vorrecht der Insolvenzordnung wie dem Regierungsentwurf zu § 19 entnommen

§ 19 Abschnitt 2 Beschlüsse der Gläubiger

werden kann. Dort macht der Gesetzgeber deutlich, dass die Vorschriften der Insolvenzordnung in ihrem Anwendungsbereich den Regelungen des SchVG im Grundsatz vorgehen sollen, sobald über das Vermögen des Schuldners das Insolvenzverfahren eröffnet worden ist und sich aus den Absätzen 2–5 keine Einschränkungen ergeben (Begr. RegE zu § 19). Die Schuldverschreibungsgläubiger unterliegen daher dem Grundsatz des § 87 InsO, nach dem die Insolvenzgläubiger ihre Forderungen nach den Regelungen der InsO verfolgen können (Begr. RegE zu § 19, S. 25). Ferner ist die Vorschrift *lex specialis* zu den übrigen Vorschriften der InsO (*Cranshaw* BKR 2008, 504, 509).

7 § 19 Abs. 1 S. 2 bezieht nunmehr die **Teilnahme von Schuldverschreibungen an einem organisierten Markt** gemäß § 340 InsO mit ein. Dadurch richten sich die Wirkungen des Insolvenzverfahrens hinsichtlich der Rechte und Pflichten der Teilnehmer an einem organisierten Markt iSv § 2 Abs. 5 WpHG nach dem Recht des Staates, das für diesen Markt gilt (Begr. RegE zu § 19, S. 25). § 340 InsO findet demnach im Falle des § 19 Abs. 1 S. 1 Anwendung. Somit erweitert der Gesetzgeber die Anwendbarkeit der InsO auf die Gläubigerorganisation innerhalb eines Insolvenzverfahrens insgesamt (*Scherber* in Preuße § 19 Rn. 5).

8 Die Regelungen des **gemeinsamen Vertreters** wurden im Wesentlichen in § 19 Abs. 2 und 3 (§§ 18 Abs. 3 und 4 SchVG 1899) übernommen. Wie auch nach alter Rechtslage „können" die Gläubiger einen gemeinsamen Vertreter wählen (Begr. RegE zu § 19; *Kuder/Obermüller* ZInsO 2009, 2025, 2027; **aA** *Friedl* in Friedl/Hartwig-Jacob § 19 Rn. 2, der die Bestellung des gemeinsamen Vertreters nach alter Rechtslage für zwingend erforderlich hält). Obwohl der Gesetzgeber es für wünschenswert erachtet, besteht für die Anleihegläubiger hierzu keine Pflicht. Ersatzlos gestrichen wurde der § 18 Abs. 4 SchVG 1899, der den eingeschränkten Personenkreis für die Einberufung der Gläubigerversammlung regelte.

9 § 18 Abs. 5 SchVG 1899 regelte, dass die Schuldurkunden bei einer von dem Insolvenzgericht zu bestimmenden **Hinterlegungsstelle** zu verwahren sind. Der Gesetzgeber sah diese Verfahrensweise als nicht mehr zeitgemäß an (*Scherber* in Preuße § 19 Rn. 3), weswegen auch diese Vorschrift ersatzlos gestrichen wurde.

10 Anlässlich der Insolvenzrechtsreform von 1994 wurde das Schuldverschreibungsrecht der Terminologie der Insolvenzordnung angepasst. Art. 53 EGInsO fügte in das Schuldverschreibungsgesetz von 1899 den § 19a ein, der erstmalig vorsah, allen Gläubigern in einem **Insolvenzplan** gleiche Rechte anzubieten. Auf Grund der Gesetzesmodernisierung in 2009 nahm der Gesetzgeber die Regelung in **§ 19 Abs. 4** weiterhin auf. Die Vorschrift ergänzt den insolvenzrechtlichen Grundsatz *par condicio creditorum* dergestalt, dass ein Insolvenzplan für alle Gläubiger derselben Anleihe gleiche Bedingungen vorsehen muss (Begr. RegE zu § 19, S. 25). Diese Vorschrift konkretisiert das gruppenbezogene Gleichbehandlungsgebot des § 226 Abs. 1 InsO, nach dem der Insolvenzplan allen Beteiligten einer Gruppe gleiche Rechte anzubieten hat (*Jaffé* in Wimmer § 226 Rn. 3).

11 § 19 Abs. 5 wurde ergänzt und weist auf die **Veröffentlichungspflicht** im Insolvenzverfahren gemäß § 9 InsO hin. Die öffentliche Bekanntmachung wird von Amts wegen durch das Insolvenzgericht vorgenommen und ggf. vom (vorläufigen) Insolvenzverwalter/Sachwalter vorbereitet (*Böhner* in Braun § 9 Rn. 4). Auch hier verdeutlicht sich der Wunsch des Gesetzgebers nach der Vorrangigkeit der InsO zwecks Einheitlichkeit hinsichtlich der Organisation als auch der Rechtsverfolgung im Insolvenzverfahren. Veröffentlichungen jeglicher Art haben unter den Voraussetzungen der InsO zu erfolgen. Ergänzend dürfen allerdings die Veröffentlichungspflichten nach dem SchVG und ggf. nach dem WpHG nicht vernachlässigt werden (*Saucken/Keding* NZI 2015, 681 ff.).

Abbildung: Übersicht Änderungen des SchVG 1899 / SchVG 2009   12

	SchVG 1899	SchVG 2009
Eröffnung eines Konkurs- bzw. Insolvenzverfahrens	§ 18 Abs. 1	§ 19 Abs. 1 S. 1
Schuldverschreibungen	§ 18 Abs. 1 iVm § 1 Nennwert musste bestimmbar sein	§ 19 Abs. 1 iVm § 1 Erweiterung auf Derivaten, Optionen und Genussscheine
Gläubigerversammlung und Beschlüsse	§ 18 Abs. 1 unterfielen den Regelungen des SchVG,	§ 19 Abs. 1 „*Beschlüsse*" unterfallen grds. der InsO, sofern nichts anderweitiges in den Absätzen 2–5 geregelt ist. Grds. Vorrang der InsO
Anwendung des § 340 InsO	/	§ 19 Abs. 1 S. 2
Einberufung der Gläubigerversammlung durch das Insolvenzgericht	§ 18 Abs. 2	§ 19 Abs. 2 S. 2
Bestellung eines gemeinsamen Vertreters	§ 18 Abs. 3 u. 4	§ 19 Abs. 2
Antragsbefugnis über die Einberufung der Gläubigerversammlung (Personenkreis)	§ 18 Abs. 4	gestrichen
Die Schuldurkunden sind bei einer Hinterlegungsstelle zu hinterlegen	§ 18 Abs. 5	gestrichen
Keine Beifügung der Schuldurkunde, sofern ein gemeinsamer Vertreter bestellt ist	§ 19	§ 19 Abs. 3
Sanierung durch Insolvenzplan (Art. 53 EGInsO)	§ 19a Abs. 1	§ 19 Abs. 4
Veröffentlichungspflicht	bestand lediglich nach den Vorschriften des SchVG/WpHG	§ 19 Abs. 5 nach der InsO; ggf. zusätzlich nach dem SchVG/WpHG

3. Anwendungsbereich des § 19

Grundsätzlich findet § 19 lediglich Anwendung, sofern es sich um „*nach deut-*   13
schem Recht begebene inhaltsgleiche Schuldverschreibungen aus Gesamtemissionen" han-

§ 19 Abschnitt 2 Beschlüsse der Gläubiger

delt (§ 1) und über das Vermögen eines Emittenten (Anleiheschuldners) durch Beschluss des zuständigen Insolvenzgerichts ein Insolvenzverfahren (§ 27 InsO) eröffnet worden ist.

14 **a) Schuldverschreibungen.** Das SchVG vom 31.7.2009 (BGBl. I S. 2512) findet für alle Schuldverschreibungen Anwendung, die nach Inkrafttreten (5.8.2009) begeben worden sind (§ 24 Abs. 1 S. 1). Für die sog. „Altanleihen" sind die Vorschriften das SchVG von 1899 heranzuziehen (§ 24 Abs. 1 S. 2). Durch Opt-in können die Altanleihen dem neuen SchVG unterstellt werden (§ 24 Abs. 1) (→ Rn. 47 ff.).

15 Zu den *„nach deutschem Recht begebenen inhaltsgleichen Schuldverschreibungen aus Gesamtemissionen"* zählen alle Arten von Leistungsversprechen im Sinne von § 793 BGB, mithin alle festverzinslichen, variabel verzinslichen bis hin zu nicht laufend verzinslichen Wertpapieren (Zerobonds) oder gar Wandelschuldverschreibungen und Umtauschanleihen (*Oulds* CFL 2012, 353, 354). Der Gesetzgeber erweiterte den Anwendungsbereich auch auf Zertifikate und Optionen (Begr. RegE zu § 1, S. 16), anders als nach § 1 Abs. 1 (1899) wonach unter Schuldverschreibungen lediglich solche fallen sollten, deren Nennwert im Voraus bestimmbar war (*Vogel* ZBB 1996, 321, 334). Genussscheine waren hiervon ebenfalls nicht erfasst (OLG Frankfurt aM, 28.4.2006, FGPrax 2006, 237, 237 f.; → § 1 Rn. 24).

16 **b) Eröffnung eines Insolvenzverfahrens.** Voraussetzung für die Anwendbarkeit des § 19 ist die Eröffnung eines Insolvenzverfahrens über das Vermögen des Anleiheschuldners im Inland (Deutschland) durch Beschluss des zuständigen Insolvenzgerichtes (§ 27 InsO). Das Eröffnungsverfahren bzw. die Anordnung eines vorläufigen Insolvenzverfahrens ist nicht ausreichend. Wird die Eröffnung eines Insolvenzverfahrens gemäß § 26 InsO mangels Masse abgelehnt, findet auch § 19 keine Anwendung.

17 **c) Internationale Zuständigkeit.** Für die Anwendung des § 19 nimmt der Gesetzgeber auf die internationalen Zuständigkeitsregelungen im Insolvenzverfahren Bezug (Begr. RegE zu § 19, S. 25). Ein internationales – für alle Staaten bindendes – Insolvenzrecht gibt es nicht (vgl. ausführlich *Stark* in Fachberaterhandbuch, S. 1219 ff.). Jeder Staat regelt seine eigenen Sachverhalte mit Auslandsbezug.

18 Der deutsche Gesetzgeber hat das internationale Insolvenzrecht in den §§ 335 ff. InsO geregelt. Nach § 335 InsO findet für Insolvenzverfahren das Recht des Staates Anwendung, in dem das Verfahren eröffnet worden ist (*lex fori concursus*) (*Reinhart* in MüKoInsO § 335 Rn. 9). Als allseitige Kollisionsnorm regelt sie sowohl, dass bei Eröffnung eines Insolvenzverfahrens im Inland deutsches Recht auch im Ausland zur Anwendung gelangen kann, als auch, dass bei Eröffnung eines Insolvenzverfahrens im Ausland das ausländische Recht auch im Inland anerkannt wird (*Tashiro* in Braun § 335 Rn. 1; *Dahl* in Andres/Leithaus, § 335 Rn. 1).

19 Laut Gesetzesbegründung sollen die Bestimmungen des § 19 nur dann Anwendung finden, wenn der COMI („*Center of Main Interest*") im Inland belegen ist (Begr. RegE zu § 19, S. 25). Damit stellt der Gesetzgeber grundsätzlich auf die Bestimmungen des Art. 3 Abs. 1 S. 1 EuInsVO ab, der die Zuständigkeiten für Insolvenzverfahren innerhalb der EU-Mitgliedstaaten regelt. Die in § 3 Abs. 1 InsO entsprechend geregelt: Das inländische Insolvenzgericht (Deutschland) ist für die Eröffnung eines Hauptinsolvenzverfahrens zuständig, wenn der Schuldner seinen allgemeinen Gerichtsstand oder einen davon abweichenden Mittelpunkt seiner

wirtschaftlichen Tätigkeit im Inland hat (so auch *Ganter/Lohmann* in MüKoInsO § 3 Rn. 24; *Scherber* in Preuße § 19 Rn. 13 Fn. 12).

Alternativ kann ein Insolvenzverfahren innerhalb eines EU-Mitgliedstaates (Hauptinsolvenzverfahren) – nicht in Deutschland, eröffnet werden. In einem solchen Fall können parallel die Voraussetzungen für die Eröffnung eines sog. Partikularverfahrens gemäß § 354 InsO oder eines Sekundärinsolvenzverfahrens gemäß § 356 InsO in Deutschland vorliegen. Für die Eröffnung eines Partikularinsolvenzverfahrens ist maßgeblich, dass der Schuldner eine Niederlassung oder sein sonstiges Vermögen in Deutschland innehat (§ 354 Abs. 1 InsO). Unter diesen Voraussetzungen ist der § 19 ebenfalls anwendbar (*Scherber* in Preuße § 19 Rn. 13). 20

Ausgehend von den obigen Ausführungen sind somit mehrere Konstellationen möglich: 21

Abbildung: Übersicht Anwendungsbereich SchVG/InsO

Sachverhalt	SchVG	InsO
Das Insolvenzverfahren des Emittenten wird in Deutschland eröffnet. Gleichzeitig handelt es sich um nach deutschem Recht begebene Schuldverschreibungen.	X	X
Das Insolvenzverfahren des Emittenten wird in Deutschland eröffnet. Allerdings handelt es sich um ausländische Schuldverschreibungen.	/	X
Das Insolvenzfahren des Emittenten wird nicht in Deutschland, sondern in einem EU-Mitgliedstaat, eröffnet. Gleichzeitig handelt es sich um nach deutschem Recht begebene Schuldverschreibungen.	X	/
Ausgangsfall wie vorstehend: Das Insolvenzfahren des Emittenten wird nicht in Deutschland, sondern in einem EU-Mitgliedstaat, eröffnet. Gleichzeitig handelt es sich um nach deutschem Recht begebene Schuldverschreibungen. Ergänzung: Darüber hinaus wird über das Vermögen des Emittenten in Deutschland ein Sekundär- oder Partikularverfahren eröffnet.	X	X
Das Insolvenzverfahren wird in einem EU-Mitgliedstaat eröffnet; es handelt es sich auch um ausländische Schuldverschreibungen.	/	/

d) Teilnehmer an einem organisierten Markt. Gemäß § 340 Abs. 1 InsO 22 unterliegen die Rechte und Pflichten von Teilnehmern an einem organisierten

Markt (§ 2 Abs. 5 WpHG) dem Recht des Staates, das für diesen Markt gilt (zum Anwendungsbereich „Teilnehmer an einem organisierten Markt" vgl. *Scherber* in Preuße § 19 Rn. 17 ff.). § 340 InsO gilt uneingeschränkt in allen Insolvenzverfahren (§ 19 Abs. 1 S. 2) und dient der Förderung und Vereinheitlichung der Finanzmärkte und dem Abschluss bestimmter Geschäfte über Finanzdienstleistungen (*Jahn/Fried* in MüKoInsO § 340 Rn. 2). Der § 340 InsO enthält in Abweichung zu § 335 InsO (*lex fori concursus*) Sonderanknüpfungen für die Behandlung bestimmter Finanzgeschäfte in der Insolvenz. Hierbei handelt es sich um eine allseitige Kollisionsnorm. Sie wirkt sowohl für ein eröffnetes ausländisches Hauptinsolvenzverfahren, das Wirkungen in Deutschland erzeugt, als auch für ein eröffnetes inländisches Insolvenzverfahren mit Wirkungen im Ausland (*Paulus* in KPB § 340 InsO Rn. 2). Voraussetzung ist, dass der vorrangige Art. 9 EuInsVO keine Anwendung findet, auch wenn beide Vorschriften (§ 340 InsO und Art. 9 EuInsVO) dieselben Marktsysteme und Finanzgeschäfte betreffen (*Lüer* in Uhlenbruck § 340 Rn. 1).

II. Eröffnungsverfahren

1. Einführung

23   Sobald das krisenbehaftete Unternehmen ggf. durch außergerichtliche Restrukturierungsversuche nicht mehr zu retten ist, sollte ein schriftlicher Antrag auf Eröffnung eines Insolvenzverfahrens beim Insolvenzgericht gestellt werden, §§ 13 ff. InsO. Das Insolvenzgericht prüft von Amts wegen, ob der Antrag zulässig ist (§ 5 Abs. 1 S. 1 InsO), ein Eröffnungsgrund gemäß §§ 16 ff. InsO und eine kostendeckende Masse gemäß § 26 InsO vorliegt. Für die Prüfung bedient sich das Insolvenzgericht regelmäßig eines Sachverständigen (*Schmerbach* in Wimmer § 21 Rn. 1).

2. Anordnung von Sicherungsmaßnahmen

24   Ggf. ordnet das Insolvenzgericht bis zur Entscheidung über den Eröffnungsantrag Sicherungsmaßnahmen an (§ 21 Abs. 1 S. 1 InsO), insbesondere wenn erhebliche zu realisierende Drittschuldnerforderungen bestehen, der Schuldner sich unkooperativ verhält oder der Geschäftsbetrieb laufend ist und zusätzlich Insolvenzgeld vorfinanziert werden soll (*Schmerbach* in Wimmer § 21 Rn. 36). Sinn und Zweck der Sicherungsmaßnahmen ergeben sich aus den Grundsätzen des Insolvenzverfahrens (§ 1 InsO): Erhalt des schuldnerischen Unternehmens und eine gemeinschaftliche Befriedigung der Gläubiger (*Böhm* in Braun § 21 Rn. 12).

25   **a) Bestellung eines „schwachen" vorläufigen Insolvenzverwalters.** In der Regel erfolgt die Bestellung eines „schwachen" vorläufigen Insolvenzverwalters (*Schmerbach* in Wimmer § 21 Rn. 64 f.). Dadurch behält das schuldnerische Unternehmen die Verwaltungs- und Verfügungsbefugnis; allerdings sind Verfügungen des Schuldners nur noch mit Zustimmung des vorläufigen Insolvenzverwalters möglich (§ 21 Abs. 2 S. 1 Nr. 2 Alt. 2 InsO). Der „schwache" vorläufige Insolvenzverwalter ist nicht befugt, Masseverbindlichkeiten gemäß § 55 Abs. 2 InsO zu begründen. In Ausnahmefällen, zB bei laufendem Geschäftsbetrieb, kann er Einzelermächtigungen beim Insolvenzgericht beantragen (*Schmerbach* in Wimmer § 21 Rn. 64). Ohne Einzelermächtigung oder Treuhandkontenmodell müssen Forderungen, deren Begründung der vorläufige Verwalter zugestimmt hat,

Insolvenzverfahren §19

noch während des vorläufigen Insolvenzverfahrens beglichen werden, da es sich bei denen in der „schwachen" vorläufigen Insolvenzverwaltung begründeten Forderungen grds. um Insolvenzforderungen gemäß § 38 InsO handelt. Insbesondere bei Großunternehmen wie Stromanbieter, Vermietungsunternehmen, Telefonanbieter und Lieferanten würde es zu einer allgemeinen Unglaubwürdigkeit des vorläufigen Verwalters führen, wenn diese Kosten trotz Zustimmung nicht beglichen werden.

b) Anordnung eines „starken" vorläufigen Insolvenzverwalters. Der 26 Sachverständige wird die Anordnung eines vorläufigen Insolvenzverwalters mit einem allgemeinen Verfügungsverbot gemäß § 21 Abs. 2 S. 1 Nr. 2 Alt. 1 InsO beantragen, wenn masseschädigende Handlungen des Schuldners zu erwarten sind oder der laufende Geschäftsbetrieb dies erfordert. Die Verwaltungs- und Verfügungsbefugnis geht vollständig auf den vorläufigen Insolvenzverwalter über (§ 22 Abs. 1 InsO). Und dieser ist ermächtigt, Masseverbindlichkeiten gemäß § 55 Abs. 2 InsO zu begründen.

c) Anordnung eines vorläufigen Sachwalters im Eigenverwaltungsvor- 27 **verfahren.** Anders als im Regelinsolvenzverfahren sind Sicherungsmaßnahmen in einem Eigenverwaltungsvorverfahren eingeschränkt. Hier ist zwischen dem Antrag auf Eigenverwaltung gemäß § 270a InsO und dem Schutzschirmverfahren gemäß § 270b InsO zu unterscheiden. In beiden Fällen handelt es sich um ein sog. Eigenverwaltungsvorverfahren. Das Schutzschirmverfahren nach § 270b InsO baut auf den Regelungen des allgemeinen Eigenverwaltungsverfahrens nach § 270a InsO auf. Innerhalb beider Verfahren können unterschiedliche Sicherungsmaßnahmen angeordnet werden.

aa) Eigenverwaltungsvorverfahren nach § 270a InsO. Stellt der Anleihe- 28 schuldner einen Antrag auf Eröffnung eines Insolvenzverfahrens und beantragt gleichzeitig die Eigenverwaltung (§ 270 Abs. 2 Nr. 1 InsO), so bestellt das Insolvenzgericht einen vorläufigen Sachwalter, sofern der Antrag nicht offensichtlich aussichtslos erscheint und für die Gläubiger keine erhebliche Nachteile zu erwarten sind (*Kern* in MüKoInsO § 270a Rn. 18 ff.). Stellt ein Gläubiger einen Antrag auf Eröffnung eines Insolvenzverfahrens, muss das Insolvenzgericht dem Schuldner die Möglichkeit einräumen, hierzu Stellung zu nehmen, um nachträglich einen Antrag auf Eigenverwaltung stellen zu können (*Riggert* in N/R § 270a Rn. 7).

Sofern das Insolvenzgericht die vorläufige Eigenverwaltung anordnet, soll es 29 davon absehen, dem Schuldner ein allgemeines Verfügungsverbot aufzuerlegen oder anzuordnen, dass jegliche Verfügungen des Schuldners nur mit Zustimmung des vorläufigen Verwalters wirksam sind (§ 270a Abs. 1 S. 1 Nr. 1, 2 InsO). Das schuldnerische Unternehmen behält damit die Verwaltungs- und Verfügungsbefugnis. Ziel dieser Regelung ist, die Geschäftsbeziehungen des Schuldners beizubehalten, um weitere Aufträge und Erlöse für die mögliche Insolvenzmasse zu generieren. In der Regel wird dem Schuldner das Insolvenzverfahren in Eigenverwaltung nur gewährt, wenn für die wirtschaftlichen Engpässe nicht die unternehmerische Führung ursächlich ist.

Dem vorläufigen Sachwalter steht gemäß § 270a Abs. 1 S. 2 InsO iVm § 275 30 Abs. 1 S. 2 InsO ein Widerspruchsrecht gegen Verfügungen zu. Sollte der Schuldner daneben Verfügungen tätigen, die nicht zum gewöhnlichen Geschäftsbetrieb gehören, benötigt der Schuldner die **vorherige** Zustimmung des vorläufigen Sachwalters (§ 270a Abs. 1 S. 2 InsO iVm § 275 InsO). Hierzu zählen Rechtsgeschäfte wie die

§ 19 Abschnitt 2 Beschlüsse der Gläubiger

Veräußerung oder Belastung von Grundstücken, die Aufnahme von Darlehen und die Erklärung von Verzichten (*Riggert* in N/R § 275 Rn. 3). Damit die Masse vor Eingriffen Dritter geschützt wird, sollte die Einstellung der Zwangsvollstreckung gemäß § 21 Abs. 2 S. 1 Nr. 3 InsO angeordnet werden (*Zipperer* in Uhlenbruck § 270a Rn. 8). Gleiches gilt für § 21 Abs. 2 Nr. 5 InsO. Der vorläufige Sachwalter hat damit lediglich eine überwachende Funktion und darüber hinaus regelmäßig den Auftrag, ein Gutachten hinsichtlich der Eröffnung des Insolvenzverfahrens (in Eigenverwaltung) gemäß § 22 Abs. 1 S. 2 Nr. 3 InsO zu erstellen.

31   **bb) Eigenverwaltungsvorverfahren nach § 270b InsO (Schutzschirmverfahren).** Wie bereits erwähnt, handelt es sich bei dem Schutzschirmverfahren nicht um ein losgelöstes selbständiges Eigenverwaltungsverfahren. Vielmehr baut das Schutzschirmverfahren auf den Regelungen des § 270a InsO auf. Hierbei handelt es sich um eine auf den Schuldner zugeschnittene Sanierung mittels eines Insolvenzplanes im Eigenverwaltungsvorverfahren. Voraussetzung ist ein schriftlicher Antrag des Schuldners auf Eröffnung eines Insolvenzverfahrens (vgl. § 13 Abs. 1 S. 1 InsO) wegen drohender Zahlungsunfähigkeit (§ 18 InsO) oder Überschuldung (§ 19 InsO) sowie ein Antrag auf Eigenverwaltung nach § 270 Abs. 2 Nr. 1 InsO und ein Antrag, der die Sanierungsabsichten nach § 270b InsO darstellt. Um das schuldnerische Vermögen vor Zwangsvollstreckungsmaßnahmen während des Eröffnungsverfahrens zu schützen, sollten Sicherungsmaßnahmen gemäß § 270b Abs. 2 S. 3 InsO gleichzeitig beantragt werden.

32   Dem Schuldner darf weder ein allgemeines Verfügungsverbot auferlegt noch dürfen seine Verfügungen unter einen Zustimmungsvorbehalt gestellt werden, weswegen auch im Eröffnungsverfahren nach § 270b Abs. 2 S. 1 InsO ein vorläufiger Sachwalter und kein vorläufiger Insolvenzverwalter bestellt wird (§ 270b Abs. 2 S. 3 InsO; BT-Drs. 17/5712 (ESUG) S. 40 f.). Der Schuldner ist befugt, Masseverbindlichkeiten nach § 55 Abs. 2 InsO zu begründen, sofern er hierfür einen Antrag beim Insolvenzgericht gestellt hat (§ 270b Abs. 3 InsO). Im Übrigen sind die Sicherungsmaßnahmen mit denen aus dem allgemeinen Eigenverwaltungsvorverfahren identisch.

3. Gemeinsamer Vertreter der Schuldverschreibungsgläubiger

33   Außerhalb – wie auch innerhalb – eines Insolvenzverfahrens können die Anleihegläubiger einen gemeinsamen Vertreter bestellen. Bevor das Insolvenzverfahren eröffnet wird, sind für die Bestellung eines gemeinsamen Vertreters die allgemeinen Vorschriften des SchVG heranzuziehen. Ab Eröffnung des Insolvenzverfahrens gilt § 19.

34   **a) Formen: Wahlvertreter/Vertragsvertreter.** Der gemeinsame Vertreter kann innerhalb der Anleihebedingungen als sog. **Vertragsvertreter** bestellt werden, § 8 Abs. 4 iVm § 7 Abs. 2–6. Die allgemeinen Aufgaben ergeben sich in der Regel aus den Anleihebedingungen; anderenfalls aus den gesetzlichen Vorschriften (§ 8 Abs. 4 iVm § 7 Abs. 2). Ferner können die Schuldverschreibungsgläubiger innerhalb der Anleihegläubigerversammlung einen gemeinsamen Vertreter als sog. **Wahlvertreter** bestellen, dies erfolgt durch Mehrheitsbeschluss (§ 16 Abs. 3 S. 1) nach § 5 Abs. 1 S. 1, der notariell zu beurkunden ist. Es entsteht ein entgeltlicher Geschäftsbesorgungsvertrag gemäß §§ 675 ff. BGB zwischen dem gemeinsamen Vertreter und der Gesamtheit der Anleihegläubiger (RGZ 90, 211, 214; *Antoniadis* NZI 2014, 785, 786; → §§ 7, 8 Rn. 26).

Insolvenzverfahren **§ 19**

Der gemeinsame Vertreter kann seine Aufwendungen gegenüber Emittenten 35
gemäß § 7 Abs. 6 in Rechnung stellen. Forderungen der Anleihegläubiger und
Kosten des gemeinsamen Vertreters, die vor Insolvenzeröffnung entstehen, sind
Insolvenzforderungen gemäß § 38 InsO. Der gemeinsame Vertreter hat die Möglichkeit, diese mit Eröffnung des Insolvenzverfahren zur Insolvenztabelle anzumelden (§ 174 InsO).

b) Bestellung eines gemeinsamen Vertreters im Eröffnungsverfahren. 36
Je nach Ausgestaltung des Einzelfalls (im Hinblick auf bspw. Komplexität, Übersichtlichkeit, Insolvenzplan) stellt sich die Frage, ob die Bestellung oder Heranziehung eines gemeinsamen Vertreters (sofern einer durch die Anleihegläubiger im Vorfeld bereits bestellt wurde) in diesem Verfahrensabschnitt bereits von Vorteil ist. Ein gemeinsamer Vertreter kann Kontakt zu den Anleihegläubigern aufnehmen, den Ablauf und Stand der Verfahrensweise kommunizierend erörtern und damit Aufgaben vorziehen, die sonst nach Eröffnung des Verfahrens erledigt werden würden.

Im Insolvenzeröffnungsverfahren ist die Anwendung des § 19 ausgeschlossen. 37
Weder das Insolvenzgericht noch der vorläufige Verwalter ist befugt, eine Gläubigerversammlung hinsichtlich der Bestellung eines gemeinsamen Vertreters einzuberufen.

Soll bereits im Insolvenzeröffnungsverfahren ein gemeinsamer Vertreter in die 38
Sanierung mit eingebunden werden und auf die Anleihegläubiger positiv einwirken, besteht die Möglichkeit, die Organe des schuldnerischen Unternehmens mit einzubeziehen und einen gemeinsamen Vertreter nach den allgemeinen Vorschriften des SchVG zu bestellen (unter der Voraussetzung der Zustimmung des Verwalters, §§ 21 ff. InsO, §§ 270a f. InsO). Wichtig ist hier die Nutzen-Kosten Abwägung: die Voraussetzungen der Bestellung eines gemeinsamen Vertreters außerhalb der Insolvenz sind komplizierter, umfangreicher und mit höheren Kosten verbunden (→ §§ 7, 8 Rn. 81 ff.).

4. Einsetzung eines vorläufigen Gläubigerausschusses

Bei insolventen Anleiheschuldnern wird es sich regelmäßig um Unternehmen 39
handeln, bei denen im Eröffnungsverfahren ein vorläufiger Gläubigerausschuss
eingesetzt werden muss, § 22a Abs. 1 InsO. Gemäß § 22a Abs. 2 InsO *soll* das
Insolvenzgericht einen vorläufigen Gläubigerausschuss einsetzen, sofern dies von
dem Schuldner, dem vorläufigen Insolvenzverwalter oder einem (Anleihe-)Gläubiger beantragt wurde. Diese Voraussetzungen werden regelmäßig erfüllt sein.
Mit der Einsetzung eines vorläufigen Gläubigerausschusses soll der Einfluss der
Gläubiger auf die Wahl des (vorläufigen) Insolvenzverwalters, auf die Anordnung
der Eigenverwaltung und auf die Anordnung des (vorläufigen) Sachwalters sichergestellt werden (vgl. BT-Drs. 17/5712 (ESUG) S. 24). Dem Antrag sind lediglich
die Einverständniserklärungen der benannten Personen beizufügen (*Schröder* in
HK § 21 Rn. 39d).

Unklar ist das Verhältnis eines vorläufigen Gläubigerausschusses zu den Regelungen für die Bestellung eines „gemeinsamen Vertreters" nach §§ 7, 8. Zwar ist 40
davon auszugehen, dass ein Vertreter der Anleihegläubiger Mitglied des Ausschusses sein wird, um deren Interessen wahrzunehmen (§ 21 Abs. 1 S. 1 Nr. 1a InsO
iVm § 67 Abs. 2 InsO). Die Aufgaben eines Mitgliedes im vorläufigen Gläubigerausschuss sind jedoch mit denen eines gemeinsamen Vertreters nicht vergleichbar.
So haben die Ausschussmitglieder den vorläufigen Verwalter bzw. Schuldner bei

Rattunde 213

seiner Geschäftsführung zu unterstützen und zu überwachen, sie haben sich über den Gang der Geschäfte zu unterrichten und den Geldverkehr und Geldbestand zu prüfen (§ 21 Abs. 2 S. 1 Nr. 1a InsO iVm § 69 InsO). Eine unbefugte Weitergabe von Insiderinformationen an einen Gläubiger außerhalb des Ausschusses darf nicht erfolgen und kann zu strafrechtlichen Konsequenzen nach § 266 StGB oder § 203 StGB führen (*Pape* ZInsO 1999, 675, 678). Dies führt zwangsläufig zu einer Interessenkollision (*Schmitt* in Wimmer § 69 InsO Rn. 16). Denn der gemeinsame Vertreter hat in der Regel eigene Interessen und ist zur Auskunft und zur Berichterstattung gegenüber den anderen Anleihegläubigern verpflichtet. Ökonomisch betrachtet wäre es zwar sinnvoll, wenn der gemeinsame Vertreter und das Mitglied im vorläufigen Gläubigerausschuss personenidentisch sind, angesichts der mitunter gegensätzlichen Interessenlage sollte bei Personenidentität der Pflichten- und Rechteumfang genau abgesteckt werden. Je nachdem wie heterogen die Interessenlage aller Beteiligten und wie sensibel die Informationspolitik des Gläubigerausschusses ist, empfiehlt es sich, angesichts der zum Teil diametral gegensätzlichen Verpflichtungen die Positionen nicht personenidentisch zu besetzen. Die Mitglieder im vorläufigen Gläubigerausschuss im Eröffnungsverfahren müssen nicht personenidentisch mit denen im eröffneten Verfahren sein (*Frind* in HK § 68 Rn. 1), zweckmäßig wäre dies aber.

41 Sofern der vorläufige Verwalter die Mitglieder des vorläufigen Ausschusses „bestimmt" hat, teilt er dies dem Insolvenzgericht unter Beifügung der Einverständniserklärungen mit; das Insolvenzgericht legt daraufhin durch seinen Bestellungsbeschluss die Mitglieder des Ausschusses fest (*Frind* in HK § 67 Rn. 4). Eine separate Gläubigerversammlung und Beschlussfassung nach dem SchVG ist nicht notwendig. Die Mitglieder des vorläufigen Gläubigerausschusses haben einen Anspruch auf Vergütung gemäß § 21 Abs. 2 S. 1 Nr. 1a InsO iVm § 73 InsO (zu den Voraussetzungen LG Duisburg, 13.9.2004, NZI 2005, 116; AG Duisburg, 20.6.2003, NZI 2003, 502). Die Vergütung wird mit Eröffnung des Insolvenzverfahrens fällig (*Knof* in Uhlenbruck § 73 Rn. 17). Mit Eröffnung des Insolvenzverfahrens greifen die Regelungen des § 19: Das Insolvenzgericht hat dann (zusätzlich) eine Gläubigerversammlung zur Bestellung des gemeinsamen Vertreters einzuberufen.

III. Eröffnetes Insolvenzverfahren

42 Innerhalb der vom Insolvenzgericht gesetzten Frist reicht der Sachverständige bzw. der vorläufige Verwalter sein Gutachten mit dem Votum ein, ob ein Eröffnungsgrund nach §§ 16 ff. InsO vorliegt und die Eröffnung des Insolvenzverfahrens angeregt wird. Daraufhin ergeht durch Beschluss des Insolvenzgerichts die Eröffnung des Insolvenzverfahrens (§ 27 InsO). In diesem Zusammenhang wird der Insolvenzverwalter bzw. Sachwalter bestellt (§§ 27 Abs. 1 S. 1, 56, 270c InsO). Die Verwaltungs- und Verfügungsbefugnis geht gemäß § 80 InsO auf den Insolvenzverwalter über. Im Eigenverwaltungsverfahren behält der Schuldner gemäß § 270 Abs. 1 S. 1 InsO die Verwaltungs- und Verfügungsbefugnis; der Sachwalter hat lediglich eine Überwachungsfunktion.

1. Auswirkungen auf Schuldverschreibungen

43 Die Eröffnung des Insolvenzverfahrens hat zunächst keine unmittelbaren Auswirkungen auf Schuldverschreibungen. Dasselbe gilt für Wandelschuldverschreibungen, Optionsanleihen oder Genussrechte (*Mock* NZI 2014, 102, 103; *Haas/ Mock* in Gottwald § 93 Rn. 54, 57).

Auch wenn es sich bei Schuldverschreibungen um schuldrechtliche Verträge handelt, sind diese nicht automatisch mit Eröffnung des Insolvenzverfahrens aufgelöst und beendet (vgl. *Mock* NZI 2014, 102, 103). Sofern der Schuldverschreibungsgläubiger seiner Leistungspflicht vollständig nachgekommen ist, kann der Insolvenzverwalter hinsichtlich der Erfüllung des Rechtsgeschäftes von seinem Wahlrecht gemäß § 103 InsO keinen Gebrauch mehr machen (*Haas/Mock* in Gottwald § 93 Rn. 50). **44**

Den Schuldverschreibungsgläubigern wird oftmals ein Kündigungsrecht eingeräumt, sobald Maßnahmen auf Grund eines insolvenzrechtlichen Ereignisses nicht ausgeführt werden können (*Haas/Mock* in Gottwald § 93 Rn. 50). Geleistete Zins- oder Tilgungszahlungen können durch den Insolvenzverwalter ggf. gemäß §§ 129 ff. InsO angefochten werden. Nicht kündbare Anleihen werden gemäß § 41 InsO mit Eröffnung des Insolvenzverfahrens sofort fällig (*Knof* in Uhlenbruck § 41 Rn. 4). **45**

Schuldverschreibungsgläubiger können – wie alle anderen Insolvenzgläubiger – ihre Forderungen gemäß § 87 InsO nur nach den insolvenzrechtlichen Regelungen verfolgen. Sie nehmen an dem Verteilungsverfahren (§§ 187 ff. InsO) nur teil, wenn sie ihre Forderungen zur Insolvenztabelle angemeldet haben und diese zumindest teilweise festgestellt wurden (§§ 174 ff. InsO). Forderungen aus unbesicherten Schuldverschreibungen sind in der Insolvenz des Emittenten als einfache Insolvenzforderungen gemäß § 38 InsO einzuordnen (*Haas/Mock* in Gottwald § 93 Rn. 51). Dagegen sind Inhaber von besicherten Schuldverschreibungen zur abgesonderten Befriedigung gemäß §§ 49 ff. InsO ermächtigt. Zinsforderungen, die nach Eröffnung des Insolvenzverfahrens entstehen, sind nachrangige Insolvenzforderungen gemäß § 39 Abs. 1 Nr. 1 InsO. **46**

2. Berücksichtigung von „Altanleihen" – Opt-in (§ 24 Abs. 2)

Grundsätzlich findet das SchVG 2009 nicht auf Schuldverschreibungen Anwendung, die vor dem 5.8.2009 ausgegeben wurden. Es besteht die Möglichkeit eines Opt-in; dh die Schuldverschreibungsgläubiger können mit einer Änderung in den Anleihebedingungen in der Form beschließen, dass für sog. „Altanleihen" das SchVG von 2009 anzuwenden ist (§ 24 Abs. 2). Zu den allgemeinen Voraussetzungen hinsichtlich der Anwendbarkeit des § 24 Abs. 2 wird auf § 24 Rn. 7 ff. verwiesen. **47**

Fraglich ist, ob ein Opt-in Beschluss auch nach Einreichung des Antrages auf Eröffnung des Insolvenzverfahrens möglich ist. Das OLG Dresden verkündete hierzu, dass eine Änderung der Anleihebedingungen *nach* Eröffnung des Insolvenzverfahrens nicht mehr möglich sei (OLG Dresden, 9.12.2015, ZIP 2016, 87). Den Schuldverschreibungsgläubigern stehe gemäß § 19 Abs. 1 S. 1 nach Eröffnung des Insolvenzverfahrens lediglich die Bestellung eines gemeinsamen Vertreters zu. Somit könnten diese Gläubiger nach Eröffnung des Insolvenzverfahrens nicht mehr für die Anwendung des neuen Rechts votieren (OLG Dresden, 9.12.2015, ZIP 2016, 87). Die überwiegende Literaturmeinung geht ebenfalls davon aus, dass weitere im Schuldverschreibungsgesetz vorgesehene Mehrheitsentscheidungen, insbesondere über eine Änderung der Anleihebedingungen, nicht mehr zulässig seien (1. Aufl. § 19 Rn. 14; *Scherber* in Preuße § 19 Rn. 28; *Friedl* in Friedl/Hartwig-Jacob § 19 Rn. 36; *Thole* ZIP 2014, 293, 296). Demnach ist der **48**

Verwalter gehalten, bereits im vorläufigen Insolvenzverfahren Änderungen von Anleihebedingungen in die Wege zu leiten.

49 Für die Anwendung der Bestellung des gemeinsamen Vertreters dürfte dies allerdings keine Bedeutung haben, da die Regelungen des § 19 SchVG 2009 mit den Bestimmungen der §§ 18–19a SchVG von 1899 beinahe übereinstimmen. Wie auch nach alter Rechtslage „können" die Gläubiger einen gemeinsamen Vertreter wählen (Begr. RegE zu § 19, S. 25; *Kuder/Obermüller* ZInsO 2009, 2025, 2027), unabhängig davon, ob in den Anleihebedingungen ein gemeinsamer Vertreter vorgesehen ist oder nicht.

3. Die (erste) Gläubigerversammlung

50 **a) Einberufung.** Sofern kein gemeinsamer Vertreter wirksam bestellt wurde, hat das Insolvenzgericht nach Eröffnung des Insolvenzverfahrens von Amts wegen einen (separaten) Termin zur **(ersten) Gläubigerversammlung** anzuberaumen, um den Schuldverschreibungsgläubigern die Möglichkeit zu geben, einen gemeinsamen Vertreter zu bestellen (§ 19 Abs. 2 S. 2). Ein Antrag ist nicht erforderlich (*Friedl* in Friedl/Hartwig-Jacob § 19 Rn. 22). Dies gilt insbesondere dann, wenn in den Anleihebedingungen kein gemeinsamer Vertreter vorgesehen ist (*Brenner* NZI 2014, 789, 790; *Horn* BKR 2014, 449, 449) oder ein gemeinsamer Vertreter sein Amt nicht mehr ausübt (indirekt *Friedl* in Friedl/Hartwig-Jacob § 19 Rn. 21). Das Insolvenzgericht kann von der Einberufung lediglich absehen, wenn ein gemeinsamer Vertreter vor Eröffnung des Insolvenzverfahrens auf Grund entsprechender Regelungen in den Anleihebedingungen, auf Initiative des Emittenten oder auf Betreiben der Anleihegläubiger bereits bestellt wurde (*Friedl* in Friedl/Hartwig-Jacob § 19 Rn. 21; *Thole* ZIP 2014, 293, 296). Gleiches gilt, wenn die Forderungen aller Schuldverschreibungsgläubiger unstreitig nachrangig gemäß § 39 Abs. 2 InsO sind (LG Bonn, 30.1.2014, ZIP 2014, 983; *Kessler/Rühle* BB 2014, 907, 912; *Thole* ZIP 2014, 293, 296; **aA** *Friedl* in Friedl/Hartwig-Jacob § 19 Rn. 22 ff.). Reicht die Insolvenzmasse nicht einmal für die Vollbefriedigung der Insolvenzgläubiger gemäß § 38 InsO, werden die nachrangigen Insolvenzgläubiger (§ 39 InsO) gar nicht erst aufgefordert, ihre Forderungen zur Insolvenztabelle anzumelden (§ 174 Abs. 3 InsO). Damit nehmen sie am Insolvenzverfahren nicht teil und sind auch nicht gemäß § 77 Abs. 1 InsO stimmberechtigt (*Thole* ZIP 2014, 293, 296; *Prenzlin/Klerx* ZInsO 2004, 311, 312).

51 **b) Durchführung (Einberufungsfrist).** § 19 SchVG 2009 sieht keine **Einberufungsfrist** vor. Im Gegensatz dazu sah § 18 Abs. 3 SchVG 1899 eine „unverzügliche" Anberaumung der Gläubigerversammlung zur Bestellung des gemeinsamen Vertreters vor. Nach allgemein anerkannter Auffassung muss die Einberufung weiterhin „unverzüglich" im Sinne von § 121 Abs. 1 S. 1 BGB erfolgen (*Seibt* in Schmidt, Anh. zu § 39 Rn. 26; *Scherber* in Preuße § 19 Rn. 26; *Friedl* in Friedl/ Hartwig-Jacob § 19 Rn. 26; *Kuder/Obermüller* ZInsO 2009, 2025, 2027). Trotz des Vorrangs der InsO, § 19 Abs. 1, ist gemäß § 19 Abs. 2 S. 2 eine Gläubigerversammlung „nach den Vorschriften dieses Gesetzes", mindestens 14 Tage vor dem Tag der Versammlung, einzuberufen (§ 10 Abs. 1). Außerhalb des Insolvenzverfahrens soll hierdurch eine zügige Abhaltung der Gläubigerversammlung ermöglicht werden, um nach rechtzeitig innerhalb von drei Wochen, einen Antrag auf Eröffnung eines Insolvenzverfahrens stellen zu können (→ § 10 Rn. 1).

52 Die Gefahr der rechtzeitigen Insolvenzeröffnungsantragstellung ist nach Eröffnung nicht mehr von Bedeutung. Es obliegt dem Insolvenzgericht die (erste)

Gläubigerversammlung einzuberufen (§ 74 Abs. 1 S. 1 InsO) und durchzuführen (§ 76 Abs. 1 InsO). Damit sich der durchführende Rechtspfleger an die ihm vertrauten Vorschriften (Einberufung, Leitung, Tagesordnung, Bekanntmachungen etc.) halten kann, sollten die insolvenzrechtlichen Regelungen maßgeblich sein (so auch *Knof* in HK Anh. zu § 38 Rn. 39; *Scherber* in Preuße § 19 Rn. 25; 1. Aufl. § 19 Rn. 10; *Seibt* in Schmidt Anh. zu § 39 Rn. 34; **aA** *Bliesener/Schneider* in Langebucher/Bliesener/Spindler, Kap. 17, § 19 Rn. 9; *Friedl* in Friedl/Hartwig-Jacob § 19 Rn. 29). Die Bekanntmachungs- und Veröffentlichungspflichten nach §§ 12 f. sowie § 9 InsO sind zu beachten, sodass die Schuldverschreibungsgläubiger nicht schlechter gestellt werden.

Nach hiesiger Ansicht wäre die Bestellung des gemeinsamen Vertreters auch 53 im Rahmen der insolvenzrechtlichen Gläubigerversammlung gemäß § 156 InsO (Berichtstermin) möglich (**aA** *Gloeckner/Bankel* ZIP 2015, 2393, 2397; *Seibt* in Schmidt Anh. zu § 39 Rn. 26). Innerhalb dieser Gläubigerversammlung hat der Insolvenzverwalter über die wirtschaftliche Situation des Schuldners und über den Fortgang des Insolvenzverfahrens zu berichten (§ 156 Abs. 1 S. 1 InsO). Die Gläubiger haben (gemeinsamer Vertreter) die Möglichkeit, auf etwaig bestehende Sanierungsaussichten Einfluss zu nehmen bzw. über diese abzustimmen. Sofern der Emittent bzw. der Verwalter sich bereits mit den Schuldverschreibungsgläubigern in Verbindung gesetzt hat, um den potentiellen gemeinsamen Vertreter zu bestimmen, wäre die Bestellung in der Gläubigerversammlung (Berichtstermin) reine Formsache. Aus praktischer Sicht wäre es ein organisatorischer Kraftakt, eine zusätzliche vorherige Gläubigerversammlung zur Bestellung des gemeinsamen Vertreters einzuberufen; von den entstehenden Kosten ganz abgesehen.

c) Kosten. Eine ausdrückliche Regelung, wer die Kosten der (ersten) Gläu- 54 bigerversammlung zur Bestellung des gemeinsamen Vertreters zu tragen hat, ergibt sich weder aus § 19 noch aus der InsO.

Da die Kosten nach Eröffnung des Insolvenzverfahrens ausgelöst werden, stellen 55 sie keine Insolvenzforderungen gemäß § 38 InsO dar (*Seibt* in Schmidt Anh. zu § 39 Rn. 60). In Anbetracht dessen, dass das Insolvenzgericht gemäß § 19 Abs. 2 S. 2 InsO von Amts wegen eine Gläubigerversammlung zur Bestellung eines gemeinsamen Vertreter anzuberaumen hat, müssen dies Massekosten gemäß § 54 InsO sein (*Friedl* in Friedl/Hartwig-Jacob § 19 Rn. 34; *Knof* in HK Anh. zu § 38 Rn. 73; **aA** *Thole*, ZIP 2014, 293, 298, der aber zumindest eine analoge Anwendung des § 54 Nr. 1 InsO heranzieht). Dies gilt auch dann, wenn kein gemeinsamer Vertreter von den Schuldverschreibungsgläubigern bestellt wird. Auch vor dem Hintergrund, dass der Gesetzgeber die Bestellung eines gemeinsamen Vertreters zur effizienteren Durchführung des Insolvenzverfahrens für wünschenswert erachtet, dürfen die Kosten nicht dem Emittenten nach § 9 Abs. 5 und § 18 Abs. 6 auferlegt werden. Dies würde ansonsten bedeuten, dass die Gläubiger die Kosten als einfache Insolvenzforderung gemäß § 38 InsO geltend machen müssten (indirekt *Friedl* in Friedl/Hartwig-Jacob § 19 Rn. 33). Somit handelt es sich bei den Auslagen des Gerichts für die Anmietung der Räume oder für die öffentliche Bekanntmachung um Massekosten gemäß § 54 Nr. 1 InsO, die aus der Insolvenzmasse nach § 53 InsO zu begleichen sind (*Cranshaw* BKR 2008, 504, 510; 1. Aufl. § 19 Rn. 11; *Scherber* in Preuße § 19 Rn. 27). Erst recht handelt es sich um Massekosten gemäß § 54 Nr. 2 InsO, wenn die insolvenzrechtliche Gläubigerversammlung (§ 156 InsO) und die Bestellung des gemeinsamen Vertreters in einer Gläubigerversammlung stattfinden.

4. Beschlüsse der Gläubigerversammlung

56 **a) Beschlussfassung.** Nach alter Rechtslage waren für die Beschlussfassung der **(ersten) Gläubigerversammlung** zur Bestellung des gemeinsamen Vertreters die allgemeinen Regelungen des SchVG heranzuziehen (*Penzlin/Klerx* ZInsO 2004, 311, 312). Dies änderte der Gesetzgeber dahingehend, dass gemäß § 19 Abs. 1 S. 1 die „Beschlüsse der Gläubiger den Bestimmungen der Insolvenzordnung" unterliegen sollen. § 15 Abs. 3 findet keine Anwendung. Demnach richtet sich die Beschlussfassung nach den Regelungen der InsO.

57 Hinsichtlich der Beschlussfähigkeit der Gläubigerversammlung zur Bestellung des gemeinsamen Vertreters ist auf die Regelungen des §§ 76 f. InsO zu verweisen. Sie ist daher beschlussfähig, wenn lediglich ein stimmberechtigter Gläubiger anwesend ist (*Scherber* in Preuße § 19 Rn. 7; *Friedl* in Friedl/Hartwig-Jacob § 19 Rn. 38; *Seibt* in Schmidt Anh. zu § 39 Rn. 50). Wenn kein Gläubiger anwesend ist, ist sie beschlussunfähig.

58 Die Bemessung der Stimmberechtigung richtet sich nach § 77 InsO, nach dem nur den Gläubigern ein Stimmrecht zu gewähren ist, deren Forderungen angemeldet und vom Insolvenzverwalter nicht bestritten wurden. Zu diesem Zeitpunkt hat allerdings in der Regel kein Schuldverschreibungsgläubiger seine Forderung zur Insolvenztabelle angemeldet, da dies die Aufgabe des gemeinsamen Vertreters sein wird, der noch zu wählen ist. Vor diesem Hintergrund ist für die Stimmberechtigung § 6 heranzuziehen, der die Schuldverschreibungsgläubiger in Höhe ihres Nennwertes zur Stimmabgabe berechtigt, wenn die Forderungen noch nicht angemeldet oder vom Insolvenzverwalter anerkannt sind (*Knof* in HK Anh. zu § 38 Rn. 40; 1. Aufl. § 19 Rn. 15). Alternativ besteht zur Teilnahme und zur Stimmberechtigung die Möglichkeit, einen Legitimationsnachweis im Sinne von § 10 Abs. 3 S. 1 vorzulegen (*Seibt* in Schmidt Anh. zu § 39 Rn. 37). Schuldverschreibungsgläubiger, deren Forderungen nachrangig im Sinne von § 39 InsO sind, haben kein Stimmrecht, da sie in der Regel erst gar nicht aufgefordert werden, ihre Forderungen zur Insolvenztabelle anzumelden (1. Aufl. § 19 Rn. 15; *Scherber* in Preuße § 19 Rn. 26; **aA** *Knof* in HK Anh. zu § 38 Rn. 40; *Seibt* in Schmidt Anh. zu § 39 Rn. 49; *Friedl* in Friedl/Hartwig-Jacob § 19 Rn. 38; zu beachten ist jedoch die Stimmberechtigung der nachrangigen Insolvenzgläubiger zur Abstimmung eines Insolvenzplanes gemäß § 237 Abs. 1 S. 1 iVm § 77 InsO, sofern für diese eine Regelung im Insolvenzplan getroffen wurde).

59 Im Rahmen dieser Gläubigerversammlung können die Schuldverschreibungsgläubiger auch weitere Beschlüsse fassen, zB um dem gewählten gemeinsamen Vertreter Weisungen zu erteilen. Nicht gestattet sind dagegen Beschlüsse, die zu Änderungen der Anleihebedingungen führen. Insbesondere solche des § 5 Abs. 3 sind unzulässig, da dies zu einer Veränderung der Insolvenzmasse führen könnte, die sich wiederum auf alle Insolvenzgläubiger negativ auswirkt (*Friedl* in Friedl/Hartwig-Jacob § 19 Rn. 36). Allerdings steht es den Schuldverschreibungsgläubigern frei, Beschlüsse im und für das Innenverhältnis zu fassen. Wirkung im Außenverhältnis erzielen die Beschlüsse nur, wenn dies in der insolvenzrechtlichen Gläubigerversammlung vorgesehen wird. So können die Schuldverschreibungsgläubiger für bzw. gegen alle Inhaber einen Debt-Equity-Swap beschließen, wenn dies über eine Planbedingung gemäß § 249 InsO in den Insolvenzplan aufgenommen wird (*Seibt* in Schmidt Anh. zu § 39 Rn. 43; → Rn. 103 ff.).

60 Die Gläubigerversammlung wird vom Insolvenzgericht protokolliert und der Beschluss in die Niederschrift aufgenommen. Eine darüber hinausgehende notarielle Beurkundung, so wie es § 16 Abs. 3 S. 1 vorsieht, ist entsprechend § 127a BGB innerhalb eines Insolvenzverfahrens nicht erforderlich (*Friedl* in Friedl/Hartwig-Jacob § 19 Rn. 39; *Knof* in HK Anh. zu § 38 Rn. 43).

b) Mehrheitserfordernis. Der gemeinsame Vertreter wird gemäß § 19 Abs. 2 S. 1 durch Mehrheitsbeschluss bestellt. Hinsichtlich der Abstimmungsmodalitäten finden gemäß § 19 Abs. 1 S. 1 die Vorschriften der InsO (*Kuder/Obermüller* ZInsO 2009, 2025, 2028), demnach § 76 InsO, Anwendung. Nach § 76 Abs. 2 InsO kommt ein Beschluss über die Bestellung eines gemeinsamen Vertreters zustande, wenn nach der Summe der Forderungsbeträge eine Mehrheit der abstimmenden Gläubiger einem Beschluss zustimmt. Hierdurch werden die Regelungen des SchVG oder auch die in den Anleihebedingungen enthaltenen Bestimmungen über die qualifizierten Mehrheitserfordernisse verdrängt (*Scherber* in Preuße § 19 Rn. 10). Eine Zustimmung der Schuldverschreibungsgläubiger zu einem zur Wahl stehenden gemeinsamen Vertreter kann nicht durch die Regelungen des § 160 Abs. 1 S. 3 InsO fingiert werden, da diese Zustimmungsfiktion lediglich für bedeutsame Rechtshandlungen des Verwalters greift. **61**

c) Beschlusskontrolle. Sollten Schuldverschreibungsgläubiger außerhalb des Insolvenzverfahrens mit dem Beschluss über die Bestellung des gemeinsamen Vertreters nicht einverstanden sein, haben sie grundsätzlich das Recht, diesen gemäß § 20 anzufechten. Zum Teil wird die Auffassung vertreten, dass auch *nach* Eröffnung des Insolvenzverfahrens der § 20 als Rechtsschutzregime gilt, mit der Begründung, dass die in § 78 InsO genannten Personen nicht antragsberechtigt seien (*Friedl* in Friedl/Hartwig-Jacob § 19 Rn. 43; *Horn* BKR 2014, 449, 451; *Kuder/Obermüller* ZInsO 2009, 2025, 2028). Dies hätte zur Konsequenz, dass ein angefochtener Beschluss gemäß § 20 Abs. 3 S. 4 bis zur Entscheidung über das Freigabeverfahren nicht vollzogen werden dürfte (*Knof* in HK Anh. zu § 38 InsO Rn. 69; *Seibt* in Schmidt, Anh. zu § 39 Rn. 57). **62**

Allerdings unterliegen ausweislich des § 19 Abs. 1 S. 1 *nach* Eröffnung des Insolvenzverfahrens die Beschlüsse der Gläubiger aus Schuldverschreibungen den Bestimmungen der InsO, sofern sich keine anderweitigen Regelungen aus § 19 Abs. 2–4 ergeben. Ein Verweis auf § 20 ist nicht ersichtlich, sodass für die Beschlusskontrolle die Vorschriften der InsO vorrangig zu betrachten sind (LG Leipzig, 16.1.2015, NZI 2015, 342; *Kienle* NZI 2015, 344; *Knof* in HK Anh. zu § 38 Rn. 68 ff.; *Seibt* in Schmidt, Anh. zu § 39 Rn. 57; *Scherber* in Preuße § 19 Rn. 31; *Thole* ZIP 2014, 293, 297; **aA** *Friedl* in Friedl/Hartwig-Jacob § 19 Rn. 43; *Horn* BKR 2014, 449, 451). Auch aus der Gesetzesbegründung wird nicht ersichtlich, dass der Gesetzgeber die Anwendung von § 20 in Erwägung zieht. Demnach finden für die Beschlusskontrolle die Regelungen des § 19 Abs. 1 S. 1 SchVG iVm § 78 InsO analog Anwendung. Antragsberechtigt sind die Gläubiger der betreffenden Schuldverschreibung (problematisch sieht das *Friedl* in Friedl/Hartwig-Jacob § 19 Rn. 43; 1. Aufl § 19 Rn. 17). **63**

Gegen die Versagung der Aufhebung des Beschlusses steht den Schuldverschreibungsgläubigern die sofortige Beschwerde gemäß § 78 Abs. 2 InsO zu, der nach § 570 Abs. 1 ZPO keine aufschiebende Wirkung zukommt (*Seibt* in Schmidt, Anh. zu § 39 Rn. 57). **64**

d) Gläubigerversammlungen außerhalb des Insolvenzverfahrens. Nachdem das Insolvenzgericht die Gläubigerversammlung zur Bestellung des gemeinsamen Vertreters durchgeführt hat, sind auf Seiten des Insolvenzgerichts keine weite- **65**

§ 19 Abschnitt 2 Beschlüsse der Gläubiger

ren Versammlungen für die Schuldverschreibungsgläubiger einzuberufen. Im Gegensatz zur alten Rechtslage, die gemäß § 18 Abs. 4 SchVG 1899 die Einberufung weiterer Versammlungen auf Verlangen des Insolvenzverwalters, Gläubigerausschusses oder der Aufsichtsbehörde vorsah, findet sich in § 19 keine Regelung hierzu.

66 In § 19 Abs. 2 wird lediglich die Einberufung der (ersten) Gläubigerversammlung zur Bestellung eines gemeinsamen Vertreters geregelt. Mit Durchführung dieser Versammlung ist der insolvenzrechtliche Zweck, den Schuldverschreibungsgläubigern die Möglichkeit einzuräumen, einen gemeinsamen Vertreter zu wählen, damit dieser die Interessen der Gesamtschuldverschreibungsgläubiger vertritt, erreicht (Begr. RegE zu § 19, S. 25, in dem die Anleihegläubiger nach Eröffnung des Insolvenzverfahrens *„nur befugt sind, durch Mehrheitsbeschluss einen gemeinsamen Vertreter für alle Gläubiger zu bestellen"*). Der Gesetzgeber verfolgt augenscheinlich das Ziel, dass die Schuldverschreibungsgläubiger außerhalb von insolvenzrechtlichen Gläubigerversammlungen keine Beschlüsse mit unmittelbarer Wirkung im Insolvenzverfahren beschließen können (*Seibt* in Schmidt Anh zu § 39 Rn. 30), weswegen aus Sicht des Insolvenzgerichts kein weiterer Bedarf an der Einberufung weiterer Gläubigerversammlungen der Schuldverschreibungsgläubiger besteht.

67 Dies bedeutet aber nicht, dass die Schuldverschreibungsgläubiger keine weiteren Beschlüsse fassen dürfen. Es kann für die Schuldverschreibungsgläubiger oder auch für den gemeinsamen Vertreter durchaus das Anliegen bestehen, weitere Versammlungen einberufen zu wollen; bspw. um dem gemeinsamen Vertreter Weisungen zu erteilen, wie er in den Insolvenzgläubigerversammlungen (zB Insolvenzplan) abzustimmen hat. Ebenso wird dies erforderlich sein, wenn in der Versammlung kein gemeinsamer Vertreter gewählt wurde, dies allerdings im Laufe des Insolvenzverfahrens auf Grund der Geschehnisse für notwendig erachtet wird (OLG Zweibrücken, 20.3.2013, ZInsO 2013, 2119). Auch der gemeinsame Vertreter könnte ein Interesse an der Einberufung weiterer Versammlungen haben. Nicht selten kommt es vor, dass er in den Insolvenzgläubigerversammlungen Entscheidungen für die Schuldverschreibungsgläubiger treffen muss, ohne sich vorher die Zustimmung einholen zu können. In dieser Situation wird er sich innerhalb der Insolvenzgläubigerversammlung vorbehalten, sich noch durch Beschluss abzusichern, um keinen Schadenersatzansprüchen ausgesetzt zu sein (*Kuder/Obermüller* ZInsO 2009, 2025, 2027). Ebenso könnte im Laufe des Insolvenzverfahrens die Abberufung und Neuwahl des gemeinsamen Vertreters notwendig sein. Hauptsächlich dann, wenn er sich nicht an die Weisungen der Gläubigergesamtheit hält (§ 7 Abs. 2 S. 2) oder er an der weiteren Ausübung seines Amtes gehindert ist, wie zB Krankheit, Tod, etc. (vgl. *Friedl* in Friedl/Hartwig-Jacob § 19 Rn. 32).

68 Aus den vorgenannten Gründen ist es daher für die Schuldverschreibungsgläubiger unerlässlich, weitere Versammlungen nach § 9 einzuberufen (OLG Zweibrücken, 20.3.2013, ZInsO 2013, 2119; 1. Aufl. § 19 Rn. 12; *Knof* in HK Anh. zu § 38 Rn. 64). Zur Einberufung ermächtigt sind gemäß § 9 Abs. 1 der Emittent oder der bereits gewählte oder in den Anleihebedingungen bestimmte gemeinsame Vertreter bzw. eine Minderheit von mindestens 5 Prozent der Schuldverschreibungsgläubiger (OLG Zweibrücken, 20.3.2013, ZInsO 2013, 2119; *Friedl* in Friedl/Hartwig-Jacob § 19 Rn. 31).

Ob mit „Emittent" der Geschäftsführer oder der Insolvenzverwalter des Schuldners gemeint ist, ist gerichtlich noch ungeklärt. Grundsätzlich bleibt der Geschäftsführer während des Insolvenzverfahrens als Organ im Amt und hat weiter verfahrensrechtliche Befugnisse und Pflichten wahrzunehmen, jedoch ausschließlich solche, die nicht die Insolvenzmasse betreffen. Da die Anleihegläubiger, wie darge-

Insolvenzverfahren § 19

stellt (→ Rn. 59), im Insolvenzverfahren grundsätzlich keine Beschlüsse mehr fassen können, welche die Insolvenzmasse betreffen (vgl. *Friedl* in Friedl/Hartwig-Jacob § 19 Rn. 36), steht nach hiesiger Ansicht einer Einberufung durch den Geschäftsführer nichts entgegen, soweit schon a priori eine einzuberufende Anleihegläubigerversammlung keine Beschlüsse zu Lasten der Insolvenzmasse fassen kann. Daneben ist der Insolvenzverwalter zur Einberufung berechtigt.

aa) Durchführung. Die Durchführung der Schuldverschreibungsgläubigerversammlung erfolgt ebenfalls nach dem SchVG, insbesondere nach §§ 10 ff. Die Leitung der Versammlung obliegt dem Einberufenden (§ 15), der auch die Tagesordnung für diese Versammlung vorzubereiten hat (§ 13). 69

bb) Beschlusskontrolle. Die Beschlusskontrolle ist durch Widerspruch (§ 18 Abs. 5) und Anfechtungsklage (§ 20) gegeben. 70

cc) Kosten. Die Kosten und Auslagen für die Abhaltung und Durchführung weiterer Gläubigerversammlungen der Schuldverschreibungsgläubiger sind gemäß § 9 Abs. 4 vom Schuldner (Emittenten) zu tragen. Sie können lediglich als nachrangige Insolvenzforderung gemäß § 39 Abs. 1 Nr. 2 InsO geltend gemacht werden (*Cranshaw* BKR 2008, 504, 510; *Knof* in HK Anh. zu § 38 Rn. 66), da sich Organisation und Durchführung der Versammlung nach dem SchVG richten. Fraglich ist freilich, ob der gemeinsame Vertreter gewillt ist, seine Tätigkeit aufzunehmen, wenn von vornherein die Erstattung der Kosten aussichtslos erscheint. Es kann nicht dem Wunsch des Gesetzgebers entsprechen, den insolvenzrechtlichen Zweck der Versammlung allein auf die „Bestellung" des gemeinsamen Vertreters abzustellen (aA *Friedl* in Friedl/Hartwig-Jacob § 19 Rn. 35; 1. Aufl. § 19 Rn. 13, der der Auffassung ist, dass für weitere Versammlungen der insolvenzrechtliche Zweck nicht gedeckt ist). Denn wie in der Begründung zum Regierungsentwurf ausgeführt, dient die Heranziehung eines gemeinsamen Vertreters der effizienteren Durchführung des Insolvenzverfahrens. In der Regel wird der gemeinsame Vertreter im Laufe des Insolvenzverfahrens gezwungen sein, weitere Versammlungen einzuberufen, sobald der Umfang seiner Befugnisse nicht ausreicht, entsprechende Entscheidungen treffen zu können. Anderenfalls setzt er sich einem erheblichen Haftungsrisiko aus. In Anbetracht der Entscheidung des Gesetzgebers auf § 18 Abs. 4 SchVG 1899 zu verzichten, empfiehlt sich jedoch eine privatautonome Absicherung zum Schutze des gemeinsamen Vertreters (*Friedl* in Friedl/Hartwig-Jacob § 19 Rn. 35). 71

5. Der gemeinsame Vertreter (§ 19 Abs. 2)

a) Bestellung. Zwar erachtet der Gesetzgeber die Bestellung eines gemeinsamen Vertreters für wünschenswert (Begr. RegE zu § 19, S. 25), die Anleihegläubiger sind hierzu aber nicht verpflichtet. Die Anleihegläubiger können in der Gläubigerversammlung die Bestellung eines gemeinsamen Vertreters ablehnen und ihre Ansprüche im Laufe des Insolvenzverfahrens selbständig geltend machen (*Kuder/Obermüller* ZInsO 2009, 2025, 2027). Hiermit greift der Gesetzgeber im Wesentlichen die Regelungen von § 18 Abs. 3 und 4 SchVG 1899 wieder auf (Begr. RegE zu § 19, S. 25). Sobald ein gemeinsamer Vertreter bestellt wurde, ist dieser berechtigt und sogar verpflichtet, die Ansprüche der gesamten Anleihegläubiger geltend zu machen (§ 19 Abs. 3). Eine individuelle Geltendmachung ist dann nicht mehr möglich (Begr. RegE zu § 19, S. 25). 72

Zum gemeinsamen Vertreter kann jede geschäftsfähige Person oder sachkundige juristische Person nach § 7 Abs. 1 bestellt werden. Interessenkonflikte nach § 7 73

§ 19 Abschnitt 2 Beschlüsse der Gläubiger

Abs. 1 S. 2 Nr. 1–4 sind unbeachtlich (vgl. *Friedl* in Friedl/Hartwig-Jacob § 19 Rn. 48; *Wöckner* in Friedl/Hartwig-Jacob § 7 Rn. 14). Sie müssen aber gemäß § 7 Abs. 1 S. 2 offengelegt werden. Folglich können auch nicht unabhängige Personen, wie Mitglieder des Vorstandes, des Aufsichtsrats, des Verwaltungsrats oder ähnlich gestellte Organe des Emittenten, zum gemeinsamen Vertreter gewählt werden. Der Insolvenzverwalter, als eine von den Gläubigern und Schuldner unabhängige Person (§ 56 Abs. 1 S. 1 InsO), kann nicht zum gemeinsamen Vertreter bestellt werden (*Bliesener/Schneider* in Langebucher/Bliesener/Spindler, Kap. 17, § 19 Rn. 8; *Seibt* in Schmidt Anh. zu § 39 Rn. 63; *Friedl* in Friedl/Hartwig-Jacob § 19 Rn. 48). Ließe er sich zum gemeinsamen Vertreter bestellen, läge gemäß § 59 Abs. 1 InsO ein wichtiger Grund vor, ihn aus seinem Amt zu entlassen. Dasselbe gilt für den Sachwalter gemäß § 274 Abs. 1 InsO iVm §§ 56 Abs. 1 S. 1, 59 Abs. 1 InsO.

74 Fraglich ist, ob die Schuldverschreibungsgläubiger nach Eröffnung des Insolvenzverfahrens einen bestehenden gemeinsamen Vertreter ab- und neu wählen können, wenn hierzu ua ein Organ des Emittenten bestellt wurde. Regelmäßig werden die Gläubiger auf Grund der finanziellen Schieflage (Insolvenz) des Emittenten wenig Vertrauen in die Tätigkeit der Organe setzen. Soll der Vorstand über den eigenen bzw. in Zusammenarbeit mit dem Insolvenzverwalter erstellten Insolvenzplan in der Gläubigerversammlung abstimmen, dürfte es schwierig sein, zum einen die Interessen der Schuldverschreibungsgläubiger und zum anderen die des Emittenten zu vertreten (kritisch zur Interessenkollision *Cranshaw* BKR 2008, 504, 510).

75 Den Schuldverschreibungsgläubigern muss die Möglichkeit eingeräumt werden, einen neuen gemeinsamen Vertreter wählen zu können, auch wenn § 7 Abs. 1 eine Interessenkollision zulässt. Das Insolvenzgericht muss daher einen Antrag auf Einberufung einer Gläubigerversammlung zur Abbestellung und Neuwahl eines gemeinsamen Vertreters gemäß § 19 Abs. 2 S. 2 iVm § 75 InsO analog zulassen (so auch *Gloeckner/Bankel* ZIP 2015, 2393, 2398), wenn die Gefahr besteht, dass die Interessen der Schuldverschreibungsgläubiger andernfalls nicht nach den Grundsätzen der InsO (Gleichbehandlung der Gläubiger) zu realisieren sind.

76 Die Abberufung und Neuwahl kann nicht nach den allgemeinen Regelungen der §§ 9 ff. richten (→ Rn. 65 ff.), wenn die Gleichbehandlung der Gläubiger im Insolvenzverfahren in Gefahr ist, weil in den Anleihebedingungen der Schuldverschreibungen oder durch Beschluss ein gemeinsamer Vertreter bereits vor Eröffnung des Insolvenzverfahrens vorgesehen war. Nicht zuletzt der Umstand, dass die Kosten weiterer Gläubigerversammlungen lediglich als nachrangige Insolvenzforderung gemäß § 39 Abs. 1 Nr. 2 InsO geltend gemacht werden können (*Cranshaw* BKR 2008, 504, 510; *Knof* in HK Anh. zu § 38 Rn. 66), wenn sich Organisation und Durchführung nach dem SchVG richten würden, spricht dafür, dass sich das Insolvenzgericht nicht der Verantwortung entziehen kann und eine Gläubigerversammlung nach § 19 Abs. 2 S. 2 iVm § 75 InsO analog einberufen muss.

77 **b) Handeln des gemeinsamen Vertreters.** Für die Rechte und Pflichten des gemeinsamen Vertreters ist das Handeln im Außenverhältnis und im Innenverhältnis zu unterscheiden.

78 Im **Außenverhältnis** ist der gemeinsame Vertreter allein berechtigt und verpflichtet, die Ansprüche der Schuldverschreibungsgläubiger im Insolvenzverfahren geltend zu machen (§ 19 Abs. 3). Ihm allein obliegt es, die Rechte der Anleihegläubiger zu verfolgen und Zahlungen entgegenzunehmen (vgl. *Kuder/ Obermüller* ZInsO 2009, 2025, 2027, 2028). Der einzelne Schuldverschreibungsgläubiger ist hierzu nicht mehr befugt. Dadurch soll eine rechtssichere und zügige Durchführung des Insolvenzverfahrens gewährleistet werden (Begr. RegE zu § 19, S. 25). Die Vertretungsmacht des gemeinsamen Vertreters umfasst die vertraglichen und verbrieften Rechte der Anleihegläubiger (§ 19 Abs. 3 iVm § 1) und ist nicht beschränkbar. Ausgenommen sind deliktische und gesetzliche Ansprüche, wie zB aus Prospekthaftung (*Horn* BKR 2014, 449, 450). Für die Abstimmung über einen Debt-Equity-Swap benötigt er die umfassende Bevollmächtigung in Form eines vorherigen Ermächtigungsbeschlusses der Schuldverschreibungsgläubiger (*Seibt* in Schmidt Anh. zu § 39 Rn. 67; **aA** *Thole* ZIP 2014, 2365).

Zu seinen (Haupt-)Aufgaben gehören ua die Anmeldung der Forderungen zur **79** Insolvenztabelle der gesamten Anleihegläubiger, die Teilnahme bei Gläubigerversammlungen, zB zur Wahl/Abwahl des Insolvenzverwalters/Sachwalters, Abstimmung zum Insolvenzplan (vgl. *Rubner/Leuering* NJW-Spezial 2014, 15, 15 f.), sowie die Entgegennahme von Zahlungen. Sein Stimmrecht bemisst sich nach dem Gesamtbetrag der von ihm vertretenen Forderungen (*Kuder/Obermüller* ZInsO 2009, 2025, 2027). Im Falle eines Insolvenzplanverfahrens besitzt er für jeden vertretenen Schuldverschreibungsgläubiger eine Stimme pro Kopf *(Kuder/ Obermüller* ZInsO 2009, 2025, 2027).

Im **Innenverhältnis** unterliegt der gemeinsame Vertreter den Weisungen der **80** Schuldverschreibungsgläubiger, die ihm per Gesetz oder durch Mehrheitsbeschluss der Anleihegläubiger auferlegt werden (§ 7 Abs. 2 S. 2). Es bleibt jedoch in bestimmten Situationen nicht aus, auch ohne Weisungen oder Ermächtigungen durch die Schuldverschreibungsgläubiger tätig zu werden (*Thole* ZIP 2014, 293, 298; *Friedl* in Friedl/Hartwig-Jacob § 19 Rn. 55; *Seibt* in Schmidt Anh. 24 § 39 Rn. 71; **aA** *Kuder/Obermüller* ZInsO 2009, 2025, 2027). Der gemeinsame Vertreter sollte allerdings die Gefahr einer Haftung gemäß § 7 Abs. 3 immer berücksichtigen. Um dieses Risiko zu vermeiden, ist die Einholung einer vorherigen oder nachträglichen Zustimmung der Schuldverschreibungsgläubiger ratsam (*Friedl* in Friedl/Hartwig-Jacob § 19 Rn. 55; *Scherber* in Preuße § 19 Rn. 34). Es bietet sich an, zwischen dem gemeinsamen Vertreter und den Schuldverschreibungsgläubigern die Ermächtigung durch Beschluss genauestens zu definieren (*Kuder/Obermüller* ZInsO 2009, 2025, 2027).

c) Geltendmachung von Ansprüchen. Grundsätzlich haben Insolvenzgläu- **81** biger, die ihre Forderungen gemäß § 174 Abs. 1 S. 1 InsO zur Insolvenztabelle anmelden, die Urkunden, aus denen sich die Forderungen ergeben, der schriftlichen Anmeldung gem. § 174 Abs. 1 S. 2 InsO beizufügen.

Im Gegensatz hierzu privilegiert der Gesetzgeber den gemeinsamen Vertreter, **82** der gemäß § 19 Abs. 3 bei der Geltendmachung der Ansprüche der Anleihegläubiger die Schuldurkunde nicht vorlegen muss. Mit dieser Regelung soll vermieden werden, dass sich der gemeinsame Vertreter mit der oft sehr großen Anzahl an Schuldverschreibungen über die Herausgabe der entsprechenden Urkunden auseinander setzen muss (Begr. RegE zu § 19, S. 25).

Machen die Schuldverschreibungsgläubiger ihre Ansprüche individuell geltend, **83** weil kein gemeinsamer Vertreter bestellt wurde oder dieser keine Rechtsmacht hat, müssen sie, wie auch die übrigen Insolvenzgläubiger, die Schuldurkunde als Nachweis beim Insolvenzverwalter/Sachwalter vorlegen (§ 174 Abs. 1 S. 2 InsO).

§ 19　　　　　　　　　　　　　　　　　　　　Abschnitt 2 Beschlüsse der Gläubiger

84　　In der Regel werden allerdings die Schuldverschreibungsurkunden bei einer Wertpapiersammelbank oder einem Finanzinstitut verwahrt (*Seibt* in Schmidt Anh. zu § 39 Rn. 88), sodass eine physische Vorlage der Urkunde beim Verwalter durch den Gläubiger nicht möglich ist. Vielmehr erfolgt die Abwicklung über die Wertpapiersammelbank (meistens die Clearstream Banking AG), die die Schuldurkunde beim Verwalter vorlegt und mit schuldbefreiender Wirkung die Zahlung auf das Kundenkonto entgegennimmt und an die depotführende Bank weiterleitet (vgl. ausführlich *Kuder/Obermüller* ZInsO 2009, 2025, 2029; *Friedl* in Friedl/Hartwig-Jacob § 19 Rn. 57).

85　　**d) Die Vergütung. aa) Kostentragungspflicht.** Außerhalb des Insolvenzverfahrens richtet sich der Vergütungsanspruch des gemeinsamen Vertreters nach § 7 Abs. 6, wonach der Emittent Kostenschuldner ist. Die gesetzlich angeordnete Kostentragungspflicht des Emittenten begründete der Gesetzgeber damit, dass die Schuldverschreibungsgläubiger über keine gemeinsamen Mittel verfügen (Begr. RegE zu § 7, S. 20). Ferner ist es gängige Praxis, dass die Kosten der Berater der Fremdkapitalgeber vom Schuldner zu tragen sind (*Brenner* NZI 2014, 789, 790). Der Gesetzgeber hat in seiner Begründung zu § 19 ausgeführt, dass die Regelungen der §§ 5 ff. weiterhin anzuwenden sind, sofern diese nicht im Widerspruch zur InsO oder zu § 19 stehen (Begr. RegE zu § 19, S. 25). Da § 19 und auch die vorrangige InsO keine anderweitige Regelungen vorsehen, findet § 7 Abs. 6 auch im Insolvenzverfahren Anwendung (vgl. *Brenner* NZI 2014, 789, 791; *Thole* ZIP 2014, 293, 298). Demzufolge hat der gemeinsame Vertreter den für seine Tätigkeit entstandenen Aufwand gegenüber dem Emittenten bzw. Insolvenzverwalter in Rechnung zu stellen.

86　　**bb) Vergütungsanspruch.** Ist der gemeinsame Vertreter bereits vor der Insolvenz des Emittenten tätig gewesen, hat er Vergütungs- und Aufwendungsersatzansprüche gemäß § 7 Abs. 6 gegenüber dem Emittenten. Hat der Emittent hierauf nicht geleistet, handelt es sich um einfache Insolvenzforderungen gemäß § 38 InsO (*Scherber* in Preuße § 19 Rn. 35; *Horn* BKR 2014, 449, 452), die der gemeinsame Vertreter nach Eröffnung des Insolvenzverfahrens zur Insolvenztabelle anmelden kann.

87　　Darüber hinaus wird vereinzelt die Auffassung vertreten, dass der für den **bestehenden gemeinsamen Vertreter** nach Eröffnung des Insolvenzverfahrens entstandene Vergütungsanspruch ebenfalls eine einfache Insolvenzforderung gemäß § 38 InsO bzw. eine nachrangige Insolvenzforderung gemäß § 39 Abs. 1 Nr. 2 InsO darstelle (vgl. LG Saarbrücken, 3.9.2015, ZInsO 2015, 2324; *Friedl* in Friedl/Hartwig-Jacob § 19 Rn. 49; *Antoniadis* NZI 2014, 785, 787 f.; *Grub* ZInsO 2016, 897). Das LG Saarbrücken begründete die Entscheidung damit, dass dem bestehenden gemeinsamen Vertreter keine insolvenzspezifischen Aufgaben, bis auf die Forderungsanmeldung zur Insolvenztabelle, übertragen worden seien und demnach ein Anspruch gegen die Insolvenzmasse nicht möglich sei (LG Saarbrücken, 3.9.2015, ZInsO 2015, 2324).

88　　Für die Tätigkeit vor Eröffnung des Insolvenzverfahrens mag eine Einordnung der Forderungen als Insolvenzforderung korrekt sein. Allerdings handelt es sich bei der Anmeldung der Forderungen der Schuldverschreibungsgläubiger genau um die Aufgabe, die der Gesetzgeber für den gemeinsamen Vertreter im eröffneten Verfahren vorgesehen hat (Begr. RegE zu § 19, S. 25). Dabei ist es unerheblich, wann der gemeinsame Vertreter bestellt wurde (*Bliesener/Schneider* in Langenbucher/Bliesener/Spindler, Kap. 17, § 19 Rn. 24). Der Vergütungsanspruch ist an dessen Tätigkeit gebunden und entsteht mit jedem Tätigwerden neu (*Antoniadis* NZI 2014, 785, 787). Demnach sind nach Eröffnung des Insolvenzverfahrens begründete Vergütungsansprüche grundsätzlich Masseverbindlichkeiten (aA mit erh. Argumenten: *Grub* ZInsO 2016, 897).

Fraglich ist jedoch, ob es sich um Masseverbindlichkeiten iSv § 55 InsO oder **89** sogar um Massekosten iSv § 54 InsO handelt. Diese Qualifizierung ist im Falle der Anzeige der Masseunzulänglichkeit gemäß § 208 InsO für die Rangfolge der Befriedigung der Massegläubiger gemäß § 209 InsO maßgeblich. Setzt man die Tätigkeit des gemeinsamen Vertreters mit anderen Organen des Insolvenzverfahrens, wie zB dem (vorläufigen) Gläubigerausschuss, gleich, ist eine Qualifizierung nach § 54 Nr. 2 InsO analog denkbar (vgl. *Scherber* in Preuße § 19 Rn. 35). Die Kosten des Verfahrens iSv § 54 InsO sind nämlich nach § 209 Abs. 1 Nr. 1 InsO vorrangig vor allen anderen Masseverbindlichkeiten voll zu befriedigen. Der Vorrang ist unabhängig davon, ob und wann der Insolvenzverwalter die bestehende Masseunzulänglichkeit dem Insolvenzgericht anzeigt (*Hefermehl* in MüKoInsO § 209 Rn. 15). Da die Einbindung eines gemeinsamen Vertreters innerhalb eines Insolvenzverfahrens dem ausdrücklichen Wunsch des Gesetzgebers entspricht (Begr. RegE zu § 19, S. 25), ist der Vergütungsanspruch als Massekosten nach § 54 Nr. 2 InsO (analog) zu qualifizieren. Anderenfalls würde sich wohl keine Person bereit erklären, die arbeits- und haftungsintensive Tätigkeit aufzunehmen, wenn nicht einmal die Vergütung gedeckt und gesichert ist.

Da die Kostenfrage in Rechtsprechung und Literatur nicht eindeutig geklärt **90** ist, empfiehlt sich eine Vereinbarung zwischen dem Insolvenzverwalter und dem gemeinsamen Vertreter, um Unklarheiten oder Missverständnisse zu vermeiden. Aus dieser Vereinbarung sollten der Aufgabenbereich sowie der Vergütungsanspruch des bestehenden gemeinsamen Vertreters hervorgehen. Im Ergebnis wäre dann der Vergütungsanspruch nach § 55 Abs. 1 Nr. 2 Alt. 2 InsO iVm § 7 Abs. 6 SchVG zu qualifizieren (*Thole* ZIP 2014, 293, 299). Dadurch werden beide Parteien geschützt. Der Verwalter hat einen groben Überblick über die entstehenden Kosten. Der gemeinsame Vertreter hat die Sicherheit, dass seine Forderungen nicht als Insolvenzforderungen herabgestuft werden.

Dasselbe gilt für den Fall der **Bestellung des gemeinsamen Vertreters nach** **91** **Eröffnung des Insolvenzverfahrens.** Wird die Tätigkeit des gemeinsamen Vertreters ua mit dem Amt des (vorläufigen) Gläubigerausschusses gleichgesetzt, handelt es sich bei dem Vergütungsanspruch ebenfalls um Verfahrenskosten gemäß § 54 Nr. 2 InsO analog (*Scherber* in Preuße § 19 Rn. 35). Nach anderer Ansicht ist der Vergütungsanspruch als Masseverbindlichkeit gemäß § 55 Abs. 1 Nr. 1 Alt. 2 InsO zu qualifizieren, weil sich der Ersatzanspruch aus § 7 Abs. 2 ergebe (*Brenner* NZI 2014, 789, 792 f.; *Horn* BKR 2014, 449, 452 f.). Schließt der Verwalter jedoch mit dem gemeinsamen Vertreter hinsichtlich der Vergütung eine Vereinbarung, handelt es sich um Masseverbindlichkeiten iSv § 55 Abs. 1 Nr. 1 Alt. 1 InsO (*Seibt* in Schmidt Anh. zu § 39 Rn. 77). Aus Sicht des Verwalters empfiehlt es sich, eine Rückstellung für die Kosten und Auslagen zu bilden, da die Kostenerstattung innerhalb des Insolvenzverfahrens von Rechtsprechung und Literatur weiterhin kontrovers diskutiert wird.

cc) Haftung/Vermögensschadenhaftpflichtversicherung. Für den Fall, **92** dass der gemeinsame Vertreter die ihm übertragenen Pflichten vorsätzlich oder fahrlässig verletzt, stehen den Gläubigern als Gesamtgläubiger Schadensersatzansprüche gemäß §§ 280, 428 BGB zu. Der statuierte Haftungsanspruch ergibt sich aus § 7 Abs. 3 S. 1. Maßstab ist die Sorgfalt eines ordentlichen und gewissenhaften Geschäftsleiters gemäß § 93 Abs. 1 AktG.

93 Wurde die Haftung des gemeinsamen Vertreters durch Beschluss der Gläubiger oder in den Anleihebedingungen gemäß §§ 7 Abs. 3 S. 2, 8 Abs. 3 bereits vorinsolvenzlich beschränkt ist diese Haftungsbeschränkung mit Eröffnung des Insolvenzverfahrens nicht automatisch aufgehoben. Dasselbe gilt für eine bestehende Haftpflichtversicherung zu Gunsten des gemeinsamen Vertreters, insbesondere nicht, wenn die Haftpflichtversicherung von ihm persönlich abgeschlossen wurde. Dem Verwalter steht allerdings ein Wahlrecht gemäß § 103 InsO für die vom Schuldner abgeschlossenen Vermögensschadenhaftpflichtversicherungen zu (*Lange* r+s 2014, 209, 216). In der Regel wird der Verwalter (oder Schuldner im Falle des Eigenverwaltungsverfahrens) nach Eröffnung des Insolvenzverfahrens mit dem gemeinsamen Vertreter eine Vergütungsvereinbarung schließen, um den Tätigkeitsbereich und den dafür entstehenden Aufwand einzugrenzen. Da der gemeinsame Vertreter, wie auch Mitglieder des Gläubigerausschusses (vgl. § 72 InsO), einem erhöhten Haftungsrisiko ausgesetzt sind, sollten auch die Prämien für die Haftpflichtversicherung als Auslagen gegenüber der Insolvenzmasse in Abzug gebracht werden können.

94 Nach Eröffnung des Insolvenzverfahrens sind den Schuldverschreibungsgläubigern weitere Beschlüsse, insbesondere hinsichtlich der Änderungen der Anleihebedingungen, verwehrt (OLG Dresden, 9.12.2015, ZIP 2016, 87). Vor diesem Hintergrund ist es dem Verwalter (Schuldner) untersagt, eine Haftungsbegrenzung in den Anleihebedingungen für den gemeinsamen Vertreter nach § 8 Abs. 3 einzubeziehen. Allerdings können die Gläubiger gemäß § 7 Abs. 3 S. 2 durch Beschluss die Haftung des gemeinsamen Vertreters im Innenverhältnis beschränken oder gar ausschließen (*Blaufuß/Braun* NZI 2016, 5, 11).

95 Geht man davon aus, dass die Vergütung und Auslagen des gemeinsamen Vertreters (→ Rn. 86) Massekosten gemäß § 54 Nr. 2 InsO analog darstellen, ist fraglich, wie es sich mit den Prämien für die Haftpflichtversicherung als Auslagen verhält. Setzt man die Tätigkeit mit dem Amt eines Mitgliedes des Gläubigerausschusses gleich, sind die Prämien als Auslagen aus der Insolvenzmasse zu erstatten (BGH, Beschluss vom 29.3.2012 – IX ZR 310/11, ZInsO 2012, 826, 827; *Frind* in HK § 72 Rn. 7). Voraussetzung ist jedoch eine vorherige Einholung der Zustimmung des Insolvenzgerichtes (*Knof* in Uhlenbruck § 73 InsO Rn. 21). Zwar ist der Aufgabenbereich der Mitglieder des Gläubigerausschusses (vgl. § 69 InsO) mit denen des gemeinsamen Vertreters nicht vergleichbar, dennoch sollte eine analoge Anwendung in Betracht gezogen werden. Dadurch wird der gemeinsame Vertreter vor der Inanspruchnahme aufgrund etwaiger Schadenersatzansprüche geschützt.

6. Liquidation des Emittenten

96 Wenn das schuldnerische Vermögen lediglich ausreicht, um die Kosten des Insolvenzverfahrens zu decken, bestehen keine Aussichten zum Erhalt des Unternehmens. Die einzige Möglichkeit ist die Verwertung der Vermögenswerte, um für die Insolvenzgläubiger eine (bestmögliche) Quote zu erzielen. Den Insolvenzgläubigern steht es lediglich frei, ihre Forderungen zur Insolvenztabelle anzumelden (§ 174 InsO).

97 Die Bestellung bzw. Heranziehung eines gemeinsamen Vertreters wird in diesem Fall nicht notwendig sein, da hierfür in der Regel keine finanziellen Mittel zur Verfügung stehen. Ist die Anzahl der Schuldverschreibungsgläubiger und die

Anzahl der ausgereichten Schuldverschreibungen sehr umfangreich und unübersichtlich, kann die Bestellung unter Abwägung von Kosten und Nutzen in Erwägung gezogen werden, um eine schnellstmögliche und reibungslose Liquidation des Unternehmens zu gewährleisten.

7. Sanierung des Emittenten

Wird das Insolvenzverfahren als Regelinsolvenzverfahren durchgeführt, kennt die InsO als Sanierungsmöglichkeit die übertragende Sanierung oder das Insolvenzplanverfahren (§§ 217 ff. InsO). Sofern das Verfahren als Eigenverwaltungsverfahren (§§ 270 ff. InsO) eröffnet wurde, besteht auch in diesem Zusammenhang die Möglichkeit der Sanierung mittels Insolvenzplan. 98

a) Übertragende Sanierung („asset deal"). Die übertragende Sanierung ist die weitverbreitetere Restrukturierungsform in einem Insolvenzverfahren. Hierbei werden die Vermögenswerte der Schuldnerin im Ganzen auf einen neuen Unternehmensträger (Investor) übertragen (Betriebsübergang gemäß § 613a BGB), ohne dass die von der Schuldnerin begründeten Verbindlichkeiten übergehen. Im Gegensatz zum Insolvenzplanverfahren finden die Haftungsvorschriften der § 75 AO, §§ 25, 28 HGB keine Anwendung. Ein weiterer Vorteil ist, dass Verfahrensdauer, Kosten und Liquidität genauestens definiert sind (Smid/Rattunde/Martini, Der Insolvenzplan, S. 10 Rn. 0.26). Scheitert die übertragende Sanierung mangels Investor, Unternehmensgröße, wegen immaterieller Vermögenswerte oder einer Vielzahl von unübertragbaren Vertragsverhältnissen, bietet sich ein Insolvenzplanverfahren an. Die Schuldverschreibungsgläubiger im Falle einer übertragenden Sanierung im Zweifel nur die auf sie entfallende Insolvenzquote erhalten (Seibt in Schmidt Anh. zu § 39 Rn. 111), da der Unternehmensträger liquidiert wird. An zukünftigen Erlösen und Erfolgen des Betriebsübernehmers partizipieren die Schuldverschreibungsgläubiger nicht mehr. Die Sanierung mittels eines Insolvenzplanes, sei es innerhalb eines Regelinsolvenzverfahrens oder Eigenverwaltungsverfahrens, bietet sich daher an. 99

b) Insolvenzplan. Die Sanierung mit Hilfe eines Insolvenzplanes innerhalb eines Regelinsolvenzverfahrens oder Eigenverwaltungsverfahrens ist immer dann angeraten und erfolgversprechend, wenn die Ursachen der Insolvenz nicht in der Unternehmensführung als solcher liegen, sondern durch außenstehende Veränderungen, wie zB politische Lage, gesamtwirtschaftliche Turbulenzen, Währungsverfall (bei grenzüberschreitendem Nicht-Euro-Verkehr), verursacht wurde. Ziel des Planverfahrens ist es, die Ursachen, die zu einer Insolvenz führten, zu beheben oder zumindest zu mindern. Es bedarf einer positiven Fortführungsprognose für den Geschäftsbetrieb und der Geschäftsbetrieb muss – zumindest mittelfristig – weiter bestehen bleiben. Sollten für die Insolvenz unternehmerische Fehlentscheidungen ursächlich sein, ist die positive Fortführungsprognose – ohne Wechsel in der Unternehmensführung – zweifelhaft. 100

aa) Gestaltung des Insolvenzplanes. Zur optimalen Sanierung muss der Insolvenzplan konkrete Regelungen hinsichtlich der Restrukturierung der Schuldverschreibungen beinhalten. Hierzu wird der Verwalter zunächst die Schuldverschreibungsgläubiger in eine Gruppe zusammenfassen (§ 222 InsO). 101

Außerhalb eines Insolvenzverfahrens bietet § 5 Abs. 3 vielfältige Eingriffsmöglichkeiten in die Rechtsstellung der Schuldverschreibungsgläubiger, die 102 auch während des Insolvenzverfahrens gemäß § 224 InsO gegeben sind, bspw. die Veränderung der Fälligkeit oder der Hauptforderung, der (Teil-)Verzicht auf die Hauptforderung, die Verringerung oder der Ausschluss von Zinsen, der Rangrücktritt der Forderungen. Darüber hinaus kommen die Umwandlung der Schuldverschreibungsforderungen in Eigenkapital (Debt-Equity-Swap) oder in Genussrechte bzw. Optionsanleihen in Betracht (Debt-Mezzanine-Swap) (*Friedl* in Friedl/Hartwig-Jacob § 19 Rn. 64).

103 **bb) Besonderheit: Der Debt-Equity-Swap.** Im gestaltenden Teil des Insolvenzplanes kann gemäß § 225a Abs. 2 S. 1 InsO die Umwandlung der Forderungen der Gläubiger in Anteils- oder Mitgliedschaftsrechte (sog. Debt-Equity-Swap) vorgesehen werden. Eine solche Umwandlung ist gemäß § 225a Abs. 2 S. 2 InsO nicht gegen den Willen des betroffenen Gläubigers durchsetzbar. Vor diesem Hintergrund sind dem Plan die Zustimmungserklärungen eines jeden Gläubigers beizufügen (§ 230 Abs. 2 InsO). Im Insolvenzverfahren ist daher ein automatischer Debt-Equity-Swap kraft eines bestätigten Insolvenzplanes grundsätzlich nicht möglich, da einem Schuldverschreibungsgläubiger die Stellung eines Anteilseigner nicht aufgezwungen oder auferlegt werden darf (*Thole* ZIP 2014, 2365, 2368).

104 In diesem Zusammenhang kommt in der Literatur vermehrt die Frage auf, ob die Schuldverschreibungsgläubiger parallel zum Insolvenzverfahren befugt sind, außerhalb des Insolvenzverfahrens einen Beschluss gemäß § 5 Abs. 3 S. 1 Nr. 5 dahingehend zu fassen, dass der Debt-Equity-Swap in den Insolvenzplan als Planbedingung (§ 249 InsO) mit aufgenommen werden kann (ausführlich hierzu *Knof* in HK Anh. zu § 38 Rn. 103 ff.; kritisch hierzu *Seibt* in Schmidt Anh. zu § 39 InsO, Rn. 119 ff.; *Thole* ZIP 2014, 2365, 2368; aA *Scherber* in Preuße § 19 Rn. 28). Ausschlaggebend hierfür ist eine Entscheidung des OLG Zweibrücken, in der § 9 Abs. 2 trotz der Bestimmungen des § 19 Abs. 1 S. 1 nach Eröffnung des Insolvenzverfahrens für anwendbar erklärt wurde (OLG Zweibrücken, 20.3.2013, ZInsO 2013, 2119; → Rn. 67 f.). In Anbetracht dieser Entscheidung könnte ein Debt-Equity-Swap nicht nur gemäß § 225a Abs. 2 InsO sondern auch gemäß § 5 Abs. 3 Nr. 5 als Planbedingung (§ 249 InsO) mit in den Insolvenzplan einbezogen werden.

105 Demgegenüber sind aber etwaige verfassungsrechtliche Bedenken aus Art. 9 GG zu beachten (*Kessler/Rühle* BB 2014 907, 912). Ebenso besteht die Gefahr, dass die Gläubiger in eine Differenzhaftung getrieben sowie einer zwangsweisen gesellschaftsrechtlichen Treuepflicht unterworfen werden (hierzu ausführlich *Seibt* in Schmidt Anh. zu § 39 InsO, Rn. 115 ff.; *Thole* ZIP 2014, 2365, 2370).

106 Ein direktes Votum für die Anwendbarkeit des SchVG lässt sich der Entscheidung des OLG Zweibrücken nicht entnehmen (so auch *Knof* in HK Anh. zu § 38 Rn. 103). Andererseits lässt sich der InsO nicht entnehmen, dass ein Debt-Equity-Swap außerhalb des Insolvenzplanverfahrens unzulässig wäre; die §§ 217, 222, 224 InsO beinhalten nicht, dass die Rechtsstellung der Schuldverschreibungsgläubiger ausschließlich im Plan geregelt sein kann (*Kessler/Rühle* BB 2014, 907, 913). Somit wäre die Beschlussfassung der Schuldverschreibungsgläubiger hinsichtlich eines Debt-Equity-Swaps nach den Regelungen des SchVG denkbar, sofern diese gemäß § 249 InsO als Planbedingung aufgenommen wird.

107 Dadurch könnten die gesamten Schuldverschreibungen in Anteile umgewandelt werden, ohne dass es einer gesonderten Erklärung eines einzelnen Gläubigers bedarf (sog. Zwangsumwandlung). In diesem Zusammenhang können die Schuldverschreibungsgläubiger den gemeinsamen Vertreter für die Zustimmung der

Umwandlung der Forderungen in Anteilsrechte gemäß §§ 4, 5 Abs. 3 Nr. 5 durch Beschluss bevollmächtigen (*Thole* ZIP 2014, 293, 300). Der gemeinsame Vertreter wäre damit befugt, die Erklärung gem. § 230 Abs. 2 InsO mit bindender Wirkung für alle Schuldverschreibungsgläubiger abzugeben.

Problematisch ist jedoch, dass Beschlüsse nach § 5 der Beschlusskontrolle und **108** ggf. einer Vollzugssperre gemäß § 20 unterliegen (*Knof* in HK Anh. zu § 38 InsO Rn. 116). Da der Beschluss außerhalb des Insolvenzverfahrens geschlossen wurde, finden für die Beschlusskontrolle die Bestimmungen des SchVG Anwendung und nicht die des vorrangigen § 19 Abs. 1 SchVG iVm § 78 InsO. Das Insolvenzgericht darf den Plan erst bestätigen, wenn die Planbedingungen eingetreten sind (§ 249 S. 1 InsO). Um das Verfahren schnellstmöglich beenden zu können, sollte das Insolvenzgericht den Insolvenzplan bereits bei einem Freigabebeschluss nach § 20 SchVG iVm § 246a AktG bestätigen können und nicht erst nach Rechtskraft des Beschlusses (nach der Anfechtungsklage) (vgl. hierzu *Thole* ZIP 2014, 2365, 2369). Im Zweifel sollten die Bedingungen im Plan ausführlich beziffert werden.

cc) Gleichbehandlungsgebot aller Gläubiger (§ 19 Abs. 4). In einem **109** Insolvenzplan sind den Gläubigern einer Schuldverschreibung nach § 19 Abs. 4 stets die gleichen Rechte anzubieten. Somit gilt für Gläubiger in einer Gruppe das Gleichbehandlungsgebot des § 226 Abs. 1 InsO. Die zusätzliche Regelung in § 19 Abs. 4 hat lediglich deklaratorische Wirkung (*Leuering* NZI 2009, 638, 640). Insbesondere für den gemeinsamen Vertreter ist das allgemeine Gleichbehandlungsgebot (vgl. § 5 Abs. 2 S. 2) maßgebend: er darf dem Insolvenzplan nicht zustimmen, wenn dieser nicht die gleichen Bedingungen für sämtliche Gläubiger derselben Anleihe vorsieht (Begr. RegE zu § 19, S. 25).

Insofern ist es ratsam, Schuldverschreibungsgläubiger einer Anleihe auch in **110** einer Gruppe zusammenzufassen (vgl. § 245 Abs. 2 Nr. 3 InsO). Sollte jedoch der Insolvenzplan im gestaltenden Teil vorsehen, dass nur die Forderungen bestimmter Schuldverschreibungsgläubiger in Anteils- oder Mitgliedschaftsrechte am Schuldner umgewandelt werden (Debt-Equity-Swap), ist die Aufteilung dieser Schuldverschreibungsgläubiger in jene, die der Umwandlung zustimmen und in jene, die nicht zustimmen, möglich (*Knof* in HK Anh. zu § 38 InsO Rn. 119).

Zur Abstimmung gilt das Mehrheitserfordernis gemäß § 244 InsO und nicht **111** nach § 5 Abs. 4.

dd) Obstruktionsverbot (§ 245 InsO). Nicht selten kommt es vor, dass ver- **112** einzelte Gläubigergruppen aus eigennützigen Erwägungen dem Insolvenzplan nicht zustimmen wollen. Um dem vorzubeugen, zielt das Obstruktionsverbot darauf ab, die Durchsetzung konsensfähiger Insolvenzpläne zu erleichtern. Zudem bewirkt § 245 InsO einen gruppenbezogenen Minderheitenschutz (*Andres* in Andres/Leithaus § 245 Rn. 1).

Ein Insolvenzplan gilt als angenommen, sofern alle Gruppen mit den erforderli- **113** chen Mehrheiten zustimmen (§ 244 InsO). Wird die in der Gruppe der Schuldverschreibungsgläubiger erforderliche Mehrheit nicht erzielt, kommt das Obstruktionsverbot in Betracht. Im Falle der Bestellung eines gemeinsamen Vertreters ist er für und gegen die Schuldverschreibungsgläubiger einer Gruppe zur Abstimmung über den Insolvenzplan allein befugt (*Knof* in HK Anh. zu § 38 InsO Rn. 114).

Sollten vereinzelte Gläubigergruppen dem Plan nicht zustimmen, kann die **114** fehlende Zustimmung durch richterliche Entscheidung gemäß § 245 InsO ersetzt oder „fingiert" werden. Damit die verweigerte Zustimmung nach § 245 InsO fingiert wird, müssen die in § 245 Abs. 1 InsO genannten Voraussetzungen kumulativ erfüllt sein (OLG Köln, 7.9.2004, NZI 2001, 660; LG Göttingen, 5.9.2001, ZInsO 2004, 1318).

115 Zwar nennt § 245 Abs. 1 Nr. 3 InsO das Obstruktionsverbot erst an dritter Stelle, jedoch handelt es sich wegen der Offensichtlichkeit des Vorliegens bzw. Nichtvorliegens der Mehrheit einer abstimmenden Gruppe, um diejenige Voraussetzung, die als erstes geprüft wird (*Braun* in N/R § 245 Rn. 33).

116 Die Ersetzung der Zustimmung setzt nach § 245 Abs. 1 Nr. 1 InsO voraus, dass die Gläubiger der nicht zustimmenden Gruppe durch den Plan voraussichtlich nicht schlechter gestellt werden, als sie ohne einen Plan stünden. Hierfür hat das Insolvenzgericht die für die Gläubigergruppe vorgesehenen Bestimmungen in dem Plan mit demjenigen zu vergleichen, was diese Gruppe im Falle einer Regelabwicklung erhalten würden (*Lüer/Streit* in Uhlenbruck § 245 InsO Rn. 7). Dabei ist allein der Vergleich des voraussichtlichen wirtschaftlichen Ergebnisses maßgeblich (LG Traunstein, 27.8.1999, ZInsO 1999, 577; *Braun* in N/R § 245 Rn. 3).

117 Ein weiteres Kriterium ist gemäß § 245 Abs. 1 Nr. 2 InsO die angemessene Beteiligung der Gläubiger dieser Gruppe am wirtschaftlichen Wert. Der wirtschaftliche Wert entspricht dem im Insolvenzplan ausgewiesenen Zufluss an die Beteiligten. Wann von einer angemessen Beteiligung auszugehen ist, wird in § 245 Abs. 2 InsO konkretisiert. Die in Abs. 2 Nr. 1–3 genannten Voraussetzungen müssen kumulativ vorliegen (*Lüer* in Uhlenbruck, § 245 Rn. 22; *Jaffé* in Wimmer § 245 Rn. 25).

118 **ee) Minderheitenschutz.** Damit es für den einzelnen Gläubiger nicht nach § 244 InsO zu einer nachteiligen Annahme eines Insolvenzplanes durch die eigene Gläubigergruppe kommt, sollen diese Minderheiten gemäß § 251 InsO geschützt werden. Insbesondere wenn zB die Mehrheit der Gläubiger aus einer Gruppe dem Insolvenzplan zustimmt, weil sie sich Vorteile aus künftigen Geschäftsbeziehungen erhofft, während für die überstimmte Minderheit dieser Weg nicht gegeben ist (*Braun/Frank* in Braun § 251 Rn. 1). Der Gläubiger muss allerdings im Abstimmungstermin dem Plan widersprechen und gleichzeitig seine Schlechterstellung durch den Plan spätestens im Abstimmungstermin glaubhaft machen (*Andres* in Andres/Leithaus § 251 Rn. 1). § 251 InsO bietet dem einzelnen Gläubiger lediglich auf Antrag Schutz. Im Gegensatz hierzu hat die Prüfung der voraussichtlichen Schlechterstellung und unangemessenen Beteiligung im Rahmen des Obstruktionsverbotes gemäß § 245 InsO von Amts wegen zu erfolgen.

119 Allerdings wird im Falle der Bestellung eines gemeinsamen Vertreters dieser für und gegen alle in einer Gruppe der Schuldverschreibungsgläubiger seine Stimme erteilen. Vor diesem Hintergrund können die Minderheiten der Schuldverschreibungsgläubiger nicht geschützt werden. Durch die Bestellung des gemeinsamen Vertreters haben diese keine Möglichkeit, ihre Rechte selbständig im Insolvenzverfahren zu verfolgen. Es sei denn, die Schuldverschreibungsgläubiger sind darüber hinaus Beteiligte des Insolvenzverfahrens.

8. Bekanntmachungen (§ 19 Abs. 5)

120 Damit den Verfahrensbeteiligten des Insolvenzverfahrens die maßgeblichen, das Verfahren betreffenden Entscheidungen zur Verfügung stehen, ordnet § 19 Abs. 5 an, dass alle nach der Eröffnung des Insolvenzverfahrens ergangenen Bekanntmachungen (auch nach diesem Gesetz) unter der Adresse www.insolvenzbekanntmachungen.de (§ 9 InsO) zu veröffentlichen sind. Die Bekanntmachungspflichten nach dem SchVG ergeben sich aus § 12 Abs. 2 S. 1 sowie § 17 Abs. 1 (*Blaufuß/Braun* NZI 2016, 5, 7).

§ 20 Anfechtung von Beschlüssen

(1) ¹Ein Beschluss der Gläubiger kann wegen Verletzung des Gesetzes oder der Anleihebedingungen durch Klage angefochten werden. ²Wegen unrichtiger, unvollständiger oder verweigerter Erteilung von Informationen kann ein Beschluss der Gläubiger nur angefochten werden, wenn ein objektiv urteilender Gläubiger die Erteilung der Information als wesentliche Voraussetzung für sein Abstimmungsverhalten angesehen hätte. ³Die Anfechtung kann nicht auf die durch eine technische Störung verursachte Verletzung von Rechten, die nach § 18 auf elektronischem Wege wahrgenommen worden sind, gestützt werden, es sei denn, dem Schuldner ist grobe Fahrlässigkeit oder Vorsatz vorzuwerfen.

(2) Zur Anfechtung ist befugt
1. jeder Gläubiger, der an der Abstimmung teilgenommen und gegen den Beschluss fristgerecht Widerspruch erklärt hat, sofern er die Schuldverschreibung vor der Bekanntmachung der Einberufung der Gläubigerversammlung oder vor der Aufforderung zur Stimmabgabe in einer Abstimmung ohne Versammlung erworben hatte;
2. jeder Gläubiger, der an der Abstimmung nicht teilgenommen hat, wenn er zur Abstimmung zu Unrecht nicht zugelassen worden ist oder wenn die Versammlung nicht ordnungsgemäß einberufen oder zur Stimmabgabe nicht ordnungsgemäß aufgefordert worden ist oder wenn ein Gegenstand der Beschlussfassung nicht ordnungsgemäß bekannt gemacht worden ist.

(3) ¹Die Klage ist binnen eines Monats nach der Bekanntmachung des Beschlusses zu erheben. ²Sie ist gegen den Schuldner zu richten. ³Zuständig für die Klage ist bei einem Schuldner mit Sitz im Inland ausschließlich das Landgericht, in dessen Bezirk der Schuldner seinen Sitz hat, oder mangels eines Sitzes im Inland das Landgericht Frankfurt am Main; § 246 Absatz 3 Satz 2 bis 6 des Aktiengesetzes gilt entsprechend. ⁴Vor einer rechtskräftigen Entscheidung des Gerichts darf der angefochtene Beschluss nicht vollzogen werden, es sei denn, ein Senat des dem nach Satz 3 zuständigen Gericht im zuständigen Rechtszug übergeordneten Oberlandesgerichts stellt auf Antrag des Schuldners nach Maßgabe des § 246a des Aktiengesetzes fest, dass die Erhebung der Klage dem Vollzug des angefochtenen Beschlusses nicht entgegensteht; § 246a Absatz 1 Satz 1 und 2, Absatz 2 und 3 Satz 1 bis 4 und 6, Absatz 4 des Aktiengesetzes gilt entsprechend.

Übersicht

	Rn.
I. Einführung	1
II. Nichtige Gläubigerbeschlüsse und Nichtigkeitsklage	2
1. Nichtigkeit von Gläubigerbeschlüssen	2
2. Nichtigkeitsgründe	4

	Rn.
3. Geltendmachung der Nichtigkeit	10
III. Anfechtbare Gläubigerbeschlüsse und Anfechtungsklage	13
1. Anfechtungsgründe	13
2. Anfechtungsbefugnis	18
3. Anfechtungsklage	24
4. Vollzugsverbot	28
5. Urteilswirkung	29
IV. Freigabeverfahren	31

I. Einführung

1 § 20 führt erstmals die Anfechtungsklage zur Überprüfung von Gläubigerbeschlüssen in das Recht der Schuldverschreibungen ein. Anders als in Begr. RegE S. 25 suggeriert, gab es für die Gläubiger aber auch bei nach dem SchVG 1899 oder sonstigen vor dem 5. August 2009 ausgegebenen Schuldverschreibungen schon Rechtsschutzmöglichkeiten, sei es in Form der allgemeinen Leistungsklage, der Feststellungsklage nach § 256 ZPO oder der Möglichkeit, die Unwirksamkeit eines Gläubigerbeschlusses im Wege der Einrede in ein Verfahren einzuführen (OLG Frankfurt ZinsO 2012, 1990; ausdrücklich zum SchVG 1899 OLG Dresden BB 2016, 272, 274 [jeweils Feststellungsklage]; *Ansmann* § 1 Rn. 50 ff., § 6 Rn. 8, § 9 Rn. 6). Die Bedeutung der Anfechtungsklage liegt vielmehr in ihrer Begrenzungsfunktion (*Baums* ZBB 2009, 1, 3; *Vogel* in Preuße § 20 Rn. 4; *Friedl* in Friedl/Hartwig-Jacob § 20 Rn. 1, 6; → Rn. 18, 25), ersetzt sie doch im Interesse der Rechtssicherheit die bisher unbegrenzte und unbefristete Klagemöglichkeit der Gläubiger durch ein in wesentlichen Punkten am aktienrechtlichen Klagesystem orientiertes System, das insbesondere durch die an § 245 AktG angelehnte Beschränkung der Anfechtungsbefugnis (Abs. 2), die Einführung einer Klagefrist entsprechend § 246 Abs. 1 AktG (Abs. 3 Satz 1) und die (trotz fehlenden Verweises auf §§ 248 Abs. 1 Satz 1, 241 Nr. 5 AktG gegebene, → Rn. 30) Gestaltungswirkung des Anfechtungsurteils *erga omnes* (dh auch, dass bis zu einem gegenteiligen rechtskräftigen Urteil auch anfechtbare Gläubigerbeschlüsse grundsätzlich wirksam sind) geprägt ist. Nicht ausdrücklich aus dem Aktienrecht übernommen wurden die Regelungen über die Nichtigkeit von Beschlüssen (§§ 241 f. AktG) und ihre Geltendmachung (§ 249 AktG). Zur vielfachen Kritik und zu den zahlreichen Reformanregungen aus der Literatur, denen hier nicht weiter nachzugehen ist, *Arbeitskreis Reform des Schuldverschreibungsrechts* ZIP 2014, 845, 848, 854 ff.; *Schneider* in Baums, Reform des Schuldverschreibungsrechts, S. 1, 18 ff.; *Bliesener/Schneider* in Langenbucher/Bliesener/Spindler, Kap. 17, § 20 Rn. 3 ff. und 65 ff.

II. Nichtige Gläubigerbeschlüsse und Nichtigkeitsklage

1. Nichtigkeit von Gläubigerbeschlüssen

2 Dass es neben den bloß anfechtbaren (und damit trotz Verletzung von Gesetz oder Anleihebedingungen iSv Abs. 1 zunächst wirksamen) Beschlüssen auch nichtige Beschlüsse gibt, ist heute unstreitig (*Müller* in Heidel § 20 Rn. 6; *Bliesener/Schneider* in Langenbucher/Bliesener/Spindler, Kap. 17, § 20 Rn. 10 ff.; *Vogel* in

Preuße § 20 Rn. 12; *Friedl* in Friedl/Hartwig-Jacob § 20 Rn. 15, 99). Dies ergibt sich im Hinblick auf § 5 Abs. 2 Satz 2, der die Unwirksamkeit von gegen das Gleichbehandlungsgebot verstoßenden Gläubigerbeschlüssen anordnet, schon aus dem Gesetz (Unwirksamkeit ist in diesem Zusammenhang gleichbedeutend mit Nichtigkeit, Begr. RegE S. 18; auch *Friedl* in Friedl/Hartwig-Jacob § 20 Rn. 16) und ist mittlerweile auch von der Rspr. anerkannt (BGH NZG 2014, 1102 Rn. 15 ff.). Dasselbe muss bei Beschlüssen gelten, die gegen das ausdrückliche Verbot der Begründung einer Leistungspflicht nach § 5 Abs. 1 Satz 3 verstoßen.

Nichtige Beschlüsse sind *ipso iure* unwirksam. Sie können nicht (etwa durch 3 Ablauf von Fristen → Rn. 25) bestandskräftig werden und dürfen nicht vollzogen werden (*Friedl* in Friedl/Hartwig-Jacob § 20 Rn. 101).

2. Nichtigkeitsgründe

Einen Nichtigkeitsgrund enthält das SchVG in § 5 Abs. 2 Satz 2 (Verstoß gegen 4 das Gleichbehandlungsgebot), außerdem in § 5 Abs. 1 Satz 3. Im Übrigen schweigt das Gesetz hierzu. Die Nichtigkeitsgründe des § 241 AktG (und die Heilungsregelungen des § 242 AktG) wurden nicht übernommen. Der BGH hat die Frage, welche weiteren Nichtigkeitsgründe neben § 5 Abs. 2 Satz 2 in Betracht kommen, offengelassen (BGH NZG 2014, 1102 Rn. 20). Eine pauschale analoge Anwendung von § 241 AktG scheidet aus (*Maier-Reimer* NJW 2010, 1317, 1319; *Vogel* in Preuße § 20 Rn. 9; *Friedl* in Friedl/Hartwig-Jacob § 20 Rn. 15, 99), eine behutsame Orientierung an den aktienrechtlichen Nichtigkeitsgründen ist aber möglich und sinnvoll.

So dürften entsprechend § 241 Nr. 1 AktG schwerwiegende Fehler bei der Einbe- 5 rufung der Gläubigerversammlung oder – bei der Abstimmung ohne Versammlung – der Aufforderung zur Stimmabgabe zur Nichtigkeit der gefassten Beschlüsse führen (ähnlich, aber etwas weiter *Friedl* in Friedl/Hartwig-Jacob § 20 Rn. 15, 100; enger wohl *Maier-Reimer* NJW 2010, 1317, 1319). Als schwerwiegende Fehler anzusehen sind dabei jedenfalls die Einberufung durch eine nicht nach § 9 (oder bei der zweiten Versammlung nach § 15 Abs. 3 Satz 3) zuständige Person, das Fehlen der Angaben zu Firma und Sitz des Schuldners sowie Zeit und Ort der Versammlung (§ 12 Abs. 1) sowie die fehlende oder gegen § 12 Abs. 2 Satz 1 und 2 verstoßende Bekanntmachung der Einberufung. Auch eine selektive Einberufung nur bestimmter Gläubiger soll zur Nichtigkeit führen (*Baums* ZBB 2009, 1, 4; *Podewils* DStR 2009, 1914, 1918; *Friedl* in Friedl/Hartwig-Jacob § 20 Rn. 100; *Vogel* in Preuße § 20 Rn. 14). Ein schwerwiegender Fehler bei der Aufforderung zur Stimmabgabe liegt vor, wenn entgegen § 18 Abs. 5 Satz 1 der Zeitraum, innerhalb dessen die Stimmen abgegeben werden können, nicht angegeben ist.

Ebenfalls die Nichtigkeit zur Folge dürften entsprechend § 241 Nr. 2 AktG 6 (bestimmte) Beurkundungsfehler haben (so auch *Baums* ZBB 2009, 1, 4; *Podewils* DStR 2009, 1914, 1918; *Maier-Reimer* NJW 2010, 1317, 1319; *Friedl* in Hartwig-Jacob § 20 Rn. 100). Dazu rechnen jedenfalls eine entgegen § 16 Abs. 3 Satz 1 gänzlich fehlende Beurkundung, außerdem fehlende Angaben nach § 130 Abs. 2 Satz 1 AktG oder die entgegen § 130 Abs. 4 AktG fehlende Unterschrift des Notars (jeweils iVm § 16 Abs. 3 Satz 3). Das Fehlen der ggf. erforderlichen Angaben nach § 16 Abs. 3 Satz 3 iVm § 130 Abs. 2 Satz 2 AktG (→ § 16 Rn. 27) dürfte hingegen – wie im Aktienrecht auch – nicht als Nichtigkeitsgrund zu behandeln sein.

Auch die Sittenwidrigkeit eines Gläubigerbeschlusses dürfte dessen Nichtigkeit 7 nach sich ziehen. § 241 Nr. 4 AktG ordnet für die aktienrechtliche Hauptver-

§ 20   Abschnitt 2 Beschlüsse der Gläubiger

sammlung Entsprechendes an. Ob die Sittenwidrigkeit wie im Aktienrecht gerade auf dem Inhalt des Beschlusses beruhen muss – was eine Einschränkung gegenüber der allgemeinen Regel des § 138 Abs. 1 BGB bedeutet (*Hüffer* § 241 Rn. 21) – ist bisher ungeklärt (für ein weiteres Verständnis *Vogel* in Preuße § 20 Rn. 11).

8   Ferner gilt jedenfalls im Ergebnis auch § 241 Nr. 5 AktG (der auch im Aktienrecht nach richtiger Ansicht nur klarstellende Bedeutung hat, *Hüffer* § 241 Rn. 22) entsprechend, weil die stattgebende Anfechtungsklage auch im SchVG Gestaltungswirkung *erga omnes* hat (→ Rn. 30).

9   Eine entsprechende Anwendung von § 241 Nr. 3 und Nr. 6 AktG kommt hingegen nicht in Betracht, weil diese Regelungen spezifisch auf die Hauptversammlungsbeschlüsse der AG zugeschnitten sind (*Vogel* in Preuße § 20 Rn. 9, 11). Entsprechendes gilt grundsätzlich auch für die Heilungsvorschriften des § 242 AktG (abweichend *Vogel* in Preuße § 20 Rn. 14, der für die analoge Anwendung von § 242 Abs. 2 Satz 4 AktG plädiert, was aber eine – tatsächlich nicht vorhandene – dem § 121 Abs. 4 Satz 2 AktG entsprechende Norm im SchVG voraussetzte; generell weitergehend und auf den Gedanken der Verwirkung abhebend *Kessler* BB 2014, 2572).

3. Geltendmachung der Nichtigkeit

10   Auch nichtige Beschlüsse kann ein Gläubiger mit der Anfechtungsklage angreifen (*Bliesener/Schneider* in Langenbucher/Bliesener/Spindler, Kap. 17, § 20 Rn. 12; *Müller* in Heidel § 20 Rn. 2; *Vogel* in Preuße § 20 Rn. 18; *Friedl* in Friedl/Hartwig-Jacob § 20 Rn. 101). Abs. 1 („Verletzung des Gesetzes") erfasst auch die Nichtigkeitsgründe. Dies ist auch im Aktienrecht – dem die Anfechtungsklage ja entlehnt ist – seit Langem anerkannt; Anfechtungsklage und Nichtigkeitsklage (iSv § 249 AktG) haben dort einen identischen Streitgegenstand (BGH NJW 1999, 1638; BGHZ 134, 364, 366 [zur GmbH]; *Hüffer* § 246 Rn. 12 mwN). Da sowohl die Nichtigkeitsgründe (→ Rn. 4 ff.) als auch die Klageart zu ihrer Geltendmachung (→ Rn. 11) nicht hinreichend geklärt sind, dürfte es sich aus Sicht des Klägers aus Gründen der Rechtssicherheit empfehlen, stets auch eine Anfechtungsklage gegen den betreffenden Beschluss zu erheben (so auch *Maier-Reimer* NJW 2010, 1317, 1319).

11   Daneben besteht für die Gläubiger nach zutreffender Ansicht die Möglichkeit einer auf die Feststellung der Nichtigkeit des Beschlusses gerichteten Klage, für die insbesondere die Einschränkungen von Abs. 2 (Anfechtungsbefugnis) und Abs. 3 Satz 1 (Anfechtungsfrist) nicht gelten (*Maier-Reimer* NJW 2010, 1317, 1319; *Vogel* in Preuße § 20 Rn. 16; *Friedl* in Friedl/Hartwig-Jacob § 20 Rn. 101; *Schmidtbleicher* Die Anleihegläubigermehrheit, S. 195; aA *Bliesener/Schneider* in Langenbucher/Bliesener/Spindler, Kap. 17, § 20 Rn. 12; auch *Schneider* in Baums, Das neue Schuldverschreibungsrecht, S. 1, 2 f.; *Müller* in Heidel § 20 Rn. 2). Hierbei handelt es sich richtigerweise aber nicht um eine nur *inter partes* wirkende Feststellungsklage nach § 256 ZPO (so *Vogel* in Preuße § 20 Rn. 16; *Friedl* in Friedl/Hartwig-Jacob § 20 Rn. 101; *Schmidtbleicher* Die Anleihegläubigermehrheit, S. 195; die aber *de lege ferenda* für eine dem § 249 AktG nachgebildete Nichtigkeitsklage plädieren), sondern um eine Nichtigkeitsklage in entsprechender Anwendung von § 249 AktG mit *erga omnes*-Wirkung (wohl ebenso bereits *Maier-Reimer* NJW 2010, 1317, 1319). Die fehlende Verweisung in Abs. 3 Satz 3 auf § 249 AktG steht dem nicht entgegen; auch für die Anfechtungsklage wird nicht auf den die *erga omnes*-Wirkung anordnenden § 248 Abs. 1 Satz 1 AktG verwiesen, dennoch ist sie anzu-

nehmen (→ Rn. 30). Für die entsprechende Anwendung von § 249 AktG spricht insbesondere die Parallele zum GenG. Das dort geregelte Klagesystem sieht wie das SchVG ausdrücklich lediglich eine Anfechtungsklage vor, wurde aber in mittlerweile ständiger Rspr. um eine Nichtigkeitsklage entsprechend § 249 AktG ergänzt (BGH NJW 1978, 1325; BGHZ 32, 318, 323 f.; BGHZ 18, 334, 338; auch schon RGZ 170, 83, 88 f.). Aufgrund der entsprechenden Anwendung von § 249 AktG gilt für die Nichtigkeitsklage weder eine Klagefrist noch bedarf es einer gesonderten Klagebefugnis (§ 249 Abs. 1 Satz 1 AktG verweist nicht auf §§ 245, 246 Abs. 1 AktG). Die entsprechende Anwendung von § 249 Abs. 1 Satz 1 AktG erschöpft sich im Übrigen im Verweis auf die *erga omnes*-Wirkung des stattgebenden Urteils anordnenden § 248 Abs. 1 Satz 1 AktG; im Übrigen gilt für die Nichtigkeitsklage nach SchVG Abs. 3 Satz 2 bis 4 entsprechend. Daneben haben für das SchVG noch § 249 Abs. 1 Satz 2, Abs. 2 AktG Bedeutung, § 249 Abs. 1 Satz 3 AktG hingegen nicht.

Die Nichtigkeit eines Gläubigerbeschlusses kann neben der Nichtigkeitsklage 12 auch auf anderem Wege geltend gemacht werden (§ 249 Abs. 1 Satz 2 AktG analog), etwa im Rahmen einer Leistungsklage (so die Situation in BGH NZG 2014, 1102) oder durch Erhebung einer Einrede. Die allgemeine Feststellungsklage nach § 256 ZPO ist aber im Anwendungsbereich der Nichtigkeitsklage durch diese verdrängt (BGH NJW 1978, 1325 [zur Genossenschaft]).

III. Anfechtbare Gläubigerbeschlüsse und Anfechtungsklage

1. Anfechtungsgründe

Nach Abs. 1 Satz 1 kann ein Gläubigerbeschluss wegen Verletzung des Gesetzes 13 oder der Anleihebedingungen angefochten werden. Gesetz in diesem Sinne ist jede materielle Rechtsnorm (Art. 2 EGBGB; *Bliesener/Schneider* in Langenbucher/Bliesener/Spindler, Kap. 17, § 20 Rn. 15; *Müller* in Heidel § 20 Rn. 4; *Vogel* in Preuße § 20 Rn. 18).

Als mögliche Anfechtungsgründe kommen zunächst Verfahrensfehler in 14 Betracht. Darunter ist die Verletzung des Gesetzes oder der Anleihebedingungen beim Zustandekommen des Beschlusses, also der Einberufung und Durchführung der Gläubigerversammlung oder der Durchführung der Abstimmung ohne Versammlung, zu verstehen (*Bliesener/Schneider* in Langenbucher/Bliesener/Spindler, Kap. 17, § 20 Rn. 17; *Müller* in Heidel § 20 Rn. 5; *Vogel* in Preuße § 20 Rn. 19; *Friedl* in Friedl/Hartwig-Jacob § 20 Rn. 26). Bestimmte Verfahrensfehler führen allerdings bereits zur Nichtigkeit des Beschlusses (→ Rn. 5 f.). Die Anfechtbarkeit von Gläubigerbeschlüssen wegen Verfahrensfehlern wird durch das dem Aktienrecht entlehnte Relevanzkriterium eingeschränkt (*Friedl* in Friedl/Hartwig-Jacob § 20 Rn. 41; zum Aktienrecht BGHZ 160, 253, 255 f.; BGHZ 149, 158, 163 ff.; *Hüffer* § 243 Rn. 12 f.). Danach begründet ein Verfahrensfehler die Anfechtbarkeit eines Gläubigerbeschlusses nur, wenn er für die Rechte der Gläubiger (Informations- und Teilnahmerechte) und für das Beschlussergebnis von Relevanz war.

Für die Verletzung von Informationsrechten ist das Relevanzkriterium in Abs. 1 15 Satz 2 (in Anlehnung an § 243 Abs. 4 Satz 1 AktG) ausdrücklich normiert und konkretisiert (zum Aktienrecht nur *Hüffer* § 243 Rn. 46 ff.). Die mögliche Verletzung von Informationsrechten erlangt va im Zusammenhang mit § 16 Abs. 1 Bedeutung. Wenn danach schon kein Auskunftsanspruch des Gläubigers besteht

§ 20 Abschnitt 2 Beschlüsse der Gläubiger

(die Information also aus Sicht eines objektiv denkenden Durchschnittsgläubigers nicht zur sachgemäßen Beurteilung eines Gegenstands der Tagesordnung oder eines Vorschlags zur Beschlussfassung erforderlich ist → § 16 Rn. 8 f.), scheidet eine Anfechtbarkeit stets aus. Fraglich ist hingegen, ob die Nichterfüllung einer bestehenden Auskunftspflicht des Schuldners stets die Anfechtbarkeit zur Folge hat (so wohl *Friedl* in Friedl/Hartwig-Jacob § 20 Rn. 30) oder dafür gesteigerte Anforderungen gelten; der Wortlaut von Abs. 1 Satz 2 („wesentliche Voraussetzung") spricht für Letzteres (so auch *Vogel* in Preuße § 20 Rn. 23).

16 Abs. 1 Satz 3 ist grundsätzlich § 243 Abs. 3 Nr. 1 AktG nachgebildet und schränkt die Anfechtbarkeit bei einer durch eine technische Störung verursachten Verletzung von Rechten der Gläubiger ein. Abs. 1 Satz 3 gilt aber aufgrund der Bezugnahme auf Rechte, die nach § 18 auf elektronischem Wege wahrgenommen werden, nur für die Abstimmung ohne Versammlung. Bei einer technischen Störung bei der Abstimmung durch abwesende Gläubiger im elektronischen Wege in der Gläubigerversammlung (→ § 16 Rn. 19) oder auch schlicht beim Einsatz einer elektronischen Abstimmung für die anwesenden Gläubiger in der Gläubigerversammlung bleibt es bei der Geltung von Abs. 1 Satz 1.

17 Des Weiteren kommt jeder Verstoß gegen materielles Recht oder die materiell-rechtlichen Regelungen der Anleihebedingungen als Anfechtungsgrund in Betracht (sog. Inhaltsfehler). Zu nennen sind aus dem SchVG in diesem Zusammenhang zunächst § 5 Abs. 2 Satz 2 (*Bliesener/Schneider* in Langenbucher/Bliesener/Spindler, Kap. 17, § 20 Rn. 20; *Vogel* in Preuße § 20 Rn. 28; *Friedl* in Friedl/Hartwig-Jacob § 20 Rn. 18) und § 5 Abs. 1 Satz 3 (*Bliesener/Schneider* in Langenbucher/Bliesener/Spindler, Kap. 17, § 20 Rn. 20), die aber bereits Nichtigkeitsgründe sind (→ Rn. 2, 4). Ob Verstöße gegen § 6 Abs. 2 oder Abs. 3 zur Anfechtbarkeit führen, hat der BGH offengelassen (BGH NZG 2014, 1102 Rn. 25; im Hinblick auf § 6 Abs. 2 bejahend *Schnorbus/Ganzer* WM 2014, 155, 157). Eine Inhaltskontrolle von Gläubigerbeschlüssen im Sinne einer materiellen Beschlusskontrolle findet allerdings nicht statt (→ § 5 Rn. 14; *Müller* in Heidel § 20 Rn. 6; *Bliesener/Schneider* in Langenbucher/Bliesener/Spindler, Kap. 17, § 20 Rn. 22 ff.; *Schneider* in Baums, Das neue Schuldverschreibungsrecht, S. 1, 4 ff.; auch schon Begr. RegE S. 14; **aA** *Horn* ZHR 173 (2009), 12, 62; *Baums* ZBB 2009, 1, 6; *Vogel* in Preuße § 20 Rn. 29 ff.; *Friedl* in Friedl/Hartwig-Jacob § 20 Rn. 38 f.).

2. Anfechtungsbefugnis

18 Abs. 2 regelt die Anfechtungsbefugnis der Gläubiger. Er ist Ausdruck der Begrenzungsfunktion der Anfechtungsklage (→ Rn. 1): Nicht jedermann und auch nicht jeder Gläubiger, sondern nur die in Abs. 2 genannten Gläubiger können Gläubigerbeschlüsse anfechten. Die Anfechtungsbefugnis ist materiell-rechtliche Voraussetzung für die Anfechtungsklage; fehlt sie, ist die Klage unbegründet (*Bliesener/Schneider* in Langenbucher/Bliesener/Spindler, Kap. 17, § 20 Rn. 26; *Vogel* in Preuße § 20 Rn. 32; *Friedl* in Friedl/Hartwig-Jacob § 20 Rn. 42). Der Schuldner ist nie anfechtungsbefugt (*Friedl* in Friedl/Hartwig-Jacob § 20 Rn. 42).

19 Abs. 2 Nr. 1 ist § 245 Nr. 1 AktG nachgebildet (aber nicht identisch) und regelt die Anfechtungsbefugnis von Gläubigern, die an der Abstimmung teilgenommen haben. Wegen der Abstimmungsmöglichkeit des § 18 knüpft die Norm anders als § 245 Nr. 1 AktG nicht an die Teilnahme an der Versammlung an. Zur Teilnahme an der Abstimmung ist in der Literatur umstritten, ob Anwesenheit während der Abstimmung oder Aufnahme in das Teilnehmerverzeichnis nach § 18 Abs. 4 Satz 1 genügen (*Vogel* in Preuße § 20 Rn. 34) oder aktive Stimmabgabe (Ja, Nein oder Enthaltung) nötig ist (*Friedl* in Friedl/Hartwig-Jacob § 20 Rn. 47). Ersteres ist richtig, da sich Letzteres idR nicht für alle an der Abstimmung teilnehmenden Gläubiger feststellen lassen wird: bei den gängigen Verfahren zur Stimmenauszählung (→ § 16 Rn. 23) werden entweder die Enthaltungen (Additionsverfahren) oder die Ja-Stimmen (Subtraktionsverfahren) nicht eigens erfasst.

Voraussetzung für die Anfechtungsbefugnis der an der Abstimmung teilnehmenden Gläubiger ist zunächst ein fristgerechter Widerspruch gegen den Beschluss. Für den Widerspruch ist erforderlich, dass der Kläger deutlich macht, dass er sich gegen den Beschluss wendet, eine Begründung ist nicht erforderlich, auch nicht das Wort „Widerspruch" (*Vogel* in Preuße § 20 Rn. 36; *Friedl* in Friedl/Hartwig-Jacob § 20 Rn. 49; zum Aktienrecht *Hüffer* § 245 Rn. 14). Das Fristerfordernis hat nur bei der Abstimmung ohne Versammlung Bedeutung (§ 18 Abs. 5 Satz 1); in der Gläubigerversammlung ist der Widerspruch bis zu deren Schluss zu erklären (*Friedl* in Friedl/Hartwig-Jacob § 20 Rn. 52; so auch im Aktienrecht, *Hüffer* § 245 Rn. 14). Bei der Abstimmung ohne Versammlung besteht die Anfechtungsbefugnis nur, wenn dem Widerspruch nicht abgeholfen wurde (§ 18 Abs. 5 Satz 4). Hat bei der Abstimmung ohne Versammlung der Abstimmungsleiter dem fristgerecht erhobenen Widerspruch nach § 18 Abs. 5 Satz 3 abgeholfen, entfällt die Anfechtungsbefugnis (*Friedl* in Friedl/Hartwig-Jacob § 20 Rn. 57). Entscheidet der Abstimmungsleiter nicht rechtzeitig vor Ablauf der Anfechtungsfrist nach Abs. 3 Satz 1 über den Widerspruch, kann der Gläubiger trotzdem Anfechtungsklage erheben (*Friedl* in Friedl/Hartwig-Jacob § 20 Rn. 57); sie wird aber unbegründet, wenn dem Widerspruch später noch abgeholfen wird. Bei der Abstimmung ohne Versammlung ist der Widerspruch nach § 18 Abs. 5 Satz 1 schriftlich (§ 126 BGB) zu erklären. In der Gläubigerversammlung wird der Widerspruch mündlich erklärt (zum Mündlichkeitsprinzip schon → § 16 Rn. 5 f.). Um einen beurkundungspflichtigen Vorgang handelt es sich anders als bei der aktienrechtlichen Hauptversammlung (§ 245 Nr. 1 AktG; auch dort ist die Aufnahme in die Niederschrift aber kein Wirksamkeitserfordernis für den Widerspruch, *Hüffer* § 245 Rn. 15) nicht (*Vogel* in Preuße § 20 Rn. 34; aA *Maier-Reimer* NJW 2010, 1317, 1320; *Bliesener/Schneider* in Langenbucher/Bliesener/Spindler, Kap. 17, § 20 Rn. 31; *Friedl* in Friedl/Hartwig-Jacob § 20 Rn. 50; widersprüchlich Begr. RegE S. 24, 26). Eine freiwillige Aufnahme in die Niederschrift durch den Notar ist allerdings möglich (→ § 16 Rn. 24 aE). Im Übrigen kann der (insoweit beweisbelastete) Gläubiger den Nachweis, dass er den Widerspruch erklärt hat, durch jedes andere mögliche Beweismittel führen.

Der Gläubiger muss außerdem wenigstens eine Schuldverschreibung vor der Bekanntmachung der Einberufung der Gläubigerversammlung oder vor der Aufforderung zur Stimmabgabe in einer Abstimmung ohne Versammlung erworben haben. Handelt es sich um eine zweite Versammlung iSv § 15 Abs. 3 Satz 3, kommt es für die Anfechtungsbefugnis des Gläubigers darauf an, ob er die Schuldverschreibung schon vor der Bekanntmachung der Einberufung der (ersten) Gläubigerversammlung oder der Aufforderung zur Stimmabgabe in der Abstimmung ohne Versammlung erworben hatte (OLG Karlsruhe ZIP 2015, 2116, 2117 ff. mit zust. Anm. *Moser* BB 2015, 2835).

Abs. 2 Nr. 2 regelt die Anfechtungsbefugnis für Gläubiger, die an der Abstimmung nicht teilgenommen haben. Dies betrifft bei der Gläubigerversammlung Gläubiger, die während der Abstimmung nicht (auch nicht durch einen Vertreter) anwesend waren, bei der Abstimmung ohne Versammlung Gläubiger, die nicht

§ 20 Abschnitt 2 Beschlüsse der Gläubiger

in das Teilnehmerverzeichnis nach § 18 Abs. 4 Satz 1 aufgenommen worden sind. Die Anfechtungsbefugnis nach Abs. 2 Nr. 2 ist an drei alternative Voraussetzungen geknüpft: Sie ist gegeben, wenn der Gläubiger zur Abstimmung zu Unrecht nicht zugelassen worden ist. Das ist der Fall, wenn der nicht zugelassene Gläubiger die Voraussetzungen für die Teilnahme an der Abstimmung tatsächlich erfüllt und diese auch nachgewiesen hat (§ 10 Abs. 2 und Abs. 3); anders dann, wenn er sich den üblichen Zugangs- und Sicherheitskontrollen verweigert hat. Die Anfechtungsbefugnis ist ferner gegeben, wenn die Versammlung nicht ordnungsgemäß einberufen oder zur Stimmabgabe nicht ordnungsgemäß aufgerufen worden ist. Dies betrifft Verstöße gegen §§ 9, 10 Abs. 1 und Abs. 2, 12 Abs. 1 und Abs. 2 Satz 1 und 2, 18 Abs. 3 Satz 1, 2 und 5. Des Weiteren besteht die Anfechtungsbefugnis, wenn ein Gegenstand der Beschlussfassung nicht ordnungsgemäß bekannt gemacht worden ist, also gegen § 13 Abs. 2 Satz 1 und 2 iVm Abs. 1 verstoßen wurde.

23 Der Gläubiger geht der Anfechtungsbefugnis verlustig, wenn er sein Anfechtungsrecht missbraucht. Die im Aktienrecht zum Missbrauch des Anfechtungsrechts entwickelten Grundsätze (BGH AG 1992, 448; BGHZ 107, 296, 310 f.; *Hüffer* § 245 Rn. 22 ff. mwN) gelten entsprechend (OLG Karlsruhe ZIP 2015, 2116, 2122 ff. mit zust. Anm. *Moser* BB 2015, 2835; *Friedl* in Friedl/Hartwig-Jacob § 20 Rn. 64), dh ein Rechtsmissbrauch liegt vor, wenn der Kläger eine Anfechtungsklage mit dem Ziel erhebt, den verklagten Schuldner in grob eigennütziger Weise zu einer Leistung zu veranlassen, auf die er keinen Anspruch hat und billigerweise auch nicht erheben kann, wobei er sich im Allgemeinen von der Vorstellung leiten lassen wird, der verklagte Schuldner werde die Leistung erbringen, weil er hoffe, dass der Eintritt anfechtungsbedingter Nachteile und Schäden dadurch vermieden oder zumindest gering gehalten wird.

3. Anfechtungsklage

24 Die Anfechtungsklage nach Abs. 1 Satz 1 iVm Abs. 3 ist nach der gesetzlichen Konzeption das (einzige) Mittel der Gläubiger zur Geltendmachung von Anfechtungsgründen; eine allgemeine Feststellungsklage scheidet daneben ebenso aus wie die Geltendmachung der Anfechtbarkeit eines Beschlusses im Rahmen eines anderen Verfahrens, etwa in Form einer Einrede (*Friedl* in Friedl/Hartwig-Jacob § 20 Rn. 9). Allerdings besteht in bestimmten Konstellationen (zB bei der Anfechtung ablehnender Beschlüsse wegen vermeintlich falscher Stimmenauszählung und Beschlussfeststellung) die Möglichkeit einer ergänzenden, auf positive Beschlussfeststellung gerichteten allgemeinen Feststellungsklage iSv § 256 ZPO (*Maier-Reimer* NJW 2010, 1317, 1319; *Friedl* in Friedl/Hartwig-Jacob § 20 Rn. 80); insoweit handelt es sich um einen anderen Streitgegenstand. Nicht anwendbar soll die Anfechtungsklage nach Abs. 1 Satz 1 iVm Abs. 3 allerdings bei einem Beschluss zur Bestellung eines gemeinsamen Vertreters sein, der nach Eröffnung des Insolvenzverfahrens in einer vom Insolvenzgericht nach § 19 Abs. 2 Satz 2 einberufenen Gläubigerversammlung gefasst wurde; hierfür gilt § 78 InsO (LG Leipzig NZI 2015, 342, 343 mit zust. Anm. *Kienle*, offengelassen von Berufungsinstanz OLG Dresden BB 2016, 272, 273 [nicht rechtskräftig]; *Thole* ZIP 2014, 293, 297; *Lürken* in Theiselmann Kap. 5 Rn. 110; **aA** *Horn* BKR 2014, 449, 451; *Friedl* in Friedl/Hartwig-Jacob § 20 Rn. 43). Für spätere während des Insolvenzverfahrens nach dem SchVG abgehaltene Gläubigerversammlungen bleibt es hingegen bei der Anwendbarkeit von § 20 (*Thole* ZIP

Anfechtung von Beschlüssen § 20

2014, 293, 297 f.; *ders.* ZIP 2014, 2365, 2368 f.; zur Zulässigkeit solcher weiterer Gläubigerversammlungen während des Insolvenzverfahrens OLG Zweibrücken ZInsO 2013, 2119, 2120 → § 9 Rn. 3).

Nach Abs. 3 Satz 1 gilt für die Anfechtungsklage eine Frist von einem Monat. 25 Auch dies ist Ausdruck der Begrenzungsfunktion der Anfechtungsklage (→ Rn. 1). Fristauslösendes Ereignis ist die Bekanntmachung des Beschlusses nach § 17 Abs. 1. Sind mehrere Bekanntmachungen vorgesehen, kommt es auf die letzte Bekanntmachung an. Für die Fristberechnung gelten §§ 187 ff. BGB (einschließlich § 193 BGB). Die Anfechtungsfrist ist materiell-rechtliche Ausschlussfrist, ihre Versäumung führt zur Unbegründetheit der Klage (*Bliesener/ Schneider* in Langenbucher/Bliesener/Spindler, Kap. 17, § 20 Rn. 35; *Vogel* in Preuße § 20 Rn. 47; *Friedl* in Friedl/Hartwig-Jacob § 20 Rn. 65). Ein Anfechtungsgrund ist innerhalb der Frist in seinem wesentlichen tatsächlichen Kern darzulegen, ansonsten ist der Gläubiger damit präkludiert (*Bliesener/Schneider* in Langenbucher/Bliesener/Spindler, Kap. 17, § 20 Rn. 37; *Vogel* in Preuße § 20 Rn. 48; *Friedl* in Friedl/Hartwig-Jacob § 20 Rn. 67). Mit Ablauf der Frist nach Abs. 3 Satz 1 wird der Beschluss bestandskräftig und kann, soweit erforderlich, nach §§ 2 Satz 3, 21 vollzogen werden. Im Rahmen anderer Verfahren kann sich ein Gläubiger auf die Rechtswidrigkeit des Beschlusses nicht mehr berufen (*Bliesener/Schneider* in Langenbucher/Bliesener/Spindler, Kap. 17, § 20 Rn. 38).

Die Klage ist gegen den Schuldner – vertreten durch sein Vertretungsorgan 26 (§ 246 Abs. 2 Satz 2 AktG gilt nicht) – zu richten (Abs. 3 Satz 2), weil die Gläubiger in ihrer Gesamtheit nicht rechtsfähig und damit nicht parteifähig sind (Begr. RegE S. 26). Dies gilt für alle Beschlüsse, auch wenn der Schuldner daran – wie an der Bestellung oder Abberufung des gemeinsamen Vertreters – gar nicht beteiligt sein sollte (*Bliesener/Schneider* in Langenbucher/Bliesener/Spindler, Kap. 17, § 20 Rn. 39; *Vogel* in Preuße § 20 Rn. 49; *Friedl* in Friedl/Hartwig-Jacob § 20 Rn. 68).

Das zuständige Gericht ist nach Abs. 3 Satz 3 zu bestimmen. Sachlich zuständig 27 ist danach das Landgericht. Örtlich zuständig für einen Schuldner mit Sitz im Ausland ist ausschließlich das Landgericht Frankfurt am Main, für einen Schuldner mit Sitz im Inland ausschließlich das Landgericht, in dessen Bezirk der Schuldner seinen Sitz hat. Hierbei hat es derzeit sein Bewenden. Zwar verweist Abs. 3 Satz 3 Hs. 2 auf § 246 Abs. 3 Satz 3, 148 Abs. 2 Satz 3 und 4 AktG, wonach die Landesregierungen oder die Landesjustizverwaltungen die Zuständigkeit durch Rechtsverordnung für die Bezirke mehrerer Landgerichte einem dieser Landgerichte übertragen können. Dies ist bisher aber nicht geschehen. In den einschlägigen Zuständigkeitsverordnungen der Länder ist eine Übertragung der Zuständigkeit (Konzentration) vielmehr nur für aktienrechtliche Anfechtungsklagen vorgesehen (Baden-Württemberg: § 13 Abs. 2 Nr. 7a ZuVOJu; Bayern: § 21 GZVJu; Hessen: § 38 Nr. 2 a), b) JuZuV; Mecklenburg-Vorpommern: § 4 Abs. 1 Nr. 5 KonzVO iVm § 95 Abs. 2 Nr. 1 GVG; Niedersachsen: § 2 Nr. 7, 8 ZustVO-Justiz; Nordrhein-Westfalen: § 1 Nr. 9 KonzentrationsVO Gesellschaftsrecht; Sachsen: § 10 Nr. 12 SächsJOrgVO). Diese Regelungen erfassen Anfechtungsklagen nach dem SchVG nicht (LG Leipzig NZI 2015, 342; *Friedl* in Friedl/Hartwig-Jacob § 20 Rn. 70; **aA** *Gärtner* in Vorauflage Rn. 13; wie hier bereits *Wasmann/Steber* ZIP 2014, 2005, 2014). Im Übrigen gilt gemäß Abs. 3 Satz 3 Hs. 2 § 246 Abs. 3 Satz 2, 4 und 6 AktG entsprechend. § 247 AktG gilt hingegen nicht entsprechend, so dass der Streitwert der Anfechtungsklage nach § 3 ZPO zu bestimmen ist (*Vogel* in Preuße § 20 Rn. 51; *Friedl* in Friedl/Hartwig-Jacob § 20 Rn. 77).

4. Vollzugsverbot

28 Gemäß Abs. 3 Satz 4 führt die Erhebung der Anfechtungsklage zu einem Vollzugsverbot. Bedeutung hat dies nur für Beschlüsse, die der Vollziehung bedürfen. So brauchen ablehnende oder feststellende Beschlüsse nicht vollzogen zu werden, ebenso wenig wie der Beschluss über die Bestellung des gemeinsamen Vertreters der Gläubiger (*Wasmann/Steber* ZIP 2014, 2005, 2013; *Friedl* in Friedl/Hartwig-Jacob § 21 Rn. 4, 22). Insbesondere für Beschlüsse zur Änderung der Anleihebedingungen, die nach §§ 2 Satz 3, 21 vollzogen werden, ist das Vollzugsverbot aber relevant, ebenso für Beschlüsse, die der gemeinsame Vertreter auszuführen hat. Das Vollzugsverbot gilt während des Laufs der Anfechtungsfrist auch schon vor Erhebung einer Anfechtungsklage, andernfalls könnten Anfechtungsmöglichkeit und Vollzugsverbot leicht faktisch vereitelt werden (*Friedl* in Friedl/Hartwig-Jacob § 20 Rn. 73). Es endet mit der rechtskräftigen Abweisung der Anfechtungsklage (*Friedl* in Friedl/Hartwig-Jacob § 21 Rn. 12; *Dippel/Preuße* in Preuße § 21 Rn. 3), über den Wortlaut von Abs. 3 Satz 4 hinaus aber auch mit jeder anderen Verfahrensbeendigung, die nicht zu einem stattgebenden Urteil führt, zB durch Klagerücknahme (*Baums* ZBB 2009, 1, 5; *Maier-Reimer* NJW 2010, 1317, 1321; *Simon* CFL 2010, 159, 164; *Friedl* in Friedl/Hartwig-Jacob § 20 Rn. 72) oder Erledigung der Hauptsache (*Wasmann/Steber* ZIP 2014, 2005, 2013). Das Vollzugsverbot endet ferner, wenn dies im Freigabeverfahren festgestellt wird (→ Rn. 31 ff.). Wird der Anfechtungsklage stattgegeben, hat dies entgegen dem insoweit missverständlichen Wortlaut von Abs. 3 Satz 4 ein dauerhaftes Vollzugsverbot zur Folge (BGH NZG 2014, 1102 Rn. 18).

5. Urteilswirkung

29 Ein rechtskräftiges klageabweisendes Urteil führt zur Bestandskraft des Gläubigerbeschlusses und zur Aufhebung des Vollzugsverbots nach Abs. 3 Satz 4. Die Gläubiger können sich danach auch in anderen Verfahren nicht mehr auf die (angebliche) Rechtswidrigkeit des Beschlusses berufen.

30 Die Wirkung eines rechtskräftigen stattgebenden Urteils ist in der Literatur umstritten. Ausgangspunkt ist der Befund, dass Abs. 3 Satz 3 Hs. 2 nicht auf §§ 248, 241 Nr. 5 AktG verweist, die im Aktienrecht die Gestaltungswirkung *erga omnes* des auf eine Anfechtungsklage hin ergehenden Urteils anordnen. Eine Mindermeinung folgert daraus, das Urteil wirke nur *inter partes* (*Bliesener/Schneider* in Langenbucher/Bliesener/Spindler, Kap. 17, § 20 Rn. 54; *Müller* in Heidel § 20 Rn. 3; *Vogel* in Preuße § 20 Rn. 3) und begründet dies mit einer (angeblich) bewussten Entscheidung des Gesetzgebers, auf die das Fehlen der Übernahme der Bekanntmachungs- und Veröffentlichungsregelungen in §§ 246 Abs. 4, 248a Satz 1 AktG hindeute. Die zustimmungswürdige hM geht hingegen von einer Gestaltungswirkung *erga omnes* aus (*Baums* ZBB 2009, 1, 3; *Maier-Reimer* NJW 2010, 1317, 1321; *Simon* CFL 2010, 159, 164; *Schmidtbleicher* Die Anleihegläubigermehrheit, S. 191; *Friedl* in Friedl/Hartwig-Jacob § 20 Rn. 2, 6, 77 f.; jetzt auch *Schneider* in Baums, Das neue Schuldverschreibungsrecht, S. 39, 55 f. unter Hinweis auf Erfordernis der Geltung *erga omnes* wegen der kollektiven Bindung nach § 4). Hierfür spricht schon das vorläufige Vollzugsverbot des Abs. 3 Satz 4 (so auch schon *Schmidtbleicher* Die Anleihegläubigermehrheit, S. 191) und noch mehr das dauerhafte Vollzugsverbot nach stattgebendem Urteil (→ Rn. 28). Das Vollzugsverbot entfaltet Wirkung gegenüber allen Gläubigern. Es hat seine Berechtigung nur, wenn auch das stattgebende Urteil gegenüber allen Gläubigern wirkt. Auch die zwingende Prozessverbindung (Abs. 3 Satz 3 Hs. 2 iVm 246 Abs. 3 Satz 6 AktG) erfährt nur hieraus ihre Berechtigung. Und schließlich lässt sich auch die Tatsache, dass ein Gläubiger prozessual wegen Abs. 3 Satz 2 nicht die Möglichkeit hat, ein Urteil gegen die anderen Gläubiger zu erwirken, nur dadurch rechtfertigen, dass das im Anfechtungsprozess gegen den Schuldner ergehende Urteil auch gegenüber den anderen Gläubigern wirkt. Das stattgebende Urteil hat Gestaltungswirkung, dh bis zu seiner Rechtskraft ist der angefochtene Beschluss wirksam und wird erst in diesem Zeitpunkt *ex tunc* nichtig (*Baums* ZBB 2009, 1, 3; *Maier-Reimer* NJW 2010, 1317, 1321; *Simon* CFL 2010, 159, 164; *Friedl* in Friedl/Hartwig-Jacob § 20 Rn. 77, 79; *Vogel* in Preuße § 20 Rn. 4, 54).

IV. Freigabeverfahren

Zur Überwindung des Vollzugsverbots während der Rechtshängigkeit einer Anfechtungsklage (oder Nichtigkeitsklage) stellt Abs. 3 Satz 4 das Freigabeverfahren bereit. Das Freigabeverfahren ist dem § 246a AktG entlehnt. Seit der Änderung im Zuge des Gesetzes zur Änderung des Bundesschuldenwesengesetzes vom 13. September 2012 (BGBl. I S. 1914) verweist Abs. 3 Satz 4 fast vollständig auf § 246a AktG. Lediglich § 246a Abs. 1 Satz 3 AktG gilt nicht, weil Abs. 3 Satz 4 die Zuständigkeit des Gerichts selbst regelt, und § 246a Abs. 3 Satz 5 AktG gilt nicht, weil Gläubigerbeschlüsse, soweit sie der Vollziehung bedürfen (nur dafür ist das Vollzugsverbot und das zu seiner Beseitigung dienende Freigabeverfahren relevant → Rn. 28), nicht in das Handelsregister eingetragen werden. 31

Den Antrag im Freigabeverfahren kann nach dem klaren Wortlaut von Abs. 3 Satz 4 nur der Schuldner stellen, nicht auch ein anderer Gläubiger, der an der Vollziehung des Gläubigerbeschlusses interessiert ist. Der Antrag ist darauf zu richten, dass die Erhebung der Klage gegen den Beschluss dem Vollzug des Beschlusses nicht entgegensteht (*Müller* in Heidel § 20 Rn. 9; *Friedl* in Friedl/Hartwig-Jacob § 20 Rn. 85). Zuständig ist das Oberlandesgericht, das dem nach Abs. 3 Satz 3 zuständigen Landgericht übergeordnet ist. Nach Abs. 3 Satz 4 gilt für das Verfahren § 246a Abs. 1 Satz 2, Abs. 3 Satz 1 bis 4 und 6 AktG. Insbesondere ist daher der Beschluss des Oberlandesgerichts seit der Gesetzesänderung (→ Rn. 31) nun unanfechtbar. Gemäß § 246a Abs. 1 Satz 2 AktG gilt für den Streitwert des Freigabeverfahrens § 247 AktG (anders als für den Streitwert der Anfechtungsklage → Rn. 27 aE). 32

Die Begründetheit des Freigabeantrags richtet sich nach Abs. 3 Satz 4 Hs. 2 iVm § 246a Abs. 2 AktG. Im Hinblick auf die entsprechend § 246a Abs. 2 Nr. 2 AktG maßgebliche Mindestschwelle kommt es auf den anteiligen Betrag am Nennwert der Schuldverschreibung an, der für den jeweiligen Gläubiger mindestens EUR 1.000,00 betragen muss (OLG Karlsruhe ZIP 2015, 2116, 2117; OLG Bamberg NZG 2014, 306; *Bliesener/Schneider* in Langenbucher/Bliesener/Spindler, Kap. 17, § 20 Rn. 62; *Vogel* in Preuße § 20 Rn. 46; *Friedl* in Friedl/Hartwig-Jacob § 20 Rn. 89). Die praktische Bedeutung der Mindestschwelle ist bei Freigabeverfahren im Zusammenhang mit Anfechtungsklagen von Anleihegläubigern gering, weil der Nennwert der einzelnen Anleihen üblicherweise nicht unter EUR 1.000,00 liegt und der betreffende Gläubiger daher schon mit einer Anleihe die Mindestschwelle erreichen wird. Betrifft das Freigabeverfahren aber einen Beschluss, der auf einer zweiten Versammlung iSv § 15 Abs. 3 Satz 3 gefasst wurde, muss der Gläubiger nachweisen, dass er die Schuldverschreibung 33 schon vor der Bekanntmachung der Einberufung der (ersten) Gläubigerversammlung oder der Aufforderung zur Stimmabgabe in der Abstimmung ohne Versammlung erworben hatte (OLG Karlsruhe ZIP 2015, 2116, 2117 ff. mit zust. Anm. *Moser* BB 2015, 2835). Der Nachweis ist durch Urkunden (§§ 415 f. ZPO) zu führen, die Vorlage der Kopie einer Bankbestätigung genügt daher nicht (OLG Bamberg NZG 2014, 306). Für die Frage der Unzulässigkeit oder offensichtlichen Unbegründetheit (§ 246a Abs. 2 Nr. 1 AktG) und der Interessenabwägung (§ 246a Abs. 2 Nr. 3 AktG) gelten gegenüber dem aktienrechtlichen Freigabeverfahren grundsätzlich keine Besonderheiten. Die Anfechtungsklage eines Gläubigers kann offensichtlich unbegründet und der Antrag des Schuldners im Freigabeverfahren daher entsprechend § 246a Abs. 2 Nr. 1 AktG begründet sein, wenn der Gläubiger sein Anfechtungsrecht missbraucht (OLG Karlsruhe ZIP 2015, 2116, 2122 ff. mit zust. Anm. *Moser* BB 2015, 2835; → Rn. 23). Für die Interessenabwägung entsprechend § 246a Abs. 2 Nr. 3 AktG ist zu beachten, dass unabhängig von der Tatsache, dass es hierfür stets auf die Umstände des Einzelfalls ankommt, im Zusammenhang mit der Restrukturierung, in deren Rahmen die angefochtenen Gläubigerbeschlüsse normalerweise gefasst werden, das Vollzugsinteresse des Schuldners in der Regel sehr hoch zu bewerten sein wird und gegenüber den Interessen der Gläubiger vorrangig sein dürfte (OLG Köln ZIP 2014, 268).

34 Gibt das Oberlandesgericht dem Freigabeantrag statt, darf der Gläubigerbeschluss nach Abs. 3 Satz 4 vollzogen werden (andernfalls bleibt es bis zur rechtskräftigen Entscheidung über die Klage beim Vollzugsverbot). Probleme können sich aus der Aufhebung des Vollzugsverbots dann ergeben, wenn sich später die Klage als begründet erweist und der Gläubigerbeschluss durch Urteil für nichtig erklärt wird. Nach Abs. 3 Satz 4 iVm § 246a Abs. 4 Satz 1 AktG hat der Schuldner in diesem Fall dem klagenden Gläubiger den Schaden zu ersetzen, der ihm aus der Vollziehung des Gläubigerbeschlusses entstanden ist. Dieser Anspruch des Gläubigers ist aber auf Schadensersatz in Geld beschränkt, Naturalrestitution kann er nicht verlangen, denn nach der Vollziehung lassen gemäß Abs. 3 Satz 4 iVm § 246a Abs. 4 Satz 2 AktG Mängel des Beschlusses seine Durchführung (dh seine Vollziehung) unberührt und kann die Beseitigung der Wirkung der Vollziehung nicht verlangt werden (*Vogel* in Preuße § 20 Rn. 59).

§ 21 Vollziehung von Beschlüssen

(1) ¹**Beschlüsse der Gläubigerversammlung, durch welche der Inhalt der Anleihebedingungen abgeändert oder ergänzt wird, sind in der Weise zu vollziehen, dass die maßgebliche Sammelurkunde ergänzt oder geändert wird.** ²**Im Fall der Verwahrung der Sammelkurkunde durch eine Wertpapiersammelbank hat der Versammlungs- oder Abstimmungsleiter dazu den in der Niederschrift dokumentierten Beschlussinhalt an die Wertpapiersammelbank zu übermitteln mit dem Ersuchen, die eingereichten Dokumente den vorhandenen Dokumenten in geeigneter Form beizufügen.** ³**Er hat gegenüber der Wertpapiersammelbank zu versichern, dass der Beschluss vollzogen werden darf.**

(2) **Der gemeinsame Vertreter darf von der ihm durch Beschluss erteilten Vollmacht oder Ermächtigung keinen Gebrauch machen, solange der zugrunde liegende Beschluss noch nicht vollzogen werden darf.**

I. Regelungsgegenstand

§ 21 regelt die Vollziehung bestimmter Beschlüsse der Gläubiger. Abs. 1 betrifft 1
die Umsetzung von Beschlüssen, die den Inhalt der Anleihebedingungen ändern.
Diese Bestimmung ist mit Blick auf das in § 2 Satz 1 statuierte Skripturprinzip
(→ § 2 Rn. 8) und dessen Erweiterungen in § 2 Satz 2 und 3 zu lesen. Während
Satz 1 unmittelbar an § 2 Satz 3 anknüpft und das dort geregelte Vollzugserfordernis im Grundsätzlichen konkretisiert, stellen die Sätze 2 und 3 eine wesentliche
praktische Erleichterung für die Umsetzung bereit. Wie der Verweis in Satz 2 auf
den Abstimmungsleiter zum Ausdruck bringt, erfasst Abs. 1 entgegen dem Begriff
„Gläubigerversammlung" auch Beschlüsse, die nach § 18 in einer Abstimmung
ohne Versammlung gefasst wurden (*Friedl* in Friedl/Hartwig-Jacob § 21 Rn. 7;
Begr. RegE zu § 21). Die Vollzugsregelungen in Abs. 1 beschränken sich auf den
praktisch wichtigsten – Fall, dass die Schuldverschreibungen in einer Sammelurkunde verbrieft sind (→ Rn. 4).

Abs. 2 betrifft die Bestellung und damit einhergehende oder nachfolgend geän- 2
derte Ermächtigung des gemeinsamen Vertreters (§§ 5 Abs. 1 Satz 1, 7) durch
Gläubigerbeschluss (zur Bestellung des gemeinsamen Vertreters in den Anleihebedingungen → §§ 7, 8 Rn. 28 ff.). Da insoweit die Umsetzung des Beschlusses
keine Änderung der Anleihebedingungen darstellt und Abs. 1 nicht einschlägig
ist, bedurfte es einer eigenen Regelung in Abs. 2.

II. Beschlüsse über Änderungen der Anleihebedingungen (Abs. 1)

1. Urkundsänderung oder -ergänzung

Nach § 2 Satz 1 und 2 müssen sich die Anleihebedingungen entweder aus der 3
über die Schuldverschreibung ausgegebenen Urkunde selbst ergeben oder, wenn
die Urkunde nicht zum Umlauf bestimmt ist, zumindest aus einer sonstigen in
der Urkunde in Bezug genommenen Unterlage. Änderungen der Anleihebedingungen werden nach § 2 Satz 3 erst wirksam, wenn sie in der Urkunde oder –
falls von ihr getrennt – in den Anleihebedingungen vollzogen worden sind (zur
nicht verpflichtend vorgesehenen Publizität des Vollzugs *Dippel/Preuße* in Preuße
§ 21 Rn. 5). Dementsprechend ist die Urkunde im Grundsatz entweder zu ändern
(wenn sie die Anleihebedingungen enthält) oder entsprechend zu ergänzen (wenn
die Anleihebedingungen nur in Bezug genommen werden). In der Praxis sind die
Anleihebedingungen, wenn nicht in der (Sammel-)Urkunde selbst, dann regelmäßig in einer Anlage zur Urkunde geregelt, die der Urkunde beigefügt und zu
ihrem (integralen) Bestandteil erklärt wird.

Abs. 1 hebt auf die Änderung oder Ergänzung der maßgeblichen Sammelur- 4
kunde ab. In einer Sammelurkunde sind sämtliche Schuldverschreibungen einer
Gesamtemission verbrieft. In diesem Fall braucht also nur (diese) eine Urkunde
geändert oder ergänzt zu werden. Theoretisch denkbar ist auch, dass die Gesamtemission in Einzelurkunden verbrieft wurde. Für diesen Fall enthält Abs. 1 mit
der Beschränkung auf die Sammelurkunde keine Regelung. Eine Änderung von
Anleihebedingungen, bei denen die Schuldverschreibungen einzeln verbrieft sind,
ist damit praktisch unmöglich (*Bredow/Vogel* ZBB 2009, 153, 156; DAV- Stellungnahme zum RegE zu § 21; → § 2 Rn. 16; *Dippel/Preuße* in Preuße § 21 Rn. 6 f.).

5   Jedenfalls bei einer Wiedergabe der Anleihebedingungen in der Sammelurkunde selbst würde es § 2 Satz 3 mindestens erfordern, dass eine neue Urkunde gefertigt und gegen die alte Urkunde ausgetauscht wird. Im Fall der Verwahrung der Urkunde durch eine Wertpapiersammelbank (dazu näher *Bliesener/ Schneider* in Langenbucher/Bliesener/Spindler, Kap. 17, § 21 SchVG Rn. 2, 9 f.), wie es insbesondere bei börsennotierten Schuldverschreibungen der Fall ist, müsste dazu die alte Urkunde aus der Verwahrung herausgenommen und dafür die neue Urkunde eingeliefert werden (zum Ganzen *Bliesener*, S. 365 ff., auch unter Berücksichtigung ausländischer Zentralverwahrer). Satz 2 sieht demgegenüber in für die Praxis erfreulicher Weise ein deutlich kürzeres und leichter zu handhabendes Verfahren vor. Danach reicht es aus, dass der Versammlungsleiter (genauer: der Vorsitzende der Versammlung, § 15) oder – bei Beschlussfassung ohne Versammlung nach § 18 – der Abstimmungsleiter den in der Niederschrift dokumentierten Beschlussinhalt an die Wertpapiersammelbank übermittelt und bittet, die eingereichten Dokumente den vorhandenen Dokumenten in geeigneter Form beizufügen. Dabei ist zu versichern, dass der Änderungsbeschluss vollzogen werden darf (sogleich → Rn. 6). Während sich die eingereichten Dokumente und die Versicherung nur auf den Gläubigerbeschluss beziehen, geht § 21 auf die Zustimmung durch den Schuldner (→ § 4 Rn. 3 ff.) und den entsprechenden Nachweis mit keinem Wort ein. Die Wertpapiersammelbank hat sich allerdings vor der Änderung oder Ergänzung der Urkunde zu vergewissern, dass diese Zustimmung vorliegt. Zweckmäßigerweise sollte deshalb der Abstimmungsleiter auch einen Beleg für die Schuldnerzustimmung einreichen, wenn nicht der Schuldner seine Zustimmung bereits zur Niederschrift erklärt hat (*Bliesener/Schneider* in Langenbucher/Bliesener/Spindler, Kap. 17, § 21 SchVG Rn. 7; *Friedl* in Friedl/Hartwig-Jacob § 21 Rn. 9). Einer darauf bezogenen Versicherung bedarf es nicht. In materieller Hinsicht hat die insoweit nur eine verwaltende Funktion ausübende Wertpapiersammelbank weder eine Prüfungspflicht noch ein Prüfungsrecht. Sie muss allerdings auf die Formalia achten – s. zB vorstehend zur Schuldnerzustimmung – und gegebenenfalls eine Klärung herbeiführen (zum Ganzen *Bliesener/Schneider* in Langenbucher/Bliesener/Spindler, Kap. 17, § 21 SchVG Rn. 11; *Friedl* in Friedl/Hartwig-Jacob § 21 Rn. 11).

2. Versicherung des Versammlungs- oder Abstimmungsleiters

6   Der Vorsitzende bzw. der Abstimmungsleiter hat der Wertpapiersammelbank zu versichern, dass der Beschluss mit der Änderung der Anleihebedingungen vollzogen werden darf. Dieses Erfordernis berücksichtigt, dass ein Beschluss der Gläubiger nicht ohne Weiteres wirksam ist, sondern gemäß § 20 angefochten und vernichtet werden kann. Das gilt gleichermaßen für in einer Versammlung gefasste Beschlüsse wie für Beschlüsse, die nach § 18 ohne Versammlung gefasst wurden. Satz 3 soll verhindern, dass vor einer Entscheidung über eine (mögliche) Anfechtung ein Vollzug eintritt. Für die Versicherung wird teilweise Schriftform verlangt (*Bliesener/Schneider* in Langenbucher/Bliesener/Spindler, Kap. 17, § 21 SchVG Rn. 8). Die Schriftform erscheint zwar angemessen und wird überwiegend wohl der praktischen Handhabung entsprechen, ist vom Gesetz aber nicht zwingend vorgeschrieben (*Friedl* in Friedl/Hartwig-Jacob § 21 Rn. 14 mit dem Hinweis, dass die Wertpapiersammelbank wohl schriftliche Erklärung verlangen wird).

Vollziehung von Beschlüssen **§ 21**

Bevor die Versicherung über den Vollzug korrekt abgegeben werden kann, ist 7
zunächst die Anfechtungsfrist von einem Monat ab Bekanntmachung des
Beschlusses (§ 20 Abs. 3 Satz 1) abzuwarten. Wegen § 20 Abs. 2 Nr. 2 ist die
Monatsfrist auch dann abzuwarten, wenn kein Widerspruch gegen den Beschluss
erhoben wurde. Kommt es innerhalb der Monatsfrist nicht zur Anfechtungsklage,
kann die Versicherung unmittelbar nach Ablauf der Frist erfolgen. Im Fall einer
Klageerhebung darf der Beschluss grundsätzlich erst nach rechtskräftiger Abweisung der Klage vollzogen werden (§ 20 Abs. 3 Satz 4). Allerdings kann der Schuldner im Wege des aus dem Aktien- und Umwandlungsrecht bekannten sog. Freigabeverfahrens die gerichtliche Entscheidung beantragen, dass die Erhebung der
Klage dem Vollzug des angefochtenen Beschlusses nicht entgegensteht. Ein Vollzug ist damit auch nach rechtskräftiger gerichtlicher Freigabeentscheidung möglich
(→ § 20 Rn. 16 ff.).

Während sich die Anfechtungsklage nach § 20 Abs. 2 Satz 2 gegen den Schuld- 8
ner richtet, ist die Versicherung durch den jeweiligen Versammlungs- oder
Abstimmungsleiter abzugeben. Das muss nicht der Schuldner oder ein Vertreter
des Schuldners sein, sondern kann insbesondere auch der gemeinsame Vertreter
der Gläubiger sein (vgl. §§ 15 Abs. 1, 9 Abs. 1 Satz 1). Insoweit wird man den
Schuldner für verpflichtet halten müssen, einem („Fremd"-)Vorsitzenden oder Abstimmungsleiter entsprechend Auskunft über eine Klageerhebung und den
Stand des Verfahrens zu geben (*Friedl* in Friedl/Hartwig-Jacob § 21 Rn. 13). Mit
Blick auf den gemeinsamen Vertreter ist das von dem gesetzlichen Auskunftsrecht
nach §§ 7 Abs. 5, 8 Abs. 4 umfasst.

Über die Rechtsnatur der Versicherung und vor allem die Rechtsfolgen einer 9
unzutreffenden Versicherung sagt das Gesetz nichts. Eine unzutreffende Versicherung ist jedenfalls nicht bußgeld- (§ 23) oder gar strafbewehrt. Denkbar ist allerdings, dass sich der Versicherende mit einer unzutreffenden Versicherung wegen
eines Verstoßes gegen seine Amtspflichten als Versammlungs- oder Abstimmungsleiter schadensersatzpflichtig macht. Die Versicherung ist zwar (nur) gegenüber der
Wertpapiersammelbank zu erklären. Doch schließt diese gesetzliche Verpflichtung
nicht aus, dass etwa auch der Schuldner Schadensersatz wegen einer nicht erfolgten
oder unzutreffenden Versicherung verlangen kann (näher zum Ganzen *Friedl* in
Friedl/Hartwig-Jacob § 21 Rn. 15 ff.).

Für die Wertpapiersammelbank ist die Versicherung des Versammlungs- oder 10
Abstimmungsleiters grundsätzlich bindend. In materieller Hinsicht hat die insoweit nur eine verwaltende Funktion ausübende Bank weder eine Prüfungspflicht
noch ein Prüfungsrecht. Sie muss allerdings auf die Formalia achten und gegebenenfalls eine Klärung herbeiführen (zum Ganzen *Bliesener/Schneider* in Langenbucher/Bliesener/Spindler, Kap. 17, § 21 SchVG Rn. 11).

III. Beschlüsse zum gemeinsamen Vertreter (Abs. 2)

Die Bestimmung in Abs. 2 richtet sich an den gemeinsamen Vertreter für den 11
Fall, dass der Gläubigerbeschluss mit der Bevollmächtigung oder Ermächtigung
keine Änderung der Anleihebedingungen darstellt und deshalb kein separater Vollzug nach Abs. 1 in Betracht kommt. Um gleichwohl etwaige Verwerfungen zu
vermeiden, die sich bei einem Gebrauchmachen der Ermächtigung trotz
nachfolgender erfolgreicher Beschlussanfechtung ergeben können, ordnet Abs. 2
auch hier eine „Wartefrist" an. Von der Bevollmächtigung oder Ermächtigung

darf der gemeinsame Vertreter nur und erst dann Gebrauch machen, wenn der zugrunde liegende Beschluss vollzogen werden darf (→ Rn. 7).

12 Die erforderlichen Informationen darüber, wann der Beschluss vollzogen werden darf, kann sich der gemeinsame Vertreter beim Schuldner verschaffen (§§ 7 Abs. 5, 8 Abs. 4).

§ 22 Geltung für Mitverpflichtete

¹Die Anleihebedingungen können vorsehen, dass die §§ 5 bis 21 für Rechtsgeschäfte entsprechend gelten, durch welche andere Personen als der Schuldner für die Verpflichtungen des Schuldners aus der Anleihe Sicherheiten gewährt haben (Mitverpflichtete). ²In diesem Fall müssen die Anleihebedingungen Mehrheitsbeschlüsse der Gläubiger unter Benennung der Rechtsgeschäfte und der Mitverpflichteten ausdrücklich vorsehen.

I. Regelungsgegenstand

1 § 22 berücksichtigt den Umstand, dass in der Praxis oft ein Dritter – üblicherweise ein mit dem Schuldner verbundenes Unternehmen – zugunsten der Gläubiger eine Sicherheit – üblicherweise eine Garantie – gewährt. Um die Bedingungen des Sicherungsgeschäfts zu Lasten der Gläubiger zu ändern, reicht regelmäßig eine entsprechende (Änderungs-)Vereinbarung zwischen Schuldner und Sicherungsgeber nicht aus (→ Rn. 4). Vielmehr bedarf es typischerweise eines Zusammenwirkens von Schuldner, Sicherungsgeber und Gläubigern. Ist die Sicherheit wie üblich nicht Teil der Anleihebedingungen, greifen die Bestimmungen der §§ 5 bis 21 über Mehrheitsbeschlüsse der Gläubiger nicht und müsste im Grundsatz jeder Gläubiger einzeln der Änderung zustimmen. Denn die Regelungen in § 5 beziehen sich nur auf die Anleihebedingungen und erlauben in der (wenn auch nur beispielhaften) Aufzählung der Gegenstände von Mehrheitsbeschlüssen lediglich den Austausch und die Freigabe von Sicherheiten (§ 5 Abs. 3 Satz 1 Nr. 6). Ohne die Regelung in § 22 wäre eine Änderungen der Bedingungen des Sicherungsgeschäfts damit praktisch unmöglich, obwohl eine solche Änderung sinnvoll oder sogar ein notwendiger Baustein der Restrukturierung des Schuldners (oder der Schuldnergruppe einschließlich des Sicherungsgebers) sein kann. Mit der Regelung in § 22 eröffnet sich die Zustimmungsmöglichkeit der Gläubiger durch Mehrheitsbeschluss. Dazu muss diese Möglichkeit in den Anleihebedingungen in hinreichender Form niedergelegt sein (Satz 2).

2 Es ist hervorzuheben, dass es bei der Regelung in § 22 nicht um eine einseitige, allein durch Gläubigerbeschluss (und ggf. Schuldnerzustimmung) herbeizuführende Änderung des Sicherungsgeschäfts geht. Eine Abänderung des Rechtsgeschäfts über die Sicherheit bedarf – je nach anwendbarem Recht – zumindest der Zustimmung des jeweiligen Sicherungsgebers, typischerweise auch der des Schuldners (→ Rn. 4). § 22 erleichtert lediglich die Herbeiführung der erforderlichen Gläubigerzustimmung (bereits → § 4 Rn. 2 ff. zur erforderlichen Zustimmung des Schuldners zu Änderungen von Anleihebedingungen, hinsichtlich derer ein Mehrheitsbeschluss der Gläubiger möglich ist).

II. Geltung der §§ 5 bis 21 für Mitverpflichtete (Satz 1)

1. Allgemeines

Wenn die Geltung der §§ 5 bis 21 für Sicherungsgeschäfte vorgesehen werden 3
soll, kann das nur vollumfänglich geschehen. Eine Regelung dahingehend, dass
nur bestimmte Normen anwendbar sein sollen, ist nicht möglich. Das ergibt sich
bereits aus dem Wortlaut von Satz 1, wird aber auch in der Begr. RegE herausgestellt (Begr. RegE zu § 22). Abweichungsmöglichkeiten ergeben sich allerdings
durch (und iRv) § 5 Abs. 1 Satz 2 (→ § 5 Rn. 8; auch *Lawall* in Friedl/Hartwig-Jacob § 21 Rn. 13).

2. Sicherungsgeschäft

Bei der Sicherheit des Dritten handelt es sich regelmäßig um eine Garantie. Der 4
insoweit nach deutschem Recht erforderliche Garantievertrag wird üblicherweise
zwischen Schuldner und Sicherungsgeber geschlossen, und zwar als echter Vertrag
zugunsten Dritter gemäß § 328 Abs. 1 BGB. Dabei ist es den Vertragsparteien im
Regelfall nicht vorbehalten und von Ihnen im Interesse der Verlässlichkeit der
Sicherheitenbestellung für die Gläubiger auch nicht gewollt, das Sicherungsrecht
und die Bedingungen der Garantie ohne Zustimmung der Gläubiger ändern zu
können (§ 328 Abs. 2 BGB). Dieser Umstand macht die Regelungen in Abs. 1
mit der Möglichkeit, die Zustimmung im Wege eines Mehrheitsbeschlusses einzuholen, praktisch so bedeutsam (schon → Rn. 1). Ist diese Möglichkeit gemäß
Satz 2 in den Anleihebedingungen vorgesehen, sollte die Garantie aus Gründen
der Rechtssicherheit und Rechtsklarheit auf die Anleihebedingungen und die
Möglichkeit der Gläubigerzustimmung durch Mehrheitsbeschluss Bezug nehmen
(*Bliesener/Schneider* in Langenbucher/Bliesener/Spindler, Kap. 17, § 22 SchVG
Rn. 5; *Dippel/Preuße* in Preuße § 22 Rn. 10; *Lawall* in Friedl/Hartwig-Jacob § 22
Rn. 9).

Zu dem Zusammenspiel der Änderung des Sicherungsgeschäfts und der Gläubigerzustimmung durch Mehrheitsbeschluss in dem Fall, dass das Sicherungsgeschäft 5
ausländischem Recht unterliegt, äußert sich die Begr. RegE nicht. Die Änderung
des Sicherungsgeschäfts richtet sich grundsätzlich nach den Regeln des jeweiligen
ausländischen Rechts. Selbst wenn danach für die Wirksamkeit der Änderung
entsprechend dem deutschen Recht eine Gläubigerzustimmung vorgesehen ist,
kann eine Klausel zum Mehrheitsbeschluss der Gläubiger in den (deutschem
Recht unterliegenden) Anleihebedingungen dieses Zustimmungserfordernis nicht
ohne Weiteres modifizieren (*Dippel/Preuße* in Preuße § 22 Rn. 11). In diesen
Fällen ist es daher für die Nutzung des Mehrheitsbeschlusses regelmäßig unumgänglich, dass die Bedingungen des Sicherungsgeschäfts ausdrücklich auf die
Anleihebedingungen und die Möglichkeit des Mehrheitsbeschlusses verweisen,
unter Berücksichtigung der Vorgaben des jeweils anwendbaren ausländischen
Rechts.

Den Gegenstand der Sicherheit spezifiziert Satz 1 nicht näher. Neben der 6
bereits erwähnten praxisüblichen Garantie kommen die in § 232 BGB genannten
Arten der Sicherheitsleistung sowie weitere Sicherheiten in Betracht (*Bliesener/Schneider* in Langenbucher/Bliesener/Spindler, Kap. 17, § 22 SchVG Rn. 2 und
Rn. 6 ff zu dinglichen Sicherheiten; *Dippel/Preuße* in Preuße § 22 Rn. 4; *Lawall*
in Friedl/Hartwig-Jacob § 22 Rn. 7 f.).

3. Person des Mitverpflichteten

7 Als Mitverpflichtete definiert Satz 1 die Personen, die für Verpflichtungen des Schuldners aus der Anleihe Sicherheit gewährt haben. Das ist weit zu verstehen (*Lawall* in Friedl/Hartwig-Jacob § 22 Rn. 4). Praktisch handelt es sich bei solchen Mitverpflichteten regelmäßig um verbundene Unternehmen des Schuldners. Hintergrund der Regelung ist die Emission durch eine Finanzierungsgesellschaft (s. Begr. RegE zu § 22), die mangels eigener Substanz als alleiniges Haftungssubjekt hinsichtlich der Verpflichtungen aus den Schuldverschreibungen für den Markt nicht akzeptabel ist und für deren Verpflichtungen regelmäßig die Muttergesellschaft eine Garantie abgibt.

8 Um einen Sonderfall handelt es sich, wenn der Bund, ein Sondervermögen des Bundes, ein Land oder eine Gemeinde eine Sicherheit gewährt hat. In diesen Fällen ist nach § 1 Abs. 2 schon der Anwendungsbereich des SchVG nicht eröffnet (→ § 1 Rn. 43 ff.).

4. Verpflichtungen des Schuldners

9 Verpflichtungen des Schuldners aus der Anleihe sind in erster Linie die (pünktliche) Zahlung des Kapitals und der vereinbarten Zinsen. In der Praxis beziehen sich die gestellten Sicherheiten regelmäßig auf genau diese Verpflichtungen sowie etwaige sonstige auf die Schuldverschreibungen zu zahlende Beträge. Denkbar, aber unüblich wäre etwa auch eine weitergehende Erfüllungsgarantie, die sich auf nicht-monetäre Pflichten des Schuldners aus der Anleihe erstreckt.

III. Konkretisierung der Sicherheiten und der Mitverpflichteten (Satz 2)

10 Die Anordnung der Geltung der §§ 5 bis 21 kann entweder in den ursprünglichen Anleihebedingungen enthalten sein oder später durch Gläubigerbeschluss dazugefügt werden. Der Vollzug eines solchen Beschlusses richtet sich dann nach § 21 Abs. 1. Soll von dem durch Satz 1 eingeräumten Spielraum Gebrauch gemacht werden, sind in den Anleihebedingungen neben der Möglichkeit der Änderung durch Mehrheitsbeschluss die Sicherungsgeschäfte und die Mitverpflichteten, auf die sich eine Änderung beziehen kann, ausdrücklich zu nennen. Der Übersichtlichkeit halber sollte diese Nennung bei und zusammen mit dem wohl regelmäßig in die Anleihebedingungen aufgenommenen Katalog des § 5 Abs. 3 Satz 1 (beispielhafte Aufzählung der einem Mehrheitsbeschluss zugänglichen Gegenstände) erfolgen.

Abschnitt 3 Bußgeldvorschriften; Übergangsbestimmungen

§ 23 Bußgeldvorschriften

(1) Ordnungswidrig handelt, wer
1. entgegen § 6 Absatz 1 Satz 3 erster Halbsatz Schuldverschreibungen überlässt,
2. entgegen § 6 Absatz 1 Satz 4 das Stimmrecht ausübt,
3. entgegen § 6 Absatz 2 einen Vorteil anbietet, verspricht oder gewährt oder
4. entgegen § 6 Absatz 3 einen Vorteil oder eine Gegenleistung fordert, sich versprechen lässt oder annimmt.

(2) Ordnungswidrig handelt, wer vorsätzlich oder leichtfertig entgegen § 7 Absatz 1 Satz 2 einen maßgeblichen Umstand nicht, nicht richtig, nicht vollständig oder nicht rechtzeitig offenlegt.

(3) **Die Ordnungswidrigkeit kann mit einer Geldbuße bis zu hunderttausend Euro geahndet werden.**

I. Normzweck

§ 23 sanktioniert den Verstoß gegen einzelne in §§ 6, 7 normierte Verbote und   1
Pflichten. Der Gesetzgeber möchte durch die Bußgeldandrohung einen negativen Anreiz schaffen. § 23 ähnelt von der Regelungssystematik der Bußgeldvorschrift des § 39 WpHG.

II. Verstöße Stimmrecht (Abs. 1)

Zuwiderhandlungen gegen das Verbot der Stimmrechtsüberlassung und -aus-   2
übung (Nr. 1, 2), des Stimmrechtskaufs (Nr. 3) und der Bestechlichkeit des Stimmberechtigten (Nr. 4) werden gemäß Abs. 1 als Ordnungswidrigkeit verfolgt. Da Verstöße gegen § 6 tatbestandlich nur vorsätzlich begangen werden können, ergibt sich das Vorsatzerfordernis zwingend auch für § 23.

III. Verstöße Offenlegung (Abs. 2)

Die Verletzung der Offenlegungspflicht aus § 7 Abs. 1 Satz 2 stellt sowohl bei   3
leichtfertigem als auch bei vorsätzlichem Handeln des Wahlvertreters eine Ordnungswidrigkeit dar. Leichtfertigkeit setzt dabei einen objektiv wie subjektiv besonders schweren Sorgfaltsverstoß voraus und entspricht dem Maßstab der groben Fahrlässigkeit im Zivilrecht. In der Praxis dient die Leichtfertigkeitsstrafbarkeit vor allem dazu, die schwierige Abgrenzung der bewussten Fahrlässigkeit zum *dolus eventualis* zu erübrigen. Abs. 2 stellt klar, dass eine Verletzung der Offenlegungspflicht dann vorliegt, wenn ein maßgeblicher Umstand nicht, nicht richtig, nicht vollständig oder nicht rechtzeitig offengelegt wird und erfasst damit alle Varianten eines Verstoßes.

§ 24   Abschnitt 3 Bußgeldvorschriften; Übergangsbestimmungen

4   Sanktioniert wird durch Abs. 2 lediglich der Wahlvertreter, nicht aber der Vertragsvertreter. Den Vertragsvertreter trifft keine Offenlegungspflicht aus § 7 Abs. 1 Satz 2, denn gemäß § 8 Abs. 4 gelten für den in den Anleihebedingungen bestellten gemeinsamen Vertreter lediglich die Absätze 2 bis 6 des § 7. Liegen bei dem Vertragsvertreter Umstände iSd § 7 Abs. 1 Satz 2 vor, so ist lediglich der Schuldner offenlegungspflichtig. Das ergibt sich aus § 8 Abs. 1 Satz 5, wonach aus den in § 7 Abs. 1 Satz 2 Nr. 2 bis 4 genannten Personengruppen ein gemeinsamer Vertreter der Gläubiger nur bestellt werden kann, sofern in den Emissionsbedingungen die maßgeblichen Umstände offengelegt werden. Da ein Verstoß des Schuldners gegen die Offenlegungspflicht allerdings weder von Abs. 2 erfasst wird noch zur Nichtigkeit der Bestellung des Vertragsvertreters führt (→ §§ 7, 8 Rn. 36), wird er insgesamt nicht sanktioniert. Das erscheint vor dem Hintergrund der gesetzgeberischen Intention, strenge Anforderungen an die Auswahl des Vertragsvertreters zu stellen (Begr. RegE zu § 8), nicht sachgerecht. Bemerkenswert ist in diesem Zusammenhang ferner, dass mangels Verweises in Abs. 2 Verstöße gegen die in § 7 Abs. 1 Satz 3 normierte Pflicht, Interessenkonflikte auch nach der Bestellung offenzulegen, ebenfalls nicht sanktioniert werden. Das gilt sowohl für den Wahl- als auch für den Vertragsvertreter. Es ist kein Grund für eine solche Privilegierung ersichtlich.

IV. Geldbuße (Abs. 3)

5   Abs. 3 legt eine mögliche Geldbuße von bis zu hunderttausend Euro fest. Der Gesetzgeber hat dadurch genügend Spielraum geschaffen, um eine für den Einzelfall angemessene Sanktion festzulegen. Beim Stimmenkauf ist ein höheres Bußgeld vorgesehen als im SchVG 1899 und in den vergleichbaren Vorschriften im AktG und Genossenschaftsgesetz. Dies hat ausweislich der Gesetzesbegründung seinen Grund in den weiterreichenden Befugnissen der Gläubigerversammlung. Die stärkere Anonymität der Schuldverschreibungsgläubiger untereinander und die nur im SchVG vorgesehene Abstimmung ohne Versammlung könnten zudem die Gefahr von unzulässigen Stimmrechtsausübungen erhöhen. Dem soll mit einer verschärften Bußgeldandrohung entgegengesteuert werden (Begr. RegE zu § 23).

6   Die fachlich und örtlich zuständige Behörde richtet sich nach §§ 36 und 37 OWiG, für die Durchführung des Verfahrens sind die Verfahrensvorschriften der §§ 46 ff. OWiG einschlägig.

§ 24 Übergangsvorschriften

(1) ¹**Dieses Gesetz ist nicht anzuwenden auf Schuldverschreibungen, die vor dem 5. August 2009 ausgegeben wurden.** ²**Auf diese Schuldverschreibungen ist das Gesetz betreffend die gemeinsamen Rechte der Besitzer von Schuldverschreibungen in der im Bundesgesetzblatt Teil III, Gliederungsnummer 4134-1, veröffentlichten bereinigten Fassung, das zuletzt durch Artikel 53 des Gesetzes vom 5. Oktober 1994 (BGBl. I S. 2911) geändert worden ist, weiter anzuwenden, soweit sich aus Absatz 2 nichts anderes ergibt.**

(2) ¹**Gläubiger von Schuldverschreibungen, die vor dem 5. August 2009 ausgegeben wurden, können mit Zustimmung des Schuldners eine Änderung der Anleihebedingungen oder den Austausch der Schuldver-**

Übergangsvorschriften § 24

schreibungen gegen neue Schuldverschreibungen mit geänderten Anleihebedingungen beschließen, um von den in diesem Gesetz gewährten Wahlmöglichkeiten Gebrauch machen zu können. ²Für die Beschlussfassung gelten die Vorschriften dieses Gesetzes entsprechend; der Beschluss bedarf der qualifizierten Mehrheit.

I. Einführung

§ 24 ist trotz der teilweisen Rückwirkung verfassungsrechtlich unbedenklich, 1
denn es handelt sich dabei um eine sog. unechte Rückwirkung. Zur Frage, ob und wieweit ein Vertrauen in eine bestehende Gesetzeslage gegenüber Verschlechterungen schutzwürdig ist, unterscheidet das BVerfG traditionell zwischen echter und unechter Rückwirkung (grundlegend BVerfGE 11, 139, 145 f.; dazu *Grzeszick* in Maunz/Düring, Art. 20 VII Rn. 76 ff. (Stand Lfg. 73 Dezember 2014)). Eine echte Rückwirkung, die grundsätzlich unzulässig ist, liegt dann vor, wenn ein Gesetz nachträglich ändernd in bereits abgewickelte, der Vergangenheit angehörende Tatbestände eingreift (Rückbewirkung von Rechtsfolgen). Wird dagegen auf gegenwärtige, noch nicht abgeschlossene Sachverhalte bzw. Rechtsbeziehungen für die Zukunft eingewirkt, so handelt es sich lediglich um eine unechte Rückwirkung, die grundsätzlich zulässig ist (tatbestandliche Rückanknüpfung). § 24 knüpft tatbestandlich an die Rechtsverhältnisse aus Schuldverschreibungen die vor dem 5.8.2009 emittiert wurden an und gibt Schuldner und Gläubigern die Möglichkeit eines Opt-in.

II. Zeitlicher Anwendungsbereich

Das SchVG ist nicht auf Schuldverschreibungen anzuwenden, die vor dem 2
5.8.2009 ausgegeben wurden. Die zeitliche Anwendbarkeit des SchVG knüpft mithin an das Ausgabedatum der jeweiligen Schuldverschreibungen an. Der Gesetzgeber hat weder in der Vorschrift selbst noch in der Begründung präzisiert, wann eine Schuldverschreibung als ausgegeben gelten soll.

Geht man mit der hM, entsteht eine Schuldverschreibung durch den Abschluss 3
eines Begebungsvertrags mit dem Ersterwerber und den Skripturakt (→ Vor. § 5 Rn. 1). Abhängig von der Art der Platzierung der Schuldverschreibung (Selbst- oder Fremdemission) können die Modalitäten des Abschlusses des Begebungsvertrags in der Praxis divergieren. Bei einer Direktemission gilt der Eingang des von dem Anleger ausgefüllten Zeichnungsscheins bei dem Emittenten als Antrag. Die Annahme erfolgt dann entweder stillschweigend gemäß § 151 BGB, wobei der Erklärungswille des Emittenten meist durch Gegenzeichnung des Zeichnungsscheins zum Ausdruck kommt, oder durch Benachrichtigung des jeweiligen Anlegers, dass die Zeichnung erfolgreich war. Anschließend wird die Urkunde erstellt. Bei einer Fremdemission wird die Schuldverschreibung in einem ersten Schritt durch Unterzeichnung des zwischen Emittent und Übernahmekonsortium ausverhandelten Übernahmevertrages von dem Übernahmekonsortium übernommen und erst nach Ausfertigung der Globalurkunde in einem zweiten Schritt den Anlegern übertragen. Als Ausgabe iSv § 24 käme demnach in beiden Fällen das Datum der Urkundenerstellung nach erfolgreicher Zeichnung der Teilschuldverschreibungen in Betracht.

§ 24   Abschnitt 3 Bußgeldvorschriften; Übergangsbestimmungen

4   Die Urkunde selbst enthält idR kein konkretes Datum, sie verweist vielmehr regelmäßig nur auf „Monat/Jahr" der Ausstellung. Darüber hinaus hat der Anleger normalerweise keine Möglichkeit, von dem Datum der Urkundenausstellung Kenntnis zu erlangen, er kann also nicht beurteilen, an welchem Tag die Schuldverschreibung ausgegeben wurde, mithin ob das SchVG in seiner alten oder neuen Fassung Anwendung findet. Diese Rechtsunsicherheit ist jedoch mit der für das Emissionsgeschäft existenziellen Kapitalmarktpublizität nicht zu vereinbaren. Maßgebliches Ausgabedatum kann also nur das vom Emittenten gemäß EU-Prospektverordnung (Verordnung (EG) Nr. 809/2004 der Kommission) in dem jeweiligen Wertpapierprospekt bzw. in den endgültigen Bedingungen ausgewiesene und zumeist mit dem Beginn des Zinslaufs identische Emissionsdatum (Issue Date) sein (s. Annex V, 4.12; Annex XII, 4.1.9; Annex XIII, 4.13).

5   Wird bei einer Altanleihe, deren Anleihegläubiger noch nicht für die Anwendbarkeit des SchVG optiert haben, nach dem Stichtag eine weitere Tranche der Altanleihe begeben (Aufstockung einer Altanleihe), findet das SchVG auf die Schuldverschreibungen der weiteren Tranche keine Anwendung (auch nicht teilweise). Vielmehr ist auf diese Schuldverschreibungen das SchVG 1899 in seiner Gesamtheit anwendbar (→ § 1 Rn. 36; **aA** *Bliesener/Schneider* in Langenbucher/Bliesener/Spindler, Kap. 17, § 4 Rn. 22; *Hartwig-Jacob/Friedl* in Friedl/Hartwig-Jacob § 24 Rn. 10; *Dippel/Preuße* in Preuße § 24 Rn. 7, die davon ausgehen, dass wegen des Ausgabedatums nach dem Stichtag auf die Schuldverschreibungen der weiteren Tranche zumindest die §§ 2 bis 4 SchVG anwendbar sind). Die Schuldverschreibungen der weiteren Tranche sind Teil einer Gesamtemission, die als vor dem Stichtag ausgegeben gilt (weshalb § 24 Abs. 2 auch auf die Schuldverschreibungen der weiteren Tranche anwendbar ist) und deren Bedingungen von der Altanleihe diktiert werden. So haben alle Stücke einer Gesamtemission entsprechend dem Bedürfnis des Kapitalmarkts nach standardisierten, einheitlichen Produkten den Anleihegläubigern zwingend die identische Rechtsstellung zu vermitteln (deshalb auch die identische ISIN/WKN aller Stücke einer Gesamtemission). Könnte aus einer Gesamtemission der eine Teil der Anleihegläubiger Rechte aus einem Verstoß gegen die §§ 2 bis 4 SchVG herleiten (→ § 3 Rn. 29) und der andere Teil der Anleihegläubiger nicht, wäre die inhaltliche Austauschbarkeit der Stücke (Fungibilität) nicht länger gewährleistet; diese ist aber Voraussetzung für die Handelbarkeit und die einheitliche Preisgestaltung der Schuldverschreibungen aus einer Gesamtemission.

III. Inhaltlicher Anwendungsbereich

6   Abs. 2 Satz 1 sieht vor, dass die Gläubiger von Schuldverschreibungen, die vor dem 5.8.2009 nach deutschem Recht ausgegeben wurden (Altanleihen), mit Zustimmung des Schuldners eine Änderung der Anleihebedingungen (Änderungsoption) oder den Austausch der Schuldverschreibungen gegen neue Schuldverschreibungen mit geänderten Anleihebedingungen (Austauschoption) beschließen können, um von den im SchVG gewährten Wahlmöglichkeiten Gebrauch machen zu können. Abs. 2 Satz 1 ist insoweit missverständlich formuliert, als man meinen könnte, dass die Gläubiger nach Ausübung ihres Wahlrechts zugunsten der Anwendbarkeit des SchVG lediglich von den im SchVG enthaltenen Wahlmöglichkeiten Gebrauch machen können. Da das Gesetz im Wesentlichen zwingend ist, scheint der Begriff der Wahlmöglichkeiten nur wenige Bestimmungen

Übergangsvorschriften § 24

zu erfassen (so auch die Kritik in der DAV-Stellungnahme zum RefE, S. 17). Der Gesetzgeber hat allerdings in der Begründung klargestellt, dass die Gläubiger für die Anwendung des neuen SchVG und damit auch für die Anwendbarkeit der Gesamtheit der Vorschriften optieren (Begr. RegE zu § 24).

Der Gesetzgeber wollte mit dem SchVG die Schwächen des SchVG 1899 **7** beseitigen (RegE S. 13). Als Schwächen des SchVG 1899 wurde immer wieder kritisiert, dass eine Altanleihe, die von einer ausländischen Gesellschaft begeben worden war, nicht vom Anwendungsbereich des SchVG 1899 erfasst wurde sowie dass Mehrheitsentscheidungen nur in minimalen Umfang zulässig waren (→ Einf. Rn. 9 ff.). So ist es nur logisch, dass durch Abs. 2 Satz 1 nunmehr den Gläubigern von allen Altanleihen die Möglichkeit eingeräumt, durch Mehrheitsbeschluss für die Anwendung des SchVG auf die Altanleihen zu optieren (RegE S. 27). MaW eröffnet Abs. 2 Satz 1 den Weg des Opt-in (i) für jede von einer inländischen Gesellschaft begebene und daher vom Anwendungsbereich des SchVG 1899 erfasste Altanleihe und zwar unabhängig davon, ob und in welchem Umfang deren Bedingungen Mehrheitsentscheidungen zulassen oder nicht, sowie (ii) für jede von einer ausländischen Gesellschaft begebene und daher nach alter Rechtslage mangels Sitz in Deutschland nicht vom Anwendungsbereich des SchVG 1899 erfasste Altanleihe (so die hM in der Literatur sowie BGHZ 202, 7; **aA** OLG Frankfurt/M. DB 2012, 912 – Pfleiderer). Da nach der Eröffnung des Insolvenzverfahrens über das Vermögen des Anleiheschuldners Beschlüsse zur Änderung der Anleihebedingungen nicht mehr zulässig sind, ist nach Eröffnung des Insolvenzverfahrens über das Vermögen des Anleiheschuldners der Weg des Opt-in versperrt (*Hartwig-Jacob/Friedl* in Friedl/Hartwig-Jacob § 19 Rn. 36 ff.; OLG Dresden BB 2016, 272 ff. mit Anmerkung von *Friedl*; **aA** *Brenner/Moser* NZI 2016, 149, 151 f.).

Die Beschlussfassung der Gläubiger teilt sich – anders als der Wortlaut von **8** Abs. 2 suggeriert – in zwei Beschlüsse: Zum einen fassen die Gläubiger einen Beschluss über die Anwendbarkeit des SchVG in seiner Gesamtheit, dh die Geltung der §§ 1 bis 24 ff. (Grundlagenbeschluss). Zum anderen beschließen die Gläubiger darüber, in welcher Form von den Möglichkeiten des SchVG Gebrauch gemacht werden soll (Ausführungsbeschluss). Dabei können die Gläubiger entweder nur die konkreten Änderungen der Anleihebedingungen bzw. den Austausch der Altanleihe oder nur die Bestellung eines gemeinsamen Vertreters zur Wahrnehmung ihrer Rechte beschließen, sie können aber auch beide Beschlüsse gleichzeitig fassen. Da durch den Grundlagenbeschluss das SchVG in seiner Gesamtheit auf die Altanleihe für anwendbar erklärt wird, können die Gläubiger im Rahmen eines Ausführungbeschlusses ferner beschließen, dass die §§ 5 bis 21 auch auf die betreffenden Sicherungsgeschäfte Anwendung finden sowie dass und wie die Bedingungen der Sicherungsgeschäfte geändert werden (so auch *Bliesener/Schneider* in Langenbucher/Bliesener/Spindler, Kap. 17, §§ 23, 24 Rn. 16).

Für die Beschlussfassung über den Grundlagenbeschluss gelten die §§ 5 bis 21 **9** entsprechend (Abs. 2 Satz 2 Hs. 1). Der Verweis in Abs. 2 Satz 2 Hs. 1 ist als Verweis auf die gesamten Vorschriften zur Einberufung, Beschlussfassung und Beschlussanfechtung zu verstehen, denn diese bilden eine systematische Einheit. Das Initiativrecht zur Einberufung einer Gläubigerversammlung liegt beim Schuldner oder bei einem ggf. entsprechend der Regeln des SchVG 1899 bestellten gemeinsamen Vertreter (§ 9 Abs. 1 S. 1 bzw. § 18 Abs. 1). Die Gläubigerversammlung ist entsprechend dem in §§ 5 bis 21 vorgegebenen gesetzlichen Standardverfahren abzuhalten, dh selbst wenn das Gesetz erlaubt, dass die Anleihebedingungen eine von dem gesetzlichen Standardverfahren abweichende Vorgehensweise vorsehen können, muss sich der Schuldner an das gesetzliche Standardverfahren halten (*Hartwig-Jacob/Friedl* in Friedl/Hartwig-Jacob § 24 Rn. 17). Der Einberufende kann entscheiden, ob der Beschluss im Rahmen einer Gläubigerversammlung oder im Wege einer Abstimmung ohne Versammlung zur Abstimmung gestellt wird (§ 5 Abs. 6); scheitert die Beschlussfassung an der Beschlussfähigkeit, liegt die Entscheidung über das weitere Vorgehen bei dem Vorsitzenden (§ 15 Abs. 3 S. 2) bzw. dem Abstimmungsleiter (§ 18 Abs. 4 S. 2). Der Beschluss selbst bedarf der qualifizierten Mehrheit (Abs. 2 Satz 2 Hs. 2). Der Begriff der qualifizierten Mehrheit ist im SchVG in § 5 Abs. 4 Satz 2 legaldefiniert.

10 Der Ausführungsbeschluss erfordert, dass die Gläubiger zuvor das Opt-In beschlossen haben und dieser Grundlagenbeschluss nach § 2 Satz 3, § 21 Abs. 1 vollzogen und wirksam geworden ist. Grundlagen- und der Ausführungsbeschluss müssen allerdings nicht zwingend in zwei separaten Abstimmungsverfahren gefasst werden. Es ist ein anerkanntes Rechtsprinzip des Gesellschaftsrechts, dass Grundlagen- und Ausführungsbeschluss gemeinsam gefasst werden können, solange der Ausführungsbeschluss unter dem Vorbehalt steht, dass er erst dann wirksam wird und vollzogen werden kann, wenn der Grundlagenbeschluss seinerseits wirksam geworden und vollzogen worden ist (dazu *Bliesener/Schneider* in Langenbucher/Bliesener/Spindler, Kap. 17, §§ 23, 24 Rn. 12 mwN). Sowohl der Opt-In-Beschluss als auch der Ausführungsbeschluss können also in einem einheitlichen Abstimmungsvorgang gefasst werden.

11 Die Anwendbarkeit des SchVG setzt neben einem entsprechenden Beschluss der Gläubiger die Zustimmung des Schuldners voraus. Trotz des missverständlichen Wortlauts kann die Zustimmung entweder vor Beschlussfassung durch die Gläubiger (Einwilligung; § 183 Satz 1 BGB) oder nachträglich (Genehmigung; § 184 Abs. 1 BGB) erteilt werden. In der Praxis wird die Initiative häufig vom Schuldner ausgehen und die Gläubiger werden im Beschlusswege „zustimmen" (DAI-Stellungnahme, S. 21).

Anhang I:
Kurzdarstellung des SchVGs der U.S.A. und U.K.

A. Bond Creation and Issuance and Bondholder Action under United States Law

Table of Contents

	Mn
I. Bond Creation and Issuance	2
1. Public Offering and Sale of Bonds	3
a) Registration under the Securities Act	3
b) Registration under the Exchange Act	9
2. Private Offering and Sale of Bonds	11
3. Definitive and Global Notes; DTC; Bearer Bonds	15
4. Trust Indenture Act	19
II. Bondholder Action	27
1. Amendments and Waivers Without Bondholder Consent	29
2. Amendments with Bondholder Consent	30
3. Out-of-Court Restructurings	32
4. In-Court Restructurings	40
a) Traditional, Prepackaged and Pre-Negotiated Restructurings	43
b) Modification of Rights Through "Cramdown"	47
c) Reinstatement	57
III. Conclusion	61

In the United States, the bond is largely a creature of contract law, representing **1** a promise by an obligor to pay interest to the bondholder at a specified rate upon the principal lent to such obligor by the bondholder and to repay such principal to the bondholder at maturity. The terms of a bond are set forth in the "four corners" of a certificate and the indenture governing such bond. Bond terms are not generally incorporated by reference from statute. The indenture is a contract between the obligor and a trustee on behalf of the bondholders. The trustee, who typically but not always also acts as paying agent, primarily serves a coordination and organization function on behalf of a disparate roster of bondholders who might otherwise find it difficult to engage in collective action.

I. Bond Creation and Issuance

Bonds are governed by state contract law and may also be subject to state usury **2** laws, which govern the level of interest that can be paid on debt obligations. New York is one of the most commonly selected jurisdictions to serve as the governing law for bond issuances. Bonds offered and sold publicly are governed by the Securities Act of 1933, the Securities Exchange Act of 1934 and the Trust Indenture Act of 1939, and are subject to regulation by the Securities and Exchange Commission. Bonds sold on a private basis, and therefore exempt from registration under the Securities Act and qualification under the TIA, are not subject to such

Anhang I   Bonds and Bondholder Action under U.S. Law

rules. However, as a result of statutory and liability considerations and as a matter of market practice, the disclosure documents and structure of privately issued bonds often mimic those of publicly issued bonds. Both public and private bond issues are subject to private actions under the federal securities laws for fraud as well as under state law for claims such as breach of contract.

1. Public Offering and Sale of Bonds

3   **a) Registration under the Securities Act.** The Securities Act requires the prior registration of all offerings and sales of securities in the United States (Securities Act Section 5, 15 U.S.C. § 77e). However, certain types of securities and certain types of transactions are exempted from registration. The types of securities that are exempted from registration under the Securities Act include *inter alia:* securities issued by the federal, state or local governments, and religious, educational and charitable institutions; securities with a maturity of less than nine months; and securities sold within a single state (Securities Act Section 3(a), 15 U.S.C. § 77c(a)). The types of transactions that are exempted from registration under the Securities Act include *inter alia:* transactions by any person other than an issuer, underwriter or dealer; transactions with an aggregate issuance amount of less than $5 million; transactions by an issuer not involving any public offering (importantly, this includes all private placements, including those made pursuant to Section 4(a)(2) of and Regulations D under the Securities Act and resales made pursuant to Rule 144A under the Securities Act); and certain transactions by a dealer, including an underwriter no longer acting as an underwriter (Securities Act Section 4(a)(1)–(3), 15 U.S.C. § 77d(a)(1)–(3)). In addition, certain offers or sales of securities by an issuer, distributor, any of their respective agents or affiliates are not subject to the Securities Act pursuant to Regulation S under the Securities Act.

4   Domestic issuers – generally U.S. companies or companies that choose to subject themselves to the requirements of U.S. companies – can register securities transactions on a one-off basis by filing with the SEC a registration statement on Form S-1, a long form registration statement that does not provide for incorporation by reference of any Exchange Act reports. Issuers pay a registration fee to the SEC, which is subject to constant revision due to congressional budgeting, and is currently $100.70 per million dollars of securities registered (Securities Act Section 6(b), 15 U.S.C. § 77f(b); *see also:* http://www.sec.gov/info/edgar/feeamt.htm). Issuers that have already been reporting under the Exchange Act for a period of at least one year and are current in such reporting can register securities transactions on Form S-3, a short form registration statement that permits incorporation by reference of Exchange Act reports for *inter alia* primary offerings (in which the issuer's aggregate non-affiliate market capitalization is at least $75 million) and primary offerings of non-convertible investment grade debt (regardless of market capitalization) (SEC Form No. 1379, General Instruction I(A)–(B)).

5   One of the main benefits of Form S-3 is the ability to use the SEC's "shelf registration system" in which an issuer registers a certain aggregate principal amount of debt securities with the SEC in advance of any offers or sales thereof pursuant to Rule 415 under the Securities Act (ie, the issuer puts securities "on a shelf"), paying the registration fee upfront, and then offers and sells such securities from time to time as the issuer requires and the market allows (ie, the issuer "takes down" securities off the shelf). Certain larger issuers known as well-known

Bonds and Bondholder Action under U.S. Law **Anhang I**

seasoned issuers (those with a market capitalization of greater than $700 million or those that have issued more than $1 billion aggregate principal amount of non-convertible debt, and that are not otherwise ineligible) can register an indeterminate amount of securities and pay the related registration fee as they take down securities off of such shelf registration statement (Securities Act Rule 456(b), 17 C.F.R. § 230.456(b); Securities Act Rule 405, 17 C.F.R. § 405).

The SEC requires disclosure to investors in a form of prospectus that meets **6** certain requirements under the Securities Act (Securities Act Section 10(a), 15 U.S.C. § 77j(a)). The Securities Act requires specific information concerning the business and management of the issuer, and generally requires audited financial statements of the issuer for the prior three fiscal years, unaudited financial statements for the interim period of the current fiscal year, and selected historical financial information concerning the issuer for the past five fiscal years. In certain circumstances (e.g., acquisition financing), the Securities Act requires pro forma financial statements that show what the issuer's financial statements would have looked like during the past year and the interim period of the current fiscal year if the transactions had occurred at the start of such periods.

Issuers, directors and partners (and nominees for director or partners) thereof, **7** accountants and other experts, and underwriters therefor, and control persons of any of them, have liability to investors under the Securities Act. The SEC has broad discretion to enforce violations of the Securities Act on a civil basis. Violations of the Securities Act may also be prosecuted on a criminal basis. Section 11 of the Securities Act provides to investors a right of action for damages for an untrue statement of a material fact in a registration statement or omission to state a material fact required to be stated therein or necessary to make the statements therein not misleading at the time of the registration statement's effectiveness against those who executed such registration statement; directors, partners and nominees for director or partner of the issuer; accountants and other experts named in the registration statement; underwriters of the security or securities; and control persons of any of them.

Section 12 of the Securities Act provides a right of rescission to investors for a **8** violation of the registration obligations of Section 5 of the Securities Act and for an untrue statement of a material fact in a prospectus or omission to state a material fact necessary to make the statements therein, in the light of the circumstances under which they were made, not misleading at the time of the sale of the securities. In addition, the SEC has the authority to seek civil action under the general antifraud provisions of Sections 17 and 20 of the Securities Act, and can issue cease-and-desist orders to issuers pursuant to Section 8A of the Securities Act. Willful violations of the Securities Act are punishable by up to five years in prison and/or a fine of up to $10,000 (Securities Act Section 24, 15 U.S.C. § 77x).

b) Registration under the Exchange Act. Registration under the Exchange **9** Act is required for issuers of debt securities listed on a national securities exchange pursuant to Section 12(b) of the Exchange Act, or any issuer of securities registered under the Securities Act pursuant to Section 15(d) of the Exchange Act. Domestic issuers registered under the Exchange Act are subject to the reporting requirements of Section 13(a) thereof and are required to file annual reports including audited financial statements for the prior fiscal year, quarterly reports including unaudited interim financial statements and current reports describing certain specified events, including events of default and acceleration of financial obligations under indentures.

10 Section 18(a) of the Exchange Act provides investors who relied on a statement with respect to a material fact in a periodic report that was false or misleading at the time and in the light of the circumstances under which it was made with a right of action for damages. Section 10(b) of the Exchange Act and Rule 10b-5 thereunder make it unlawful for any person to engage in any act, practice or course of business which operates or would operate as a fraud or deceit upon any person in connection with the purchase or sale of any security. Such rules operate as general anti-fraud provisions that provide investors with a private right of action (Exchange Act Rule 10b-5(c), 17 C.F.R. § 240.10b-5(c)).

2. Private Offering and Sale of Bonds

11 Private sales of bonds (*ie*, those that are not registered with the SEC) are not subject to the Securities Act or automatically qualified under the TIA, and issuers not otherwise subject to the Exchange Act do not thereby incur reporting obligations. Private sales often mimic the disclosure requirements and trustee practices of public sales of bonds due to concerns about full disclosure to investors under federal fraud laws, underwriters' internal compliance policies and market practice. However, there are important distinctions between public and private sales of bonds, including time-to-market and liability considerations.

12 Private sales of bonds by issuers must be made in reliance on the exemption provided by Section 4(a)(2) of the Securities Act. The SEC has adopted specific safe harbors in the form of Regulation D for "accredited investors". Issuers can also avail themselves of Regulation S for sales to persons outside the United States. For a private sale made pursuant to Regulation D, there is no information disclosure requirement for accredited investors, but for any non-accredited sophisticated investors participating in an offering of greater than $7.5 million, the issuer must provide such investors with the same kind of information specified in the registration statement that would be required if the issuance was a registered public offering (Securities Act Rule 502(b)(2)(i)(B)(3), 17 C.F.R. §230.502(b)(2)(i)(B)(3)). In addition, non-accredited sophisticated investors are also entitled to the issuer's most recent annual report and to periodic reports filed under the Exchange Act since the disclosure date, and a description of the offered securities, use of proceeds therefrom and any material changes in the issuer's affairs not previously disclosed to such investors.

13 Private resales of bonds may be made pursuant to Rule 144A under the Securities Act, which was promulgated by the SEC as a safe harbor for "qualified institutional buyers" under the Securities Act or Section 4(a)(7) of the Securities Act (formerly known as the judicially created "Section 4(1½) Exemption"), which provides an exemption for limited resale transactions among accredited investors. For private resale of securities pursuant to Rule 144A, if the issuer is not a reporting company under the Exchange Act, the investor is entitled to receive "reasonably current" information with respect to the issuer's business, products and services and financial statements for the prior two years.

14 Neither Section 11 nor Section 12(a)(2) of the Securities Act apply to disclosure documents issued pursuant to private sales or resales under Section 4(a)(2) or Rule 144A disclosure documents (*In re Safety Kleen Corp. Bondholders Litig.*, C/A. No. L 3:00-1145-17, 2002 U.S. Dist. LEXIS 26735 (D.S.C. Mar. 27, 2002)). However, the anti-fraud provisions of Section 17 of the Securities Act and Section 10(b) of the Exchange Act and Rule 10b-5 thereunder do apply.

3. Definitive and Global Notes; DTC; Bearer Bonds

Definitive notes are paper certificates representing obligations of the obligor under an indenture. Definitive notes must be executed by the obligor and authenticated by the trustee. Definitive notes are most commonly printed on "safety paper," a special green patterned paper that makes duplication difficult. Although definitive notes are evidence of an obligation, their destruction or loss does not discharge the obligation of the obligor. The obligation is recorded on the books of the obligor and must be honored regardless of lost certificates. Indentures typically provide for replacement certificates in the event of loss or destruction upon certification to and indemnification of the trustee by the holder thereof. 15

Global notes are definitive notes that are issued to a depository or a nominee thereof on behalf of many holders. The central depository in the United States is the Depository Trust Company, the nominee of which is Cede & Co. The depository is a "clearing corporation" under Article 8 of the Uniform Commercial Code that holds legal title to the global note. The UCC provides that "a person acquires a security entitlement if a securities intermediary [including a clearing corporation or a person that maintains securities accounts for others] indicates by book entry that a financial asset has been credited to the person's securities account." The depository must be registered with the SEC pursuant to Section 17A of the Exchange Act. 16

In the United States, bondholders' interests in global notes issued to DTC or its nominee are held by "participants," which consist of broker-dealers who hold their interest on behalf of the beneficial owners of such notes. Euroclear and Clearstream are indirect participants in DTC. To the extent that bondholders elect to hold their ownership positions in a non-U.S. institution, that interest will most commonly be accounted for by such institution's relationship to Euroclear and Clearstream, which in turn hold interests in the global note as participants in DTC. A trustee maintains records of note ownership on behalf of the obligor. The trustee or a common depositary retains possession of the physical copies of the global notes within its vaults. DTC, in turn, relies on the CUSIP numbering system to keep track of issuances and on the trustee to record transfers of ownership interests in the global note. CUSIP numbers are used to identify securities in North America in the same way that ISIN numbers (International Securities Identification Numbers) are used to identify securities in Europe. CUSIP numbers, which are named for the Committee on Uniform Security Identification Procedures, are distributed by Standard & Poor's on behalf of the American Bankers Association. 17

A bearer bond is a bond payable to the person having possession of such bond. As a result of concerns about potential tax evasion, the U.S. Tax Equity and Fiscal Responsibility Act of 1982 effectively eliminated the issuance of bearer bonds in the United States through the denial of deductions for interest expense ordinarily applicable to debt issuance and the imposition of an excise tax on holders of such bonds (Pub. L. No. 97-248, 96 Stat. 324 (Sept. 3, 1982)). Although there remain bearer bonds outstanding that were issued prior to such date, all bonds issued in the United States since such date have been issued in either definitive form. Certain foreign-targeted bearer debt instruments had continued to be issued since 1982, but legislation enacted in 2010 eliminated the benefits accorded to such bearer bonds, but with such bonds issued prior to March 2012 being grandfathered into the old regime. 18

4. Trust Indenture Act

19 The TIA was adopted in part to remedy the failure of the general form of debenture to provide the opportunity for collective action by bondholders and for the independence of trustees. In connection with defaults by railroads and trust companies in the United States in the early 1930s, bondholders suffered from three sources of inaction: (1) absence of information (disparate bondholders did not know each other's identity and therefore were not able to contact each other); (2) prohibitive transaction costs (due to the inability to share legal fees across all bondholders, and a concern as to "free riders" relying on the enforcement actions of others); and (3) conflicts of interest (trust companies were often acting as both creditor of defaulted obligors and as trustee responsible for the enforcement of the rights of bondholders).

20 In general, all offerings of debt securities, certificates of interest or participation therein and guarantees thereof that are not exempt from registration under the Securities Act are subject to the TIA. The TIA also has a *de minimis* threshold for obligors who issue less than $10 million of debt securities in a 36-month period (TIA Section 304(a)(9), 15 U.S.C. § 77ddd(a)(9)). The TIA mandates that each issuance subject to the TIA has: (1) a trustee that conforms to certain independence and capitalization requirements, and (2) a qualified indenture to which the trustee is a party that sets forth certain rights and obligations of the parties that are automatically deemed to be a part of the qualified indenture regardless of their inclusion in the agreement itself. The indenture becomes qualified upon the effectiveness of the registration statement for debt securities to which it is a required exhibit or upon the effectiveness of an application for qualification in the absence of a Securities Act registration statement (TIA Section 309(a), 15 U.S.C. § 77iii(a)).

21 The TIA establishes the framework for a neutral trustee that serves as a centralized repository of information and provides mechanisms for bondholder action. The TIA sets forth two crucial duties of the trustee: (1) to examine certificates and opinions furnished to it to determine conformity with the requirements of the indenture, and (2) to provide notice of all known defaults to bondholders within 90 days of occurrence (TIA Section 315(a)–(b), 15 U.S.C. § 77ooo(a)–(b)). The trustee is authorized to act at the instruction of the bondholders. In the case of default by the obligor, the trustee is obliged to enforce the indenture "as a prudent man would … in the conduct of his own affairs" (TIA Section 315(c), 15 U.S.C. § 77ooo(c)). The trustee is liable for its own negligent action, negligent failure to act or willful misconduct (TIA Section 315(d), 15 U.S.C. § 77ooo(d)). However, the trustee is protected for acting "in good faith in accordance with the direction of the holders of not less than a majority in principal amount of the indenture securities at the time outstanding … relating to the time, method, and place of conducting any proceeding for any remedy available to such trustee, or exercising any trust or power conferred upon such trustee" (TIA Section 315(d)(3), 15 U.S.C. § 77ooo(d)(3)).

22 A trustee acts as representative of the bondholders pursuant to the terms of the TIA (for public bonds) and/or the indenture. Although the trustee is not a beneficial owner of the bonds, the trustee is the only party with direct contractual obligations to or from the obligor pursuant to the indenture. For an unsecured bond, the trustee does not hold property on behalf of the security holders; however, the trustee holds the right to enforce the indenture provisions on behalf of bondholders. Therefore the trust's *res* is the right to enforce the obligor's obligations under the issued securities rather than any tangible or intangible assets. In the normal course, the trustee also acts as the paying agent under the indenture, responsible for the distribution of interest and principal on the notes. If the trustee fails to act as paying agent, it can be removed by the obligor or the security holders under specific circumstances and replaced either by the obligor itself or by a different paying agent.

The TIA sets forth certain requirements for trustees relating to potential conflicts of interest. The TIA provides that a TIA-eligible trustee must be a corporation organized and doing business under U.S. federal or state law that either is authorized to exercise corporate trust powers or is subject to supervision or examination by governmental authorities under such laws, or – upon application to the SEC – an entity organized and doing business under foreign laws to act as sole trustee that either is authorized to exercise corporate trust powers or is subject to supervision or examination by governmental authorities under laws substantially equivalent to those applicable to U.S. institutional trustees (TIA Section 310(a)(1), 15 U.S.C. § 77jjj(a)(1)). A TIA-eligible trustee cannot be an obligor on securities for which it is serving as trustee, or a person controlling or controlled by or under common control with such obligor (TIA Section 310(a)(5), 15 U.S.C. § 77jjj(a)(5)). 23

The TIA also specifies circumstances presenting conflicts of interest pursuant to which a trustee must within 90 days either remedy such conflicting interest or resign, and the obligor must ensure a successor is appointed, following which any affected bondholder can petition a court for removal of such trustee. The primary instance of such a conflict of interest is where the trustee is also trustee under another indenture of the obligor for which the interests of the bondholders are not aligned. While a single trustee is permitted to serve as trustee for the qualification of a senior and subordinated indenture of an issuer, such trustee would be permitted to represent bondholders for only one of those issues in a reorganization or bankruptcy scenario (TIA Section 310(b), 15 U.S.C. § 77jjj(b)). In addition, the TIA prohibits a trustee from receiving preferential collection of claims against an obligor as principal *vis-a-vis* bondholders for which it is acting as trustee during the three months before and after a default (TIA Section 311, 15 U.S.C. § 77kkk). The trustee is required to mail to bondholders on an annual basis a report discussing (if applicable) changes related to the trustee's potential conflicts of interest (TIA Section 313(a), 15 U.S.C. § 77mmm(a)). 24

There is generally no provision for bondholder meetings in the standard indenture. Instead, bondholders are authorized to communicate with one another through the trustee. It is common that an indenture incorporates the provisions of Section 312(b) of the TIA (even if the indenture is not required to be qualified thereunder). The TIA requires an obligor to furnish to a trustee a list of names and addresses of bondholders at least once every six months (TIA Section 312(a), 15 U.S.C. § 77lll(a)). In turn, the TIA requires a trustee, upon presentation of a proxy or other communication by three or more bondholders who have held their securities for at least six months, to either provide such bondholders with the mailing list for all bondholders furnished to it by the obligor or offer to mail the materials on behalf of such bondholders. However, the trustee can instead elect to file with the SEC and mail to all bondholders within five days a notice that such a mailing was either contrary to the best interests of bondholders or in violation of law (TIA Section 312(b), 15 U.S.C. § 77lll(b)). 25

26 The TIA requires that an obligor shall file with the indenture trustee those periodic reports that it is required to file under the Exchange Act as well as an annual compliance certificate and any certificates or opinions of independent public accountants as to compliance with conditions or covenants in the indenture to back-up such annual compliance certificate (TIA Section 314(a), 15 U.S.C. § 77nnn(a)). The TIA also specifies certain other certificates and opinions that the obligor is required to provide to the trustee, including annual opinions of counsel with respect to the proper recording and filing of secured indentures, evidence of compliance with conditions precedent upon authentication and delivery of securities, release or substitution of property, satisfaction and discharge or any other action to be taken by the trustee, and certificates of fair value upon certain actions taken with respect to collateral underlying a secured indenture (TIA Section 314(b)–(d), 15 U.S.C. § 77nnn(b)–(d)).

II. Bondholder Action

27 The TIA provides certain mechanisms for bondholder action. Specifically, the TIA provides that an indenture qualified under the TIA shall be deemed to provide that holders of not less than a majority in principal amount of bonds are authorized (1) to direct the time, method and place of conducting any proceeding for any remedy available to the trustee, and (2) to consent on behalf of all bondholders to the waiver of any past default and its consequences (TIA Section 316(a)(1), 15 U.S.C. § 77ppp(a)(1)). An indenture may provide that holders of not less than 75% in principal amount of bonds are authorized to consent on behalf of the holders of all bondholders to the postponement of any interest payment for up to three years (TIA Section 316(a)(2), 15 U.S.C. § 77ppp(a)(2)).

28 The trustee is obligated to notify bondholders upon the effectiveness of any amendment. The trustee and the obligor typically enter into a supplemental indenture reflecting the amendment upon presentation to the trustee of evidence reasonably satisfactory to the trustee of the consent of a sufficient number of holders. The trustee may request that bondholders deliver their securities to the trustee in order to note the amendment on such bond, or the obligor may issue an amended note in place of the old note. If the bond issue remains in the form of a global note that is held by the trustee, as is typically the case, notation upon or substitution for the original bond is not as cumbersome a process.

1. Amendments and Waivers Without Bondholder Consent

29 The obligor is typically permitted to amend or supplement the indenture and the notes *without the consent of any holder:*
- to cure any ambiguity, manifest error, omission, defect, mistake or inconsistency;
- to provide for the assumption by a successor corporation of the obligations of the obligor under the indenture;
- to add guarantees, add covenants of the obligor, or surrender rights or powers of the obligor, or to make changes that do not otherwise materially adversely affect the rights of bondholders;
- to comply with requirements of the SEC under the TIA or provide for a successor trustee or depository, or relating to the transfer, exchange and legending of the bonds; and

- to confirm the release, termination or discharge of any guarantee or lien in accordance with the indenture.

2. Amendments with Bondholder Consent

The *consent of each bondholder* (or 90% of all bondholders in the case of certain 30
private bonds) is typically required to effect an amendment, supplement or waiver:
- to reduce the threshold for bondholder consent;
- to reduce the rate or extend the time for interest payments, or reduce the principal amount or change the maturity of any bond;
- to reduce the amount payable upon the redemption of any bond or advance the time at which any bond may be redeemed;
- to make any bond payable in a different currency;
- to impair any bondholder right to receive payment of principal and interest on or after the due dates therefore or to institute suit for the enforcement of any payment with respect thereto;
- to adversely change the ranking or priority of any bond; or
- to release a guarantor from a guarantee of the bonds.

The obligor is also typically permitted to amend or supplement the indenture or 31
to waive any past default or compliance with the notes or the indenture with the consent of bondholders representing a majority of aggregate outstanding principal amount. Such bondholder consent may also be solicited pursuant to a tender or exchange offer or may be effected through an out-of-court restructuring process. In such tender offers, exchange offers or out-of-court restructurings, bondholders receiving cash or other securities may provide the consents required to amend the terms of the indenture governing the non-consenting bondholders (referred to as "exit consents").

Typically, covenants such as the change of control, asset sale, limitations on indebtedness and restricted payments, affiliate transactions and events of default may be amended through a simple majority of the bondholders. Recently, US courts have weighed in on the extent to which such consents can impair the rights of the remaining bondholders (see Mn 39).

3. Out-of-Court Restructurings

A consensual out-of-court restructuring (or "workout") is a nonjudicial process 32
through which a financially distressed company and its significant creditors reach an agreement for adjusting the company's obligations. Frequently, management of the distressed company initially disagrees with the company's creditors as to the sources of the company's problems and their potential solutions. A successful workout normally requires the participation of a company's lenders, major suppliers, and, in many cases, other organizations or entities such as unions and governmental agencies.

No consensual restructuring can occur unless substantially all creditors agree 33
on a plan for providing the company with relief. The leverage bondholders can exert in a restructuring of a company's debt obligations will vary greatly depending on where the bondholders are in the company's capital structure, and in particular whether the bondholders are secured or unsecured creditors. As discussed above, reducing the interest rate, extending the time for interest payments, reducing the principal amount, or changing the maturity of any bond typically requires the consent of each bondholder. Obtaining this consensus is the most difficult part of

Anhang I Bonds and Bondholder Action under U.S. Law

an out-of-court restructuring, but is often facilitated by the threat of a possible filing under Chapter 11 of Title 11 of the United States Code (11 U.S.C. §§ 101–1330), which forces parties to evaluate whether an out-of-court restructuring is more favorable than the likely outcome of a bankruptcy case. In particular, if a company's problems are a result of its capital structure and the company is otherwise profitable from an operational point of view, lenders may seriously consider rescheduling principal payments, or in more extreme cases, converting a portion of the company's debt into equity, convertible securities or junior debt.

34   Thus, a financially troubled company will often tender new securities, sometimes combined with cash, for its outstanding debt. Such a transaction is commonly called an "exchange offer." A company may alternatively make an offer to buy its outstanding securities for cash, including an "exit consent," if required, from the tendering holders. A company that solicits tenders of its securities in the United States, whether pursuant to a cash tender or an exchange offer, must comply with the tender provisions of the Exchange Act (Exchange Act Section 13(d)–(e), 15 U.S.C. § 78m(d)–(e); Exchange Act Section 14(d)–(f), 15 U.S.C. § 78n(d)–(f)). Issuers of private bonds not qualified by the TIA – and where the terms of the indenture do not otherwise require compliance with the Exchange Act – will sometimes choose to exclude bondholders in the United States from the tender offer in order to avoid application of certain requirements of the Exchange Act, such as holding the offer open for a minimum of 20 business days.

35   In addition, the Securities Act prohibits the offer of securities to the public unless a registration statement has been filed with the SEC and the sale of securities until such registration statement has been declared effective by the SEC, unless an exemption from registration is available. The SEC used to take the position that certain material modifications to existing public debt (e.g., a change in the contract interest rate of more than 0.5% or a change in certain material covenants) would be deemed to constitute the issuance of a "new" security notwithstanding the fact that the existing indenture provided for modifications with the consent of the bondholders. The SEC has since backed away from this position. Where the bonds have been held by relatively few institutional holders it may be possible to use Section 4(a)(2) "private placement" exemption to effect an exchange offer. Most exchange offers with bondholders that have been consummated to date have either relied on the exemption from registration contained in Section 3(a)(9) of the Securities Act or have been effected pursuant to a registration statement filed with the SEC. Section 3(a)(9) provides an exemption from registration for an exchange of securities "by the issuer with its existing security holders exclusively where no commission or other remuneration is paid or given directly or indirectly for soliciting such exchange." A Section 3(a)(9) exchange offer in which new debt is to be issued may not be commenced until an application for qualification of the indenture pertaining to such security has been filed with the SEC and sales may not be made nor the offer closed until the application has been declared effective by the SEC.

36   Increasingly, issuers of New York law governed bonds have used English schemes of arrangements to implement restructurings and take advantage of the exemption granted under Section 3(a)(10) of the Securities Act. English courts have taken a broad view with regard to the situations in which they will exercise jurisdiction over a foreign company. A sufficient connection may be established on the basis that the scheme claims are subject to English law or that the scheme company has its center of main interest in England. To establish a sufficient connec-

tion for a scheme of New York law governed bonds either the governing law will need to be validly amended to English law pursuant to a consent solicitation process (see Mn 31) or the scheme company's center of main interest will need to be in or moved to England. In the latter case English courts will also need to be satisfied that US bankruptcy courts will protect the scheme, pursuant to Chapter 15 of Title 11 of the United States Code (11 U.S.C. §§ 1501–1533), from bondholders seeking to pursue their New York law governed rights.

Provided the scheme is approved at the scheme meeting(s) by a majority in **37** number of scheme creditors representing 75 per cent in value of those present and voting at the relevant scheme meeting for each creditor class, then the court will consider the fairness of the scheme at a sanction hearing. The criteria for determining fairness is that the proposed scheme must be "such that an intelligent and honest man, a member of the class concerned and acting in respect of his interest, might reasonably approve". The court will not judge the scheme on the basis of its commercial merits or its inherent fairness but rather whether a member and/or creditor could have reasonably approved it. Prior to the sanction hearing, the creditors are notified that they have the right to be heard at the sanction hearing in relation to issues pertaining to the fairness of the scheme. The court will also be notified in advance that if it sanctions the scheme this will be relied upon as approval for Section 3(a)(10) of the Securities Act. Accordingly, if the scheme is sanctioned, the Section 3(a)(10) exemption permits the issuance of exchange securities in the United States pursuant to a court-sanctioned scheme, without registering such securities with the SEC.

Because an out-of-court restructuring depends on obtaining broad consensus, **38** a company will frequently pursue an out-of-court restructuring on a parallel path with a prepackaged or pre-negotiated Chapter 11 plan (see Mn 40 et seq.). The exchange offer presented to bondholders outside of a Chapter 11 bankruptcy proceeding is used as the "carrot" to induce bondholders to consent to an out-of-court restructuring rather than risk the "stick" of a prepackaged or pre-negotiated Chapter 11 plan that gives bondholders less consideration than the exchange offer.

The Southern District of New York's decision in *Marblegate* may limit a com- **39** pany's ability to restructure out-of-court. *Marblegate* concerned the meaning of Section 316(b) of the TIA which provides, in part, that "the right of any holder of an indenture security to receive payment of the principal of and interest on such indenture security ... shall not be impaired or affected without the consent of such holder" (TIA Section 316(a)(2), 15 U.S.C. § 77ppp(b)). Prior to *Marblegate*, it was widely accepted that Section 316(b) protected a bondholder's *legal* right to payment, not a bondholder's *practical* right to recover. The *Marblegate* court concluded, however, that Section 316(b) of the TIA should be read more broadly to protect bondholders from non-consensual out-of-court restructurings that will prevent them from recovering their principal and interest (because, for example, the issuer retains no assets post-restructuring), even where bondholders' legal right to bring a suit is unchanged. Nevertheless, *Marblegate* is too recent for its practical impact to be clear.

4. In-Court Restructurings

The goal of a Chapter 11 bankruptcy case is to confirm a plan of reorganization **40** and, through this plan, reorganize the debtor's balance sheet. During the first 120 days, the debtor has exclusive right to file a plan of reorganization, although this period may be extended by court order. A plan of reorganization will classify claims and interests; voting on and treatment under the plan will be on a class basis. In Chapter 11, votes are solicited through a court-approved disclosure statement, which provides all relevant information needed by a hypothetical creditor to vote for or against the plan. For an impaired class to approve the plan, a class must vote in favor of the plan by (1) more than 1/2 in number of claims actually voted and (2) at least 2/3 in amount of claims actually voted. As explained in more detail below, a plan may be confirmed without acceptance of all classes through a process commonly referred to as a "cramdown." Votes are not solicited from classes of claims or interests that are unimpaired under a plan, as such classes are deemed to accept a plan of reorganization. Moreover, votes are not solicited from classes of claims or interests entitled to no recovery under the plan, as such classes are deemed to reject the plan.

41 Among the numerous benefits afforded to a company if it becomes a Chapter 11 debtor is the ability to obtain the benefit of the "automatic stay," which is a statutory injunction in favor of any company that is a debtor under Chapter 11. A Chapter 11 debtor also has the ability to reject burdensome executory contracts and unexpired leases, and is able to restructure its financial obligations on a non-consensual basis. Unlike the ability to "cram-down" creditors in a Chapter 11 plan of reorganization (described below), in an out-of-court restructuring the company has no legal weapons to force creditors to accept a proposed restructuring other than the threat of filing for bankruptcy.

42 Chapter 11 reorganization focuses on reorganizing the debtor and maximizing enterprise value. Chapter 11 offers significant flexibility regarding how the company will be reorganized and enables existing management to continue to operate the company in bankruptcy as a debtor-in-possession. Chapter 11 cases fall into two general categories: a traditional Chapter 11 case or a prepackaged or pre-negotiated case. In the traditional Chapter 11 case, relief is sought under Chapter 11 without having an agreed exit strategy between the company and its major stakeholders. A prepackaged or pre-negotiated bankruptcy, on the other hand, is characterized by commencing a Chapter 11 case after a consensus is reached between the company and key stakeholders on the outcome of the case. Under either approach, the rights of bondholders can be significantly altered pursuant to a court approved plan of reorganization. In particular, notwithstanding provisions of the TIA providing that certain rights of a holder of an indenture may not be "impaired or affected without the consent of such holder" (TIA Section 316(b); 15 U.S.C. § 77ppp(b)), case law has established that the "rights of holders to principal and interest on bonds issued under a TIA-qualified indenture can be impaired by bankruptcy proceedings" (*In re Board of Directors of Multicanal S.A.*, 307 B.R. 384, 388 (Bankr. S.D.N.Y. 2004). Section 316(b) of the TIA "proscribes certain ... 'majority action clauses' ... [and] expressly prohibits use of an indenture that permits modification by majority secured holder vote of any core term of the indenture, ie one affecting a security holder's right to receive payment of the principal of or interest on the indenture security." *UPIC & Co. v. Kinder-Care Learning Ctrs., Inc.*, 793 F. Supp. 448, 452 (S.D.N.Y. 1992). But this section does not prohibit modification of bondholder rights pursuant to a Chapter 11 plan of reorganization.

43 **a) Traditional, Prepackaged and Pre-Negotiated Restructurings.** A Chapter 11 plan of reorganization can provide for a combination of any of the following:

- a "stand-alone" plan in which the necessary stakeholders agree on a reorganization of the company without the intervention of a third-party or a sale of the business, relying instead on a plan under which at least one class of creditors (the accepting impaired class) agrees to accept less than full payment of its claims;
- a plan that effects a sale of all or substantially all of the assets as a going concern and distributes the consideration or proceeds of the sale to the creditors;
- a plan that relies on a capital infusion from outside investors; or
- a liquidating plan that sells all of the assets of the company and distributes the proceeds to creditors.

In a prepackaged Chapter 11 case, the debtor negotiates a plan of reorganization, prepares a disclosure statement, and solicits votes on a plan, all before commencing the Chapter 11 case. By obtaining the necessary acceptances for a plan before commencing the Chapter 11 case, the debtor can obtain the benefits of both a workout and a Chapter 11 restructuring, while limiting the amount of time actually spent in Chapter 11. 44

In a pre-negotiated Chapter 11 case, the debtor files a Chapter 11 plan and disclosure statement on the Chapter 11 petition date. By that time the debtor already will have negotiated with its major creditor constituencies and will know that these groups support the plan. Unlike a prepackaged bankruptcy, solicitation does not take place until the bankruptcy court has approved the disclosure statement. A pre-negotiated bankruptcy nevertheless also expedites the Chapter 11 process. 45

As discussed below, two of the most common ways to modify the rights of bondholders pursuant to a Chapter 11 plan absent the consent of the requisite percentage of bondholders needed to modify the indenture are (1) "cramdown" of a class of bondholders, or (2) reinstatement of the bond debt. 46

b) Modification of Rights Through "Cramdown". If the debtor proposes a plan of reorganization that significantly modifies bondholders' rights under the indenture, such a plan can still be confirmed over the dissenting votes of the bondholders if the plan otherwise complies with Section 1129(b) of the Bankruptcy Code and is accepted by at least one class of claims that is impaired under the plan (11 U.S.C. § 1129(a)(10); note that pursuant to Federal Rule of Bankruptcy Procedure 3003(c)(1), an indenture trustee is authorized to file a proof of claim on behalf of the bondholders; usually, the indenture reserves the rights of the bondholders to vote on a plan of reorganization even though the indenture trustee files a proof of claim on behalf of all bondholders.). The so-called "cramdown" standards must be satisfied with respect to each dissenting class, including the requirement that the plan "does not discriminate unfairly, and is fair and equitable, with respect to each class of claims or interests that is impaired under, and has not accepted, the plan" (11 U.S.C. § 1129(b)(1)). 47

Satisfying the "fair and equitable" standard requires that, with respect to a class of impaired claims or interests, no junior class of claims or interests will receive or retain anything under the plan. Satisfying the "no unfair discrimination" standard depends on facts and circumstances of a particular case, but at a minimum prohibits materially different treatment of creditors and interest holders with similar legal rights without a compelling justification for such disparate treatment. 48

So long as at least one impaired accepting class has accepted a plan, a plan may "cramdown" both secured and unsecured creditors. Although bondholders may 49 be the most senior secured debt in the borrower's capital structure, often bondholders are contractually subordinated to bank debt or are otherwise unsecured creditors (11 U.S.C. § 1129(b)(2)).

50   aa) **"Cramdown" of Secured Creditors.** If the bondholders are secured creditors, the plan may be confirmed and the secured bondholders "crammed down" if the plan meets the requirements of Section 1129(b)(2)(A)(i), (ii) or (iii). Generally, the proposed treatment for a class of secured creditors satisfies the "fair and equitable" requirement if the creditor (1) retains his lien on the collateral, or on the proceeds of the sale if the collateral is sold and (2) receives under the plan deferred cash payments that have a present value (as of the plan's effective date) at least equal to the value of the collateral (or at least equal to the allowed amount of the claim if that is less) (11 U.S.C. § 1129(b)(2)(A)(i)–(ii)). Meeting this requirement typically means paying a market rate of interest on the deferred installment payments under the plan. The practical effect of Section 1129(b)(2)(A)(ii) thus permits the restructuring of the payment of a secured debt, so long as the present value of the stream of future payments is assured by an appropriate interest rate.

51   Alternatively, Section 1129(b)(2)(A)(iii) of the Bankruptcy Code enables the "cramdown" on a class of secured claims if it provides that dissenting secured creditors receive the "indubitable equivalent" of their secured claims. This provision was intended as a catchall provision to provide some flexibility to the court in considering other types of treatment to satisfy the cramdown standard for a dissenting class of secured claims. According to the legislative history, abandoning the collateral or granting the secured creditor a substitute lien on similar collateral would constitute indubitable equivalence, but giving unsecured notes or equity securities would not.

52   bb) **"Cramdown" of Unsecured Creditors.** Under Section 1129(b)(2)(B) of the Bankruptcy Code, a plan is fair and equitable as to and may "cramdown" a class of unsecured claims (e.g., unsecured bondholders) if it provides the holders of claims of that class with consideration having a present value, as of the plan's effective date, of not less than the full allowed amounts of the claims in that class. In other words, if the class is to be compensated by the issuance of new notes in the principal amount of the allowed claims in that class, the notes must bear a market rate of interest so as to meet the present value requirement.

53   Alternatively, a plan is "fair and equitable" as to a class of unsecured creditors if the plan provides that no holders of claims junior in priority to the class receive or retain any interest under the plan unless and until the "crammed down" class is paid in full (11 U.S.C. § 1129(b)(2)(B)(ii)). This is essentially a relaxed version of the absolute priority rule. The absolute priority rule is a doctrine that predates the Bankruptcy Code and mandates that a class must be provided for in full before a junior class receives a distribution. In other words, so long as the value of the debtor is being distributed in the order of the seniority of the classes of creditors, a plan may "cramdown" a class of unsecured creditors even without providing that class consideration having a present value equal to the full amount of the allowed claims in that class. Where the debtor has multiple tranches of debt, holders of unsecured notes are frequently "crammed down" and are offered minimal consideration on account of their unsecured claims pursuant to Section 1129(b)(2)(B)(ii) of the Bankruptcy Code.

54   cc) **"Cramdown" of Partially Secured or Undersecured Creditors.** Outside of bankruptcy, if a creditor is undersecured insofar as its allowed claim

exceeds the value of the collateral securing the obligation, and the original obligation is a nonrecourse one, then there is no enforceable unsecured claim against the debtor on account of the deficiency, and the unsecured portion of the claim is disallowed under Section 502(b)(1) of the Bankruptcy Code. As explained above, the secured portion of the claim, however, is subject to "cramdown" so long as the present value of the deferred payments under the plan is not less than the value of the collateral.

Section 1111(b) is designed to avoid the seemingly unfair result of having a nonrecourse creditor's unsecured deficiency claim disallowed. Section 1111(b) gives the undersecured creditor an unsecured deficiency claim, whether or not it has a recourse claim outside of bankruptcy. Alternatively, provided that the creditor's interest in the collateral is not of inconsequential value, the creditor may elect under Section 1111(b)(2) to have its claim allowed as a secured claim for its full contractual amount rather than the default result of having a secured claim in a lower amount equal to the collateral's value. Note that if a bondholder is junior to or structurally subordinated to senior bank debt or other notes that are themselves undersecured, then the bondholder may not make the Section 1111(b)(2) election because its interest in the collateral is inconsequential. For example, if a debtor has senior bank debt in the amount of $500 million secured by a lien on substantially all of the debtor's assets, which are worth $300 million, then junior bondholders holding notes in the face amount of $100 million with rights to the same collateral securing the senior bank debt have an inconsequential interest in the debtor's collateral and cannot elect to treat their $100 million claim as a secured claim.

If an undersecured creditor makes the Section 1111(b)(2) election and is treated as having a secured claim for the full contractual amount, the undersecured creditor may still be "crammed down" under Section 1129(b)(2)(A)(ii). In other words, the debtor can "cramdown" the undersecured bondholder by giving a note with a nominal face amount equal to the contractual amount of the claim and a market appropriate interest rate such that on a present value basis the note is worth the contractual amount of the claim.

c) Reinstatement. Some borrowers may have obtained secured financings on favorable terms – including principal amounts, interest rates, covenants, and other terms – that are no longer available to the borrower. Such borrowers who find that they now need to restructure their balance sheets may consider restructuring "around" such debt (ie, by leaving such debt in place while restructuring other debt obligations), thereby retaining the economic value of the below-market terms of the secured debt. Holders of the reinstated debt, on the other hand, may face a borrower whose risk profile has changed, and the holders may wish to use the restructuring opportunity to enhance the terms of their debt to comport with current market conditions.

In order to reinstate debt under the Bankruptcy Code, a borrower must cure any outstanding defaults under the debt instrument reinstate the original maturity and otherwise leave unaltered the legal, equitable and contractual rights of the holder. A debt instrument that complies with these requirements is considered "unimpaired" and is deemed to accept a reorganization plan. A default that is quantifiable and thus able to be cured through monetary payment, likely will not be a bar to reinstatement. The more difficult defaults are non-monetary or other defaults that are "historical facts," such as non-compliance with ratios or reporting requirements.

59 Secured debt may only be reinstated pursuant to a plan of reorganization. One key issue is whether to propose a plan that proposes only to reinstate the secured debt, or to propose a plan that contains a "cramdown" alternative in the event that the court determines that the secured debt is impaired under the plan or that the plan is not feasible if the secured debt is reinstated.

60 If a debtor successfully reinstates secured debt, it will argue that the creditors are unimpaired. Under Section 1126(f) of the Bankruptcy Code, an unimpaired class of claims is deemed to accept a plan and hence, is not entitled to vote on the plan. However, unimpaired creditors nonetheless have standing to object to a plan – to assert, among other things, that they are, in fact, impaired by the terms of the plan, or that the plan otherwise is not feasible or fair and equitable.

III. Conclusion

61 In conclusion, the ability for an obligor to modify a bondholder's rights in an out-of-court restructuring usually depends on the ability for a company to negotiate consensus among numerous parties in interest, including bondholders. The ability to modify a bondholder's interests pursuant to a Chapter 11 plan of reorganization, including the ability of the debtor to "cramdown" a class of bondholders, varies depending on whether the bondholder is a secured creditor or an unsecured creditor. Finally, a debtor may seek to reorganize its company and reinstate an indenture with favorable terms, even if the bondholders believe that the company's risk profile has changed such that simply reinstating the indenture is not a fair result.

B. English Law Bonds

Table of Contents

	Mn
I. Origin and Legal Basis	1
II. Form	2
1. Bearer Bonds	3
2. Registered Bonds	5
3. Global Bonds	7
4. Definitive Bonds	8
III. Transparency of Terms and Conditions	9
IV. Amendments to Terms and Conditions and Bondholder Meetings	10
1. Collective Rights and the Power to Bind the Minority	10
2. Matters that May be Amended	13
3. Equal Treatment – Acting Bona Fide and in the Interests of the Bondholders as a Whole	15
V. Procedural Rules	17
1. Convening Meetings	18
2. Attendance	22
3. Quorum and Voting Levels	25
a) Entrenched Matters	26
b) Other Substantive Business	27
c) Ordinary Business	28

	Mn
VI. Representation of Bondholders	30
1. Why are Trustees Appointed?	33
2. Appointment and Removal	36
3. Trustee's Rights and Duties	38
4. Liability	45
a) Duty to Act with Care and Skill	46
b) Fiduciary Duties	50
VII. Conclusion	52

I. Origin and Legal Basis

Unlike bonds constituted under German law, bonds under English law do not **1** emanate from a statutory basis; rather they are constituted from contract. This is largely a reflection of the English common law system as compared to the continental civil law system where such matters are generally codified. This fundamental difference must be borne in mind in undertaking a comparison of the provisions which govern German law bonds and English law bonds. Issuers of English law bonds are largely free to determine the provisions by which the bonds are to operate and under which bondholders' rights are governed. Notwithstanding that, market practice generally dictates that the provisions of bonds largely conform to a similar form and content.

II. Form

In understanding how bondholders and issuers enforce their rights and obliga- **2** tions against each other, it is important to understand the form in which bonds may be constituted under English law. The rights of bondholders under English law bonds derive from their title to the bonds which they establish as either (1) the bearer of the bonds or (2) the registered holder of the bonds.

1. Bearer Bonds

Traditionally English law bonds take the form of negotiable instruments (for **3** the essential characteristics of the negotiable instrument under English law see Mn 4), whereby title to the bond passes from bearer to bearer of the bond with the rights under the bond being held by such bearer. To establish this concept English law views bonds as part contract and part proprietary right. The holder of a bond can enforce its contractual rights under the terms and conditions of the bond, despite not being a party to any documents initially establishing the bond. Conversely, whereas contractual parties' rights are separated from the document under which such rights are defined, possession of the bond is fundamental to establishing the rights of the bondholder (See Chitty on Contracts 32nd para 34-002).

Under English law a negotiable instrument has three essential characteristics: **4**
(1) it is transferable by mere delivery, with no notice of the transfer needing to be given to the issuer;
(2) full legal title in the instrument passes to the transferee, who may sue the issuer in his own name without needing to join the transferor as a party; and

Anhang I Bonds and Bondholder Action under U.S. Law

(3) if the transferee is a bona fide purchaser for value without notice of the relevant defects or defences, they acquire the title in the instrument free of any defects in title of a prior holder or any defences available to the issuer against a prior holder.

2. Registered Bonds

5   English law bonds may also be constituted in registered form. This is the more common way in which bonds are constituted. A person's title is derived from the entry of such person's name in the register held by a bond issuer in relation to such bonds. Once named in the register such person becomes a bondholder for the purposes of establishing entitlements to payments, attendance at meetings of bondholders and all other rights of bondholders under the terms and conditions. Whilst certificates are issued, these are only evidential and transfers are only effected by changes to the register and not by transfer of the physical certificate.

6   A further distinction to be made is whether the bonds are constituted in global form or held in definitive form.

3. Global Bonds

7   Global bonds allow the bonds to be held in such a form that they may interact with international clearing systems through which the vast majority of bonds are now held. If the global bond is in bearer form, it is issued to and held by a financial institution (the **"Common Depositary"**) on behalf of Euroclear or Clearstream. If the global bond is in registered form, then the certificate evidencing the bonds is held by the Common Depositary and an affiliate or nominee of such Common Depositary is entered into the register as the holder of the bond (the **"Common Nominee"**). Payments are made to either the Common Depositary or the Common Nominee, as appropriate, who then credits the security account of the relevant accountholder within the clearing systems. As to other rights on the global bond, it is often provided that, although the holder of the global bond is entitled to payments (which it then passes to the clearing systems for distribution to the accountholders within the clearing systems), all other rights, in particular the right to vote the bonds, are vested with the accountholders.

In addition to the classic global note structure (**"CGN"**) described above, global bonds intended to be eligible as collateral for Eurosystem monetary policy can also be issued under the new global note structure for bearer bonds (**"NGN"**) or the new safekeeping structure for registered bonds (**"NSS"**). The NGN and NSS structures are similar to the CGN structure, except that global bonds are issued to and held by a financial institution as common safekeeper (the **"Common Safekeeper"**), or a nominee of a Common Safekeeper, respectively, and payments are processed by a financial institution as common service provider (the **"Common Service Provider"**). An issuer will also be required to enter into a standard form agreement with the clearing systems before the global bond is accepted for clearance. In addition to being eligible as collateral, the global bearer bonds are held wholly in electronic form with outstanding amounts determined from the records of the clearing system rather than a physical note with schedules annotated by paying agents to reflect payments of interests and outstanding amounts.

4. Definitive Bonds

Global bonds are used, amongst other reasons, to save the time and cost of printing definitive bonds. Occasionally it is necessary or desirable for the accountholders within the clearing system to be issued with definitive bonds. There are normally three such circumstances in which exchange from global form to definitive form is permitted: (1) an event of default has occurred under the terms and conditions of the bonds and such event of default is continuing; (2) the issuer suffers a tax disadvantage which would not be suffered if the bonds were in definitive form; or (3) Euroclear and Clearstream close for 14 days or shut down permanently, and no alternative clearing system is available.

III. Transparency of Terms and Conditions

As with German law bonds, any offering of English law bonds that falls within the parameters of the Prospectus Directive must "*contain all information which, according to the particular nature of the issuer and of the securities offered to the public or admitted to trading on a regulated market, is necessary to enable investors to make an informed assessment of the assets and liabilities, financial position, profit and losses, and prospects of the issuer and of any guarantor, and of the rights attaching to such securities*" (Article 5(1) of Directive 2003/71/EC, as amended and implemented in the United Kingdom through section 80 of the Financial Services and Markets Act 2000). However, unlike German law bonds, there is no requirement that the terms of bonds are written in particular form. As discussed above, the terms and conditions of English law bonds may be freely drafted, subject to overriding provisions of law.

IV. Amendments to Terms and Conditions and Bondholder Meetings

1. Collective Rights and the Power to Bind the Minority

There are many situations where the issuer may wish to amend the terms and conditions of the bonds it has issued. One such situation is amendments to the terms and conditions to alleviate any financial difficulties that the issuer may be experiencing and thus attempt to avoid the occurrence of an event of default under the bonds (which often cross defaults other debt obligations of the issuer). The choice faced by bondholders when an issuer is in severe financial difficulty is (1) to agree a restructuring via consensual arrangements; (2) to obtain a court sanctioned rehabilitation procedure, such as a Scheme of Arrangement under Part 26 of the UK Companies Act 2006; or (3) to accept the ultimate insolvency of the issuer. Both rehabilitation proceedings and insolvency proceedings generally destroy the value of the issuer's property and its goodwill. In addition, such proceedings can be very expensive and drawn-out because of the involvement of all creditors of the issuer. Therefore a consensual amendment process is often the best option. Other reasons for amending the terms and conditions can be merely to correct mistakes or adapting them to changes in the issuer's situation following a merger or a business reorganisation.

Anhang I Bonds and Bondholder Action under U.S. Law

11 The question arises as to how bondholders can be bound by an amendment without specific statutory provisions applying and to which they have not given their individual consent. Due to the *pari passu* nature of the bonds, the issuer of the bonds cannot agree to amend the terms and conditions of the bonds on an individual basis and therefore must seek a group agreement. However, obtaining the consent of each holder to particular amendments is often impractical for several reasons. One is that, from a logistical point of view, it is often extremely difficult to discover the identities of the ultimate beneficial holders of the bonds if the bonds are held through a clearing system. There is often a long chain of custodians and sub-custodians between the clearing system and the ultimate investor with respective confidentiality obligations between each. Additionally, and probably more importantly, there is the ability of a single holder to hold out and thwart not only the wishes of the issuer, but also the majority of other bondholders.

12 However, as described earlier, bonds under English law are based on contract and it is from this contractual basis that a solution has developed. It is usual for bondholders to have agreed to contractual provisions which specifically include the ability to amend the terms and conditions of the bonds without the consent of all individual bondholders. Such terms have been judicially tested and it is a now well established principle under English law that the contractual power of a majority of holders to pass resolutions that bind the minority is valid (See e.g. *Re The Dominion of Canada Freehold Estates and Timber Co. Ltd.* (1886) 55 LT 347; *Redwood Master Fund Ltd. v TD Bank Europe Ltd.* [2002] EWHC 2703 (Ch), [2006] 1 BCLC 149).

2. Matters that May be Amended

13 As the power to bind the minority is derived from contract, the contract must reference what may be amended. This principle is extended to only permitting amendments that can reasonably be considered to have been in the contemplation of the parties at the time of issue (*Hole v Garnsey* [1930] AC 472). Any doubt will be construed in favor of the minority (*Mercantile Investment and General Trust Co. v International Company of Mexico* [1893] 1 Ch 484; and *Re German Potash Syndicate's Trust Deed* (1955) Times, 25 March). Therefore it is usual in the document constituting the bonds to have a long list of matters that may be amended by the majority of bondholders. For example such list may, and generally does, include the following powers which can be exercised by a majority of bondholders:

14 (a) the power to approve any compromise or arrangement proposed to be made between the issuer and the bondholders;
   (b) the power to approve any abrogation, modification, compromise or arrangement in respect of the rights of the bondholders against the issuer;
   (c) the power to agree to any modification of the provisions of the document constituting the bonds or the bonds themselves which is proposed by the issuer;
   (d) the power to appoint any persons (whether bondholders or not) as a committee or committees to represent the interests of the bondholders and to confer upon any such committee any powers or discretions which the bondholders are entitled to exercise themselves via majority vote; and
   (e) the power to approve a proposed change to the trustee of the bonds, if the bonds are constituted by a trust deed, and to approve the substitution of the issuer.

3. Equal Treatment – Acting Bona Fide and in the Interests of the Bondholders as a Whole

Amendments, if passed in accordance with bondholder meeting provisions, are 15 binding on all bondholders. However, bondholders in exercising their power to bind the minority do not have an unfettered power. To be binding, (1) any majority decision must be absent from fraud (*Northern Assurance Co Ltd v Farnham United Breweries Ltd* [1912] 2 Ch 125; and *Walker v Elmore's German and Austro-Hungarian Metal Co. Ltd.* (1901) 85 LT 767); (2) the majority bondholders must be acting bona fide (*Goodfellow v Nelson Lon (Liverpool) Ld.* [1912] 2 Ch 324); and (3) the power to bind the majority must be exercised for the purpose of benefiting the class as a whole, and not merely individual members only (*British America Nickel Corporation Ltd. v MJ O'Brien Ltd.* [1927] AC 369; *Law Debenture Trust Corpn plc v Concord Trust* [2007] EWHC 1380 (Ch); and *Assenagon Asset Management SA v Irish Bank Resolution Corporation Ltd* [2012] EWHC 2090 (Ch)). Given the fact that every bondholder will have its own commercial objectives, which will differ from those of other bondholders, it is often difficult to ascertain exactly what should be considered as benefiting the class of bondholders as a whole. Indeed, it could be argued that the very purpose of allowing voting procedures with respect to an issue relating to the bonds is to resolve conflicts of interest. English law, however, looks beyond whether any majority decision is merely prejudicial to the minority and instead requires there to be some improper motive on behalf of the majority.

Such an improper motive can be fraud, bad faith, an intention to oppress, or 16 deprive rights from, the minority, a coercive threat levied against the minority or the majority being motivated by a monetary or other collateral benefit not available to the minority (*Greenhalgh v Arderne Cinemas Ltd* [1951] Ch 286; *Assenagon Asset Management SA v Irish Bank Resolution Corporation Ltd* [2012] EWHC 2090 (Ch)). An example of such malfeasance would be where the issuer or its subsidiaries purchase bonds and then vote those bonds in favor or against a proposal, in a way which is not disclosed to other bondholders. For this reason, most bond issues will provide that bonds may not be voted while held by the issuer or its subsidiaries. The mere fact that some holders are treated differently is not enough to invalidate a bondholder resolution. For example, there could be a consent fee payable only to bondholders who vote in favor of a resolution proposed by the issuer. However, to ensure that such inducements are valid, the chance to obtain such inducement must be offered to all bondholders and the inducement must be fully disclosed (*Goodfellow v Nelson Lon (Liverpool) Ld.* [1912] 2 Ch 324; *British America Nickel Corporation Ltd. v MJ O'Brien Ltd.* [1927] AC 369; *Azevedo v Imcopa Importacao* [2012] EWHC 1849 (Comm); and *Assenagon Asset Management SA v Irish Bank Resolution Corporation Ltd* [2012] EWHC 2090 (Ch)).

V. Procedural Rules

As with other elements of provisions relating to bondholder amendment rights, 17 parties are largely free to contract how they wish to govern the amendment procedures. However, there are standard provisions which are seen as the norm and deviation from such standards are rarely undertaken (at least with respect to widely held large bond issuances). To effect amendments, it is typical to include

Anhang I

in the document constituting the bonds provisions to call and hold bondholder meetings, although often amendments may also be made by a written resolution without the need for a meeting (such written resolutions are usually required to be passed by a high percentage of bondholders, such as 90 per cent of the outstanding principal amount). The section below discusses the paradigm amendment and voting provisions seen in a standard corporate bond issuance.

1. Convening Meetings

18 Typically the issuer (or the trustee if there has been one appointed in respect of the transaction) may request a meeting. Additionally, to prevent bondholders from being able to request meetings in a frivolous or vexatious manner, a bondholder must generally hold over a stated amount (usually 10 per cent of the outstanding principal amount), or come together with other bondholders who together hold over that stated amount, in order to request a meeting. To call a meeting written notice must be given to all bondholders in the manner specified in the bonds, typically (1) if held through the clearing systems via the standard notice procedures of such clearing system or (2) if held otherwise than through clearing systems, via publication in a newspaper in general circulation in the cities specified in the bond provisions. Notice is usually deemed to have been given on publication in the relevant newspaper or after delivery to the clearing systems.

19 The provisions governing the bonds will normally require the notice to specify the venue and the exact time of the bondholder meeting. It is also understood as a principle of English law that, in order for bondholders to make an informed decision as to the resolution to be voted on, they should be provided with all material information (*Kaye v Croydon Tramways Co* [1898] 1 Ch 358; *Tiessen v Henderson* [1899] 1 Ch 861; and *Normandy v Ind Coope & Co Ltd* [1908] 1 Ch 84). This may also be a provision of the listing rules of the stock exchange any bonds may be listed on. Therefore, if the amendment is a substantive one and requires approval by an Extraordinary Resolution (as described below), the full text of the resolution must also be set out in such notice. Such information can be contained in the notice itself or in a memorandum that accompanies such notice. In bond issues where a trustee has been appointed it is usual for the trustee to review and approve, whilst not expressing any judgment on, the notice, the resolution contained in the notice and the accompanying materials in advance of them being sent to bondholders.

20 Another important consideration in conducting the bondholder meeting is whether the proposed resolution can itself be amended between giving notice of it to the bondholders and the date of the meeting. It is usually the case that the notice provisions which call a meeting must state the terms of the resolution. This means that the vote must be conducted on such terms and no amendments, other than grammatical corrections and non-substantive rewording, may be made. It may also be insufficient to refer to a document to be produced at a time before the meeting, because there must be enough information to allow a bondholder to make an informed vote and therefore any changes to such document must be minor ones.

21 The standard minimum notice period is 21 clear days (ie not inclusive of the day of the notice nor the day of the meeting) in the case of an original meeting and 14 clear days in the case of an adjourned meeting. If insufficient time is given,

the meeting will be invalid (*Woolf v East Nigel Gold Mining Co (Ltd)* (1905) 21 TLR 660).

2. Attendance

The persons entitled to attend and vote at a meeting considering a resolution largely depends on the form of the bonds and how they are held, whether they are bearer or registered and whether they are held in definitive or global form. The provisions are often fairly complex and, if the bonds are held in the clearing systems, are dependent on the rules of such clearing system as at the date of the meeting.

In general, those that are entitled to attend and vote are as follows:
(1) if the bonds are held in bearer or registered form in Euroclear or Clearstream:
   – the bearer of a "voting certificate" – this is obtainable from the paying agent and certifies that such person is entitled to vote in a certain principal amount of bonds. The accountholder must, in obtaining the voting certificate, block its bonds in the clearing system; and
   – a proxy appointed by the principal paying agent under a "block voting instruction" – a block voting instruction is used where the accountholder wants to vote, but not attend, and instructs the principal paying agent to appoint a proxy to vote on its behalf. The principal paying agent waits for all instructions to be received through the clearing systems and appoints one proxy to vote in the manner instructed;
(2) if the bonds are held in bearer, definitive form, the bearer of the bond; and
(3) if the bonds are held in registered, definitive form:
   – a registered holder (or a duly appointed representative, in the case of a corporate holder); and
   – a proxy appointed by a registered holder.

It is also usual that the bonds will specify that directors and officers of the issuer, guarantor (if applicable) or trustee (if applicable) and their financial and legal advisers may also attend and speak, but not vote. Outstanding bonds held or beneficially held by the issuer, guarantor or any member of the issuer's group are also typically disenfranchised of voting rights by the terms of the bonds.

3. Quorum and Voting Levels

The quorum for the bondholder meeting to effect amendments depends upon the business to be transacted and the manner in which this business is defined and treated in the document constituting the bonds. The market practice that has grown up around English law bonds is that there are different categories of business, with different quorums and voting levels applicable to each.

a) Entrenched Matters. The highest level of quorum is reserved for any proposed changes to matters fundamental to the bond terms such as the date of redemption or the interest rate. These are sometimes given the name "entrenched matters" or "basic terms modifications". The quorum required is usually defined as one or more persons representing or holding 66 2/3 per cent or 75 per cent of the principal amount outstanding of the bonds. Typically an "Extraordinary Resolution" is required to be passed. For an Extraordinary Resolution to be passed, at least 75 per cent of the votes cast at the meeting must be in favor of such Extraordinary Resolution. An Extraordinary Resolution validly passed at a meeting is binding upon all the bondholders whether or not a relevant bondholder was present at such meeting, and whether or not a relevant bondholder voted in favor of the resolution.

27   **b) Other Substantive Business.** The next highest level of quorum is for other substantive matters related to the bonds, which are not entrenched matters or basic terms modifications. The quorum for such matters is usually described as being one or more persons representing or holding a clear majority of the principal amount outstanding of the bonds. As with entrenched matters, an Extraordinary Resolution is required to be passed (requiring at least 75 per cent of the votes cast to be in favor of such Extraordinary Resolution) and is binding on all the bondholders.

28   **c) Ordinary Business.** The lowest level of quorum is for any other ordinary business to be conducted, which is usually set at one or more persons representing or holding any amount or at least 10 per cent of the principal amount outstanding of the bonds. Such matters do not require an Extraordinary Resolution to be passed, and a resolution passed by a simple majority of the votes cast at the meeting is usually sufficient.

29   If a meeting is called and the requisite quorum is not present, then the meeting will be adjourned. At such adjourned meeting the quorum is reduced. Such a reduced quorum is usually persons representing or holding (1) 25 per cent of the principal amount outstanding of the bonds to pass an Extraordinary Resolution relating to an "entrenched matter" or a "basic terms modification", or (2) any amount of bonds outstanding to pass an Extraordinary Resolution which is not an "entrenched matter" or a "basic terms modification" or to pass a resolution on a matter which is considered to be ordinary business. This low level of quorum allows the passing of resolutions that might otherwise not be passed as a result of bondholder apathy.

VI. Representation of Bondholders

30   In an international issue of bonds, the issuer will often appoint agents to act on its behalf in respect of administrative tasks, with a principal paying agent becoming the coordinating agent where there are multiple agents. However, distinct from these appointments to represent the issuer, it is common for a trustee to be appointed to act on behalf of the bondholders as their representative. Where a trustee is not appointed, a fiscal agent is instead appointed and the bond issue follows a fiscal agency structure. There is a common misconception that a fiscal agent is a replacement for the trustee in a non-trust structure. This is not the case, since the fiscal agent is an agent of the issuer, and does not represent the interests of the bondholders. The fiscal agent performs the same role as the principal paying agent, but with certain non-trust related additional functions. Broadly the trustee's primary role is to monitor compliance by the issuer with its obligations and to take enforcement action on behalf of the holders where necessary, while, in a fiscal agency structure, the bondholders have direct rights against the issuer.

31   Where a fiscal agency structure is used, each bond constitutes a separate, bilateral contract between the bondholder and the issuer. Therefore, each bondholder is responsible for monitoring and enforcing rights owed to it under the terms of the bonds. In a trustee structure, on the other hand, there is a tripartite structure

where within the document constituting the bonds, known as the trust deed, the issuer makes various covenants (including the covenant to pay principal and interest) to the trustee who holds these covenants for the benefit of the bondholders. The covenant regarding payment is given to the trustee so that it is the trustee that enforces and accelerates the bonds on behalf of the bondholders on their instructions. Only if the trustee fails to take such action when it is obliged to do so may the bondholders take such enforcement and acceleration proceedings directly against the issuer.

English law has a wide ranging common law, and to a certain extent statutory, legal framework regarding trustees. It would be impossible to deal extensively with all such provisions in the scope of this discussion, however the significant issues in respect of the appointment of trustees and their obligations, duties and liabilities are discussed below. **32**

1. Why are Trustees Appointed?

As noted above, the covenant to repay is given to the trustee in a trust structure and therefore enforcement proceedings are taken in one unified action on behalf of all bondholders. This also means that any legal or financial advice sought and received is done so for the benefit of all bondholders. Without such unity, action by individual bondholders becomes much harder to conduct due to: (1) the expense; (2) the disparity of bondholders; (3) the need to organise a group of bondholders; and (4) the common wish of bondholders to remain anonymous. A trustee can also gain greater leverage in discussions with the issuer due to the fact that it represents a large holding of debt and therefore can be pressured less than if an individual holder attempted to negotiate separately with the issuer. The trustee is usually a sophisticated institution which can monitor the issuer to a higher standard than individual bondholders may be able. However, individual bondholders do lose absolute control over negotiations as their instructions must form part of an agreed position with other bondholders. In practice, the bondholders will form their own ad hoc committees in addition to communicating with the trustee if the issuer defaults on its obligations. **33**

In addition, from the perspective of the issuer, the trustee provides an intermediary function between the issuer and the bondholders. The trustee has the power to agree to minor waivers or modifications or even to allow, in certain circumstances, the substitution of the issuer without the consent of the bondholders. This allows the issuer a degree of flexibility without having to resort to approval by bondholder resolution. This can, however, be overstated as trustees are often hesitant to act without approval or instructions from bondholders. Additionally, the issuer will have one point of contact when it comes to enforcement provisions and as such it is more cost effective to manage creditors. The issuer is also protected against vexatious claims from bondholders who may try to enforce technical events of default, whereas a trustee often has to consider materiality prior to calling an event of default. **34**

If security is given by the issuer with respect to an issue of bonds, then the security will generally be held by the trustee on behalf of the bondholders. If the security were to be held by each bondholder, then a specific asset would have to be assigned to each bondholder, which is clearly not the intention. In addition, each transfer of a bond would also require a transfer of the bondholder's security interest, which would be impracticable. **35**

2. Appointment and Removal

36 The initial trustee is selected and appointed by the issuer at the time of issue of the bonds through the execution of a trust deed. Any replacement trustee may also be selected and appointed by the issuer. A condition of appointment is usually that the trustee must be a trust corporation or carry on business as a trustee ("trust corporation" is a concept used in several statutes e.g. Settled Land Act 1925, Trustee Act 1925 and Law of Property Act 1925, but the trust deed usually adds several other requirements in addition to the requirements to be found under these acts). The issuer may also appoint more than one trustee so long as at least one of the trustees is a trust corporation. In such cases, the trust deed usually provides that decisions of the trustees are made by a majority, so long as a trust corporation is included in the majority. The trustee is also usually given a power of attorney to appoint additional trustees in limited circumstances, such as where the trustee would have a conflict of interest or where the laws of a particular jurisdiction require a trustee to be resident in such jurisdiction.

37 It is normally provided that a trustee may retire by giving notice (generally with a notice period of at least 90 days) and no reason needs to be given as to the resignation. Additionally the bondholders usually have the right to remove a trustee by an Extraordinary Resolution. A fiscal agent, on the other hand, is merely the agent of the issuer and can be removed whenever the issuer so wishes.

3. Trustee's Rights and Duties

38 The rights of the trustee are set out in detail in the trust deed. In addition to generally acting as the intermediary between the issuer and the bondholders and acting in relation to bondholder meetings, the principal duties of the trustee are as follows:

39 — If an event of default occurs, only the trustee has the right to accelerate. Such acceleration can be done at the trustee's discretion which allows quick action if necessary. However, usually the trustee will not be prepared to accelerate on its own initiative. In those circumstances, acceleration will only be taken on the instruction of a specified percentage of bondholders. However, the trustee is allowed to refuse to accelerate unless it has been secured, indemnified and/or prefunded to its satisfaction. Upon such instruction, indemnification and prefunding, the trustee is obliged to give a notice of acceleration. This applies even if the issuer is disputing the fact there has been an event of default (*Concord Trust v Law Debenture Trust Corporation plc* [2005] UKHL 27).

40 — To protect the issuer from vexatious claims against it, the trustee must consider whether certain events of default are materially prejudicial to the interests of the bondholders, that is, the bondholders' interests in the bonds and the contractual entitlement to the payment of interest and repayment of capital on redemption and any security rights thereunder (*Law Debenture Trust Corporation plc v Acciona* [2004] EWHC 270 (Ch); and *Law Debenture Trust Corporation plc v Elektrim Finance BV* [2005] EWHC 1999 (Ch)). Where bonds are trading well below par, the pressure on a trustee to accelerate may become intense. However, this has to be weighed against whether acceleration (which is likely to cross default the issuer's other debt and will likely force the issuer into insolvency proceedings) may be ultimately against the bondholders' interests. The trustee as a trust corporation will have professional experience to act as such and will therefore be able to engage in discussions with the issuer. In contrast, under a fiscal

agency structure, there is generally no requirement to consider whether an event of default is materially prejudicial to the interests of the bondholders, and as such each bondholder may seek enforcement at any time a breach of the terms and conditions of the bonds has been committed.

– The trustee, rather than the bondholders, is responsible for enforcing obligations under the trust. Bondholders can only do so in the exceptional circumstance that the trustee has failed to do so (*Rogers &Co v British & Colonial Colliery Supply Assocn* (1898) 68). These "no-action" clauses are permitted under English law (*Highberry Ltd v Colt Telecom Group plc (No. 2)* [2002] EWHC 2815 (Ch); and *Elektrim SA v Vivendi Holdings 1 Corp*; *Law Debenture Trust Corporation plc v Vivendi Holdings 1 Corp* [2008] EWCA Civ 1178). **41**

– The trustee also holds, in addition to the covenant to pay, other covenants on behalf of the bondholders. Accordingly, the trustee also acts as an intermediary between the issuer and the bondholders regarding matters such as the provision of financial information and other certificates and reports. **42**

– The trustee is also given the power to agree to certain modifications of the trust deed or the bonds without the consent of the trustee. Such modifications normally relate to those which are (1) in the opinion of the trustee not materially prejudicial to the interests of the bondholders; (2) to correct a manifest or proven error; and (3) of a formal, minor or technical nature. The trustee can also, without the consent of the bondholders, waive breaches if not materially prejudicial to the interests of the bondholders. These provisions allow the issuer a certain level of flexibility without the need to consult with the bondholders. **43**

4. Liability

Strict control is exercised over trustees by English law. A trustee's obligations to the bondholders can be divided into two types: (1) its duty to act with care and skill in the administration of the trust; and (2) its fiduciary duties. A trustee's duties as set out in the trust deed are also significantly supplemented by those contained in statutory provisions such as the UK Trustee Act 2000. **45**

a) Duty to Act with Care and Skill. The duty of care and skill owed to the bondholders by the trustee is higher than the usual standard of care normally owed by trustees under English law due to the professional nature of the trustee. As such trustees are liable for "breach of trust if loss is caused to the trust fund because it neglects to exercise the special care and skill which it professes to have" (*Bartlett v Barclays Bank Trust Co. Ltd*. [1980] 1 All ER 139). In addition to this common law equitable duty the trustee is also subjected to statutory standards of care as set out in the UK Trustee Act 2000. Such standards require the trustee to "exercise such care and skill as is reasonable in the circumstances" (Section 1(1) of the UK Trustee Act 2000), having regard in particular to: **46**

(1) any special knowledge or experience that the trustee has or holds itself out as having; and **47**

(2) where it is acting in the course of a business or profession, any special knowledge or experience that it is reasonable to expect a person acting in the course of that kind of business or profession to have.

This statutory duty only applies to those actions taken by the trustee that are specifically set out in the UK Trustee Act 2000, for example in relation to investment of trust monies. It is usual to limit this statutory duty of care in the trust deed. A market standard English law trust deed generally disapplies the statutory **48** duty of care under Section 1 of the UK Trustee Act 2000, provided that such disapplication does not exempt the Trustee from liability for breach of trust as a result of any negligence, fraud, bad faith, willful default, willful breach of duty or willful breach of trust of which the trustee may be guilty.

49 In exercising its discretions under the trust deed, the trustee, so long as it is acting *bona fide*, cannot be compelled to exercise such discretions except to the extent provided in the trust deed. However, the trustee must at least always consider whether to exercise the discretions afforded to it. Therefore, unless required under the trust deed (a rare requirement), the trustee does not have to consult with the bondholders prior to exercising its discretions, to comply with their wishes as to such exercise or to give reasons as to the manner in which it has or has not used its discretion. The only limitation is if the exercise of such discretion is considered to be wholly unreasonable, which is a very high standard to overcome under English law.

50 **b) Fiduciary Duties.** The trustee as a representative of the bondholders is subject to certain fiduciary duties in the manner in which it conducts its business as trustee. The key fiduciary duties are that (1) it must act in good faith; (2) it must not place itself in a position where its duty and interest conflict; and (3) it must not make an unauthorised profit or act for its own benefit or for the benefit of a third party without authority (*Boardman v Phipps* [1967] 2 AC 46).

51 Of particular concern due to the international scope of most trustees' businesses is the duty of the trustee not to place itself in a conflict of interest. Examples of such conflicts are if (1) the trustee is also a lender to the issuer; (2) there are common directors between the issuer and the trustee; or (3) the trustee has an advisory business which the issuer has separately engaged. As a result, it is typical for the terms of the trust deed to expressly authorise certain conflicts such as (1) the trustee's holding of investments in the issuer; (2) the entry into other business transactions with the issuer; and (3) the holding of trusteeships under other securities of the issuer. However, where there is a clear conflict of interest that cannot be resolved, a trustee will have to either seek the consent of the bondholders, resign, appoint an additional trustee or delegate its functions to an independent party.

VII. Conclusion

52 It can be seen from the above that the flexibility provided under English law naturally makes it a popular choice as a governing law for bonds. There are no statutory requirements stipulating what terms and conditions must be included in the bonds. In the dynamic international capital markets this allows English law bonds to assimilate the latest financial innovations. There is also a flexibility in structuring that enables issuers to choose the most convenient method of issuing the bonds. Importantly, English law also gives great flexibility throughout the life of a bond, allowing both issuers and bondholders to respond to any commercial problems and needs as they arise through the amendment of the terms of the bonds via bondholder meetings. However, against this flexibility is the recognition that the rights of bondholders against issuers need to be protected and regulated. English law again proves pragmatic in achieving this through the option of using a trust structure or a fiscal agency structure. In this manner, therefore, English law bonds generally provide a stable manner in which commercial matters can be regulated to the advantage of both issuers and bondholders, particularly in helping to avoid court sanctioned restructuring or insolvency schemes where value of the issuer might be lost.

C. Englisches Abkürzungsverzeichnis

111th Cong.	111th United States Congress
Bankruptcy Code	Title 11 of the US Code, as amended
C.F.R.	Code of Federal Regulations, as amended
Chapter 11	Chapter 11 of Title 11 of the US Code, as amended
Clearstream	Clearstream Banking SA, Luxembourg
CUSIP	Committee on Uniform Security Identification Procedures
D.S.C.	District Court for the District of South Carolina
DTC	Depository Trust Company
e.g.	exempli gratia
Euroclear	Euroclear Group
Exchange Act	Securities Exchange Act of 1934
F. Supp.	Federal Supplement
H.R.	House of Representatives
ie	id est
ISIN	International Securities Identification Number
Pub. L.	Public Law
Bankr. S.D.N.Y.	Bankruptcy Court for the Southern District of New York
SEC	Securities and Exchange Commission
Securities Act	Securities Act of 1933, as amended
TIA	Trust Indenture Act of 1939, as amended
UK	United Kingdom
U.S.C.	United States Code, as amended
UCC or U.C.C.	Uniform Commercial Code, as amended
US or U.S.	United States or United States of America
U.S. Dist. LEXIS	United States District Court as published at www.lexis.com

Anhang II: Gesetzesmaterialien

A. Gesetzestext SchVG (Deutsch/Englisch)

Gesetz über Schuldverschreibungen aus Gesamtemissionen	German Act on Notes issued as part of an Aggregate Issue
(Schuldverschreibungsgesetz – „SchVG")	(German Act on Notes) (Convenience Translation)

Inhaltsübersicht / Table of Contents

Abschnitt 1 **Allgemeine Vorschriften**	**Part 1** **General Provisions**
§ 1 Anwendungsbereich	Sec. 1 Scope of Application
§ 2 Anleihebedingungen	Sec. 2 Terms and Conditions of the Notes
§ 3 Transparenz des Leistungsversprechens	Sec. 3 Transparency of the Promise to Perform
§ 4 Kollektive Bindung	Sec. 4 Collective Binding Effect
Abschnitt 2 **Beschlüsse der Gläubiger**	**Part 2** **Noteholder Resolutions**
§ 5 Mehrheitsbeschlüsse der Gläubiger	Sec. 5 Majority Resolutions by the Noteholders
§ 6 Stimmrecht	Sec. 6 Voting Rights
§ 7 Gemeinsamer Vertreter der Gläubiger	Sec. 7 Joint Representative of the Noteholders
§ 8 Bestellung des gemeinsamen Vertreters in den Anleihebedingungen	Sec. 8 Appointment of the Joint Representative in the Terms and Conditions of the Notes
§ 9 Einberufung der Gläubigerversammlung	Sec. 9 Convention of a Noteholders' Meeting
§ 10 Frist, Anmeldung, Nachweis	Sec. 10 Convention Period, Registration, Evidence
§ 11 Ort der Gläubigerversammlung	Sec. 11 Venue of the Noteholders' Meeting
§ 12 Inhalt der Einberufung, Bekanntmachung	Sec. 12 Contents of the Invitation, Publication
§ 13 Tagesordnung	Sec. 13 Agenda
§ 14 Vertretung	Sec. 14 Proxy
§ 15 Vorsitz, Beschlussfähigkeit	Sec. 15 Chairperson, Quorum
§ 16 Auskunftspflicht, Abstimmung, Niederschrift	Sec. 16 Obligation to Provide Information, Voting, Minutes
§ 17 Bekanntmachung von Beschlüssen	Sec. 17 Publication of Resolutions
§ 18 Abstimmung ohne Versammlung	Sec. 18 Vote without Meeting
§ 19 Insolvenzverfahren	Sec. 19 Insolvency Proceedings
§ 20 Anfechtung von Beschlüssen	Sec. 20 Objections to Resolutions

Anhang II

Gesetzestext SchVG (Deutsch/Englisch)

§ 21 Vollziehung von Beschlüssen
§ 22 Geltung für Mitverpflichtete

Sec. 21 Implementation of Resolutions
Sec. 22 Applicability to Joint Obligors

Abschnitt 3
Bußgeldvorschriften; Übergangsbestimmungen

Part 3
Provisions concerning Administrative Fines; Transitional Provisions

§ 23 Bußgeldvorschriften

Sec. 23 Provisions concerning Administrative Fines

§ 24 Übergangsbestimmungen

Sec. 24 Transitional Provisions

Abschnitt 1
Allgemeine Vorschriften
§ 1
Anwendungsbereich

(1) Dieses Gesetz gilt für nach deutschem Recht begebene inhaltsgleiche Schuldverschreibungen aus Gesamtemissionen (Schuldverschreibungen).

(2) Dieses Gesetz gilt nicht für die gedeckten Schuldverschreibungen im Sinne des Pfandbriefgesetzes sowie nicht für Schuldverschreibungen, deren Schuldner der Bund, ein Sondervermögen des Bundes, ein Land oder eine Gemeinde ist oder für die der Bund, ein Sondervermögen des Bundes, ein Land oder eine Gemeinde haftet. Für nach deutschem Recht begebene Schuldverschreibungen, deren Schuldner ein anderer Mitgliedstaat der Euro-Währungsraum ist, gelten die besonderen Vorschriften der §§ 4a bis 4i und 4k des Bundesschuldenwesengesetzes entsprechend.

Part 1
General Provisions
Sec. 1
Scope of application

(1) This Act applies to note issues subdivided into individual identical note tranches (Gesamtemissionen, *Aggregate Issues*) issued under German law (notes).

(2) This Act does not apply to covered notes (gedeckte Schuldverschreibungen) within the meaning of the German Pfandbrief Act (Pfandbriefgesetz – "PfandBG") or to notes for which the issuer is the German federal government, a special fund of the German federal government (Sondervermögen des Bundes), a German state (Land) or a municipality or for which one of these authorities is liable. In the case of notes issued under German law in whose regard the debtor is another Member State of the euro area, the specific provisions of section 4a to 4i and 4k of the Federal Government Debt Management Act (Bundesschuldenwesengesetz – "BSchuWG") apply accordingly.

§ 2
Anleihebedingungen

Die Bedingungen zur Beschreibung der Leistung sowie der Rechte und Pflichten des Schuldners und der Gläubiger (Anleihebedingungen) müssen sich vorbehaltlich von Satz 2 aus der Urkunde ergeben. Ist die Urkunde nicht zum Umlauf bestimmt, kann in ihr auch auf außerhalb der Urkunde niedergelegte Anleihebedingungen Bezug genommen werden. Änderungen des Inhalts der Urkunde oder der Anleihebedingungen nach Abschnitt 2 dieses Gesetzes werden erst wirksam, wenn sie in der Urkunde oder in den Anleihebedingungen vollzogen worden sind.

Sec. 2
Terms and Conditions of the Notes

Subject to sentence 2 below, the terms and conditions describing the promised performance and the rights and duties of the issuer and the noteholders (terms and conditions of the notes) must be described in the certificate. If the certificate is not intended for circulation, it may refer to terms and conditions that are not contained in the certificate. Any amendments to the contents of the certificate or the terms and conditions of the notes under Part 2 of this Act shall only take effect after having been implemented in the certificate or the terms and conditions of the notes.

Gesetzestext SchVG (Deutsch/Englisch)

Anhang II

§ 3
Transparenz des Leistungsversprechens

Nach den Anleihebedingungen muss die vom Schuldner versprochene Leistung durch einen Anleger, der hinsichtlich der jeweiligen Art von Schuldverschreibungen sachkundig ist, ermittelt werden können.

§ 4
Kollektive Bindung

Bestimmungen in Anleihebedingungen können während der Laufzeit der Anleihe durch Rechtsgeschäft nur durch gleichlautenden Vertrag mit sämtlichen Gläubigern oder nach Abschnitt 2 dieses Gesetzes geändert werden (kollektive Bindung). Der Schuldner muss die Gläubiger insoweit gleich behandeln.

Abschnitt 2
Beschlüsse der Gläubiger
§ 5
Mehrheitsbeschlüsse der Gläubiger

(1) Die Anleihebedingungen können vorsehen, dass die Gläubiger derselben Anleihe nach Maßgabe dieses Abschnitts durch Mehrheitsbeschluss Änderungen der Anleihebedingungen zustimmen und zur Wahrnehmung ihrer Rechte einen gemeinsamen Vertreter für alle Gläubiger bestellen können. Die Anleihebedingungen können dabei von den §§ 5 bis 21 zu Lasten der Gläubiger nur abweichen, soweit es in diesem Gesetz ausdrücklich vorgesehen ist. Eine Verpflichtung zur Leistung kann für die Gläubiger durch Mehrheitsbeschluss nicht begründet werden.

(2) Die Mehrheitsbeschlüsse der Gläubiger sind für alle Gläubiger derselben Anleihe gleichermaßen verbindlich. Ein Mehrheitsbeschluss der Gläubiger, der nicht gleiche Bedingungen für alle Gläubiger vorsieht, ist unwirksam, es sei denn die benachteiligten Gläubiger stimmen ihrer Benachteiligung ausdrücklich zu.

(3) Die Gläubiger können durch Mehrheitsbeschluss insbesondere folgenden Maßnahmen zustimmen:
1. der Veränderung der Fälligkeit, der Verringerung oder dem Ausschluss der Zinsen;
2. der Veränderung der Fälligkeit der Hauptforderung;

Sec. 3
Transparency of the Promise to Perform

The terms and conditions of the notes must enable an investor who is well-informed with respect to the relevant type of notes to identify the performance promised by the issuer.

Sec. 4
Collective Binding Effect

The provisions of the terms and conditions of the notes may be amended during the term of the bond either by means of an agreement (*Rechtsgeschäft*) through identical contracts with all noteholders or in accordance with Part 2 of this Act (collective binding effect). The issuer must treat all noteholders equal in this respect.

Part 2
Noteholder Resolutions
Sec. 5
Majority Resolutions of the Noteholders

(1) Subject to the provisions of this Part, the terms and conditions of the notes may provide that the noteholders of the same note issue may, by majority resolution, consent to amendments to the terms and conditions of the notes and appoint a joint representative of all noteholders to exercise their rights. The terms and conditions of the notes may not deviate from Sections 5 to 21 to the detriment of the noteholders, unless expressly stated under this Act. No obligation to perform may be imposed on the noteholders by majority resolution.

(2) Majority resolutions passed by the noteholders shall be equally binding on all noteholders of the same note issue. Any majority resolution passed by the noteholders which does not provide equal conditions for all noteholders shall be invalid, unless the disadvantaged noteholders expressly consent to such resolution.

(3) The noteholders may consent, by majority resolution, to the following measures, among others:
1. changes in the due date or reduction or exclusion of interest payments;
2. changes in the due date of the principal amount;

Anhang II

Gesetzestext SchVG (Deutsch/Englisch)

3. der Verringerung der Hauptforderung;
4. dem Nachrang der Forderungen aus den Schuldverschreibungen im Insolvenzverfahren des Schuldners;
5. der Umwandlung oder dem Umtausch der Schuldverschreibungen in Gesellschaftsanteile, andere Wertpapiere oder andere Leistungsversprechen;
6. dem Austausch und der Freigabe von Sicherheiten;
7. der Änderung der Währung der Schuldverschreibungen;
8. dem Verzicht auf das Kündigungsrecht der Gläubiger oder dessen Beschränkung;
9. der Schuldnerersetzung;
10. der Änderung oder Aufhebung von Nebenbestimmungen der Schuldverschreibungen.

Die Anleihebedingungen können die Möglichkeit von Gläubigerbeschlüssen auf einzeln benannte Maßnahmen beschränken oder einzeln benannte Maßnahmen von dieser Möglichkeit ausnehmen.

(4) Die Gläubiger entscheiden mit der einfachen Mehrheit der an der Abstimmung teilnehmenden Stimmrechte. Beschlüsse, durch welche der wesentliche Inhalt der Anleihebedingungen geändert wird, insbesondere in den Fällen des Absatzes 3 Nummer 1 bis 9, bedürfen zu ihrer Wirksamkeit einer Mehrheit von mindestens 75 Prozent der teilnehmenden Stimmrechte (qualifizierte Mehrheit). Die Anleihebedingungen können für einzelne oder alle Maßnahmen eine höhere Mehrheit vorschreiben.

(5) Ist in Anleihebedingungen bestimmt, dass die Kündigung von ausstehenden Schuldverschreibungen nur von mehreren Gläubigern und einheitlich erklärt werden kann, darf der für die Kündigung erforderliche Mindestanteil der ausstehenden Schuldverschreibungen nicht mehr als 25 Prozent betragen. Die Wirkung einer solchen Kündigung entfällt, wenn die Gläubiger dies binnen drei Monaten mit Mehrheit beschließen. Für den Beschluss über die Unwirksamkeit der Kündigung genügt die einfache Mehrheit der Stimmrechte, es müssen aber in jedem Fall mehr Gläubiger zustimmen als gekündigt haben.

(6) Die Gläubiger beschließen entweder in einer Gläubigerversammlung oder im Wege einer Abstimmung ohne Versammlung. Die

3. reduction of the principal amount;
4. subordination of the claims under the notes during insolvency proceedings of the issuer;
5. conversion or exchange of the notes into shares, other securities or other promises of performance;
6. substitution or release of security;
7. changes in the currency of the notes;
8. waiver or limitation of the noteholders' right of termination;
9. substitution of the issuer; and
10. amendments to or cancellation of ancillary conditions of the notes.

The terms and conditions of the notes may limit the instrument of noteholders' resolutions to certain specified measures or exclude certain specified measures.

(4) Noteholder resolutions are passed with a simple majority of the votes cast. Resolutions which materially amend the contents of the terms and conditions of the notes, in particular in the events described under Paragraph 3 Nos. 1 to 9, require a majority of at least 75 per cent of the votes cast (qualified majority). The terms and conditions of the notes may prescribe a larger majority for certain or all measures.

(5) If the terms and conditions of the notes provide that outstanding notes may only be terminated by several noteholders acting together, the minimum share of outstanding notes required for termination may not exceed 25 per cent. Any such termination shall become invalid if the noteholders pass a majority resolution to that effect within three months. A simple majority of votes shall be sufficient for a resolution on the invalidity of the termination, but, in any case, the number of consenting noteholder must exceed the number of terminating noteholders.

(6) Noteholder resolutions are passed either during noteholders' meetings or by way of a vote without meeting. The terms and condi-

Gesetzestext SchVG (Deutsch/Englisch)

Anhang II

Anleihebedingungen können ausschließlich eine der beiden Möglichkeiten vorsehen.

tions of the notes may provide for the exclusivity of one of the two options.

§ 6
Stimmrecht

(1) An Abstimmungen der Gläubiger nimmt jeder Gläubiger nach Maßgabe des Nennwerts oder des rechnerischen Anteils seiner Berechtigung an den ausstehenden Schuldverschreibungen teil. Das Stimmrecht ruht, solange die Anteile dem Schuldner oder einem mit ihm verbundenen Unternehmen (§ 271 Absatz 2 des Handelsgesetzbuchs) zustehen oder für Rechnung des Schuldners oder eines mit ihm verbundenen Unternehmens gehalten werden. Der Schuldner darf Schuldverschreibungen, deren Stimmrechte ruhen, einem anderen nicht zu dem Zweck überlassen, die Stimmrechte an seiner Stelle auszuüben; dies gilt auch für ein mit dem Schuldner verbundenes Unternehmen. Niemand darf das Stimmrecht zu dem in Satz 3 erster Halbsatz bezeichneten Zweck ausüben.

(2) Niemand darf dafür, dass eine stimmberechtigte Person bei einer Gläubigerversammlung oder einer Abstimmung nicht oder in einem bestimmten Sinne stimme, Vorteile als Gegenleistung anbieten, versprechen oder gewähren.

(3) Wer stimmberechtigt ist, darf dafür, dass er bei einer Gläubigerversammlung oder einer Abstimmung nicht oder in einem bestimmten Sinne stimme, keinen Vorteil und keine Gegenleistung fordern, sich versprechen lassen oder annehmen.

§ 7
Gemeinsamer Vertreter der Gläubiger

(1) Zum gemeinsamen Vertreter für alle Gläubiger kann jede geschäftsfähige Person oder eine sachkundige juristische Person bestellt werden. Eine Person, welche

1. Mitglied des Vorstands, des Aufsichtsrats, des Verwaltungsrats oder eines ähnlichen Organs, Angestellter oder sonstiger Mitarbeiter des Schuldners oder eines mit diesem verbundenen Unternehmens ist,

2. am Stamm- oder Grundkapital des Schuldners oder eines mit diesem verbundenen Unternehmens mit mindestens 20 Prozent beteiligt ist,

Sec. 6
Voting Rights

(1) Each noteholder shall participate in votes in proportion to the nominal amount or arithmetical share of the outstanding notes held by such noteholder. Voting rights are suspended with respect to the shares attributable to the issuer or any of its affiliates (Section 271 Paragraph 2 HGB (*Handelsgesetzbuch*, German Commercial Code)) or held for the account of the issuer or any of its affiliates. The issuer may not make available notes for which the voting rights have been suspended to any third party for the purposes of exercising the voting rights in lieu of the issuer. The same applies accordingly to any affiliate of the issuer. Exercise of voting rights for the purposes specified in the first part of Sentence 3 above is prohibited.

(2) The offer, promise or grant of any benefit to any person entitled to vote in consideration for a commitment to abstain from voting or to vote in a particular way in a noteholders' meeting or a vote is prohibited.

(3) No person entitled to vote may demand or accept any benefit or consideration or any promise of benefits or consideration to abstain from voting or vote in a particular way, in a noteholders' meeting or a vote.

Sec. 7
Joint Representative of the Noteholders

(1) Any person who has legal capacity or any competent legal entity may be appointed as joint representative of all noteholders. Any person who

1. is a member of the management board (Vorstand), supervisory board (Aufsichtsrat), administrative board (Verwaltungsrat) or any similar board or who is an employee or otherwise part of the staff of the issuer or any of its affiliates,

2. holds a share of at least 20 per cent in the share capital of the issuer or any of its affiliates,

Anhang II

Gesetzestext SchVG (Deutsch/Englisch)

3. Finanzgläubiger des Schuldners oder eines mit diesem verbundenen Unternehmens mit einer Forderung in Höhe von mindestens 20 Prozent der ausstehenden Anleihe oder Organmitglied, Angestellter oder sonstiger Mitarbeiter dieses Finanzgläubigers ist oder

4. auf Grund einer besonderen persönlichen Beziehung zu den in den Nummern 1 bis 3 aufgeführten Personen unter deren bestimmendem Einfluss steht, muss den Gläubigern vor ihrer Bestellung zum gemeinsamen Vertreter die maßgeblichen Umstände offenlegen. Der gemeinsame Vertreter hat die Gläubiger unverzüglich in geeigneter Form darüber zu unterrichten, wenn in seiner Person solche Umstände nach der Bestellung eintreten.

(2) Der gemeinsame Vertreter hat die Aufgaben und Befugnisse, welche ihm durch Gesetz oder von den Gläubigern durch Mehrheitsbeschluss eingeräumt wurden. Er hat die Weisungen der Gläubiger zu befolgen. Soweit er zur Geltendmachung von Rechten der Gläubiger ermächtigt ist, sind die einzelnen Gläubiger zur selbständigen Geltendmachung dieser Rechte nicht befugt, es sei denn der Mehrheitsbeschluss sieht dies ausdrücklich vor. Über seine Tätigkeit hat der gemeinsame Vertreter den Gläubigern zu berichten.

(3) Der gemeinsame Vertreter haftet den Gläubigern als Gesamtgläubigern für die ordnungsgemäße Erfüllung seiner Aufgaben; bei seiner Tätigkeit hat er die Sorgfalt eines ordentlichen und gewissenhaften Geschäftsleiters anzuwenden.
Die Haftung des gemeinsamen Vertreters kann durch Beschluss der Gläubiger beschränkt werden. Über die Geltendmachung von Ersatzansprüchen der Gläubiger gegen den gemeinsamen Vertreter entscheiden die Gläubiger.

(4) Der gemeinsame Vertreter kann von den Gläubigern jederzeit ohne Angabe von Gründen abberufen werden.

(5) Der gemeinsame Vertreter der Gläubiger kann vom Schuldner verlangen, alle Auskünfte zu erteilen, die zur Erfüllung der ihm übertragenen Aufgaben erforderlich sind.

(6) Die durch die Bestellung eines gemeinsamen Vertreters der Gläubiger entstehenden Kosten und Aufwendungen, einschließlich

3. is a financial creditor of the issuer or any of its affiliates with a claim to at least 20 per cent of the outstanding note issue, or a member of a board or an employee of any such financial creditor or

4. is subject to the control of any person described under Nos. 1 to 3 above due to a special personal relationship must disclose the relevant circumstances to the noteholders before being appointed as joint representative. The joint representative shall inform the noteholders promptly in an appropriate form if such circumstances arise after having been appointed.

(2) The joint representative has the duties and rights granted to it by law or by majority resolution of the noteholders. It shall comply with instructions given by the noteholders. To the extent that it has been authorized to assert certain rights of the noteholders, the individual noteholders shall not be entitled to assert such rights on their own behalf, unless expressly permitted under the majority resolution. The joint representative shall report on its activities to the noteholders.

(3) The joint representative is liable to the noteholders as joint and several creditors for the due performance of its duties. In the performance of its duties, it shall act with the due care of a prudent business manager (*Sorgfalt eines ordentlichen und gewissenhaften Geschäftsleiters*).
The joint representative's liability may be limited by noteholder resolution. Any assertion of compensation claims against the joint representative shall be decided by the noteholders.

(4) The joint representative may be dismissed by the noteholders at any time without reason.

(5) The joint representative of the noteholders may require the issuer to provide any information that is necessary for the performance of its duties.

(6) The costs and expenses incurred in connection with the appointment of a joint representative of the noteholders, including the

Gesetzestext SchVG (Deutsch/Englisch) Anhang II

einer angemessenen Vergütung des gemeinsamen Vertreters, trägt der Schuldner.

reasonable remuneration of the joint representative, shall be borne by the issuer.

§ 8
Bestellung des gemeinsamen Vertreters in den Anleihebedingungen

Sec. 8
Appointment of the Joint Representative in the Terms and Conditions of the Notes

(1) Ein gemeinsamer Vertreter der Gläubiger kann bereits in den Anleihebedingungen bestellt werden. Mitglieder des Vorstands, des Aufsichtsrats, des Verwaltungsrats oder eines ähnlichen Organs, Angestellte oder sonstige Mitarbeiter des Schuldners oder eines mit ihm verbundenen Unternehmens dürfen nicht bereits in den Anleihebedingungen als gemeinsamer Vertreter der Gläubiger bestellt werden. Ihre Bestellung ist nichtig. Dies gilt auch, wenn die in Satz 1 genannten Umstände nachträglich eintreten. Aus den in § 7 Absatz 1 Satz 2 Nummer 2 bis 4 genannten Personengruppen kann ein gemeinsamer Vertreter der Gläubiger bestellt werden, sofern in den Emissionsbedingungen die maßgeblichen Umstände offen gelegt werden. Wenn solche Umstände nachträglich eintreten, gilt § 7 Absatz 1.

(1) A joint representative of the noteholders may also be appointed in the terms and conditions of the notes. Members of the management board, the supervisory board, the administrative board or any similar board, employees or other staff of the issuer or any of its affiliates may not be appointed as joint representative of the noteholders in the terms and conditions of the notes. Any such appointment shall be void. This shall also apply if the circumstances described under Sentence 1 above occur subsequently. A joint representative of the noteholders may be appointed from the groups of persons described under Section 7 Paragraph 1 Sentence 2 Nos. 2 to 4 if the relevant circumstances are disclosed in the terms and conditions. If such circumstances occur subsequently, Section 7 Paragraph 1 Sentence 3 applies accordingly.

(2) Mit der Bestellung ist der Umfang der Befugnisse des gemeinsamen Vertreters zu bestimmen. Zu einem Verzicht auf Rechte der Gläubiger, insbesondere zu den in § 5 Absatz 3 Satz 1 Nummer 1 bis 9 genannten Entscheidungen, kann der Vertreter nur auf Grund eines Beschlusses der Gläubigerversammlung ermächtigt werden. In diesen Fällen kann die Ermächtigung nur im Einzelfall erteilt werden.

(2) The scope of the joint representative's rights is determined upon appointment. The representative may be authorized to waive rights of the noteholders, in particular with respect to decisions described under Section 5 Paragraph 3 Sentence 1 Nos. 1 to 9, only on the basis of a resolution passed at a noteholders' meeting. Such authorization may only be granted in individual cases.

(3) In den Anleihebedingungen kann die Haftung des gemeinsamen Vertreters auf das Zehnfache seiner jährlichen Vergütung begrenzt werden, es sei denn dem gemeinsamen Vertreter fällt Vorsatz oder grobe Fahrlässigkeit zur Last.

(3) The joint representative's liability may be limited by the terms and conditions of the notes to ten times the amount of the annual remuneration, unless the actions of the joint representative are cases of wilful misconduct or gross negligence.

(4) Für den in den Anleihebedingungen bestellten gemeinsamen Vertreter gilt § 7 Absatz 2 bis 6 entsprechend.

(4) Section 7 Paragraphs 2 to 6 apply accordingly to a joint representative appointed in the terms and conditions of the notes.

§ 9
Einberufung der Gläubigerversammlung

Sec. 9
Convention of a Noteholders' Meeting

(1) Die Gläubigerversammlung wird vom Schuldner oder von dem gemeinsamen Vertreter der Gläubiger einberufen. Sie ist einzuberufen, wenn Gläubiger, deren Schuldver-

(1) The noteholders' meeting is convened by the issuer or by the joint representative of the noteholders. Noteholders' meetings are convened if noteholders jointly holding 5 per

Anhang II

Gesetzestext SchVG (Deutsch/Englisch)

schreibungen zusammen 5 Prozent der ausstehenden Schuldverschreibungen erreichen, dies schriftlich mit der Begründung verlangen, sie wollten einen gemeinsamen Vertreter bestellen oder abberufen, sie wollten nach § 5 Absatz 5 Satz 2 über das Entfallen der Wirkung der Kündigung beschließen oder sie hätten ein sonstiges besonderes Interesse an der Einberufung. Die Anleihebedingungen können vorsehen, dass die Gläubiger auch aus anderen Gründen die Einberufung verlangen können.

(2) Gläubiger, deren berechtigtem Verlangen nicht entsprochen worden ist, können bei Gericht beantragen, sie zu ermächtigen, die Gläubigerversammlung einzuberufen. Das Gericht kann zugleich den Vorsitzenden der Versammlung bestimmen. Auf die Ermächtigung muss in der Bekanntmachung der Einberufung hingewiesen werden.

(3) Zuständig ist das Gericht, in dessen Bezirk der Schuldner seinen Sitz hat oder mangels eines Sitzes im Inland das Amtsgericht Frankfurt am Main. Gegen die Entscheidung des Gerichts ist die Beschwerde statthaft.

(4) Der Schuldner trägt die Kosten der Gläubigerversammlung und, wenn das Gericht dem Antrag nach Absatz 2 stattgegeben hat, auch die Kosten dieses Verfahrens.

§ 10
Frist, Anmeldung, Nachweis

(1) Die Gläubigerversammlung ist mindestens 14 Tage vor dem Tag der Versammlung einzuberufen.

(2) Sehen die Anleihebedingungen vor, dass die Teilnahme an der Gläubigerversammlung oder die Ausübung der Stimmrechte davon abhängig ist, dass sich die Gläubiger vor der Versammlung anmelden, so tritt für die Berechnung der Einberufungsfrist an die Stelle des Tages der Versammlung der Tag, bis zu dessen Ablauf sich die Gläubiger vor der Versammlung anmelden müssen. Die Anmeldung muss unter der in der Bekanntmachung der Einberufung mitgeteilten Adresse spätestens am dritten Tag vor der Gläubigerversammlung zugehen.

(3) Die Anleihebedingungen können vorsehen, wie die Berechtigung zur Teilnahme an der Gläubigerversammlung nachzuweisen

cent of the outstanding notes request such convocation in writing for the purpose of appointing or removing a joint representative, passing a resolution in order to render a termination invalid in accordance with Section 5 Paragraph 5 Sentence 2 or upon any other particular interest in such convocation. The terms and conditions of the notes may provide that the noteholders may also request that a meeting be convened for other reasons.

(2) Noteholders whose legitimate request has not been complied with may file a motion with a court seeking authorization to convene the noteholders' meeting. The court may determine the chairperson of the meeting at such time. Such authorization must be pointed out in the invitation.

(3) The court in the district of which the issuer has its registered office or, if the issuer has no registered office in Germany, the Local Court of Frankfurt am Main shall have jurisdiction. Objections against the court's decision are permitted.

(4) The issuer bears the costs of the noteholders' meeting and, if a motion under Paragraph 2 above is granted, the costs of such proceedings.

Sec. 10
Convention Period, Registration, Identification

(1) The noteholders' meeting shall be convened at least 14 days before the date of the meeting.

(2) If the terms and conditions of the notes provide that attendance at the noteholders' meeting or the exercise of voting rights is to be subject to the noteholders' registration prior to the meeting, for the purposes of calculating the convention period, the date of the meeting shall be replaced by the date on which the noteholders must register prior to the meeting. Registrations must be received at the address stated in the invitation no later than by the third day preceding the noteholders' meeting.

(3) The terms and conditions of the notes may stipulate which form of identification is required for participation at the noteholders'

Gesetzestext SchVG (Deutsch/Englisch)

ist. Sofern die Anleihebedingungen nichts anderes bestimmen, reicht bei Schuldverschreibungen, die in einer Sammelurkunde verbrieft sind, ein in Textform erstellter besonderer Nachweis des depotführenden Instituts aus.

meeting. Unless the terms and conditions of the notes provide otherwise, a confirmation statement issued by the depositary bank in text form shall be sufficient for notes represented by a global note.

§ 11
Ort der Gläubigerversammlung

Die Gläubigerversammlung soll bei einem Schuldner mit Sitz im Inland am Sitz des Schuldners stattfinden. Sind die Schuldverschreibungen an einer Wertpapierbörse im Sinne des § 1 Absatz 3e des Kreditwesengesetzes zum Handel zugelassen, deren Sitz innerhalb der Mitgliedstaaten der Europäischen Union oder der anderen Vertragsstaaten des Abkommens über den Europäischen Wirtschaftsraum ist, so kann die Gläubigerversammlung auch am Sitz dieser Wertpapierbörse stattfinden. § 30a Absatz 2 des Wertpapierhandelsgesetzes bleibt unberührt.

Sec. 11
Venue of the Noteholders' Meeting

If the issuer has its registered offices in Germany, the noteholders' meeting is held at the seat of the registered offices of the issuer. If the notes have been admitted to trading on a stock exchange within the meaning of Section 1 Paragraph 3e KWG (*German Banking Act, Kreditwesengesetz*), the registered offices of which are located within the member states of the European Union or the other member states of the Convention on the European Economic Area, the noteholders' meeting may also be held at the place where such stock exchange has its registered offices. Section 30a Paragraph 2 WpHG (*German Securities Trading Act, Wertpapierhandelsgesetz*) remains unaffected.

§ 12
Inhalt der Einberufung, Bekanntmachung

(1) In der Einberufung müssen die Firma, der Sitz des Schuldners, die Zeit und der Ort der Gläubigerversammlung sowie die Bedingungen angeben werden, von denen die Teilnahme an der Gläubigerversammlung und die Ausübung des Stimmrechts abhängen.

(2) Die Einberufung ist unverzüglich im elektronischen Bundesanzeiger öffentlich bekannt zu machen. Die Anleihebedingungen können zusätzliche Formen der öffentlichen Bekanntmachung vorsehen. Die Kosten der Bekanntmachung hat der Schuldner zu tragen.

(3) Der Schuldner hat die Einberufung und die genauen Bedingungen, von denen die Teilnahme an der Gläubigerversammlung und die Ausübung des Stimmrechts abhängen, vom Tag der Einberufung an bis zum Tag der Gläubigerversammlung im Internet unter seiner Adresse oder, wenn eine solche nicht vorhanden ist, unter der in den Anleihebedingungen festgelegten Internetseite den Gläubigern zugänglich zu machen.

Sec. 12
Contents of the Invitation, Publication

(1) The invitation shall state the name and the registered offices of the issuer, the time and venue of the noteholders' meeting and the conditions for attendance at the noteholders' meeting and the exercise of voting rights.

(2) The invitation shall be published promptly in the electronic Federal Gazette (*elektronischer Bundesanzeiger*). The terms and conditions of the notes may provide for additional forms of publication. The costs of publication are borne by the issuer.

(3) From the date of the convention of the noteholders' meeting until the date of the meeting itself, the issuer shall make available to the noteholders on its website or, if no such website is available, a website specified in the terms and conditions of the notes, the invitation and a detailed description of the conditions for attendance at the noteholders' meeting and the exercise of voting rights.

Anhang II

Gesetzestext SchVG (Deutsch/Englisch)

§ 13
Tagesordnung

(1) Zu jedem Gegenstand, über den die Gläubigerversammlung beschließen soll, hat der Einberufende in der Tagesordnung einen Vorschlag zur Beschlussfassung zu machen.

(2) Die Tagesordnung der Gläubigerversammlung ist mit der Einberufung bekannt zu machen. § 12 Absatz 2 und 3 gilt entsprechend. Über Gegenstände der Tagesordnung, die nicht in der vorgeschriebenen Weise bekannt gemacht sind, dürfen Beschlüsse nicht gefasst werden.

(3) Gläubiger, deren Schuldverschreibungen zusammen 5 Prozent der ausstehenden Schuldverschreibungen erreichen, können verlangen, dass neue Gegenstände zur Beschlussfassung bekannt gemacht werden; § 9 Absatz 2 bis 4 gilt entsprechend. Diese neuen Gegenstände müssen spätestens am dritten Tag vor der Gläubigerversammlung bekannt gemacht sein.

(4) Gegenanträge, die ein Gläubiger vor der Versammlung angekündigt hat, muss der Schuldner unverzüglich bis zum Tag der Gläubigerversammlung im Internet unter seiner Adresse oder, wenn eine solche nicht vorhanden ist, unter der in den Anleihebedingungen festgelegten Internetseite den Gläubigern zugänglich machen.

§ 14
Vertretung

(1) Jeder Gläubiger kann sich in der Gläubigerversammlung durch einen Bevollmächtigten vertreten lassen. Hierauf ist in der Einberufung der Gläubigerversammlung hinzuweisen. In der Einberufung ist auch anzugeben, welche Voraussetzungen erfüllt sein müssen, um eine wirksame Vertretung zu gewährleisten.

(2) Die Vollmacht und Weisungen des Vollmachtgebers an den Vertreter bedürfen der Textform. Wird ein vom Schuldner benannter Stimmrechtsvertreter bevollmächtigt, so ist die Vollmachtserklärung vom Schuldner drei Jahre nachprüfbar festzuhalten.

§ 15
Vorsitz, Beschlussfähigkeit

(1) Der Einberufende führt den Vorsitz in der Gläubigerversammlung, sofern nicht das Gericht einen anderen Vorsitzenden bestimmt hat.

Sec. 13
Agenda

(1) The convening person shall include in the agenda a draft resolution for each item which is to be subject to a resolution by the noteholders' meeting.

(2) The agenda of the noteholders' meeting shall be published jointly with the invitation. Section 12 Paragraphs 2 and 3 apply accordingly. No resolutions may be passed concerning agenda items that have not been published in the prescribed manner.

(3) Noteholders jointly holding 5 per cent of the outstanding notes may request that new items be published for resolution. Section 9 Paragraphs 2 to 4 apply accordingly. Such new items must be published no later than the third day preceding the noteholders' meeting.

(4) Without undue delay and until the date of the noteholders' meeting, the issuer shall make available to the noteholders on its website or, if no such website is available, a website specified in the terms and conditions of the notes, any counter-motions announced by a noteholder prior to the meeting.

Sec. 14
Proxy

(1) Each noteholder may be represented by a proxy at the noteholders' meeting. This option must be pointed out in the invitation to the noteholders' meeting. The invitation must also described the requirements for valid representation by proxy.

(2) A power of attorney and any instructions given by the principal to the proxy must be issued in text form. If a proxy named by the issuer is granted a power of attorney, the power of attorney must be verifiably documented by the issuer for a period of three years.

Sec. 15
Chairperson, Quorum

(1) The convening person shall chair the noteholders' meeting, unless the court has appointed another chairperson.

Gesetzestext SchVG (Deutsch/Englisch) **Anhang II**

(2) In der Gläubigerversammlung ist durch den Vorsitzenden ein Verzeichnis der erschienenen oder durch Bevollmächtigte vertretenen Gläubiger aufzustellen. Im Verzeichnis sind die Gläubiger unter Angabe ihres Namens, Sitzes oder Wohnorts sowie der Zahl der von jedem vertretenen Stimmrechte aufzuführen. Das Verzeichnis ist vom Vorsitzenden der Versammlung zu unterschreiben und allen Gläubigern unverzüglich zugänglich zu machen.

(3) Die Gläubigerversammlung ist beschlussfähig, wenn die Anwesenden wertmäßig mindestens die Hälfte der ausstehenden Schuldverschreibungen vertreten. Wird in der Gläubigerversammlung die mangelnde Beschlussfähigkeit festgestellt, kann der Vorsitzende eine zweite Versammlung zum Zweck der erneuten Beschlussfassung einberufen. Die zweite Versammlung ist beschlussfähig für Beschlüsse, zu deren Wirksamkeit eine qualifizierte Mehrheit erforderlich ist, müssen die Anwesenden mindestens 25 Prozent der ausstehenden Schuldverschreibungen vertreten. Schuldverschreibungen, deren Stimmrechte ruhen, zählen nicht zu den ausstehenden Schuldverschreibungen. Die Anleihebedingungen können jeweils höhere Anforderungen an die Beschlussfähigkeit stellen.

§ 16
Auskunftspflicht, Abstimmung, Niederschrift

(1) Der Schuldner hat jedem Gläubiger auf Verlangen in der Gläubigerversammlung Auskunft zu erteilen, soweit sie zur sachgemäßen Beurteilung eines Gegenstands der Tagesordnung oder eines Vorschlags zur Beschlussfassung erforderlich ist.

(2) Auf die Abgabe und die Auszählung der Stimmen sind die Vorschriften des Aktiengesetzes über die Abstimmung der Aktionäre in der Hauptversammlung entsprechend anzuwenden, soweit nicht in den Anleihebedingungen etwas anderes vorgesehen ist.

(3) Jeder Beschluss der Gläubigerversammlung bedarf zu seiner Gültigkeit der Beurkundung durch eine über die Verhandlung aufgenommene Niederschrift. Findet die Gläubigerversammlung im Inland statt, so ist die Niederschrift durch einen Notar aufzunehmen; bei einer Gläubigerversammlung im

(2) In the noteholders' meeting, the chairperson shall prepare a register of noteholders present or represented by proxy. Such register shall include the noteholders' names, their registered offices or places of residence and the number of voting rights represented by each noteholder. Such register shall be signed by the chairperson of the meeting and be made available to all noteholders promptly.

(3) The noteholders' meeting shall have a quorum if at least fifty per cent of the outstanding notes are represented by the persons present by value. If the noteholders' meeting does not have a quorum, the chairperson may convene a second meeting for the purposes of passing the resolution(s) anew. Such second meeting requires no quorum. For resolutions which require a qualified majority the persons present must represent at least 25 per cent of the outstanding notes. Notes for which voting rights have been suspended are not counted as outstanding notes. The terms and conditions of the notes may provide for stricter requirements regarding the quorum.

Sec. 16
Obligation to Provide Information, Voting, Minutes

(1) Upon request, the issuer shall be obligated to provide any noteholder in the noteholders' meeting with information to the extent that such information is necessary to appropriately consider an agenda item or a proposed resolution.

(2) The provisions of the German Stock Corporation Act (*Aktiengesetz, AktG*) regarding the voting of shareholders in a general meeting apply accordingly to the casting and counting of votes, unless otherwise provided in the terms and conditions of the notes.

(3) In order to be valid, any resolution passed by the noteholders' meeting shall be recorded in the minutes of the meeting. If the noteholders' meeting is held in Germany, the minutes shall be recorded by a notary. If the noteholders' meeting is held abroad, the minutes prepared shall be equivalent to minu-

295

Anhang II

Ausland muss eine Niederschrift gewährleistet sein, die der Niederschrift durch einen Notar gleichwertig ist. § 130 Absatz 2 bis 4 des Aktiengesetzes gilt entsprechend. Jeder Gläubiger, der in der Gläubigerversammlung erschienen oder durch Bevollmächtigte vertreten war, kann binnen eines Jahres nach dem Tag der Versammlung von dem Schuldner eine Abschrift der Niederschrift und der Anlagen verlangen.

tes recorded by a notary. Section 130 Paragraphs 2 to 4 AktG apply accordingly. Each noteholder present or represented by proxy at the noteholders' meeting may request a copy of the minutes and its annexes from the issuer within one year of the date of the meeting.

§ 17
Bekanntmachung von Beschlüssen

(1) Der Schuldner hat die Beschlüsse der Gläubiger auf seine Kosten in geeigneter Form öffentlich bekannt zu machen. Hat der Schuldner seinen Sitz im Inland, so sind die Beschlüsse unverzüglich im Bundesanzeiger zu veröffentlichen; die nach § 30e Absatz 1 des Wertpapierhandelsgesetzes vorgeschriebene Veröffentlichung ist jedoch ausreichend. Die Anleihebedingungen können zusätzliche Formen der öffentlichen Bekanntmachung vorsehen.

(2) Außerdem hat der Schuldner die Beschlüsse der Gläubiger sowie, wenn ein Gläubigerbeschluss die Anleihebedingungen ändert, den Wortlaut der ursprünglichen Anleihebedingungen vom Tag nach der Gläubigerversammlung an für die Dauer von mindestens einem Monat im Internet unter seiner Adresse oder, wenn eine solche nicht vorhanden ist, unter der in den Anleihebedingungen festgelegten Internetseite der Öffentlichkeit zugänglich zu machen.

Sec. 17
Publication of Resolutions

(1) The issuer shall publish the resolutions passed by the noteholders in appropriate form and at its own expense. If the issuer's registered office is in Germany, the resolutions shall be published promptly in the Federal Gazette. Publication as required under section 30e Paragraph 1 WpHG shall be sufficient. The terms and conditions of the notes may provide for additional forms of publication.

(2) In addition, for the period of at least one month commencing on the day following the noteholders' meeting, the issuer shall make available to the public on its website or, if no such website is available, a website specified in the terms and conditions of the notes, the resolutions passed by the noteholders and, if the terms and conditions of notes are amended by a noteholders' resolution, the wording of the original terms and conditions of the notes.

§ 18
Abstimmung ohne Versammlung

(1) Auf die Abstimmung ohne Versammlung sind die Vorschriften über die Einberufung und Durchführung der Gläubigerversammlung entsprechend anzuwenden, soweit in den folgenden Absätzen nichts anderes bestimmt ist.

(2) Die Abstimmung wird vom Abstimmungsleiter geleitet. Abstimmungsleiter ist ein vom Schuldner beauftragter Notar oder der gemeinsame Vertreter der Gläubiger, wenn er zu der Abstimmung aufgefordert hat, oder eine vom Gericht bestimmte Person. § 9 Absatz 2 Satz 2 ist entsprechend anwendbar.

(3) In der Aufforderung zur Stimmabgabe ist der Zeitraum anzugeben, innerhalb dessen

Sec. 18
Vote without Meeting

(1) The provisions concerning the convening and holding of the noteholders' meeting shall apply accordingly to a vote without meeting, unless otherwise provided below.

(2) The vote shall be conducted by the scrutineer. The scrutineer shall be a notary appointed by the issuer, or the joint representative of the noteholders if it has requested such vote, or a person appointed by the court. Section 9 Paragraph 2 sentence 2 applies accordingly.

(3) The request for voting shall describe the period within which votes may be cast. Such

Gesetzestext SchVG (Deutsch/Englisch) **Anhang II**

die Stimmen abgegeben werden können. Er beträgt mindestens 72 Stunden. Während des Abstimmungszeitraums können die Gläubiger ihre Stimme gegenüber dem Abstimmungsleiter in Textform abgeben. In den Anleihebedingungen können auch andere Formen der Stimmabgabe vorgesehen werden. In der Aufforderung muss im Einzelnen angegeben werden, welche Voraussetzungen erfüllt sein müssen, damit die Stimmen gezählt werden.

(4) Der Abstimmungsleiter stellt die Berechtigung zur Stimmabgabe anhand der eingereichten Nachweise fest und erstellt ein Verzeichnis der stimmberechtigten Gläubiger. Wird die Beschlussfähigkeit nicht festgestellt, kann der Abstimmungsleiter eine Gläubigerversammlung einberufen; die Versammlung gilt als zweite Versammlung im Sinne des § 15 Absatz 3 Satz 3. Über jeden in der Abstimmung gefassten Beschluss ist eine Niederschrift aufzunehmen; § 16 Absatz 3 Satz 2 und 3 gilt entsprechend. Jeder Gläubiger, der an der Abstimmung teilgenommen hat, kann binnen eines Jahres nach Ablauf des Abstimmungszeitraums von dem Schuldner eine Abschrift der Niederschrift nebst Anlagen verlangen.

(5) Jeder Gläubiger, der an der Abstimmung teilgenommen hat, kann gegen das Ergebnis schriftlich Widerspruch erheben binnen zwei Wochen nach Bekanntmachung der Beschlüsse. Über den Widerspruch entscheidet der Abstimmungsleiter. Hilft er dem Widerspruch ab, hat er das Ergebnis unverzüglich bekannt zu machen; § 17 gilt entsprechend. Hilft der Abstimmungsleiter dem Widerspruch nicht ab, hat er dies dem widersprechenden Gläubiger unverzüglich schriftlich mitzuteilen.

(6) Der Schuldner hat die Kosten einer Abstimmung ohne Versammlung zu tragen und, wenn das Gericht einem Antrag nach § 9 Absatz 2 stattgegeben hat, auch die Kosten des Verfahrens.

§ 19
Insolvenzverfahren

(1) Ist über das Vermögen des Schuldners im Inland das Insolvenzverfahren eröffnet worden, so unterliegen die Beschlüsse der Gläubiger den Bestimmungen der Insolvenzordnung, soweit in den folgenden Absätzen

period shall be at least 72 hours. During the voting period, the noteholders may transmit the votes cast to the scrutineer in text form. The terms and conditions of the notes may also provide for other forms of casting the votes. The request shall describe in detail the conditions to be met in order for the votes to be valid.

(4) The scrutineer ascertains the entitlement to cast a vote by means of the identification provided and shall prepare a list of noteholders entitled to vote. If it is ascertained that no quorum exists, the scrutineer may convene a noteholders' meeting, which shall be deemed to be a second noteholders' meeting within the meaning of Section 15 Paragraph 3 Sentence 3 above. Any resolution passed by such vote shall be recorded in the minutes. Section 16 Paragraph 3 Sentences 2 and 3 apply accordingly. Each noteholder participating in the vote may request a copy of the minutes and its annexes from the issuer within one year of the end of the voting period.

(5) Each noteholder participating in the vote may object to the result in writing within two weeks of publication of the resolutions. The scrutineer shall decide on any such objection. If the scrutineer decides to take remedial action as a result of the objection, he shall publish such result promptly. Section 17 applies accordingly. If the scrutineer does not take remedial action as a result of the objection, he shall notify the objecting noteholder promptly in writing.

(6) The issuer bears the costs of the vote without meeting and, if a motion under Section 9 Paragraph 2 was granted, the costs of such proceedings.

Sec. 19
Insolvency Proceedings

(1) If insolvency proceedings have been initiated concerning the assets of the issuer in Germany, the resolutions passed by the noteholders shall be subject to the provisions of the German Insolvency Act (*Insolvenzordnung,*

Anhang II

Gesetzestext SchVG (Deutsch/Englisch)

nichts anderes bestimmt ist. § 340 der Insolvenzordnung bleibt unberührt.

(2) Die Gläubiger können durch Mehrheitsbeschluss zur Wahrnehmung ihrer Rechte im Insolvenzverfahren einen gemeinsamen Vertreter für alle Gläubiger bestellen. Das Insolvenzgericht hat zu diesem Zweck eine Gläubigerversammlung nach den Vorschriften dieses Gesetzes einzuberufen, wenn ein gemeinsamer Vertreter für alle Gläubiger noch nicht bestellt worden ist.

(3) Ein gemeinsamer Vertreter für alle Gläubiger ist allein berechtigt und verpflichtet, die Rechte der Gläubiger im Insolvenzverfahren geltend zu machen; dabei braucht er die Schuldurkunde nicht vorzulegen.

(4) In einem Insolvenzplan sind den Gläubigern gleiche Rechte anzubieten.

(5) Das Insolvenzgericht hat zu veranlassen, dass die Bekanntmachungen nach den Bestimmungen dieses Gesetzes zusätzlich im Internet unter der durch § 9 der Insolvenzordnung vorgeschriebenen Adresse veröffentlicht werden.

InsO), unless otherwise provided below. Section 340 InsO remains unaffected.

(2) By majority resolution, the noteholders may appoint a joint representative of all noteholders for the purposes of asserting their rights in the insolvency proceedings. For this purpose, the insolvency court shall convene a noteholders' meeting in accordance with the provisions of this Act if no such joint representative has been appointed.

(3) A joint representative of all noteholders shall be entitled and obligated to assert the noteholders' rights in the insolvency proceedings by itself. It shall not be required to provide the note certificate in this context.

(4) The noteholders shall be offered equal rights in an insolvency plan.

(5) The insolvency court shall cause publications under the provisions of this Act to be published on the website stipulated under Section 9 InsO.

§ 20
Anfechtung von Beschlüssen

(1) Ein Beschluss der Gläubiger kann wegen Verletzung des Gesetzes oder der Anleihebedingungen durch Klage angefochten werden. Wegen unrichtiger, unvollständiger oder verweigerter Erteilung von Informationen kann ein Beschluss der Gläubiger nur angefochten werden, wenn ein objektiv urteilender Gläubiger die Erteilung der Information als wesentliche Voraussetzung für sein Abstimmungsverhalten angesehen hätte. Die Anfechtung kann nicht auf die durch eine technische Störung verursachte Verletzung von Rechten, die nach § 18 auf elektronischem Wege wahrgenommen worden sind, gestützt werden, es sei denn dem Schuldner ist grobe Fahrlässigkeit oder Vorsatz vorzuwerfen.

(2) Zur Anfechtung ist befugt

1. jeder Gläubiger, der an der Abstimmung teilgenommen und gegen den Beschluss fristgerecht Widerspruch erklärt hat, sofern er die Schuldverschreibung vor der Bekanntmachung der Einberufung der Gläubigerversammlung oder vor der Aufforderung zur Stimmabgabe in einer

Sec. 20
Objections to Resolutions

(1) A resolution passed by the noteholders may be contested for violation of the law or the terms and conditions of the notes by initiating legal proceedings. A resolution passed by the noteholders may only be contested for inaccurate, incomplete or withheld information if a reasonable noteholder would have considered such information to be material in making its voting decision. Any objection may not be based on a violation of electronically exercised rights under Section 18 which was caused by a technical malfunction, unless gross negligence or wilful misconduct can be imputed to the issuer.

(2) The following persons shall be entitled to raise an objection

1. any noteholder who has participated in the vote and objected to the resolution within the required time period, provided that it had acquired the note prior to the invitation to the noteholders' meeting onbefor the request for voting in a vote without meeting was published; or

Gesetzestext SchVG (Deutsch/Englisch) **Anhang II**

Abstimmung ohne Versammlung erworben hatte;
2. jeder Gläubiger, der an der Abstimmung nicht teilgenommen hat, wenn er zur Abstimmung zu Unrecht nicht zugelassen worden ist oder wenn die Versammlung nicht ordnungsgemäß einberufen oder zur Stimmabgabe nicht ordnungsgemäß aufgefordert worden ist oder wenn ein Gegenstand der Beschlussfassung nicht ordnungsgemäß bekannt gemacht worden ist.

(3) Die Klage ist binnen eines Monats nach der Bekanntmachung des Beschlusses zu erheben. Sie ist gegen den Schuldner zu richten. Zuständig für die Klage ist bei einem Schuldner mit Sitz im Inland ausschließlich das Landgericht, in dessen Bezirk der Schuldner seinen Sitz hat, oder mangels eines Sitzes im Inland das Landgericht Frankfurt am Main; § 246 Absatz 3 Satz 2 bis 6 des Aktiengesetzes gilt entsprechend. Vor einer rechtskräftigen Entscheidung des Gerichts darf der angefochtene Beschluss nicht vollzogen werden, es sei denn, ein Senat des nach Satz 3 zuständigen Gerichts im zuständigen Rechtszug übergeordneten Oberlandesgericht stellt auf Antrag des Schuldners nach Maßgabe des § 246a des Aktiengesetzes fest, dass die Erhebung der Klage dem Vollzug des angefochtenen Beschlusses nicht entgegensteht; § 246a Absatz 1 Satz 1 und 2, Absatz 2 und 3 Satz 1 bis 4 und 6, Absatz 4 des Aktiengesetzes gilt entsprechend.

2. any noteholder who did not participate in the vote, provided that it had been wrongfully refused participation in the vote or the meeting had not been duly convened or the vote had not been duly requested or the subject of a resolution had not been duly published.

(3) The legal proceedings shall be initiated within one month of publication of the resolution. The proceedings shall be initiated against the issuer. If the issuer has its registered offices in Germany, the regional court in the district where the issuer has its registered offices or, if the issuer has no registered offices in Germany, the regional court of Frankfurt am Main shall have exclusive jurisdiction. Section 246 Paragraph 3 Sentences 2 to 6 AktG apply accordingly. The contested resolution may not be implemented before the court has issued a final decision, unless a senate of the higher regional court whose authority is superordinate to that of the court which is competent pursuant to sentence 3 in the relevant instance finds, upon application by the debtor in accordance with section 246a AktG (German companies act), that the filing of the action does not stand in opposition to the implementation of the contested resolution. Section 246a paragraph 1 sentences 1 and 2, paragraph 2 and paragraph 3, sentences 1 to 4 and 6, and paragraph 4 AktG apply accordingly.

§ 21
Vollziehung von Beschlüssen

(1) Beschlüsse der Gläubigerversammlung, durch welche der Inhalt der Anleihebedingungen abgeändert oder ergänzt wird, sind in der Weise zu vollziehen, dass die maßgebliche Sammelurkunde ergänzt oder geändert wird. Im Fall der Verwahrung der Sammelurkunde durch eine Wertpapiersammelbank hat der Versammlungs- oder Abstimmungsleiter dazu den in der Niederschrift dokumentierten Beschlussinhalt an die Wertpapiersammelbank zu übermitteln mit dem Ersuchen, die eingereichten Dokumente den vorhandenen Dokumenten in geeigneter Form beizufügen. Er hat gegenüber der Wertpapiersammelbank

Sec. 21
Implementation of Resolutions

(1) Resolutions passed by the noteholders' meeting which amend or supplement the contents of the terms and conditions of the notes, shall be implemented in such manner that the relevant global note is supplemented or amended. If the global note has been deposited with a central securities depository, the chairperson of the meeting or the scrutineer shall forward the contents of the resolution recorded in the minutes to the central securities depository for this purpose, together with the request to add the documents submitted to the existing documents in appropriate form. It shall affirm to the central securities

zu versichern, dass der Beschluss vollzogen werden darf.

(2) Der gemeinsame Vertreter darf von der ihm durch Beschluss erteilten Vollmacht oder Ermächtigung keinen Gebrauch machen, solange der zugrunde liegende Beschluss noch nicht vollzogen werden darf.

§ 22
Geltung für Mitverpflichtete

Die Anleihedingungen können vorsehen, dass die §§ 5 bis 21 für Rechtsgeschäfte entsprechend gelten, durch welche andere Personen als der Schuldner für die Verpflichtungen des Schuldners aus der Anleihe Sicherheiten gewährt haben (Mitverpflichtete). In diesem Fall müssen die Anleihebedingungen Mehrheitsbeschlüsse der Gläubiger unter Benennung der Rechtsgeschäfte und der Mitverpflichteten ausdrücklich vorsehen.

**Abschnitt 3
Bußgeldvorschriften; Übergangsbestimmungen
§ 23
Bußgeldvorschriften**

(1) Ordnungswidrig handelt, wer

1. entgegen § 6 Absatz 1 Satz 3 erster Halbsatz Schuldverschreibungen überlässt,
2. entgegen § 6 Absatz 1 Satz 4 das Stimmrecht ausübt,
3. entgegen § 6 Absatz 2 einen Vorteil anbietet, verspricht oder gewährt oder
4. entgegen § 6 Absatz 3 einen Vorteil oder eine Gegenleistung fordert, sich versprechen lässt oder annimmt.

(2) Ordnungswidrig handelt, wer vorsätzlich oder leichtfertig entgegen § 7 Absatz 1 Satz 2 einen maßgeblichen Umstand nicht, nicht richtig, nicht vollständig oder nicht rechtzeitig offenlegt.

(3) Die Ordnungswidrigkeit kann mit einer Geldbuße bis zu hunderttausend Euro geahndet werden.

§ 24
Übergangsbestimmungen

(1) Dieses Gesetz ist nicht anzuwenden auf Schuldverschreibungen, die vor dem … [einsetzen: Datum des Inkrafttretens dieses Geset-

depository that the resolution may be implemented.

(2) The joint representative may not act under any power of attorney or authorization granted to it by resolution as long as the underlying resolution may not yet be implemented.

Sec. 22
Applicability to Joint Obligors

The terms and conditions of the notes may provide that Sections 5 to 21 apply accordingly to legal transactions under which persons other than the issuer have provided security for the liabilities of the issuer under the notes (joint obligors). In this case, the terms and conditions of the notes must expressly provide for majority resolutions of the noteholders and specify the legal transactions and the joint obligors.

**Part 3
Provisions concerning Administrative Fines; Transitional Provisions
Sec. 23
Provisions concerning Administrative Fines**

(1) An administrative offense is committed by any person who

1. makes available notes in violation of Section 6 Paragraph 1 first part of Sentence 3,
2. exercises voting rights in violation of Section 6 Paragraph 1 Sentence 4,
3. offers, promises or grants any advantage in violation of Section 6 Paragraph 2 or
4. requires, accepts promises of or accepts any advantage or consideration in violation of Section 6 Paragraph 3.

(2) An administrative offense is committed by any person who, in violation of Section 7 Paragraph 1 Sentence 2, wilfully or carelessly fails to disclose relevant circumstances or discloses such circumstances in an inaccurate, incomplete or untimely manner.

(3) The administrative offense may be punished by an administrative fine of up to one hundred thousand Euros.

Sec. 24
Transitional Provisions

(1) This Act shall not apply to notes issued prior to … [insert: date on which this Act takes effect]. Such notes shall continue to be

Gesetzestext SchVG (Deutsch/Englisch) **Anhang II**

zes] ausgegeben wurden. Auf diese Schuldverschreibungen ist das Gesetz betreffend die gemeinsamen Rechte der Besitzer von Schuldverschreibungen in der im Bundesgesetzblatt Teil III, Gliederungsnummer 4134-1, veröffentlichten bereinigten Fassung, das zuletzt durch Artikel 53 des Gesetzes vom 5. Oktober 1994 (BGBl. I S. 2911) geändert worden ist, weiter anzuwenden, soweit sich aus Absatz 2 nichts anderes ergibt.

(2) Gläubiger von Schuldverschreibungen, die vor dem ... [einsetzen: Datum des Inkrafttretens dieses Gesetzes] ausgegeben wurden, können mit Zustimmung des Schuldners eine Änderung der Anleihebedingungen oder den Austausch der Schuldverschreibungen gegen neue Schuldverschreibungen mit geänderten Anleihebedingungen beschließen, um von den in diesem Gesetz gewährten Wahlmöglichkeiten Gebrauch machen zu können. Für die Beschlussfassung gelten die Vorschriften dieses Gesetzes entsprechend; der Beschluss bedarf der qualifizierten Mehrheit.

subject to the German Act on the Joint Rights of Noteholders (*Gesetz betreffend die gemeinsamen Rechte der Besitzer von Schuldverschreibungen*) as corrected and published in the Federal Law Gazette (*Bundesgesetzblatt, BGBl.*) Part III, No. 4134-1, as last amended by Article 53 of the Act of 5 October 1994 (BGBl. I p. 2911), unless otherwise provided in Paragraph 2.

(2) Noteholders of notes issued prior to ... [insert: date on which this Act takes effect] may, subject to the issuer's consent, resolve to amend the terms and conditions of the notes or to exchange the notes for new notes with amended terms and conditions, in order to benefit from the options provided under this Act. The provisions of this Act shall apply accordingly to any such resolution. Any such resolution requires a qualified majority.

B. Gesetzesentwurf der Bundesregierung (BR Drucks. 180/09) v. 20.2.2009

Gesetzentwurf der Bundesregierung

Entwurf eines Gesetzes zur Neuregelung der Rechtsverhältnisse bei Schuldverschreibungen aus Gesamtemissionen und zur verbesserten Durchsetzbarkeit von Ansprüchen von Anlegern aus Falschberatung

A. Problem und Ziel

Das Gesetz betreffend die gemeinsamen Rechte der Besitzer von Schuldverschreibungen vom 4. Dezember 1899 (SchVG von 1899), regelt, auf welche Weise die Gläubiger einer Anleihe auf die in den Schuldverschreibungen verbrieften Rechte einwirken können, indem sie bestimmten Änderungen der Anleihebedingungen zustimmen. Das kann während der Laufzeit einer Anleihe aus verschiedenen Gründen erforderlich sein, vor allem in der Krise oder in der Insolvenz des Schuldners. Damit die Gläubiger in solchen Situationen die nötigen Handlungsspielräume haben, bedarf es einer Anpassung des seit seinem Inkrafttreten bis heute im Wesentlichen unveränderten Gesetzes. Das SchVG von 1899 schränkt die Befugnisse der Gläubiger aus heutiger Sicht zu stark ein und ist verfahrensrechtlich veraltet. Die Gläubigerversammlung soll deshalb in die Lage versetzt werden, auf informierter Grundlage möglichst rasch und ohne unnötigen organisatorischen Aufwand Entscheidungen von unter Umständen großer finanzieller Tragweite treffen zu können. International war zudem bezweifelt worden, ob übliche Umschuldungsklauseln (sogenannte „Collective Action Clauses") nach deutschem Recht zulässig sind. Diese Zweifel sollen beseitigt werden. Da die Märkte für Schuldverschreibungen international geworden sind, soll das Schuldverschreibungsrecht international üblichen Anforderungen soweit wie möglich angepasst werden. Zeitgleich mit der Internationalisierung der Märkte haben sich auch die als Schuldverschreibungen begebenen Produkte zum Teil erheblich weiterentwickelt. Gerade im Zusammenhang mit der Finanzmarktkrise hat sich gezeigt, dass viele Anleger die Risiken der teilweise hochkomplexen Produkte nicht hinreichend verstehen. Hier muss für mehr Verständlichkeit und Transparenz gesorgt werden. Zudem sollen die Anleger im Fall einer fehlerhaften Beratung ihre Ansprüche leichter durchsetzen können.

B. Lösung

Die Gläubiger sollen gestärkt werden, indem ihre Befugnisse, mit Mehrheit über die Anleihebedingungen zu entscheiden, inhaltlich erweitert werden. Das Verfahren der Gläubigerabstimmung wird grundlegend neu geregelt und an das moderne und bewährte Recht der Hauptversammlung bei der Aktiengesellschaft angelehnt. Collective Action Clauses sind zukünftig auch nach deutschem Recht eindeutig zulässig: Die Regeln des Gesetzes entsprechen insoweit den international üblichen Klauselinhalten; die bisherige Anwendungsbeschränkung des Gesetzes auf Emittenten mit Sitz im Inland entfällt. Zur Verbesserung der Verständlichkeit von Anleihebedingungen wird eine spezialgesetzliche Regelung zur Transparenz eingeführt. Die Verjährungsfrist von Schadensersatzansprüchen wegen Falschbera-

Gesetzesentwurf der Bundesregierung

tung wird an die regelmäßige Verjährungsfrist des Bürgerlichen Gesetzbuchs angepasst. Dem Anleger wird es künftig erleichtert, solche Schadensersatzansprüche durchzusetzen, indem die Anforderungen an die Dokumentation der Beratung erhöht werden und dem Anleger ein einklagbarer Anspruch auf Aushändigung der Dokumentation eingeräumt wird.

C. Alternativen

Keine

D. Finanzielle Auswirkungen auf die öffentlichen Haushalte

Keine

E. Sonstige Kosten

Keine

F. Bürokratiekosten

In § 12 Absatz 3 und in § 17 Absatz 2 des Entwurfs des Schuldverschreibungsgesetzes wird jeweils eine neue Informationspflicht begründet. Nach § 12 Absatz 3 hat der Schuldner von Schuldverschreibungen die Einberufung der Gläubigerversammlung und die Bedingungen zur Teilnahme und Stimmrechtsausübung im Internet unter seiner Adresse den Gläubigern zugänglich zu machen; nach § 17 Absatz 2 hat er die Beschlüsse der Gläubiger sowie, wenn ein Gläubigerbeschluss die Anleihebedingungen ändert, den Wortlaut der ursprünglichen Anleihebedingungen im Internet unter seiner Adresse der Öffentlichkeit zugänglich zu machen. Die Informationspflichten dienen dem Schutz der Gläubiger. Die Belastung der Wirtschaft liegt jeweils unter 100 000 Euro pro Jahr.

In § 34 Absatz 2a des Wertpapierhandelsgesetzes wird eine neue Informationspflicht für die Wirtschaft eingeführt. Für den Bereich der Anlageberatung wird über den Hergang des Beratungsgesprächs ein Protokoll verlangt, das dem Kunden auszuhändigen ist. Die Informationspflicht dient dem Schutz der Kunden. Die Kosten der Informationspflicht belaufen sich auf 50 133 333 Euro, was maßgeblich durch die hohe Fallzahl von acht Millionen beeinflusst ist.

Anhang II   Gesetzesentwurf der Bundesregierung

Gesetzentwurf der Bundesregierung

Entwurf eines Gesetzes zur Neuregelung der Rechtsverhältnisse bei Schuldverschreibungen aus Gesamtemissionen und zur verbesserten Durchsetzbarkeit von Ansprüchen von Anlegern aus Falschberatung

Bundesrepublik Deutschland   Berlin, den 20. Februar 2009
Die Bundeskanzlerin

An den
Präsidenten des Bundesrates
Herrn Ministerpräsidenten
Peter Müller

Sehr geehrter Herr Präsident,
hiermit übersende ich gemäß Artikel 76 Absatz 2 des Grundgesetzes den von der Bundesregierung beschlossenen
    Entwurf eines Gesetzes zur Neuregelung der Rechtsverhältnisse bei Schuldverschreibungen aus Gesamtemissionen und zur verbesserten Durchsetzbarkeit von Ansprüchen von Anlegern aus Falschberatung
mit Begründung und Vorblatt.
Federführend ist das Bundesministerium der Justiz.
Die Stellungnahme des Nationalen Normenkontrollrates gemäß § 6 Abs. 1 NKRG ist als Anlage 1 beigefügt.
Die Stellungnahme der Bundesregierung zur Stellungnahme des Nationalen Normenkontrollrates ist als Anlage 2 beigefügt.

Mit freundlichen Grüßen
Dr. Angela Merkel

Gesetzesentwurf der Bundesregierung

Anhang II

Entwurf eines Gesetzes zur Neuregelung der Rechtsverhältnisse bei Schuldverschreibungen aus Gesamtemissionen und zur verbesserten Durchsetzbarkeit von Ansprüchen von Anlegern aus Falschberatung

Vom ...

Der Bundestag hat das folgende Gesetz beschlossen:

Artikel 1
Gesetz über Schuldverschreibungen aus Gesamtemissionen
(Schuldverschreibungsgesetz – SchVG)

Abschnitt 1
Allgemeine Vorschriften

§ 1 Anwendungsbereich

(1) Dieses Gesetz gilt für nach deutschem Recht begebene inhaltsgleiche Schuldverschreibungen aus Gesamtemissionen (Schuldverschreibungen).

(2) Dieses Gesetz gilt nicht für die gedeckten Schuldverschreibungen im Sinne des Pfandbriefgesetzes sowie nicht für Schuldverschreibungen, deren Schuldner oder deren Mitverpflichteter im Sinne des § 22 Satz 1 der Bund, ein Sondervermögen des Bundes, ein Land oder eine Gemeinde ist.

§ 2 Anleihebedingungen

Die Bedingungen zur Beschreibung der Leistung sowie der Rechte und Pflichten des Schuldners und der Gläubiger (Anleihebedingungen) müssen sich vorbehaltlich von Satz 2 aus der Urkunde ergeben. Ist die Urkunde nicht zum Umlauf bestimmt, kann in ihr auch auf außerhalb der Urkunde niedergelegte Anleihebedingungen Bezug genommen werden. Änderungen des Inhalts der Urkunde oder der Anleihebedingungen nach Abschnitt 2 dieses Gesetzes werden erst wirksam, wenn sie in der Urkunde oder in den Anleihebedingungen vollzogen worden sind.

§ 3 Transparenz des Leistungsversprechens

Nach den Anleihebedingungen muss die vom Schuldner versprochene Leistung durch einen Anleger, der hinsichtlich der jeweiligen Art von Schuldverschreibungen sachkundig ist, ermittelt werden können.

§ 4 Kollektive Bindung

Bestimmungen in Anleihebedingungen können während der Laufzeit der Anleihe durch Rechtsgeschäft nur durch gleichlautenden Vertrag mit sämtlichen Gläubigern oder nach Abschnitt 2 dieses Gesetzes geändert werden (kollektive Bindung). Der Schuldner muss die Gläubiger insoweit gleich behandeln.

Anhang II

Gesetzesentwurf der Bundesregierung

Abschnitt 2
Beschlüsse der Gläubiger

§ 5 Mehrheitsbeschlüsse der Gläubiger

(1) Die Anleihebedingungen können vorsehen, dass die Gläubiger derselben Anleihe nach Maßgabe dieses Abschnitts durch Mehrheitsbeschluss Änderungen der Anleihebedingungen zustimmen und zur Wahrnehmung ihrer Rechte einen gemeinsamen Vertreter für alle Gläubiger bestellen können. Die Anleihebedingungen können dabei von den §§ 5 bis 21 zu Lasten der Gläubiger nur abweichen, soweit es in diesem Gesetz ausdrücklich vorgesehen ist. Eine Verpflichtung zur Leistung kann für die Gläubiger durch Mehrheitsbeschluss nicht begründet werden.

(2) Die Mehrheitsbeschlüsse der Gläubiger sind für alle Gläubiger derselben Anleihe gleichermaßen verbindlich. Ein Mehrheitsbeschluss der Gläubiger, der nicht gleiche Bedingungen für alle Gläubiger vorsieht, ist unwirksam, es sei denn die benachteiligten Gläubiger stimmen ihrer Benachteiligung ausdrücklich zu.

(3) Die Gläubiger können durch Mehrheitsbeschluss insbesondere folgenden Maßnahmen zustimmen:
1. der Veränderung der Fälligkeit, der Verringerung oder dem Ausschluss der Zinsen;
2. der Veränderung der Fälligkeit der Hauptforderung;
3. der Verringerung der Hauptforderung;
4. dem Nachrang der Forderungen aus den Schuldverschreibungen im Insolvenzverfahren des Schuldners;
5. der Umwandlung oder dem Umtausch der Schuldverschreibungen in Gesellschaftsanteile, andere Wertpapiere oder andere Leistungsversprechen;
6. dem Austausch und der Freigabe von Sicherheiten;
7. der Änderung der Währung der Schuldverschreibungen;
8. dem Verzicht auf das Kündigungsrecht der Gläubiger oder dessen Beschränkung;
9. der Zustimmung zur Schuldnerersetzung;
10. der Änderung oder Aufhebung von Nebenbestimmungen der Schuldverschreibungen.

Die Anleihebedingungen können die Möglichkeit von Gläubigerbeschlüssen auf einzeln benannte Maßnahmen beschränken oder einzeln benannte Maßnahmen von dieser Möglichkeit ausnehmen.

(4) Die Gläubiger entscheiden mit der einfachen Mehrheit der an der Abstimmung teilnehmenden Stimmrechte. Beschlüsse, durch welche der wesentliche Inhalt der Anleihebedingungen geändert wird, insbesondere in den Fällen des Absatzes 3 Nummer 1 bis 9, bedürfen zu ihrer Wirksamkeit einer Mehrheit von mindestens 75 Prozent der teilnehmenden Stimmrechte (qualifizierte Mehrheit). Die Anleihebedingungen können für einzelne oder alle Maßnahmen eine höhere Mehrheit vorschreiben.

(5) Ist in Anleihebedingungen bestimmt, dass die Kündigung von ausstehenden Schuldverschreibungen nur von mehreren Gläubigern und einheitlich erklärt werden kann, darf der für die Kündigung erforderliche Mindestanteil der ausstehenden Schuldverschreibungen nicht mehr als 25 Prozent betragen. Die Wirkung einer solchen Kündigung entfällt, wenn die Gläubiger dies binnen drei Monaten mit

Gesetzesentwurf der Bundesregierung **Anhang II**

Mehrheit beschließen. Für den Beschluss über die Unwirksamkeit der Kündigung genügt die einfache Mehrheit der Stimmrechte, es müssen aber in jedem Fall mehr Gläubiger zustimmen als gekündigt haben.

(6) Die Gläubiger beschließen entweder in einer Gläubigerversammlung oder im Wege einer Abstimmung ohne Versammlung. Die Anleihebedingungen können ausschließlich eine der beiden Möglichkeiten vorsehen.

§ 6 Stimmrecht

(1) An Abstimmungen der Gläubiger nimmt jeder Gläubiger nach Maßgabe des Nennwerts oder des rechnerischen Anteils seiner Berechtigung an den ausstehenden Schuldverschreibungen teil. Das Stimmrecht ruht, solange die Anteile dem Schuldner oder einem mit ihm verbundenen Unternehmen (§ 271 Absatz 2 des Handelsgesetzbuchs) zustehen oder für Rechnung des Schuldners oder eines mit ihm verbundenen Unternehmens gehalten werden. Der Schuldner darf Schuldverschreibungen, deren Stimmrechte ruhen, einem anderen nicht zu dem Zweck überlassen, die Stimmrechte an seiner Stelle auszuüben; dies gilt auch für ein mit dem Schuldner verbundenes Unternehmen. Niemand darf das Stimmrecht zu dem in Satz 3 erster Halbsatz bezeichneten Zweck ausüben.

(2) Niemand darf dafür, dass eine stimmberechtigte Person bei einer Gläubigerversammlung oder einer Abstimmung nicht oder in einem bestimmten Sinne stimme, Vorteile als Gegenleistung anbieten, versprechen oder gewähren.

(3) Wer stimmberechtigt ist, darf dafür, dass er bei einer Gläubigerversammlung oder einer Abstimmung nicht oder in einem bestimmten Sinne stimme, keinen Vorteil und keine Gegenleistung fordern, sich versprechen lassen oder annehmen.

§ 7 Gemeinsamer Vertreter der Gläubiger

(1) Zum gemeinsamen Vertreter für alle Gläubiger kann jede geschäftsfähige Person oder eine sachkundige juristische Person bestellt werden. Eine Person, welche
1. Mitglied des Vorstands, des Aufsichtsrats, des Verwaltungsrats oder eines ähnlichen Organs, Angestellter oder sonstiger Mitarbeiter des Schuldners oder eines mit diesem verbundenen Unternehmens ist,
2. am Stamm- oder Grundkapital des Schuldners oder eines mit diesem verbundenen Unternehmens mit mindestens 20 Prozent beteiligt ist,
3. Finanzgläubiger des Schuldners oder eines mit diesem verbundenen Unternehmens mit einer Forderung in Höhe von mindestens 20 Prozent der ausstehenden Anleihe oder Organmitglied, Angestellter oder sonstiger Mitarbeiter dieses Finanzgläubigers ist oder
4. auf Grund einer besonderen persönlichen Beziehung zu den in den Nummern 1 bis 3 aufgeführten Personen unter deren bestimmendem Einfluss steht,

muss den Gläubigern vor ihrer Bestellung zum gemeinsamen Vertreter die maßgeblichen Umstände offenlegen. Der gemeinsame Vertreter hat die Gläubiger unverzüglich in geeigneter Form darüber zu unterrichten, wenn in seiner Person solche Umstände nach der Bestellung eintreten.

(2) Der gemeinsame Vertreter hat die Aufgaben und Befugnisse, welche ihm durch Gesetz oder von den Gläubigern durch Mehrheitsbeschluss eingeräumt wurden. Er hat die Weisungen der Gläubiger zu befolgen. Soweit er zur Geltendmachung von Rechten der Gläubiger ermächtigt ist, sind die einzelnen Gläubiger

Anhang II   Gesetzesentwurf der Bundesregierung

zur selbständigen Geltendmachung dieser Rechte nicht befugt, es sei denn der Mehrheitsbeschluss sieht dies ausdrücklich vor. Über seine Tätigkeit hat der gemeinsame Vertreter den Gläubigern zu berichten.

(3) Der gemeinsame Vertreter haftet den Gläubigern als Gesamtgläubigern für die ordnungsgemäße Erfüllung seiner Aufgaben; bei seiner Tätigkeit hat er die Sorgfalt eines ordentlichen und gewissenhaften Geschäftsleiters anzuwenden. Die Haftung des gemeinsamen Vertreters kann durch Beschluss der Gläubiger beschränkt werden. Über die Geltendmachung von Ersatzansprüchen der Gläubiger gegen den gemeinsamen Vertreter entscheiden die Gläubiger.

(4) Der gemeinsame Vertreter kann von den Gläubigern jederzeit ohne Angabe von Gründen abberufen werden.

(5) Der gemeinsame Vertreter der Gläubiger kann vom Schuldner verlangen, alle Auskünfte zu erteilen, die zur Erfüllung der ihm übertragenen Aufgaben erforderlich sind.

(6) Die durch die Bestellung eines gemeinsamen Vertreters der Gläubiger entstehenden Kosten und Aufwendungen, einschließlich einer angemessenen Vergütung des gemeinsamen Vertreters, trägt der Schuldner.

§ 8 Bestellung des gemeinsamen Vertreters in den Anleihebedingungen

(1) Ein gemeinsamer Vertreter der Gläubiger kann bereits in den Anleihebedingungen bestellt werden. Mitglieder des Vorstands, des Aufsichtsrats, des Verwaltungsrats oder eines ähnlichen Organs, Angestellte oder sonstige Mitarbeiter des Schuldners oder eines mit ihm verbundenen Unternehmens dürfen nicht bereits in den Anleihebedingungen als gemeinsamer Vertreter der Gläubiger bestellt werden. Ihre Bestellung ist nichtig. Dies gilt auch, wenn die in Satz 1 genannten Umstände nachträglich eintreten. Aus den in § 7 Absatz 1 Satz 2 Nummer 2 bis 4 genannten Personengruppen kann ein gemeinsamer Vertreter der Gläubiger bestellt werden, sofern in den Emissionsbedingungen die maßgeblichen Umstände offen gelegt werden. Wenn solche Umstände nachträglich eintreten, gilt § 7 Absatz 1 Satz 3 entsprechend.

(2) Mit der Bestellung ist der Umfang der Befugnisse des gemeinsamen Vertreters zu bestimmen. Zu einem Verzicht auf Rechte der Gläubiger, insbesondere zu den in § 5 Absatz 3 Satz 1 Nummer 1 bis 9 genannten Entscheidungen, kann der Vertreter nur auf Grund eines Beschlusses der Gläubigerversammlung ermächtigt werden. In diesen Fällen kann die Ermächtigung nur im Einzelfall erteilt werden.

(3) In den Anleihebedingungen kann die Haftung des gemeinsamen Vertreters auf das Zehnfache seiner jährlichen Vergütung begrenzt werden, es sei denn dem gemeinsamen Vertreter fällt Vorsatz oder grobe Fahrlässigkeit zur Last.

(4) Für den in den Anleihebedingungen bestellten gemeinsamen Vertreter gilt § 7 Absatz 2 bis 6 entsprechend.

§ 9 Einberufung der Gläubigerversammlung

(1) Die Gläubigerversammlung wird vom Schuldner oder von dem gemeinsamen Vertreter der Gläubiger einberufen. Sie ist einzuberufen, wenn Gläubiger, deren Schuldverschreibungen zusammen 5 Prozent der ausstehenden Schuldverschreibungen erreichen, dies schriftlich mit der Begründung verlangen, sie wollten

Gesetzesentwurf der Bundesregierung **Anhang II**

einen gemeinsamen Vertreter bestellen oder abberufen, sie wollten nach § 5 Absatz 5 Satz 2 über das Entfallen der Wirkung der Kündigung beschließen oder sie hätten ein sonstiges besonderes Interesse an der Einberufung. Die Anleihebedingungen können vorsehen, dass die Gläubiger auch aus anderen Gründen die Einberufung verlangen können.

(2) Gläubiger, deren berechtigtem Verlangen nicht entsprochen worden ist, können bei Gericht beantragen, sie zu ermächtigen, die Gläubigerversammlung einzuberufen. Das Gericht kann zugleich den Vorsitzenden der Versammlung bestimmen. Auf die Ermächtigung muss in der Bekanntmachung der Einberufung hingewiesen werden.

(3) Zuständig ist das Gericht, in dessen Bezirk der Schuldner seinen Sitz hat oder mangels eines Sitzes im Inland das Amtsgericht Frankfurt am Main. Gegen die Entscheidung des Gerichts ist die Beschwerde statthaft.

(4) Der Schuldner trägt die Kosten der Gläubigerversammlung und, wenn das Gericht dem Antrag nach Absatz 2 stattgegeben hat, auch die Kosten dieses Verfahrens.

§ 10 Frist, Anmeldung, Nachweis

(1) Die Gläubigerversammlung ist mindestens 14 Tage vor dem Tag der Versammlung einzuberufen.

(2) Sehen die Anleihebedingungen vor, dass die Teilnahme an der Gläubigerversammlung oder die Ausübung der Stimmrechte davon abhängig ist, dass sich die Gläubiger vor der Versammlung anmelden, so tritt für die Berechnung der Einberufungsfrist an die Stelle des Tages der Versammlung der Tag, bis zu dessen Ablauf sich die Gläubiger vor der Versammlung anmelden müssen. Die Anmeldung muss unter der in der Bekanntmachung der Einberufung mitgeteilten Adresse spätestens am dritten Tag vor der Gläubigerversammlung zugehen.

(3) Die Anleihebedingungen können vorsehen, wie die Berechtigung zur Teilnahme an der Gläubigerversammlung nachzuweisen ist. Sofern die Anleihebedingungen nichts anderes bestimmen, reicht bei Schuldverschreibungen, die in einer Sammelurkunde verbrieft sind, ein in Textform erstellter besonderer Nachweis des depotführenden Instituts aus.

§ 11 Ort der Gläubigerversammlung

Die Gläubigerversammlung soll bei einem Schuldner mit Sitz im Inland am Sitz des Schuldners stattfinden. Sind die Schuldverschreibungen an einer Wertpapierbörse im Sinne des § 1 Absatz 3e des Kreditwesengesetzes zum Handel zugelassen, deren Sitz innerhalb der Mitgliedstaaten der Europäischen Union oder der anderen Vertragsstaaten des Abkommens über den Europäischen Wirtschaftsraum ist, so kann die Gläubigerversammlung auch am Sitz dieser Wertpapierbörse stattfinden. § 30a Absatz 2 des Wertpapierhandelsgesetzes bleibt unberührt.

§ 12 Inhalt der Einberufung, Bekanntmachung

(1) In der Einberufung müssen die Firma, der Sitz des Schuldners, die Zeit und der Ort der Gläubigerversammlung sowie die Bedingungen angeben werden, von denen die Teilnahme an der Gläubigerversammlung und die Ausübung des Stimmrechts abhängen.

Anhang II — Gesetzesentwurf der Bundesregierung

(2) Die Einberufung ist unverzüglich im elektronischen Bundesanzeiger öffentlich bekannt zu machen. Die Anleihebedingungen können zusätzliche Formen der öffentlichen Bekanntmachung vorsehen. Die Kosten der Bekanntmachung hat der Schuldner zu tragen.

(3) Der Schuldner hat die Einberufung und die genauen Bedingungen, von denen die Teilnahme an der Gläubigerversammlung und die Ausübung des Stimmrechts abhängen, vom Tag der Einberufung an bis zum Tag der Gläubigerversammlung im Internet unter seiner Adresse den Gläubigern zugänglich zu machen.

§ 13 Tagesordnung

(1) Zu jedem Gegenstand, über den die Gläubigerversammlung beschließen soll, hat der Einberufende in der Tagesordnung einen Vorschlag zur Beschlussfassung zu machen.

(2) Die Tagesordnung der Gläubigerversammlung ist mit der Einberufung bekannt zu machen. § 12 Absatz 2 und 3 gilt entsprechend. Über Gegenstände der Tagesordnung, die nicht in der vorgeschriebenen Weise bekannt gemacht sind, dürfen Beschlüsse nicht gefasst werden.

(3) Gläubiger, deren Schuldverschreibungen zusammen 5 Prozent der ausstehenden Schuldverschreibungen erreichen, können verlangen, dass neue Gegenstände zur Beschlussfassung bekannt gemacht werden; § 9 Absatz 2 bis 4 gilt entsprechend. Diese neuen Gegenstände müssen spätestens am dritten Tag vor der Gläubigerversammlung bekannt gemacht sein.

(4) Gegenanträge, die ein Gläubiger vor der Versammlung angekündigt hat, muss der Schuldner unverzüglich bis zum Tag der Gläubigerversammlung im Internet unter seiner Adresse den Gläubigern zugänglich machen.

§ 14 Vertretung

(1) Jeder Gläubiger kann sich in der Gläubigerversammlung durch einen Bevollmächtigten vertreten lassen. Hierauf ist in der Einberufung der Gläubigerversammlung hinzuweisen. In der Einberufung ist auch anzugeben, welche Voraussetzungen erfüllt sein müssen, um eine wirksame Vertretung zu gewährleisten.

(2) Die Vollmacht und Weisungen des Vollmachtgebers an den Vertreter bedürfen der Textform. Wird ein vom Schuldner benannter Stimmrechtsvertreter bevollmächtigt, so ist die Vollmachtserklärung vom Schuldner drei Jahre nachprüfbar festzuhalten.

§ 15 Vorsitz, Beschlussfähigkeit

(1) Der Einberufende führt den Vorsitz in der Gläubigerversammlung, sofern nicht das Gericht einen anderen Vorsitzenden bestimmt hat.

(2) In der Gläubigerversammlung ist durch den Vorsitzenden ein Verzeichnis der erschienenen oder durch Bevollmächtigte vertretenen Gläubiger aufzustellen. Im Verzeichnis sind die Gläubiger unter Angabe ihres Namens, Sitzes oder Wohnorts sowie der Zahl der von jedem vertretenen Stimmrechte aufzuführen. Das Verzeichnis ist vom Vorsitzenden der Versammlung zu unterschreiben und allen Gläubigern unverzüglich zugänglich zu machen.

(3) Die Gläubigerversammlung ist beschlussfähig, wenn die Anwesenden wertmäßig mindestens die Hälfte der ausstehenden Schuldverschreibungen vertreten. Wird in der Gläubigerversammlung die mangelnde Beschlussfähigkeit festgestellt, kann der Vorsitzende eine zweite Versammlung zum Zweck der erneuten Beschlussfassung einberufen. Die zweite Versammlung ist beschlussfähig; für Beschlüsse, zu deren Wirksamkeit eine qualifizierte Mehrheit erforderlich ist, müssen die Anwesenden mindestens 25 Prozent der ausstehenden Schuldverschreibungen vertreten. Schuldverschreibungen, deren Stimmrechte ruhen, zählen nicht zu den ausstehenden Schuldverschreibungen. Die Anleihebedingungen können jeweils höhere Anforderungen an die Beschlussfähigkeit stellen.

§ 16 Auskunftspflicht, Abstimmung, Niederschrift

(1) Der Schuldner hat jedem Gläubiger auf Verlangen in der Gläubigerversammlung Auskunft zu erteilen, soweit sie zur sachgemäßen Beurteilung eines Gegenstands der Tagesordnung oder eines Vorschlags zur Beschlussfassung erforderlich ist.

(2) Auf die Abgabe und die Auszählung der Stimmen sind die Vorschriften des Aktiengesetzes über die Abstimmung der Aktionäre in der Hauptversammlung entsprechend anzuwenden, soweit nicht in den Anleihebedingungen etwas anderes vorgesehen ist.

(3) Jeder Beschluss der Gläubigerversammlung bedarf zu seiner Gültigkeit der Beurkundung durch eine über die Verhandlung aufgenommene Niederschrift. Findet die Gläubigerversammlung im Inland statt, so ist die Niederschrift durch einen Notar aufzunehmen; bei einer Gläubigerversammlung im Ausland muss eine Niederschrift gewährleistet sein, die der Niederschrift durch einen Notar gleichwertig ist. § 130 Absatz 2 bis 4 des Aktiengesetzes gilt entsprechend. Jeder Gläubiger, der in der Gläubigerversammlung erschienen oder durch Bevollmächtigte vertreten war, kann binnen eines Jahres nach dem Tag der Versammlung von dem Schuldner eine Abschrift der Niederschrift und der Anlagen verlangen.

§ 17 Bekanntmachung von Beschlüssen

(1) Der Schuldner hat die Beschlüsse der Gläubiger auf seine Kosten in geeigneter Form öffentlich bekannt zu machen. Hat der Schuldner seinen Sitz im Inland, so sind die Beschlüsse unverzüglich im elektronischen Bundesanzeiger zu veröffentlichen; die nach § 30e Absatz 1 des Wertpapierhandelsgesetzes vorgeschriebene Veröffentlichung ist jedoch ausreichend. Die Anleihebedingungen können zusätzliche Formen der öffentlichen Bekanntmachung vorsehen.

(2) Außerdem hat der Schuldner die Beschlüsse der Gläubiger sowie, wenn ein Gläubigerbeschluss die Anleihebedingungen ändert, den Wortlaut der ursprünglichen Anleihebedingungen vom Tag nach der Gläubigerversammlung an für die Dauer von mindestens einem Monat im Internet unter seiner Adresse der Öffentlichkeit zugänglich zu machen.

§ 18 Abstimmung ohne Versammlung

(1) Auf die Abstimmung ohne Versammlung sind die Vorschriften über die Einberufung und Durchführung der Gläubigerversammlung entsprechend anzuwenden, soweit in den folgenden Absätzen nichts anderes bestimmt ist.

Anhang II   Gesetzesentwurf der Bundesregierung

(2) Die Abstimmung wird vom Abstimmungsleiter geleitet. Abstimmungsleiter ist ein vom Schuldner beauftragter Notar oder der gemeinsame Vertreter der Gläubiger, wenn er zu der Abstimmung aufgefordert hat, oder eine vom Gericht bestimmte Person. § 9 Absatz 2 Satz 2 ist entsprechend anwendbar.

(3) In der Aufforderung zur Stimmabgabe ist der Zeitraum anzugeben, innerhalb dessen die Stimmen abgegeben werden können. Er beträgt mindestens 72 Stunden. Während des Abstimmungszeitraums können die Gläubiger ihre Stimme gegenüber dem Abstimmungsleiter in Textform abgeben. In den Anleihebedingungen können auch andere Formen der Stimmabgabe vorgesehen werden. In der Aufforderung muss im Einzelnen angegeben werden, welche Voraussetzungen erfüllt sein müssen, damit die Stimmen gezählt werden.

(4) Der Abstimmungsleiter stellt die Berechtigung zur Stimmabgabe anhand der eingereichten Nachweise fest und erstellt ein Verzeichnis der stimmberechtigten Gläubiger. Wird die Beschlussfähigkeit nicht festgestellt, kann der Abstimmungsleiter eine Gläubigerversammlung einberufen; § 15 Absatz 3 Satz 3 gilt entsprechend. Über jeden in der Abstimmung gefassten Beschluss ist eine Niederschrift aufzunehmen; § 16 Absatz 3 Satz 2 und 3 gilt entsprechend. Jeder Gläubiger, der an der Abstimmung teilgenommen hat, kann binnen eines Jahres nach Ablauf des Abstimmungszeitraums von dem Schuldner eine Abschrift der Niederschrift nebst Anlagen verlangen.

(5) Jeder Gläubiger, der an der Abstimmung teilgenommen hat, kann gegen das Ergebnis schriftlich Widerspruch erheben binnen zwei Wochen nach Bekanntmachung der Beschlüsse. Über den Widerspruch entscheidet der Abstimmungsleiter. Hilft er dem Widerspruch ab, hat er das Ergebnis unverzüglich bekannt zu machen; § 17 gilt entsprechend. Hilft der Abstimmungsleiter dem Widerspruch nicht ab, hat er dies dem widersprechenden Gläubiger unverzüglich schriftlich mitzuteilen.

(6) Der Schuldner hat die Kosten einer Abstimmung ohne Versammlung zu tragen und, wenn das Gericht einem Antrag nach § 9 Absatz 2 stattgegeben hat, auch die Kosten des Verfahrens.

§ 19 Insolvenzverfahren

(1) Ist über das Vermögen des Schuldners im Inland das Insolvenzverfahren eröffnet worden, so unterliegen die Beschlüsse der Gläubiger den Bestimmungen der Insolvenzordnung, soweit in den folgenden Absätzen nichts anderes bestimmt ist. § 340 der Insolvenzordnung bleibt unberührt.

(2) Die Gläubiger können durch Mehrheitsbeschluss zur Wahrnehmung ihrer Rechte im Insolvenzverfahren einen gemeinsamen Vertreter für alle Gläubiger bestellen. Das Insolvenzgericht hat zu diesem Zweck eine Gläubigerversammlung nach den Vorschriften dieses Gesetzes einzuberufen, wenn ein gemeinsamer Vertreter für alle Gläubiger noch nicht bestellt worden ist.

(3) Ein gemeinsamer Vertreter für alle Gläubiger ist allein berechtigt und verpflichtet, die Rechte der Gläubiger im Insolvenzverfahren geltend zu machen; dabei braucht er die Schuldurkunde nicht vorzulegen.

(4) In einem Insolvenzplan sind den Gläubigern gleiche Rechte anzubieten.

(5) Das Insolvenzgericht hat zu veranlassen, dass die Bekanntmachungen nach den Bestimmungen dieses Gesetzes zusätzlich im Internet unter der durch § 9 der Insolvenzordnung vorgeschriebenen Adresse veröffentlicht werden.

§ 20 Anfechtung von Beschlüssen

(1) Ein Beschluss der Gläubiger kann wegen Verletzung des Gesetzes oder der Anleihebedingungen durch Klage angefochten werden. Wegen unrichtiger, unvollständiger oder verweigerter Erteilung von Informationen kann ein Beschluss der Gläubiger nur angefochten werden, wenn ein objektiv urteilender Gläubiger die Erteilung der Information als wesentliche Voraussetzung für sein Abstimmungsverhalten angesehen hätte. Die Anfechtung kann nicht auf die durch eine technische Störung verursachte Verletzung von Rechten, die nach § 18 auf elektronischem Wege wahrgenommen worden sind, gestützt werden, es sei denn dem Schuldner ist grobe Fahrlässigkeit oder Vorsatz vorzuwerfen.

(2) Zur Anfechtung ist befugt
1. jeder Gläubiger, der an der Abstimmung teilgenommen und gegen den Beschluss fristgerecht Widerspruch erklärt hat, sofern er die Schuldverschreibung vor der Bekanntmachung der Einberufung der Gläubigerversammlung erworben hatte;
2. jeder Gläubiger, der an der Abstimmung nicht teilgenommen hat, wenn er zur Abstimmung zu Unrecht nicht zugelassen worden ist oder wenn die Versammlung nicht ordnungsgemäß einberufen oder zur Stimmabgabe nicht ordnungsgemäß aufgefordert worden ist oder wenn ein Gegenstand der Beschlussfassung nicht ordnungsgemäß bekannt gemacht worden ist.

(3) Die Klage ist binnen eines Monats nach der Bekanntmachung des Beschlusses zu erheben. Sie ist gegen den Schuldner zu richten. Zuständig für die Klage ist bei einem Schuldner mit Sitz im Inland das Landgericht, in dessen Bezirk der Schuldner seinen Sitz hat, oder mangels eines Sitzes im Inland das Landgericht Frankfurt am Main; § 246 Absatz 3 Satz 2 bis 6 des Aktiengesetzes gilt entsprechend. Vor einer rechtskräftigen Entscheidung des Gerichts darf der angefochtene Beschluss nicht vollzogen werden, es sei denn das Gericht stellt auf Antrag des Schuldners nach Maßgabe des § 246a des Aktiengesetzes fest, dass die Erhebung der Klage dem Vollzug des angefochtenen Beschlusses nicht entgegensteht.

§ 21 Vollziehung von Beschlüssen

(1) Beschlüsse der Gläubigerversammlung, durch welche der Inhalt der Anleihebedingungen abgeändert oder ergänzt wird, sind in der Weise zu vollziehen, dass die maßgebliche Sammelurkunde ergänzt oder geändert wird. Im Fall der Verwahrung der Sammelkurkunde durch eine Wertpapiersammelbank hat der Versammlungs- oder Abstimmungsleiter dazu den in der Niederschrift dokumentierten Beschlussinhalt an die Wertpapiersammelbank zu übermitteln mit dem Ersuchen, die eingereichten Dokumente den vorhandenen Dokumenten in geeigneter Form beizufügen. Er hat gegenüber der Wertpapiersammelbank zu versichern, dass der Beschluss vollzogen werden darf.

(2) Der gemeinsame Vertreter darf von der ihm durch Beschluss erteilten Vollmacht oder Ermächtigung keinen Gebrauch machen, solange der zugrunde liegende Beschluss noch nicht vollzogen werden darf.

§ 22 Geltung für Mitverpflichtete

Die Anleihedingungen können vorsehen, dass die §§ 5 bis 21 für Rechtsgeschäfte entsprechend gelten, durch welche andere Personen als der Schuldner für die Verpflichtungen des Schuldners aus der Anleihe Sicherheiten gewährt haben

Anhang II Gesetzesentwurf der Bundesregierung

(Mitverpflichtete). In diesem Fall müssen die Anleihebedingungen Mehrheitsbeschlüsse der Gläubiger unter Benennung der Rechtsgeschäfte und der Mitverpflichteten ausdrücklich vorsehen.

Abschnitt 3
Bußgeldvorschriften; Übergangsbestimmungen

§ 23 Bußgeldvorschriften

(1) Ordnungswidrig handelt, wer
1. entgegen § 6 Absatz 1 Satz 3 erster Halbsatz Schuldverschreibungen überlässt,
2. entgegen § 6 Absatz 1 Satz 4 das Stimmrecht ausübt,
3. entgegen § 6 Absatz 2 einen Vorteil anbietet, verspricht oder gewährt oder
4. entgegen § 6 Absatz 3 einen Vorteil oder eine Gegenleistung fordert, sich versprechen lässt oder annimmt.

(2) Ordnungswidrig handelt, wer vorsätzlich oder leichtfertig entgegen § 7 Absatz 1 Satz 2 einen maßgeblichen Umstand nicht, nicht richtig, nicht vollständig oder nicht rechtzeitig offenlegt.

(3) Die Ordnungswidrigkeit kann mit einer Geldbuße bis zu hunderttausend Euro geahndet werden.

§ 24 Übergangsbestimmungen

(1) Dieses Gesetz ist nicht anzuwenden auf Schuldverschreibungen, die vor dem ... [einsetzen: Datum des Inkrafttretens dieses Gesetzes] ausgegeben wurden. Auf diese Schuldverschreibungen ist das Gesetz betreffend die gemeinsamen Rechte der Besitzer von Schuldverschreibungen in der im Bundesgesetzblatt Teil III, Gliederungsnummer 4134-1, veröffentlichten bereinigten Fassung, das zuletzt durch Artikel 53 des Gesetzes vom 5. Oktober 1994 (BGBl. I S. 2911) geändert worden ist, weiter anzuwenden, soweit sich aus Absatz 2 nichts anderes ergibt.

(2) Gläubiger von Schuldverschreibungen, die vor dem ... [einsetzen: Datum des Inkrafttretens dieses Gesetzes] ausgegeben wurden, können mit Zustimmung des Schuldners eine Änderung der Anleihebedingungen oder den Austausch der Schuldverschreibungen gegen neue Schuldverschreibungen mit geänderten Anleihebedingungen beschließen, um von den in diesem Gesetz gewährten Wahlmöglichkeiten Gebrauch machen zu können. Für die Beschlussfassung gelten die Vorschriften dieses Gesetzes entsprechend; der Beschluss bedarf der qualifizierten Mehrheit.

Artikel 2
Änderung des Gesetzes über das Verfahren in Familiensachen und in den Angelegenheiten der freiwilligen Gerichtsbarkeit

Das Gesetz über das Verfahren in Familiensachen und in den Angelegenheiten der freiwilligen Gerichtsbarkeit vom 17. Dezember 2008 (BGBl. I S. 2586, 2587) wird wie folgt geändert:
1. § 375 wird wie folgt geändert:

a) Der Nummer 15 wird ein Komma angefügt.
b) Nach Nummer 15 wird folgende Nummer 16 eingefügt: „16. § 9 Absatz 2 und 3 Satz 2 des Schuldverschreibungsgesetzes"
2. In § 376 Absatz 1 und 2 Satz 2 werden die Wörter „§ 375 Nr. 1 und 3 bis 14" durch die Wörter „§ 375 Nummer 1, 3 bis 14 und 16" ersetzt.

Artikel 3
Änderung des Allgemeinen Kriegsfolgengesetzes

Das Allgemeine Kriegsfolgengesetz in der im Bundesgesetzblatt Teil III, Gliederungsnummer 653-1, veröffentlichten bereinigten Fassung, das zuletzt durch Artikel 127 der Verordnung vom 31. Oktober 2006 (BGBl. I S. 2407) geändert worden ist, wird wie folgt geändert:
1. § 88 wird wie folgt geändert:
   a) In Absatz 3 Satz 2 werden die Wörter „Gesetzes betreffend die gemeinsamen Rechte der Besitzer von Schuldverschreibungen vom 4. Dezember 1899 (Reichsgesetzbl. S. 691) in der Fassung des Gesetzes vom 14. Mai 1914 (Reichsgesetzbl. S. 121), der Verordnung vom 24. September 1932 (Reichsgesetzbl. I S. 447) und des Gesetzes vom 20. Juli 1933 (Reichsgesetzbl. I. S. 523)" durch die Wörter „Schuldverschreibungsgesetzes vom... [einsetzen: Ausfertigungsdatum und Fundstelle dieses Gesetzes]" ersetzt.
   b) Absatz 5 wird wie folgt geändert:
      aa) In Satz 1 werden die Wörter „Gesetzes betreffend die gemeinsamen Rechte der Besitzer von Schuldverschreibungen" durch das Wort „Schuldverschreibungsgesetzes" ersetzt.
      bb) In Satz 2 werden die Wörter „§ 11 Abs. 2 des Gesetzes betreffend die gemeinsamen Rechte der Besitzer von Schuldverschreibungen" durch die Wörter „§ 5 Absatz 4 Satz 2 des Schuldverschreibungsgesetzes" ersetzt.
2. § 89 wird wie folgt geändert:
   a) In Absatz 1 wird die Absatzbezeichnung „(1)" gestrichen und die Wörter „Gesetzes betreffend die gemeinsamen Rechte der Besitzer von Schuldverschreibungen" werden durch das Wort „Schuldverschreibungsgesetzes" ersetzt.
   b) Die Absätze 2 und 3 werden aufgehoben.
3. In § 90 Absatz 1 werden die Wörter „des nach § 9 des Gesetzes betreffend die gemeinsamen Rechte der Besitzer von Schuldverschreibungen aufgenommenen Protokolls und seiner Anlagen" durch die Wörter „der nach § 16 Absatz 3 des Schuldverschreibungsgesetzes aufgenommenen Niederschrift" ersetzt.

Artikel 4
Änderung des Wertpapierhandelsgesetzes

Das Wertpapierhandelsgesetz in der Fassung der Bekanntmachung vom 9. September 1998 (BGBl. I S. 2708), das zuletzt durch ... (BGBl. I S. ...) geändert worden ist, wird wie folgt geändert:
1. Die Inhaltsübersicht wird wie folgt geändert:
   a) Die Überschrift des Abschnitts 6 wird wie folgt gefasst:

Anhang II Gesetzesentwurf der Bundesregierung

b) „Abschnitt 6 Verhaltenspflichten, Organisationspflichten, Transparenzpflichten".
c) Die Angabe zu § 37a wird wie folgt gefasst: „§ 37a (weggefallen)".
2. Die Überschrift des Abschnitts 6 wird wie folgt gefasst:
„**Abschnitt 6 Verhaltenspflichten, Organisationspflichten, Transparenzpflichten**".
3. Dem § 30b Absatz 2 wird folgender Satz angefügt: „Absatz 1 Satz 2 gilt entsprechend."
4. § 34 wird wie folgt geändert:
   a) Nach Absatz 2 werden folgende Absätze 2a und 2b eingefügt: „(2a) Ein Wertpapierdienstleistungsunternehmen muss über jede Anlageberatung ein schriftliches Protokoll anfertigen. Das Protokoll ist von demjenigen zu unterzeichnen, der die Anlageberatung durchgeführt hat; eine Ausfertigung ist dem Kunden unverzüglich nach Abschluss der Anlageberatung, jedenfalls vor einem auf der Beratung beruhenden Geschäftsabschluss, in Papierform oder auf einem anderen dauerhaften Datenträger zur Verfügung zu stellen. Wählt der Kunde für Anlageberatung und Geschäftsabschluss Kommunikationsmittel, die die Übermittlung des Protokolls vor dem Geschäftsabschluss nicht gestatten, kann der Geschäftsabschluss auf ausdrücklichen Wunsch des Kunden vor Erhalt des Protokolls erfolgen, wenn die Beratung mit Zustimmung des Kunden technisch aufgezeichnet worden ist oder der Kunde ausdrücklich auf eine solche Aufzeichnung verzichtet. (2b) Der Kunde kann von dem Wertpapierdienstleistungsunternehmen die Herausgabe einer Ausfertigung des Protokolls nach Absatz 2a verlangen."
   b) In Absatz 4 werden die Wörter „nach den Absätzen 1 und 2" durch die Wörter „nach den Absätzen 1 bis 2a" ersetzt.
5. § 37a wird aufgehoben.
6. Nach § 39 Absatz 2 Nummer 19 werden die folgenden Nummern 19a und 19b eingefügt:
„19a entgegen § 34 Absatz 2a Satz 1 in Verbindung mit einer Rechtsverordnung nach § 34 Absatz 4 Satz 1 ein Protokoll nicht, nicht richtig, nicht vollständig oder nicht rechtzeitig anfertigt,
19b entgegen § 34 Absatz 2a Satz 2 eine Ausfertigung des Protokolls nicht, nicht vollständig, nicht in der vorgeschriebenen Weise oder nicht rechtzeitig zur Verfügung stellt,".
7. § 43 wird wie folgt gefasst:
„**§ 43 Übergangsregelung für die Verjährung von Ersatzansprüchen nach § 37a**
§ 37a in der bis zum ... [einsetzen: Datum des Tages vor Inkrafttreten dieses Gesetzes] geltenden Fassung ist auf Ansprüche anzuwenden, die in der Zeit vom 1. April 1998 bis zum Ablauf des ... [einsetzen: Datum des Tages vor Inkrafttreten dieses Gesetzes] entstanden sind."

Artikel 5
Änderung des Depotgesetzes

Dem § 1 Absatz 1 des Depotgesetzes in der Fassung der Bekanntmachung vom 11. Januar 1995 (BGBl. I S. 34), das zuletzt durch ... des Gesetzes vom ... (BGBl. I S. ...) geändert worden ist, wird folgender Satz angefügt:

Gesetzesentwurf der Bundesregierung

„Wertpapiere im Sinne dieses Gesetzes sind auch Namensschuldverschreibungen, soweit sie auf den Namen einer Wertpapiersammelbank ausgestellt wurden."

Artikel 6
Änderung des Pfandbriefgesetzes

§ 30 des Pfandbriefgesetzes vom 22. Mai 2005 (BGBl. I S. 1373), das zuletzt durch ... (BGBl. I S. ...) geändert worden ist, wird wie folgt geändert:
1. Absatz 7 wird aufgehoben.
2. Der bisherige Absatz 8 wird Absatz 7.

Artikel 7
Änderung der Wertpapierdienstleistungs-Verhaltens- und Organisationsverordnung

§ 14 Absatz 6 der Wertpapierdienstleistungs-Verhaltens- und Organisationsverordnung vom 20. Juli 2007 (BGBl. I S. 1432, die zuletzt durch Artikel ... (BGBl. I S. ...) geändert worden ist, wird wie folgt gefasst:
„(6) Das Protokoll nach § 34 Absatz 2a Satz 1 des Wertpapierhandelsgesetzes hat insbesondere vollständige Angaben zu enthalten über
1. den Anlass der Anlageberatung,
2. die Dauer des Beratungsgesprächs,
3. die der Beratung zugrunde liegenden Informationen über die persönliche Situation des Kunden, einschließlich der nach § 31 Absatz 4 Satz 1 des Wertpapierhandelsgesetzes einzuholenden Informationen, sowie über die Finanzinstrumente und Wertpapierdienstleistungen, die Gegenstand der Anlageberatung sind,
4. die vom Kunden im Zusammenhang mit der Anlageberatung geäußerten wesentlichen Anliegen und deren Gewichtung,
5. die im Verlauf des Beratungsgesprächs erteilten Empfehlungen und die für diese Empfehlungen maßgeblichen Gründe.
Im Falle des § 34 Absatz 2a Satz 3 ist in dem Protokoll außerdem der ausdrückliche Wunsch des Kunden zu vermerken, einen Geschäftsabschluss auch vor Erhalt des Protokolls zu tätigen oder auf eine technische Aufzeichnung zu verzichten."

Artikel 8
Inkrafttreten; Außerkrafttreten

Dieses Gesetz tritt am Tag nach der Verkündung in Kraft. Gleichzeitig treten das Gesetz betreffend die gemeinsamen Rechte der Besitzer von Schuldverschreibungen in der im Bundesgesetzblatt Teil III, Gliederungsnummer 4134-1, veröffentlichten bereinigten Fassung, das zuletzt durch Artikel 53 des Gesetzes vom 5. Oktober 1994 (BGBl. I S. 2911) geändert worden ist, und das Gesetz über die Anwendung von Vorschriften des Gesetzes betreffend die gemeinsamen Rechte der Besitzer von Schuldverschreibungen in der im Bundesgesetzblatt Teil III, Gliederungsnummer 4134-1-1, veröffentlichten bereinigten Fassung außer Kraft.

Anhang II
Gesetzesentwurf der Bundesregierung

Begründung

A. Allgemeiner Teil

1. Gesetz über Schuldverschreibungen aus Gesamtemissionen. Das Gesetz betreffend die gemeinsamen Rechte der Besitzer von Schuldverschreibungen vom 4. Dezember 1899 (SchVG von 1899) ist seit seinem Inkrafttreten bis heute im Wesentlichen unverändert geblieben. Es regelt, wie die Gläubiger einer Anleihe zur Sanierung oder in der Insolvenz des Schuldners durch Mehrheitsentscheidung auf die verbrieften Rechte einwirken können. Eine solche Regelung ist nach wie vor unverzichtbar. Ohne das gesetzlich vorgesehene Mehrheitsprinzip müssten die Anleihegläubiger stets einstimmig entscheiden, um die erforderliche inhaltliche Gleichartigkeit der Schuldverschreibungen zu wahren. Einstimmigkeit wäre jedoch praktisch niemals erreichbar. Das Mehrheitsprinzip schafft mithin die Voraussetzungen dafür, dass die Anleihegläubiger in der Krise des Schuldners einen Beitrag zu dessen Sanierung leisten können. In tatsächlicher Hinsicht ist davon auszugehen, dass die Häufigkeit von Sanierungsfällen bei Anleiheschuldnern in Zukunft mit der wachsenden Bedeutung des Anleihenmarkts insbesondere für den Mittelstand zunehmen wird.

Dennoch hat das SchVG von 1899 in der Vergangenheit kaum nennenswerte praktische Bedeutung erlangt. Dafür sind vor allem drei Gründe zu nennen. Erstens ist das Gesetz nur anwendbar, wenn der Schuldner seinen Sitz im Inland hat. Heute weithin übliche Gestaltungen, bei denen eine im Ausland ansässige Finanzierungsgesellschaft als Schuldner eingesetzt wird, werden somit nicht erfasst. Die beiden anderen Punkte betreffen den geringen Umfang der Gläubigerrechte. So erlaubt das SchVG von 1899 zweitens eine Aufgabe oder Beschränkung der Rechte der Gläubiger nur „zur Abwendung einer Zahlungseinstellung oder des Insolvenzverfahrens" über das Vermögen des Schuldners. Für eine sinnvolle Sanierung des Schuldners ist es aber häufig schon zu spät, wenn die Insolvenz unmittelbar bevorsteht. Als zu eng haben sich drittens auch die Befugnisse der Gläubiger erwiesen. Nach dem SchVG von 1899 kommt nur eine Ermäßigung der Zinsen und eine Stundung der Hauptforderung in Betracht, befristet zudem auf drei Jahre. Ein Verzicht auf die Hauptforderung ist jedoch ausgeschlossen. Das genügt ersichtlich nicht, wenn andere Gläubiger aus wirtschaftlichen Gründen ebenfalls auf Teile ihrer Forderungen verzichten müssen.

Daneben entsprechen auch die verfahrensrechtlichen Vorgaben des SchVG von 1899 nicht mehr den Gegebenheiten. So ist etwa das Erfordernis, die Schuldverschreibungen vor der Teilnahme an der Gläubigerversammlung zu hinterlegen, im Regelfall überholt, da Schuldverschreibungen heute üblicherweise in Sammelurkunden verbrieft sind, die von einem Zentralverwahrer verwahrt werden. Aber auch die Gläubigerversammlung bedarf dringend einer Anpassung an eine zunehmend internationale Anlegerschaft und neue, insbesondere elektronische Kommunikationsformen.

Der vorliegende Entwurf will diese Schwächen des geltenden Rechts beseitigen. Dabei wird nicht verkannt, dass sich bei internationalen Anleihen, die der freien Rechtswahl unterliegen, weltweit eine eindeutige Vormachtstellung des angloamerikanischen Vertragsrechts herausgebildet hat. Dem kann offenbar allein mit dem Hinweis auf die im deutschen Recht geltende Vertragsfreiheit nicht begegnet werden. Als Hemmschuh für die internationale Konkurrenzfähigkeit des deutschen Rechts auf diesem Gebiet wird insbesondere die Möglichkeit einer

Gesetzesentwurf der Bundesregierung **Anhang II**

richterlichen Inhaltskontrolle von Anleihebedingungen nach den Vorschriften über allgemeine Geschäftsbedingungen in §§ 305 ff. des Bürgerlichen Gesetzbuchs (BGB) genannt.

Die Frage, ob Anleihebedingungen als Allgemeine Geschäftsbedingungen (AGB) anzusehen sind und einer richterlichen Inhaltskontrolle unterliegen, ist umstritten. Der Bundesgerichtshof (BGH) hat entschieden, dass Anleihebedingungen von Inhaberschuldverschreibungen nicht in den Anwendungsbereich des § 2 Absatz 1 des Gesetzes über allgemeine Geschäftsbedingungen (jetzt: § 305 Absatz 2 BGB) fallen mit der Folge, dass eine Einbeziehungskontrolle insofern nicht stattfindet (BGH, Urteil vom 28. Juni 2005, XI ZR 363/04, BGHZ 163, 311). Zu der Frage, ob Anleihebedingungen auch der AGB-rechtlichen Inhaltskontrolle unterliegen und ob eine solche durch die Richtlinie 93/13/EWG geboten ist, hat sich der BGH in seiner Entscheidung nicht geäußert. Da bisher nicht verbindlich geklärt ist, ob die Richtlinie 93/13/EWG des Rates vom 5. April 1993 über missbräuchliche Klauseln in Verbraucherverträgen (ABl. EG Nr. L 95 S. 29) auf Anleihebedingungen von Schuldverschreibungen anwendbar ist, wird von einer besonderen Regelung der Frage, ob eine AGB-Kontrolle von Anleihebedingungen nach den §§ 305 ff. BGB stattfindet, abgesehen. Die Bundesregierung wird versuchen, im Zuge der Beratungen zu dem von der Europäischen Kommission am 8. Oktober 2008 vorgelegten Vorschlag für eine Richtlinie über Rechte der Verbraucher (Ratsdokument Nr. 14183/08), der im Wesentlichen die Gegenstände von vier bisherigen Richtlinien, darunter auch die Richtlinie 93/13/EWG, zusammenfasst und fortentwickelt, auf eine genauere Bestimmung des Anwendungsbereichs der Richtlinie, insbesondere auch mit Blick auf Anleihebedingungen, hinzuwirken.

Unabhängig von dieser Grundsatzfrage wird im Entwurf jedoch ein spezialgesetzliches Transparenzgebot für Anleihebedingungen hinsichtlich des Leistungsversprechens des Emittenten vorgesehen, insbesondere im Hinblick auf die teils hochkomplexen Bedingungen von sogenannten strukturierten Anleihen. Hier hat sich gerade in der Finanzmarktkrise gezeigt, dass vielen Anlegern die Risiken aus diesen Produkten nicht hinreichend verständlich waren, weil sie anhand der Anleihebedingungen nicht nachvollziehen konnten, unter welchen Voraussetzungen und in welchem Umfang sich das Leistungsversprechen des Emittenten vermindert.

Den Bedürfnissen der internationalen Kapitalmärkte nach Rechtssicherheit wird dadurch Rechnung getragen, dass in Abschnitt 2 zwingende Mindestanforderungen an Regelungen in Anleihebedingungen zu Mehrheitsentscheidungen von Gläubigern festgelegt werden. Damit wird gesetzlich klargestellt, dass entsprechende vertragliche Klauseln nicht zu beanstanden sind.

Die im SchVG von 1899 angelegten Regeln sollen weitreichend erneuert werden. In der Krise des Schuldners müssen die Gläubiger auf der Grundlage vollständiger und richtiger Informationen sowie in einem geordneten, fairen Verfahren möglichst rasch eine Entscheidung mit uU großer finanzieller Tragweite treffen. Diese Entscheidung sollen die Gläubiger selbst oder durch rechtsgeschäftlich bestellte Vertreter treffen. Dabei bedürfen sie keines übertriebenen Schutzes durch die gesetzliche Einschränkung ihrer Entscheidungsbefugnisse. Inhaltlich sind die Gläubiger in ihrer Entscheidung nach dem neuen Recht deshalb weitgehend frei. Gesetzlich muss aber ein möglichst ungehinderter Informationszugang gewährleistet sein sowie ein transparentes Verfahren, das keine unnötigen Hürden aufrichtet. Insbesondere zur Beschaffung von Informationen und zur Vorbereitung einer

Anhang II Gesetzesentwurf der Bundesregierung

Entscheidung können die Gläubiger mit Mehrheit einen gemeinsamen Vertreter für alle Gläubiger bestimmen. Ihre Entscheidungen treffen die Gläubiger nach dem gesetzlichen Leitbild wie bisher in einer Versammlung. Das Recht der Gläubigerversammlung wird jedoch erneuert und im Wesentlichen dem modernen Recht der Hauptversammlung bei der Aktiengesellschaft nachgebildet. Daneben wird die Möglichkeit einer Beschlussfassung ohne Versammlung eröffnet, um die vielfach zu schwerfällige Präsenzversammlung – besonders im Wiederholungsfall – zu ersparen. Gesetzlich geschützt werden müssen diejenigen Gläubiger, die an Abstimmungen nicht teilnehmen können. Verfahrensrechtlich muss deshalb sichergestellt werden, dass möglichst viele Gläubiger rechtzeitig erreicht und in die Lage versetzt werden, an der Entscheidung mitzuwirken. Der notwendige Minderheitenschutz soll durch Kombination gesetzlicher Mehrheitserfordernisse für die Beschlussfassung sowie durch individuellen Rechtsschutz gewährt werden.

Schuldverschreibungen werden regelmäßig langfristig begeben, üblich sind Laufzeiten von bis zu zehn Jahren. Während dieser – im Wirtschaftsleben langen – Zeit kann auch ohne eine Krise des Schuldners ein Bedürfnis für die Anpassung von Emissionsbedingungen entstehen, etwa weil für die Schuldverschreibung hingegebene Sicherheiten ausgetauscht, aus steuerlichen Gründen eine andere Finanzierungsgesellschaft als Schuldner eingesetzt oder die Schuldverschreibungen in Aktien desselben Unternehmens eingetauscht werden sollen. Solche Änderungen können durchaus im beiderseitigen Interesse von Schuldner und Gläubigern liegen. Da der Schuldner in der Praxis aber niemals alle Gläubiger für eine gemeinsame Änderungsvereinbarung erreichen könnte, ist es sinnvoll, die Möglichkeit von Mehrheitsentscheidungen der Gläubiger auch unabhängig vom Vorliegen einer Krise des Schuldners vorzusehen.

Anders als das SchVG von 1899 – das mit seinem engen Anwendungsbereich zwingend, dh auch ohne Regelungen in den Anleihebedingungen gilt – soll es künftig den Regelungen in den Anleihebedingungen überlassen bleiben, ob und in welchem Umfang der Schuldner von der Möglichkeit Gebrauch machen kann, eine Änderung der Anleihebedingungen durch Mehrheitsbeschluss anzustreben.

Die bisherige Geltungsbeschränkung des SchVG von 1899 auf Schuldner mit Sitz im Inland wird aufgehoben. Dadurch ist ua klargestellt, dass Umschuldungsklauseln (sogenannte „Collective Action Clauses" – CAC), die nach einem Beschluss der EUFinanzminister in die Anleihebedingungen von Auslandsanleihen der Mitgliedstaaten aufgenommen werden sollen, nach deutschem Recht zulässig sind. Damit wird zugleich eine entsprechende Forderung der Group of Ten (G10) erfüllt. CACs sollen gewährleisten, dass die Anleihegläubiger bei einer Zahlungskrise des Schuldnerstaats zu dessen Sanierung einen finanziellen Beitrag leisten (können). Entsprechende Klauseln sind, soweit sie vom gesetzlichen Leitbild des Entwurfs nicht erheblich abweichen, nunmehr eindeutig auch nach deutschem Recht zulässig.

2. Verbesserung der Durchsetzbarkeit von Ansprüchen von Anlegern im Fall einer Falschberatung. Der Gesetzentwurf soll auch die Durchsetzbarkeit von Ansprüchen von Anlegern im Fall einer Falschberatung verbessern. Hierzu soll zum einen die Verjährung von Schadenersatzansprüchen wegen schuldhafter Verletzung von Beratungspflichten (§ 37a Wertpapierhandelsgesetz – WpHG) an die regelmäßige Verjährungsfrist nach §§ 195 ff. BGB angepasst werden. Denn teilweise kann ein Anleger erst nach Jahren erkennen, dass er nicht richtig beraten wurde. Es ist deshalb sachgerecht, für den Beginn der dreijährigen Verjährung an die Kenntnis des Anlegers anzuknüpfen.

Zum anderen sollen die Aufzeichnungs- und Unterrichtungspflichten bei der Erbringung von Wertpapierdienstleistungen durch eine Ergänzung des § 34 WpHG verschärft werden. Zugleich wird dem Kunden ein zivilrechtlicher Herausgabeanspruch hinsichtlich der Aufzeichnungen des Wertpapierdienstleistungsunternehmens eingeräumt. Auf diese Weise wird für alle Beteiligten Klarheit über den Inhalt des Beratungsgesprächs geschaffen und der Anleger hat im Fall der Geltendmachung von Schadenersatzansprüchen wegen Falschberatung die erforderlichen Beweismittel zur Verfügung.

Es wurden ferner weitere kapitalmarktrechtliche Verjährungsvorschriften einer Überprüfung unterzogen. Der Bundesrat hat die Bundesregierung in seinen Stellungnahmen zum Entwurf eines Gesetzes zur Verbesserung des Anlegerschutzes vom 11. Juni 2004 (BR-Drs. 341/04) sowie zum Entwurf eines Gesetzes zur Anpassung von Verjährungsvorschriften an das Gesetz zur Modernisierung des Schuldrechts vom 9. Juli 2004 (BR-Drs. 436/04) aufgefordert zu prüfen, ob die kapitalmarktrechtlichen Verjährungsvorschriften in den §§ 37a, 37b Absatz 4, § 37c Absatz 4, § 37d Absatz 4 Satz 2 WpHG aF, § 46 Börsengesetz (BörsG), § 127 Absatz 5 Investmentgesetz (InvG) und § 3 Absatz 3 Einlagensicherungs- und Anlegerentschädigungsgesetz (EAEG) an die allgemeine zivilrechtliche Verjährung in §§ 195 ff. BGB angepasst werden können.

Eine Anpassung der kapitalmarktrechtlichen Verjährungsfristen an die regelmäßige Verjährung ist nur zum Teil vorzunehmen. In jedem Fall ist es sachgerecht, dass Schadenersatzansprüche wegen schuldhafter Verletzung von Beratungspflichten (§§ 37a, 37d WpHG aF) wegen ihrer Ähnlichkeit mit anderen Schadenersatzansprüchen aus fehlerhafter Beratung regelmäßig nach §§ 195 ff. BGB verjähren. § 37d WpHG aF ist deshalb bereits durch Artikel 1 Nr. 30 des Finanzmarktrichtlinie-Umsetzungsgesetzes vom 16. Juli 2007 (BGBl. I S. 1330) mit Wirkung vom 1. November 2007 aufgehoben worden. Die Anpassung der Verjährung bei Entschädigungsansprüchen nach § 3 EAEG soll im Rahmen eines anderen Gesetzes erfolgen. Für Ansprüche nach dem WpHG sind Übergangsregelungen nicht erforderlich, da die allgemeine Verjährungsregelung für Verbraucher günstiger ist.

In den übrigen Fällen bleibt dagegen die kurze Verjährungsfrist von einem Jahr bzw. maximal drei Jahren erhalten. Für Schadenersatzansprüche wegen falscher oder unterlassener Ad-hoc-Mitteilungen (§§ 37b und 37c WpHG) sowie wegen unrichtiger Börsen- oder Verkaufsprospekte (§ 46 BörsG und § 127 Absatz 5 InvG) gelten zugunsten des Anlegers erhebliche Beweiserleichterungen. Der Schuldner muss in diesen Fällen zu seiner Entlastung nachweisen, dass ihm die falsche Kapitalmarktinformation nicht bekannt war und diese Unkenntnis nicht auf grober Fahrlässigkeit beruhte. Ebenso obliegt ihm der Beweis, ob der Anspruchssteller die Unrichtigkeit oder Unvollständigkeit der Information bei Abschluss der Kapitalmarkttransaktion kannte. Durch diese Beweiserleichterungen wird eine im Vergleich zu anderen Haftungsgrundlagen erhebliche Besserstellung des Anspruchstellers geschaffen. Die erleichterte Durchsetzung der Ansprüche der Anleger bildet nur bei einer Beibehaltung der kurzen Verjährungsregelungen ein ausgewogenes Haftungsregime. Zu diesen Erwägungen tritt hinzu, dass im Bereich des Kapitalmarktes aufgrund der zunehmenden Volatilität der Preise von Finanzinstrumenten und der schnell abnehmenden Bedeutung von Kapitalmarktinformationen für die Kursentwicklung auch seitens der Emittenten und deren Organmitgliedern ein berechtigtes Interesse an frühzeitiger Rechtssicherheit hinsichtlich der möglichen Haftungs- und Rückgewähransprüche besteht.

Anhang II

Gesetzesentwurf der Bundesregierung

3. Bezüge zum Recht der Europäischen Union. Über den oben unter 1. genannten Bezug zur Richtlinie 93/13/EWG des Rates vom 5. April 1993 über missbräuchliche Klauseln in Verbraucherverträgen (ABl. EG Nr. L 95 S. 29) hinaus hat der Entwurf auch Bezug zur Richtlinie 2004/109/EG des Europäischen Parlaments und des Rates vom 15. Dezember 2004 zur Harmonisierung der Transparenzanforderungen in Bezug auf Informationen über Emittenten, deren Wertpapiere zum Handel auf einem geregelten Markt zugelassen sind, und zur Änderung der Richtlinie 2001/34/EG (Transparenzrichtlinie) insoweit, als Artikel 18 dieser Richtlinie – der Informationspflichten der Emittenten von Schuldtiteln, die zum Handel an einem geregelten Markt zugelassen sind, enthält – auch gewisse Regelungen im Zusammenhang mit einer Gläubigerversammlung enthält. Artikel 18 der Transparenzrichtlinie wurde in §§ 30a bis 30g WpHG umgesetzt. Diese Vorschriften bleiben durch die Regelungen dieses Entwurfs unberührt, was in § 11 SchVG-E hinsichtlich des Ortes der Gläubigerversammlung klargestellt wird. Durch Verweis in § 17 Absatz 1 Satz 2, 2. Halbsatz SchVG-E auf § 30e Absatz 1 WpHG sowie Ergänzung des § 30b Absatz 2 WpHG wird sichergestellt, dass es keine Verdoppelung von Veröffentlichungspflichten gibt.

Soweit § 34 WpHG – der Vorgaben der Wertpapierdienstleistungsrichtlinie bzw. der Richtlinie über Märkte für Finanzinstrumente umsetzt – im Hinblick auf die Protokollierungspflicht ergänzt wird, werden dadurch die geltenden Regelungen lediglich konkretisiert.

4. Gesetzgebungszuständigkeit des Bundes. Die Gesetzgebungszuständigkeit des Bundes ergibt sich aus Artikel 74 Absatz 1 Nummer 11 des Grundgesetzes (Recht der Wirtschaft). Der Bund hat durch Änderung des Gesetzes betreffend die gemeinsamen Rechte der Besitzer von Schuldverschreibungen bereits in der Vergangenheit von seiner konkurrierenden Gesetzgebungszuständigkeit Gebrauch gemacht. Eine bundeseinheitliche Regelung ist auch weiterhin erforderlich, um eine Zersplitterung der Rechtsverhältnisse im Interesse der Märkte zu vermeiden.

5. Finanzielle Auswirkungen. Das Gesetz wird weder für den Bund noch für die Länder und Gemeinden Haushaltsausgaben mit oder ohne Vollzugsaufwand mit sich bringen. Zwar wird die Bundesanstalt für Finanzdienstleistungsaufsicht auch die neuen Anforderungen nach § 34 WpHG hinsichtlich der Protokollierung des Beratungsgesprächs überwachen. Bei den Änderungen des § 34 WpHG handelt es sich aber lediglich um eine Konkretisierung der bestehenden generellen Aufzeichnungspflicht nach § 34 Absatz 1 WpHG, die bisher schon überwacht wird. Ein gesonderter Vollzugsaufwand ist daher nicht feststellbar.

Auswirkungen auf Kosten und Preise sind nicht zu erwarten. Für die Wirtschaft entstehen aus der Änderung des § 34 WpHG die unter den Bürokratiekosten dargestellten Kosten. Daraus lassen sich jedoch keine Auswirkungen auf das Preisniveau, insbesondere auf das Verbraucherpreisniveau, spezifizieren.

6. Bürokratiekosten. In § 12 Absatz 3 und in § 17 Absatz 2 SchVG-E wird jeweils eine neue Informationspflicht begründet. Nach § 12 Absatz 3 hat der Schuldner von Schuldverschreibungen die Einberufung der Gläubigerversammlung und die Bedingungen zur Teilnahme und Stimmrechtsausübung im Internet unter seiner Adresse den Gläubigern zugänglich zu machen; nach § 17 Absatz 2 hat er die Beschlüsse der Gläubiger sowie, wenn ein Gläubigerbeschluss die Anleihebedingungen ändert, den Wortlaut der ursprünglichen Anleihebedingungen im Internet unter seiner Adresse der Öffentlichkeit zugänglich zu machen. Die

Gesetzesentwurf der Bundesregierung **Anhang II**

Informationspflichten dienen dem Schutz der Gläubiger. Die Belastung der Wirtschaft liegt jeweils unter 100 000 Euro pro Jahr.

Die Bekanntmachungspflichten in § 12 Absatz 2 und § 17 Absatz 1 SchVG-E begründen dagegen keine neuen Informationspflichten, da entsprechende Bekanntmachungspflichten bereits in § 6 Absatz 1 bzw. § 12 Absatz 2 des SchVG von 1899 enthalten sind. Die Kostenbelastung für die Unternehmen verringert sich sogar durch die Neuregelung, da das SchVG von 1899 jeweils eine Bekanntmachung im Print-Bundesanzeiger sowie weiteren Blättern vorschreibt, das neue Gesetz dagegen eine kostengünstigere Bekanntmachung im elektronischen Bundesanzeiger. Da es aber kaum Gläubigerversammlungen nach dem SchVG von 1899 gab, fällt diese Entlastung nicht ins Gewicht.

Die Änderung des WpHG konkretisiert die generelle Aufzeichnungspflicht nach § 34 Absatz 1 WpHG, die alle Wertpapierdienstleistungen betrifft, für den Bereich der Anlageberatung. Es wird ein Protokoll über das Beratungsgespräch verlangt, das eine Kontrolle des Gesprächshergangs durch die Aufsichtsbehörde ermöglicht. Damit wird eine neue Informationspflicht für die Wirtschaft in § 34 Absatz 2a WpHG eingeführt, die in der Wertpapierdienstleistungs- Verhaltens- und Organisationsverordnung (WpDVer-OV) wiederum konkretisiert wird.

Die Kosten der Informationspflicht belaufen sich auf 50 133 333 Euro. Die Kosten werden maßgeblich durch die hohe Fallzahl beeinflusst (acht Millionen, diese Fallzahl ergibt sich aus den Daten der Bestandsmessung). Bei der Berechnung der Standardkosten nach der Zeitwerttabelle wurde für die Zeitmessung eine einfache Tätigkeit angenommen, für den Lohnsatz aber der Stundensatz für mittlere Komplexität verwendet. Damit wurde der Tatsache Rechnung getragen, dass das Protokoll in der Regel vom Berater selbst angefertigt wird.

Weitere Informationspflichten für die Wirtschaft, die Verwaltung oder Bürger werden weder eingeführt, geändert noch abgeschafft.

7. Auswirkungen von gleichstellungspolitischer Bedeutung. Auswirkungen von gleichstellungspolitischer Bedeutung sind nicht zu erwarten.

8. Gesetzesfolgen. Ziel des Gesetzentwurfs ist zum einen, bei nach deutschem Rechts begebenen Schuldverschreibungen Rechtssicherheit für die Verwendung international üblicher Klauseln in Anleihebedingungen für Mehrheitsentscheidungen durch eine Gläubigerversammlung unter gleichzeitiger Festlegung von Mindeststandards zum Schutz der Schuldverschreibungsgläubiger zu schaffen; zum anderen soll der Anlegerschutz gestärkt werden, indem Anforderungen an die Risikotransparenz von Anleihebedingungen gestellt werden und indem die Durchsetzbarkeit von Ansprüchen von Anlegern aus Falschberatung dadurch verbessert wird, dass die bisherige kurze Sonderverjährungsfrist bei solchen Ansprüchen entfällt und dass strengere Anforderungen an die Dokumentation des Beratungsgesprächs gestellt werden.

Alternativen zu den vorgeschlagenen gesetzgeberischen Maßnahmen bestehen nicht. Eine Erledigung oder Übertragung der vorgeschlagenen Maßnahmen auf Private scheidet aus. Das Gleiche gilt für Möglichkeiten der Selbstverpflichtung oder Selbstbeschränkung, da zum Zwecke von Gläubiger- und Anlegerschutz verbindliche Vorgaben erforderlich sind. Ebenso bieten sich für die vorgeschlagenen Gesetzesänderungen keine Befristungen an, da nicht ersichtlich ist, dass der dem Entwurf zugrunde liegende Regelungsbedarf ganz oder teilweise in absehbarer Zeit entfallen könnte.

Anhang II Gesetzesentwurf der Bundesregierung

Die Bundesregierung prüft laufend, ob die beabsichtigten Wirkungen dieses Gesetzes erreicht worden sind und ob etwaige Kosten, die dieser Gesetzentwurf auslöst, in einem angemessenen Verhältnis zu den Ergebnissen des Gesetzentwurfs stehen und ob und welche unbeabsichtigten Nebenwirkungen eingetreten sind. Sie wird, soweit erforderlich, rechtzeitig die hieraus resultierenden erforderlichen Maßnahmen ergreifen.

B. Besonderer Teil

Zu Artikel 1 (Gesetz über Schuldverschreibungen aus Gesamtemissionen)

Zu § 1 (Anwendungsbereich). Der sachliche Anwendungsbereich des Gesetzes wird bestimmt durch den Begriff der Gesamtemission (vgl. § 151 Strafgesetzbuch). Gesamtemissionen werden üblicherweise eingeteilt in Teilschuldverschreibungen einer bestimmten Stückelung (Schuldverschreibungen). Die Schuldverschreibungen aus einer Gesamtemissionen, auf die das Gesetz abzielt, sind notwendig „inhaltsgleich", weil sie auf denselben Bedingungen beruhen und weil in den Bedingungen gleiche Rechte für alle Schuldverschreibungen vorgesehen sind. Sie sind deshalb untereinander austauschbar. Das SchVG von 1899 sprach von Schuldverschreibungen, welche den Gläubigern „gleiche Rechte" gewähren. Für die Anwendung des Gesetzes kommt es dagegen auf die Art der Verbriefung nicht an. Die Schuldverschreibungen können – wie heute üblich – in einer Sammelurkunde verbrieft sein (§ 9a Depotgesetz) oder in Einzelurkunden. Auch die Kombination ist innerhalb einer Emission möglich. Die unterschiedliche Verbriefung ändert nichts an der rechtlichen Gleichartigkeit der Schuldverschreibungen. Unerheblich ist auch, von wem, in welcher Form und wo die Urkunden verwahrt werden und ob der Anspruch auf Auslieferung einzelner Wertpapiere besteht oder ob er nach dem zugrunde liegenden Rechtsverhältnis ausgeschlossen ist (§ 9a Absatz 3 Depotgesetz). Nicht erfasst werden einzeln verbriefte Forderungen nach dem Leitbild der §§ 793 ff. BGB.

Durch die Formulierung „nach deutschem Recht begebene" Schuldverschreibungen wird klargestellt, dass der Geltungsbereich anders als beim SchVG von 1899 nicht auf Schuldner mit Sitz im Inland beschränkt ist.

Das Gesetz gilt für alle Arten von Schuldverschreibungen, dh auch zB für als Schuldverschreibungen begebene Zertifikate oder Optionen. Nach Absatz 2 sind jedoch Pfandbriefe nach dem Pfandbriefgesetz vom 22. Mai 2005 (BGBl. I S. 1373) vom Anwendungsbereich ausgenommen. Das Pfandbriefgesetz beruht auf einem eigenständigen Regelungskonzept und sieht besondere gesetzliche Abwicklungsmechanismen vor. Mehrheitsentscheidungen der Pfandbriefgläubiger sind darin zwar nicht vorgesehen, sie sind aber auch nicht erforderlich. Insbesondere werden Pfandbriefgläubiger von einer Insolvenz der Pfandbriefbank insofern nicht betroffen, als die Deckungswerte nicht in die Insolvenzmasse fallen. Zur kommissarischen Verwaltung der Deckungsmasse wird ein von der staatlichen Aufsicht bestellter Sachwalter eingesetzt. Vor diesem Hintergrund wird auch kein Bedürfnis erkennbar, die Anleihebedingungen eines gedeckten Pfandbriefs während der Laufzeit zu ändern. Gleiches gilt für Schuldverschreibungen, deren Schuldner der Bund, ein Sondervermögen des Bundes, ein Land oder eine Gemeinde ist; insbesondere weil diese Schuldner nicht insolvenzfähig sind, besteht hier kein Bedürfnis, die Anleihebedingungen während der Laufzeit dieser Schuldverschreibungen zu ändern. Auch von der öffentlichen Hand – wie etwa vom

Gesetzesentwurf der Bundesregierung **Anhang II**

Finanzmarktstabilisierungsfonds – garantierte Schuldverschreibungen sind vom Anwendungsbereich ausgenommen.

Zu § 2 (Anleihebedingungen). Satz 1 definiert den Begriff der Anleihebedingungen für die Zwecke dieses Gesetzes und bestimmt, dass sich die Anleihebedingungen grundsätzlich aus der Urkunde ergeben müssen. Damit geht das Gesetz vom traditionellen wertpapierrechtlichen Leitbild einer umlauffähigen Urkunde aus, aus der sich der Inhalt des verbrieften Rechts vollständig ergeben muss (Skripturprinzip). Satz 2 sieht aber eine praktisch bedeutsame Ausnahme von diesem Grundsatz vor, soweit die Urkunde nicht zum Umlauf bestimmt ist. Das ist heute bei Schuldverschreibungen der Regelfall, insbesondere soweit sie in einer Sammelurkunde verbrieft sind. In diesem Fall kann in der Sammelurkunde auf außerhalb der Urkunde niedergelegte Anleihebedingungen verwiesen werden. Bei zentral verwahrten Sammelurkunden entspricht dies bereits der Praxis. Satz 3 bestätigt das allgemeine Skripturprinzip, indem er anordnet, dass zu jeder wirksamen Änderung des Inhalts einer Sammelurkunde oder der ihr angehängten Anleihebedingungen durch Rechtsgeschäft nach Abschnitt 2 des Gesetzes (zu dieser Ausnahme näher: vgl. die Erläuterungen zu § 3) die Urkunde oder der für sie maßgebende Text der Anleihebedingungen geändert oder ergänzt werden muss (hierfür reicht es gemäß § 21 aus, dass der in der Niederschrift dokumentierte, die Anleihebedingungen ändernde oder ergänzende Beschluss der Urkunde oder den in Bezug genommenen Anleihebedingungen beigefügt wird). Im Interesse der Rechtssicherheit sollten die maßgebenden Urkunden und Texte den aktuellen Inhalt des Rechts stets richtig wiedergeben.

Zu § 3 (Transparenz des Leistungsversprechens). Nach dieser Vorschrift müssen die Anleihebedingungen eine eindeutige und klare Ermittlung des Leistungsversprechens des Emittenten ermöglichen. Die Finanzmarktkrise hat gezeigt, dass eine solche eindeutige Bestimmung bei manchen Schuldverschreibungen wie etwa den sogenannten Ketten-Verbriefungen oder einigen Basket-Zertifikaten selbst für professionelle Anleger schwierig ist. Die Anleihebedingungen müssen so gefasst sein, dass ein bezüglich der jeweiligen Schuldverschreibung sachkundiger Anleger diese Ermittlung vornehmen kann. Allgemein erwartbare Vorkenntnisse des jeweiligen Adressatenkreises können bei der Abfassung der Bedingungen berücksichtigt werden. Unter gegebenen Voraussetzungen können so auch sehr komplizierte Bedingungen rechtlich zulässig sein, soweit sie erkennbar an einen Anlegerkreis gerichtet sind, der über entsprechende Kenntnisse verfügt, weil er sich zB auf bestimmte Investitionen in risikoreiche Schuldtitel spezialisiert hat. Damit soll dem Umstand Rechnung getragen werden, dass sehr komplexe Zusammenhänge auch oder gerade bei sehr präziser Beschreibung nicht ausreichend vorgebildeten Anlegern häufig unverständlich bleiben. Diese relative „Unverständlichkeit" komplexer Anleihebedingungen darf aber kein Wesensmerkmal der modernen Anleiheprodukte sein. Für die jeweiligen Adressaten eines bestimmten Produkts müssen die Bedingungen nach deren durchschnittlichem Verständnishorizont durchschaubar sein.

Die Rechtsfolgen eines Verstoßes gegen das Transparenzgebot richten sich nach den allgemeinen Vorschriften. Dabei werden auch die konkreten Umstände des Einzelfalles zu berücksichtigen sein. Je nach Schwere des Verstoßes kommt dabei zB eine Auslegung der Anleihebedingungen, ein Anspruch aus § 311 Absatz 2 in Verbindung mit § 241 Absatz 2 BGB oder eine Nichtigkeit wegen Verstoßes gegen ein gesetzliches Verbot (§ 134 BGB) in Betracht.

Anhang II
Gesetzesentwurf der Bundesregierung

Zu § 4 (Kollektive Bindung). Nach dem Grundsatz in Satz 1 können Bestimmungen in Anleihebedingungen während der Laufzeit der Anleihe durch Rechtsgeschäft nur nach Maßgabe der Vorschriften in Abschnitt 2 des Gesetzes oder – für den Fall, dass dem Schuldner alle Gläubiger bekannt sind – durch inhaltsgleichen Vertrag mit sämtlichen Gläubigern geändert werden. Die darin liegende Beschränkung der individuellen Rechtsmacht wird mit einem neuen Ausdruck als „kollektive Bindung" bezeichnet. Das SchVG von 1899 bezeichnet denselben Umstand in seiner Überschrift mit dem Ausdruck „gemeinsame Rechte". Dadurch kann jedoch der unrichtige Eindruck entstehen, dass es sich um zusätzliche Rechte handelt. Demgegenüber bringt der Begriff „Bindung" besser zum Ausdruck, dass in der Gemeinsamkeit zugleich eine Einschränkung individueller Rechte liegt. Die kollektive Bindung bewirkt, dass zweiseitige Vereinbarungen zwischen dem Schuldner und einzelnen Schuldverschreibungsgläubigern während der Laufzeit der Anleihe ausgeschlossen sind. Sie erfordert außerdem, dass der Schuldner die Gläubiger im Hinblick auf die der kollektiven Bindung unterliegenden Vertragsinhalte materiell gleich behandelt. Dies wird erstmals in Satz 2 ausdrücklich geregelt.

Ihre Rechtfertigung findet die kollektive Bindung in der zwecktauglichen Ausgestaltung von Schuldverschreibungen als fungiblen Wertpapieren. Ohne Sicherheit über die inhaltliche Austauschbarkeit aller Wertpapiere derselben Emission wäre die Funktionsfähigkeit des auf schnelle und anonyme Abwicklung des Massengeschäfts ausgerichteten Kapitalmarkts gefährdet (vgl. BGHZ 163, 311). Die gesetzliche Regelung beschränkt sich auf eine Aussage zur kollektiven Bindung im Hinblick auf rechtsgeschäftliche Änderungen von Anleihebedingungen. Ob auch mit gerichtlicher Hilfe einseitig herbeigeführte Inhaltsänderungen ausgeschlossen sind oder wie sich ihre Wirkungen ggf. verallgemeinern ließen, bleibt der zukünftigen Klärung durch die Rechtswissenschaft und die Gerichte überlassen. Da bisher nicht verbindlich geklärt ist, ob die Richtlinie 93/13/EWG des Rates vom 5. April 1993 über missbräuchliche Klauseln in Verbraucherverträgen (ABl. EG Nr. L 95 S. 29) und dementsprechend auch die Richtlinie 98/27/EG des Europäischen Parlaments und des Rates vom 19. Mai 1998 über Unterlassungsklagen zum Schutz der Verbraucherinteressen (ABl. EG Nr. L 166 S. 51) auf Anleihebedingungen von Schuldverschreibungen anwendbar ist, ist derzeit eine gesetzliche Regelung hierzu kaum möglich.

Die konkrete Reichweite der kollektiven Bindung kann durch den Gesetzgeber nicht abschließend bestimmt werden. Sie reicht jedenfalls so weit, wie es der mit ihr verfolgte Zweck gebietet. Zweck der kollektiven Bindung ist es, die rechtlich identische Ausgestaltung von Bestimmungen in Anleihebedingungen und damit die freie Handelbarkeit der Schuldverschreibungen zu einem einheitlichen Preis zu gewährleisten. Im Regelfall ist daher von der kollektiven Bindung auszugehen.

Zu § 5 (Mehrheitsbeschlüsse der Gläubiger). Absatz 1 Satz 1 legt die Grenzen fest, in denen die Anleihebedingungen vorsehen können, dass die Gläubiger mit Wirkung für alle Mehrheitsbeschlüsse fassen können. Der personelle Anwendungsbereich der Vorschrift ist eröffnet für alle Gläubiger der jeweils selben Anleihe. Zur selben Anleihe gehören Schuldverschreibungen auch dann, wenn sie nicht zum selben Zeitpunkt, sondern in verschiedenen Tranchen ausgegeben worden sind, sofern für sie dieselben Bedingungen gelten und in den Bedingungen für alle Schuldverschreibungen die gleichen Rechte vorgesehen sind. Für die Gläubiger unterschiedlicher Anleihen desselben Schuldners sieht das Gesetz keine

Gesetzesentwurf der Bundesregierung **Anhang II**

gemeinsamen Befugnisse vor, obwohl auch sie gemeinsame Interessen haben können. Sie müssen sich erforderlichenfalls über ihre jeweiligen gemeinsamen Vertreter auf ein einheitliches Vorgehen verständigen.

Anders als im SchVG von 1899 sind Mehrheitsbeschlüsse der Gläubiger nicht zwingend vorgesehen, sondern es bleibt den Anleihebedingungen überlassen, ob und inwieweit solche möglich sind. Damit wird dem Bedürfnis der Praxis Rechnung getragen, zB sehr kurzlaufende Schuldverschreibungen ohne solche Änderungsmöglichkeit zu begeben. Sehen die Anleihebedingungen Mehrheitsbeschlüsse der Gläubiger vor, müssen die Mindestanforderungen dieses Gesetzes eingehalten werden (Absatz 1 Satz 2).

Der Gläubigermehrheit stehen zwei Befugnisse zu. Sie kann zum einen Änderungen der Anleihebedingungen zustimmen. Die Änderung der Anleihebedingungen setzt grundsätzlich einen gleichlautenden Vertrag zwischen dem Schuldner und jedem Gläubiger voraus. Zu einem solchen Vertrag können die Gläubiger aufgrund der gesetzlichen Ermächtigung nach den Vorschriften des zweiten Abschnitts mit Mehrheit ihre Zustimmung erklären. Sie können zum anderen zur Wahrnehmung ihrer Rechte einen gemeinsamen Vertreter bestellen. Ohne die Regelung müsste jeder Gläubiger der Bestellung zustimmen. Die Bestellung eines gemeinsamen Vertreters wird regelmäßig zweckmäßig sein, um die Informationsrechte der Gläubiger geltend zu machen und um ggf. Verhandlungen mit dem Schuldner zu führen. Ohne ihn könnten die Gläubiger kaum jemals mit einer Stimme sprechen. Satz 2 ordnet an, dass durch Mehrheitsentscheidung keine Verpflichtung zur Leistung begründet werden kann. Das entspricht dem SchVG von 1899 und dem Grundverständnis von Finanzanlagen. Gläubiger von Schuldverschreibungen haben als Fremdkapitalgeber zwar uU das Risiko des Kapitalverlusts zu tragen, sie übernehmen darüber hinaus jedoch insbesondere keine Nachschusspflichten.

Gesetzlich nicht mehr geregelt ist die Frage, unter welchen Umständen die Gläubiger von ihren Befugnissen Gebrauch machen können. Insbesondere ist eine wie auch immer geartete Notlage des Schuldners dafür nicht mehr vorausgesetzt. Die Bemühungen zur Sanierung des Schuldners können damit früher ansetzen, was die Aussicht auf ihren nachhaltigen Erfolg deutlich erhöht. Gleichwohl können aber die Anleihebedingungen – ebenso wie sie Mehrheitsbeschlüsse der Gläubiger gar nicht vorsehen können – solche Beschlüsse auch nur für bestimmte Situationen wie einer Krise des Schuldners vorsehen.

Absatz 2 Satz 1 ordnet an, dass die Beschlüsse der Gläubiger verbindliche Kraft haben für die Gläubiger derselben Anleihe. Die Aussage hat klarstellenden Charakter. Dieselbe Rechtsfolge ergibt sich der Sache nach bereits aus der Befugnis in Absatz 1. Für Gläubiger anderer Anleihen desselben Schuldners gilt die Verbindlichkeit nicht. Sie müssen jeweils für sich entsprechende Beschlüsse fassen; ein Anleihen übergreifendes gemeinsames Mehrheitsprinzip gibt es nicht. Beschlüsse der Gläubiger sind verbindlich, soweit sie nicht nichtig oder erfolgreich mit der Klage angefochten worden sind. Ein Beschluss ist nach Satz 2 unwirksam und nichtig, wenn er nicht gleiche Bedingungen für alle Gläubiger vorsieht. Da einzelne Schuldverschreibungen im Regelfall nicht individualisierbar sind, muss jeder Gläubiger dieselben Ansprüche gegen den Schuldner haben. Die Gleichartigkeit aller Schuldverschreibungen aus einer Anleihe ist die notwendige Voraussetzung für deren Verkehrsfähigkeit. Dieses Grundprinzip kann durch eine Mehrheitsentscheidung nicht wirksam aufgehoben werden. Für die Einhaltung dieses

Anhang II Gesetzesentwurf der Bundesregierung

Grundprinzips sind der Schuldner und die Mehrheit der Gläubiger verantwortlich, die an der Abstimmung teilnehmen.

Absatz 3 Satz 1 konkretisiert die in Absatz 1 abstrakt umschriebene Befugnis der Gläubiger, Änderungen der Anleihebedingungen durch Mehrheitsbeschluss zuzustimmen. Die Aufzählung ist nicht vollständig. Sie soll der Klarstellung dienen und so Rechtssicherheit schaffen. In der Sache können die Gläubiger nach dem neuen Recht – mit Ausnahme der Begründung von Leistungspflichten (Absatz 1 Satz 2) – grundsätzlich jeder Änderung der Anleihebedingungen zustimmen. Die Befugnis der Gläubigermehrheit wird damit gegenüber dem alten Recht erheblich ausgeweitet. Insbesondere der teilweise Verzicht auf die Hauptforderung war bisher nicht zulässig. Diese Beschränkung ist jedoch zum Schutz der Gläubiger nicht erforderlich und erschwert gleichzeitig die effektive Sanierung des Schuldners. Durch die Ausweitung des Mehrheitsprinzips sollen die Anleihegläubiger in die Lage versetzt werden, wie andere Gläubiger auch einen substantiellen Sanierungsbeitrag zu leisten, wenn es zur Rettung des Schuldners erforderlich ist. Das fordern auch die EU-Finanzminister im Zusammenhang mit der Einführung von CACs in Anleihebedingungen. Durch die Ausweitung des Mehrheitsprinzips wird auch in anderen Zusammenhängen die Handlungsfähigkeit der Gläubiger gesteigert. Für die Schuldner erhöht sich zugleich die Aussicht, auf eine unvorhergesehene Situation flexibel reagieren zu können. Dadurch dürfte auch die internationale Attraktivität des deutschen Rechts steigen, denn entsprechende Klauseln sind in international üblichen Anleihebedingungen regelmäßig enthalten. Belange des Minderheitenschutzes sprechen nicht grundsätzlich gegen die Ausweitung des Mehrheitsprinzips, vorausgesetzt, für jeden einzelnen Gläubiger besteht eine zumutbare Möglichkeit, an den Abstimmungen der Gläubiger teilzunehmen, und die Bedingungen für Abstimmungen gewährleisten eine rationale Entscheidung auf wohl informierter Grundlage.

Absatz 3 Satz 2 bestimmt, dass der Schuldner in den Anleihebedingungen die Möglichkeiten für Mehrheitsbeschlüsse der Gläubiger einschränken kann, indem er entweder bestimmte Bereiche von Änderungen ausnimmt oder von vornherein nur einen abschließenden Katalog von Änderungsmöglichkeiten aufzählt.

Absatz 4 bestimmt die Mehrheitserfordernisse. Im Grundsatz beschließen die Gläubiger mit der einfachen Mehrheit der an der Abstimmung teilnehmenden Stimmrechte (Satz 1). Davon sieht Satz 2 als Ausnahme die sogenannte qualifizierte Mehrheit vor, wenn durch den Beschluss der wesentliche Inhalt der Anleihebedingungen geändert werden soll. Hinzukommen muss jeweils die Beschlussfähigkeit der Versammlung, die nur in einem bestimmten Quorum der Gläubiger anwesend ist (vgl. § 15 Absatz 3). Das entspricht internationalen Standards. Eine wesentliche Änderung der Anleihebedingungen ist insbesondere anzunehmen in den Fällen von Absatz 3 Nummer 1 bis Nummer 9. Die Aufzählung ist nicht abschließend; vergleichbare, dort nicht aufgezählte Änderungen können ebenfalls dem qualifizierten Mehrheitserfordernis unterfallen. Ob ggf. eine wesentliche Änderung der Anleihebedingungen beschlossen werden soll, ist im Einzelfall durch Auslegung unter Berücksichtigung der in Absatz 3 konkretisierten Fallgruppen zu bestimmen. Die qualifizierte Mehrheit ist erreicht, wenn – die Beschlussfähigkeit der Versammlung vorausgesetzt – mehr als 75 Prozent der abgegebenen Stimmen auf den zur Abstimmung gestellten Vorschlag entfallen. Die Mehrheitserfordernisse sind nur Mindestanforderungen; die Anleihebedingungen können für einzelne oder alle Beschlüsse höhere Mehrheiten vorsehen.

Absatz 5 enthält spezielle Mehrheitserfordernisse für international übliche Bestimmungen in Anleihebedingungen, wonach das Kündigungsrecht nicht vom einzelnen Gläubiger, sondern nur gemeinsam mit anderen Gläubigern ausgeübt werden kann (sogenannte Gesamtkündigung). Der Anteil der Gläubiger, von deren Mitwirkung die Wirksamkeit der Kündigung abhängig sein soll, darf 25 Prozent bezogen auf die ausstehenden Schuldverschreibungen nicht übersteigen. Eine solche Kollektivkündigung entfaltet ihre Wirkung nur für diejenigen Gläubiger, die ihr zugestimmt haben. Aus Sicht der übrigen Gläubiger handelt es sich ggf. um die Entscheidung einer Minderheit. Dies rechtfertigt es, dass die Gläubiger eine solche Kündigung mit Mehrheit überstimmen können. Erforderlich ist in jedem Fall, dass sich mehr Gläubiger gegen die Kündigung aussprechen als an ihrem Zustandekommen beteiligt waren. Ist diese Voraussetzung erfüllt, genügt für die Wirksamkeit des Beschlusses im Übrigen die einfache Mehrheit der Gläubiger. Aufgrund des Mehrheitsbeschlusses entfallen die Wirkungen der Kollektivkündigung, wenn der Beschluss binnen drei Monaten seit der Kündigung zustande gekommen ist. Bis zum Ablauf dieser Frist kann der Schuldner die Leistung verweigern.

Nach Absatz 6 können die Gläubiger Beschlüsse in der Gläubigerversammlung (§§ 9 bis 17) oder in einem neuen Verfahren ohne Versammlung fassen (§ 18), wobei die Anleihebedingungen sich auf eine der beiden Möglichkeiten beschränken können.

Zu § 6 (Stimmrecht). Absatz 1 Satz 1 begründet das Stimmrecht der Gläubiger und legt die Grundlagen für seine Bemessung. Ein Stimmrecht ist mit dem Erwerb einer Schuldverschreibung grundsätzlich nicht verbunden, da die Gläubiger außerhalb des Anwendungsbereichs des Gesetzes keine Gemeinschaft bilden. Es wird deshalb gesetzlich angeordnet. Der Stimmanteil des einzelnen Gläubigers richtet sich nach seinem Anteil an der ausstehenden Anleihe. Der Anteil bestimmt sich bei einer auf einen Gesamtbetrag lautenden Anleihe nach dem Nennwert der einzelnen Schuldverschreibungen, ansonsten nach dem rechnerischen Anteil. Jede Schuldverschreibung (der kleinsten Stückelung) gewährt eine Stimme. Ausstehend sind alle Schuldverschreibungen, die noch nicht erfüllt sind. Satz 2 soll verhindern, dass die Beschlüsse der Gläubiger durch Interessenkonflikte verfälscht werden. Deshalb sind alle Schuldverschreibungen, die dem Schuldner unmittelbar oder mittelbar zuzurechnen sind, in den Abstimmungen der Gläubiger nicht stimmberechtigt. Solange die Schuldverschreibungen dem Schuldner zuzurechnen sind, ruht das Stimmrecht aus diesen Schuldverschreibungen. Gehen die Schuldverschreibungen später auf einen unabhängigen Gläubiger über, lebt es wieder auf. Die relativen Stimmanteile der anderen Gläubiger bleiben also stets gleich. Schuldverschreibungen, deren Stimmrechte ruhen, dürfen einem anderen nach Satz 3 nicht zu dem Zweck überlassen werden, das Stimmrecht anstelle des Schuldners oder eines mit ihm verbundenen Unternehmens auszuüben; auch die Ausübung des Stimmrechts zu diesem Zweck ist untersagt. Damit soll die Ruhensregelung gegen Umgehung geschützt werden. Die Nichtbeachtung dieses Verbots ist in § 23 Absatz 1 als Ordnungswidrigkeit mit Geldbuße bedroht.

Absatz 2 verbietet den sogenannten Stimmenkauf, Absatz 3 die Bestechlichkeit des Stimmberechtigten. Beide Verbote sollen die freie Willensbildung der Gläubiger vor Fremdeinflüssen schützen. Die Verbotstatbestände entsprechen inhaltlich den Vorgaben in § 405 Absatz 3 des Aktiengesetzes (AktG). Die Zuwiderhandlung ist in § 23 Absatz 1 als Ordnungswidrigkeit mit Geldbuße bedroht.

Anhang II Gesetzesentwurf der Bundesregierung

Zu § 7 (Gemeinsamer Vertreter). Bei der Auswahl der Person des gemeinsamen Vertreters unterliegen die Gläubiger nach Absatz 1 Satz 1 keinen Beschränkungen; lediglich die uneingeschränkte Geschäftsfähigkeit wird bei natürlichen Personen vorausgesetzt sowie bei juristischen Personen die Sachkunde, was insbesondere bei Rechtsanwaltsgesellschaften oder Wirtschaftsprüfungsgesellschaften der Fall sein dürfte. Als gemeinsamer Vertreter kommen danach auch Personen in Betracht, die der Interessensphäre des Schuldners zuzurechnen sind. Das erscheint sinnvoll, da der Vorschlag für die Bestellung einer bestimmten Person regelmäßig vom Schuldner ausgehen wird, der auch die Kosten des Vertreters zu tragen hat (Absatz 6). Für die Gläubiger ergibt sich daraus grundsätzlich kein Nachteil, da die Vollmacht des Vertreters beschränkt werden kann und er den Weisungen der Gläubiger Folge zu leisten hat. Ohne einen konkreten Vorschlag wäre es für die Gläubiger möglicherweise schwierig, sich auf eine bestimmte Person zu einigen. Um Interessenkonflikten dennoch vorzubeugen, ist der vorgeschlagene Vertreter vor seiner Bestellung verpflichtet, den Gläubigern die Umstände zu offenbaren, aus denen sich ergibt, dass die Voraussetzungen der Nummer 1 bis Nummer 4 in seiner Person vorliegen. Zuwiderhandlungen gegen diese Verpflichtung sind in § 23 Absatz 2 als Ordnungswidrigkeit mit Geldbuße bedroht. Die in Absatz 1 Satz 2 geregelten Fallgruppen sind aus Gründen der Bestimmtheit abschließend. Der gemeinsame Vertreter hat die Gläubiger nach Satz 3 auch unverzüglich darüber zu unterrichten, wenn in seiner Person nachträglich Umstände eintreten, die er nach Satz 2 vor seiner Bestellung hätte offenbaren müssen. Die Gläubiger sollen so in die Lage versetzt werden, von ihrem Recht zur jederzeitigen Abberufung des gemeinsamen Vertreters (Absatz 4) auf sachlicher Grundlage Gebrauch machen zu können.

Nach Absatz 2 Satz 1 ergeben sich die Aufgaben und Befugnisse des gemeinsamen Vertreters entweder aus dem Gesetz (§§ 7, 8) oder sie werden ihm durch Rechtsgeschäft (Auftrag, Vollmacht, Ermächtigung) übertragen. Die Gläubiger müssen in der konkreten Situation selbst entscheiden, mit welchem Mandat sie ihren gemeinsamen Vertreter ausstatten wollen. Dabei unterliegen sie keinen inhaltlichen Beschränkungen. Auf diese Weise soll einerseits die Autonomie der Gläubiger betont und auf der anderen Seite ihre Flexibilität nicht eingeschränkt werden. Das Gesetz regelt nicht ausdrücklich, mit welcher Mehrheit der gemeinsame Vertreter von den Gläubigern bestellt werden kann. Das hängt davon ab, welche Befugnisse ihm übertragen werden sollen. Grundsätzlich genügt für die Bestellung eines gemeinsamen Vertreters die einfache Mehrheit (§ 5 Absatz 4 Satz 1). Soll der gemeinsame Vertreter aber zugleich berechtigt sein, im Namen aller Gläubiger einer wesentlichen Änderung der Anleihebedingungen zuzustimmen, bedarf es zu seiner Bestellung der für die Zustimmung der Gläubiger zu der entsprechenden Änderung der Anleihebedingungen erforderlichen Mehrheit. Nach Satz 2 ist der gemeinsame Vertreter an die Weisungen der Gläubiger (dh nicht eines einzelnen Gläubigers) gebunden; auf § 665 BGB kann er sich also nicht berufen. Ist der gemeinsame Vertreter (auch) zur Geltendmachung von Rechten der Gläubiger ermächtigt, entfällt zugleich nach Satz 3 die Rechtszuständigkeit der einzelnen Gläubiger. Die grundsätzlich ausschließliche Zuständigkeit des gemeinsamen Vertreters dient der geordneten und einheitlichen Abwicklung des Auftrags. Wollen die Gläubiger im Einzelfall von der ausschließlichen Zuständigkeit des gemeinsamen Vertreters abweichen, müssen sie dies ausdrücklich beschließen. Satz 4 ordnet die Berichtspflicht des gemeinsamen Vertreters an. Die Vorschrift hat klarstellende Funktion. Da sich das Innenverhältnis zwischen den

Gläubigern und dem gemeinsamen Vertreter im Regelfall nach Auftragsrecht richten wird, gilt auch § 666 BGB. Darüber geht die Berichtspflicht nach Satz 4 inhaltlich nicht hinaus. Satz 4 stellt jedoch klar, dass die Berichtspflicht nicht gegenüber jedem einzelnen Gläubiger zu erfüllen ist, sondern gegenüber den Gläubigern als Gesamtheit. Zwar bestehen grundsätzlich gleichlautende Auftragsverhältnisse zwischen jedem Gläubiger und dem gemeinsamen Vertreter. Mehrheitsbeschlüsse der Gläubiger ändern nichts daran, dass die Rechtsverhältnisse zwischen dem jeweiligen Gläubiger und dem Schuldner bezüglich der Schuldverschreibungen individuell sind. In Bezug auf ihre gemeinsame Vertretung müssen sich die Gläubiger jedoch – auch im Innenverhältnis – als Gesamtheit behandeln lassen.

Nach Absatz 3 Satz 1 muss der gemeinsame Vertreter den Gläubigern für die ordnungsgemäße Erfüllung der ihm übertragenen Aufgaben und der ihm erteilten Weisungen einstehen. Bei vorsätzlicher oder fahrlässiger Pflichtverletzung hat er den Gläubigern den daraus entstehenden Schaden zu ersetzen (§ 280 Absatz 1 BGB). Bei seiner Tätigkeit hat der gemeinsame Vertreter nach Satz 1, 2. Halbsatz die Sorgfalt eines gewissenhaften Geschäftsleiters anzuwenden (vgl. § 93 Absatz 1 AktG). Dieser besondere Sorgfaltsmaßstab erscheint angemessen, obwohl der gemeinsame Vertreter nicht die Aufgaben eines Geschäftsleiters hat. Aber häufig wird die Tätigkeit des gemeinsamen Vertreters eine unternehmerische Prognose über die zukünftige Entwicklung des Schuldners verlangen. Bei insofern nicht immer zu vermeidenden Fehleinschätzungen kann er sich ggf. unter Hinweis auf § 93 Absatz 1 Satz 2 AktG exkulpieren. Die Gläubiger können die Haftung des gemeinsamen Vertreters durch Beschluss beschränken oder ausschließen (Satz 2). Sie werden dies insbesondere dann tun, wenn sich anderenfalls keine geeignete Person bereit erklärt, die Aufgabe des gemeinsamen Vertreters zu übernehmen. Der Anspruch auf Schadenersatz steht den Gläubigern als Gesamtgläubiger zu. Abweichend von § 428 BGB ist der einzelne Gläubiger nicht ohne weiteres befugt, die Leistung an sich zu verlangen. Weitere Voraussetzung ist, dass die Gläubiger zuvor mit Mehrheit beschlossen haben, Schadenersatzansprüche gegen den (ehemaligen) gemeinsamen Vertreter geltend zu machen (Satz 3). Diese Einschränkung ist gerechtfertigt, weil sich die Gläubiger in Bezug auf ihre gemeinsame Vertretung auch im Innenverhältnis gegenüber dem gemeinsamen Vertreter als Gesamtheit behandeln lassen müssen. In dem Beschluss müssen sich die Gläubiger auch darüber verständigen, wer die Ansprüche stellvertretend für alle einfordern soll, da die Gläubiger als Gesamtheit nicht prozessfähig sind. Erforderlich ist die einfache Mehrheit der Stimmen.

Nach Absatz 4 können die Gläubiger den gemeinsamen Vertreter jederzeit ohne Angabe von Gründen abberufen. Die Vorschrift entspricht inhaltlich § 671 Absatz 1 BGB. Sie bringt lediglich klarstellend zum Ausdruck, dass die Gläubiger zur Abberufung des gemeinsamen Vertreters eine gemeinsame Entscheidung mit Mehrheit treffen müssen. Die Mehrheitserfordernisse für die Abberufung eines gemeinsamen Vertreters entsprechen denen für seine Berufung.

Absatz 5 gewährt dem gemeinsamen Vertreter Informationsrechte gegenüber dem Schuldner. Die Rechte stehen nur dem gemeinsamen Vertreter zu, nicht den einzelnen Schuldverschreibungsgläubigern. Daraus kann sich eine wesentliche Veranlassung für die Gläubiger ergeben, einen gemeinsamen Vertreter zu bestellen, insbesondere wenn die Vermögenslage des Schuldners unklar ist. Der gemeinsame Vertreter kann vom Schuldner umfassende Auskunft verlangen, soweit es die Erfül-

Anhang II

Gesetzesentwurf der Bundesregierung

lung seiner Aufgaben erfordert. Der Schuldner ist verpflichtet, auf ein berechtigtes Verlangen des gemeinsamen Vertreters die erbetenen Auskünfte zu erteilen. Nach Absatz 6 hat der Schuldner die Kosten und Aufwendungen (vgl. § 670 BGB) zu tragen, die durch die Bestellung eines gemeinsamen Vertreters entstehen, einschließlich einer angemessenen Vergütung des gemeinsamen Vertreters. Die Gläubiger sollen nicht mit Kosten belastet werden, da sie nicht über gemeinsame Mittel verfügen. Die Ansprüche des gemeinsamen Vertreters richten sich demzufolge direkt gegen den Schuldner. Der Schuldner hat die Kosten für einen gemeinsamen Vertreter zu tragen. Mehrere gemeinsame Vertreter können von den Gläubigern demnach nicht gleichzeitig auf seine Kosten bestellt werden. Haben die Gläubiger den gemeinsamen Vertreter durch Mehrheitsbeschluss abberufen, können sie aber einen neuen gemeinsamen Vertreter bestellen, dessen Kosten ebenfalls dem Schuldner zur Last fallen.

Zu § 8 (Bestellung des gemeinsamen Vertreters in den Anleihebedingungen). Nach § 8 kann der gemeinsame Vertreter auch bereits in den Anleihebedingungen bestellt werden. Dies kann sinnvoll sein, damit der gemeinsame Vertreter die Organisation und Einberufung der Gläubigerversammlung übernehmen kann, was im Einzelfall eine Beschleunigung des Verfahrens bewirken kann. Da die Gläubiger keinen Einfluss auf die Auswahl der Person haben, werden in Absatz 1 strengere Anforderungen an die Auswahl gestellt als bei einem von den Gläubigern selbst bestellten Vertreter. Auch sind die Aufgaben des in den Anleihebedingungen bestellten gemeinsamen Vertreters begrenzt: Auf Rechte der Gläubiger kann er nicht verzichten, sondern hierzu ist gemäß Absatz 2 stets ein ausdrücklicher Beschluss der Gläubigerversammlung erforderlich. Nach Absatz 3 ist eine Haftungsbeschränkung in den Anleihebedingungen nur in Grenzen möglich; für eine weitergehende Haftungsbeschränkung ist ein Gläubigerbeschluss erforderlich. Im Übrigen gelten gemäß Absatz 4 die Regelungen über den durch die Gläubiger bestellten gemeinsamen Vertreter entsprechend. Die Gläubiger können daher den in den Anleihebedingungen bestellten gemeinsamen Vertreter jederzeit ohne Angabe von Gründen durch Mehrheitsbeschluss abberufen, so dass ein in den Anleihebedingungen bestellter gemeinsamer Vertreter faktisch nur einen vorläufigen Vertreter darstellt.

Zu § 9 (Einberufung der Gläubigerversammlung). § 9 entspricht inhaltlich weitgehend § 3 SchVG von 1899. Die Vorschrift ist redaktionell neu gefasst worden. Zur Einberufung der Gläubigerversammlung sind grundsätzlich nur der Schuldner und der gemeinsame Vertreter der Gläubiger befugt. Eine Minderheit der Gläubiger kann aber die Einberufung aus besonderen Gründen verlangen. Denn an manchen Gläubigerbeschlüssen hat der Schuldner selbst kein unmittelbares Interesse, zB wenn die Gläubiger einen in den Anleihebedingungen bestellten gemeinsamen Vertreter abberufen wollen. Für das Verlangen ist eine Minderheit von 5 Prozent der ausstehenden Schuldverschreibungen erforderlich; das entspricht den Anforderungen des § 122 Absatz 1 AktG für die Einberufung der Hauptversammlung. Das Verlangen muss schriftlich an den Schuldner oder den gemeinsamen Vertreter der Gläubiger gerichtet sein. Als Begründung für das Einberufungsverlangen muss ein besonderes Interesse der Gläubiger angegeben werden; hierfür wird in Satz 2 als Beispiel genannt, dass die Gläubiger einen gemeinsamen Vertreter bestellen oder abberufen wollen. Nach Satz 3 können die Anleihebedingungen aber zusätzlich vorsehen, dass die Gläubiger auch aus sonstigen Gründen die Einberufung verlangen können.

Gesetzesentwurf der Bundesregierung **Anhang II**

Nach Absatz 2 kann die qualifizierte Gläubigerminderheit das Gericht anrufen, wenn ihr Verlangen auf Einberufung der Gläubigerversammlung erfolglos geblieben ist. Das Gericht wird die Gläubiger ermächtigen, die Einberufung selbst vorzunehmen, wenn der Antrag begründet ist; es kann zugleich den Vorsitzenden der Versammlung bestimmen. In der Einberufung muss auf die Ermächtigung hingewiesen werden, damit die Adressaten der Einberufung die Berechtigung zur Einberufung erkennen können.

Die Zuständigkeitsregel in Absatz 3 ist deklaratorisch im Hinblick auf die Zuständigkeit des Gerichts am Sitz des Schuldners (vgl. § 377 Absatz 1 des Gesetzes über das Verfahren in Familiensachen und in den Angelegenheiten der freiwilligen Gerichtsbarkeit – FamFG); sie geht aber darüber hinaus hinsichtlich der Auffangzuständigkeit des Amtsgerichts Frankfurt am Main. Bisher gehörten die Verfahren nach dem SchVG von 1899 nicht zu den Angelegenheiten der freiwilligen Gerichtsbarkeit. Sie werden aber zukünftig in den Katalog der unternehmensrechtlichen Verfahren in § 375 FamFG aufgenommen. Weitere Vorschriften über das Verfahren (zB Anhörung) sind unter der Geltung des FamFG entbehrlich. Insbesondere die im SchVG von 1899 vorgeschriebene vorherige Hinterlegung der Schuldverschreibungen (§ 4 Absatz 2 SchVG von 1899) kann ersatzlos entfallen.

Die Kostenregelung in Absatz 4 entspricht § 3 Absatz 3 SchVG von 1899. Sie erscheint gerechtfertigt, weil die Gläubigerversammlung in erster Linie den Interessen des Schuldners dienen soll. Davon ist auch dann auszugehen, wenn sie auf Betreiben einer Gläubigerminderheit einberufen wird. Wird dem Antrag nicht entsprochen, entscheidet das Gericht nach allgemeinen Vorschriften über die Kosten des Verfahrens; dann können die Kosten ggf. auch den Antragstellern auferlegt werden.

Zu § 10 (Frist, Anmeldung, Nachweis). Die relativ kurze Einberufungsfrist von 14 Tagen trägt dem Umstand Rechnung, dass insbesondere in einer akuten Krise des Schuldners uU sofort gehandelt werden muss. Nach Möglichkeit sollte eine Gläubigerversammlung stattfinden, bevor Insolvenzantrag gestellt werden muss. Der Insolvenzantrag muss unverzüglich, spätestens aber drei Wochen nach Eintritt der Zahlungsunfähigkeit oder Überschuldung gestellt werden (vgl. nur § 15a Insolvenzordnung – InsO). Die Frist entspricht im Ergebnis dem alten Recht, das zwar keine Frist für die Einberufung vorsah, nach dem aber zwischen der letzten Veröffentlichung der Einberufung und dem Tag der Versammlung mindestens zwei Wochen für die Hinterlegung der Schuldverschreibungen frei bleiben mussten (§ 6 Absatz 3 SchVG von 1899).

Nach Absatz 2 kann in Anleihebedingungen vorgesehen werden, dass sich die Gläubiger zu der Versammlung anmelden müssen. In diesem Fall verlängert sich die Einberufungsfrist um die Anmeldefrist. Die Anmeldefrist darf höchstens drei Tage betragen. Dadurch soll gewährleistet werden, dass in jedem Fall eine Gläubigerversammlung innerhalb der dreiwöchigen Frist für die Stellung des Insolvenzantrags stattfinden kann.

Absatz 3 betrifft die Legitimation der Gläubiger. Im Ergebnis muss gewährleistet sein, dass an den Abstimmungen der Gläubiger nur Personen (selbst oder durch Vertreter) teilnehmen, denen die Rechte aus den Schuldverschreibungen im Zeitpunkt der Abstimmung letztlich zustehen. Ansonsten wären die Beschlüsse der Gläubigerversammlung uU anfechtbar. Diese schwierige Aufgabe muss vor Ort von den Beteiligten gelöst werden; sie entzieht sich einer für alle Fälle gelten-

Anhang II Gesetzesentwurf der Bundesregierung

den abstrakten Regelung. Die Anleihebedingungen können hierzu allgemeine Vorgaben machen. Dabei dürfen jedoch nur Anforderungen formuliert werden, welche zur Feststellung der Identität und der Berechtigung des einzelnen Gläubigers unerlässlich sind. Für den Regelfall einer zentral verwahrten Sammelurkunde gibt das Gesetz vorbehaltlich einer anderweitigen Regelung in den Anleihebedingungen vor, dass ein besonderer Nachweis des depotführenden Instituts ausreicht. Gemeint ist dasjenige Institut, das dem letzten Inhaber des Rechts den Besitz vermittelt. Form und genauer Inhalt des Nachweises bleiben frei, so dass die Praxis hier einen möglichst einfachen Weg finden kann. Das Regelungsmodell entspricht dem des § 123 Absatz 3 Satz 2 AktG (Legitimation der Aktionäre börsennotierter Gesellschaften in der Hauptversammlung). Der besondere Nachweis des depotführenden Instituts bedarf zu Dokumentationszwecken lediglich der Textform (§ 126b BGB).

Zu § 11 (Ort der Gläubigerversammlung). Die Vorschrift bestimmt, an welchem Ort die Gläubigerversammlung abzuhalten ist. Die Frage war im SchVG von 1899 nicht geregelt. Die gesetzliche Festlegung soll Rechtssicherheit schaffen, indem sie Streitigkeiten von vornherein den Boden entzieht, ob die Wahl eines bestimmten Versammlungsorts die berechtigten Interessen oder Rechte der Gläubiger verletzt. Satz 3 stellt klar, dass § 30a Absatz 2 WpHG unberührt bleibt.

Zu § 12 (Inhalt der Einberufung, Bekanntmachung). Die Vorschrift regelt, mit welchem Inhalt und in welcher Form die Gläubigerversammlung einzuberufen ist. Absatz 1 regelt den Inhalt der Einberufung. Mit der Einberufung sollen die Gläubiger nicht nur über die wichtigsten Daten der Versammlung informiert, sondern zugleich darauf hingewiesen werden, welche Voraussetzungen erfüllt sein müssen, um an der Versammlung teilnehmen und das Stimmrecht ausüben zu können.

Absatz 2 regelt die öffentliche Bekanntmachung der Einberufung. Dem Schuldner sind die Gläubiger einer Anleihe regelmäßig nicht bekannt; sie können zudem weltweit verstreut sein. Das Gesetz verzichtet deshalb wie das SchVG von 1899 auf eine persönliche Einladung. Zwar könnten theoretisch bei einer zentral verwahrten Sammelurkunde individuelle Einladungen entlang der Verwahrerkette vom Zentralverwahrer bis zum jeweiligen Inhaber des Rechts weitergegeben werden. Das wäre jedoch zu aufwendig und würde zu lange dauern; im internationalen Rechtsverkehr fehlen dafür außerdem die geeigneten Instrumente. Stattdessen ist die Einberufung öffentlich bekannt zu machen. Dafür genügt die einmalige Bekanntmachung im elektronischen Bundesanzeiger. Die im SchVG von 1899 vorgeschriebene zweimalige Bekanntmachung ist teuer, erhöht die Wahrscheinlichkeit, dass alle Gläubiger erreicht werden, aber nur unwesentlich. Häufig wird schon die redaktionelle Presseberichterstattung zu einer weiteren Verbreitung der Nachricht beitragen. Dem Schuldner steht es dennoch frei, weitere Formen der öffentlichen Bekanntmachung, insbesondere auch im Ausland, frei zu wählen. Die Anleihebedingungen können Entsprechendes vorsehen. Letztlich liegt es im Interesse des Schuldners, möglichst viele Gläubiger anzusprechen, um die Beschlussfähigkeit der Versammlung zu erreichen. Die Kosten für die öffentliche Bekanntmachung fallen dem Schuldner zur Last.

Nach Absatz 3 hat der Schuldner die Einberufung und weitere für die Vorbereitung der Teilnahme an der Versammlung wichtige Unterlagen zusätzlich unter seiner Adresse im Internet zugänglich zu machen. Die Informationen müssen nicht für die Öffentlichkeit zugänglich sein; es genügt, wenn sie für die Gläubiger

Gesetzesentwurf der Bundesregierung **Anhang II**

zugänglich sind. Eine eigene Internetseite wird bei einem Anleiheschuldner vorausgesetzt; auch bei den Gläubigern wird eine Möglichkeit zur Nutzung des Internets vorausgesetzt. Die Verbreitung im Internet ist mindestens in gleichem Maße wie die öffentliche Bekanntmachung dazu geeignet, die Gläubiger rechtzeitig anzusprechen. Gläubiger, welche bereits von der Versammlung erfahren haben, können sich hier über die Einzelheiten informieren. Im Kosteninteresse bedürfen nicht alle wichtigen Inhalte der öffentlichen Bekanntmachung. Nach der Richtlinie 2007/36/EG über die Ausübung bestimmter Rechte von Aktionären in börsennotierten Gesellschaften (Aktionärsrechterichtlinie) soll die Internetseite der Gesellschaft in Zukunft die Funktion einer Informationsbasis für die Angelegenheiten der Aktionäre übernehmen. Die gleiche Funktion kann sie mit rechtlicher Wirkung auch für die Angelegenheiten der Schuldverschreibungsgläubiger übernehmen. Der Schuldner wird deshalb im vorgesehenen Umfang verpflichtet, alle für die Gläubiger wichtigen Informationen und Unterlagen dort zur Verfügung stellen, und zwar vom Tag der Einberufung an bis zum Tag der Gläubigerversammlung. Die Nichteinhaltung dieser Anforderungen kann zur Anfechtbarkeit der Beschlüsse führen.

Zu § 13 (Tagesordnung). Absatz 1 regelt die Pflicht des Einberufenden, eine Tagesordnung zu erstellen, die zu jedem Gegenstand, über den die Gläubigerversammlung beschließen soll, einen konkreten Vorschlag zur Beschlussfassung enthalten muss.

Absatz 2 regelt die Bekanntmachung der Tagesordnung und die Folgen fehlender Bekanntmachung. Für die Bekanntmachung der Tagesordnung gilt § 12 Absatz 2 und 3 über die Bekanntmachung und Zugänglichmachung der Einberufung entsprechend. Die öffentliche Bekanntmachung der Beschlussgegenstände und der Beschlussvorschläge dient der Unterrichtung der Gläubiger über den Zweck der Versammlung und der Vorbereitung ihrer Entscheidung. Über Gegenstände der Tagesordnung, die nicht in der vorgeschriebenen Weise vorher bekannt gemacht worden sind, dürfen Beschlüsse nicht gefasst werden.

Eine Minderheit von 5 Prozent der Gläubiger kann nach Absatz 3 verlangen, dass neue Beschlussgegenstände auf die Tagesordnung gesetzt werden (vgl. § 7 Absatz 3 SchVG von 1899 und § 122 Absatz 2 AktG). Für das Verfahren und die gerichtliche Durchsetzung des Anspruchs gilt § 9 Absatz 2 bis 4 entsprechend. Die erweiterte Tagesordnung ist bekannt zu machen. Sie ist rechtzeitig bekannt gemacht, wenn die Bekanntmachung am dritten Tag vor der Gläubigerversammlung bewirkt ist. Über Beschlussgegenstände, die nicht spätestens zu diesem Zeitpunkt bekannt gemacht worden sind, kann kein Beschluss gefasst werden (vgl. Absatz 2 Satz 2). Dies dient dem Schutz der anderen Gläubiger; sie benötigen zur Vorbereitung ihrer Entscheidung ausreichend Zeit.

Jeder Gläubiger kann zu Gegenständen auf der Tagesordnung eigene Beschlussvorschläge einbringen (Gegenanträge). Gegenanträge müssen nicht bekannt gemacht werden (ebenso: § 124 Absatz 4 AktG). Werden sie rechtzeitig vor der Versammlung angekündigt, gebietet es die Fairness, sie auch den anderen Gläubigern zur Kenntnis zu bringen, um ihnen eine angemessene Vorbereitung auf die Versammlung zu ermöglichen. Deshalb sieht Absatz 4 vor, dass der Schuldner die Gegenanträge der Gläubiger unverzüglich unter seiner Adresse im Internet zugänglich machen muss.

Zu § 14 (Vertretung). Gemäß Absatz 1 können sich die Gläubiger in der Versammlung individuell vertreten lassen. Darauf muss in der Einberufung hinge-

Anhang II   Gesetzesentwurf der Bundesregierung

wiesen werden. In der Einberufung muss auch angegeben werden, welche Voraussetzungen im Einzelnen erfüllt sein müssen, damit der Vertreter an der Verhandlung teilnehmen und das Stimmrecht wirksam ausüben kann. Im Ergebnis muss gewährleistet sein, dass an den Abstimmungen nur Bevollmächtigte von stimmberechtigten Gläubigern teilnehmen. Dafür muss nicht nur die Stimmberechtigung des Gläubigers, sondern auch die Identität und die Bevollmächtigung des Vertreters festgestellt werden. Wie dies geschehen kann, lässt das Gesetz bewusst offen, um Raum für die Berücksichtigung zukünftiger, insbesondere technischer Entwicklungen zu lassen. Die Anleihebedingungen können hierzu allgemeine Vorgaben machen. Dabei dürfen jedoch in Bezug auf den Vertreter nur Anforderungen formuliert werden, welche zur Feststellung der Identität und der Berechtigung des Vertreters unerlässlich sind. Die jeweils vorgesehenen Formalitäten müssen in der Einberufung vollständig und verständlich dargestellt werden. Diese Vorschrift hat im Hinblick auf § 12 Absatz 1 klarstellende Bedeutung. Falls die Benutzung bestimmter Formulare vorgesehen ist, sollte in der Einberufung auch darauf hingewiesen und angegeben werden, wo die Formulare für die Gläubiger erhältlich sind; ggf. können entsprechende Angaben auch auf der Internetseite des Schuldners zur Verfügung gestellt werden. Im Anwendungsbereich des § 30a WpHG ist allerdings die zwingende Vorschrift des § 30a Absatz 1 Nummer 6 WpHG zu beachten, wonach zusammen mit der Einladung zur Gläubigerversammlung oder danach auf Verlangen rechtzeitig in Textform ein Formular für die Erteilung einer Vollmacht zu übermitteln ist.

Nach Absatz 2 ist die Form der Vollmachtserteilung weitgehend freigestellt. Erforderlich, aber auch ausreichend ist die Textform (§ 126b BGB; früher: Schriftform). Satz 2 setzt voraus, dass auch ein vom Schuldner benannter Vertreter bevollmächtigt werden kann (sogenanntes Proxy Voting). In der Wahl des Vertreters sind die Gläubiger frei. Beim sogenannten Proxy Voting muss zu Dokumentationszwecken die Vollmachtserklärung vom Schuldner für drei Jahre aufbewahrt werden (vgl. § 134 Absatz 3 Satz 3 AktG). Innerhalb von drei Jahren verjähren etwaige Schadenersatzansprüche gegen den Vertreter.

Zu § 15 (Vorsitz, Beschlussfähigkeit). Absatz 1 bestimmt, wer den Vorsitz in der Versammlung führt. Der Vorsitzende hat ein Teilnehmerverzeichnis aufzunehmen (Absatz 2) und den Teilnehmern zugänglich zu machen. Das Verzeichnis muss nicht mehr – wie bisher – vor der Abstimmung verteilt werden. Es genügt das unverzügliche Zugänglichmachen, zB auf der Internetseite des Schuldners. Das ordnungsgemäße Zustandekommen der Abstimmungsergebnisse kann dann innerhalb der Anfechtungsfrist von jedem Gläubiger überprüft werden.

Der Vorsitzende hat die Beschlussfähigkeit der Versammlung festzustellen (Absatz 3). Wird die Beschlussfähigkeit nicht erreicht, kann der Vorsitzende eine zweite Versammlung einberufen, die grundsätzlich ohne Rücksicht auf die vertretenen Stimmanteile beschlussfähig ist. Soll in der zweiten Versammlung allerdings eine wesentliche Änderung der Anleihebedingungen beschlossen werden, muss in ihr mindestens ein Viertel der ausstehenden Schuldverschreibungen vertreten sein. Das entspricht internationalen Standards. Die Anleihebedingungen können allerdings höhere Anforderungen an die Beschlussfähigkeit stellen, dh ein höheres Quorum als die Hälfte bzw. ein Viertel der ausstehenden Schuldverschreibungen festlegen. In Satz 4 wird klargestellt, dass Schuldverschreibungen, deren Stimmrechte ruhen, nicht zu den ausstehenden Schuldverschreibungen zählen.

Zu § 16 (Auskunftspflicht, Abstimmung, Niederschrift). Absatz 1 begründet die Auskunftspflicht des Schuldners gegenüber den Gläubigern. Ihr

Gesetzesentwurf der Bundesregierung **Anhang II**

entspricht ein Fragerecht der Gläubiger. Beides reicht nur so weit, wie es zur sachgemäßen Beurteilung eines Beschlussgegenstands oder Antrags auf der Tagesordnung erforderlich ist. Ein Beschluss der Gläubigerversammlung kann wegen angeblicher Verletzung des Fragerechts oder der Antwortpflicht nur eingeschränkt mit der Klage angefochten werden (§ 20 Absatz 1 Satz 2, vgl. § 243 Absatz 4 AktG).

Hinsichtlich der Formen der Stimmabgabe und Modalitäten der Auszählung enthält Absatz 2 keine zwingenden Vorgaben. Denkbar ist danach nicht nur die Stimmabgabe unter Anwesenden, sondern zB auch per Brief oder elektronischer Post, soweit die Sendung unverfälscht ist und dem Absender eindeutig zugerechnet werden kann. Sehen die Anleihebedingungen hierzu keine Regelung vor, kommen die Vorschriften des Aktiengesetzes in der jeweils geltenden Fassung entsprechend zur Anwendung. Dadurch sollen insbesondere die technischen Erleichterungen bei der Beschlussfassung, die zur Umsetzung der Aktionärsrechterichtlinie im Aktiengesetz vorgesehen sind (vgl. Entwurf eines Gesetzes zur Umsetzung der Aktionärsrechterichtlinie [ARUG], BR-Drs. 847/08), in das SchVG dynamisch einbezogen werden. Entsprechendes gilt für die Auszählung. Auch hierbei kommen insbesondere technische Methoden in Betracht. Das Ergebnis muss im Hinblick auf § 130 Absatz 2 AktG aber nachprüfbar und nachweisbar sein.

Absatz 3 verlangt aus Gründen der Rechtssicherheit die (notarielle) Beurkundung der Beschlüsse in einer Niederschrift. Bei einer Versammlung im Ausland muss eine gleichwertige Niederschrift gewährleistet sein. Form und Inhalt der Niederschrift richten sich nach den § 130 Absatz 2 bis 4 AktG. Gläubiger, die an der Versammlung teilgenommen haben, können binnen eines Jahres vom Schuldner eine Abschrift der Niederschrift und der Anlagen verlangen.

Zu § 17 (Bekanntmachung von Beschlüssen). Die Beschlüsse der Gläubiger müssen öffentlich bekannt gemacht werden. Das Gesetz lässt im Einzelnen offen, wie dies zu erfolgen hat. Schuldner mit Sitz im Inland müssen die Beschlüsse der Gläubiger aber mindestens einmal im elektronischen Bundesanzeiger veröffentlichen; die bisher geltende Pflicht zur zweimaligen Veröffentlichung entfällt (vgl. die Begründung zu § 12 Absatz 2). Die gemäß § 30e Absatz 1 WpHG vorgeschriebene Veröffentlichung über das Medienbündel und im Unternehmensregister reicht nach Absatz 1 Satz 2, 2. Halbsatz jedoch aus; so wird sichergestellt, dass es keine Verdoppelung von Veröffentlichungspflichten gibt. Weitere Veröffentlichungspflichten können in den Anleihebedingungen vorgesehen werden.

Nach Absatz 2 hat der Schuldner die Beschlüsse außerdem auf seiner Internetseite zugänglich zu machen. Die Beschlüsse der Gläubiger müssen dort für die Öffentlichkeit zugänglich sein. Wenn ein Gläubigerbeschluss die Anleihebedingungen ändert, hat der Schuldner zugleich auch den Wortlaut der ursprünglichen Anleihebedingungen zugänglich zu machen, damit ohne großen Aufwand die Änderungen im Textzusammenhang nachvollzogen werden können. Im Übrigen wird auf die Begründung zu § 12 Absatz 3 verwiesen.

Zu § 18 (Abstimmung ohne Versammlung). Nach dieser Vorschrift können die Gläubiger Beschlüsse fassen, ohne dass an einem bestimmten Ort und zu einer bestimmten Zeit eine Versammlung stattfindet (virtuelle Versammlung). Die Abstimmung ohne Versammlung ist im Gesetz bislang ohne Vorbild. Das Verfahren soll dazu beitragen, unnötigen Aufwand für den einzelnen Gläubiger und den Schuldner zu vermeiden. Es könnte sich insbesondere eignen zur frühen Bestel-

337

Anhang II
Gesetzesentwurf der Bundesregierung

lung eines gemeinsamen Vertreters (ohne Ermächtigung zu Stundung und Verzicht) oder zur Vermeidung einer weiteren Versammlung, wenn eine Gläubigerversammlung bereits stattgefunden hat. Ggf. können die Gläubiger aber auch ausschließlich im Verfahren ohne Versammlung beschließen, insbesondere dann, wenn erkennbar kein Informations- oder Diskussionsbedarf besteht, der nur in einer Versammlung befriedigt werden kann.

Nach Absatz 1 gelten für das Verfahren der Abstimmung ohne Versammlung grundsätzlich die Vorschriften über die Gläubigerversammlung entsprechend. Nicht anwendbar sind danach insbesondere § 11 (Ort der Versammlung) sowie § 12 Absatz 1 Satz 1 bezüglich der Miteilung von Ort und Zeit der Versammlung in der Einberufung. Möglich ist aber zB die Vertretung bei der Stimmabgabe entsprechend § 14.

Nach Absatz 2 wird die Abstimmung vom Abstimmungsleiter geleitet. Abstimmungsleiter ist im Regelfall ein vom Schuldner beauftragter Notar. Der gemeinsame Vertreter ist Abstimmungsleiter, wenn er zu der Abstimmung aufgefordert hat. In diesem Fall wird aus Kostengründen davon abgesehen, einen Notar mit der Abstimmungsleitung zu beauftragen, da die Gläubiger nicht über gemeinsame Mittel verfügen und der gemeinsame Vertreter der Gläubiger nicht zugleich den Schuldner verpflichten kann. Wegen seiner Haftung wird der gemeinsame Vertreter diesen Weg aber nur in Ausnahmefällen beschreiten. Ist eine Minderheit der Gläubiger gerichtlich ermächtigt worden, zur Stimmabgabe aufzufordern, und hat das Gericht zugleich einen Abstimmungsleiter bestellt (§ 9 Absatz 2 Satz 2), so leitet dieser die Abstimmung.

Nach Absatz 3 tritt an die Stelle der Präsenzversammlung ein Abstimmungszeitraum, innerhalb dessen der Abstimmungsleiter die abgegebenen Stimmen der Gläubiger entgegennimmt und zählt. Die Einberufung wird ersetzt durch eine Aufforderung zur Stimmabgabe. Der Zeitraum für die Stimmabgabe beträgt mindestens 72 Stunden. Er sollte so bemessen sein und so gelegt werden, dass der zeitgerechte Zugang der Stimme bei einer üblichen Übermittlung per Post erwartet werden kann. Das Risiko des Zugangs innerhalb des Abstimmungszeitraums trägt der einzelne Gläubiger. Stimmen, welche zu früh oder zu spät eingegangen sind, können nicht gewertet werden. Insbesondere bei Stimmabgabe mit technischen Hilfsmitteln setzt die Empfangsbereitschaft des Abstimmungsleiters technische Vorkehrungen voraus, die lediglich für einen im Voraus angegebenen Zeitraum zur Verfügung gestellt werden können. Aus Gründen der Gleichbehandlung aller Gläubiger müssen deshalb auch verfrüht eingegangene Erklärungen unberücksichtigt bleiben, selbst wenn sie in schriftlicher Form vorliegen. Für die Abgabe der Stimme genügt die Textform (§ 126b BGB); das eröffnet insbesondere die Möglichkeit zur Nutzung elektronischer Übertragungsmöglichkeiten und erleichtert die Teilnahme an der Abstimmung. Für die Integrität und Authentizität der übermittelten Stimmen haben der Schuldner und der Abstimmungsleiter Sorge zu tragen. Das Gesetz enthält sich hierzu jeder Vorgabe. In den Anleihebedingungen können entsprechende Verfahren vorgesehen werden. In jedem Fall muss in der Aufforderung zur Stimmabgabe – in Abhängigkeit von den jeweils zulässigen Formen der Stimmabgabe – genau angegeben werden, welche Bedingungen erfüllt sein müssen, damit abgegebene Stimmen gezählt werden können.

Absatz 4 regelt den Ablauf einer Abstimmung ohne Versammlung. Nach Satz 1 hat der Abstimmungsleiter die Berechtigung der Gläubiger festzustellen und ein Verzeichnis der an der Abstimmung (berechtigt) teilnehmenden Gläubiger aufzunehmen. Für den Nachweis der Berechtigung gilt § 10 Absatz 3 entsprechend.

Gesetzesentwurf der Bundesregierung **Anhang II**

Für den Inhalt und die Form des Verzeichnisses gilt § 15 Absatz 2 entsprechend. Insbesondere hat der Abstimmungsleiter das von ihm unterschriebene Verzeichnis der teilnehmenden Gläubiger allen Gläubigern unverzüglich zugänglich zu machen. Sodann hat der Abstimmungsleiter die abgegebenen Stimmen zu zählen und das Erreichen oder Nichterreichen der Beschlussfähigkeit sowie ggf. das Ergebnis der Abstimmung festzustellen. Wird die Beschlussfähigkeit verfehlt, kann der Abstimmungsleiter nach Satz 2 eine Gläubigerversammlung einberufen. Für diese Gläubigerversammlung gelten die reduzierten Anforderungen an die Beschlussfähigkeit entsprechend (§ 15 Absatz 3 Satz 3), auch wenn ihr keine (erste) Gläubigerversammlung vorangegangen ist. Eine zweite Abstimmung ohne Versammlung mit reduzierten Anforderungen an die Beschlussfähigkeit ist zum Schutz der Gläubiger nicht vorgesehen. Nach Satz 3 wird für die Niederschrift der Beschlüsse auf § 16 Absatz 3 Satz 2 und 3 verwiesen, dh für den Inhalt und die Form der Niederschrift gilt § 130 Absatz 2 bis 4 AktG entsprechend. Das Recht, eine Abschrift der Niederschrift zu verlangen, steht (abweichend von § 16 Absatz 3 Satz 3) allen Gläubigern zu, welche an der Abstimmung teilgenommen haben.

Absatz 5 regelt das Widerspruchsrecht der teilnehmenden Gläubiger. Die Klagebefugnis hängt davon ab, dass der anfechtende Gläubiger zuvor erfolglos Widerspruch erhoben hat (§ 20 Absatz 2 Nummer 1). Die Vorschrift soll die Gerichte entlasten, indem unstreitige Fehler bei der Beschlussfassung ohne Anrufung des Gerichts korrigiert werden können. Der Widerspruch muss im Regelfall in der Gläubigerversammlung zu Protokoll erklärt werden. Durch Aufnahme des Widerspruchs in die Niederschrift entscheidet der Vorsitzende zugleich (ablehnend) über den Widerspruch. In Anlehnung an dieses Verfahren sieht Absatz 5 ein schriftliches Widerspruchsverfahren vor, das nach Möglichkeit innerhalb der Klagefrist von vier Wochen (§ 20 Absatz 3 Satz 1) abgeschlossen sein sollte. Der Widerspruch ist deshalb binnen zwei Wochen nach der Bekanntmachung der Beschlüsse zu erheben. Über den Widerspruch entscheidet der Abstimmungsleiter. Hat der Widerspruch Erfolg, muss der Abstimmungsleiter das Ergebnis unverzüglich wie einen Beschluss nach § 17 bekannt machen. Andernfalls teilt er dem widersprechenden Gläubiger lediglich mit, dass der Widerspruch keinen Erfolg gehabt habe. Eine Begründung ist nicht erforderlich.

Absatz 6 ordnet an, dass der Schuldner die Kosten einer Abstimmung ohne Versammlung zu tragen hat; die Vorschrift entspricht inhaltlich § 9 Absatz 4.

Zu § 19 (Insolvenzverfahren). Absatz 1 legt die Rangordnung der Vorschriften im Verhältnis zwischen diesem Gesetz und der Insolvenzordnung fest. Danach gehen die Vorschriften der Insolvenzordnung in ihrem Anwendungsbereich den Vorschriften dieses Gesetzes im Grundsatz vor, sobald das Insolvenzverfahren über das Vermögen des Schuldners eröffnet ist (vgl. § 87 InsO). Abweichend davon enthalten die Absätze 2 bis 4 Sondervorschriften, die denjenigen der Insolvenzordnung vorgehen oder diese ergänzen. § 19 enthält darüber hinaus teilweise Sondervorschriften zu den §§ 5 ff. dieses Gesetzes.

§ 19 ist als insolvenzrechtliche Regelung zu verstehen, weshalb ein Gleichlauf mit den Grundsätzen der internationalen Zuständigkeit im Insolvenzverfahren notwendig ist. Die Bestimmung ist nur dann anwendbar, wenn der COMI (Centre of Main Interest) im Inland belegen ist. So ist ein deutsches Insolvenzgericht etwa für inländische (Zweig-) Niederlassungen ausländischer Schuldner im Inland zuständig. Diese Rechtsfolgen ergeben sich unmittelbar aus dem Insolvenzrecht und schlagen auf § 19 durch.

339

Anhang II Gesetzesentwurf der Bundesregierung

Bei einer Teilnahme der Schuldverschreibungen an einem organisierten Markt nach § 2 Absatz 5 WpHG unterliegen die Wirkungen des Insolvenzverfahrens auf die Rechte und Pflichten der Teilnehmer an diesem Markt nach § 340 Absatz 1 InsO dem Recht des Staates, das für diesen Markt gilt. In 19 Absatz 1 Satz 2 wird daher klargestellt, dass § 340 InsO auch im Falle des § 19 Absatz 1 gilt.

Absatz 2 Satz 1 bestimmt, dass die Anleihegläubiger nach der Eröffnung des Insolvenzverfahrens über das Vermögen des Schuldners (abweichend von § 5 Absatz 1 Satz 1) nur befugt sind, durch Mehrheitsbeschluss einen gemeinsamen Vertreter für alle Gläubiger zu bestellen. Das Insolvenzgericht muss zu diesem Zweck eine Gläubigerversammlung einberufen, wenn ein gemeinsamer Vertreter für alle Gläubiger noch nicht bestellt worden ist. Das entspricht im Wesentlichen dem bisher geltenden Recht (§ 18 Absatz 3 und 4 SchVG von 1899). Die Gläubiger sind nicht verpflichtet, einen gemeinsamen Vertreter zu bestellen. Im Gesetz kommt aber zum Ausdruck, dass dies in aller Regel wünschenswert wäre.

Absatz 3 ordnet an, dass nur der gemeinsame Vertreter im Insolvenzverfahren die Rechte der Gläubiger geltend machen kann. Einzelne Gläubiger sind, wenn ein gemeinsamer Vertreter bestellt ist, nicht mehr befugt, ihre Rechte im Insolvenzverfahren selbst zu verfolgen. Eine Ausnahme hiervon ist (abweichend von § 7 Absatz 2 Satz 3) auch durch Mehrheitsbeschluss nicht vorgesehen. Diese strenge gesetzliche Anordnung erscheint gerechtfertigt, um ein Insolvenzverfahren auch unter Beteiligung einer sehr großen Anzahl von Anleihegläubigern rechtssicher und zügig durchführen zu können und um dabei die Gleichbehandlung der Gläubiger zu gewährleisten. Für einen nach der Eröffnung des Insolvenzverfahrens bestellten gemeinsamen Vertreter ergibt sich der Umfang seiner Befugnisse unmittelbar aus Absatz 3; für einen bereits zuvor bestellten Vertreter ergibt sich ein eventueller Zuwachs an Aufgaben und Befugnissen als gesetzliche Folge aus dem Beschluss über die Eröffnung des Insolvenzverfahrens über das Vermögen des Schuldners. Bei seiner Tätigkeit im Rahmen des Insolvenzverfahrens braucht der gemeinsame Vertreter für alle Gläubiger die Schuldurkunde(n) nicht vorzulegen. Auf diese Weise wird gewährleistet, dass der Vertreter seine Aufgabe effektiv wahrnehmen kann, ohne sich zuvor ggf. mit einzelnen Gläubigern über die Herausgabe von Schuldurkunden auseinander setzen zu müssen (vgl. § 797 Satz 1 BGB).

Absatz 4 ergänzt die §§ 227 ff. InsO mit der Maßgabe, dass ein Insolvenzplan für alle Gläubiger derselben Anleihe gleiche Bedingungen vorsehen muss. Das entspricht § 19a Absatz 1 SchVG von 1899. Diese Konkretisierung des für Gläubigerbeschlüsse geltenden allgemeinen Gleichbehandlungsgebots (vgl. § 5 Absatz 2 Satz 3) ist insbesondere für den gemeinsamen Vertreter bindend; einem Insolvenzplan, der nicht gleiche Bedingungen für sämtliche Gläubiger derselben Anleihe vorsieht, darf er nicht zustimmen.

Absatz 5 ordnet an, dass alle Bekanntmachungen nach diesem Gesetz nach der Eröffnung des Insolvenzverfahrens zusätzlich unter der von § 9 InsO vorgegebenen Adresse im Internet zu erfolgen haben (www.insolvenzbekanntmachungen.de). Alle das Insolvenzverfahren betreffenden Entscheidungen sollen zentral verfügbar sein.

Zu § 20 (Anfechtung von Beschlüssen). Die Vorschrift schafft erstmals die Möglichkeit, Beschlüsse der Gläubiger vor Gericht anzufechten. Das SchVG von 1899 sah dies nicht vor. Eine gerichtliche Kontrollmöglichkeit erscheint schon im Hinblick auf den grundgesetzlichen Eigentumsschutz sowie die Einschränkung

Gesetzesentwurf der Bundesregierung **Anhang II**

der individuellen Vertragsmacht durch die kollektive Bindung (§ 4) geboten. Sie ergibt sich auch aus der Anlehnung des Verfahrens an das Aktiengesetz und die aktienrechtliche Anfechtungsklage.

Absatz 1 Satz 1 begründet die Anfechtungsbefugnis in sachlicher Hinsicht und zählt die Anfechtungsgründe auf. Anfechtbar sind alle Beschlüsse der Gläubiger, unabhängig davon, ob sie in einer Gläubigerversammlung oder ohne Versammlung zustande gekommen sind. Die Anfechtung kann nur auf eine Verletzung des Gesetzes oder der Anleihebedingungen gestützt werden. In Betracht kommen nicht nur Verstöße gegen verfahrensrechtliche, sondern auch gegen materiellrechtliche Vorschriften, namentlich gegen das Gleichbehandlungsgebot. Die Vorschrift entspricht in Inhalt und Aufbau dem § 243 Absatz 1 AktG. Davon abweichender Regeln bedarf es vorliegend nicht. Satz 2 konkretisiert die Voraussetzungen für eine Anfechtung wegen Informationsmängeln nach Maßgabe von § 243 Absatz 4 Satz 1 AktG. Diese von der Regierungskommission Corporate Governance vorgeschlagene Regelung ist durch das Gesetz zur Unternehmensintegrität und Modernisierung des Anfechtungsrechts (UMAG) vom 22. September 2005 (BGBl. I S. 2082) in das Aktiengesetz eingeführt worden und hat sich bewährt (vgl. BT-Drs. 16/6136, S. 5). Auf die amtliche Begründung zum Regierungsentwurf des UMAG wird insoweit ergänzend verwiesen (BT-Drs. 15/5092, S. 25 f.). Satz 3 übernimmt die im Entwurf eines Gesetzes zur Umsetzung der Aktionärsrechterichtlinie (ARUG) vorgesehene Regelung in § 243 Absatz 3 Nummer 1 AktG, um eine Anfechtbarkeit wegen technischer Störungen zu vermeiden.

Absatz 2 regelt die Anfechtungsbefugnis in persönlicher Hinsicht. Nummer 1 betrifft Gläubiger, die an der Abstimmung teilgenommen haben und entspricht im Wesentlichen § 245 Nummer 1 AktG in der Fassung durch das UMAG. Anders als im Aktienrecht begründet aber nicht das Erscheinen in der Hauptversammlung/Gläubigerversammlung die umfassende Befugnis zur Beschlussanfechtung nach Nummer 1, sondern – insbesondere mit Rücksicht auf die Abstimmung ohne Versammlung – die Teilnahme an der Abstimmung. Weiter ist Voraussetzung, dass der Gläubiger gegen den Beschluss erfolglos Widerspruch erklärt hat. Erfolglos ist der Widerspruch, wenn den vom Gläubiger geäußerten Bedenken innerhalb angemessener Frist nicht Rechnung getragen worden ist; einer förmlichen Entscheidung bedarf es nicht. Abweichend von § 245 Nummer 1 AktG muss der Widerspruch nicht zur Niederschrift erklärt worden sein, weil bei der Abstimmung ohne Versammlung die Niederschrift geschlossen ist, wenn der Widerspruch (regelmäßig erst) nachträglich erklärt wird. Der Kläger muss darlegen und ggf. beweisen, dass er den Widerspruch erklärt hat. Außerdem muss der Kläger die Schuldverschreibung vor Bekanntmachung der Einberufung der Gläubigerversammlung erworben haben. Dadurch soll etwaigen Missbräuchen des Klagerechts vorgebeugt werden; denn da die Tatsache der Einberufung einer Gläubigerversammlung in der Regel nicht vorhergesagt werden kann, ist ein gezielter Erwerb der betreffenden Schuldverschreibungen kaum denkbar. Zur Begründung wird ergänzend auf die entsprechende Begründung zu § 245 Nummer 1 AktG verwiesen (BTDrs. 15/5092, S. 26 f.). Nummer 2 betrifft alle Gläubiger, die an der Abstimmung nicht teilgenommen haben und entspricht im Wesentlichen § 245 Nummer 2 AktG. Gläubiger, die an der Abstimmung nicht teilgenommen haben, können die Beschlüsse der Gläubiger nur wegen der im Gesetz abschließend aufgezählten formalen Fehler anfechten.

Absatz 3 regelt die Klagefrist, die Zuständigkeit des Gerichts sowie Besonderheiten des Verfahrens. Die Klage ist binnen eines Monats nach Bekanntmachung des Beschlusses zu erheben. Da die Gläubiger keine rechtsfähige Gemeinschaft bilden, so dass ihnen auch die Beklagtenfähigkeit fehlt, ist die Klage gegen den Schuldner zu richten, auf dessen Veranlassung und in dessen hauptsächlichem Interesse die Beschlüsse der Gläubiger regelmäßig ergehen werden. Die Regelung für die örtliche Zuständigkeit des Gerichts entspricht inhaltlich § 246 Absatz 3 AktG, auf dessen Sätze 2 bis 6 (in der Fassung des Entwurfs eines Gesetzes zur Umsetzung der Aktionärsrechterichtlinie [ARUG]) ausdrücklich verwiesen wird. Für Klagen gegen Schuldner ohne Sitz im Inland wird die ausschließliche Zuständigkeit des Landgerichts Frankfurt am Main gesetzlich begründet. Satz 4 ordnet für angefochtene Beschlüsse bis zur rechtskräftigen Entscheidung des Gerichts eine Vollziehungssperre an und eröffnet die Freigabe der Vollziehung auf Antrag des Schuldners (Freigabeverfahren) nach Maßgabe des § 246a AktG (in der Fassung des Entwurfs eines Gesetzes zur Umsetzung der Aktionärsrechterichtlinie [ARUG]).

Zu § 21 (Vollziehung von Beschlüssen). Vollziehung bedeutet bei Gläubigerbeschlüssen, die den Inhalt der Anleihebedingungen nach Abschnitt 2 dieses Gesetzes ändern, dass sie in der Urkunde oder in den Anleihebedingungen vollzogen werden – erst dann werden sie gemäß § 2 Satz 3 wirksam. Hierfür reicht es nach Absatz 1 Satz 2 bei durch eine Wertpapiersammelbank verwahrten Sammelurkunden aus, dass der Versammlungsleiter – oder im Fall des § 18 der Abstimmungsleiter – den in der Niederschrift dokumentierten Beschlussinhalt an die Wertpapiersammelbank übermittelt mit dem Ersuchen, die eingereichten Dokumente den vorhandenen Dokumenten in geeigneter Form beizufügen. Dabei hat der Versammlungs- oder Abstimmungsleiter gemäß Satz 3 gegenüber der Wertpapiersammelbank zu versichern, dass der Beschluss vollzogen werden darf (dh dass entweder die Klagefrist von einem Monat verstrichen ist, ohne dass Anfechtungsklage erhoben wurde, oder die Klage rechtskräftig abgewiesen wurde oder das Gericht die Freigabe der Vollziehung eröffnet hat).

Absatz 2 betrifft den Fall, dass durch Gläubigerbeschluss ein gemeinsamer Vertreter bestellt wird. Ein solcher Beschluss wird im Regelfall nicht durch eine Änderung oder Ergänzung der Anleihebedingungen vollzogen. Daher wird angeordnet, dass der gemeinsame Vertreter von der ihm durch Beschluss erteilten Vollmacht oder Ermächtigung keinen Gebrauch machen darf, solange der zugrunde liegende Beschluss noch nicht vollzogen werden darf.

Zu § 22 (Geltung für Mitverpflichtete). Anleihen werden häufig von Finanzierungsgesellschaften begeben, die nicht über eigene Sicherheiten verfügen. Sicherheiten müssen in diesen Fällen von Dritten gestellt werden. Diese werden im Gesetz als Mitverpflichtete bezeichnet. In der Krise insbesondere des Sicherungsgebers kann es erforderlich sein, auch die Sicherungsabrede zu modifizieren. Allerdings können der Schuldner und der Sicherungsgeber die Sicherungsbedingungen nicht zu Lasten der Gläubiger ändern ohne deren Zustimmung – und die Gläubiger können einer solchen Änderung nicht durch Mehrheitsbeschluss zustimmen, wenn die Sicherungsabrede nicht Bestandteil der Anleihebedingungen ist. Denn nach § 5 Absatz 1 Satz 1 und Absatz 4 Nummer 6 können nur die Anleihebedingungen durch Mehrheitsbeschluss geändert werden. Für diesen Fall sieht § 21 vor, dass die entsprechende Anwendung der §§ 5 bis 21 in den Anleihebedingungen vorgesehen werden kann. Dies muss aber ausdrücklich geschehen. Die gesetzlichen Regelungen können außerdem nur vollständig übernommen werden.

Gesetzesentwurf der Bundesregierung **Anhang II**

Zu § 23 (Bußgeldvorschrift). Nach Absatz 1 werden Zuwiderhandlungen gegen das Verbot der Stimmrechtsausübung durch den Schuldner (§ 6 Absatz 1 Satz 3) sowie des Stimmenkaufs (§ 6 Absatz 2) und der Bestechlichkeit des Stimmberechtigten (§ 6 Absatz 3) als Ordnungswidrigkeit verfolgt. Absatz 2 regelt die Folgen bei Verletzung der Offenbarungspflicht in § 7 Absatz 1.

Dass bei Stimmenkauf ein höheres Bußgeld vorgesehen ist als im SchVG von 1899 und bei den vergleichbaren Vorschriften im Aktiengesetz und Genossenschaftsgesetz hat seinen Grund zum einen in den weiterreichenden Befugnissen der Gläubigerversammlung und zum anderen darin, dass die stärkere Anonymität der Schuldverschreibungsgläubiger untereinander mit der nur im SchVG vorgesehene Abstimmung ohne Versammlung möglicherweise die Gefahr von unzulässigen Stimmrechtsausübungen erhöhen könnten, dem mit einer verschärften Bußgeldandrohung entgegengesteuert werden soll.

Zu § 24 (Übergangsvorschrift). Das Gesetz ist nach Absatz 1 nicht anzuwenden auf Schuldverschreibungen, die vor seinem Inkrafttreten ausgegeben waren. Insoweit finden die Vorschriften des SchVG von 1899 weiterhin Anwendung.

Nach Absatz 2 haben die Gläubiger jedoch die Möglichkeit, durch Mehrheitsbeschluss für die Anwendung des neuen SchVG zu optieren. Die Anwendung des neuen Rechts setzt in diesem Fall die Zustimmung des Schuldners voraus.

Zu Artikel 2 (Änderung des Gesetzes über das Verfahren in Familiensachen und in den Angelegenheiten der freiwilligen Gerichtsbarkeit). Durch die Änderung wird das Verfahren nach § 9 Absatz 2 SchVG wegen seiner Ähnlichkeit mit den Verfahren nach § 122 Absatz 3 AktG in den Katalog der unternehmensrechtlichen Verfahren (§ 375 FamFG) sowie in die entsprechende Konzentrationsermächtigung (§ 376 FamFG) einbezogen.

Zu Artikel 3 (Änderung des Allgemeinen Kriegsfolgengesetzes). Es handelt sich um redaktionelle Folgeänderungen wegen der Aufhebung des Gesetzes betreffend die gemeinsamen Rechte der Besitzer von Schuldverschreibungen.

Da die Hinterlegung der Schuldverschreibungen zukünftig ersatzlos entfällt, sind auch diesbezügliche Ersatzvorschriften gegenstandslos (§ 89 Absatz 2 und 3).

Zu Artikel 4 (Änderung des Wertpapierhandelsgesetzes). Zu Nummer 1 (Inhaltsübersicht). Folgeänderung zu Nummer 2

Zu Nummer 2 (Überschrift des Abschnitts 6). Neufassung der Abschnittsüberschrift wegen Aufhebung des § 37a WpHG

Zu Nummer 3 (§ 30b WpHG). Durch die Ergänzung des § 30b Absatz 2 WpHG wird sichergestellt, dass es keine Verdoppelung von Veröffentlichungspflichten hinsichtlich der Einberufung einer Gläubigerversammlung gibt.

Zu Nummer 4 (§ 34 WpHG). Zu Buchstabe a. In § 34 WpHG werden zur Konkretisierung der Pflichten von Wertpapierdienstleistungsunternehmen zwei neue Absätze eingefügt.

In dem neuen Absatz 2a wird die generelle Aufzeichnungspflicht nach Absatz 1, die alle Wertpapierdienstleistungen betrifft, für den Bereich der Anlageberatung (§ 2 Absatz 3 Nummer 9 WpHG) konkretisiert. Es wird ein Protokoll über das Beratungsgespräch verlangt, das eine Kontrolle des Gesprächshergangs durch die Aufsichtsbehörde ermöglicht.

Anhang II   Gesetzesentwurf der Bundesregierung

Bislang erstellen Banken und Finanzdienstleistungsinstitute häufig nur ansatzweise Aufzeichnungen über die von ihnen durchgeführte Anlageberatung. Üblicherweise wird lediglich der sogenannte WpHG-Bogen hinterlegt, der grobe Anhaltspunkte über die nach § 31 Absatz 4 WpHG eingeholten Kundenangaben und eine danach gewählte Risikoklasse enthält, der die für einen Kunden geeigneten Finanzinstrumente angehören sollen. Des Weiteren wird vermerkt, ob eine Anlageberatung stattgefunden und welches Instrument der Kunde schließlich erworben hat. Anhand dieser Unterlagen ist die Bundesanstalt für Finanzdienstleistungsaufsicht (Bundesanstalt) lediglich in der Lage zu prüfen, ob dem Kunden ein Finanzinstrument verkauft wurde, das mit der aus dem WpHG-Bogen hervorgehenden Risikoklasse im Einklang steht. Die bei den Instituten vorhandenen Unterlagen geben hingegen oft keinen Aufschluss über den Hergang und die abschließenden Empfehlungen des eigentlichen Beratungsgesprächs. Es ist für die Aufsichtsbehörde in der Regel nicht nachprüfbar, ob ein Berater den Kunden beispielsweise durch Übertreiben der Renditechancen oder Verschweigen der Risiken überredet hat, sich für eine höhere als die zunächst angestrebte Risikoklasse zu entscheiden. Es ist für die Bundesanstalt auch kaum festzustellen, ob ein Anlageberater dem Kunden etwa empfohlen hat, davon abzusehen, ein Finanzinstrument aus dem Kundendepot zu verkaufen, obwohl der Kunde Befürchtungen im Hinblick auf eine Erhöhung der Verlustrisiken geäußert hat.

Dieser Praxis soll mit dem Beratungsprotokoll entgegengewirkt werden. Das Protokoll ist schriftlich anzufertigen und vom Anlageberater zu unterzeichnen. Eine Unterzeichnung durch den Kunden ist bewusst nicht vorgeschrieben, weil ein solches Erfordernis Fernabsatzgeschäfte erschweren könnte; es steht der Bank jedoch frei, sich das Beratungsprotokoll vom Kunden – gegebenenfalls nach einer von diesem gewünschten Prüfungsfrist – unterzeichnen zu lassen. Eine Ausfertigung des Protokolls ist dem Kunden unverzüglich auf einem dauerhaften Datenträger zur Verfügung zu stellen. Damit wird der Kunde in die Lage versetzt, das Protokoll zu überprüfen, und das Protokoll wird vor Manipulationen geschützt. Im Streitfall kann das Protokoll als Beweismittel dienen. Bei persönlicher Anwesenheit beider Parteien dürfte die sofortige Fertigstellung des Protokolls keine Schwierigkeiten machen, da es unmittelbar während des Gesprächs schriftlich oder elektronisch angefertigt werden kann. Unstimmigkeiten über den Inhalt können sofort geklärt werden. Das Protokoll wird dem Kunden grundsätzlich vor Geschäftsabschluss zur Verfügung gestellt. Der Kunde kann damit das Beratungsgespräch auswerten und wird in die Lage versetzt, auf der Grundlage des Protokolls eine fundierte Anlageentscheidung zu treffen.

Allerdings soll auch in Zukunft die telefonische Beratung mit anschließender Auftragserteilung möglich sein. In diesem Fall kann der Kunde ausdrücklich einen Geschäftsabschluss vor Erhalt des Protokolls herbeiführen. Das Institut muss dem Kunden jedoch in jedem Fall anbieten, das gesamte Beratungsgespräch technisch aufzuzeichnen. Der Kunde kann ausdrücklich auf diese Aufzeichnung verzichten. Die Weisungen des Kunden sind im Protokoll zu vermerken, das dem Kunden auch bei telefonischer Beratung unverzüglich zuzuleiten ist.

Mit dem neuen Absatz 2b erhält der Kunde einen Anspruch gegen das Wertpapierdienstleistungsunternehmen auf Herausgabe einer Ausfertigung des Protokolls nach Absatz 2a. Damit wird es ihm erleichtert, etwaige zivilrechtliche Ansprüche gegen das Unternehmen zu prüfen und durchzusetzen. Zwar besteht bereits nach Absatz 2a eine Pflicht zur unverzüglichen Aushändigung des Protokolls an den Kunden. Durch Absatz 2b wird aber ausdrücklich klargestellt, dass dieser Pflicht

Gesetzesentwurf der Bundesregierung **Anhang II**

auch ein korrespondierender Anspruch des Kunden gegenübersteht. Denn die Bundesanstalt kann die aufsichtsrechtliche Pflicht nach Absatz 2a nur im öffentlichen Interesse und im Rahmen der ihr zur Verfügung stehenden Mittel überprüfen. Eine Wahrnehmung individueller Anlegerinteressen durch die Aufsicht ist nicht möglich.

Zu Buchstabe b. Die Ausgestaltung des Beratungsprotokolls soll in der Wertpapierdienstleistungsverhaltens- und Organisationsverordnung geregelt werden. Die Ermächtigungsnorm des § 34 Absatz 4 WpHG wird entsprechend ergänzt.

Zu Nummer 5 (§ 37a WpHG). § 37a wird aufgehoben. Die Verjährung für Schadenersatzansprüche wegen fehlerhafter Anlageberatung wird an die allgemeinen Verjährungsregeln angepasst.

Zu Nummer 6 (§ 39 WpHG). Die Ergänzung des Katalogs der bußgeldpflichtigen Ordnungswidrigkeiten dient der Durchsetzung der neu eingeführten Protokollierungspflicht. Der Bußgeldrahmen von bis zu fünfzigtausend Euro erscheint angemessen. Der Bußgeldrahmen ist niedrig angesetzt, da durch den zivilrechtlichen Anspruch des Kunden auf Herausgabe des Beratungsprotokolls ein ausreichender Anreiz geschaffen wird, der Bestimmung in § 34 Absatz 2a zu entsprechen.

Zu Nummer 7 (§ 43 WpHG). Die Übergangsvorschrift in § 43 wird neu gefasst. Ansprüche, für die zum Zeitpunkt ihrer Entstehung § 37a galt, verjähren auch zukünftig nach dieser Vorschrift.

Zu Artikel 5 (Änderung des Depotgesetzes). Durch die vorgeschlagene Ergänzung des Depotgesetzes soll klargestellt werden, dass auch Namensschuldverschreibungen in das sachenrechtliche Wertpapiergiro nach dem Depotgesetz einbezogen sind. Es geht hierbei um ein Sonderproblem sogenannte „global bonds". Dabei handelt es sich um Anleihen deutscher oder US-amerikanischer Schuldner, die sowohl in Deutschland als auch in den Vereinigten Staaten von Amerika zum Handel zugelassen sind und als Namensschuldverschreibungen ausgestaltet werden. Ohne die gesetzliche Klarstellung könnte angenommen werden, dass der in den USA „verbriefte" Teil der Schuldverschreibungen nach deutschem Recht als Forderung übertragbar wäre. Um diesem Missverständnis vorzubeugen, sollen solche Namensschuldverschreibungen ausdrücklich dem sachenrechtlichen Wertpapiergiro unterstellt werden, sofern eine inländische Wertpapiersammelbank (zB Clearstream Banking AG Frankfurt am Main) im Register des Schuldners als Inhaber des Rechts eingetragen ist.

Zu Artikel 6 (Änderung des Pfandbriefgesetzes). Das SchVG ist nach seinem § 1 Absatz 2 nicht auf Pfandbriefe anwendbar. § 30 Absatz 7 Pfandbriefgesetz, der die Anwendung des Gesetzes betreffend die gemeinsamen Rechte der Besitzer von Schuldverschreibungen vorsieht, ist deshalb aufzuheben.

Zu Artikel 7 (Änderung der Wertpapierdienstleistungs-Verhaltens- und Organisationsverordnung). Die bisherige Vermutungsregel wird durch die spezielle Regelung über den Mindestinhalt des Beratungsprotokolls nach § 34 Absatz 2a WpHG ersetzt.

Angaben über den Beratungsanlass geben Aufschluss darüber, auf wessen Initiative das Gespräch geführt wurde, ob es Vorgaben eines Instituts an seine Mitarbeiter gab, Kunden auf bestimmte Produkte anzusprechen oder ob ein Kunde in

Anhang II   Gesetzesentwurf der Bundesregierung

einer besonderen persönlichen Situation oder auf Informationen hin, die er von dritter Seite erhalten hat, um Beratung nachgesucht hat.

Aus der festgehaltenen Dauer des Beratungsgesprächs lassen sich Rückschlüsse auf dessen Qualität und die Plausibilität der inhaltlichen Angaben zum Gesprächsverlauf ziehen.

Die Angabe der der Beratung zugrunde liegenden Informationen sowohl über den Kunden als auch über die besprochenen Produkte ist unerlässlich, um die Ordnungsmäßigkeit der Beratung zu überprüfen. Sie ist für die Eignung des Protokolls als Beweismittel von Bedeutung.

Zu vermerken ist im Protokoll des Weiteren, welche Wünsche ein Kunde bezüglich der Anlage geäußert hat und welche Bedeutung er möglicherweise sich einander widersprechenden Anlagezielen beigemessen hat. Hat er etwa erklärt, eine sichere Anlage erwerben, gleichzeitig aber eine außergewöhnlich hohe Rendite erzielen zu wollen, so muss sich aus dem Protokoll ergeben, welches Ziel vorrangig sein sollte und inwieweit der Kunde insofern von dem Berater geleitet wurde.

Schließlich sind sämtliche im Verlauf der Beratung ausgesprochenen Empfehlungen auch dann zu vermerken, wenn diese nicht weiter verfolgt werden. Der Berater muss darlegen, warum er ein bestimmtes Produkt als das für den Kunden am besten geeignete identifiziert hat.

Nach Satz 2 sind bei einer Telefonberatung ausdrückliche Kundenwünsche zum Geschäftsabschluss vor Zugang des Beratungsprotokolls und zum Verzicht auf technische Aufzeichnungen in das Protokoll aufzunehmen.

Zu Artikel 8 (Inkrafttreten; Außerkrafttreten). Die Vorschrift bestimmt das Inkrafttreten des Gesetzes. Das SchVG von 1899 geht inhaltlich in dem neuen Gesetz auf und ist daher aufzuheben. Das Gleiche gilt für das Gesetz über die Anwendung von Vorschriften des Gesetzes betreffend die gemeinsamen Rechte der Besitzer von Schuldverschreibungen. Das Gesetz sah in seinem Artikel 2 die Nichtanwendbarkeit des SchVG von 1899 auf Schuldverschreibungen der Deutschen Reichsbahn- Gesellschaft vor. Solche Schuldverschreibungen existieren nicht mehr.

Anlage 1

Stellungnahme des Nationalen Normenkontrollrates gem. § 6 Abs. 1 NKR-Gesetz:
NKR-Nr. 533: Gesetz zur Neuregelung der Rechtsverhältnisse bei Schuldverschreibungen aus Gesamtemissionen und zur Verbesserung der Durchsetzbarkeit von Ansprüchen von Anlegern aus Falschberatung

Der Nationale Normenkontrollrat hat den Entwurf des Gesetzes auf Bürokratiekosten, die durch Informationspflichten begründet werden, geprüft.

Mit dem Gesetz werden insgesamt fünf neue Informationspflichten für die Wirtschaft geschaffen. Das Bundesministerium hat in der Gesetzesbegründung nur drei der Informationspflichten dargestellt und die Auswirkungen auf Bürokratiekosten geschätzt. Diese Pflichten verursachen jährliche Bürokratiekosten in Höhe von 50.333.333 €. Der überwiegende Teil dieser Kosten in Höhe von 50.133.333 € entfällt auf die Verpflichtung der Wertpapierdienstleister, Beratungsgespräche zu protokollieren und den Kunden eine Ausfertigung des Protokolls zu übergeben. Das Bundesministerium geht dabei von 8 Millionen Beratungen jähr-

Gesetzesentwurf der Bundesregierung **Anhang II**

lich aus. Pro Fall liegen die Kosten mithin bei rund 6 €. Primäres Ziel der Regelung ist es, die Rechte von Anlegern im Falle einer Falschberatung zu stärken. Das Protokoll soll aber nicht nur im Streitfall über den Inhalt der Beratung als Beweismittel dienen, sondern auch eine Kontrolle der Beratungspraxis durch die Aufsichtsbehörden ermöglichen. Das Bundesministerium hat nachvollziehbar begründet, warum es die Einführung dieser Informationspflicht zur Erreichung des gesetzgeberischen Ziels für notwendig erachtet.

Als Alternative hat das Bundesministerium die Einführung einer Beweislastumkehr im Streitfall über die Beratung geprüft. Auch nach Rücksprache mit den zuständigen Fachverbänden hat es sich gegen diese Alternative entschieden, da der vorgesehene Lösungsweg mehr Rechtssicherheit für alle Beteiligten bietet.

Zwei Informationspflichten hat das Bundesministerium nicht dargestellt. Es handelt sich dabei um die Verpflichtungen nach § 7 Abs. 1 Satz 1 und 2 des Gesetzes über Schuldverschreibungen aus Gesamtemissionen. Diese Regelungen sehen vor, dass derjenige, der als gemeinsamer Vertreter der Gläubiger vorgesehen ist, die Gläubiger vor seiner Bestellung über seine Beziehungen zum Schuldner informieren muss, zB wenn er Mitglied im Vorstand oder Aufsichtsrat des Schuldners ist. Zudem muss er die Gläubiger darüber informieren, wenn nach seiner Bestellung entsprechende Beziehungen zum Schuldner entstanden sind.

Das Bundesministerium beruft sich bei der Einordnung der Regelungen auf eine von der Bundesregierung im Rahmen der Kabinettssitzung am 5. November 2008 gefundene Abgrenzung von Informationspflichten innerhalb von Schuldverhältnissen zu inhaltlichen Pflichten. Es argumentiert, es handelt sich bei diesen Pflichten nicht um Informationspflichten, da die Angaben „als für den Vertragsabschluss bzw. seine Durchführung erforderlich vorgesehen sind". Das Bundesministerium verkennt dabei, dass der Vertrag zwischen Gläubigern und Vertreter auch dann Zustande kommt, wenn die Information den Gläubigern vorenthalten wird. Die Information ist mithin nicht für den Vertragsabschluss erforderlich. Eine Verletzung der Informationspflicht kann allenfalls Schadensersatzansprüche zur Folge haben. Ziel der Informationspflicht ist hingegen die Warnung der Gläubiger vor einem möglicherweise befangenen Vertreter. Die Gläubiger sollen mit der Information in die Lage versetzt werden abzuwägen, ob sie den Vertreter für geeignet halten, ihre Interessen gegenüber dem Schuldner wahrzunehmen. Derartige Warnhinweise sind auch nach der o.g. Abgrenzung Informationspflichten im Sinne des NKR-Gesetzes. Im vorliegenden Fall ist jedoch davon auszugehen, dass wegen der voraussichtlich sehr geringen Fallzahl mit keiner großen Bürokratiekostenbelastung zu rechnen sein wird.

Der Normenkontrollrat fordert das Bundesministerium auf, die beiden Informationspflichten zeitnah zu schätzen und das Ergebnis in den Gesetzgebungsprozess nachzureichen.

gez.
Dr. Ludewig

Vorsitzender

gez.
Bachmaier

Berichterstatter

Anhang II Gesetzesentwurf der Bundesregierung

Anlage 2

Stellungnahme der Bundesregierung zu der Stellungnahme des Nationalen Normenkontrollrates zum Entwurf eines Gesetzes zur Neuregelung der Rechtsverhältnisse bei Schuldverschreibungen aus Gesamtemissionen und zur verbesserten Durchsetzbarkeit von Ansprüchen von Anlegern aus Falschberatung (NKR-Nr. 533)

Die Bundesregierung nimmt zu der Stellungnahme des Nationalen Normenkontrollrates wie folgt Stellung:

Von einer Informationspflicht im Sinne des SKM ist nach dem von der Bundesregierung im Rahmen der Kabinettsitzung am 5. November 2008 gefundenen Kompromiss durch Abgrenzung von Informationspflichten innerhalb von Schuldverhältnissen zu inhaltlichen Pflichten immer, aber auch nur dann auszugehen, wenn die Information nicht nur erforderlich ist, um einen Vertrag sachgerecht abzuschließen, durchzuführen oder zu beenden, sondern ihre Erfüllung auch einem darüber hinausgehenden Interesse dient. Vor diesem Hintergrund hat der NKR die Verpflichtungen nach § 7 Absatz 1 Satz 1 und 2 des Entwurfs des Schuldverschreibungsgesetzes (wonach derjenige, der als gemeinsamer Vertreter der Gläubiger vorgesehen ist, die Gläubiger vor seiner Bestellung über seine Beziehungen zum Schuldner informieren muss – zB wenn er Mitglied im Vorstand oder Aufsichtsrat des Schuldners ist – bzw. nach seiner Bestellung, wenn nachträglich entsprechende Beziehungen zum Schuldner entstanden sind) als Informationspflichten im Sinne des NKR-Gesetzes qualifiziert.

Zwischen der Bundesregierung und dem Nationalen Normenkontrollrat besteht Einigkeit darüber, dass im vorliegenden Fall davon auszugehen ist, dass wegen der voraussichtlich sehr geringen Fallzahl mit keiner großen Kostenbelastung zu rechnen sein wird. Die Bestellung und Abberufung eines gemeinsamen Vertreters der Gläubiger erfolgt durch Beschluss der Gläubiger in der Gläubigerversammlung oder im Wege einer Abstimmung nach § 18 des Entwurfs des Schuldverschreibungsgesetzes. Für etwaige Gläubigerversammlungen bzw. Abstimmungen ist eine sehr geringe Fallzahl anzunehmen, da es auch nach dem derzeitigen Schuldverschreibungsgesetz nur sehr wenige Anwendungsfälle gab. Mit der Ausdehnung des Anwendungsbereichs des neuen Gesetzes auf ausländische Schuldner – und auch ausländische Staaten als Schuldner – ist zwar diesbezüglich ggf. mit etwas höheren Fallzahlen zu rechnen – insoweit ergibt sich aber keine Kostenbelastung der deutschen Wirtschaft. Wegen der geringen Fallzahl von Gläubigerversammlungen wurde auch für die Informationspflichten nach § 12 Absatz 3 und § 17 Absatz 2 des Entwurfs des Schuldverschreibungsgesetzes (Information über die Einberufung der Gläubigerversammlung und über die Beschlüsse der Gläubiger) jeweils eine Bürokratiekostenbelastung der Wirtschaft unter 100 000 Euro angenommen. Die Kostenbelastung durch die Pflicht des gemeinsamen Vertreters nach § 7 Absatz 1 Satz 1 und 2 des Entwurfs des Schuldverschreibungsgesetzes liegt daher ebenfalls unter 100 000 Euro.

C. Gesetzentwurf der Bundesregierung (BT Drucks. 16/12814) v. 29.4.2009

Gesetzentwurf der Bundesregierung

Entwurf eines Gesetzes zur Neuregelung der Rechtsverhältnisse bei Schuldverschreibungen aus Gesamtemissionen und zur verbesserten Durchsetzbarkeit von Ansprüchen von Anlegern aus Falschberatung

A. Problem und Ziel

Das Gesetz betreffend die gemeinsamen Rechte der Besitzer von Schuldverschreibungen vom 4. Dezember 1899 (SchVG von 1899) regelt, auf welche Weise die Gläubiger einer Anleihe auf die in den Schuldverschreibungen verbrieften Rechte einwirken können, indem sie bestimmten Änderungen der Anleihebedingungen zustimmen. Das kann während der Laufzeit einer Anleihe aus verschiedenen Gründen erforderlich sein, vor allem in der Krise oder in der Insolvenz des Schuldners. Damit die Gläubiger in solchen Situationen die nötigen Handlungsspielräume haben, bedarf es einer Anpassung des seit seinem Inkrafttreten bis heute im Wesentlichen unveränderten Gesetzes. Das SchVG von 1899 schränkt die Befugnisse der Gläubiger aus heutiger Sicht zu stark ein und ist verfahrensrechtlich veraltet. Die Gläubigerversammlung soll deshalb in die Lage versetzt werden, auf informierter Grundlage möglichst rasch und ohne unnötigen organisatorischen Aufwand Entscheidungen von unter Umständen großer finanzieller Tragweite treffen zu können. International war zudem bezweifelt worden, ob übliche Umschuldungsklauseln (sogenannte Collective Action Clauses – CAC) nach deutschem Recht zulässig sind. Diese Zweifel sollen beseitigt werden. Da die Märkte für Schuldverschreibungen international geworden sind, soll das Schuldverschreibungsrecht international üblichen Anforderungen soweit wie möglich angepasst werden. Zeitgleich mit der Internationalisierung der Märkte haben sich auch die als Schuldverschreibungen begebenen Produkte zum Teil erheblich weiterentwickelt. Gerade im Zusammenhang mit der Finanzmarktkrise hat sich gezeigt, dass viele Anleger die Risiken der teilweise hochkomplexen Produkte nicht hinreichend verstehen. Hier muss für mehr Verständlichkeit und Transparenz gesorgt werden. Zudem sollen die Anleger im Fall einer fehlerhaften Beratung ihre Ansprüche leichter durchsetzen können.

B. Lösung

Die Gläubiger sollen gestärkt werden, indem ihre Befugnisse, mit Mehrheit über die Anleihebedingungen zu entscheiden, inhaltlich erweitert werden. Das Verfahren der Gläubigerabstimmung wird grundlegend neu geregelt und an das moderne und bewährte Recht der Hauptversammlung bei der Aktiengesellschaft angelehnt. Collective Action Clauses sind zukünftig auch nach deutschem Recht eindeutig zulässig: Die Regeln des Gesetzes entsprechen insoweit den international üblichen Klauselinhalten; die bisherige Anwendungsbeschränkung des Gesetzes auf Emittenten mit Sitz im Inland entfällt. Zur Verbesserung der Verständlichkeit von Anleihebedingungen wird eine spezialgesetzliche Regelung zur Transparenz eingeführt. Die Verjährungsfrist von Schadenersatzansprüchen wegen Falschbera-

Anhang II   Gesetzesentwurf der Bundesregierung

tung wird an die regelmäßige Verjährungsfrist des Bürgerlichen Gesetzbuchs angepasst. Dem Anleger wird es künftig erleichtert, solche Schadenersatzansprüche durchzusetzen, indem die Anforderungen an die Dokumentation der Beratung erhöht werden und dem Anleger ein einklagbarer Anspruch auf Aushändigung der Dokumentation eingeräumt wird.

C. Alternativen

Keine

D. Finanzielle Auswirkungen auf die öffentlichen Haushalte

Keine

E. Sonstige Kosten

Keine

F. Bürokratiekosten

In § 12 Absatz 3 und in § 17 Absatz 2 des Entwurfs des Schuldverschreibungsgesetzes wird jeweils eine neue Informationspflicht begründet. Nach § 12 Absatz 3 hat der Schuldner von Schuldverschreibungen die Einberufung der Gläubigerversammlung und die Bedingungen zur Teilnahme und Stimmrechtsausübung im Internet unter seiner Adresse den Gläubigern zugänglich zu machen; nach § 17 Absatz 2 hat er die Beschlüsse der Gläubiger sowie, wenn ein Gläubigerbeschluss die Anleihebedingungen ändert, den Wortlaut der ursprünglichen Anleihebedingungen im Internet unter seiner Adresse der Öffentlichkeit zugänglich zu machen. Die Informationspflichten dienen dem Schutz der Gläubiger. Die Belastung der Wirtschaft liegt jeweils unter 100 000 Euro pro Jahr.

In § 34 Absatz 2a des Wertpapierhandelsgesetzes wird eine neue Informationspflicht für die Wirtschaft eingeführt. Für den Bereich der Anlageberatung wird über den Hergang des Beratungsgesprächs ein Protokoll verlangt, das dem Kunden auszuhändigen ist. Die Informationspflicht dient dem Schutz der Kunden. Die Kosten der Informationspflicht belaufen sich auf 50 133 333 Euro, was maßgeblich durch die hohe Fallzahl von acht Millionen beeinflusst ist.

Gesetzesentwurf der Bundesregierung

Anhang II

**Bundesrepublik Deutschland
Die Bundeskanzlerin**

Berlin, 29. April 2009

An den
Präsidenten des Deutschen Bundestages
Herrn Prof. Dr. Norbert Lammert
Platz der Republik 1
11011 Berlin

Sehr geehrter Herr Präsident,
hiermit übersende ich den von der Bundesregierung beschlossenen
  Entwurf eines Gesetzes zur Neuregelung der Rechtsverhältnisse bei Schuldverschreibungen aus Gesamtemissionen und zur verbesserten Durchsetzbarkeit von Ansprüchen von Anlegern aus Falschberatung
mit Begründung und Vorblatt (Anlage 1).
Ich bitte, die Beschlussfassung des Deutschen Bundestages herbeizuführen.
Federführend ist das Bundesministerium der Justiz.
Die Stellungnahme des Nationalen Normenkontrollrates gemäß § 6 Abs. 1 NKRG ist als Anlage 2 beigefügt.
Die Stellungnahme der Bundesregierung zur Stellungnahme des Nationalen Normenkontrollrates ist als Anlage 3 beigefügt.
Der Bundesrat hat in seiner 857. Sitzung am 3. April 2009 gemäß Artikel 76 Absatz 2 des Grundgesetzes beschlossen, zu dem Gesetzentwurf wie aus Anlage 4 ersichtlich Stellung zu nehmen.
Die Auffassung der Bundesregierung zu der Stellungnahme des Bundesrates ist in der als Anlage 5 beigefügten Gegenäußerung dargelegt.

Mit freundlichen Grüßen
gez. Dr. Angela Merkel

Anhang II Gesetzesentwurf der Bundesregierung

Anlage 1

Entwurf eines Gesetzes zur Neuregelung der Rechtsverhältnisse bei Schuldverschreibungen aus Gesamtemissionen und zur verbesserten Durchsetzbarkeit von Ansprüchen von Anlegern aus Falschberatung

Vom ...

Der Bundestag hat das folgende Gesetz beschlossen:

Artikel 1
Gesetz über Schuldverschreibungen aus Gesamtemissionen (Schuldverschreibungsgesetz – SchVG)

Abschnitt 1 Allgemeine Vorschriften

§ 1 Anwendungsbereich

(1) Dieses Gesetz gilt für nach deutschem Recht begebene inhaltsgleiche Schuldverschreibungen aus Gesamtemissionen (Schuldverschreibungen).

(2) Dieses Gesetz gilt nicht für die gedeckten Schuldverschreibungen im Sinne des Pfandbriefgesetzes sowie nicht für Schuldverschreibungen, deren Schuldner oder deren Mitverpflichteter im Sinne des § 22 Satz 1 der Bund, ein Sondervermögen des Bundes, ein Land oder eine Gemeinde ist.

§ 2 Anleihebedingungen

Die Bedingungen zur Beschreibung der Leistung sowie der Rechte und Pflichten des Schuldners und der Gläubiger (Anleihebedingungen) müssen sich vorbehaltlich von Satz 2 aus der Urkunde ergeben. Ist die Urkunde nicht zum Umlauf bestimmt, kann in ihr auch auf außerhalb der Urkunde niedergelegte Anleihebedingungen Bezug genommen werden. Änderungen des Inhalts der Urkunde oder der Anleihebedingungen nach Abschnitt 2 dieses Gesetzes werden erst wirksam, wenn sie in der Urkunde oder in den Anleihebedingungen vollzogen worden sind.

§ 3 Transparenz des Leistungsversprechens

Nach den Anleihebedingungen muss die vom Schuldner versprochene Leistung durch einen Anleger, der hinsichtlich der jeweiligen Art von Schuldverschreibungen sachkundig ist, ermittelt werden können.

§ 4 Kollektive Bindung

Bestimmungen in Anleihebedingungen können während der Laufzeit der Anleihe durch Rechtsgeschäft nur durch gleichlautenden Vertrag mit sämtlichen Gläubigern oder nach Abschnitt 2 dieses Gesetzes geändert werden (kollektive Bindung). Der Schuldner muss die Gläubiger insoweit gleich behandeln.

Gesetzesentwurf der Bundesregierung **Anhang II**

Abschnitt 2 Beschlüsse der Gläubiger

§ 5 Mehrheitsbeschlüsse der Gläubiger

(1) Die Anleihebedingungen können vorsehen, dass die Gläubiger derselben Anleihe nach Maßgabe dieses Abschnitts durch Mehrheitsbeschluss Änderungen der Anleihebedingungen zustimmen und zur Wahrnehmung ihrer Rechte einen gemeinsamen Vertreter für alle Gläubiger bestellen können. Die Anleihebedingungen können dabei von den §§ 5 bis 21 zu Lasten der Gläubiger nur abweichen, soweit es in diesem Gesetz ausdrücklich vorgesehen ist. Eine Verpflichtung zur Leistung kann für die Gläubiger durch Mehrheitsbeschluss nicht begründet werden.

(2) Die Mehrheitsbeschlüsse der Gläubiger sind für alle Gläubiger derselben Anleihe gleichermaßen verbindlich. Ein Mehrheitsbeschluss der Gläubiger, der nicht gleiche Bedingungen für alle Gläubiger vorsieht, ist unwirksam, es sei denn, die benachteiligten Gläubiger stimmen ihrer Benachteiligung ausdrücklich zu.

(3) Die Gläubiger können durch Mehrheitsbeschluss insbesondere folgenden Maßnahmen zustimmen:
1. der Veränderung der Fälligkeit, der Verringerung oder dem Ausschluss der Zinsen;
2. der Veränderung der Fälligkeit der Hauptforderung;
3. der Verringerung der Hauptforderung;
4. dem Nachrang der Forderungen aus den Schuldverschreibungen im Insolvenzverfahren des Schuldners;
5. der Umwandlung oder dem Umtausch der Schuldverschreibungen in Gesellschaftsanteile, andere Wertpapiere oder andere Leistungsversprechen;
6. dem Austausch und der Freigabe von Sicherheiten;
7. der Änderung der Währung der Schuldverschreibungen;
8. dem Verzicht auf das Kündigungsrecht der Gläubiger oder dessen Beschränkung;
9. der Zustimmung zur Schuldnerersetzung;
10. der Änderung oder Aufhebung von Nebenbestimmungen der Schuldverschreibungen.

Die Anleihebedingungen können die Möglichkeit von Gläubigerbeschlüssen auf einzeln benannte Maßnahmen beschränken oder einzeln benannte Maßnahmen von dieser Möglichkeit ausnehmen.

(4) Die Gläubiger entscheiden mit der einfachen Mehrheit der an der Abstimmung teilnehmenden Stimmrechte. Beschlüsse, durch welche der wesentliche Inhalt der Anleihebedingungen geändert wird, insbesondere in den Fällen des Absatzes 3 Nummer 1 bis 9, bedürfen zu ihrer Wirksamkeit einer Mehrheit von mindestens 75 Prozent der teilnehmenden Stimmrechte (qualifizierte Mehrheit). Die Anleihebedingungen können für einzelne oder alle Maßnahmen eine höhere Mehrheit vorschreiben.

(5) Ist in Anleihebedingungen bestimmt, dass die Kündigung von ausstehenden Schuldverschreibungen nur von mehreren Gläubigern und einheitlich erklärt werden kann, darf der für die Kündigung erforderliche Mindestanteil der ausstehenden Schuldverschreibungen nicht mehr als 25 Prozent betragen. Die Wirkung einer solchen Kündigung entfällt, wenn die Gläubiger dies binnen drei Monaten mit Mehrheit beschließen. Für den Beschluss über die Unwirksamkeit der Kündigung

Anhang II

Gesetzesentwurf der Bundesregierung

genügt die einfache Mehrheit der Stimmrechte, es müssen aber in jedem Fall mehr Gläubiger zustimmen als gekündigt haben.

(6) Die Gläubiger beschließen entweder in einer Gläubigerversammlung oder im Wege einer Abstimmung ohne Versammlung. Die Anleihebedingungen können ausschließlich eine der beiden Möglichkeiten vorsehen.

§ 6 Stimmrecht

(1) An Abstimmungen der Gläubiger nimmt jeder Gläubiger nach Maßgabe des Nennwerts oder des rechnerischen Anteils seiner Berechtigung an den ausstehenden Schuldverschreibungen teil. Das Stimmrecht ruht, solange die Anteile dem Schuldner oder einem mit ihm verbundenen Unternehmen (§ 271 Absatz 2 des Handelsgesetzbuchs) zustehen oder für Rechnung des Schuldners oder eines mit ihm verbundenen Unternehmens gehalten werden. Der Schuldner darf Schuldverschreibungen, deren Stimmrechte ruhen, einem anderen nicht zu dem Zweck überlassen, die Stimmrechte an seiner Stelle auszuüben; dies gilt auch für ein mit dem Schuldner verbundenes Unternehmen. Niemand darf das Stimmrecht zu dem in Satz 3 erster Halbsatz bezeichneten Zweck ausüben.

(2) Niemand darf dafür, dass eine stimmberechtigte Person bei einer Gläubigerversammlung oder einer Abstimmung nicht oder in einem bestimmten Sinne stimme, Vorteile als Gegenleistung anbieten, versprechen oder gewähren.

(3) Wer stimmberechtigt ist, darf dafür, dass er bei einer Gläubigerversammlung oder einer Abstimmung nicht oder in einem bestimmten Sinne stimme, keinen Vorteil und keine Gegenleistung fordern, sich versprechen lassen oder annehmen.

§ 7 Gemeinsamer Vertreter der Gläubiger

(1) Zum gemeinsamen Vertreter für alle Gläubiger kann jede geschäftsfähige Person oder eine sachkundige juristische Person bestellt werden. Eine Person, welche
1. Mitglied des Vorstands, des Aufsichtsrats, des Verwaltungsrats oder eines ähnlichen Organs, Angestellter oder sonstiger Mitarbeiter des Schuldners oder eines mit diesem verbundenen Unternehmens ist,
2. am Stamm- oder Grundkapital des Schuldners oder eines mit diesem verbundenen Unternehmens mit mindestens 20 Prozent beteiligt ist,
3. Finanzgläubiger des Schuldners oder eines mit diesem verbundenen Unternehmens mit einer Forderung in Höhe von mindestens 20 Prozent der ausstehenden Anleihe oder Organmitglied, Angestellter oder sonstiger Mitarbeiter dieses Finanzgläubigers ist oder
4. auf Grund einer besonderen persönlichen Beziehung zu den in den Nummern 1 bis 3 aufgeführten Personen unter deren bestimmendem Einfluss steht,

muss den Gläubigern vor ihrer Bestellung zum gemeinsamen Vertreter die maßgeblichen Umstände offenlegen. Der gemeinsame Vertreter hat die Gläubiger unverzüglich in geeigneter Form darüber zu unterrichten, wenn in seiner Person solche Umstände nach der Bestellung eintreten.

(2) Der gemeinsame Vertreter hat die Aufgaben und Befugnisse, welche ihm durch Gesetz oder von den Gläubigern durch Mehrheitsbeschluss eingeräumt wurden. Er hat die Weisungen der Gläubiger zu befolgen. Soweit er zur Geltendmachung von Rechten der Gläubiger ermächtigt ist, sind die einzelnen Gläubiger zur selbständigen Geltendmachung dieser Rechte nicht befugt, es sei denn, der

Mehrheitsbeschluss sieht dies ausdrücklich vor. Über seine Tätigkeit hat der gemeinsame Vertreter den Gläubigern zu berichten.

(3) Der gemeinsame Vertreter haftet den Gläubigern als Gesamtgläubigern für die ordnungsgemäße Erfüllung seiner Aufgaben; bei seiner Tätigkeit hat er die Sorgfalt eines ordentlichen und gewissenhaften Geschäftsleiters anzuwenden. Die Haftung des gemeinsamen Vertreters kann durch Beschluss der Gläubiger beschränkt werden. Über die Geltendmachung von Ersatzansprüchen der Gläubiger gegen den gemeinsamen Vertreter entscheiden die Gläubiger.

(4) Der gemeinsame Vertreter kann von den Gläubigern jederzeit ohne Angabe von Gründen abberufen werden.

(5) Der gemeinsame Vertreter der Gläubiger kann vom Schuldner verlangen, alle Auskünfte zu erteilen, die zur Erfüllung der ihm übertragenen Aufgaben erforderlich sind.

(6) Die durch die Bestellung eines gemeinsamen Vertreters der Gläubiger entstehenden Kosten und Aufwendungen, einschließlich einer angemessenen Vergütung des gemeinsamen Vertreters, trägt der Schuldner.

§ 8 Bestellung des gemeinsamen Vertreters in den Anleihebedingungen

(1) Ein gemeinsamer Vertreter der Gläubiger kann bereits in den Anleihebedingungen bestellt werden. Mitglieder des Vorstands, des Aufsichtsrats, des Verwaltungsrats oder eines ähnlichen Organs, Angestellte oder sonstige Mitarbeiter des Schuldners oder eines mit ihm verbundenen Unternehmens dürfen nicht bereits in den Anleihebedingungen als gemeinsamer Vertreter der Gläubiger bestellt werden. Ihre Bestellung ist nichtig. Dies gilt auch, wenn die in Satz 1 genannten Umstände nachträglich eintreten. Aus den in § 7 Absatz 1 Satz 2 Nummer 2 bis 4 genannten Personengruppen kann ein gemeinsamer Vertreter der Gläubiger bestellt werden, sofern in den Emissionsbedingungen die maßgeblichen Umstände offengelegt werden. Wenn solche Umstände nachträglich eintreten, gilt § 7 Absatz 1 Satz 3 entsprechend.

(2) Mit der Bestellung ist der Umfang der Befugnisse des gemeinsamen Vertreters zu bestimmen. Zu einem Verzicht auf Rechte der Gläubiger, insbesondere zu den in § 5 Absatz 3 Satz 1 Nummer 1 bis 9 genannten Entscheidungen, kann der Vertreter nur auf Grund eines Beschlusses der Gläubigerversammlung ermächtigt werden. In diesen Fällen kann die Ermächtigung nur im Einzelfall erteilt werden.

(3) In den Anleihebedingungen kann die Haftung des gemeinsamen Vertreters auf das Zehnfache seiner jährlichen Vergütung begrenzt werden, es sei denn, dem gemeinsamen Vertreter fällt Vorsatz oder grobe Fahrlässigkeit zur Last.

(4) Für den in den Anleihebedingungen bestellten gemeinsamen Vertreter gilt § 7 Absatz 2 bis 6 entsprechend.

§ 9 Einberufung der Gläubigerversammlung

(1) Die Gläubigerversammlung wird vom Schuldner oder von dem gemeinsamen Vertreter der Gläubiger einberufen. Sie ist einzuberufen, wenn Gläubiger, deren Schuldverschreibungen zusammen 5 Prozent der ausstehenden Schuldverschreibungen erreichen, dies schriftlich mit der Begründung verlangen, sie wollten einen gemeinsamen Vertreter bestellen oder abberufen, sie wollten nach § 5

Anhang II Gesetzesentwurf der Bundesregierung

Absatz 5 Satz 2 über das Entfallen der Wirkung der Kündigung beschließen oder sie hätten ein sonstiges besonderes Interesse an der Einberufung. Die Anleihebedingungen können vorsehen, dass die Gläubiger auch aus anderen Gründen die Einberufung verlangen können.

(2) Gläubiger, deren berechtigtem Verlangen nicht entsprochen worden ist, können bei Gericht beantragen, sie zu ermächtigen, die Gläubigerversammlung einzuberufen. Das Gericht kann zugleich den Vorsitzenden der Versammlung bestimmen. Auf die Ermächtigung muss in der Bekanntmachung der Einberufung hingewiesen werden.

(3) Zuständig ist das Gericht, in dessen Bezirk der Schuldner seinen Sitz hat oder mangels eines Sitzes im Inland das Amtsgericht Frankfurt am Main. Gegen die Entscheidung des Gerichts ist die Beschwerde statthaft.

(4) Der Schuldner trägt die Kosten der Gläubigerversammlung und, wenn das Gericht dem Antrag nach Absatz 2 stattgegeben hat, auch die Kosten dieses Verfahrens.

§ 10 Frist, Anmeldung, Nachweis

(1) Die Gläubigerversammlung ist mindestens 14 Tage vor dem Tag der Versammlung einzuberufen.

(2) Sehen die Anleihebedingungen vor, dass die Teilnahme an der Gläubigerversammlung oder die Ausübung der Stimmrechte davon abhängig ist, dass sich die Gläubiger vor der Versammlung anmelden, so tritt für die Berechnung der Einberufungsfrist an die Stelle des Tages der Versammlung der Tag, bis zu dessen Ablauf sich die Gläubiger vor der Versammlung anmelden müssen. Die Anmeldung muss unter der in der Bekanntmachung der Einberufung mitgeteilten Adresse spätestens am dritten Tag vor der Gläubigerversammlung zugehen.

(3) Die Anleihebedingungen können vorsehen, wie die Berechtigung zur Teilnahme an der Gläubigerversammlung nachzuweisen ist. Sofern die Anleihebedingungen nichts anderes bestimmen, reicht bei Schuldverschreibungen, die in einer Sammelurkunde verbrieft sind, ein in Textform erstellter besonderer Nachweis des depotführenden Instituts aus.

§ 11 Ort der Gläubigerversammlung

Die Gläubigerversammlung soll bei einem Schuldner mit Sitz im Inland am Sitz des Schuldners stattfinden. Sind die Schuldverschreibungen an einer Wertpapierbörse im Sinne des § 1 Absatz 3e des Kreditwesengesetzes zum Handel zugelassen, deren Sitz innerhalb der Mitgliedstaaten der Europäischen Union oder der anderen Vertragsstaaten des Abkommens über den Europäischen Wirtschaftsraum ist, so kann die Gläubigerversammlung auch am Sitz dieser Wertpapierbörse stattfinden. § 30a Absatz 2 des Wertpapierhandelsgesetzes bleibt unberührt.

§ 12 Inhalt der Einberufung, Bekanntmachung

(1) In der Einberufung müssen die Firma, der Sitz des Schuldners, die Zeit und der Ort der Gläubigerversammlung sowie die Bedingungen angeben werden, von denen die Teilnahme an der Gläubigerversammlung und die Ausübung des Stimmrechts abhängen.

(2) Die Einberufung ist unverzüglich im elektronischen Bundesanzeiger öffentlich bekannt zu machen. Die Anleihebedingungen können zusätzliche Formen der öffentlichen Bekanntmachung vorsehen. Die Kosten der Bekanntmachung hat der Schuldner zu tragen.

(3) Der Schuldner hat die Einberufung und die genauen Bedingungen, von denen die Teilnahme an der Gläubigerversammlung und die Ausübung des Stimmrechts abhängen, vom Tag der Einberufung an bis zum Tag der Gläubigerversammlung im Internet unter seiner Adresse den Gläubigern zugänglich zu machen.

§ 13 Tagesordnung

(1) Zu jedem Gegenstand, über den die Gläubigerversammlung beschließen soll, hat der Einberufende in der Tagesordnung einen Vorschlag zur Beschlussfassung zu machen.

(2) Die Tagesordnung der Gläubigerversammlung ist mit der Einberufung bekannt zu machen. § 12 Absatz 2 und 3 gilt entsprechend. Über Gegenstände der Tagesordnung, die nicht in der vorgeschriebenen Weise bekannt gemacht sind, dürfen Beschlüsse nicht gefasst werden.

(3) Gläubiger, deren Schuldverschreibungen zusammen 5 Prozent der ausstehenden Schuldverschreibungen erreichen, können verlangen, dass neue Gegenstände zur Beschlussfassung bekannt gemacht werden; § 9 Absatz 2 bis 4 gilt entsprechend. Diese neuen Gegenstände müssen spätestens am dritten Tag vor der Gläubigerversammlung bekannt gemacht sein.

(4) Gegenanträge, die ein Gläubiger vor der Versammlung angekündigt hat, muss der Schuldner unverzüglich bis zum Tag der Gläubigerversammlung im Internet unter seiner Adresse den Gläubigern zugänglich machen.

§ 14 Vertretung

(1) Jeder Gläubiger kann sich in der Gläubigerversammlung durch einen Bevollmächtigten vertreten lassen. Hierauf ist in der Einberufung der Gläubigerversammlung hinzuweisen. In der Einberufung ist auch anzugeben, welche Voraussetzungen erfüllt sein müssen, um eine wirksame Vertretung zu gewährleisten.

(2) Die Vollmacht und Weisungen des Vollmachtgebers an den Vertreter bedürfen der Textform. Wird ein vom Schuldner benannter Stimmrechtsvertreter bevollmächtigt, so ist die Vollmachtserklärung vom Schuldner drei Jahre nachprüfbar festzuhalten.

§ 15 Vorsitz, Beschlussfähigkeit

(1) Der Einberufende führt den Vorsitz in der Gläubigerversammlung, sofern nicht das Gericht einen anderen Vorsitzenden bestimmt hat.

(2) In der Gläubigerversammlung ist durch den Vorsitzenden ein Verzeichnis der erschienenen oder durch Bevollmächtigte vertretenen Gläubiger aufzustellen. Im Verzeichnis sind die Gläubiger unter Angabe ihres Namens, Sitzes oder Wohnorts sowie der Zahl der von jedem vertretenen Stimmrechte aufzuführen. Das Verzeichnis ist vom Vorsitzenden der Versammlung zu unterschreiben und allen Gläubigern unverzüglich zugänglich zu machen.

Anhang II Gesetzesentwurf der Bundesregierung

(3) Die Gläubigerversammlung ist beschlussfähig, wenn die Anwesenden wertmäßig mindestens die Hälfte der ausstehenden Schuldverschreibungen vertreten. Wird in der Gläubigerversammlung die mangelnde Beschlussfähigkeit festgestellt, kann der Vorsitzende eine zweite Versammlung zum Zweck der erneuten Beschlussfassung einberufen. Die zweite Versammlung ist beschlussfähig; für Beschlüsse, zu deren Wirksamkeit eine qualifizierte Mehrheit erforderlich ist, müssen die Anwesenden mindestens 25 Prozent der ausstehenden Schuldverschreibungen vertreten. Schuldverschreibungen, deren Stimmrechte ruhen, zählen nicht zu den ausstehenden Schuldverschreibungen. Die Anleihebedingungen können jeweils höhere Anforderungen an die Beschlussfähigkeit stellen.

§ 16 Auskunftspflicht, Abstimmung, Niederschrift

(1) Der Schuldner hat jedem Gläubiger auf Verlangen in der Gläubigerversammlung Auskunft zu erteilen, soweit sie zur sachgemäßen Beurteilung eines Gegenstands der Tagesordnung oder eines Vorschlags zur Beschlussfassung erforderlich ist.

(2) Auf die Abgabe und die Auszählung der Stimmen sind die Vorschriften des Aktiengesetzes über die Abstimmung der Aktionäre in der Hauptversammlung entsprechend anzuwenden, soweit nicht in den Anleihebedingungen etwas anderes vorgesehen ist.

(3) Jeder Beschluss der Gläubigerversammlung bedarf zu seiner Gültigkeit der Beurkundung durch eine über die Verhandlung aufgenommene Niederschrift. Findet die Gläubigerversammlung im Inland statt, so ist die Niederschrift durch einen Notar aufzunehmen; bei einer Gläubigerversammlung im Ausland muss eine Niederschrift gewährleistet sein, die der Niederschrift durch einen Notar gleichwertig ist. § 130 Absatz 2 bis 4 des Aktiengesetzes gilt entsprechend. Jeder Gläubiger, der in der Gläubigerversammlung erschienen oder durch Bevollmächtigte vertreten war, kann binnen eines Jahres nach dem Tag der Versammlung von dem Schuldner eine Abschrift der Niederschrift und der Anlagen verlangen.

§ 17 Bekanntmachung von Beschlüssen

(1) Der Schuldner hat die Beschlüsse der Gläubiger auf seine Kosten in geeigneter Form öffentlich bekannt zu machen. Hat der Schuldner seinen Sitz im Inland, so sind die Beschlüsse unverzüglich im elektronischen Bundesanzeiger zu veröffentlichen; die nach § 30e Absatz 1 des Wertpapierhandelsgesetzes vorgeschriebene Veröffentlichung ist jedoch ausreichend. Die Anleihebedingungen können zusätzliche Formen der öffentlichen Bekanntmachung vorsehen.

(2) Außerdem hat der Schuldner die Beschlüsse der Gläubiger sowie, wenn ein Gläubigerbeschluss die Anleihebedingungen ändert, den Wortlaut der ursprünglichen Anleihebedingungen vom Tag nach der Gläubigerversammlung an für die Dauer von mindestens einem Monat im Internet unter seiner Adresse der Öffentlichkeit zugänglich zu machen.

§ 18 Abstimmung ohne Versammlung

(1) Auf die Abstimmung ohne Versammlung sind die Vorschriften über die Einberufung und Durchführung der Gläubigerversammlung entsprechend anzuwenden, soweit in den folgenden Absätzen nichts anderes bestimmt ist.

Gesetzesentwurf der Bundesregierung **Anhang II**

(2) Die Abstimmung wird vom Abstimmungsleiter geleitet. Abstimmungsleiter ist ein vom Schuldner beauftragter Notar oder der gemeinsame Vertreter der Gläubiger, wenn er zu der Abstimmung aufgefordert hat, oder eine vom Gericht bestimmte Person. § 9 Absatz 2 Satz 2 ist entsprechend anwendbar.

(3) In der Aufforderung zur Stimmabgabe ist der Zeitraum anzugeben, innerhalb dessen die Stimmen abgegeben werden können. Er beträgt mindestens 72 Stunden. Während des Abstimmungszeitraums können die Gläubiger ihre Stimme gegenüber dem Abstimmungsleiter in Textform abgeben. In den Anleihebedingungen können auch andere Formen der Stimmabgabe vorgesehen werden. In der Aufforderung muss im Einzelnen angegeben werden, welche Voraussetzungen erfüllt sein müssen, damit die Stimmen gezählt werden.

(4) Der Abstimmungsleiter stellt die Berechtigung zur Stimmabgabe anhand der eingereichten Nachweise fest und erstellt ein Verzeichnis der stimmberechtigten Gläubiger. Wird die Beschlussfähigkeit nicht festgestellt, kann der Abstimmungsleiter eine Gläubigerversammlung einberufen; § 15 Absatz 3 Satz 3 gilt entsprechend. Über jeden in der Abstimmung gefassten Beschluss ist eine Niederschrift aufzunehmen; § 16 Absatz 3 Satz 2 und 3 gilt entsprechend. Jeder Gläubiger, der an der Abstimmung teilgenommen hat, kann binnen eines Jahres nach Ablauf des Abstimmungszeitraums von dem Schuldner eine Abschrift der Niederschrift nebst Anlagen verlangen.

(5) Jeder Gläubiger, der an der Abstimmung teilgenommen hat, kann gegen das Ergebnis schriftlich Widerspruch erheben binnen zwei Wochen nach Bekanntmachung der Beschlüsse. Über den Widerspruch entscheidet der Abstimmungsleiter. Hilft er dem Widerspruch ab, hat er das Ergebnis unverzüglich bekannt zu machen; § 17 gilt entsprechend. Hilft der Abstimmungsleiter dem Widerspruch nicht ab, hat er dies dem widersprechenden Gläubiger unverzüglich schriftlich mitzuteilen.

(6) Der Schuldner hat die Kosten einer Abstimmung ohne Versammlung zu tragen und, wenn das Gericht einem Antrag nach § 9 Absatz 2 stattgegeben hat, auch die Kosten des Verfahrens.

§ 19 Insolvenzverfahren

(1) Ist über das Vermögen des Schuldners im Inland das Insolvenzverfahren eröffnet worden, so unterliegen die Beschlüsse der Gläubiger den Bestimmungen der Insolvenzordnung, soweit in den folgenden Absätzen nichts anderes bestimmt ist. § 340 der Insolvenzordnung bleibt unberührt.

(2) Die Gläubiger können durch Mehrheitsbeschluss zur Wahrnehmung ihrer Rechte im Insolvenzverfahren einen gemeinsamen Vertreter für alle Gläubiger bestellen. Das Insolvenzgericht hat zu diesem Zweck eine Gläubigerversammlung nach den Vorschriften dieses Gesetzes einzuberufen, wenn ein gemeinsamer Vertreter für alle Gläubiger noch nicht bestellt worden ist.

(3) Ein gemeinsamer Vertreter für alle Gläubiger ist allein berechtigt und verpflichtet, die Rechte der Gläubiger im Insolvenzverfahren geltend zu machen; dabei braucht er die Schuldurkunde nicht vorzulegen.

(4) In einem Insolvenzplan sind den Gläubigern gleiche Rechte anzubieten.

(5) Das Insolvenzgericht hat zu veranlassen, dass die Bekanntmachungen nach den Bestimmungen dieses Gesetzes zusätzlich im Internet unter der durch § 9 der Insolvenzordnung vorgeschriebenen Adresse veröffentlicht werden.

Anhang II

Gesetzesentwurf der Bundesregierung

§ 20 Anfechtung von Beschlüssen

(1) Ein Beschluss der Gläubiger kann wegen Verletzung des Gesetzes oder der Anleihebedingungen durch Klage angefochten werden. Wegen unrichtiger, unvollständiger oder verweigerter Erteilung von Informationen kann ein Beschluss der Gläubiger nur angefochten werden, wenn ein objektiv urteilender Gläubiger die Erteilung der Information als wesentliche Voraussetzung für sein Abstimmungsverhalten angesehen hätte. Die Anfechtung kann nicht auf die durch eine technische Störung verursachte Verletzung von Rechten, die nach § 18 auf elektronischem Wege wahrgenommen worden sind, gestützt werden, es sei denn, dem Schuldner ist grobe Fahrlässigkeit oder Vorsatz vorzuwerfen.

(2) Zur Anfechtung ist befugt
1. jeder Gläubiger, der an der Abstimmung teilgenommen und gegen den Beschluss fristgerecht Widerspruch erklärt hat, sofern er die Schuldverschreibung vor der Bekanntmachung der Einberufung der Gläubigerversammlung erworben hatte;
2. jeder Gläubiger, der an der Abstimmung nicht teilgenommen hat, wenn er zur Abstimmung zu Unrecht nicht zugelassen worden ist oder wenn die Versammlung nicht ordnungsgemäß einberufen oder zur Stimmabgabe nicht ordnungsgemäß aufgefordert worden ist oder wenn ein Gegenstand der Beschlussfassung nicht ordnungsgemäß bekannt gemacht worden ist.

(3) Die Klage ist binnen eines Monats nach der Bekanntmachung des Beschlusses zu erheben. Sie ist gegen den Schuldner zu richten. Zuständig für die Klage ist bei einem Schuldner mit Sitz im Inland das Landgericht, in dessen Bezirk der Schuldner seinen Sitz hat, oder mangels eines Sitzes im Inland das Landgericht Frankfurt am Main; § 246 Absatz 3 Satz 2 bis 6 des Aktiengesetzes gilt entsprechend. Vor einer rechtskräftigen Entscheidung des Gerichts darf der angefochtene Beschluss nicht vollzogen werden, es sei denn, das Gericht stellt auf Antrag des Schuldners nach Maßgabe des § 246a des Aktiengesetzes fest, dass die Erhebung der Klage dem Vollzug des angefochtenen Beschlusses nicht entgegensteht.

§ 21 Vollziehung von Beschlüssen

(1) Beschlüsse der Gläubigerversammlung, durch welche der Inhalt der Anleihebedingungen abgeändert oder ergänzt wird, sind in der Weise zu vollziehen, dass die maßgebliche Sammelurkunde ergänzt oder geändert wird. Im Fall der Verwahrung der Sammelkurkunde durch eine Wertpapiersammelbank hat der Versammlungs- oder Abstimmungsleiter dazu den in der Niederschrift dokumentierten Beschlussinhalt an die Wertpapiersammelbank zu übermitteln mit dem Ersuchen, die eingereichten Dokumente den vorhandenen Dokumenten in geeigneter Form beizufügen. Er hat gegenüber der Wertpapiersammelbank zu versichern, dass der Beschluss vollzogen werden darf.

(2) Der gemeinsame Vertreter darf von der ihm durch Beschluss erteilten Vollmacht oder Ermächtigung keinen Gebrauch machen, solange der zugrunde liegende Beschluss noch nicht vollzogen werden darf.

§ 22 Geltung für Mitverpflichtete

Die Anleihedingungen können vorsehen, dass die §§ 5 bis 21 für Rechtsgeschäfte entsprechend gelten, durch welche andere Personen als der Schuldner für

Gesetzesentwurf der Bundesregierung **Anhang II**

die Verpflichtungen des Schuldners aus der Anleihe Sicherheiten gewährt haben (Mitverpflichtete). In diesem Fall müssen die Anleihebedingungen Mehrheitsbeschlüsse der Gläubiger unter Benennung der Rechtsgeschäfte und der Mitverpflichteten ausdrücklich vorsehen.

Abschnitt 3 Bußgeldvorschriften; Übergangsbestimmungen

§ 23 Bußgeldvorschriften

(1) Ordnungswidrig handelt, wer
1. entgegen § 6 Absatz 1 Satz 3 erster Halbsatz Schuldverschreibungen überlässt,
2. entgegen § 6 Absatz 1 Satz 4 das Stimmrecht ausübt,
3. entgegen § 6 Absatz 2 einen Vorteil anbietet, verspricht oder gewährt oder
4. entgegen § 6 Absatz 3 einen Vorteil oder eine Gegenleistung fordert, sich versprechen lässt oder annimmt.

(2) Ordnungswidrig handelt, wer vorsätzlich oder leichtfertig entgegen § 7 Absatz 1 Satz 2 einen maßgeblichen Umstand nicht, nicht richtig, nicht vollständig oder nicht rechtzeitig offenlegt.

(3) Die Ordnungswidrigkeit kann mit einer Geldbuße bis zu hunderttausend Euro geahndet werden.

§ 24 Übergangsbestimmungen

(1) Dieses Gesetz ist nicht anzuwenden auf Schuldverschreibungen, die vor dem ... [einsetzen: Datum des Inkrafttretens dieses Gesetzes] ausgegeben wurden. Auf diese Schuldverschreibungen ist das Gesetz betreffend die gemeinsamen Rechte der Besitzer von Schuldverschreibungen in der im Bundesgesetzblatt Teil III, Gliederungsnummer 4134-1, veröffentlichten bereinigten Fassung, das zuletzt durch Artikel 53 des Gesetzes vom 5. Oktober 1994 (BGBl. I S. 2911) geändert worden ist, weiter anzuwenden, soweit sich aus Absatz 2 nichts anderes ergibt.

(2) Gläubiger von Schuldverschreibungen, die vor dem ... [einsetzen: Datum des Inkrafttretens dieses Gesetzes] ausgegeben wurden, können mit Zustimmung des Schuldners eine Änderung der Anleihebedingungen oder den Austausch der Schuldverschreibungen gegen neue Schuldverschreibungen mit geänderten Anleihebedingungen beschließen, um von den in diesem Gesetz gewährten Wahlmöglichkeiten Gebrauch machen zu können. Für die Beschlussfassung gelten die Vorschriften dieses Gesetzes entsprechend; der Beschluss bedarf der qualifizierten Mehrheit.

Artikel 2
Änderung des Gesetzes über das Verfahren in Familiensachen und in den Angelegenheiten der freiwilligen Gerichtsbarkeit

Das Gesetz über das Verfahren in Familiensachen und in den Angelegenheiten der freiwilligen Gerichtsbarkeit vom 17. Dezember 2008 (BGBl. I S. 2586, 2587) wird wie folgt geändert:

Anhang II   Gesetzesentwurf der Bundesregierung

1. § 375 wird wie folgt geändert:
   a) Der Nummer 15 wird ein Komma angefügt.
   b) Nach Nummer 15 wird folgende Nummer 16 eingefügt:
   c) „16. § 9 Absatz 2 und 3 Satz 2 des Schuldverschreibungsgesetzes".
2. In § 376 Absatz 1 und 2 Satz 2 wird die Angabe „§ 375 Nr. 1 und 3 bis 14" durch die Wörter „§ 375 Nummer 1, 3 bis 14 und 16" ersetzt.

Artikel 3
Änderung des Allgemeinen Kriegsfolgengesetzes

Das Allgemeine Kriegsfolgengesetz in der im Bundesgesetzblatt Teil III, Gliederungsnummer 653-1, veröffentlichten bereinigten Fassung, das zuletzt durch Artikel 127 der Verordnung vom 31. Oktober 2006 (BGBl. I S. 2407) geändert worden ist, wird wie folgt geändert:

1. § 88 wird wie folgt geändert:
   a) In Absatz 3 Satz 2 werden die Wörter „Gesetzes betreffend die gemeinsamen Rechte der Besitzer von Schuldverschreibungen vom 4. Dezember 1899 (Reichsgesetzbl. S. 691) in der Fassung des Gesetzes vom 14. Mai 1914 (Reichsgesetzbl. S. 121), der Verordnung vom 24. September 1932 (Reichsgesetzbl. I S. 447) und des Gesetzes vom 20. Juli 1933 (Reichsgesetzbl. I. S. 523)" durch die Wörter „Schuldverschreibungsgesetzes vom ... [einsetzen: Ausfertigungsdatum und Fundstelle dieses Gesetzes]" ersetzt.
   b) Absatz 5 wird wie folgt geändert:
      aa) In Satz 1 werden die Wörter „Gesetzes betreffend die gemeinsamen Rechte der Besitzer von Schuldverschreibungen" durch das Wort „Schuldverschreibungsgesetzes" ersetzt.
      bb) In Satz 2 werden die Wörter „§ 11 Abs. 2 des Gesetzes betreffend die gemeinsamen Rechte der Besitzer von Schuldverschreibungen" durch die Wörter „§ 5 Absatz 4 Satz 2 des Schuldverschreibungsgesetzes" ersetzt.
2. § 89 wird wie folgt geändert:
   a) In Absatz 1 wird die Absatzbezeichnung „(1)" gestrichen und die Wörter „Gesetzes betreffend die gemeinsamen Rechte der Besitzer von Schuldverschreibungen" werden durch das Wort „Schuldverschreibungsgesetzes" ersetzt.
   b) Die Absätze 2 und 3 werden aufgehoben.
3. In § 90 Absatz 1 werden die Wörter „des nach § 9 des Gesetzes betreffend die gemeinsamen Rechte der Besitzer von Schuldverschreibungen aufgenommenen Protokolls und seiner Anlagen" durch die Wörter „der nach § 16 Absatz 3 des Schuldverschreibungsgesetzes aufgenommenen Niederschrift" ersetzt.

Artikel 4
Änderung des Wertpapierhandelsgesetzes

Das Wertpapierhandelsgesetz in der Fassung der Bekanntmachung vom 9. September 1998 (BGBl. I S. 2708), das zuletzt durch ... (BGBl. I S. ...) geändert worden ist, wird wie folgt geändert:
1. Die Inhaltsübersicht wird wie folgt geändert:

Gesetzesentwurf der Bundesregierung **Anhang II**

a) Die Überschrift des Abschnitts 6 wird wie folgt gefasst:
b) Die Angabe zu § 37a wird wie folgt gefasst: „§ 37a (weggefallen)".
2. Die Überschrift des Abschnitts 6 wird wie folgt gefasst:
„**Abschnitt 6 Verhaltenspflichten, Organisationspflichten, Transparenzpflichten**".
3. Dem § 30b Absatz 2 wird folgender Satz angefügt: „Absatz 1 Satz 2 gilt entsprechend."
4. § 34 wird wie folgt geändert:
a) Nach Absatz 2 werden folgende Absätze 2a und 2b eingefügt: „(2a) Ein Wertpapierdienstleistungsunternehmen muss über jede Anlageberatung ein schriftliches Protokoll anfertigen. Das Protokoll ist von demjenigen zu unterzeichnen, der die Anlageberatung durchgeführt hat; eine Ausfertigung ist dem Kunden unverzüglich nach Abschluss der Anlageberatung, jedenfalls vor einem auf der Beratung beruhenden Geschäftsabschluss, in Papierform oder auf einem anderen dauerhaften Datenträger zur Verfügung zu stellen. Wählt der Kunde für Anlageberatung und Geschäftsabschluss Kommunikationsmittel, die die Übermittlung des Protokolls vor dem Geschäftsabschluss nicht gestatten, kann der Geschäftsabschluss auf ausdrücklichen Wunsch des Kunden vor Erhalt des Protokolls erfolgen, wenn die Beratung mit Zustimmung des Kunden technisch aufgezeichnet worden ist oder der Kunde ausdrücklich auf eine solche Aufzeichnung verzichtet. (2b) Der Kunde kann von dem Wertpapierdienstleistungsunternehmen die Herausgabe einer Ausfertigung des Protokolls nach Absatz 2a verlangen."
b) In Absatz 4 werden die Wörter „nach den Absätzen 1 und 2" durch die Wörter „nach den Absätzen 1 bis 2a" ersetzt.
5. § 37a wird aufgehoben.
6. Nach § 39 Absatz 2 Nummer 19 werden die folgenden Nummern 19a und 19b eingefügt: „19a. entgegen § 34 Absatz 2a Satz 1 in Verbindung mit einer Rechtsverordnung nach § 34 Absatz 4 Satz 1 ein Protokoll nicht, nicht richtig, nicht vollständig oder nicht rechtzeitig anfertigt, 19b. entgegen § 34 Absatz 2a Satz 2 eine Ausfertigung des Protokolls nicht, nicht vollständig, nicht in der vorgeschriebenen Weise oder nicht rechtzeitig zur Verfügung stellt,".
7. § 43 wird wie folgt gefasst:
„**§ 43 Übergangsregelung für die Verjährung von Ersatzansprüchen nach § 37a**
§ 37a in der bis zum … [einsetzen: Datum des Tages vor Inkrafttreten dieses Gesetzes] geltenden Fassung ist auf Ansprüche anzuwenden, die in der Zeit vom 1. April 1998 bis zum Ablauf des … [einsetzen: Datum des Tages vor Inkrafttreten dieses Gesetzes] entstanden sind."

Artikel 5
Änderung des Depotgesetzes

Dem § 1 Absatz 1 des Depotgesetzes in der Fassung der Bekanntmachung vom 11. Januar 1995 (BGBl. I S. 34), das zuletzt durch … des Gesetzes vom … (BGBl. I S. …) geändert worden ist, wird folgender Satz angefügt:
„Wertpapiere im Sinne dieses Gesetzes sind auch Namensschuldverschreibungen, soweit sie auf den Namen einer Wertpapiersammelbank ausgestellt wurden."

Anhang II Gesetzesentwurf der Bundesregierung

Artikel 6
Änderung des Pfandbriefgesetzes

§ 30 des Pfandbriefgesetzes vom 22. Mai 2005 (BGBl. I S. 1373), das zuletzt durch ... (BGBl. I S. ...) geändert worden ist, wird wie folgt geändert:
1. Absatz 7 wird aufgehoben.
2. Der bisherige Absatz 8 wird Absatz 7.

Artikel 7
Änderung der Wertpapierdienstleistungs-Verhaltens- und Organisationsverordnung

§ 14 Absatz 6 der Wertpapierdienstleistungs-Verhaltens- und Organisationsverordnung vom 20. Juli 2007 (BGBl. I S. 1432, die zuletzt durch Artikel ... (BGBl. I S. ...) geändert worden ist, wird wie folgt gefasst:
„(6) Das Protokoll nach § 34 Absatz 2a Satz 1 des Wertpapierhandelsgesetzes hat insbesondere vollständige Angaben zu enthalten über
1. den Anlass der Anlageberatung,
2. die Dauer des Beratungsgesprächs,
3. die der Beratung zugrunde liegenden Informationen über die persönliche Situation des Kunden, einschließlich der nach § 31 Absatz 4 Satz 1 des Wertpapierhandelsgesetzes einzuholenden Informationen, sowie über die Finanzinstrumente und Wertpapierdienstleistungen, die Gegenstand der Anlageberatung sind,
4. die vom Kunden im Zusammenhang mit der Anlageberatung geäußerten wesentlichen Anliegen und deren Gewichtung,
5. die im Verlauf des Beratungsgesprächs erteilten Empfehlungen und die für diese Empfehlungen maßgeblichen Gründe.
Im Falle des § 34 Absatz 2a Satz 3 ist in dem Protokoll außerdem der ausdrückliche Wunsch des Kunden zu vermerken, einen Geschäftsabschluss auch vor Erhalt des Protokolls zu tätigen oder auf eine technische Aufzeichnung zu verzichten."

Artikel 8
Inkrafttreten; Außerkrafttreten

Dieses Gesetz tritt am Tag nach der Verkündung in Kraft. Gleichzeitig treten das Gesetz betreffend die gemeinsamen Rechte der Besitzer von Schuldverschreibungen in der im Bundesgesetzblatt Teil III, Gliederungsnummer 4134-1, veröffentlichten bereinigten Fassung, das zuletzt durch Artikel 53 des Gesetzes vom 5. Oktober 1994 (BGBl. I S. 2911) geändert worden ist, und das Gesetz über die Anwendung von Vorschriften des Gesetzes betreffend die gemeinsamen Rechte der Besitzer von Schuldverschreibungen in der im Bundesgesetzblatt Teil III, Gliederungsnummer 4134-1-1, veröffentlichten bereinigten Fassung außer Kraft.

Gesetzesentwurf der Bundesregierung **Anhang II**

Begründung

A. Allgemeiner Teil

1. Gesetz über Schuldverschreibungen aus Gesamtemissionen. Das Gesetz betreffend die gemeinsamen Rechte der Besitzer von Schuldverschreibungen vom 4. Dezember 1899 (SchVG von 1899) ist seit seinem Inkrafttreten bis heute im Wesentlichen unverändert geblieben. Es regelt, wie die Gläubiger einer Anleihe zur Sanierung oder in der Insolvenz des Schuldners durch Mehrheitsentscheidung auf die verbrieften Rechte einwirken können. Eine solche Regelung ist nach wie vor unverzichtbar. Ohne das gesetzlich vorgesehene Mehrheitsprinzip müssten die Anleihegläubiger stets einstimmig entscheiden, um die erforderliche inhaltliche Gleichartigkeit der Schuldverschreibungen zu wahren. Einstimmigkeit wäre jedoch praktisch niemals erreichbar. Das Mehrheitsprinzip schafft mithin die Voraussetzungen dafür, dass die Anleihegläubiger in der Krise des Schuldners einen Beitrag zu dessen Sanierung leisten können. In tatsächlicher Hinsicht ist davon auszugehen, dass die Häufigkeit von Sanierungsfällen bei Anleiheschuldnern in Zukunft mit der wachsenden Bedeutung des Anleihenmarkts insbesondere für den Mittelstand zunehmen wird.

Dennoch hat das SchVG von 1899 in der Vergangenheit kaum nennenswerte praktische Bedeutung erlangt. Dafür sind vor allem drei Gründe zu nennen. Erstens ist das Gesetz nur anwendbar, wenn der Schuldner seinen Sitz im Inland hat. Heute weithin übliche Gestaltungen, bei denen eine im Ausland ansässige Finanzierungsgesellschaft als Schuldner eingesetzt wird, werden somit nicht erfasst. Die beiden anderen Gründe betreffen den geringen Umfang der Gläubigerrechte. So erlaubt das SchVG von 1899 zweitens eine Aufgabe oder Beschränkung der Rechte der Gläubiger nur „zur Abwendung einer Zahlungseinstellung oder des Insolvenzverfahrens" über das Vermögen des Schuldners. Für eine sinnvolle Sanierung des Schuldners ist es aber häufig schon zu spät, wenn die Insolvenz unmittelbar bevorsteht. Als zu eng haben sich drittens auch die Befugnisse der Gläubiger erwiesen. Nach dem SchVG von 1899 kommt nur eine Ermäßigung der Zinsen und eine Stundung der Hauptforderung in Betracht, befristet zudem auf drei Jahre. Ein Verzicht auf die Hauptforderung ist jedoch ausgeschlossen. Das genügt ersichtlich nicht, wenn andere Gläubiger aus wirtschaftlichen Gründen ebenfalls auf Teile ihrer Forderungen verzichten müssen.

Daneben entsprechen auch die verfahrensrechtlichen Vorgaben des SchVG von 1899 nicht mehr den Gegebenheiten. So ist etwa das Erfordernis, die Schuldverschreibungen vor der Teilnahme an der Gläubigerversammlung zu hinterlegen, im Regelfall überholt, da Schuldverschreibungen heute üblicherweise in Sammelurkunden verbrieft sind, die von einem Zentralverwahrer verwahrt werden. Aber auch die Gläubigerversammlung bedarf dringend einer Anpassung an eine zunehmend internationale Anlegerschaft und neue, insbesondere elektronische, Kommunikationsformen.

Der vorliegende Entwurf will diese Schwächen des geltenden Rechts beseitigen. Dabei wird nicht verkannt, dass sich bei internationalen Anleihen, die der freien Rechtswahl unterliegen, weltweit eine eindeutige Vormachtstellung des angloamerikanischen Vertragsrechts herausgebildet hat. Dem kann offenbar allein mit dem Hinweis auf die im deutschen Recht geltende Vertragsfreiheit nicht begegnet werden. Als Hemmschuh für die internationale Konkurrenzfähigkeit des deutschen Rechts auf diesem Gebiet wird insbesondere die Möglichkeit einer

365

Anhang II

richterlichen Inhaltskontrolle von Anleihebedingungen nach den Vorschriften über allgemeine Geschäftsbedingungen in § 305 ff. des Bürgerlichen Gesetzbuchs (BGB) genannt.

Die Frage, ob Anleihebedingungen als Allgemeine Geschäftsbedingungen (AGB) anzusehen sind und einer richterlichen Inhaltskontrolle unterliegen, ist umstritten. Der Bundesgerichtshof (BGH) hat entschieden, dass Anleihebedingungen von Inhaberschuldverschreibungen nicht in den Anwendungsbereich des § 2 Absatz 1 des Gesetzes über allgemeine Geschäftsbedingungen (jetzt: § 305 Absatz 2 BGB) fallen, mit der Folge, dass eine Einbeziehungskontrolle insofern nicht stattfindet (BGH, Urteil vom 28. Juni 2005, XI ZR 363/04, BGHZ 163, 311). Zu der Frage, ob Anleihebedingungen einer AGB-rechtlichen Inhaltskontrolle unterliegen und ob eine solche durch die Richtlinie 93/13/EWG geboten ist, hat sich der BGH in seiner Entscheidung nicht geäußert. Da bisher nicht verbindlich geklärt ist, ob die Richtlinie 93/13/EWG des Rates vom 5. April 1993 über missbräuchliche Klauseln in Verbraucherverträgen (ABl. L 95, S. 29) auf Anleihebedingungen von Schuldverschreibungen anwendbar ist, wird von einer besonderen Regelung der Frage, ob eine AGB-Kontrolle von Anleihebedingungen nach § 305 ff. BGB stattfindet, abgesehen. Die Bundesregierung wird versuchen, im Zuge der Beratungen zu dem von der Europäischen Kommission am 8. Oktober 2008 vorgelegten Vorschlag für eine Richtlinie über Rechte der Verbraucher (Ratsdokument Nr. 14183/08), der im Wesentlichen die Gegenstände von vier bisherigen Richtlinien, darunter auch die Richtlinie 93/13/EWG, zusammenfasst und fortentwickelt, auf eine genauere Bestimmung des Anwendungsbereichs der Richtlinie, insbesondere auch mit Blick auf Anleihebedingungen, hinzuwirken.

Unabhängig von dieser Grundsatzfrage wird im Entwurf jedoch ein spezialgesetzliches Transparenzgebot für Anleihebedingungen hinsichtlich des Leistungsversprechens des Emittenten vorgesehen, insbesondere im Hinblick auf die teils hochkomplexen Bedingungen von sogenannten strukturierten Anleihen. Hier hat sich gerade in der Finanzmarktkrise gezeigt, dass vielen Anlegern die Risiken aus diesen Produkten nicht hinreichend verständlich waren, weil sie anhand der Anleihebedingungen nicht nachvollziehen konnten, unter welchen Voraussetzungen und in welchem Umfang sich das Leistungsversprechen des Emittenten vermindert.

Den Bedürfnissen der internationalen Kapitalmärkte nach Rechtssicherheit wird dadurch Rechnung getragen, dass in Abschnitt 2 zwingende Mindestanforderungen an Regelungen in Anleihebedingungen zu Mehrheitsentscheidungen von Gläubigern festgelegt werden. Damit wird gesetzlich klargestellt, dass entsprechende vertragliche Klauseln nicht zu beanstanden sind.

Die im SchVG von 1899 angelegten Regeln sollen weitreichend erneuert werden. In der Krise des Schuldners müssen die Gläubiger auf der Grundlage vollständiger und richtiger Informationen sowie in einem geordneten, fairen Verfahren möglichst rasch eine Entscheidung mit uU großer finanzieller Tragweite treffen. Diese Entscheidung sollen die Gläubiger selbst oder durch rechtsgeschäftlich bestellte Vertreter treffen. Dabei bedürfen sie keines übertriebenen Schutzes durch die gesetzliche Einschränkung ihrer Entscheidungsbefugnisse. Inhaltlich sind die Gläubiger in ihrer Entscheidung nach dem neuen Recht deshalb weitgehend frei. Gesetzlich muss aber ein möglichst ungehinderter Informationszugang gewährleistet sein sowie ein transparentes Verfahren, das keine unnötigen Hürden aufrichtet. Insbesondere zur Beschaffung von Informationen und zur Vorbereitung einer

Entscheidung können die Gläubiger mit Mehrheit einen gemeinsamen Vertreter für alle Gläubiger bestimmen. Ihre Entscheidungen treffen die Gläubiger nach dem gesetzlichen Leitbild wie bisher in einer Versammlung. Das Recht der Gläubigerversammlung wird jedoch erneuert und im Wesentlichen dem modernen Recht der Hauptversammlung bei der Aktiengesellschaft nachgebildet. Daneben wird die Möglichkeit einer Beschlussfassung ohne Versammlung eröffnet, um die vielfach zu schwerfällige Präsenzversammlung – besonders im Wiederholungsfall – zu ersparen. Gesetzlich geschützt werden müssen diejenigen Gläubiger, die an Abstimmungen nicht teilnehmen können. Verfahrensrechtlich muss deshalb sichergestellt werden, dass möglichst viele Gläubiger rechtzeitig erreicht und in die Lage versetzt werden, an der Entscheidung mitzuwirken. Der notwendige Minderheitenschutz soll durch Kombination gesetzlicher Mehrheitserfordernisse für die Beschlussfassung sowie durch individuellen Rechtsschutz gewährt werden.

Schuldverschreibungen werden regelmäßig langfristig begeben, üblich sind Laufzeiten von bis zu zehn Jahren. Während dieser – im Wirtschaftsleben langen – Zeit kann auch ohne eine Krise des Schuldners ein Bedürfnis für die Anpassung von Emissionsbedingungen entstehen, etwa weil für die Schuldverschreibung hingegebene Sicherheiten ausgetauscht, aus steuerlichen Gründen eine andere Finanzierungsgesellschaft als Schuldner eingesetzt oder die Schuldverschreibungen in Aktien desselben Unternehmens eingetauscht werden sollen. Solche Änderungen können durchaus im beiderseitigen Interesse von Schuldner und Gläubigern liegen. Da der Schuldner in der Praxis aber niemals alle Gläubiger für eine gemeinsame Änderungsvereinbarung erreichen könnte, ist es sinnvoll, die Möglichkeit von Mehrheitsentscheidungen der Gläubiger auch unabhängig vom Vorliegen einer Krise des Schuldners vorzusehen.

Anders als das SchVG von 1899 – das mit seinem engen Anwendungsbereich zwingend, dh auch ohne Regelungen in den Anleihebedingungen gilt – soll es künftig den Regelungen in den Anleihebedingungen überlassen bleiben, ob und in welchem Umfang der Schuldner von der Möglichkeit Gebrauch machen kann, eine Änderung der Anleihebedingungen durch Mehrheitsbeschluss anzustreben.

Die bisherige Geltungsbeschränkung des SchVG von 1899 auf Schuldner mit Sitz im Inland wird aufgehoben. Dadurch wird ua klargestellt, dass Umschuldungsklauseln (sogenannte Collective Action Clauses – CAC), die nach einem Beschluss der EU-Finanzminister in die Anleihebedingungen von Auslandsanleihen der Mitgliedstaaten aufgenommen werden sollen, nach deutschem Recht zulässig sind. Damit wird zugleich eine entsprechende Forderung der Group of Ten (G10) erfüllt. CACs sollen gewährleisten, dass die Anleihegläubiger bei einer Zahlungskrise des Schuldnerstaats zu dessen Sanierung einen finanziellen Beitrag leisten (können). Entsprechende Klauseln sind, soweit sie vom gesetzlichen Leitbild des Entwurfs nicht erheblich abweichen, nunmehr eindeutig auch nach deutschem Recht zulässig.

2. Verbesserung der Durchsetzbarkeit von Ansprüchen von Anlegern im Fall einer Falschberatung. Der Gesetzentwurf soll auch die Durchsetzbarkeit von Ansprüchen von Anlegern im Fall einer Falschberatung verbessern. Hierzu soll zum einen die Verjährung von Schadenersatzansprüchen wegen schuldhafter Verletzung von Beratungspflichten (§ 37a des Wertpapierhandelsgesetzes – WpHG) an die regelmäßige Verjährungsfrist nach § 195 ff. BGB angepasst werden. Denn teilweise kann ein Anleger erst nach Jahren erkennen, dass er nicht richtig beraten wurde. Es ist deshalb sachgerecht, für den Beginn der dreijährigen Verjährung an die Kenntnis des Anlegers anzuknüpfen.

Anhang II   Gesetzesentwurf der Bundesregierung

Zum anderen sollen die Aufzeichnungs- und Unterrichtungspflichten bei der Erbringung von Wertpapierdienstleistungen durch eine Ergänzung des § 34 WpHG verschärft werden. Zugleich wird dem Kunden ein zivilrechtlicher Herausgabeanspruch hinsichtlich der Aufzeichnungen des Wertpapierdienstleistungsunternehmens eingeräumt. Auf diese Weise wird für alle Beteiligten Klarheit über den Inhalt des Beratungsgesprächs geschaffen und der Anleger hat im Fall der Geltendmachung von Schadenersatzansprüchen wegen Falschberatung die erforderlichen Beweismittel zur Verfügung.

Es wurden ferner weitere kapitalmarktrechtliche Verjährungsvorschriften einer Überprüfung unterzogen. Der Bundesrat hat die Bundesregierung in seinen Stellungnahmen zum Entwurf eines Gesetzes zur Verbesserung des Anlegerschutzes vom 11. Juni 2004 (Bundesratsdrucksache 341/04) sowie zum Entwurf eines Gesetzes zur Anpassung von Verjährungsvorschriften an das Gesetz zur Modernisierung des Schuldrechts vom 9. Juli 2004 (Bundesratsdrucksache 436/04) aufgefordert zu prüfen, ob die kapitalmarktrechtlichen Verjährungsvorschriften in den §§ 37a, 37b Absatz 4, § 37c Absatz 4, § 37d Absatz 4 Satz 2 WpHG aF, § 46 des Börsengesetzes (BörsG), § 127 Absatz 5 des Investmentgesetzes (InvG) und § 3 Absatz 3 des Einlagensicherungs- und Anlegerentschädigungsgesetzes (EAEG) an die allgemeine zivilrechtliche Verjährung in § 195 ff. BGB angepasst werden können.

Eine Anpassung der kapitalmarktrechtlichen Verjährungsfristen an die regelmäßige Verjährung ist nur zum Teil vorzunehmen. In jedem Fall ist es sachgerecht, dass Schadenersatzansprüche wegen schuldhafter Verletzung von Beratungspflichten (§§ 37a, 37d WpHG aF) wegen ihrer Ähnlichkeit mit anderen Schadenersatzansprüchen aus fehlerhafter Beratung regelmäßig nach § 195 ff. BGB verjähren. § 37d WpHG aF ist deshalb bereits durch Artikel 1 Nummer 30 des Finanzmarktrichtlinie-Umsetzungsgesetzes vom 16. Juli 2007 (BGBl. I S. 1330) mit Wirkung zum 1. November 2007 aufgehoben worden. Die Anpassung der Verjährung bei Entschädigungsansprüchen nach § 3 EAEG soll im Rahmen eines anderen Gesetzes erfolgen. Für Ansprüche nach dem WpHG sind Übergangsregelungen nicht erforderlich, da die allgemeine Verjährungsregelung für Verbraucher günstiger ist.

In den übrigen Fällen bleibt dagegen die kurze Verjährungsfrist von einem Jahr bzw. maximal drei Jahren erhalten. Für Schadenersatzansprüche wegen falscher oder unterlassener Ad-hoc-Mitteilungen (§§ 37b und 37c WpHG) sowie wegen unrichtiger Börsen- oder Verkaufsprospekte (§ 46 BörsG und § 127 Absatz 5 InvG) gelten zugunsten des Anlegers erhebliche Beweiserleichterungen. Der Schuldner muss in diesen Fällen zu seiner Entlastung nachweisen, dass ihm die falsche Kapitalmarktinformation nicht bekannt war und diese Unkenntnis nicht auf grober Fahrlässigkeit beruhte. Ebenso obliegt ihm der Beweis, ob der Anspruchsteller die Unrichtigkeit oder Unvollständigkeit der Information bei Abschluss der Kapitalmarkttransaktion kannte. Durch diese Beweiserleichterungen wird eine im Vergleich zu anderen Haftungsgrundlagen erhebliche Besserstellung des Anspruchstellers geschaffen. Die erleichterte Durchsetzung der Ansprüche der Anleger bildet nur bei einer Beibehaltung der kurzen Verjährungsregelungen ein ausgewogenes Haftungsregime. Zu diesen Erwägungen tritt hinzu, dass im Bereich des Kapitalmarktes aufgrund der zunehmenden Volatilität der Preise von Finanzinstrumenten und der schnell abnehmenden Bedeutung von Kapitalmarktinformationen für die Kursentwicklung auch seitens der Emittenten und deren Organmitgliedern ein berechtigtes Interesse an frühzeitiger Rechtssicherheit hinsichtlich der möglichen Haftungs- und Rückgewähransprüche besteht.

Gesetzesentwurf der Bundesregierung **Anhang II**

3. Bezüge zum Recht der Europäischen Union. Über den in Abschnitt 1 genannten Bezug zur Richtlinie 93/13/EWG des Rates vom 5. April 1993 über missbräuchliche Klauseln in Verbraucherverträgen (ABl. L 95, S. 29) hinaus hat der Entwurf auch Bezug zur Richtlinie 2004/109/EG des Europäischen Parlaments und des Rates vom 15. Dezember 2004 zur Harmonisierung der Transparenzanforderungen in Bezug auf Informationen über Emittenten, deren Wertpapiere zum Handel auf einem geregelten Markt zugelassen sind, und zur Änderung der Richtlinie 2001/34/EG (Transparenzrichtlinie) insoweit, als Artikel 18 dieser Richtlinie – der Informationspflichten der Emittenten von Schuldtiteln, die zum Handel an einem geregelten Markt zugelassen sind, enthält – auch gewisse Regelungen im Zusammenhang mit einer Gläubigerversammlung enthält. Artikel 18 der Transparenzrichtlinie wurde in den §§ 30a bis 30g WpHG umgesetzt. Diese Vorschriften bleiben durch die Regelungen dieses Entwurfs unberührt, was in § 11 SchVG-E hinsichtlich des Ortes der Gläubigerversammlung klargestellt wird. Durch den Verweis in § 17 Absatz 1 Satz 2 zweiter Halbsatz SchVG-E auf § 30e Absatz 1 WpHG sowie die Ergänzung des § 30b Absatz 2 WpHG wird sichergestellt, dass es keine Verdoppelung von Veröffentlichungspflichten gibt.

Soweit § 34 WpHG – der Vorgaben der Wertpapierdienstleistungsrichtlinie bzw. der Richtlinie über Märkte für Finanzinstrumente umsetzt – im Hinblick auf die Protokollierungspflicht ergänzt wird, werden dadurch die geltenden Regelungen lediglich konkretisiert.

4. Gesetzgebungszuständigkeit des Bundes. Die Gesetzgebungszuständigkeit des Bundes ergibt sich aus Artikel 74 Absatz 1 Nummer 11 des Grundgesetzes (Recht der Wirtschaft). Der Bund hat durch Änderung des Gesetzes betreffend die gemeinsamen Rechte der Besitzer von Schuldverschreibungen bereits in der Vergangenheit von seiner konkurrierenden Gesetzgebungszuständigkeit Gebrauch gemacht. Eine bundeseinheitliche Regelung ist auch weiterhin erforderlich, um eine Zersplitterung der Rechtsverhältnisse im Interesse der Märkte zu vermeiden.

5. Finanzielle Auswirkungen. Das Gesetz wird weder für den Bund noch für die Länder und Gemeinden Haushaltsausgaben mit oder ohne Vollzugsaufwand mit sich bringen. Zwar wird die Bundesanstalt für Finanzdienstleistungsaufsicht auch die neuen Anforderungen nach § 34 WpHG hinsichtlich der Protokollierung des Beratungsgesprächs überwachen. Bei den Änderungen des § 34 WpHG handelt es sich aber lediglich um eine Konkretisierung der bestehenden generellen Aufzeichnungspflicht nach § 34 Absatz 1 WpHG, die bisher schon überwacht wird. Ein gesonderter Vollzugsaufwand ist daher nicht feststellbar.

Auswirkungen auf Kosten und Preise sind nicht zu erwarten. Für die Wirtschaft entstehen aus der Änderung des § 34 WpHG die unter den Bürokratiekosten dargestellten Kosten. Daraus lassen sich jedoch keine Auswirkungen auf das Preisniveau, insbesondere auf das Verbraucherpreisniveau, spezifizieren.

6. Bürokratiekosten. In § 12 Absatz 3 und in § 17 Absatz 2 SchVG-E wird jeweils eine neue Informationspflicht begründet. Nach § 12 Absatz 3 hat der Schuldner von Schuldverschreibungen die Einberufung der Gläubigerversammlung und die Bedingungen zur Teilnahme und Stimmrechtsausübung im Internet unter seiner Adresse den Gläubigern zugänglich zu machen. Nach § 17 Absatz 2 hat er die Beschlüsse der Gläubiger sowie, wenn ein Gläubigerbeschluss die Anleihebedingungen ändert, den Wortlaut der ursprünglichen Anleihebedingungen im Internet unter seiner Adresse der Öffentlichkeit zugänglich zu machen. Die

369

Anhang II
Gesetzesentwurf der Bundesregierung

Informationspflichten dienen dem Schutz der Gläubiger. Die Belastung der Wirtschaft liegt jeweils unter 100 000 Euro pro Jahr.

Die Bekanntmachungspflichten in § 12 Absatz 2 und in § 17 Absatz 1 SchVG-E begründen dagegen keine neuen Informationspflichten, da entsprechende Bekanntmachungspflichten bereits in § 6 Absatz 1 bzw. in § 12 Absatz 2 des SchVG von 1899 enthalten sind. Die Kostenbelastung für die Unternehmen verringert sich sogar durch die Neuregelung, da das SchVG von 1899 jeweils eine Bekanntmachung im Print-Bundesanzeiger sowie in weiteren Blättern vorschreibt, das neue Gesetz dagegen eine kostengünstigere Bekanntmachung im elektronischen Bundesanzeiger. Da es aber kaum Gläubigerversammlungen nach dem SchVG von 1899 gab, fällt diese Entlastung nicht ins Gewicht.

Die Änderung des WpHG konkretisiert die generelle Aufzeichnungspflicht nach § 34 Absatz 1 WpHG, die alle Wertpapierdienstleistungen betrifft, für den Bereich der Anlageberatung. Es wird ein Protokoll über das Beratungsgespräch verlangt, das eine Kontrolle des Gesprächshergangs durch die Aufsichtsbehörde ermöglicht. Damit wird eine neue Informationspflicht für die Wirtschaft in § 34 Absatz 2a WpHG eingeführt, die in der Wertpapierdienstleistungs-Verhaltensund Organisationsverordnung (WpDVer-OV) wiederum konkretisiert wird.

Die Kosten der Informationspflicht belaufen sich auf 50 133 333 Euro. Die Kosten werden maßgeblich durch die hohe Fallzahl beeinflusst (acht Millionen, diese Fallzahl ergibt sich aus den Daten der Bestandsmessung). Bei der Berechnung der Standardkosten nach der Zeitwerttabelle wurde für die Zeitmessung eine einfache Tätigkeit angenommen, für den Lohnsatz aber der Stundensatz für mittlere Komplexität verwendet. Damit wurde der Tatsache Rechnung getragen, dass das Protokoll in der Regel vom Berater selbst angefertigt wird.

Weitere Informationspflichten für die Wirtschaft, die Verwaltung oder Bürger werden weder eingeführt, geändert noch abgeschafft.

7. Auswirkungen von gleichstellungspolitischer Bedeutung. Auswirkungen von gleichstellungspolitischer Bedeutung sind nicht zu erwarten.

8. Gesetzesfolgen. Ziel des Gesetzentwurfs ist zum einen, bei nach deutschem Recht begebenen Schuldverschreibungen Rechtssicherheit für die Verwendung international üblicher Klauseln in Anleihebedingungen für Mehrheitsentscheidungen durch eine Gläubigerversammlung unter gleichzeitiger Festlegung von Mindeststandards zum Schutz der Schuldverschreibungsgläubiger zu schaffen. Zum anderen soll der Anlegerschutz gestärkt werden, indem Anforderungen an die Risikotransparenz von Anleihebedingungen gestellt werden und indem die Durchsetzbarkeit von Ansprüchen von Anlegern aus Falschberatung dadurch verbessert wird, dass die bisherige kurze Sonderverjährungsfrist bei solchen Ansprüchen entfällt und dass strengere Anforderungen an die Dokumentation des Beratungsgesprächs gestellt werden.

Alternativen zu den vorgeschlagenen gesetzgeberischen Maßnahmen bestehen nicht. Eine Erledigung oder Übertragung der vorgeschlagenen Maßnahmen auf Private scheidet aus. Das Gleiche gilt für Möglichkeiten der Selbstverpflichtung oder Selbstbeschränkung, da zum Zwecke von Gläubiger- und Anlegerschutz verbindliche Vorgaben erforderlich sind. Ebenso bieten sich für die vorgeschlagenen Gesetzesänderungen keine Befristungen an, da nicht ersichtlich ist, dass der dem Entwurf zugrunde liegende Regelungsbedarf ganz oder teilweise in absehbarer Zeit entfallen könnte.

Gesetzesentwurf der Bundesregierung **Anhang II**

Die Bundesregierung prüft laufend, ob die beabsichtigten Wirkungen dieses Gesetzes erreicht worden sind und ob etwaige Kosten, die dieser Gesetzentwurf auslöst, in einem angemessenen Verhältnis zu den Ergebnissen des Gesetzentwurfs stehen und ob und welche unbeabsichtigten Nebenwirkungen eingetreten sind. Sie wird, soweit erforderlich, rechtzeitig die hieraus resultierenden erforderlichen Maßnahmen ergreifen.

B. Besonderer Teil

Zu Artikel 1. (Gesetz über Schuldverschreibungen aus Gesamtemissionen)

Zu § 1. (Anwendungsbereich)

Der sachliche Anwendungsbereich des Gesetzes wird bestimmt durch den Begriff der Gesamtemission (vgl. § 151 des Strafgesetzbuchs). Gesamtemissionen werden üblicherweise eingeteilt in Teilschuldverschreibungen einer bestimmten Stückelung (Schuldverschreibungen). Die Schuldverschreibungen aus einer Gesamtemissionen, auf die das Gesetz abzielt, sind notwendig inhaltsgleich, weil sie auf denselben Bedingungen beruhen und weil in den Bedingungen gleiche Rechte für alle Schuldverschreibungen vorgesehen sind. Sie sind deshalb untereinander austauschbar. Das SchVG von 1899 sprach von Schuldverschreibungen, welche den Gläubigern „gleiche Rechte" gewähren. Für die Anwendung des Gesetzes kommt es dagegen auf die Art der Verbriefung nicht an. Die Schuldverschreibungen können – wie heute üblich – in einer Sammelurkunde verbrieft sein (§ 9a des Depotgesetzes) oder in Einzelurkunden. Auch die Kombination ist innerhalb einer Emission möglich. Die unterschiedliche Verbriefung ändert nichts an der rechtlichen Gleichartigkeit der Schuldverschreibungen. Unerheblich ist auch, von wem, in welcher Form und wo die Urkunden verwahrt werden und ob der Anspruch auf Auslieferung einzelner Wertpapiere besteht oder ob er nach dem zugrunde liegenden Rechtsverhältnis ausgeschlossen ist (§ 9a Absatz 3 des Depotgesetzes). Nicht erfasst werden einzeln verbriefte Forderungen nach dem Leitbild von § 793 ff. BGB.

Durch die Formulierung „nach deutschem Recht begebene" Schuldverschreibungen wird klargestellt, dass der Geltungsbereich anders als beim SchVG von 1899 nicht auf Schuldner mit Sitz im Inland beschränkt ist.

Das Gesetz gilt für alle Arten von Schuldverschreibungen, dh auch zB für als Schuldverschreibungen begebene Zertifikate oder Optionen. Nach Absatz 2 sind jedoch Pfandbriefe nach dem Pfandbriefgesetz vom 22. Mai 2005 (BGBl. I S. 1373) vom Anwendungsbereich ausgenommen. Das Pfandbriefgesetz beruht auf einem eigenständigen Regelungskonzept und sieht besondere gesetzliche Abwicklungsmechanismen vor. Mehrheitsentscheidungen der Pfandbriefgläubiger sind darin zwar nicht vorgesehen, sie sind aber auch nicht erforderlich. Insbesondere werden Pfandbriefgläubiger von einer Insolvenz der Pfandbriefbank insofern nicht betroffen, als die Deckungswerte nicht in die Insolvenzmasse fallen. Zur kommissarischen Verwaltung der Deckungsmasse wird ein von der staatlichen Aufsicht bestellter Sachwalter eingesetzt. Vor diesem Hintergrund wird auch kein Bedürfnis erkennbar, die Anleihebedingungen eines gedeckten Pfandbriefs während der Laufzeit zu ändern. Gleiches gilt für Schuldverschreibungen, deren Schuldner der Bund, ein Sondervermögen des Bundes, ein Land oder eine Gemeinde ist; insbesondere weil diese Schuldner nicht insolvenzfähig sind, besteht hier kein Bedürfnis, die Anleihebedingungen während der Laufzeit dieser Schuldverschreibungen zu ändern. Auch von der öffentlichen Hand – wie etwa vom

Anhang II Gesetzesentwurf der Bundesregierung

Finanzmarktstabilisierungsfonds – garantierte Schuldverschreibungen sind vom Anwendungsbereich ausgenommen.

Zu § 2. (Anleihebedingungen)

Satz 1 definiert den Begriff der Anleihebedingungen für die Zwecke dieses Gesetzes und bestimmt, dass sich die Anleihebedingungen grundsätzlich aus der Urkunde ergeben müssen. Damit geht das Gesetz vom traditionellen wertpapierrechtlichen Leitbild einer umlauffähigen Urkunde aus, aus der sich der Inhalt des verbrieften Rechts vollständig ergeben muss (Skripturprinzip). Satz 2 sieht aber eine praktisch bedeutsame Ausnahme von diesem Grundsatz vor, soweit die Urkunde nicht zum Umlauf bestimmt ist. Das ist heute bei Schuldverschreibungen der Regelfall, insbesondere soweit sie in einer Sammelurkunde verbrieft sind. In diesem Fall kann in der Sammelurkunde auf außerhalb der Urkunde niedergelegte Anleihebedingungen verwiesen werden. Bei zentral verwahrten Sammelurkunden entspricht dies bereits der Praxis. Satz 3 bestätigt das allgemeine Skripturprinzip, indem er anordnet, dass zu jeder wirksamen Änderung des Inhalts einer Sammelurkunde oder der ihr angehängten Anleihebedingungen durch Rechtsgeschäft nach Abschnitt 2 des Gesetzes (vgl. die Begründung zu § 3) die Urkunde oder der für sie maßgebende Text der Anleihebedingungen geändert oder ergänzt werden muss (hierfür reicht es gemäß § 21 aus, dass der in der Niederschrift dokumentierte, die Anleihebedingungen ändernde oder ergänzende Beschluss der Urkunde oder ein in Bezug genommenen Anleihebedingungen beigefügt wird). Im Interesse der Rechtssicherheit sollten die maßgebenden Urkunden und Texte den aktuellen Inhalt des Rechts stets richtig wiedergeben.

Zu § 3. (Transparenz des Leistungsversprechens)

Nach dieser Vorschrift müssen die Anleihebedingungen eine eindeutige und klare Ermittlung des Leistungsversprechens des Emittenten ermöglichen. Die Finanzmarktkrise hat gezeigt, dass eine solche eindeutige Bestimmung bei manchen Schuldverschreibungen, wie etwa den sogenannten Kettenverbriefungen oder einigen Basket-Zertifikaten, selbst für professionelle Anleger schwierig ist. Die Anleihebedingungen müssen so gefasst sein, dass ein bezüglich der jeweiligen Schuldverschreibung sachkundiger Anleger diese Ermittlung vornehmen kann. Allgemein erwartbare Vorkenntnisse des jeweiligen Adressatenkreises können bei der Abfassung der Bedingungen berücksichtigt werden. Unter gegebenen Voraussetzungen können so auch sehr komplizierte Bedingungen rechtlich zulässig sein, soweit sie erkennbar an einen Anlegerkreis gerichtet sind, der über entsprechende Kenntnisse verfügt, weil er sich zB auf bestimmte Investitionen in risikoreiche Schuldtitel spezialisiert hat. Damit soll dem Umstand Rechnung getragen werden, dass sehr komplexe Zusammenhänge auch oder gerade bei sehr präziser Beschreibung nicht ausreichend vorgebildeten Anlegern häufig unverständlich bleiben. Diese relative Unverständlichkeit komplexer Anleihebedingungen darf aber kein Wesensmerkmal der modernen Anleiheprodukte sein. Für die jeweiligen Adressaten eines bestimmten Produkts müssen die Bedingungen nach deren durchschnittlichem Verständnishorizont durchschaubar sein.

Die Rechtsfolgen eines Verstoßes gegen das Transparenzgebot richten sich nach den allgemeinen Vorschriften. Dabei werden auch die konkreten Umstände des Einzelfalls zu berücksichtigen sein. Je nach Schwere des Verstoßes kommt dabei zB eine Auslegung der Anleihebedingungen, ein Anspruch aus § 311 Absatz 2 in Verbindung mit § 241 Absatz 2 BGB, oder eine Nichtigkeit wegen Verstoßes gegen ein gesetzliches Verbot (§ 134 BGB) in Betracht.

Gesetzesentwurf der Bundesregierung **Anhang II**

Zu § 4. (Kollektive Bindung)
Nach dem Grundsatz in Satz 1 können Bestimmungen in Anleihebedingungen während der Laufzeit der Anleihe durch Rechtsgeschäft nur nach Maßgabe der Vorschriften in Abschnitt 2 des Gesetzes oder – für den Fall, dass dem Schuldner alle Gläubiger bekannt sind – durch inhaltsgleichen Vertrag mit sämtlichen Gläubigern geändert werden. Die darin liegende Beschränkung der individuellen Rechtsmacht wird mit einem neuen Ausdruck als „kollektive Bindung" bezeichnet. Das SchVG von 1899 bezeichnet denselben Umstand in seiner Überschrift mit dem Ausdruck „gemeinsame Rechte". Dadurch kann jedoch der unrichtige Eindruck entstehen, dass es sich um zusätzliche Rechte handelt. Demgegenüber bringt der Begriff „Bindung" besser zum Ausdruck, dass in der Gemeinsamkeit zugleich eine Einschränkung individueller Rechte liegt. Die kollektive Bindung bewirkt, dass zweiseitige Vereinbarungen zwischen dem Schuldner und einzelnen Schuldverschreibungsgläubigern während der Laufzeit der Anleihe ausgeschlossen sind. Sie erfordert außerdem, dass der Schuldner die Gläubiger im Hinblick auf die der kollektiven Bindung unterliegenden Vertragsinhalte materiell gleich behandelt. Dies wird erstmals in Satz 2 ausdrücklich geregelt.

Ihre Rechtfertigung findet die kollektive Bindung in der zwecktauglichen Ausgestaltung von Schuldverschreibungen als fungiblen Wertpapieren. Ohne Sicherheit über die inhaltliche Austauschbarkeit aller Wertpapiere derselben Emission wäre die Funktionsfähigkeit des auf schnelle und anonyme Abwicklung des Massengeschäfts ausgerichteten Kapitalmarkts gefährdet (vgl. BGHZ 163, 311). Die gesetzliche Regelung beschränkt sich auf eine Aussage zur kollektiven Bindung im Hinblick auf rechtsgeschäftliche Änderungen von Anleihebedingungen. Ob auch mit gerichtlicher Hilfe einseitig herbeigeführte Inhaltsänderungen ausgeschlossen sind oder wie sich ihre Wirkungen ggf. verallgemeinern lassen, bleibt der zukünftigen Klärung durch die Rechtswissenschaft und die Gerichte überlassen. Da bisher nicht verbindlich geklärt ist, ob die Richtlinie 93/13/EWG des Rates vom 5. April 1993 über missbräuchliche Klauseln in Verbraucherverträgen (ABl. L 95, S. 29) und dementsprechend auch die Richtlinie 98/27/EG des Europäischen Parlaments und des Rates vom 19. Mai 1998 über Unterlassungsklagen zum Schutz der Verbraucherinteressen (ABl. L 166, S. 51) auf Anleihebedingungen von Schuldverschreibungen anwendbar ist, ist derzeit eine gesetzliche Regelung hierzu kaum möglich.

Die konkrete Reichweite der kollektiven Bindung kann durch den Gesetzgeber nicht abschließend bestimmt werden. Sie reicht jedenfalls so weit, wie es der mit ihr verfolgte Zweck gebietet. Zweck der kollektiven Bindung ist es, die rechtlich identische Ausgestaltung von Bestimmungen in Anleihebedingungen und damit die freie Handelbarkeit der Schuldverschreibungen zu einem einheitlichen Preis zu gewährleisten. Im Regelfall ist daher von der kollektiven Bindung auszugehen.

Zu § 5. (Mehrheitsbeschlüsse der Gläubiger)
Absatz 1 Satz 1 legt die Grenzen fest, in denen die Anleihebedingungen vorsehen können, dass die Gläubiger mit Wirkung für alle Mehrheitsbeschlüsse fassen können. Der personelle Anwendungsbereich der Vorschrift ist eröffnet für alle Gläubiger der jeweils selben Anleihe. Zur selben Anleihe gehören Schuldverschreibungen auch dann, wenn sie nicht zum selben Zeitpunkt, sondern in verschiedenen Tranchen ausgegeben worden sind, sofern für sie dieselben Bedingungen gelten und in den Bedingungen für alle Schuldverschreibungen die gleichen Rechte vorgesehen sind. Für die Gläubiger unterschiedlicher Anleihen desselben

373

Anhang II   Gesetzesentwurf der Bundesregierung

Schuldners sieht das Gesetz keine gemeinsamen Befugnisse vor, obwohl auch sie gemeinsame Interessen haben können. Sie müssen sich erforderlichenfalls über ihre jeweiligen gemeinsamen Vertreter auf ein einheitliches Vorgehen verständigen.

Anders als im SchVG von 1899 sind Mehrheitsbeschlüsse der Gläubiger nicht zwingend vorgesehen, sondern es bleibt den Anleihebedingungen überlassen, ob und inwieweit solche möglich sind. Damit wird dem Bedürfnis der Praxis Rechnung getragen, zB sehr kurzlaufende Schuldverschreibungen ohne solche Änderungsmöglichkeit zu begeben. Sehen die Anleihebedingungen Mehrheitsbeschlüsse der Gläubiger vor, müssen die Mindestanforderungen dieses Gesetzes eingehalten werden (Absatz 1 Satz 2).

Der Gläubigermehrheit stehen zwei Befugnisse zu. Sie kann zum einen Änderungen der Anleihebedingungen zustimmen. Die Änderung der Anleihebedingungen setzt grundsätzlich einen gleichlautenden Vertrag zwischen dem Schuldner und jedem Gläubiger voraus. Zu einem solchen Vertrag können die Gläubiger aufgrund der gesetzlichen Ermächtigung nach den Vorschriften des Abschnitts 2 mit Mehrheit ihre Zustimmung erklären. Sie können zum anderen zur Wahrnehmung ihrer Rechte einen gemeinsamen Vertreter bestellen. Ohne die Regelung müsste jeder Gläubiger der Bestellung zustimmen. Die Bestellung eines gemeinsamen Vertreters wird regelmäßig zweckmäßig sein, um die Informationsrechte der Gläubiger geltend zu machen und um ggf. Verhandlungen mit dem Schuldner zu führen. Ohne ihn könnten die Gläubiger kaum jemals mit einer Stimme sprechen.

Satz 2 ordnet an, dass durch Mehrheitsentscheidung keine Verpflichtung zur Leistung begründet werden kann. Das entspricht dem SchVG von 1899 und dem Grundverständnis von Finanzanlagen. Gläubiger von Schuldverschreibungen haben als Fremdkapitalgeber zwar uU das Risiko des Kapitalverlusts zu tragen, sie übernehmen darüber hinaus jedoch insbesondere keine Nachschusspflichten.

Gesetzlich nicht mehr geregelt ist die Frage, unter welchen Umständen die Gläubiger von ihren Befugnissen Gebrauch machen können. Insbesondere ist wie auch immer geartete Notlage des Schuldners dafür nicht mehr vorausgesetzt. Die Bemühungen zur Sanierung des Schuldners können damit früher ansetzen, was die Aussicht auf ihren nachhaltigen Erfolg deutlich erhöht. Gleichwohl können aber die Anleihebedingungen – ebenso wie sie Mehrheitsbeschlüsse der Gläubiger gar nicht vorsehen können – solche Beschlüsse auch nur für bestimmte Situationen wie einer Krise des Schuldners vorsehen.

Absatz 2 Satz 1 ordnet an, dass die Beschlüsse der Gläubiger verbindliche Kraft haben für alle Gläubiger derselben Anleihe. Die Aussage hat klarstellenden Charakter. Dieselbe Rechtsfolge ergibt sich der Sache nach bereits aus der Befugnis in Absatz 1. Für Gläubiger anderer Anleihen desselben Schuldners gilt die Verbindlichkeit nicht. Sie müssen jeweils für sich entsprechende Beschlüsse fassen; ein anleihenübergreifendes gemeinsames Mehrheitsprinzip gibt es nicht. Beschlüsse der Gläubiger sind verbindlich, soweit sie nicht nichtig oder erfolgreich mit der Klage angefochten worden sind. Ein Beschluss ist nach Satz 2 unwirksam und nichtig, wenn er nicht gleiche Bedingungen für alle Gläubiger vorsieht. Da einzelne Schuldverschreibungen im Regelfall nicht individualisierbar sind, muss jeder Gläubiger dieselben Ansprüche gegen den Schuldner haben. Die Gleichartigkeit aller Schuldverschreibungen aus einer Anleihe ist die notwendige Voraussetzung für deren Verkehrsfähigkeit. Dieses Grundprinzip kann durch eine Mehrheitsentscheidung nicht wirksam aufgehoben werden. Für die Einhaltung dieses

Gesetzesentwurf der Bundesregierung **Anhang II**

Grundprinzips sind der Schuldner und die Mehrheit der Gläubiger verantwortlich, die an der Abstimmung teilnehmen.

Absatz 3 Satz 1 konkretisiert die in Absatz 1 abstrakt umschriebene Befugnis der Gläubiger, Änderungen der Anleihebedingungen durch Mehrheitsbeschluss zuzustimmen. Die Aufzählung ist nicht vollständig. Sie soll der Klarstellung dienen und so Rechtssicherheit schaffen. In der Sache können die Gläubiger nach dem neuen Recht – mit Ausnahme der Begründung von Leistungspflichten (Absatz 1 Satz 2) – grundsätzlich jeder Änderung der Anleihebedingungen zustimmen. Die Befugnis der Gläubigermehrheit wird damit gegenüber dem alten Recht erheblich ausgeweitet. Insbesondere der teilweise Verzicht auf die Hauptforderung war bisher nicht zulässig. Diese Beschränkung ist jedoch zum Schutz der Gläubiger nicht erforderlich und erschwert gleichzeitig die effektive Sanierung des Schuldners. Durch die Ausweitung des Mehrheitsprinzips sollen die Anleihegläubiger in die Lage versetzt werden, wie andere Gläubiger auch einen substantiellen Sanierungsbeitrag zu leisten, wenn es zur Rettung des Schuldners erforderlich ist. Das fordern auch die EU-Finanzminister im Zusammenhang mit der Einführung von CACs in Anleihebedingungen. Durch die Ausweitung des Mehrheitsprinzips wird auch in anderen Zusammenhängen die Handlungsfähigkeit der Gläubiger gesteigert. Für die Schuldner erhöht sich zugleich die Aussicht, auf eine unvorhergesehene Situation flexibel reagieren zu können. Dadurch dürfte auch die internationale Attraktivität des deutschen Rechts steigen, denn entsprechende Klauseln sind in international üblichen Anleihebedingungen regelmäßig enthalten. Belange des Minderheitenschutzes sprechen nicht grundsätzlich gegen die Ausweitung des Mehrheitsprinzips, vorausgesetzt, für jeden einzelnen Gläubiger besteht eine zumutbare Möglichkeit, an den Abstimmungen der Gläubiger teilzunehmen, und die Bedingungen für Abstimmungen gewährleisten eine rationale Entscheidung auf wohl informierter Grundlage.

Absatz 3 Satz 2 bestimmt, dass der Schuldner in den Anleihebedingungen die Möglichkeiten für Mehrheitsbeschlüsse der Gläubiger einschränken kann, indem er entweder bestimmte Bereiche von Änderungen ausnimmt oder von vornherein nur einen abschließenden Katalog von Änderungsmöglichkeiten aufzählt.

Absatz 4 bestimmt die Mehrheitserfordernisse. Im Grundsatz beschließen die Gläubiger mit der einfachen Mehrheit der an der Abstimmung teilnehmenden Stimmrechte (Satz 1). Davon sieht Satz 2 als Ausnahme die sogenannte qualifizierte Mehrheit vor, wenn durch den Beschluss der wesentliche Inhalt der Anleihebedingungen geändert werden soll. Hinzukommen muss jeweils die Beschlussfähigkeit der Versammlung, die nur gegeben ist, wenn ein bestimmtes Quorum der Gläubiger anwesend ist (vgl. § 15 Absatz 3). Das entspricht internationalen Standards. Eine wesentliche Änderung der Anleihebedingungen ist insbesondere anzunehmen in den Fällen von Absatz 3 Nummer 1 bis 9. Die Aufzählung ist nicht abschließend; vergleichbare, dort nicht aufgezählte Änderungen können ebenfalls dem qualifizierten Mehrheitserfordernis unterfallen. Ob ggf. eine wesentliche Änderung der Anleihebedingungen beschlossen werden soll, ist im Einzelfall durch Auslegung unter Berücksichtigung der in Absatz 3 konkretisierten Fallgruppen zu bestimmen. Die qualifizierte Mehrheit ist erreicht, wenn – die Beschlussfähigkeit der Versammlung vorausgesetzt – mehr als 75 Prozent der abgegebenen Stimmen auf den zur Abstimmung gestellten Vorschlag entfallen. Die Mehrheitserfordernisse sind nur Mindestanforderungen; die Anleihebedingungen können für einzelne oder für alle Beschlüsse höhere Mehrheiten vorsehen.

Anhang II Gesetzesentwurf der Bundesregierung

Absatz 5 enthält spezielle Mehrheitserfordernisse für international übliche Bestimmungen in Anleihebedingungen, wonach das Kündigungsrecht nicht vom einzelnen Gläubiger, sondern nur gemeinsam mit anderen Gläubigern ausgeübt werden kann (sogenannte Gesamtkündigung). Der Anteil der Gläubiger, von deren Mitwirkung die Wirksamkeit der Kündigung abhängig sein soll, darf 25 Prozent, bezogen auf die ausstehenden Schuldverschreibungen, nicht übersteigen. Eine solche Kollektivkündigung entfaltet ihre Wirkung nur für diejenigen Gläubiger, die ihr zugestimmt haben. Aus Sicht der übrigen Gläubiger handelt es sich ggf. um die Entscheidung einer Minderheit. Dies rechtfertigt es, dass die Gläubiger eine solche Kündigung mit Mehrheit überstimmen können. Erforderlich ist in jedem Fall, dass sich mehr Gläubiger gegen die Kündigung aussprechen als an ihrem Zustandekommen beteiligt waren. Ist diese Voraussetzung erfüllt, genügt für die Wirksamkeit des Beschlusses im Übrigen die einfache Mehrheit der Gläubiger. Aufgrund des Mehrheitsbeschlusses entfallen die Wirkungen der Kollektivkündigung, wenn der Beschluss binnen drei Monaten seit der Kündigung zustande gekommen ist. Bis zum Ablauf dieser Frist kann der Schuldner die Leistung verweigern.

Nach Absatz 6 können die Gläubiger Beschlüsse in der Gläubigerversammlung (§§ 9 bis 17) oder in einem neuen Verfahren ohne Versammlung (§ 18) fassen, wobei die Anleihebedingungen sich auf eine der beiden Möglichkeiten beschränken können.

Zu § 6. (Stimmrecht)
Absatz 1 Satz 1 begründet das Stimmrecht der Gläubiger und legt die Grundlagen für seine Bemessung. Ein Stimmrecht ist mit dem Erwerb einer Schuldverschreibung grundsätzlich nicht verbunden, da die Gläubiger außerhalb des Anwendungsbereichs des Gesetzes keine Gemeinschaft bilden. Es wird deshalb gesetzlich angeordnet. Der Stimmanteil des einzelnen Gläubigers richtet sich nach seinem Anteil an der ausstehenden Anleihe. Der Anteil bestimmt sich bei einer auf einen Gesamtbetrag lautenden Anleihe nach dem Nennwert der einzelnen Schuldverschreibungen, ansonsten nach dem rechnerischen Anteil. Jede Schuldverschreibung (der kleinsten Stückelung) gewährt eine Stimme. Ausstehend sind alle Schuldverschreibungen, die noch nicht erfüllt sind.

Satz 2 soll verhindern, dass die Beschlüsse der Gläubiger durch Interessenkonflikte verfälscht werden. Deshalb sind alle Schuldverschreibungen, die dem Schuldner unmittelbar oder mittelbar zuzurechnen sind, in den Abstimmungen der Gläubiger nicht stimmberechtigt. Solange die Schuldverschreibungen dem Schuldner zuzurechnen sind, ruht das Stimmrecht aus diesen Schuldverschreibungen. Gehen die Schuldverschreibungen später auf einen unabhängigen Gläubiger über, lebt es wieder auf. Die relativen Stimmanteile der anderen Gläubiger bleiben also stets gleich. Schuldverschreibungen, deren Stimmrechte ruhen, dürfen einem anderen nach Satz 3 nicht zu dem Zweck überlassen werden, das Stimmrecht anstelle des Schuldners oder eines mit ihm verbundenen Unternehmens auszuüben; auch die Ausübung des Stimmrechts zu diesem Zweck ist untersagt. Damit soll die Ruhensregelung gegen Umgehung geschützt werden. Die Nichtbeachtung dieses Verbots ist in § 23 Absatz 1 als Ordnungswidrigkeit mit Geldbuße bedroht.

Absatz 2 verbietet den sogenannten Stimmenkauf, Absatz 3 die Bestechlichkeit des Stimmberechtigten. Beide Verbote sollen die freie Willensbildung der Gläubiger vor Fremdeinflüssen schützen. Die Verbotstatbestände entsprechen inhaltlich den Vorgaben in § 405 Absatz 3 des Aktiengesetzes (AktG). Die Zuwiderhandlung ist in § 23 Absatz 1 als Ordnungswidrigkeit mit Geldbuße bedroht.

Gesetzesentwurf der Bundesregierung **Anhang II**

Zu § 7. (Gemeinsamer Vertreter der Gläubiger)
Bei der Auswahl der Person des gemeinsamen Vertreters unterliegen die Gläubiger nach Absatz 1 Satz 1 keinen Beschränkungen; lediglich die uneingeschränkte Geschäftsfähigkeit wird bei natürlichen Personen vorausgesetzt sowie bei juristischen Personen die Sachkunde, was insbesondere bei Rechtsanwaltsgesellschaften oder Wirtschaftsprüfungsgesellschaften der Fall sein dürfte. Als gemeinsamer Vertreter kommen danach auch Personen in Betracht, die der Interessensphäre des Schuldners zuzurechnen sind. Das erscheint sinnvoll, da der Vorschlag für die Bestellung einer bestimmten Person regelmäßig vom Schuldner ausgehen wird, der auch die Kosten des Vertreters zu tragen hat (Absatz 6). Für die Gläubiger ergibt sich daraus grundsätzlich kein Nachteil, da die Vollmacht des Vertreters beschränkt werden kann und er den Weisungen der Gläubiger Folge zu leisten hat. Ohne einen konkreten Vorschlag wäre es für die Gläubiger möglicherweise schwierig, sich auf eine bestimmte Person zu einigen. Um Interessenkonflikten dennoch vorzubeugen, ist der vorgeschlagene Vertreter vor seiner Bestellung verpflichtet, den Gläubigern die Umstände zu offenbaren, aus denen sich ergibt, dass die Voraussetzungen der Nummern 1 bis 4 in seiner Person vorliegen. Zuwiderhandlungen gegen diese Verpflichtung sind in § 23 Absatz 2 als Ordnungswidrigkeit mit Geldbuße bedroht. Die in Absatz 1 Satz 2 geregelten Fallgruppen sind aus Gründen der Bestimmtheit abschließend. Der gemeinsame Vertreter hat die Gläubiger nach Satz 3 auch unverzüglich darüber zu unterrichten, wenn in seiner Person nachträglich Umstände eintreten, die er nach Satz 2 vor seiner Bestellung hätte offenbaren müssen. Die Gläubiger sollen so in die Lage versetzt werden, von ihrem Recht zur jederzeitigen Abberufung des gemeinsamen Vertreters (Absatz 4) auf sachlicher Grundlage Gebrauch machen zu können.

Nach Absatz 2 Satz 1 ergeben sich die Aufgaben und Befugnisse des gemeinsamen Vertreters entweder aus dem Gesetz (§§ 7, 8) oder sie werden ihm durch Rechtsgeschäft (Auftrag, Vollmacht, Ermächtigung) übertragen. Die Gläubiger müssen in der konkreten Situation selbst entscheiden, mit welchem Mandat sie ihren gemeinsamen Vertreter ausstatten wollen. Dabei unterliegen sie keinen inhaltlichen Beschränkungen. Auf diese Weise soll einerseits die Autonomie der Gläubiger betont und auf der anderen Seite ihre Flexibilität nicht eingeschränkt werden. Das Gesetz regelt nicht ausdrücklich, mit welcher Mehrheit der gemeinsame Vertreter von den Gläubigern bestellt werden kann. Das hängt davon ab, welche Befugnisse ihm übertragen werden sollen. Grundsätzlich genügt für die Bestellung eines gemeinsamen Vertreters die einfache Mehrheit (§ 5 Absatz 4 Satz 1). Soll der gemeinsame Vertreter aber zugleich berechtigt sein, im Namen aller Gläubiger einer wesentlichen Änderung der Anleihebedingungen zuzustimmen, bedarf es zu seiner Bestellung der für die Zustimmung der Gläubiger zu der entsprechenden Änderung der Anleihebedingungen erforderlichen Mehrheit. Nach Satz 2 ist der gemeinsame Vertreter an die Weisungen der Gläubiger (dh nicht eines einzelnen Gläubigers) gebunden; auf § 665 BGB kann er sich also nicht berufen. Ist der gemeinsame Vertreter (auch) zur Geltendmachung von Rechten der Gläubiger ermächtigt, entfällt zugleich nach Satz 3 die Rechtszuständigkeit der einzelnen Gläubiger. Die grundsätzlich ausschließliche Zuständigkeit des gemeinsamen Vertreters dient der geordneten und einheitlichen Abwicklung des Auftrags. Wollen die Gläubiger im Einzelfall von der ausschließlichen Zuständigkeit des gemeinsamen Vertreters abweichen, müssen sie dies ausdrücklich beschließen. Satz 4 ordnet die Berichtspflicht des gemeinsamen Vertreters an. Die Vorschrift hat klarstellende Funktion. Da sich das Innenverhältnis zwischen den

Anhang II

Gesetzesentwurf der Bundesregierung

Gläubigern und dem gemeinsamen Vertreter im Regelfall nach Auftragsrecht richten wird, gilt auch § 666 BGB. Darüber geht die Berichtspflicht nach Satz 4 inhaltlich nicht hinaus. Satz 4 stellt jedoch klar, dass die Berichtspflicht nicht gegenüber jedem einzelnen Gläubiger zu erfüllen ist, sondern gegenüber den Gläubigern als Gesamtheit. Zwar bestehen grundsätzlich gleichlautende Auftragsverhältnisse zwischen jedem Gläubiger und dem gemeinsamen Vertreter. Mehrheitsbeschlüsse der Gläubiger ändern nichts daran, dass die Rechtsverhältnisse zwischen dem jeweiligen Gläubiger und dem Schuldner bezüglich der Schuldverschreibungen individuell sind. In Bezug auf ihre gemeinsame Vertretung müssen sich die Gläubiger jedoch – auch im Innenverhältnis – als Gesamtheit behandeln lassen.

Nach Absatz 3 Satz 1 muss der gemeinsame Vertreter den Gläubigern für die ordnungsgemäße Erfüllung der ihm übertragenen Aufgaben und der ihm erteilten Weisungen einstehen. Bei vorsätzlicher oder fahrlässiger Pflichtverletzung hat er den Gläubigern den daraus entstehenden Schaden zu ersetzen (§ 280 Absatz 1 BGB). Bei seiner Tätigkeit hat der gemeinsame Vertreter nach Satz 1 zweiter Halbsatz die Sorgfalt eines gewissenhaften Geschäftsleiters anzuwenden (vgl. § 93 Absatz 1 AktG). Dieser besondere Sorgfaltsmaßstab erscheint angemessen, obwohl der gemeinsame Vertreter nicht die Aufgaben eines Geschäftsleiters hat. Aber häufig wird die Tätigkeit des gemeinsamen Vertreters eine unternehmerische Prognose über die zukünftige Entwicklung des Schuldners verlangen. Bei insofern nicht immer zu vermeidenden Fehleinschätzungen kann er sich ggf. unter Hinweis auf § 93 Absatz 1 Satz 2 AktG exkulpieren. Die Gläubiger können die Haftung des gemeinsamen Vertreters durch Beschluss beschränken oder ausschließen (Satz 2). Sie werden dies insbesondere dann tun, wenn sich anderenfalls keine geeignete Person bereit erklärt, die Aufgabe des gemeinsamen Vertreters zu übernehmen. Der Anspruch auf Schadenersatz steht den Gläubigern als Gesamtgläubiger zu. Abweichend von § 428 BGB ist der einzelne Gläubiger nicht ohne Weiteres befugt, die Leistung an alle zu verlangen. Weitere Voraussetzung ist, dass die Gläubiger zuvor mit Mehrheit beschlossen haben, Schadenersatzansprüche gegen den (ehemaligen) gemeinsamen Vertreter geltend zu machen (Satz 3). Diese Einschränkung ist gerechtfertigt, weil sich die Gläubiger in Bezug auf ihre gemeinsame Vertretung auch im Innenverhältnis gegenüber dem gemeinsamen Vertreter als Gesamtheit behandeln lassen müssen. In dem Beschluss müssen sich die Gläubiger auch darüber verständigen, wer die Ansprüche stellvertretend für alle einfordern soll, da die Gläubiger als Gesamtheit nicht prozessfähig sind. Erforderlich ist die einfache Mehrheit der Stimmen.

Nach Absatz 4 können die Gläubiger den gemeinsamen Vertreter jederzeit ohne Angabe von Gründen abberufen. Die Vorschrift entspricht inhaltlich § 671 Absatz 1 BGB. Sie bringt lediglich klarstellend zum Ausdruck, dass die Gläubiger zur Abberufung des gemeinsamen Vertreters eine gemeinsame Entscheidung mit Mehrheit treffen müssen. Die Mehrheitserfordernisse für die Abberufung eines gemeinsamen Vertreters entsprechen denen für seine Berufung.

Absatz 5 gewährt dem gemeinsamen Vertreter Informationsrechte gegenüber dem Schuldner. Die Rechte stehen nur dem gemeinsamen Vertreter zu, nicht den einzelnen Schuldverschreibungsgläubigern. Daraus kann sich eine wesentliche Veranlassung für die Gläubiger ergeben, einen gemeinsamen Vertreter zu bestellen, insbesondere wenn die Vermögenslage des Schuldners unklar ist. Der gemeinsame Vertreter kann vom Schuldner umfassende Auskunft verlangen, soweit es die Erfül-

Gesetzesentwurf der Bundesregierung **Anhang II**

lung seiner Aufgaben erfordert. Der Schuldner ist verpflichtet, auf ein berechtigtes Verlangen des gemeinsamen Vertreters die erbetenen Auskünfte zu erteilen.

Nach Absatz 6 hat der Schuldner die Kosten und Aufwendungen (vgl. § 670 BGB) zu tragen, die durch die Bestellung eines gemeinsamen Vertreters entstehen, einschließlich einer angemessenen Vergütung des gemeinsamen Vertreters. Die Gläubiger sollen nicht mit Kosten belastet werden, da sie nicht über gemeinsame Mittel verfügen. Die Ansprüche des gemeinsamen Vertreters richten sich demzufolge direkt gegen den Schuldner. Der Schuldner hat die Kosten für einen gemeinsamen Vertreter zu tragen. Mehrere gemeinsame Vertreter können von den Gläubigern demnach nicht gleichzeitig auf seine Kosten bestellt werden. Haben die Gläubiger den gemeinsamen Vertreter durch Mehrheitsbeschluss abberufen, können sie aber einen neuen gemeinsamen Vertreter bestellen, dessen Kosten ebenfalls dem Schuldner zur Last fallen.

Zu § 8. (Bestellung des gemeinsamen Vertreters in den Anleihebedingungen)
Nach § 8 kann der gemeinsame Vertreter auch bereits in den Anleihebedingungen bestellt werden. Dies kann sinnvoll sein, damit der gemeinsame Vertreter die Organisation und Einberufung der Gläubigerversammlung übernehmen kann, was im Einzelfall eine Beschleunigung des Verfahrens bewirken kann. Da die Gläubiger keinen Einfluss auf die Auswahl der Person haben, werden in Absatz 1 strengere Anforderungen an ihn gestellt als bei einem von den Gläubigern selbst bestellten Vertreter. Auch sind die Aufgaben des in den Anleihebedingungen bestellten gemeinsamen Vertreters begrenzt: Auf Rechte der Gläubiger kann er nicht verzichten, sondern hierzu ist gemäß Absatz 2 stets ein ausdrücklicher Beschluss der Gläubigerversammlung erforderlich.

Nach Absatz 3 ist eine Haftungsbeschränkung in den Anleihebedingungen nur in Grenzen möglich; für eine weitergehende Haftungsbeschränkung ist ein Gläubigerbeschluss erforderlich. Im Übrigen gelten gemäß Absatz 4 die Regelungen über den durch die Gläubiger bestellten gemeinsamen Vertreter entsprechend. Die Gläubiger können daher den in den Anleihebedingungen bestellten gemeinsamen Vertreter jederzeit ohne Angabe von Gründen durch Mehrheitsbeschluss abberufen, so dass ein in den Anleihebedingungen bestellter gemeinsamer Vertreter faktisch nur einen vorläufigen Vertreter darstellt.

Zu § 9. (Einberufung der Gläubigerversammlung)
§ 9 entspricht inhaltlich weitgehend § 3 SchVG von 1899. Die Vorschrift ist redaktionell neu gefasst worden. Zur Einberufung der Gläubigerversammlung sind grundsätzlich nur der Schuldner und der gemeinsame Vertreter der Gläubiger befugt. Eine Minderheit der Gläubiger kann aber die Einberufung aus besonderen Gründen verlangen. Denn an manchen Gläubigerbeschlüssen hat der Schuldner selbst kein unmittelbares Interesse, zB wenn die Gläubiger einen in den Anleihebedingungen bestellten gemeinsamen Vertreter abberufen wollen. Für das Verlangen ist eine Minderheit von 5 Prozent der ausstehenden Schuldverschreibungen erforderlich; das entspricht den Anforderungen des § 122 Absatz 1 AktG für die Einberufung der Hauptversammlung. Das Verlangen muss schriftlich an den Schuldner oder den gemeinsamen Vertreter der Gläubiger gerichtet sein. Die Begründung für das Einberufungsverlangen muss ein besonderes Interesse der Gläubiger angegeben werden; hierfür wird in Satz 2 als Beispiel genannt, dass die Gläubiger einen gemeinsamen Vertreter bestellen oder abberufen wollen. Nach Satz 3 können die Anleihebedingungen aber zusätzlich vorsehen, dass die Gläubiger auch aus sonstigen Gründen die Einberufung verlangen können.

Nach Absatz 2 kann die qualifizierte Gläubigerminderheit das Gericht anrufen, wenn ihr Verlangen auf Einberufung der Gläubigerversammlung erfolglos geblieben ist. Das Gericht wird die Gläubiger ermächtigen, die Einberufung selbst vorzunehmen, wenn der Antrag begründet ist; es kann zugleich den Vorsitzenden der Versammlung bestimmen. In der Einberufung muss auf die Ermächtigung hingewiesen werden, damit die Adressaten der Einberufung die Berechtigung zur Einberufung erkennen können.

Die Zuständigkeitsregel in Absatz 3 ist deklaratorisch im Hinblick auf die Zuständigkeit des Gerichts am Sitz des Schuldners (vgl. § 377 Absatz 1 des Gesetzes über das Verfahren in Familiensachen und in den Angelegenheiten der freiwilligen Gerichtsbarkeit – FamFG); sie geht aber darüber hinaus hinsichtlich der Auffangzuständigkeit des Amtsgerichts Frankfurt am Main. Bisher gehörten die Verfahren nach dem SchVG von 1899 nicht zu den Angelegenheiten der freiwilligen Gerichtsbarkeit. Sie werden aber zukünftig in den Katalog der unternehmensrechtlichen Verfahren in § 375 FamFG aufgenommen. Weitere Vorschriften über das Verfahren (zB Anhörung) sind unter der Geltung des FamFG entbehrlich. Insbesondere die im SchVG von 1899 vorgeschriebene vorherige Hinterlegung der Schuldverschreibungen (§ 4 Absatz 2 SchVG von 1899) kann ersatzlos entfallen.

Die Kostenregelung in Absatz 4 entspricht § 3 Absatz 3 SchVG von 1899. Sie erscheint gerechtfertigt, weil die Gläubigerversammlung in erster Linie den Interessen des Schuldners dienen soll. Davon ist auch dann auszugehen, wenn sie auf Betreiben einer Gläubigerminderheit einberufen wird. Wird dem Antrag nicht entsprochen, entscheidet das Gericht nach allgemeinen Vorschriften über die Kosten des Verfahrens; dann können die Kosten ggf. auch den Antragstellern auferlegt werden.

Zu § 10. (Frist, Anmeldung, Nachweis)
Die relativ kurze Einberufungsfrist von 14 Tagen trägt dem Umstand Rechnung, dass insbesondere in einer akuten Krise des Schuldners uU sofort gehandelt werden muss. Nach Möglichkeit sollte eine Gläubigerversammlung stattfinden bevor Insolvenzantrag gestellt werden muss. Der Insolvenzantrag muss unverzüglich, spätestens aber drei Wochen nach Eintritt der Zahlungsunfähigkeit oder Überschuldung gestellt werden (vgl. nur § 15a der Insolvenzordnung – InsO). Die Frist entspricht im Ergebnis dem alten Recht, das zwar keine Frist für die Einberufung vorsah, nach dem aber zwischen der letzten Veröffentlichung der Einberufung und dem Tag der Versammlung mindestens zwei Wochen für die Hinterlegung der Schuldverschreibungen frei bleiben mussten (§ 6 Absatz 3 SchVG von 1899).

Nach Absatz 2 kann in Anleihebedingungen vorgesehen werden, dass sich die Gläubiger zu der Versammlung anmelden müssen. In diesem Fall verlängert sich die Einberufungsfrist um die Anmeldefrist. Die Anmeldefrist darf höchstens drei Tage betragen. Dadurch soll gewährleistet werden, dass in jedem Fall eine Gläubigerversammlung innerhalb der dreiwöchigen Frist für die Stellung des Insolvenzantrags stattfinden kann.

Absatz 3 betrifft die Legitimation der Gläubiger. Im Ergebnis muss gewährleistet sein, dass an den Abstimmungen der Gläubiger nur Personen (selbst oder durch Vertreter) teilnehmen, denen die Rechte aus den Schuldverschreibungen im Zeitpunkt der Abstimmung letztlich zustehen. Ansonsten wären die Beschlüsse der Gläubigerversammlung uU anfechtbar. Diese schwierige Aufgabe muss vor

Ort von den Beteiligten gelöst werden; sie entzieht sich einer für alle Fälle geltenden abstrakten Regelung. Die Anleihebedingungen können hierzu allgemeine Vorgaben machen. Dabei dürfen jedoch nur Anforderungen formuliert werden, welche zur Feststellung der Identität und der Berechtigung des einzelnen Gläubigers unerlässlich sind. Für den Regelfall einer zentral verwahrten Sammelurkunde gibt das Gesetz vorbehaltlich einer anderweitigen Regelung in den Anleihebedingungen vor, dass ein besonderer Nachweis des depotführenden Instituts ausreicht. Gemeint ist dasjenige Institut, das dem letzten Inhaber des Rechts den Besitz vermittelt. Form und genauer Inhalt des Nachweises bleiben frei, so dass die Praxis hier einen möglichst einfachen Weg finden kann. Das Regelungsmodell entspricht dem des § 123 Absatz 3 Satz 2 AktG (Legitimation der Aktionäre börsennotierter Gesellschaften in der Hauptversammlung). Der besondere Nachweis des depotführenden Instituts bedarf zu Dokumentationszwecken lediglich der Textform (§ 126b BGB).

Zu § 11. (Ort der Gläubigerversammlung)

Die Vorschrift bestimmt, an welchem Ort die Gläubigerversammlung abzuhalten ist. Die Frage war im SchVG von 1899 nicht geregelt. Die gesetzliche Festlegung soll Rechtssicherheit schaffen, indem sie Streitigkeiten von vornherein den Boden entzieht, ob die Wahl eines bestimmten Versammlungsorts die berechtigten Interessen oder Rechte der Gläubiger verletzt. Satz 3 stellt klar, dass § 30a Absatz 2 WpHG unberührt bleibt.

Zu § 12. (Inhalt der Einberufung, Bekanntmachung)

Die Vorschrift regelt, mit welchem Inhalt und in welcher Form die Gläubigerversammlung einzuberufen ist. Absatz 1 regelt den Inhalt der Einberufung. Mit der Einberufung sollen die Gläubiger nicht nur über die wichtigsten Daten der Versammlung informiert, sondern zugleich darauf hingewiesen werden, welche Voraussetzungen erfüllt sein müssen, um an der Versammlung teilnehmen und das Stimmrecht ausüben zu können.

Absatz 2 regelt die öffentliche Bekanntmachung der Einberufung. Dem Schuldner sind die Gläubiger einer Anleihe regelmäßig nicht bekannt; sie können zudem weltweit verstreut sein. Das Gesetz verzichtet deshalb wie das SchVG von 1899 auf eine persönliche Einladung. Zwar könnten theoretisch bei einer zentral verwahrten Sammelurkunde individuelle Einladungen entlang der Verwahrerkette vom Zentralverwahrer bis zum jeweiligen Inhaber des Rechts weitergegeben werden. Das wäre jedoch zu aufwendig und würde zu lange dauern; im internationalen Rechtsverkehr fehlen dafür außerdem die geeigneten Instrumente. Stattdessen ist die Einberufung öffentlich bekannt zu machen. Dafür genügt die einmalige Bekanntmachung im elektronischen Bundesanzeiger. Die im SchVG von 1899 vorgeschriebene zweimalige Bekanntmachung ist teuer, erhöht die Wahrscheinlichkeit, dass alle Gläubiger erreicht werden, aber nur unwesentlich. Häufig wird schon die redaktionelle Presseberichterstattung zu einer weiteren Verbreitung der Nachricht beitragen. Dem Schuldner steht es dennoch frei, weitere Formen der öffentlichen Bekanntmachung, insbesondere auch im Ausland, frei zu wählen. Die Anleihebedingungen können Entsprechendes vorsehen. Letztlich liegt es im Interesse des Schuldners, möglichst viele Gläubiger anzusprechen, um die Beschlussfähigkeit der Versammlung zu erreichen. Die Kosten für die öffentliche Bekanntmachung fallen dem Schuldner zur Last.

Nach Absatz 3 hat der Schuldner die Einberufung und weitere für die Vorbereitung der Teilnahme an der Versammlung wichtige Unterlagen zusätzlich unter

Anhang II Gesetzesentwurf der Bundesregierung

seiner Adresse im Internet zugänglich zu machen. Die Informationen müssen nicht für die Öffentlichkeit zugänglich sein; es genügt, wenn sie für die Gläubiger zugänglich sind. Eine eigene Internetseite wird bei einem Anleiheschuldner vorausgesetzt; auch bei den Gläubigern wird eine Möglichkeit zur Nutzung des Internets vorausgesetzt. Die Verbreitung im Internet ist mindestens in gleichem Maße wie die öffentliche Bekanntmachung dazu geeignet, die Gläubiger rechtzeitig anzusprechen. Gläubiger, welche bereits von der Versammlung erfahren haben, können sich hier über die Einzelheiten informieren. Im Kosteninteresse bedürfen nicht alle wichtigen Inhalte der öffentlichen Bekanntmachung. Nach der Richtlinie 2007/36/EG über die Ausübung bestimmter Rechte von Aktionären in börsennotierten Gesellschaften (Aktionärsrechterichtlinie) soll die Internetseite der Gesellschaft in Zukunft die Funktion einer Informationsbasis für die Angelegenheiten der Aktionäre übernehmen. Die gleiche Funktion kann sie mit rechtlicher Wirkung auch für die Angelegenheiten der Schuldverschreibungsgläubiger übernehmen. Der Schuldner wird deshalb im vorgesehenen Umfang verpflichtet, alle für die Gläubiger wichtigen Informationen und Unterlagen dort zur Verfügung zu stellen, und zwar vom Tag der Einberufung an bis zum Tag der Gläubigerversammlung. Die Nichteinhaltung dieser Anforderungen kann zur Anfechtbarkeit der Beschlüsse führen.

Zu § 13. (Tagesordnung)

Absatz 1 regelt die Pflicht des Einberufenden, eine Tagesordnung zu erstellen, die zu jedem Gegenstand, über den die Gläubigerversammlung beschließen soll, einen konkreten Vorschlag zur Beschlussfassung enthalten muss.

Absatz 2 regelt die Bekanntmachung der Tagesordnung und die Folgen fehlender Bekanntmachung. Für die Bekanntmachung der Tagesordnung gilt § 12 Absatz 2 und 3 über die Bekanntmachung und Zugänglichmachung der Einberufung entsprechend. Die öffentliche Bekanntmachung der Beschlussgegenstände und der Beschlussvorschläge dient der Unterrichtung der Gläubiger über den Zweck der Versammlung und der Vorbereitung ihrer Entscheidung. Über Gegenstände der Tagesordnung, die nicht in der vorgeschriebenen Weise vorher bekannt gemacht worden sind, dürfen Beschlüsse nicht gefasst werden.

Eine Minderheit von 5 Prozent der Gläubiger kann nach Absatz 3 verlangen, dass neue Beschlussgegenstände auf die Tagesordnung gesetzt werden (vgl. § 7 Absatz 3 SchVG von 1899 und § 122 Absatz 2 AktG). Für das Verfahren und die gerichtliche Durchsetzung des Anspruchs gilt § 9 Absatz 2 bis 4 entsprechend. Die erweiterte Tagesordnung ist bekannt zu machen. Sie ist rechtzeitig bekannt gemacht, wenn die Bekanntmachung am dritten Tag vor der Gläubigerversammlung bewirkt ist. Über Beschlussgegenstände, die nicht spätestens zu diesem Zeitpunkt bekannt gemacht worden sind, kann kein Beschluss gefasst werden (vgl. Absatz 2 Satz 2). Dies dient dem Schutz der anderen Gläubiger; sie benötigen zur Vorbereitung ihrer Entscheidung ausreichend Zeit.

Jeder Gläubiger kann zu Gegenständen auf der Tagesordnung eigene Beschlussvorschläge einbringen (Gegenanträge). Gegenanträge müssen nicht bekannt gemacht werden (ebenso § 124 Absatz 4 AktG). Werden sie rechtzeitig vor der Versammlung angekündigt, gebietet es die Fairness, sie auch den anderen Gläubigern zur Kenntnis zu bringen, um ihnen eine angemessene Vorbereitung auf die Versammlung zu ermöglichen. Deshalb sieht Absatz 4 vor, dass der Schuldner die Gegenanträge der Gläubiger unverzüglich unter seiner Adresse im Internet zugänglich machen muss.

Gesetzesentwurf der Bundesregierung **Anhang II**

Zu § 14. (Vertretung)
Gemäß Absatz 1 können sich die Gläubiger in der Versammlung individuell vertreten lassen. Darauf muss in der Einberufung hingewiesen werden. In der Einberufung muss auch angegeben werden, welche Voraussetzungen im Einzelnen erfüllt sein müssen, damit der Vertreter an der Verhandlung teilnehmen und das Stimmrecht wirksam ausüben kann. Im Ergebnis muss gewährleistet sein, dass an den Abstimmungen nur Bevollmächtigte von stimmberechtigten Gläubigern teilnehmen. Dafür muss nicht nur die Stimmberechtigung des Gläubigers, sondern auch die Identität und die Bevollmächtigung des Vertreters festgestellt werden. Wie dies geschehen kann, lässt das Gesetz bewusst offen, um Raum für die Berücksichtigung zukünftiger, insbesondere technischer Entwicklungen zu lassen. Die Anleihebedingungen können hierzu allgemeine Vorgaben machen. Dabei dürfen jedoch in Bezug auf den Vertreter nur Anforderungen formuliert werden, welche zur Feststellung der Identität und der Berechtigung des Vertreters unerlässlich sind. Die jeweils vorgesehenen Formalitäten müssen in der Einberufung vollständig und verständlich dargestellt werden. Diese Vorschrift hat im Hinblick auf § 12 Absatz 1 klarstellende Bedeutung. Falls die Benutzung bestimmter Formulare vorgesehen ist, sollte in der Einberufung auch darauf hingewiesen und angegeben werden, wo die Formulare für die Gläubiger erhältlich sind; ggf. können entsprechende Angaben auch auf der Internetseite des Schuldners zur Verfügung gestellt werden. Im Anwendungsbereich des § 30a WpHG ist allerdings die zwingende Vorschrift des § 30a Absatz 1 Nummer 6 WpHG zu beachten, wonach zusammen mit der Einladung zur Gläubigerversammlung oder danach auf Verlangen rechtzeitig in Textform ein Formular für die Erteilung einer Vollmacht zu übermitteln ist.

Nach Absatz 2 ist die Form der Vollmachtserteilung weitgehend freigestellt. Erforderlich, aber auch ausreichend ist die Textform (§ 126b BGB; früher: Schriftform). Satz 2 setzt voraus, dass auch ein vom Schuldner benannter Vertreter bevollmächtigt werden kann (sogenanntes Proxy Voting). In der Wahl des Vertreters sind die Gläubiger frei. Beim sogenannten Proxy Voting muss zu Dokumentationszwecken die Vollmachtserklärung vom Schuldner für drei Jahre aufbewahrt werden (vgl. § 134 Absatz 3 Satz 3 AktG). Innerhalb von drei Jahren verjähren etwaige Schadenersatzansprüche gegen den Vertreter.

Zu § 15. (Vorsitz, Beschlussfähigkeit)
Absatz 1 bestimmt, wer den Vorsitz in der Versammlung führt. Der Vorsitzende hat ein Teilnehmerverzeichnis aufzunehmen (Absatz 2) und es den Teilnehmern zugänglich zu machen. Das Verzeichnis muss nicht mehr – wie bisher – vor der Abstimmung verteilt werden. Es genügt das unverzügliche Zugänglichmachen, zB auf der Internetseite des Schuldners. Das ordnungsgemäße Zustandekommen der Abstimmungsergebnisse kann dann innerhalb der Anfechtungsfrist von jedem Gläubiger überprüft werden.

Der Vorsitzende hat die Beschlussfähigkeit der Versammlung festzustellen (Absatz 3). Wird die Beschlussfähigkeit nicht erreicht, kann der Vorsitzende eine zweite Versammlung einberufen, die grundsätzlich ohne Rücksicht auf die vertretenen Stimmanteile beschlussfähig ist. Soll in der zweiten Versammlung allerdings eine wesentliche Änderung der Anleihebedingungen beschlossen werden, muss in ihr mindestens ein Viertel der ausstehenden Schuldverschreibungen vertreten sein. Das entspricht internationalen Standards. Die Anleihebedingungen können allerdings höhere Anforderungen an die Beschlussfähigkeit stellen, dh ein höheres

Anhang II Gesetzesentwurf der Bundesregierung

Quorum als die Hälfte bzw. ein Viertel der ausstehenden Schuldverschreibungen festlegen. In Satz 4 wird klargestellt, dass Schuldverschreibungen, deren Stimmrechte ruhen, nicht zu den ausstehenden Schuldverschreibungen zählen.

Zu § 16. (Auskunftspflicht, Abstimmung, Niederschrift)
Absatz 1 begründet die Auskunftspflicht des Schuldners gegenüber den Gläubigern. Ihr entspricht ein Fragerecht der Gläubiger. Beides reicht nur so weit, wie es zur sachgemäßen Beurteilung eines Beschlussgegenstands oder Antrags auf der Tagesordnung erforderlich ist. Ein Beschluss der Gläubigerversammlung kann wegen angeblicher Verletzung des Fragerechts oder der Antwortpflicht nur eingeschränkt mit der Klage angefochten werden (§ 20 Absatz 1 Satz 2, vgl. § 243 Absatz 4 AktG).

Hinsichtlich der Formen der Stimmabgabe und Modalitäten der Auszählung enthält Absatz 2 keine zwingenden Vorgaben. Denkbar ist danach nicht nur die Stimmabgabe unter Anwesenden, sondern zB auch per Brief oder elektronischer Post, soweit die Sendung unverfälscht ist und dem Absender eindeutig zugerechnet werden kann. Sehen die Anleihebedingungen hierzu keine Regelung vor, kommen die Vorschriften des Aktiengesetzes in der jeweils geltenden Fassung entsprechend zur Anwendung. Dadurch sollen insbesondere die technischen Erleichterungen bei der Beschlussfassung, die zur Umsetzung der Aktionärsrechterichtlinie im Aktiengesetz vorgesehen sind (vgl. Entwurf eines Gesetzes zur Umsetzung der Aktionärsrechterichtlinie [ARUG], Bundesratsdrucksache 847/08), in das SchVG dynamisch einbezogen werden. Entsprechendes gilt für die Auszählung. Auch hierbei kommen insbesondere technische Methoden in Betracht. Das Ergebnis muss im Hinblick auf § 130 Absatz 2 AktG aber nachprüfbar und nachweisbar sein.

Absatz 3 verlangt aus Gründen der Rechtssicherheit die (notarielle) Beurkundung der Beschlüsse in einer Niederschrift. Bei einer Versammlung im Ausland muss eine gleichwertige Niederschrift gewährleistet sein. Form und Inhalt der Niederschrift richten sich nach § 130 Absatz 2 bis 4 AktG. Gläubiger, die an der Versammlung teilgenommen haben, können binnen eines Jahres vom Schuldner eine Abschrift der Niederschrift und der Anlagen verlangen.

Zu § 17. (Bekanntmachung von Beschlüssen)
Die Beschlüsse der Gläubiger müssen öffentlich bekannt gemacht werden. Das Gesetz lässt im Einzelnen offen, wie dies zu geschehen hat. Schuldner mit Sitz im Inland müssen die Beschlüsse der Gläubiger aber mindestens einmal im elektronischen Bundesanzeiger veröffentlichen; die bisher geltende Pflicht zur zweimaligen Veröffentlichung entfällt (vgl. die Begründung zu § 12 Absatz 2). Die gemäß § 30e Absatz 1 WpHG vorgeschriebene Veröffentlichung über das Medienbündel und im Unternehmensregister reicht nach Absatz 1 Satz 2 zweiter Halbsatz jedoch aus; so wird sichergestellt, dass es keine Verdoppelung von Veröffentlichungspflichten gibt. Weitere Veröffentlichungspflichten können in den Anleihebedingungen vorgesehen werden.

Nach Absatz 2 hat der Schuldner die Beschlüsse außerdem auf seiner Internetseite zugänglich zu machen. Die Beschlüsse der Gläubiger müssen dort für die Öffentlichkeit zugänglich sein. Wenn ein Gläubigerbeschluss die Anleihebedingungen ändert, hat der Schuldner zugleich auch den Wortlaut der ursprünglichen Anleihebedingungen zugänglich zu machen, damit ohne großen Aufwand die Änderungen im Textzusammenhang nachvollzogen werden können. Im Übrigen wird auf die Begründung zu § 12 Absatz 3 verwiesen.

Gesetzesentwurf der Bundesregierung **Anhang II**

Zu § 18. (Abstimmung ohne Versammlung)
Nach dieser Vorschrift können die Gläubiger Beschlüsse fassen, ohne dass an einem bestimmten Ort und zu einer bestimmten Zeit eine Versammlung stattfindet (virtuelle Versammlung). Die Abstimmung ohne Versammlung ist im Gesetz bislang ohne Vorbild. Das Verfahren soll dazu beitragen, unnötigen Aufwand für den einzelnen Gläubiger und den Schuldner zu vermeiden. Es könnte sich insbesondere eignen zur frühen Bestellung eines gemeinsamen Vertreters (ohne Ermächtigung zu Stundung und Verzicht) oder zur Vermeidung einer weiteren Versammlung, wenn eine Gläubigerversammlung bereits stattgefunden hat. Gegebenenfalls können die Gläubiger aber auch ausschließlich im Verfahren ohne Versammlung beschließen, insbesondere dann, wenn erkennbar kein Informations- oder Diskussionsbedarf besteht, der nur in einer Versammlung befriedigt werden kann.

Nach Absatz 1 gelten für das Verfahren der Abstimmung ohne Versammlung grundsätzlich die Vorschriften über die Gläubigerversammlung entsprechend. Nicht anwendbar sind danach insbesondere § 11 (Ort der Versammlung) sowie § 12 Absatz 1 Satz 1 bezüglich der Mitteilung von Ort und Zeit der Versammlung in der Einberufung. Möglich ist aber zB die Vertretung bei der Stimmabgabe entsprechend § 14.

Nach Absatz 2 wird die Abstimmung vom Abstimmungsleiter geleitet. Abstimmungsleiter ist im Regelfall ein vom Schuldner beauftragter Notar. Der gemeinsame Vertreter ist Abstimmungsleiter, wenn er zu der Abstimmung aufgefordert hat. In diesem Fall wird aus Kostengründen davon abgesehen, einen Notar mit der Abstimmungsleitung zu beauftragen, da die Gläubiger nicht über gemeinsame Mittel verfügen und der gemeinsame Vertreter der Gläubiger nicht zugleich den Schuldner verpflichten kann. Wegen seiner Haftung wird der gemeinsame Vertreter diesen Weg aber nur in Ausnahmefällen beschreiten. Ist eine Minderheit der Gläubiger gerichtlich ermächtigt worden, zur Stimmabgabe aufzufordern, und hat das Gericht zugleich einen Abstimmungsleiter bestellt (§ 9 Absatz 2 Satz 2), so leitet dieser die Abstimmung.

Nach Absatz 3 tritt an die Stelle der Präsenzversammlung ein Abstimmungszeitraum, innerhalb dessen der Abstimmungsleiter die abgegebenen Stimmen der Gläubiger entgegennimmt und zählt. Die Einberufung wird ersetzt durch eine Aufforderung zur Stimmabgabe. Der Zeitraum für die Stimmabgabe beträgt mindestens 72 Stunden. Er sollte so bemessen sein und so gelegt werden, dass der zeitgerechte Zugang der Stimme bei einer üblichen Übermittlung per Post erwartet werden kann. Das Risiko des Zugangs innerhalb des Abstimmungszeitraums trägt der einzelne Gläubiger. Stimmen, welche zu früh oder zu spät eingegangen sind, können nicht gewertet werden. Insbesondere bei der Stimmabgabe mit technischen Hilfsmitteln setzt die Empfangsbereitschaft des Abstimmungsleiters technische Vorkehrungen voraus, die lediglich für den im Voraus angegebenen Zeitraum zur Verfügung gestellt werden können. Aus Gründen der Gleichbehandlung aller Gläubiger müssen deshalb auch verfrüht eingegangene Erklärungen unberücksichtigt bleiben, selbst wenn sie in schriftlicher Form vorliegen. Für die Abgabe der Stimme genügt die Textform (§ 126b BGB); das eröffnet insbesondere die Möglichkeit zur Nutzung elektronischer Übertragungsmöglichkeiten und erleichtert die Teilnahme an der Abstimmung. Für die Integrität und Authentizität der übermittelten Stimmen haben der Schuldner und der Abstimmungsleiter Sorge zu tragen. Das Gesetz enthält sich hierzu jeder Vorgabe. In den Anleihebedingungen können entsprechende Verfahren vorgesehen werden. In jedem Fall

385

Anhang II
Gesetzesentwurf der Bundesregierung

muss in der Aufforderung zur Stimmabgabe – in Abhängigkeit von den jeweils zulässigen Formen der Stimmabgabe – genau angegeben werden, welche Bedingungen erfüllt sein müssen, damit abgegebene Stimmen gezählt werden können. Absatz 4 regelt den Ablauf einer Abstimmung ohne Versammlung. Nach Satz 1 hat der Abstimmungsleiter die Berechtigung der Gläubiger festzustellen und ein Verzeichnis der an der Abstimmung (berechtigt) teilnehmenden Gläubiger aufzunehmen. Für den Nachweis der Berechtigung gilt § 10 Absatz 3 entsprechend. Für den Inhalt und die Form des Verzeichnisses gilt § 15 Absatz 2 entsprechend. Insbesondere hat der Abstimmungsleiter das von ihm unterschriebene Verzeichnis der teilnehmenden Gläubiger allen Gläubigern unverzüglich zugänglich zu machen. Sodann hat der Abstimmungsleiter die abgegebenen Stimmen zu zählen und das Erreichen oder Nichterreichen der Beschlussfähigkeit sowie ggf. das Ergebnis der Abstimmung festzustellen. Wird die Beschlussfähigkeit verfehlt, kann der Abstimmungsleiter nach Satz 2 eine Gläubigerversammlung einberufen. Für diese Gläubigerversammlung gelten die reduzierten Anforderungen an die Beschlussfähigkeit entsprechend (§ 15 Absatz 3 Satz 3), auch wenn ihr keine (erste) Gläubigerversammlung vorangegangen ist. Eine zweite Abstimmung ohne Versammlung mit reduzierten Anforderungen an die Beschlussfähigkeit ist zum Schutz der Gläubiger nicht vorgesehen. Nach Satz 3 wird für die Niederschrift der Beschlüsse auf § 16 Absatz 3 Satz 2 und 3 verwiesen, dh für den Inhalt und die Form der Niederschrift gilt § 130 Absatz 2 bis 4 AktG entsprechend. Das Recht, eine Abschrift der Niederschrift zu verlangen, steht (abweichend von § 16 Absatz 3 Satz 3) allen Gläubigern zu, welche an der Abstimmung teilgenommen haben.

Absatz 5 regelt das Widerspruchsrecht der teilnehmenden Gläubiger. Die Klagebefugnis hängt davon ab, dass der anfechtende Gläubiger zuvor erfolglos Widerspruch erhoben hat (§ 20 Absatz 2 Nummer 1). Die Vorschrift soll die Gerichte entlasten, indem unstreitige Fehler bei der Beschlussfassung ohne Anrufung des Gerichts korrigiert werden können. Der Widerspruch muss im Regelfall in der Gläubigerversammlung zu Protokoll erklärt werden. Durch Aufnahme des Widerspruchs in die Niederschrift entscheidet der Vorsitzende zugleich (ablehnend) über den Widerspruch. In Anlehnung an dieses Verfahren sieht Absatz 5 ein schriftliches Widerspruchsverfahren vor, das nach Möglichkeit innerhalb der Klagefrist von vier Wochen (§ 20 Absatz 3 Satz 1) abgeschlossen sein sollte. Der Widerspruch ist deshalb binnen zwei Wochen nach der Bekanntmachung der Beschlüsse zu erheben. Über den Widerspruch entscheidet der Abstimmungsleiter. Hat der Widerspruch Erfolg, muss der Abstimmungsleiter das Ergebnis unverzüglich wie einen Beschluss nach § 17 bekannt machen. Andernfalls teilt er dem widersprechenden Gläubiger lediglich mit, dass der Widerspruch keinen Erfolg gehabt hat. Eine Begründung ist nicht erforderlich.

Absatz 6 ordnet an, dass der Schuldner die Kosten einer Abstimmung ohne Versammlung zu tragen hat; die Vorschrift entspricht inhaltlich § 9 Absatz 4.

Zu § 19. (Insolvenzverfahren)

Absatz 1 legt die Rangordnung der Vorschriften im Verhältnis zwischen diesem Gesetz und der Insolvenzordnung fest. Danach gehen die Vorschriften der Insolvenzordnung in ihrem Anwendungsbereich den Vorschriften dieses Gesetzes im Grundsatz vor, sobald das Insolvenzverfahren über das Vermögen des Schuldners eröffnet ist (vgl. § 87 InsO). Abweichend davon enthalten die Absätze 2 bis 4 Sondervorschriften, die denjenigen der Insolvenzordnung vorgehen oder diese

Gesetzesentwurf der Bundesregierung **Anhang II**

ergänzen. § 19 enthält darüber hinaus teilweise Sondervorschriften zu § 5 ff. dieses Gesetzes.

§ 19 ist als insolvenzrechtliche Regelung zu verstehen, weshalb ein Gleichlauf mit den Grundsätzen der internationalen Zuständigkeit im Insolvenzverfahren notwendig ist. Die Bestimmung findet nur dann Anwendung, wenn der COMI (Centre of Main Interest) im Inland belegen ist. So ist ein deutsches Insolvenzgericht etwa für inländische (Zweig-) Niederlassungen ausländischer Schuldner im Inland zuständig. Diese Rechtsfolgen ergeben sich unmittelbar aus dem Insolvenzrecht und schlagen auf § 19 durch.

Bei einer Teilnahme der Schuldverschreibungen an einem organisierten Markt nach § 2 Absatz 5 WpHG unterliegen die Wirkungen des Insolvenzverfahrens auf die Rechte und Pflichten der Teilnehmer an diesem Markt nach § 340 Absatz 1 InsO dem Recht des Staates, das für diesen Markt gilt. In § 19 Absatz 1 Satz 2 wird daher klargestellt, dass § 340 InsO auch im Falle des § 19 Absatz 1 gilt.

Absatz 2 Satz 1 bestimmt, dass die Anleihegläubiger nach der Eröffnung des Insolvenzverfahrens über das Vermögen des Schuldners (abweichend von § 5 Absatz 1 Satz 1) nur befugt sind, durch Mehrheitsbeschluss einen gemeinsamen Vertreter für alle Gläubiger zu bestellen. Das Insolvenzgericht muss zu diesem Zweck eine Gläubigerversammlung einberufen, wenn ein gemeinsamer Vertreter für alle Gläubiger noch nicht bestellt worden ist. Das entspricht im Wesentlichen dem bisher geltenden Recht (§ 18 Absatz 3 und 4 SchVG von 1899). Die Gläubiger sind nicht verpflichtet, einen gemeinsamen Vertreter zu bestellen. Im Gesetz kommt aber zum Ausdruck, dass dies in aller Regel wünschenswert wäre.

Absatz 3 ordnet an, dass nur der gemeinsame Vertreter im Insolvenzverfahren die Rechte der Gläubiger geltend machen kann. Einzelne Gläubiger sind, wenn ein gemeinsamer Vertreter bestellt ist, nicht mehr befugt, ihre Rechte im Insolvenzverfahren selbst zu verfolgen. Eine Ausnahme hiervon ist (abweichend von § 7 Absatz 2 Satz 3) auch durch Mehrheitsbeschluss nicht vorgesehen. Diese strenge gesetzliche Anordnung erscheint gerechtfertigt, um ein Insolvenzverfahren auch unter Beteiligung einer sehr großen Anzahl von Anleihegläubigern rechtssicher und zügig durchführen zu können und dabei die Gleichbehandlung der Gläubiger zu gewährleisten. Für einen nach der Eröffnung des Insolvenzverfahrens bestellten gemeinsamen Vertreter ergibt sich der Umfang seiner Befugnisse unmittelbar aus Absatz 3. Für einen bereits zuvor bestellten Vertreter ergibt sich ein eventueller Zuwachs an Aufgaben und Befugnissen als gesetzliche Folge aus dem Beschluss über die Eröffnung des Insolvenzverfahrens über das Vermögen des Schuldners. Bei seiner Tätigkeit im Rahmen des Insolvenzverfahrens braucht der gemeinsame Vertreter für alle Gläubiger die Schuldurkunde(n) nicht vorzulegen. Auf diese Weise wird gewährleistet, dass der Vertreter seine Aufgabe effektiv wahrnehmen kann, ohne sich zuvor ggf. mit einzelnen Gläubigern über die Herausgabe von Schuldurkunden auseinandersetzen zu müssen (vgl. § 797 Satz 1 BGB).

Absatz 4 ergänzt § 227 ff. InsO mit der Maßgabe, dass ein Insolvenzplan für alle Gläubiger derselben Anleihe gleiche Bedingungen vorsehen muss. Das entspricht § 19a Absatz 1 SchVG von 1899. Diese Konkretisierung des für Gläubigerbeschlüsse geltenden allgemeinen Gleichbehandlungsgebots (vgl. § 5 Absatz 2 Satz 3) ist insbesondere für den gemeinsamen Vertreter bindend; einem Insolvenzplan, der ungleiche Bedingungen für sämtliche Gläubiger derselben Anleihe vorsieht, darf er nicht zustimmen.

Absatz 5 ordnet an, dass alle Bekanntmachungen nach diesem Gesetz nach der Eröffnung des Insolvenzverfahrens zusätzlich unter der von § 9 InsO vorgegebenen

Anhang II Gesetzesentwurf der Bundesregierung

Adresse im Internet zu erfolgen haben (www.insolvenzbekanntmachungen.de). Alle das Insolvenzverfahren betreffenden Entscheidungen sollen zentral verfügbar sein.

Zu § 20. (Anfechtung von Beschlüssen)
Die Vorschrift schafft erstmals die Möglichkeit, Beschlüsse der Gläubiger vor Gericht anzufechten. Das SchVG von 1899 sah dies nicht vor. Eine gerichtliche Kontrollmöglichkeit erscheint schon im Hinblick auf den grundgesetzlichen Eigentumsschutz sowie die Einschränkung der individuellen Vertragsmacht durch die kollektive Bindung (§ 4) geboten. Sie ergibt sich auch aus der Anlehnung des Verfahrens an das Aktiengesetz und die aktienrechtliche Anfechtungsklage.

Absatz 1 Satz 1 begründet die Anfechtungsbefugnis in sachlicher Hinsicht und zählt die Anfechtungsgründe auf. Anfechtbar sind alle Beschlüsse der Gläubiger, unabhängig davon, ob sie in einer Gläubigerversammlung oder ohne Versammlung zustande gekommen sind. Die Anfechtung kann nur auf eine Verletzung des Gesetzes oder der Anleihebedingungen gestützt werden. In Betracht kommen nicht nur Verstöße gegen verfahrensrechtliche, sondern auch gegen materiellrechtliche Vorschriften, namentlich gegen das Gleichbehandlungsgebot. Die Vorschrift entspricht in Inhalt und Aufbau dem § 243 Absatz 1 AktG. Davon abweichender Regeln bedarf es vorliegend nicht. Satz 2 konkretisiert die Voraussetzungen für eine Anfechtung wegen Informationsmängeln nach Maßgabe von § 243 Absatz 4 Satz 1 AktG. Diese von der Regierungskommission Corporate Governance vorgeschlagene Regelung ist durch das Gesetz zur Unternehmensintegrität und Modernisierung des Anfechtungsrechts (UMAG) vom 22. September 2005 (BGBl. I S. 2082) in das Aktiengesetz eingeführt worden und hat sich bewährt (vgl. Bundestagsdrucksache 16/6136, S. 5). Auf die Begründung zum Regierungsentwurf des UMAG wird insoweit ergänzend verwiesen (Bundestagsdrucksache 15/5092, S. 25 f.). Satz 3 übernimmt die im Entwurf eines Gesetzes zur Umsetzung der Aktionärsrechterichtlinie (ARUG) vorgesehene Regelung in § 243 Absatz 3 Nummer 1 AktG, um eine Anfechtbarkeit wegen technischer Störungen zu vermeiden.

Absatz 2 regelt die Anfechtungsbefugnis in persönlicher Hinsicht. Nummer 1 betrifft Gläubiger, die an der Abstimmung teilgenommen haben und entspricht im Wesentlichen § 245 Nummer 1 AktG in der Fassung durch das UMAG. Anders als im Aktienrecht begründet aber nicht das Erscheinen in der Hauptversammlung/Gläubigerversammlung die umfassende Befugnis zur Beschlussanfechtung nach Nummer 1, sondern – insbesondere mit Rücksicht auf die Abstimmung ohne Versammlung – die Teilnahme an der Abstimmung. Weiter ist Voraussetzung, dass der Gläubiger gegen den Beschluss erfolglos Widerspruch erklärt hat. Erfolglos ist der Widerspruch, wenn den vom Gläubiger geäußerten Bedenken innerhalb angemessener Frist nicht Rechnung getragen worden ist; einer förmlichen Entscheidung bedarf es nicht. Abweichend von § 245 Nummer 1 AktG muss der Widerspruch nicht zur Niederschrift erklärt worden sein, weil bei der Abstimmung ohne Versammlung die Niederschrift geschlossen ist, wenn der Widerspruch (regelmäßig erst) nachträglich erklärt wird. Der Kläger muss darlegen und ggf. beweisen, dass er den Widerspruch erklärt hat. Außerdem muss der Kläger die Schuldverschreibung vor Bekanntmachung der Einberufung der Gläubigerversammlung erworben haben. Dadurch soll etwaigen Missbräuchen des Klagerechts vorgebeugt werden; denn da die Tatsache der Einberufung einer Gläubigerversammlung in der Regel nicht vorhergesagt werden kann, ist ein gezielter Erwerb

Gesetzesentwurf der Bundesregierung **Anhang II**

der betreffenden Schuldverschreibungen kaum denkbar. Zur Begründung wird ergänzend auf die entsprechende Begründung zu § 245 Nummer 1 AktG verwiesen (Bundestagsdrucksache 15/5092, S. 26 f.). Nummer 2 betrifft alle Gläubiger, die an der Abstimmung nicht teilgenommen haben und entspricht im Wesentlichen § 245 Nummer 2 AktG. Gläubiger, die an der Abstimmung nicht teilgenommen haben, können die Beschlüsse der Gläubiger nur wegen der im Gesetz abschließend aufgezählten formalen Fehler anfechten.

Absatz 3 regelt die Klagefrist, die Zuständigkeit des Gerichts sowie Besonderheiten des Verfahrens. Die Klage ist binnen eines Monats nach Bekanntmachung des Beschlusses zu erheben. Da die Gläubiger keine rechtsfähige Gemeinschaft bilden, so dass ihnen auch die Beklagtenfähigkeit fehlt, ist die Klage gegen den Schuldner zu richten, auf dessen Veranlassung und in dessen hauptsächlichem Interesse die Beschlüsse der Gläubiger regelmäßig ergehen werden. Die Regelung für die örtliche Zuständigkeit des Gerichts entspricht inhaltlich § 246 Absatz 3 AktG, auf dessen Sätze 2 bis 6 (in der Fassung des Entwurfs eines Gesetzes zur Umsetzung der Aktionärsrechterichtlinie) ausdrücklich verwiesen wird. Für Klagen gegen Schuldner ohne Sitz im Inland wird die ausschließliche Zuständigkeit des Landgerichts Frankfurt am Main gesetzlich begründet. Satz 4 ordnet für angefochtene Beschlüsse bis zur rechtskräftigen Entscheidung des Gerichts eine Vollziehungssperre an und eröffnet die Freigabe der Vollziehung auf Antrag des Schuldners (Freigabeverfahren) nach Maßgabe des § 246a AktG (in der Fassung des Entwurfs eines Gesetzes zur Umsetzung der Aktionärsrechterichtlinie).

Zu § 21. (Vollziehung von Beschlüssen)
Vollziehung bedeutet bei Gläubigerbeschlüssen, die den Inhalt der Anleihebedingungen nach Abschnitt 2 dieses Gesetzes ändern, dass sie in der Urkunde oder in den Anleihebedingungen vollzogen werden – erst dann werden sie gemäß § 2 Satz 3 wirksam. Hierfür reicht es nach Absatz 1 Satz 2 bei durch eine Wertpapiersammelbank verwahrten Sammelurkunden aus, dass der Versammlungsleiter – oder im Fall des § 18 der Abstimmungsleiter – den in der Niederschrift dokumentierten Beschlussinhalt an die Wertpapiersammelbank übermittelt mit dem Ersuchen, die eingereichten Dokumente den vorhandenen Dokumenten in geeigneter Form beizufügen. Dabei hat der Versammlungs- oder Abstimmungsleiter gemäß Satz 3 gegenüber der Wertpapiersammelbank zu versichern, dass der Beschluss vollzogen werden darf (dh, dass entweder die Klagefrist von einem Monat verstrichen ist, ohne dass Anfechtungsklage erhoben wurde, oder dass die Klage rechtskräftig abgewiesen wurde oder das Gericht die Freigabe der Vollziehung eröffnet hat).

Absatz 2 betrifft den Fall, dass durch Gläubigerbeschluss ein gemeinsamer Vertreter bestellt wird. Ein solcher Beschluss wird im Regelfall nicht durch eine Änderung oder Ergänzung der Anleihebedingungen vollzogen. Daher wird angeordnet, dass der gemeinsame Vertreter von der ihm durch Beschluss erteilten Vollmacht oder Ermächtigung keinen Gebrauch machen darf, solange der zugrunde liegende Beschluss noch nicht vollzogen werden darf.

Zu § 22. (Geltung für Mitverpflichtete)
Anleihen werden häufig von Finanzierungsgesellschaften begeben, die nicht über eigene Sicherheiten verfügen. Sicherheiten müssen in diesen Fällen von Dritten gestellt werden. Diese werden hier im Gesetz als Mitverpflichtete bezeichnet. In der Krise insbesondere des Sicherungsgebers kann es erforderlich sein, auch die Sicherungsabrede zu modifizieren. Allerdings können der Schuldner und der Sicherungsgeber die Sicherungsbedingungen nicht zu Lasten der Gläubiger ändern

ohne deren Zustimmung – und die Gläubiger können einer solchen Änderung nicht durch Mehrheitsbeschluss zustimmen, wenn die Sicherungsabrede nicht Bestandteil der Anleihebedingungen ist. Denn nach § 5 Absatz 1 Satz 1 und Absatz 4 Nummer 6 können nur die Anleihebedingungen durch Mehrheitsbeschluss geändert werden. Für diesen Fall sieht § 21 vor, dass die entsprechende Anwendung der §§ 5 bis 21 in den Anleihebedingungen vorgesehen werden kann. Dies muss aber ausdrücklich geschehen. Die gesetzlichen Regelungen können außerdem nur vollständig übernommen werden.

Zu § 23. (Bußgeldvorschriften)
Nach Absatz 1 werden Zuwiderhandlungen gegen das Verbot der Stimmrechtsausübung durch den Schuldner (§ 6 Absatz 1 Satz 3) sowie des Stimmenkaufs (§ 6 Absatz 2) und der Bestechlichkeit des Stimmberechtigten (§ 6 Absatz 3) als Ordnungswidrigkeit verfolgt. Absatz 2 regelt die Folgen bei Verletzung der Offenbarungspflicht in § 7 Absatz 1.

Dass bei Stimmenkauf ein höheres Bußgeld vorgesehen ist als im SchVG von 1899 und bei den vergleichbaren Vorschriften im Aktiengesetz und Genossenschaftsgesetz hat seinen Grund zum einen in den weiterreichenden Befugnissen der Gläubigerversammlung und zum anderen darin, dass die stärkere Anonymität der Schuldverschreibungsgläubiger untereinander und die nur im SchVG vorgesehene Abstimmung ohne Versammlung möglicherweise die Gefahr von unzulässigen Stimmrechtsausübungen erhöhen könnten, dem mit einer verschärften Bußgeldandrohung entgegengesteuert werden soll.

Zu § 24. (Übergangsbestimmumgen)
Das Gesetz ist nach Absatz 1 nicht anzuwenden auf Schuldverschreibungen, die vor seinem Inkrafttreten ausgegeben waren. Insoweit finden die Vorschriften des SchVG von 1899 weiterhin Anwendung.

Nach Absatz 2 haben die Gläubiger jedoch die Möglichkeit, durch Mehrheitsbeschluss für die Anwendung des neuen SchVG zu optieren. Die Anwendung des neuen Rechts setzt in diesem Fall die Zustimmung des Schuldners voraus.

Zu Artikel 2. (Änderung des Gesetzes über das Verfahren in Familiensachen und in den Angelegenheiten der freiwilligen Gerichtsbarkeit)
Durch die Änderung wird das Verfahren nach § 9 Absatz 2 SchVG wegen seiner Ähnlichkeit mit dem Verfahren nach § 122 Absatz 3 AktG in den Katalog der unternehmensrechtlichen Verfahren (§ 375 FamFG) sowie in die entsprechende Konzentrationsermächtigung (§ 376 FamFG) einbezogen.

Zu Artikel 3. (Änderung des Allgemeinen Kriegsfolgengesetzes)
Es handelt sich um redaktionelle Folgeänderungen wegen der Aufhebung des Gesetzes betreffend die gemeinsamen Rechte der Besitzer von Schuldverschreibungen.

Da die Hinterlegung der Schuldverschreibungen zukünftig ersatzlos entfällt, sind auch diesbezügliche Ersatzvorschriften gegenstandslos (§ 89 Absatz 2 und 3).

Zu Artikel 4. (Änderung des Wertpapierhandelsgesetzes)

Zu Nummer 1. (Inhaltsübersicht)
Folgeänderung zu Nummer 2.

Zu Nummer 2. (Überschrift des Abschnitts 6)
Neufassung der Abschnittsüberschrift wegen Aufhebung des § 37a WpHG.

Gesetzesentwurf der Bundesregierung **Anhang II**

Zu Nummer 3. (§ 30b Absatz 2 WpHG)
Durch die Ergänzung des § 30b Absatz 2 WpHG wird sichergestellt, dass es keine Verdoppelung von Veröffentlichungspflichten hinsichtlich der Einberufung einer Gläubigerversammlung gibt.

Zu Nummer 4. (§ 34 WpHG)

Zu Buchstabe a. In § 34 WpHG werden zur Konkretisierung der Pflichten von Wertpapierdienstleistungsunternehmen zwei neue Absätze eingefügt.

In dem neuen Absatz 2a wird die generelle Aufzeichnungspflicht nach Absatz 1, die alle Wertpapierdienstleistungen betrifft, für den Bereich der Anlageberatung (§ 2 Absatz 3 Nummer 9 WpHG) konkretisiert. Es wird ein Protokoll über das Beratungsgespräch verlangt, das eine Kontrolle des Gesprächshergangs durch die Aufsichtsbehörde ermöglicht.

Bislang erstellen Banken und Finanzdienstleistungsinstitute häufig nur ansatzweise Aufzeichnungen über die von ihnen durchgeführte Anlageberatung. Üblicherweise wird lediglich der sogenannte WpHG-Bogen hinterlegt, der grobe Anhaltspunkte über die nach § 31 Absatz 4 WpHG eingeholten Kundenangaben und eine danach gewählte Risikoklasse enthält, der die für einen Kunden geeigneten Finanzinstrumente angehören sollen. Des Weiteren wird vermerkt, ob eine Anlageberatung stattgefunden und welches Instrument der Kunde schließlich erworben hat. Anhand dieser Unterlagen ist die Bundesanstalt für Finanzdienstleistungsaufsicht (Bundesanstalt) lediglich in der Lage zu prüfen, ob dem Kunden ein Finanzinstrument verkauft wurde, das mit der aus dem WpHG-Bogen hervorgehenden Risikoklasse im Einklang steht. Die bei den Instituten vorhandenen Unterlagen geben hingegen oft keinen Aufschluss über den Hergang und die abschließenden Empfehlungen des eigentlichen Beratungsgesprächs. Es ist für die Aufsichtsbehörde in der Regel nicht nachprüfbar, ob ein Berater den Kunden beispielsweise durch Übertreiben der Renditechancen oder Verschweigen der Risiken überredet hat, sich für eine höhere als die zunächst angestrebte Risikoklasse zu entscheiden. Es ist für die Bundesanstalt auch kaum festzustellen, ob ein Anlageberater dem Kunden etwa empfohlen hat, davon abzusehen, ein Finanzinstrument aus dem Kundendepot zu verkaufen, obwohl der Kunde Befürchtungen im Hinblick auf eine Erhöhung der Verlustrisiken geäußert hat.

Dieser Praxis soll mit dem Beratungsprotokoll entgegengewirkt werden. Das Protokoll ist schriftlich anzufertigen und vom Anlageberater zu unterzeichnen. Eine Unterzeichnung durch den Kunden ist bewusst nicht vorgeschrieben, weil ein solches Erfordernis Fernabsatzgeschäfte erschweren könnte. Es steht der Bank jedoch frei, sich das Beratungsprotokoll vom Kunden – gegebenenfalls nach einer von diesem gewünschten Prüfungsfrist – unterzeichnen zu lassen. Eine Ausfertigung des Protokolls ist dem Kunden unverzüglich auf einem dauerhaften Datenträger zur Verfügung zu stellen. Damit wird der Kunde in die Lage versetzt, das Protokoll zu überprüfen, und das Protokoll wird vor Manipulationen geschützt. Im Streitfall kann das Protokoll als Beweismittel dienen. Bei persönlicher Anwesenheit beider Parteien dürfte die sofortige Fertigstellung des Protokolls keine Schwierigkeiten machen, da es unmittelbar während des Gesprächs schriftlich oder elektronisch angefertigt werden kann. Unstimmigkeiten über den Inhalt können sofort geklärt werden. Das Protokoll wird dem Kunden grundsätzlich vor Geschäftsabschluss zur Verfügung gestellt. Der Kunde kann damit das Beratungsgespräch auswerten und wird in die Lage versetzt, auf der Grundlage des Protokolls eine fundierte Anlageentscheidung zu treffen.

Anhang II Gesetzesentwurf der Bundesregierung

Allerdings soll auch in Zukunft die telefonische Beratung mit anschließender Auftragserteilung möglich sein. In diesem Fall kann der Kunde ausdrücklich einen Geschäftsabschluss vor Erhalt des Protokolls herbeiführen. Das Institut muss dem Kunden jedoch in jedem Fall anbieten, das gesamte Beratungsgespräch technisch aufzuzeichnen. Der Kunde kann ausdrücklich auf diese Aufzeichnung verzichten. Die Weisungen des Kunden sind im Protokoll zu vermerken, das dem Kunden auch bei telefonischer Beratung unverzüglich zuzuleiten ist.

Mit dem neuen Absatz 2b erhält der Kunde einen Anspruch gegen das Wertpapierdienstleistungsunternehmen auf Herausgabe einer Ausfertigung des Protokolls nach Absatz 2a. Damit wird es ihm erleichtert, etwaige zivilrechtliche Ansprüche gegen das Unternehmen zu prüfen und durchzusetzen. Zwar besteht bereits nach Absatz 2a eine Pflicht zur unverzüglichen Aushändigung des Protokolls an den Kunden. Durch Absatz 2b wird aber ausdrücklich klargestellt, dass dieser Pflicht auch ein korrespondierender Anspruch des Kunden gegenübersteht. Denn die Bundesanstalt kann die aufsichtsrechtliche Pflicht nach Absatz 2a nur im öffentlichen Interesse und im Rahmen der ihr zur Verfügung stehenden Mittel überprüfen. Eine Wahrnehmung individueller Anlegerinteressen durch die Aufsicht ist nicht möglich.

Zu Buchstabe b. Die Ausgestaltung des Beratungsprotokolls soll in der Wertpapierdienstleistungs-Verhaltens- und Organisationsverordnung geregelt werden. Die Ermächtigungsnorm des § 34 Absatz 4 WpHG wird entsprechend ergänzt.

Zu Nummer 5. (§ 37a WpHG)
§ 37a wird aufgehoben. Die Verjährung für Schadenersatzansprüche wegen fehlerhafter Anlageberatung wird an die allgemeinen Verjährungsregeln angepasst.

Zu Nummer 6. (§ 39 Absatz 2 WpHG)
Die Ergänzung des Katalogs der bußgeldpflichtigen Ordnungswidrigkeiten dient der Durchsetzung der neu eingeführten Protokollierungspflicht. Der Bußgeldrahmen von bis zu fünfzigtausend Euro erscheint angemessen. Der Bußgeldrahmen ist niedrig angesetzt, da durch den zivilrechtlichen Anspruch des Kunden auf Herausgabe des Beratungsprotokolls ein ausreichender Anreiz geschaffen wird, der Bestimmung in § 34 Absatz 2a zu entsprechen.

Zu Nummer 7. (§ 43 WpHG)
Die Übergangsvorschrift in § 43 wird neu gefasst. Ansprüche, für die zum Zeitpunkt ihrer Entstehung § 37a galt, verjähren auch zukünftig nach dieser Vorschrift.

Zu Artikel 5. (Änderung des Depotgesetzes)
Durch die vorgeschlagene Ergänzung des Depotgesetzes soll klargestellt werden, dass auch Namensschuldverschreibungen in das sachenrechtliche Wertpapiergiro nach dem Depotgesetz einbezogen sind. Es geht hierbei um ein Sonderproblem, sogenannte global bonds. Dabei handelt es sich um Anleihen deutscher oder US-amerikanischer Schuldner, die sowohl in Deutschland als auch in den Vereinigten Staaten von Amerika zum Handel zugelassen sind und als Namensschuldverschreibungen ausgestaltet werden. Ohne die gesetzliche Klarstellung könnte angenommen werden, dass der in den USA „verbriefte" Teil der Schuldverschreibungen nach deutschem Recht als Forderung übertragbar wäre. Um diesem Missverständnis vorzubeugen, sollen solche Namensschuldverschreibungen ausdrücklich dem sachenrechtlichen Wertpapiergiro unterstellt werden, sofern eine inländische Wert-

Gesetzesentwurf der Bundesregierung **Anhang II**

papiersammelbank (zB Clearstream Banking AG Frankfurt am Main) im Register des Schuldners als Inhaber des Rechts eingetragen ist.

Zu Artikel 6. (Änderung des Pfandbriefgesetzes)
Das SchVG ist nach seinem § 1 Absatz 2 nicht auf Pfandbriefe anwendbar. § 30 Absatz 7 des Pfandbriefgesetzes, der die Anwendung des Gesetzes betreffend die gemeinsamen Rechte der Besitzer von Schuldverschreibungen vorsieht, ist deshalb aufzuheben.

Zu Artikel 7. (Änderung der Wertpapierdienstleistungs-Verhaltens- und Organisationsverordnung)
Die bisherige Vermutungsregel wird durch die spezielle Regelung über den Mindestinhalt des Beratungsprotokolls nach § 34 Absatz 2a WpHG ersetzt.

Angaben über den Beratungsanlass geben Aufschluss darüber, auf wessen Initiative das Gespräch geführt wurde, ob es Vorgaben eines Instituts an seine Mitarbeiter gab, Kunden auf bestimmte Produkte anzusprechen, oder ob ein Kunde in einer besonderen persönlichen Situation oder auf Informationen hin, die er von dritter Seite erhalten hat, um Beratung nachgesucht hat.

Aus der festgehaltenen Dauer des Beratungsgesprächs lassen sich Rückschlüsse auf dessen Qualität und die Plausibilität der inhaltlichen Angaben zum Gesprächsverlauf ziehen.

Die Angabe der der Beratung zugrunde liegenden Informationen sowohl über den Kunden als auch über die besprochenen Produkte ist unerlässlich, um die Ordnungsmäßigkeit der Beratung zu überprüfen. Sie ist für die Eignung des Protokolls als Beweismittel von Bedeutung.

Zu vermerken ist im Protokoll des Weiteren, welche Wünsche ein Kunde bezüglich der Anlage geäußert hat und welche Bedeutung er möglicherweise sich einander widersprechenden Anlagezielen beigemessen hat. Hat er etwa erklärt, eine sichere Anlage erwerben, gleichzeitig aber eine außergewöhnlich hohe Rendite erzielen zu wollen, so muss sich aus dem Protokoll ergeben, welches Ziel vorrangig sein sollte und inwieweit der Kunde insofern von dem Berater geleitet wurde.

Schließlich sind sämtliche im Verlauf der Beratung ausgesprochenen Empfehlungen auch dann zu vermerken, wenn diese nicht weiter verfolgt werden. Der Berater muss darlegen, warum er ein bestimmtes Produkt als das für den Kunden am besten geeignete identifiziert hat.

Nach Satz 2 sind bei einer Telefonberatung ausdrückliche Kundenwünsche zum Geschäftsabschluss vor Zugang des Beratungsprotokolls und zum Verzicht auf technische Aufzeichnungen in das Protokoll aufzunehmen.

Zu Artikel 8. (Inkrafttreten; Außerkrafttreten)
Die Vorschrift bestimmt das Inkrafttreten des Gesetzes. Das SchVG von 1899 geht inhaltlich in dem neuen Gesetz auf und ist daher aufzuheben. Das Gleiche gilt für das Gesetz über die Anwendung von Vorschriften des Gesetzes betreffend die gemeinsamen Rechte der Besitzer von Schuldverschreibungen. Das Gesetz sah in seinem Artikel 2 die Nichtanwendbarkeit des SchVG von 1899 auf Schuldverschreibungen der Deutschen Reichsbahn-Gesellschaft vor. Solche Schuldverschreibungen existieren nicht mehr.

Anhang II Gesetzesentwurf der Bundesregierung

Anlage 2

Stellungnahme des Nationalen Normenkontrollrates

Der Nationale Normenkontrollrat hat den Entwurf des Gesetzes auf Bürokratiekosten, die durch Informationspflichten begründet werden, geprüft.

Mit dem Gesetz werden insgesamt fünf neue Informationspflichten für die Wirtschaft geschaffen. Das Bundesministerium der Justiz (BMJ) hat in der Gesetzesbegründung nur drei der Informationspflichten dargestellt und die Auswirkungen auf Bürokratiekosten geschätzt. Diese Pflichten verursachen jährliche Bürokratiekosten in Höhe von 50 333 333 Euro. Der überwiegende Teil dieser Kosten in Höhe von 50 133 333 Euro entfällt auf die Verpflichtung der Wertpapierdienstleister, Beratungsgespräche zu protokollieren und den Kunden eine Ausfertigung des Protokolls zu übergeben. Das BMJ geht dabei von 8 Millionen Beratungen jährlich aus. Pro Fall liegen die Kosten mithin bei rund 6 Euro. Primäres Ziel der Regelung ist es, die Rechte von Anlegern im Falle einer Falschberatung zu stärken. Das Protokoll soll aber nicht nur im Streitfall über den Inhalt der Beratung als Beweismittel dienen, sondern auch eine Kontrolle der Beratungspraxis durch die Aufsichtsbehörden ermöglichen. Das BMJ hat nachvollziehbar begründet, warum es die Einführung dieser Informationspflicht zur Erreichung des gesetzgeberischen Ziels für notwendig erachtet.

Als Alternative hat das BMJ die Einführung einer Beweislastumkehr im Streitfall über die Beratung geprüft. Auch nach Rücksprache mit den zuständigen Fachverbänden hat es sich gegen diese Alternative entschieden, da der vorgesehene Lösungsweg mehr Rechtssicherheit für alle Beteiligten bietet.

Zwei Informationspflichten hat das BMJ nicht dargestellt. Es handelt sich dabei um die Verpflichtungen nach § 7 Abs. 1 Satz 1 und 2 des Gesetzes über Schuldverschreibungen aus Gesamtemissionen. Diese Regelungen sehen vor, dass derjenige, der als gemeinsamer Vertreter der Gläubiger vorgesehen ist, die Gläubiger vor seiner Bestellung über seine Beziehungen zum Schuldner informieren muss, zB wenn er Mitglied im Vorstand oder Aufsichtsrat des Schuldners ist. Zudem muss er die Gläubiger darüber informieren, wenn nach seiner Bestellung entsprechende Beziehungen zum Schuldner entstanden sind.

Das BMJ beruft sich bei der Einordnung der Regelungen auf eine von der Bundesregierung im Rahmen der Kabinettsitzung am 5. November 2008 gefundene Abgrenzung von Informationspflichten innerhalb von Schuldverhältnissen zu inhaltlichen Pflichten. Es argumentiert, es handelt sich bei diesen Pflichten nicht um Informationspflichten, da die Angaben „als für den Vertragsabschluss bzw. seine Durchführung erforderlich vorgesehen sind". Das BMJ verkennt dabei, dass der Vertrag zwischen Gläubigern und Vertreter auch dann zustande kommt, wenn die Information den Gläubigern vorenthalten wird. Die Information ist mithin nicht für den Vertragsabschluss erforderlich. Eine Verletzung der Informationspflicht kann allenfalls Schadenersatzansprüche zur Folge haben. Ziel der Informationspflicht ist hingegen die Warnung der Gläubiger vor einem möglicherweise befangenen Vertreter. Die Gläubiger sollen mit der Information in die Lage versetzt werden abzuwägen, ob sie den Vertreter für geeignet halten, ihre Interessen gegenüber dem Schuldner wahrzunehmen. Derartige Warnhinweise sind auch nach der o. g. Abgrenzung Informationspflichten im Sinne des NKR-Gesetzes (Gesetz zur Einsetzung eines Nationalen Normenkontrollrates). Im vorliegenden

Gesetzesentwurf der Bundesregierung **Anhang II**

Fall ist jedoch davon auszugehen, dass wegen der voraussichtlich sehr geringen Fallzahl mit keiner großen Bürokratiekostenbelastung zu rechnen sein wird. Der Normenkontrollrat fordert das BMJ auf, die beiden Informationspflichten zeitnah zu schätzen und das Ergebnis in den Gesetzgebungsprozess nachzureichen.

Anlage 3

Stellungnahme der Bundesregierung zu der Stellungnahme des Nationalen Normenkontrollrats

Die Bundesregierung nimmt zu der Stellungnahme des Nationalen Normenkontrollrates wie folgt Stellung:

Von einer Informationspflicht im Sinne des Standardkostenmodells ist nach dem von der Bundesregierung im Rahmen der Kabinettsitzung am 5. November 2008 gefundenen Kompromiss durch Abgrenzung von Informationspflichten innerhalb von Schuldverhältnissen zu inhaltlichen Pflichten immer, aber auch nur dann auszugehen, wenn die Information nicht nur erforderlich ist, um einen Vertrag sachgerecht abzuschließen, durchzuführen oder zu beenden, sondern ihre Erfüllung auch einem darüber hinausgehenden Interesse dient. Vor diesem Hintergrund hat der Nationale Normenkontrollrat (NKR) die Verpflichtungen nach § 7 Absatz 1 Satz 1 und 2 des Entwurfs eines Schuldverschreibungsgesetzes (wonach derjenige, der als gemeinsamer Vertreter der Gläubiger vorgesehen ist, die Gläubiger vor seiner Bestellung über seine Beziehungen zum Schuldner informieren muss – zB wenn er Mitglied im Vorstand oder Aufsichtsrat des Schuldners ist – bzw. nach seiner Bestellung, wenn nachträglich entsprechende Beziehungen zum Schuldner entstanden sind) als Informationspflichten im Sinne des NKR-Gesetzes qualifiziert.

Zwischen der Bundesregierung und dem Nationalen Normenkontrollrat besteht Einigkeit darüber, dass im vorliegenden Fall davon auszugehen ist, dass wegen der voraussichtlich sehr geringen Fallzahl mit keiner großen Kostenbelastung zu rechnen sein wird. Die Bestellung und Abberufung eines gemeinsamen Vertreters der Gläubiger erfolgt durch Beschluss der Gläubiger in der Gläubigerversammlung oder im Wege einer Abstimmung nach § 18 des Entwurfs eines Schuldverschreibungsgesetzes. Für etwaige Gläubigerversammlungen bzw. Abstimmungen ist eine sehr geringe Fallzahl anzunehmen, da es auch nach dem derzeitigen Schuldverschreibungsgesetz nur sehr wenige Anwendungsfälle gab. Mit der Ausdehnung des Anwendungsbereichs des neuen Gesetzes auf ausländische Schuldner – und auch ausländische Staaten als Schuldner, ist zwar diesbezüglich ggf. mit etwas höheren Fallzahlen zu rechnen, insoweit ergibt sich aber keine Kostenbelastung der deutschen Wirtschaft. Wegen der geringen Fallzahl von Gläubigerversammlungen wurde auch für die Informationspflichten nach § 12 Absatz 3 und § 17 Absatz 2 des Entwurfs eines Schuldverschreibungsgesetzes (Information über die Einberufung der Gläubigerversammlung und über die Beschlüsse der Gläubiger) jeweils eine Bürokratiekostenbelastung der Wirtschaft unter 100 000 Euro angenommen. Die Kostenbelastung durch die Pflicht des gemeinsamen Vertreters nach § 7 Absatz 1 Satz 1 und 2 des Entwurfs eines Schuldverschreibungsgesetzes liegt daher ebenfalls unter 100 000 Euro.

Anhang II
Gesetzesentwurf der Bundesregierung

Anlage 4

Stellungnahme des Bundesrates

Der Bundesrat hat in seiner 857. Sitzung am 3. April 2009 beschlossen, zu dem Gesetzentwurf gemäß Artikel 76 Absatz 2 des Grundgesetzes wie folgt Stellung zu nehmen:

1. Zu Artikel 1. (§ 7 Absatz 3 SchVG)
Der Bundesrat bittet, im weiteren Verlauf des Gesetzgebungsverfahrens zu prüfen, wie die in § 93 Absatz 1 Satz 2 und Absatz 2 Satz 2 AktG normierte Möglichkeit der Exkulpation des Leitungsorgans im Schuldverschreibungsgesetz in geeigneter Weise auf den gemeinsamen Vertreter der Gläubiger übertragen werden kann.
Begründung
Nach § 7 Absatz 3 Satz 1 Halbsatz 2 SchVG-E soll der gemeinsame Vertreter der Gläubiger bei seiner Tätigkeit die Sorgfalt eines ordentlichen und gewissenhaften Geschäftsleiters anwenden. Es handelt sich hierbei um einen besonderen Sorgfaltsmaßstab, der § 93 Absatz 1 Satz 1 AktG entlehnt ist. Hierzu geht die Entwurfsbegründung (Bundesratsdrucksache 180/09, S. 30) zu Recht davon aus, dass die Tätigkeit des gemeinsamen Vertreters häufig eine unternehmerische Prognose über die zukünftige Entwicklung des Schuldners verlangen kann. Weiterhin wird darauf hingewiesen, dass bei insofern nicht immer zu vermeidenden Fehleinschätzungen sich der gemeinsame Vertreter gegebenenfalls unter Hinweis auf § 93 Absatz 1 Satz 2 AktG exkulpieren können soll. Diese, in § 93 Absatz 1 Satz 2 AktG, zurückgehend auf die Rechtsprechung des Bundesgerichtshofs, normierte Möglichkeit der Entlastung des Leitungsorgans, das hierfür beweispflichtig ist (§ 93 Absatz 2 Satz 2 AktG), sollte bereits im Hinblick auf ihre Bedeutung in geeigneter Form im Gesetzestext selbst ihren Niederschlag finden.
Zudem ergibt sich aus der Entwurfsbegründung nicht eindeutig, ob auf den gemeinsamen Vertreter auch die Beweislastregelung des § 93 Absatz 2 Satz 2 AktG Anwendung finden soll. Da in der Festlegung der Beweislast zu Lasten des Leitungsorgans eine zu Gunsten der Gesellschaft wirkende Abweichung von den allgemeinen Grundsätzen der sogenannten Normentheorie liegt, nach der jede Partei die Voraussetzungen der ihr günstigen Norm zu beweisen hat (vgl. Hüffer, AktG, 8. Auflage, 2008, § 93 Rn. 16), erscheint es angezeigt, für den Fall einer Übertragung der Beweislastregelung des § 93 Absatz 2 Satz 2 AktG auf die Haftungsregelung für den gemeinsamen Vertreter, dies im Gesetzestext selbst zu regeln. Soweit daher mit der Entwurfsbegründung beabsichtigt sein sollte, die allgemein für Leitungsorgane geltenden Haftungsgrundsätze des § 93 Absatz 1, 2 AktG auf den gemeinsamen Vertreter der Gläubiger zur Anwendung gelangen zu lassen, sollte dies in geeigneter Weise in der Fassung des § 7 Absatz 3 SchVG, gegebenenfalls auch in der Form der Verweisung, zum Ausdruck gebracht werden.

2. Zu Artikel 1. (§ 20 Absatz 3 Satz 3 Halbsatz 1 SchVG)
In Artikel 1 § 20 Absatz 3 Satz 3 Halbsatz 1 ist nach den Wörtern „mit Sitz im Inland" das Wort „ausschließlich" einzufügen.
Begründung
Gemäß § 20 Absatz 3 Satz 3 Halbsatz 1 SchVG-E soll bei einem Schuldner mit Sitz im Inland für die Klage gegen den Beschluss der Gläubiger dasjenige Landgericht zuständig sein, in dessen Bezirk der Schuldner seinen Sitz hat, oder mangels

Gesetzesentwurf der Bundesregierung   **Anhang II**

eines Sitzes im Inland das Landgericht Frankfurt am Main. Nach der Begründung (Bundesratsdrucksache 180/09, S. 39) soll die Regelung für die örtliche Zuständigkeit des Gerichts inhaltlich § 246 Absatz 3 AktG entsprechen; zudem soll mit § 20 Absatz 3 Satz 3 SchVG-E für Klagen gegen Schuldner ohne Sitz im Inland die ausschließliche Zuständigkeit des Landgerichts Frankfurt am Main gesetzlich begründet werden. Die hiernach offenbar für sämtliche Beschlussmängelklagen intendierte ausschließliche Zuständigkeit findet jedoch – anders als in § 246 Absatz 3 Satz 1 AktG, auf den § 20 Absatz 3 Satz 3 Halbsatz 2 SchVG-E jedoch gerade nicht verweist – im Entwurfstext selbst keinen Niederschlag. Da der Grundsatz gilt, dass ausschließliche Gerichtsstände nur diejenigen sind, die im Gesetz ausdrücklich als solche bezeichnet werden (vgl. Zöller-Vollkommer, ZPO, 27. Auflage, 2009, § 12 Rn. 8; Münchner Kommentar-Patzina, 3. Auflage, 2008, § 12 Rn. 27; Musielak, ZPO, Kommentar, 6. Auflage, 2008, § 12 Rn. 8), sollte im Interesse der Vermeidung jeglicher Unklarheit durch die Verwendung des entsprechenden Begriffs „ausschließlich" im Gesetzestext selbst klargestellt werden, dass es sich um eine solcherart ausschließliche Zuständigkeit der jeweiligen Landgerichte für die Anfechtung von Beschlüssen der Gläubiger handelt.

3. Zu Artikel 4 Nummer 4 Buchstabe a. (§ 34 Absatz 2a Satz 2, 3 WpHG)
Artikel 4 Nummer 4 Buchstabe a (§ 34 Absatz 2a) ist wie folgt zu ändern:
a) In Satz 2 sind nach den Wörtern „Das Protokoll ist" die Wörter „vom Kunden und" einzufügen.
b) In Satz 3 sind nach den Wörtern „des Kunden vor" die Wörter „Unterzeichnung und" einzufügen.
Begründung
Im Gesetzentwurf ist eine Unterzeichnungspflicht des Kunden nicht vorgesehen. Die Beweiskraft des Protokolls im späteren Prozess wird jedoch erhöht, wenn es von beiden Parteien unterzeichnet wird. Mit der Pflicht zur Unterzeichnung auch durch den Anleger wird demselben die Bedeutung der Beratung vor Augen geführt. Kunde und Wertpapierdienstleistungsunternehmen treten sich bei der Abfassung des Protokolls auf Augenhöhe gegenüber. Die Gewähr für eine inhaltliche Richtigkeit des Protokolls wird dadurch erhöht.
Der Kunde kann auf das Erfordernis seiner Unterzeichnung verzichten, so dass Fernabsatzgeschäfte nicht unangemessen erschwert werden.

4. Zu Artikel 4 Nummer 4 Buchstabe a. (§ 34 Absatz 2c – neu – WpHG)
Artikel 4 Nummer 4 Buchstabe a ist wie folgt zu fassen:
a) Nach Absatz 2 werden folgende Absätze 2a bis 2c eingefügt:
„(2a) [wie Gesetzentwurf][1]
(2b) [wie Gesetzentwurf]
(2c) Sofern das Anlageprotokoll gemäß Absatz 2a nicht, nicht vollständig oder nicht rechtzeitig angefertigt wird, obliegt dem Wertpapierdienstleistungsunternehmen die Beweislast bei Schadenersatzansprüchen des Kunden wegen fehlerhafter Anlageberatung.'"
Begründung
Die im Gesetzentwurf vorgesehene Protokollierung der Anlageberatung gemäß § 34 Absatz 2a und der damit verbundene Herausgabeanspruch gemäß § 34 Absatz 2b wird zu einem verbesserten Schutz der Verbraucher bei der Anlagebera-

---

[1] Unter Berücksichtigung von Nummer 3.

Anhang II Gesetzesentwurf der Bundesregierung

tung führen. Das den Verbrauchern auszuhändigende Anlageprotokoll kann im Streitfall dazu dienen, einen Anspruch wegen Falschberatung nachzuweisen.

Als Sanktion im Fall der nicht oder nicht vollständigen oder nicht rechtzeitigen Erstellung oder Aushändigung eines Anlageprotokolls sieht der Gesetzentwurf ein Bußgeld von bis zu 50 000 Euro vor. Als Sanktionsmaßnahme sind die vorgesehenen Bußgelder zu begrüßen, doch werden sie dem Verbraucher nicht bei der Durchsetzung seines individuellen Schadenersatzanspruchs dienen.

Der Gesetzentwurf stellt in seiner Begründung explizit darauf ab, dass das Beratungsprotokoll im Streitfall als Beweismittel dienen kann. Kommt das Wertpapierdienstleistungsunternehmen seinen Pflichten zur Protokollierung aber nicht, nicht vollständig oder nicht rechtzeitig nach, so wird die Beweisführung für den Verbraucher erschwert. Daher sollte für die Fälle, in denen das Protokoll formelle Mängel, insbesondere bezüglich der notwendigen Angaben in Artikel 7, aufweist, die Beweislast zu Gunsten der Verbraucher erleichtert werden.

5. Zu Artikel 6a – neu –. (§ 46 BörsG)
Nach Artikel 6 ist folgender Artikel 6a einzufügen:

,Artikel 6a
Änderung des Börsengesetzes

§ 46 des Börsengesetzes vom 16. Juli 2007 (BGBl. I S. 1330, 1351), das zuletzt durch ... geändert worden ist, wird wie folgt gefasst:

„§ 46
Verjährung

Auf die Verjährung des Anspruchs nach § 44 finden die Vorschriften des Abschnitts 5 des Buches 1 des Bürgerlichen Gesetzbuchs entsprechende Anwendung."'
Begründung
Mit der Neufassung der Vorschrift wird das Auseinanderfallen der Verjährungsfristen wegen schuldhafter Verletzung von Beratungspflichten gemäß den Bestimmungen des Wertpapierhandelsgesetzes (WpHG) und der Verjährungsfristen wegen unrichtiger Wertpapierprospekte gemäß § 44 des Börsengesetzes (BörsG) verhindert.

Der Gesetzentwurf der Bundesregierung bindet die Verjährungsfristen für Falschberatungen auch an das Medium, dem sie entnommen werden können. Ein Anspruch wegen Falschberatung im Anwendungsbereich des WpHG – die Anlageberatung selbst ist in einem Protokoll gemäß § 14 Absatz 6 Wertpapierdienstleistungs-Verhaltensund Organisationsverordnung in der neuen Fassung festzuhalten – würde nach den regelmäßigen im Bürgerlichen Gesetzbuch kodifizierten Verjährungsfristen verjähren. Eine Falschberatung, auf Angaben aus einem Wertpapierprospekt beruhend, würde weiterhin nach den bisherigen kurzen Fristen verjähren.

Im allgemeinen Teil der Begründung zu dem Gesetzentwurf weist die Bundesregierung selbst darauf hin, ein Anleger könne teilweise erst nach Jahren erkennen, dass er nicht richtig beraten wurde (vgl. Bundesratsdrucksache 180/09, S. 20). Sie zieht daraus für sich den Schluss, es sei sachgerecht, für den Beginn der dreijährigen Verjährung an die Kenntnis des Anlegers anzuknüpfen.

Gesetzesentwurf der Bundesregierung **Anhang II**

Die Aufrechterhaltung der kurzen Verjährungsfristen im Zusammenhang mit der Wertpapierprospekthaftung nach dem BörsG wird im Begründungsteil des Gesetzentwurfs nicht etwa damit gerechtfertigt, ein Anleger, der sich mit Hilfe eines Verkaufsprospektes informiere, könne eher erkennen, dass er falsch beraten wurde als derjenige Anleger, der eine Anlageentscheidung infolge eines Direktkontakts mit einem Berater traf. Es wird vielmehr im Wesentlichen ins Feld geführt, eine (vollständige) Anpassung der kapitalmarktrechtlichen Verjährungsfristen an die regelmäßige Verjährung sei aufgrund erheblicher Beweiserleichterungen zugunsten des Anlegers nicht geboten bzw. erforderlich (vgl. auch Bundesratsdrucksache 180/09, S. 21). Die angeführten Beweiserleichterungen betreffen jedoch primär den Normenbestand der §§ 37b, 37c WpHG und des § 127 Absatz 3 und 4 InvG. Die §§ 44 und 46 BörsG in ihrer derzeitigen Fassung enthalten hingegen keine den §§ 37b, 37c WpHG und § 127 Absatz 3 und 4 InvG vergleichbaren gesetzlich normierten Beweiserleichterungen zugunsten des Antragstellers. Insofern besteht im Anwendungsbereich des BörsG nach der derzeitigen Rechtslage keine im Vergleich zu anderen Haftungsgrundlagen erhebliche Besserstellung des Antragstellers.

Nach der von der Bundesregierung in Aussicht genommenen Lösung wird ein durch ein Wertpapierprospekt zum Erwerb von Wertpapieren animierter Kunde in den ersten drei Jahren nach Vertragsabschluss tendenziell besser gestellt als sein in einem persönlichen Gespräch unterrichtetes Pendant. Für die Jahre 4 bis 10 nach Vertragsabschluss wird dieser Zustand in sein Gegenteil verkehrt.

6. Zu Artikel 6b – neu –. (§ 127 Absatz 5 InvG)
Nach Artikel 6a – neu – ist folgender Artikel 6b einzufügen:

,Artikel 6b
Änderung des Investmentgesetzes

§ 127 Absatz 5 des Investmentgesetzes vom 15. Dezember 2003 (BGBl. I S. 2676), das zuletzt durch … geändert worden ist, wird wie folgt gefasst:
„(5) Auf die Verjährung des Anspruchs nach Absatz 1 finden die Vorschriften des Abschnitts 5 des Buches 1 des Bürgerlichen Gesetzbuchs entsprechende Anwendung."'
Begründung
Mit der Neufassung der Vorschrift wird das Auseinanderfallen der Verjährungsfristen wegen schuldhafter Verletzung von Beratungspflichten gemäß den Bestimmungen des Wertpapierhandelsgesetzes und der Verjährungsfristen wegen unrichtiger Verkaufsprospekte gemäß § 127 des Investmentgesetzes verhindert.

Der Gesetzentwurf der Bundesregierung bindet die Verjährungsfristen für Falschberatungen auch an das Medium, dem sie entnommen werden können. Ein Anspruch wegen Falschberatung im Anwendungsbereich des WpHG – die Anlageberatung selbst ist in einem Protokoll gemäß § 14 Absatz 6 der Wertpapierdienstleistungs-Verhaltens und Organisationsverordnung in der neuen Fassung festzuhalten – würde nach den regelmäßigen im Bürgerlichen Gesetzbuch kodifizierten Verjährungsfristen verjähren. Eine unvollständige oder unrichtige Unterrichtung, auf Angaben aus einem Verkaufsprospekt beruhend, würde weiterhin nach den bisherigen kurzen Fristen verjähren.

Im allgemeinen Teil der Begründung zu dem Gesetzentwurf weist die Bundesregierung selbst darauf hin, ein Anleger könne teilweise erst nach Jahren erkennen,

Anhang II
Gesetzesentwurf der Bundesregierung

dass er nicht richtig beraten wurde (vgl. Bundesratsdrucksache 180/09, S. 20). Sie zieht daraus für sich den Schluss, es sei sachgerecht, für den Beginn der dreijährigen Verjährung an die Kenntnis des Anlegers anzuknüpfen.

Die Aufrechterhaltung der kurzen Verjährungsfristen im Zusammenhang mit der Verkaufsprospekthaftung nach dem InvG wird im Begründungsteil des Gesetzentwurfs nicht etwa damit gerechtfertigt, ein Anleger, der sich mit Hilfe eines Verkaufsprospektes informiere, könne eher erkennen, dass er falsch beraten wurde als derjenige Anleger, der eine Anlageentscheidung infolge eines Direktkontakts mit einem Berater traf. Es wird vielmehr im Wesentlichen ins Feld geführt, eine Differenzierung sei aufgrund erleichterter Durchsetzbarkeit von Anlegeransprüchen nach dem InvG geboten.

Nach der von der Bundesregierung in Aussicht genommenen Lösung wird ein durch ein Verkaufsprospekt zum Erwerb von Wertpapieren animierter Kunde in den ersten drei Jahren nach Vertragsabschluss tendenziell besser gestellt als sein in einem persönlichen Gespräch unterrichtetes Pendant. Für die Jahre 4 bis 10 nach Vertragsabschluss wird dieser Zustand in sein Gegenteil verkehrt.

7. Zu Artikel 7. (§ 14 Absatz 6 Satz 1 Nummer 6 – neu – WpDVerOV)
Artikel 7 § 14 Absatz 6 Satz 1 ist wie folgt zu ändern:
a) In Nummer 5 ist der abschließende Punkt durch ein Komma zu ersetzen.
b) Folgende Nummer 6 ist anzufügen: „6. die anfallenden Kosten unter Angabe des insgesamt zu zahlenden Betrages sowie mögliche weitere Steuern, Gebühren oder Kosten, die nicht über den Anlagevermittler abgeführt oder von ihm in Rechnung gestellt werden."

Begründung

Nach der bisherigen Fassung sollen anfallende Kosten nicht der Dokumentationspflicht unterliegen. Für den Kunden ist die Angabe der anfallenden Kosten jedoch ebenfalls von Bedeutung, um die Rentabilität der Anlage besser beurteilen zu können.

Mit der Verankerung einer umfassenden Pflicht zur Dokumentation aller wesentlichen Umstände können darüber hinaus grundsätzlich bei unrichtigen oder unzulänglichen Dokumentationen im Zivilprozess Beweiserleichterungen für den geschädigten Anleger eingreifen, wie sie die Rechtsprechung bereits in anderen Bereichen der Dokumentationsverstöße (etwa bei der ärztlichen Aufklärungspflicht) entwickelt hat. Auf Grundlage der bereits vorhandenen umfangreichen Entscheidungen in diesem Bereich werden sachgerechte Ergebnisse im Einzelfall erzielt werden können.

8. Zu Artikel 7. (Änderung der Wertpapierdienstleistungs-Verhaltens- und Organisationsverordnung)

Der Bundesrat bittet, im Rahmen des weiteren Gesetzgebungsverfahrens zu prüfen, ob die Anforderungen an den Mindestinhalt eines Beratungsprotokolls nach Artikel 7 (Änderung des § 14 Absatz 6 der Wertpapierdienstleistungs-Verhaltens- und Organisationsverordnung) stärker konkretisiert werden können. Denkbar erscheint es, die Anforderungen an eine konkrete Ausgestaltung des Beratungsprotokolls in einer entsprechenden Verordnung zu regeln. Insofern wird um Prüfung gebeten, ob in den Gesetzentwurf eine entsprechende Verordnungsermächtigung aufgenommen werden sollte.

Begründung

Die Pflicht zur Anfertigung eines Beratungsprotokolls und dessen Herausgabe an den Kunden ist ein zentraler Bestandteil des vorliegenden Gesetzentwurfs zur

Gesetzesentwurf der Bundesregierung **Anhang II**

Verbesserung der Durchsetzbarkeit von Ansprüchen der Anleger bei Falschberatung. Mit dem Beratungsprotokoll sollen Anlegerinnen und Anleger in die Lage versetzt werden, das Beratungsergebnis anhand des vor dem Vertragsabschluss auszuhändigenden Protokolls noch einmal zu prüfen und so eine Anlageentscheidung bewusster zu treffen. Zudem soll ihnen ein Instrument in die Hand gegeben werden, das im Falle einer eventuellen Falschberatung als Beweismittel dienen kann.

In Artikel 7 des Gesetzentwurfs werden Mindestanforderungen an das Beratungsprotokoll geregelt. Diese Mindestanforderungen sind teilweise sehr unbestimmt gefasst und lassen in der Praxis Raum für eine unterschiedliche und gegebenenfalls auch lückenhafte Protokollierung der Beratung.

Es besteht die Gefahr, dass wichtige Elemente des Beratungsgespräches nicht im Protokoll erfasst werden und aufgrund unvollständiger Angaben in einem etwaigen Schadenersatzprozess nicht bewiesen werden können. Aus verbraucherschutzrechtlicher Sicht sollte geprüft werden, ob hier eine Konkretisierung der im Beratungsprotokoll geforderten Angaben, beispielsweise in Form eines Standardformulars erreicht werden kann. Denkbar erscheint es, diese Anforderungen an eine konkrete Ausgestaltung des Beratungsprotokolls in einer entsprechenden Verordnung zu regeln. Insofern müsste der Gesetzentwurf eine entsprechende Verordnungsermächtigung beinhalten.

Zum Gesetzentwurf insgesamt

9. Der Bundesrat begrüßt die Zielsetzung des Gesetzentwurfs, wonach Anleger im Fall einer fehlerhaften Beratung durch den Anlageberater oder -vermittler ihre Ansprüche leichter durchsetzen können. Insbesondere die darin vorgesehene Ausdehnung der Verjährungsfrist durch Streichung des § 37a des Wertpapierhandelsgesetzes und die im Gesetzentwurf vorgesehenen Dokumentationspflichten werden zu einem besseren Schutz der Verbraucher bei Kapitalanlagen führen und ihre Position im Streitfall mit Wertpapierdienstleistungsunternehmen verbessern. Der Gesetzentwurf stellt nach Auffassung des Bundesrates einen wichtigen ersten Schritt zu einem verbesserten Anlegerschutz bei Finanzdienstleistungen dar. Die Erfahrungen im Zusammenhang mit der Finanzmarktkrise haben ein Ungleichgewicht zwischen Anlegern und Anlageberatern und -vermittlern aufgezeigt. Insbesondere aufgrund derzeit mangelnder Dokumentationspflichten der Beratung und der kurzen Verjährung von Schadenersatzansprüchen gegen Wertpapierdienstleistungsunternehmen aus Falschberatung hat eine Zivilklage des Anlegers oft nur wenig Aussicht auf Erfolg.

10. Der Bundesrat ist der Auffassung, dass als Reaktion auf die aktuelle Finanz- und Wirtschaftskrise das Vertrauen der Verbraucher in die Finanzmärkte zurückgewonnen werden muss. Dazu sind neben dem vorliegenden Gesetzentwurf weitere Schritte notwendig:

    a) Bei Finanzvermittlern sollten bestimmte Berufsqualifikationen gesetzlich klar definiert werden. Verbraucher müssen darauf vertrauen dürfen, dass Finanzvermittler ein bestimmtes Ausbildungsniveau haben. Dies wird dazu dienen, das Verbrauchervertrauen in die Beratungsqualität von Finanzvermittlern zu stärken. Zudem sollten die Finanzvermittler, wie in anderen Berufsgruppen, eine Berufshaftpflichtversicherung nachweisen müssen.

    b) Für Verbraucher sollten die wesentlichen Informationen eines Anlageprodukts auf einfache und klare Weise aufbereitet werden. Dabei ist insbesondere darauf zu achten, dass bei der Vielzahl an vermittelten Informationen

Anhang II

Gesetzesentwurf der Bundesregierung

die wesentlichen Produktinformationen in herausgehobener Form dargestellt werden. Dies könnte etwa durch ein Produktinformationsblatt, vergleichbar mit dem Produktinformationsblatt gemäß § 4 VVG-InfoV im Versicherungsbereich, geschehen. Insbesondere sollten auf dem Informationsblatt klare Angaben über alle Kosten und Provisionen eines Anlageprodukts gemacht werden. Verbrauchern würde dadurch ermöglicht, die Kerninformationen eines Anlageprodukts auf einen Blick zu prüfen und so zu einer besseren Vergleichbarkeit verschiedener Anlageprodukte zu kommen.

c) Durch die vielfach praktizierte provisionsgebundene Anlageberatung erhalten Verbraucher oft nicht das für sie geeignete Anlageprodukt, da die Anlageberatung sich nach Provisionsanreizen ausrichtet. Der Bundesrat bittet die Bundesregierung daher um Prüfung, wie man für Verbraucher eine optimale Anlageberatung, die sich an dem nach den Bedürfnissen des Verbrauchers geeigneten Produkt ausrichtet, erreichen kann. Dies könnte etwa durch eine Stärkung der unabhängigen Anlageberatung auf Honorarbasis erfolgen. Auch die Verbraucherzentralen könnten dabei eine wichtige Rolle spielen.

d) Verbraucherschutz sollte künftig bei der Finanzaufsicht als eine der Kernaufgaben festgeschrieben werden. In anderen EU-Ländern, wie etwa Großbritannien, wird dieses Modell bereits erfolgreich praktiziert.

e) Der Bundesrat stellt fest, dass sich das dreigliedrige Bankensystem einerseits als wichtige Stütze in der Finanzkrise erwiesen hat. Andererseits stellt es für die Verbraucher gerade in ländlichen Räumen ein wichtiges wettbewerbliches Angebot dar. Jegliche Regelungen im Finanzsektor sollten so ausgerichtet sein, dass dieses bewährte System beibehalten wird.

11. Der Bundesrat bittet die Bundesregierung, einen weiteren Gesetzentwurf zur Verbesserung des Anlegerschutzes im Bereich des sog. Grauen Kapitalmarktes vorzulegen, der auch diesen Markt klaren Verhaltens und Haftungsregelungen sowie einer wirksamen staatlichen Kontrolle unterstellt. Begründung Das Wertpapierhandelsgesetz hat nur einen sehr eingeschränkten Anwendungsbereich. Gemäß § 2a Absatz 1 Nummer 7 WpHG sind Investmentfondsvermittler keine Wertpapierdienstleistungsunternehmen. Die Wohlverhaltensregeln von § 31 ff. WpHG, insbesondere auch die neu vorgesehenen Bestimmungen zur Protokollierungspflicht, finden so keine direkte Anwendung. Dies gilt im Ergebnis auch für die Vermittler von Anteilen geschlossener Fonds. Im Weiteren beschränkt sich die gesetzliche Aufsicht über die Anbieter des Grauen Kapitalmarktes auf eine bloße Kontrolle der Vollständigkeit der Verkaufsprospekte. In der zivilgerichtlichen Praxis jedoch nehmen Rechtsstreitigkeiten, welche Anlageformen des Grauen Kapitalmarktes zum Gegenstand haben, einen sehr breiten Raum ein. Das oben beschriebene Ungleichgewicht zwischen Anlegern und Anlageberatern oder -vermittlern ist auch in diesen Fällen augenfällig. Der vorgelegte Gesetzentwurf trägt diesem Umstand nicht Rechnung.

12. Darüber hinaus sind weder Finanzberater, die auf dem Grauen Kapitalmarkt tätig sind, noch solche, die zu herkömmlichen Anlageformen raten, zur Offenlegung der Provisionen gegenüber dem Kunden verpflichtet. Der Bundesrat bittet die Bundesregierung, diese Lücke durch entsprechende gesetzliche Regelungen zu schließen. Begründung Im Weiteren ist die Frage, ob der Finanzdienstleister für den Geschäftsabschluss Provisionszahlungen von dritter

Seite erhält, für den Kunden in allen Anlagebereichen von Bedeutung. Insbesondere lässt sich die Frage nach dem Eigeninteresse des Beraters am Geschäftsabschluss anhand dieser Informationen leichter beurteilen. Finanzdienstleister sollten deshalb umfassend verpflichtet werden, offenzulegen, ob sie Provisionszahlungen erhalten.

Anlage 5

Gegenäußerung der Bundesregierung

Die Bundesregierung nimmt zu den Vorschlägen des Bundesrates wie folgt Stellung:

Zu Nummer 1. (Artikel 1 – § 7 Absatz 3 SchVG)
Die Bundesregierung wird das Anliegen des Bundesrates prüfen. Sie gibt allerdings zu bedenken, dass in § 7 Absatz 3 Satz 2 SchVG bewusst nicht auf § 93 Absatz 1 Satz 2, Absatz 2 Satz 2 AktG verwiesen wurde – sondern nur der Hinweis in der Begründung gegeben wurde, dass im Einzelfall der Rechtsgedanke des § 93 Absatz 1 Satz 2 AktG herangezogen werden kann –, weil die Tätigkeit des gemeinsamen Vertreters nur in bestimmten Fallkonstellationen vergleichbar mit der des Leitungsorgans einer Aktiengesellschaft ist. Um dem berechtigten Interesse des Vertreters, das Risiko gegebenenfalls sehr hoher Schadenersatzforderungen zu verringern, Rechnung zu tragen, wurde aber vorgesehen, dass der Vertreter die Übernahme des Amtes von einer Beschränkung seiner Haftung gemäß § 7 Absatz 3 Satz 2 SchVG-E abhängig machen kann.

Zu Nummer 2. (Artikel 1 – § 20 Absatz 3 Satz 3 Halbsatz 1 SchVG)
Die Bundesregierung teilt die Auffassung des Bundesrates.

Zu Nummer 3. (Artikel 4 Nummer 4 Buchstabe a – § 34 Absatz 2a Satz 2, 3 WpHG)
Die Bundesregierung vermag sich der Anregung des Bundesrates nicht anzuschließen. Für die Funktion des Protokolls als Beweismittel ist es wichtig, aber auch ausreichend, dass das Protokoll vom Anlageberater unterschrieben wird. Die Unterschrift des Kunden auf dem Protokoll wurde bewusst nicht vorgeschrieben. Sie hätte keine anlegerschützende Funktion. Im Gegenteil könnte sie sich sogar nachteilig für den Kunden auswirken, wenn er sich ungeachtet seiner Zweifel an der Richtigkeit des Protokolls an dieses gebunden fühlte. Außerdem soll der Kunde das Protokoll in Ruhe prüfen können.

Zu Nummer 4. (Artikel 4 Nummer 4 Buchstabe a – § 34 Absatz 2c – neu – WpHG)
Die Bundesregierung vermag sich der Anregung des Bundesrates nicht anzuschließen. Nach ihrer Auffassung ist eine ausdrückliche Regelung zur Beweislast nicht erforderlich, da sich diese schon aus den allgemeinen Grundsätzen zur Beweislastverteilung ergibt, wie sie von der Rechtsprechung zB auch zur ärztlichen Dokumentationspflicht entwickelt wurden. Danach kann die Verletzung einer Dokumentationspflicht zB durch eine unrichtige oder unzulängliche Dokumentation bei Schadenersatzansprüchen zu Beweiserleichterungen führen. Darüber hinausgehende Regelungen erscheinen nicht erforderlich. Eine uneingeschränkte Beweislastumkehr im Falle einer unvollständigen Dokumentation, die also die

Beweislast auch umkehrt, soweit eine Dokumentation vorliegt, würde über das Ziel hinausschießen und entspräche auch nicht der Situation bei der ärztlichen Dokumentation.

Zu Nummer 5. (Artikel 6a – neu – (§ 46 BörsG))
Die Bundesregierung vermag sich der Anregung des Bundesrates nicht anzuschließen. Die besonderen kapitalmarktrechtlichen Verjährungsvorschriften wurden im Rahmen der Erarbeitung des Gesetzentwurfs bereits eingehend geprüft. Die Bundesregierung hält die kurze Verjährungsfrist nach § 46 des Börsengesetzes nach wie vor für gerechtfertigt, da es hier nach § 45 des Börsengesetzes sehr weitreichende Beweiserleichterungen für den Anspruchsteller gibt. Dadurch wird im Vergleich zu anderen Haftungsgrundlagen eine erhebliche Besserstellung des Anspruchstellers bewirkt, die in der Gesamtschau nur bei Beibehaltung der kurzen Verjährungsfrist gerechtfertigt erscheint.

Zu Nummer 6. (Artikel 6a – neu – § 127 Absatz 5 InvG)
Die Bundesregierung vermag sich auch hier der Anregung des Bundesrates nicht anzuschließen. In die Überprüfung der besonderen kapitalmarktrechtlichen Verjährungsvorschriften im Rahmen der Erarbeitung des Gesetzentwurfs wurde auch die Regelung des § 127 des Investmentgesetzes bereits einbezogen. Die Bundesregierung hält die kurze Verjährungsfrist nach § 127 Absatz 5 des Investmentgesetzes nach wie vor für gerechtfertigt, da es hier nach § 127 Absatz 3 und 4 des Investmentgesetzes sehr weitreichende Beweiserleichterungen für den Anspruchsteller und damit eine Besserstellung des Anspruchstellers gibt, die einen Ausgleich durch die kurze Verjährungsfrist sinnvoll erscheinen lässt.

Zu Nummer 7. (Artikel 7 – § 14 Absatz 6 Satz 1 Nummer 6 – neu – WpDVerOV)
Die Bundesregierung wird aufgrund der Anregung des Bundesrates prüfen, ob die einzelnen Anforderungen an das Beratungsprotokoll noch weiter konkretisiert werden können. Nach Auffassung der Bundesregierung ist jedoch die Dokumentation der Kosten grundsätzlich bereits vom Wortlaut des Regierungsentwurfs erfasst, der „Informationen über die Finanzinstrumente und Wertpapierdienstleistungen, die Gegenstand der Anlageberatung sind," vorschreibt. Die Verpflichtung, im Beratungsprotokoll eine mögliche Steuerbelastung anzugeben, geht in jedem Fall zu weit, da die Steuerbelastung regelmäßig von den persönlichen Verhältnissen des Kunden abhängt und sich ihre Einschätzung der Kompetenz des Anlageberaters entzieht.

Zu Nummer 8. (Artikel 7 – Änderung der Wertpapierdienstleistungs-Verhaltens und Organisationsverordnung)
Die Bundesregierung wird prüfen, ob und wie sich das Anliegen des Bundesrates umsetzen lässt. Sie gibt jedoch zu bedenken, dass von einer zu spezifischen Ausgestaltung der Anforderungen, die auf ein Muster-Beratungsprotokoll hinauslaufen würde, bewusst abgesehen wurde, da gerade die individuelle Beratung des Anlegers wünschenswert ist und ein für alle Beratungsgespräche vorgegebenes Muster demgegenüber das Risiko einer unerwünschten Standardisierung des Gesprächs mit sich brächte.

Zu den Nummern 9 und 10. (Zum Gesetzentwurf insgesamt)
Die Bundesregierung teilt die Auffassung des Bundesrates, dass die im vorliegenden Regierungsentwurf enthaltenen Regelungen zur Verbesserung des Anle-

Gesetzesentwurf der Bundesregierung **Anhang II**

gerschutzes nur einen ersten Schritt zur Reaktion auf die aktuelle Finanzmarktkrise darstellen. Weitere Schritte bedürfen noch eingehender Prüfung – auch unter Einbeziehung der Entwicklungen auf EU-Ebene –, so dass kurzfristige Regelungen im Rahmen dieses Gesetzentwurfs kaum möglich sein werden.

Zu Nummer 11. (Zum Gesetzentwurf insgesamt)

Die Bundesregierung wird prüfen, ob und wie sich das Anliegen des Bundesrates umsetzen lässt. Sie gibt jedoch zu bedenken, dass es angesichts der erforderlichen umfassenden Prüfungen zweifelhaft ist, ob entsprechende Gesetzesvorschläge noch in dieser Legislaturperiode vorgelegt werden können.

Zu Nummer 12. (Zum Gesetzentwurf insgesamt)

Die Bundesregierung wird prüfen, ob und wie sich das Anliegen des Bundesrates umsetzen lässt. Auch hier ist es angesichts der erforderlichen umfassenden Prüfungen aber zweifelhaft, ob entsprechende Gesetzesvorschläge noch in dieser Legislaturperiode vorgelegt werden können.

Anhang II Beschlussempfehlung und Bericht des Rechtsausschusses

D. Beschlussempfehlung und Bericht des Rechtsausschusses (BT Drucks. 16/13672) v. 1.7.2009

Beschlussempfehlung und Bericht

Entwurf eines Gesetzes zur Neuregelung der Rechtsverhältnisse bei Schuldverschreibungen aus Gesamtemissionen und zur verbesserten Durchsetzbarkeit von Ansprüchen von Anlegern aus Falschberatung

A. Problem

Das Gesetz betreffend die gemeinsamen Rechte der Besitzer von Schuldverschreibungen vom 4. Dezember 1899 (SchVG) regelt, auf welche Weise die Gläubiger einer Anleihe auf die in den Schuldverschreibungen verbrieften Rechte einwirken können, indem sie bestimmten Änderungen der Anleihebedingungen zustimmen. Das kann während der Laufzeit einer Anleihe aus verschiedenen Gründen erforderlich sein, vor allem in der Krise oder in der Insolvenz des Schuldners. Damit die Gläubiger in solchen Situationen die nötigen Handlungsspielräume haben, bedarf es einer Anpassung des seit seinem Inkrafttreten bis heute im Wesentlichen unveränderten Gesetzes. Das SchVG von 1899 schränkt die Befugnisse der Gläubiger aus heutiger Sicht zu stark ein und ist verfahrensrechtlich veraltet. Die Gläubigerversammlung soll deshalb in die Lage versetzt werden, auf informierter Grundlage möglichst rasch und ohne unnötigen organisatorischen Aufwand Entscheidungen von unter Umständen großer finanzieller Tragweite treffen zu können. International war zudem bezweifelt worden, ob übliche Umschuldungsklauseln (sogenannte Collective Action Clauses – CAC) nach deutschem Recht zulässig sind. Diese Zweifel sollen beseitigt werden. Da die Märkte für Schuldverschreibungen international geworden sind, soll das Schuldverschreibungsrecht international üblichen Anforderungen so weit wie möglich angepasst werden. Zeitgleich mit der Internationalisierung der Märkte haben sich auch die als Schuldverschreibungen begebenen Produkte zum Teil erheblich weiterentwickelt. Gerade im Zusammenhang mit der Finanzmarktkrise hat sich gezeigt, dass viele Anleger die Risiken der teilweise hochkomplexen Produkte nicht hinreichend verstehen. Hier muss für mehr Verständlichkeit und Transparenz gesorgt werden. Zudem sollen die Anleger im Fall einer fehlerhaften Beratung ihre Ansprüche leichter durchsetzen können.

B. Lösung

Annahme des Gesetzentwurfs in geänderter Fassung mit den Stimmen der Fraktionen der CDU/CSU, SPD und FDP gegen die Stimmen der Fraktion BÜNDNIS 90/DIE GRÜNEN bei Stimmenthaltung der Fraktion DIE LINKE.

Beschlussempfehlung und Bericht des Rechtsausschusses **Anhang II**

C. Alternativen

Keine

D. Kosten

Wurden im Ausschuss nicht erörtert.

Beschlussempfehlung

Der Bundestag wolle beschließen,
den Gesetzentwurf auf Drucksache 16/12814 in der aus der nachstehenden Zusammenstellung ersichtlichen Fassung anzunehmen.

Berlin, den 1. Juli 2009

Der Rechtsausschuss

Andreas Schmidt (Mülheim) Vorsitzender	**Marco Wanderwitz** Berichterstatter **Mechthild Dyckmans** Berichterstatterin **Jerzy Montag** Berichterstatter	**Klaus Uwe Benneter** Berichterstatter **Wolfgang Neskovic** Berichterstatter

Zusammenstellung

des Entwurfs eines Gesetzes zur Neuregelung der Rechtsverhältnisse bei Schuldverschreibungen aus Gesamtemissionen und zur verbesserten Durchsetzbarkeit von Ansprüchen von Anlegern aus Falschberatung
– Drucksache 16/12814 –
mit den Beschlüssen des Rechtsausschusses (6. Ausschuss)

Entwurf	Beschlüsse des 6. Ausschusses
Entwurf eines Gesetzes zur Neuregelung der Rechtsverhältnisse bei Schuldverschreibungen aus Gesamtemissionen und zur verbesserten Durchsetzbarkeit von Ansprüchen von Anlegern aus Falschberatung	**Entwurf eines Gesetzes zur Neuregelung der Rechtsverhältnisse bei Schuldverschreibungen aus Gesamtemissionen und zur verbesserten Durchsetzbarkeit von Ansprüchen von Anlegern aus Falschberatung**
Vom ...	Vom ...
Der Bundestag hat das folgende Gesetz beschlossen:	Der Bundestag hat das folgende Gesetz beschlossen:
Artikel 1 **Gesetz über Schuldverschreibungen aus Gesamtemissionen (Schuldverschreibungsgesetz – SchVG)**	**Artikel 1** **Gesetz über Schuldverschreibungen aus Gesamtemissionen (Schuldverschreibungsgesetz – SchVG)**

Anhang II Beschlussempfehlung und Bericht des Rechtsausschusses

Inhaltsübersicht

unverändert

Abschnitt 1
Allgemeine Vorschriften

§ 1 Anwendungsbereich
§ 2 Anleihebedingungen
§ 3 Transparenz des Leistungsversprechens
§ 4 Kollektive Bindung

Abschnitt 2
Beschlüsse der Gläubiger

§ 5 Mehrheitsbeschlüsse der Gläubiger
§ 6 Stimmrecht
§ 7 Gemeinsamer Vertreter der Gläubiger
§ 8 Bestellung des gemeinsamen Vertreters in den Anleihebedingungen
§ 9 Einberufung der Gläubigerversammlung
§ 10 Frist, Anmeldung, Nachweis
§ 11 Ort der Gläubigerversammlung
§ 12 Inhalt der Einberufung, Bekanntmachung
§ 13 Tagesordnung
§ 14 Vertretung
§ 15 Vorsitz, Beschlussfähigkeit
§ 16 Auskunftspflicht, Abstimmung, Niederschrift
§ 17 Bekanntmachung von Beschlüssen
§ 18 Abstimmung ohne Versammlung
§ 19 Insolvenzverfahren
§ 20 Anfechtung von Beschlüssen
§ 21 Vollziehung von Beschlüssen
§ 22 Geltung für Mitverpflichtete

Abschnitt 3
Bußgeldvorschriften; Übergangsbestimmungen

§ 23 Bußgeldvorschriften
§ 24 Übergangsbestimmungen

Abschnitt 1 Allgemeine Vorschriften § 1 **Anwendungsbereich**	Abschnitt 1 Allgemeine Vorschriften § 1 **Anwendungsbereich**
(1) Dieses Gesetz gilt für nach deutschem Recht begebene inhaltsgleiche Schuldverschreibungen aus Gesamtemissionen (Schuldverschreibungen).	(1) unverändert
(2) Dieses Gesetz gilt nicht für die gedeckten Schuldverschreibungen im Sinne des Pfandbriefgesetzes sowie nicht für Schuldverschrei-	(2) Dieses Gesetz gilt nicht für die gedeckten Schuldverschreibungen im Sinne des Pfandbriefgesetzes sowie nicht für Schuldverschrei-

Beschlussempfehlung und Bericht des Rechtsausschusses

Anhang II

bungen, deren Schuldner oder *deren Mitverpflichteter im Sinne des § 22 Satz 1* der Bund, ein Sondervermögen des Bundes, ein Land oder eine Gemeinde *ist*.

bungen, deren Schuldner **der Bund, ein Sondervermögen des Bundes, ein Land** oder **eine Gemeinde ist oder für die** Bund, ein Sondervermögen des Bundes, ein Land oder eine Gemeinde **haftet**.

§ 2
Anleihebedingungen
Die Bedingungen zur Beschreibung der Leistung sowie der Rechte und Pflichten des Schuldners und der Gläubiger (Anleihebedingungen) müssen sich vorbehaltlich von Satz 2 aus der Urkunde ergeben. Ist die Urkunde nicht zum Umlauf bestimmt, kann in ihr auch auf außerhalb der Urkunde niedergelegte Anleihebedingungen Bezug genommen werden. Änderungen des Inhalts der Urkunde oder der Anleihebedingungen nach Abschnitt 2 dieses Gesetzes werden erst wirksam, wenn sie in der Urkunde oder in den Anleihebedingungen vollzogen worden sind.

§ 2
unverändert

§ 3
Transparenz des Leistungsversprechens
Nach den Anleihebedingungen muss die vom Schuldner versprochene Leistung durch einen Anleger, der hinsichtlich der jeweiligen Art von Schuldverschreibungen sachkundig ist, ermittelt werden können.

§ 3
unverändert

§ 4
Kollektive Bindung
Bestimmungen in Anleihebedingungen können während der Laufzeit der Anleihe durch Rechtsgeschäft nur durch gleichlautenden Vertrag mit sämtlichen Gläubigern oder nach Abschnitt 2 dieses Gesetzes geändert werden (kollektive Bindung). Der Schuldner muss die Gläubiger insoweit gleich behandeln.

§ 4
unverändert

Abschnitt 2
Beschlüsse der Gläubiger
§ 5
Mehrheitsbeschlüsse der Gläubiger
(1) Die Anleihebedingungen können vorsehen, dass die Gläubiger derselben Anleihe nach Maßgabe dieses Abschnitts durch Mehrheitsbeschluss Änderungen der Anleihebedingungen zustimmen und zur Wahrnehmung ihrer Rechte einen gemeinsamen Vertreter für alle Gläubiger bestellen können. Die Anleihebedingungen können dabei von den §§ 5 bis 21 zu Lasten der Gläubiger nur abweichen,

Abschnitt 2
Beschlüsse der Gläubiger
§ 5
Mehrheitsbeschlüsse der Gläubiger
(1) unverändert

Anhang II Beschlussempfehlung und Bericht des Rechtsausschusses

soweit es in diesem Gesetz ausdrücklich vorgesehen ist. Eine Verpflichtung zur Leistung kann für die Gläubiger durch Mehrheitsbeschluss nicht begründet werden.

(2) Die Mehrheitsbeschlüsse der Gläubiger sind für alle Gläubiger derselben Anleihe gleichermaßen verbindlich. Ein Mehrheitsbeschluss der Gläubiger, der nicht gleiche Bedingungen für alle Gläubiger vorsieht, ist unwirksam, es sei denn, die benachteiligten Gläubiger stimmen ihrer Benachteiligung ausdrücklich zu.

(2) unverändert

(3) Die Gläubiger können durch Mehrheitsbeschluss insbesondere folgenden Maßnahmen zustimmen:

(3) Die Gläubiger können durch Mehrheitsbeschluss insbesondere folgenden Maßnahmen zustimmen:

1. der Veränderung der Fälligkeit, der Verringerung oder dem Ausschluss der Zinsen;
2. der Veränderung der Fälligkeit der Hauptforderung;
3. der Verringerung der Hauptforderung;
4. dem Nachrang der Forderungen aus den Schuldverschreibungen im Insolvenzverfahren des Schuldners;
5. der Umwandlung oder dem Umtausch der Schuldverschreibungen in Gesellschaftsanteile, andere Wertpapiere oder andere Leistungsversprechen;
6. dem Austausch und der Freigabe von Sicherheiten;
7. der Änderung der Währung der Schuldverschreibungen;
8. dem Verzicht auf das Kündigungsrecht der Gläubiger oder dessen Beschränkung;
9. der *Zustimmung zur* Schuldnersetzung;
10. der Änderung oder Aufhebung von Nebenbestimmungen der Schuldverschreibungen.

1. unverändert
2. unverändert
3. unverändert
4. unverändert
5. unverändert
6. unverändert
7. unverändert
8. unverändert
9. der Schuldnerersetzung;
10. unverändert

Die Anleihebedingungen können die Möglichkeit von Gläubigerbeschlüssen auf einzeln benannte Maßnahmen beschränken oder einzeln benannte Maßnahmen von dieser Möglichkeit ausnehmen.

Die Anleihebedingungen können die Möglichkeit von Gläubigerbeschlüssen auf einzeln benannte Maßnahmen beschränken oder einzeln benannte Maßnahmen von dieser Möglichkeit ausnehmen.

(4) Die Gläubiger entscheiden mit der einfachen Mehrheit der an der Abstimmung teilnehmenden Stimmrechte. Beschlüsse, durch welche der wesentliche Inhalt der Anleihebedingungen geändert wird, insbesondere in den Fällen des Absatzes 3 Nummer 1 bis 9, bedürfen zu ihrer Wirksamkeit einer Mehrheit von mindestens 75 Prozent der teilnehmenden Stimmrechte (qualifizierte Mehrheit). Die Anleihebedingungen können für

(4) unverändert

Beschlussempfehlung und Bericht des Rechtsausschusses

Anhang II

einzelne oder alle Maßnahmen eine höhere Mehrheit vorschreiben.

(5) Ist in Anleihebedingungen bestimmt, dass die Kündigung von ausstehenden Schuldverschreibungen nur von mehreren Gläubigern und einheitlich erklärt werden kann, darf der für die Kündigung erforderliche Mindestanteil der ausstehenden Schuldverschreibungen nicht mehr als 25 Prozent betragen. Die Wirkung einer solchen Kündigung entfällt, wenn die Gläubiger dies binnen drei Monaten mit Mehrheit beschließen. Für den Beschluss über die Unwirksamkeit der Kündigung genügt die einfache Mehrheit der Stimmrechte, es müssen aber in jedem Fall mehr Gläubiger zustimmen als gekündigt haben.

(5) unverändert

(6) Die Gläubiger beschließen entweder in einer Gläubigerversammlung oder im Wege einer Abstimmung ohne Versammlung. Die Anleihebedingungen können ausschließlich eine der beiden Möglichkeiten vorsehen.

(6) unverändert

§ 6
Stimmrecht

§ 6
unverändert

(1) An Abstimmungen der Gläubiger nimmt jeder Gläubiger nach Maßgabe des Nennwerts oder des rechnerischen Anteils seiner Berechtigung an den ausstehenden Schuldverschreibungen teil. Das Stimmrecht ruht, solange die Anteile dem Schuldner oder einem mit ihm verbundenen Unternehmen (§ 271 Absatz 2 des Handelsgesetzbuchs) zustehen oder für Rechnung des Schuldners oder eines mit ihm verbundenen Unternehmens gehalten werden. Der Schuldner darf Schuldverschreibungen, deren Stimmrechte ruhen, einem anderen nicht zu dem Zweck überlassen, die Stimmrechte an seiner Stelle auszuüben; dies gilt auch für ein mit dem Schuldner verbundenes Unternehmen. Niemand darf das Stimmrecht zu dem in Satz 3 erster Halbsatz bezeichneten Zweck ausüben.

(2) Niemand darf dafür, dass eine stimmberechtigte Person bei einer Gläubigerversammlung oder einer Abstimmung nicht oder in einem bestimmten Sinne stimme, Vorteile als Gegenleistung anbieten, versprechen oder gewähren.

(3) Wer stimmberechtigt ist, darf dafür, dass er bei einer Gläubigerversammlung oder einer Abstimmung nicht oder in einem bestimmten Sinne stimme, keinen Vorteil und keine

Gegenleistung fordern, sich versprechen lassen oder annehmen.

§ 7
Gemeinsamer Vertreter der Gläubiger
(1) Zum gemeinsamen Vertreter für alle Gläubiger kann jede geschäftsfähige Person oder eine sachkundige juristische Person bestellt werden. Eine Person, welche
1. Mitglied des Vorstands, des Aufsichtsrats, des Verwaltungsrats oder eines ähnlichen Organs, Angestellter oder sonstiger Mitarbeiter des Schuldners oder eines mit diesem verbundenen Unternehmens ist,
2. am Stamm- oder Grundkapital des Schuldners oder eines mit diesem verbundenen Unternehmens mit mindestens 20 Prozent beteiligt ist,
3. Finanzgläubiger des Schuldners oder eines mit diesem verbundenen Unternehmens mit einer Forderung in Höhe von mindestens 20 Prozent der ausstehenden Anleihe oder Organmitglied, Angestellter oder sonstiger Mitarbeiter dieses Finanzgläubigers ist oder
4. auf Grund einer besonderen persönlichen Beziehung zu den in den Nummern 1 bis 3 aufgeführten Personen unter deren bestimmendem Einfluss steht,

muss den Gläubigern vor ihrer Bestellung zum gemeinsamen Vertreter die maßgeblichen Umstände offenlegen. Der gemeinsame Vertreter hat die Gläubiger unverzüglich in geeigneter Form darüber zu unterrichten, wenn in seiner Person solche Umstände nach der Bestellung eintreten.

(2) Der gemeinsame Vertreter hat die Aufgaben und Befugnisse, welche ihm durch Gesetz oder von den Gläubigern durch Mehrheitsbeschluss eingeräumt wurden. Er hat die Weisungen der Gläubiger zu befolgen. Soweit er zur Geltendmachung von Rechten der Gläubiger ermächtigt ist, sind die einzelnen Gläubiger zur selbständigen Geltendmachung dieser Rechte nicht befugt, es sei denn, der Mehrheitsbeschluss sieht dies ausdrücklich vor. Über seine Tätigkeit hat der gemeinsame Vertreter den Gläubigern zu berichten.

(3) Der gemeinsame Vertreter haftet den Gläubigern als Gesamtgläubigern für die ordnungsgemäße Erfüllung seiner Aufgaben; bei seiner Tätigkeit hat er die Sorgfalt eines ordentlichen und gewissenhaften Geschäfts-

§ 7
unverändert

Beschlussempfehlung und Bericht des Rechtsausschusses Anhang II

leiters anzuwenden. Die Haftung des gemeinsamen Vertreters kann durch Beschluss der Gläubiger beschränkt werden. Über die Geltendmachung von Ersatzansprüchen der Gläubiger gegen den gemeinsamen Vertreter entscheiden die Gläubiger.

(4) Der gemeinsame Vertreter kann von den Gläubigern jederzeit ohne Angabe von Gründen abberufen werden.

(5) Der gemeinsame Vertreter der Gläubiger kann vom Schuldner verlangen, alle Auskünfte zu erteilen, die zur Erfüllung der ihm übertragenen Aufgaben erforderlich sind.

(6) Die durch die Bestellung eines gemeinsamen Vertreters der Gläubiger entstehenden Kosten und Aufwendungen, einschließlich einer angemessenen Vergütung des gemeinsamen Vertreters, trägt der Schuldner.

§ 8
Bestellung des gemeinsamen Vertreters in den Anleihebedingungen

(1) Ein gemeinsamer Vertreter der Gläubiger kann bereits in den Anleihebedingungen bestellt werden. Mitglieder des Vorstands, des Aufsichtsrats, des Verwaltungsrats oder eines ähnlichen Organs, Angestellte oder sonstige Mitarbeiter des Schuldners oder eines mit ihm verbundenen Unternehmens dürfen nicht bereits in den Anleihebedingungen als gemeinsamer Vertreter der Gläubiger bestellt werden. Ihre Bestellung ist nichtig. Dies gilt auch, wenn die in Satz 1 genannten Umstände nachträglich eintreten. Aus den in § 7 Absatz 1 Satz 2 Nummer 2 bis 4 genannten Personengruppen kann ein gemeinsamer Vertreter der Gläubiger bestellt werden, sofern in den Emissionsbedingungen die maßgeblichen Umstände offengelegt werden. Wenn solche Umstände nachträglich eintreten, gilt § 7 Absatz 1 Satz 3 entsprechend.

(2) Mit der Bestellung ist der Umfang der Befugnisse des gemeinsamen Vertreters zu bestimmen. Zu einem Verzicht auf Rechte der Gläubiger, insbesondere zu den in § 5 Absatz 3 Satz 1 Nummer 1 bis 9 genannten Entscheidungen, kann der Vertreter nur auf Grund eines Beschlusses der Gläubigerversammlung ermächtigt werden. In diesen Fällen kann die Ermächtigung nur im Einzelfall erteilt werden.

(3) In den Anleihebedingungen kann die Haftung des gemeinsamen Vertreters auf das

§ 8
unverändert

Anhang II Beschlussempfehlung und Bericht des Rechtsausschusses

Zehnfache seiner jährlichen Vergütung begrenzt werden, es sei denn, dem gemeinsamen Vertreter fällt Vorsatz oder grobe Fahrlässigkeit zur Last.

(4) Für den in den Anleihebedingungen bestellten gemeinsamen Vertreter gilt § 7 Absatz 2 bis 6 entsprechend.

§ 9
Einberufung der Gläubigerversammlung

(1) Die Gläubigerversammlung wird vom Schuldner oder von dem gemeinsamen Vertreter der Gläubiger einberufen. Sie ist einzuberufen, wenn Gläubiger, deren Schuldverschreibungen zusammen 5 Prozent der ausstehenden Schuldverschreibungen erreichen, dies schriftlich mit der Begründung verlangen, sie wollten einen gemeinsamen Vertreter bestellen oder abberufen, sie wollten nach § 5 Absatz 5 Satz 2 über das Entfallen der Wirkung der Kündigung beschließen oder sie hätten ein sonstiges besonderes Interesse an der Einberufung. Die Anleihebedingungen können vorsehen, dass die Gläubiger auch aus anderen Gründen die Einberufung verlangen können.

(2) Gläubiger, deren berechtigtem Verlangen nicht entsprochen worden ist, können bei Gericht beantragen, sie zu ermächtigen, die Gläubigerversammlung einzuberufen. Das Gericht kann zugleich den Vorsitzenden der Versammlung bestimmen. Auf die Ermächtigung muss in der Bekanntmachung der Einberufung hingewiesen werden.

(3) Zuständig ist das Gericht, in dessen Bezirk der Schuldner seinen Sitz hat oder mangels eines Sitzes im Inland das Amtsgericht Frankfurt am Main. Gegen die Entscheidung des Gerichts ist die Beschwerde statthaft.

(4) Der Schuldner trägt die Kosten der Gläubigerversammlung und, wenn das Gericht dem Antrag nach Absatz 2 stattgegeben hat, auch die Kosten dieses Verfahrens.

§ 10
Frist, Anmeldung, Nachweis

(1) Die Gläubigerversammlung ist mindestens 14 Tage vor dem Tag der Versammlung einzuberufen.

(2) Sehen die Anleihebedingungen vor, dass die Teilnahme an der Gläubigerversammlung oder die Ausübung der Stimmrechte davon

§ 9
unverändert

§ 10
unverändert

Beschlussempfehlung und Bericht des Rechtsausschusses Anhang II

abhängig ist, dass sich die Gläubiger vor der Versammlung anmelden, so tritt für die Berechnung der Einberufungsfrist an der Stelle des Tages der Versammlung der Tag, bis zu dessen Ablauf sich die Gläubiger vor der Versammlung anmelden müssen. Die Anmeldung muss unter der in der Bekanntmachung der Einberufung mitgeteilten Adresse spätestens am dritten Tag vor der Gläubigerversammlung zugehen.

(3) Die Anleihebedingungen können vorsehen, wie die Berechtigung zur Teilnahme an der Gläubigerversammlung nachzuweisen ist. Sofern die Anleihebedingungen nichts anderes bestimmen, reicht bei Schuldverschreibungen, die in einer Sammelurkunde verbrieft sind, ein in Textform erstellter besonderer Nachweis des depotführenden Instituts aus.

§ 11
Ort der Gläubigerversammlung

Die Gläubigerversammlung soll bei einem Schuldner mit Sitz im Inland am Sitz des Schuldners stattfinden. Sind die Schuldverschreibungen an einer Wertpapierbörse im Sinne des § 1 Absatz 3e des Kreditwesengesetzes zum Handel zugelassen, deren Sitz innerhalb der Mitgliedstaaten der Europäischen Union oder der anderen Vertragsstaaten des Abkommens über den Europäischen Wirtschaftsraum ist, so kann die Gläubigerversammlung auch am Sitz dieser Wertpapierbörse stattfinden. § 30a Absatz 2 des Wertpapierhandelsgesetzes bleibt unberührt.

§ 11
unverändert

§ 12
Inhalt der Einberufung, Bekanntmachung

(1) In der Einberufung müssen die Firma, der Sitz des Schuldners, die Zeit und der Ort der Gläubigerversammlung sowie die Bedingungen angeben werden, von denen die Teilnahme an der Gläubigerversammlung und die Ausübung des Stimmrechts abhängen.

(2) Die Einberufung ist unverzüglich im elektronischen Bundesanzeiger öffentlich bekannt zu machen. Die Anleihebedingungen können zusätzliche Formen der öffentlichen Bekanntmachung vorsehen. Die Kosten der Bekanntmachung hat der Schuldner zu tragen.

(3) Der Schuldner hat die Einberufung und die genauen Bedingungen, von denen die

§ 12
Inhalt der Einberufung, Bekanntmachung

(1) unverändert

(2) unverändert

(3) Der Schuldner hat die Einberufung und die genauen Bedingungen, von denen die

Anhang II Beschlussempfehlung und Bericht des Rechtsausschusses

Teilnahme an der Gläubigerversammlung und die Ausübung des Stimmrechts abhängen, vom Tag der Einberufung an bis zum Tag der Gläubigerversammlung im Internet unter seiner Adresse den Gläubigern zugänglich zu machen.

Teilnahme an der Gläubigerversammlung und die Ausübung des Stimmrechts abhängen, vom Tag der Einberufung an bis zum Tag der Gläubigerversammlung im Internet unter seiner Adresse **oder, wenn eine solche nicht vorhanden ist, unter der in den Anleihebedingungen festgelegten Internetseite** den Gläubigern zugänglich zu machen.

§ 13
Tagesordnung

(1) Zu jedem Gegenstand, über den die Gläubigerversammlung beschließen soll, hat der Einberufende in der Tagesordnung einen Vorschlag zur Beschlussfassung zu machen.

(2) Die Tagesordnung der Gläubigerversammlung ist mit der Einberufung bekannt zu machen. § 12 Absatz 2 und 3 gilt entsprechend. Über Gegenstände der Tagesordnung, die nicht in der vorgeschriebenen Weise bekannt gemacht sind, dürfen Beschlüsse nicht gefasst werden.

(3) Gläubiger, deren Schuldverschreibungen zusammen 5 Prozent der ausstehenden Schuldverschreibungen erreichen, können verlangen, dass neue Gegenstände zur Beschlussfassung bekannt gemacht werden; § 9 Absatz 2 bis 4 gilt entsprechend. Diese neuen Gegenstände müssen spätestens am dritten Tag vor der Gläubigerversammlung bekannt gemacht sein.

(4) Gegenanträge, die ein Gläubiger vor der Versammlung angekündigt hat, muss der Schuldner unverzüglich bis zum Tag der Gläubigerversammlung im Internet unter seiner Adresse den Gläubigern zugänglich machen.

§ 13
Tagesordnung

(1) unverändert

(2) unverändert

(3) unverändert

(4) Gegenanträge, die ein Gläubiger vor der Versammlung angekündigt hat, muss der Schuldner unverzüglich bis zum Tag der Gläubigerversammlung im Internet unter seiner Adresse **oder, wenn eine solche nicht vorhanden ist, unter der in den Anleihebedingungen festgelegten Internetseite** den Gläubigern zugänglich machen.

§ 14
Vertretung

(1) Jeder Gläubiger kann sich in der Gläubigerversammlung durch einen Bevollmächtigten vertreten lassen. Hierauf ist in der Einberufung der Gläubigerversammlung hinzuweisen. In der Einberufung ist auch anzugeben, welche Voraussetzungen erfüllt sein müssen, um eine wirksame Vertretung zu gewährleisten.

(2) Die Vollmacht und Weisungen des Vollmachtgebers an den Vertreter bedürfen der Textform. Wird ein vom Schuldner benann-

§ 14
unverändert

ter Stimmrechtsvertreter bevollmächtigt, so ist die Vollmachtserklärung vom Schuldner drei Jahre nachprüfbar festzuhalten.

§ 15
Vorsitz, Beschlussfähigkeit

(1) Der Einberufende führt den Vorsitz in der Gläubigerversammlung, sofern nicht das Gericht einen anderen Vorsitzenden bestimmt hat.

(2) In der Gläubigerversammlung ist durch den Vorsitzenden ein Verzeichnis der erschienenen oder durch Bevollmächtigte vertretenen Gläubiger aufzustellen. Im Verzeichnis sind die Gläubiger unter Angabe ihres Namens, Sitzes oder Wohnorts sowie der Zahl der von jedem vertretenen Stimmrechte aufzuführen. Das Verzeichnis ist vom Vorsitzenden der Versammlung zu unterschreiben und allen Gläubigern unverzüglich zugänglich zu machen.

(3) Die Gläubigerversammlung ist beschlussfähig, wenn die Anwesenden wertmäßig mindestens die Hälfte der ausstehenden Schuldverschreibungen vertreten. Wird in der Gläubigerversammlung die mangelnde Beschlussfähigkeit festgestellt, kann der Vorsitzende eine zweite Versammlung zum Zweck der erneuten Beschlussfassung einberufen. Die zweite Versammlung ist beschlussfähig; für Beschlüsse, zu deren Wirksamkeit eine qualifizierte Mehrheit erforderlich ist, müssen die Anwesenden mindestens 25 Prozent der ausstehenden Schuldverschreibungen vertreten. Schuldverschreibungen, deren Stimmrechte ruhen, zählen nicht zu den ausstehenden Schuldverschreibungen. Die Anleihebedingungen können jeweils höhere Anforderungen an die Beschlussfähigkeit stellen.

§ 16
Auskunftspflicht, Abstimmung, Niederschrift

(1) Der Schuldner hat jedem Gläubiger auf Verlangen in der Gläubigerversammlung Auskunft zu erteilen, soweit sie zur sachgemäßen Beurteilung eines Gegenstands der Tagesordnung oder eines Vorschlags zur Beschlussfassung erforderlich ist.

(2) Auf die Abgabe und die Auszählung der Stimmen sind die Vorschriften des Aktiengesetzes über die Abstimmung der Aktionäre in

§ 15
unverändert

§ 16
unverändert

der Hauptversammlung entsprechend anzuwenden, soweit nicht in den Anleihebedingungen etwas anderes vorgesehen ist.

(3) Jeder Beschluss der Gläubigerversammlung bedarf zu seiner Gültigkeit der Beurkundung durch eine über die Verhandlung aufgenommene Niederschrift. Findet die Gläubigerversammlung im Inland statt, so ist die Niederschrift durch einen Notar aufzunehmen; bei einer Gläubigerversammlung im Ausland muss eine Niederschrift gewährleistet sein, die der Niederschrift durch einen Notar gleichwertig ist. § 130 Absatz 2 bis 4 des Aktiengesetzes gilt entsprechend. Jeder Gläubiger, der in der Gläubigerversammlung erschienen oder durch Bevollmächtigte vertreten war, kann binnen eines Jahres nach dem Tag der Versammlung von dem Schuldner eine Abschrift der Niederschrift und der Anlagen verlangen.

§ 17
Bekanntmachung von Beschlüssen
(1) Der Schuldner hat die Beschlüsse der Gläubiger auf seine Kosten in geeigneter Form öffentlich bekannt zu machen. Hat der Schuldner seinen Sitz im Inland, so sind die Beschlüsse unverzüglich im elektronischen Bundesanzeiger zu veröffentlichen; die nach § 30e Absatz 1 des Wertpapierhandelsgesetzes vorgeschriebene Veröffentlichung ist jedoch ausreichend. Die Anleihebedingungen können zusätzliche Formen der öffentlichen Bekanntmachung vorsehen.

(2) Außerdem hat der Schuldner die Beschlüsse der Gläubiger sowie, wenn ein Gläubigerbeschluss die Anleihebedingungen ändert, den Wortlaut der ursprünglichen Anleihebedingungen vom Tag nach der Gläubigerversammlung an für die Dauer von mindestens einem Monat im Internet unter seiner Adresse der Öffentlichkeit zugänglich zu machen.

§ 17
Bekanntmachung von Beschlüssen
(1) unverändert

(2) Außerdem hat der Schuldner die Beschlüsse der Gläubiger sowie, wenn ein Gläubigerbeschluss die Anleihebedingungen ändert, den Wortlaut der ursprünglichen Anleihebedingungen vom Tag nach der Gläubigerversammlung an für die Dauer von mindestens einem Monat im Internet unter seiner Adresse **oder, wenn eine solche nicht vorhanden ist, unter der in den Anleihebedingungen festgelegten Internetseite** der Öffentlichkeit zugänglich zu machen.

§ 18
Abstimmung ohne Versammlung
(1) Auf die Abstimmung ohne Versammlung sind die Vorschriften über die Einberufung und Durchführung der Gläubigerversammlung entsprechend anzuwenden, soweit in den

§ 18
Abstimmung ohne Versammlung
(1) unverändert

Beschlussempfehlung und Bericht des Rechtsausschusses **Anhang II**

folgenden Absätzen nichts anderes bestimmt ist.

(2) Die Abstimmung wird vom Abstimmungsleiter geleitet. Abstimmungsleiter ist ein vom Schuldner beauftragter Notar oder der gemeinsame Vertreter der Gläubiger, wenn er zu der Abstimmung aufgefordert hat, oder eine vom Gericht bestimmte Person. § 9 Absatz 2 Satz 2 ist entsprechend anwendbar.

(2) unverändert

(3) In der Aufforderung zur Stimmabgabe ist der Zeitraum anzugeben, innerhalb dessen die Stimmen abgegeben werden können. Er beträgt mindestens 72 Stunden. Während des Abstimmungszeitraums können die Gläubiger ihre Stimme gegenüber dem Abstimmungsleiter in Textform abgeben. In den Anleihebedingungen können auch andere Formen der Stimmabgabe vorgesehen werden. In der Aufforderung muss im Einzelnen angegeben werden, welche Voraussetzungen erfüllt sein müssen, damit die Stimmen gezählt werden.

(3) unverändert

(4) Der Abstimmungsleiter stellt die Berechtigung zur Stimmabgabe anhand der eingereichten Nachweise fest und erstellt ein Verzeichnis der stimmberechtigten Gläubiger. Wird die Beschlussfähigkeit nicht festgestellt, kann der Abstimmungsleiter eine Gläubigerversammlung einberufen; § 15 Absatz 3 Satz 3 gilt *entsprechend*. Über jeden in der Abstimmung gefassten Beschluss ist eine Niederschrift aufzunehmen; § 16 Absatz 3 Satz 2 und 3 gilt entsprechend. Jeder Gläubiger, der an der Abstimmung teilgenommen hat, kann binnen eines Jahres nach Ablauf des Abstimmungszeitraums von dem Schuldner eine Abschrift der Niederschrift nebst Anlagen verlangen.

(4) Der Abstimmungsleiter stellt die Berechtigung zur Stimmabgabe anhand der eingereichten Nachweise fest und erstellt ein Verzeichnis der stimmberechtigten Gläubiger. Wird die Beschlussfähigkeit nicht festgestellt, kann der Abstimmungsleiter eine Gläubigerversammlung einberufen; **die Versammlung gilt als zweite Versammlung im Sinne des** § 15 Absatz 3 Satz 3. Über jeden in der Abstimmung gefassten Beschluss ist eine Niederschrift aufzunehmen; § 16 Absatz 3 Satz 2 und 3 gilt entsprechend. Jeder Gläubiger, der an der Abstimmung teilgenommen hat, kann binnen eines Jahres nach Ablauf des Abstimmungszeitraums von dem Schuldner eine Abschrift der Niederschrift nebst Anlagen verlangen.

(5) Jeder Gläubiger, der an der Abstimmung teilgenommen hat, kann gegen das Ergebnis schriftlich Widerspruch erheben binnen zwei Wochen nach Bekanntmachung der Beschlüsse. Über den Widerspruch entscheidet der Abstimmungsleiter. Hilft er dem Widerspruch ab, hat er das Ergebnis unverzüglich bekannt zu machen; § 17 gilt entsprechend. Hilft der Abstimmungsleiter dem Widerspruch nicht ab, hat er dies dem widersprechenden Gläubiger unverzüglich schriftlich mitzuteilen.

(5) unverändert

(6) Der Schuldner hat die Kosten einer Abstimmung ohne Versammlung zu tragen und, wenn das Gericht einem Antrag nach § 9

(6) unverändert

Anhang II Beschlussempfehlung und Bericht des Rechtsausschusses

Absatz 2 stattgegeben hat, auch die Kosten des Verfahrens.

§ 19
Insolvenzverfahren
(1) Ist über das Vermögen des Schuldners im Inland das Insolvenzverfahren eröffnet worden, so unterliegen die Beschlüsse der Gläubiger den Bestimmungen der Insolvenzordnung, soweit in den folgenden Absätzen nichts anderes bestimmt ist. § 340 der Insolvenzordnung bleibt unberührt.

(2) Die Gläubiger können durch Mehrheitsbeschluss zur Wahrnehmung ihrer Rechte im Insolvenzverfahren einen gemeinsamen Vertreter für alle Gläubiger bestellen. Das Insolvenzgericht hat zu diesem Zweck eine Gläubigerversammlung nach den Vorschriften dieses Gesetzes einzuberufen, wenn ein gemeinsamer Vertreter für alle Gläubiger noch nicht bestellt worden ist.

(3) Ein gemeinsamer Vertreter für alle Gläubiger ist allein berechtigt und verpflichtet, die Rechte der Gläubiger im Insolvenzverfahren geltend zu machen; dabei braucht er die Schuldurkunde nicht vorzulegen.

(4) In einem Insolvenzplan sind den Gläubigern gleiche Rechte anzubieten.

(5) Das Insolvenzgericht hat zu veranlassen, dass die Bekanntmachungen nach den Bestimmungen dieses Gesetzes zusätzlich im Internet unter der durch § 9 der Insolvenzordnung vorgeschriebenen Adresse veröffentlicht werden.

§ 19
unverändert

§ 20
Anfechtung von Beschlüssen
(1) Ein Beschluss der Gläubiger kann wegen Verletzung des Gesetzes oder der Anleihebedingungen durch Klage angefochten werden. Wegen unrichtiger, unvollständiger oder verweigerter Erteilung von Informationen kann ein Beschluss der Gläubiger nur angefochten werden, wenn ein objektiv urteilender Gläubiger die Erteilung der Information als wesentliche Voraussetzung für sein Abstimmungsverhalten angesehen hätte. Die Anfechtung kann nicht auf die durch eine technische Störung verursachte Verletzung von Rechten, die nach § 18 auf elektronischem Wege wahrgenommen worden sind, gestützt werden, es sei denn, dem Schuldner ist grobe Fahrlässigkeit oder Vorsatz vorzuwerfen.

§ 20
Anfechtung von Beschlüssen
(1) unverändert

Beschlussempfehlung und Bericht des Rechtsausschusses

(2) Zur Anfechtung ist befugt
1. jeder Gläubiger, der an der Abstimmung teilgenommen und gegen den Beschluss fristgerecht Widerspruch erklärt hat, sofern er die Schuldverschreibung vor der Bekanntmachung der Einberufung der Gläubigerversammlung erworben hatte;

2. jeder Gläubiger, der an der Abstimmung nicht teilgenommen hat, wenn er zur Abstimmung zu Unrecht nicht zugelassen worden ist oder wenn die Versammlung nicht ordnungsgemäß einberufen oder zur Stimmabgabe nicht ordnungsgemäß aufgefordert worden ist oder wenn ein Gegenstand der Beschlussfassung nicht ordnungsgemäß bekannt gemacht worden ist.

(3) Die Klage ist binnen eines Monats nach der Bekanntmachung des Beschlusses zu erheben. Sie ist gegen den Schuldner zu richten. Zuständig für die Klage ist bei einem Schuldner mit Sitz im Inland das Landgericht, in dessen Bezirk der Schuldner seinen Sitz hat, oder mangels eines Sitzes im Inland das Landgericht Frankfurt am Main; § 246 Absatz 3 Satz 2 bis 6 des Aktiengesetzes gilt entsprechend. Vor einer rechtskräftigen Entscheidung des Gerichts darf der angefochtene Beschluss nicht vollzogen werden, es sei denn, das Gericht stellt auf Antrag des Schuldners nach Maßgabe des § 246a des Aktiengesetzes fest, dass die Erhebung der Klage dem Vollzug des angefochtenen Beschlusses nicht entgegensteht.

§ 21
Vollziehung von Beschlüssen

(1) Beschlüsse der Gläubigerversammlung, durch welche der Inhalt der Anleihebedingungen abgeändert oder ergänzt wird, sind in der Weise zu vollziehen, dass die maßgebliche Sammelurkunde ergänzt oder geändert wird. Im Fall der Verwahrung der Sammelurkunde durch eine Wertpapiersammelbank hat der

Anhang II

(2) Zur Anfechtung ist befugt
1. jeder Gläubiger, der an der Abstimmung teilgenommen und gegen den Beschluss fristgerecht Widerspruch erklärt hat, sofern er die Schuldverschreibung vor der Bekanntmachung der Einberufung der Gläubigerversammlung **oder vor der Aufforderung zur Stimmabgabe in einer Abstimmung ohne Versammlung** erworben hatte;

2. unverändert

(3) Die Klage ist binnen eines Monats nach der Bekanntmachung des Beschlusses zu erheben. Sie ist gegen den Schuldner zu richten. Zuständig für die Klage ist bei einem Schuldner mit Sitz im Inland **ausschließlich** das Landgericht, in dessen Bezirk der Schuldner seinen Sitz hat, oder mangels eines Sitzes im Inland das Landgericht Frankfurt am Main; § 246 Absatz 3 Satz 2 bis 6 des Aktiengesetzes gilt entsprechend. Vor einer rechtskräftigen Entscheidung des Gerichts darf der angefochtene Beschluss nicht vollzogen werden, es sei denn, das **nach Satz 3 zuständige** Gericht stellt auf Antrag des Schuldners nach Maßgabe des § 246a des Aktiengesetzes fest, dass die Erhebung der Klage dem Vollzug des angefochtenen Beschlusses nicht entgegensteht; **§ 246a Absatz 1 Satz 1, Absatz 2, Absatz 3 Satz 2, 3 und 6, Absatz 4 des Aktiengesetzes gilt entsprechend. Gegen den Beschluss findet die sofortige Beschwerde statt. Die Rechtsbeschwerde ist ausgeschlossen.**

§ 21
unverändert

Versammlungs- oder Abstimmungsleiter dazu den in der Niederschrift dokumentierten Beschlussinhalt an die Wertpapiersammelbank zu übermitteln mit dem Ersuchen, die eingereichten Dokumente den vorhandenen Dokumenten in geeigneter Form beizufügen. Er hat gegenüber der Wertpapiersammelbank zu versichern, dass der Beschluss vollzogen werden darf.

(2) Der gemeinsame Vertreter darf von der ihm durch Beschluss erteilten Vollmacht oder Ermächtigung keinen Gebrauch machen, solange der zugrunde liegende Beschluss noch nicht vollzogen werden darf.

§ 22
Geltung für Mitverpflichtete
Die Anleihedingungen können vorsehen, dass die §§ 5 bis 21 für Rechtsgeschäfte entsprechend gelten, durch welche andere Personen als der Schuldner für die Verpflichtungen des Schuldners aus der Anleihe Sicherheiten gewährt haben (Mitverpflichtete). In diesem Fall müssen die Anleihebedingungen Mehrheitsbeschlüsse der Gläubiger unter Benennung der Rechtsgeschäfte und der Mitverpflichteten ausdrücklich vorsehen.

§ 22
unverändert

Abschnitt 3
Bußgeldvorschriften; Übergangsbestimmungen
§ 23
Bußgeldvorschriften
(1) Ordnungswidrig handelt, wer
1. entgegen § 6 Absatz 1 Satz 3 erster Halbsatz Schuldverschreibungen überlässt,
2. entgegen § 6 Absatz 1 Satz 4 das Stimmrecht ausübt,
3. entgegen § 6 Absatz 2 einen Vorteil anbietet, verspricht oder gewährt oder
4. entgegen § 6 Absatz 3 einen Vorteil oder eine Gegenleistung fordert, sich versprechen lässt oder annimmt.

(2) Ordnungswidrig handelt, wer vorsätzlich oder leichtfertig entgegen § 7 Absatz 1 Satz 2 einen maßgeblichen Umstand nicht, nicht richtig, nicht vollständig oder nicht rechtzeitig offenlegt.

(3) Die Ordnungswidrigkeit kann mit einer Geldbuße bis zu hunderttausend Euro geahndet werden.

Abschnitt 3
unverändert

§ 24
Übergangsbestimmungen
(1) Dieses Gesetz ist nicht anzuwenden auf Schuldverschreibungen, die vor dem…[einsetzen: Datum des Inkrafttretens dieses Gesetzes] ausgegeben wurden. Auf diese Schuldverschreibungen ist das Gesetz betreffend die gemeinsamen Rechte der Besitzer von Schuldverschreibungen in der im Bundesgesetzblatt Teil III, Gliederungsnummer 4134-1, veröffentlichten bereinigten Fassung, das zuletzt durch Artikel 53 des Gesetzes vom 5. Oktober 1994 (BGBl. I S. 2911) geändert worden ist, weiter anzuwenden, soweit sich aus Absatz 2 nichts anderes ergibt.

(2) Gläubiger von Schuldverschreibungen, die vor dem… [einsetzen: Datum des Inkrafttretens dieses Gesetzes] ausgegeben wurden, können mit Zustimmung des Schuldners eine Änderung der Anleihebedingungen oder den Austausch der Schuldverschreibungen gegen neue Schuldverschreibungen mit geänderten Anleihebedingungen beschließen, um von den in diesem Gesetz gewährten Wahlmöglichkeiten Gebrauch machen zu können. Für die Beschlussfassung gelten die Vorschriften dieses Gesetzes entsprechend; der Beschluss bedarf der qualifizierten Mehrheit.

Artikel 2
Änderung des Gesetzes über das Verfahren in Familiensachen und in den Angelegenheiten der freiwilligen Gerichtsbarkeit

Das Gesetz über das Verfahren in Familiensachen und in den Angelegenheiten der freiwilligen Gerichtsbarkeit vom 17. Dezember 2008 (BGBl. I S. 2586, 2587) wird wie folgt geändert:
1. § 375 wird wie folgt geändert:
    a) Der Nummer 15 wird ein Komma angefügt.
    b) Nach Nummer 15 wird folgende Nummer 16 eingefügt: „16. § 9 Absatz 2 und 3 Satz 2 des Schuldverschreibungsgesetzes".
2. In § 376 Absatz 1 und 2 Satz 2 werden die Wörter „§ 375 Nr. 1 und 3 bis 14" durch die Wörter „§ 375 Nummer 1, 3 bis 14 und 16" ersetzt.

Artikel 2
unverändert

Anhang II Beschlussempfehlung und Bericht des Rechtsausschusses

Artikel 3 **Änderung des Allgemeinen Kriegsfolgengesetzes**	**Artikel 3** unverändert

Das Allgemeine Kriegsfolgengesetz in der im Bundesgesetzblatt Teil III, Gliederungsnummer 653-1, veröffentlichten bereinigten Fassung, das zuletzt durch Artikel 127 der Verordnung vom 31. Oktober 2006 (BGBl. I S. 2407) geändert worden ist, wird wie folgt geändert:

1. § 88 wird wie folgt geändert:
   a) In Absatz 3 Satz 2 werden die Wörter „Gesetzes betreffend die gemeinsamen Rechte der Besitzer von Schuldverschreibungen vom 4. Dezember 1899 (Reichsgesetzbl. S. 691) in der Fassung des Gesetzes vom 14. Mai 1914 (Reichsgesetzbl. S. 121), der Verordnung vom 24. September 1932 (Reichsgesetzbl. I S. 447) und des Gesetzes vom 20. Juli 1933 (Reichsgesetzbl. I. S. 523)" durch die Wörter „Schuldverschreibungsgesetzes vom ... [einsetzen: Ausfertigungsdatum und Fundstelle dieses Gesetzes]" ersetzt.
   b) Absatz 5 wird wie folgt geändert:
      aa) In Satz 1 werden die Wörter „Gesetzes betreffend die gemeinsamen Rechte der Besitzer von Schuldverschreibungen" durch das Wort „Schuldverschreibungsgesetzes" ersetzt.
      bb) In Satz 2 werden die Wörter „§ 11 Abs. 2 des Gesetzes betreffend die gemeinsamen Rechte der Besitzer von Schuldverschreibungen" durch die Wörter „§ 5 Absatz 4 Satz 2 des Schuldverschreibungsgesetzes" ersetzt.
2. § 89 wird wie folgt geändert:
   a) In Absatz 1 wird die Absatzbezeichnung „(1)" gestrichen und die Wörter „Gesetzes betreffend die gemeinsamen Rechte der Besitzer von Schuldverschreibungen" werden durch das Wort „Schuldverschreibungsgesetzes" ersetzt.
   b) Die Absätze 2 und 3 werden aufgehoben.
3. In § 90 Absatz 1 werden die Wörter „des nach § 9 des Gesetzes betreffend die gemeinsamen Rechte der Besitzer von Schuldverschreibungen aufgenommenen

Protokolls und seiner Anlagen" durch die Wörter „der nach § 16 Absatz 3 des Schuldverschreibungsgesetzes aufgenommenen Niederschrift" ersetzt.

Artikel 4 Änderung des Wertpapierhandelsgesetzes	Artikel 4 Änderung des Wertpapierhandelsgesetzes
Das Wertpapierhandelsgesetz in der Fassung der Bekanntmachung vom 9. September 1998 (BGBl. I S. 2708), das zuletzt durch… (BGBl. I S. …) geändert worden ist, wird wie folgt geändert:	Das Wertpapierhandelsgesetz in der Fassung der Bekanntmachung vom 9. September 1998 (BGBl. I S. 2708), das zuletzt durch… (BGBl. I S. …) geändert worden ist, wird wie folgt geändert:
1. Die Inhaltsübersicht wird wie folgt geändert:	1. Die Inhaltsübersicht wird wie folgt geändert:
a) Die Überschrift des Abschnitts 6 wird wie folgt gefasst: „Abschnitt 6 Verhaltenspflichten, Organisationspflichten, Transparenzpflichten".	a) unverändert
b) Die Angabe zu § 37a wird wie folgt gefasst: „§ 37a (weggefallen)".	b) unverändert
	c) **Folgende Angabe wird angefügt:** **„§ 47 Anwendungsbestimmung für § 34".**
2. Die Überschrift des Abschnitts 6 wird wie folgt gefasst: „Abschnitt 6 Verhaltenspflichten, Organisationspflichten, Transparenzpflichten".	2. unverändert
3. Dem § 30b Absatz 2 wird folgender Satz angefügt: „Absatz 1 Satz 2 gilt entsprechend."	3. unverändert
4. § 34 wird wie folgt geändert:	4. § 34 wird wie folgt geändert:
a) Nach Absatz 2 werden *folgende* Absätze 2a und 2b eingefügt: „(2a) Ein Wertpapierdienstleistungsunternehmen muss über jede Anlageberatung ein schriftliches Protokoll anfertigen. Das Protokoll ist von demjenigen zu unterzeichnen, der die Anlageberatung durchgeführt hat; eine Ausfertigung ist dem Kunden unverzüglich nach Abschluss der Anlageberatung, jedenfalls vor einem auf der Beratung beruhenden Geschäftsabschluss, in Papierform oder auf einem anderen dauerhaften Datenträger zur Verfügung zu stellen. Wählt der Kunde für Anlageberatung und Geschäftsabschluss Kommunikationsmittel, die die Übermittlung des Protokolls vor dem Geschäfts-	a) Nach Absatz 2 werden **die folgenden** Absätze 2a und 2b eingefügt: „(2a) Ein Wertpapierdienstleistungsunternehmen muss über jede Anlageberatung **bei einem Privatkunden** ein schriftliches Protokoll anfertigen. Das Protokoll ist von demjenigen zu unterzeichnen, der die Anlageberatung durchgeführt hat; eine Ausfertigung ist dem Kunden unverzüglich nach Abschluss der Anlageberatung, jedenfalls vor einem auf der Beratung beruhenden Geschäftsabschluss, in Papierform oder auf einem anderen dauerhaften Datenträger zur Verfügung zu stellen. Wählt der Kunde für Anlageberatung und Geschäftsabschluss Kommunikationsmittel, die die Übermittlung des

Anhang II Beschlussempfehlung und Bericht des Rechtsausschusses

abschluss nicht gestatten, kann der Geschäftsabschluss auf ausdrücklichen Wunsch des Kunden vor Erhalt des Protokolls erfolgen, wenn *die Beratung mit Zustimmung des* Kunden *technisch aufgezeichnet worden ist* oder *der* Kunde ausdrücklich *auf eine solche Aufzeichnung verzichtet.*
(2b) Der Kunde kann von dem Wertpapierdienstleistungsunternehmen die Herausgabe einer Ausfertigung des Protokolls nach Absatz 2a verlangen."

b) In Absatz 4 werden die Wörter „nach den Absätzen 1 und 2" durch die Wörter „nach den Absätzen 1 bis 2a" ersetzt
5. § 37a wird aufgehoben.
6. Nach § 39 Absatz 2 Nummer 19 werden die folgenden Nummern 19a *und 19b* eingefügt:
„19a. entgegen § 34 Absatz 2a Satz 1 in Verbindung mit einer Rechtsverordnung nach § 34 Absatz 4 Satz 1 ein Protokoll nicht, nicht richtig, *nicht vollständig* oder nicht rechtzeitig anfertigt,
19b. entgegen § 34 Absatz 2a Satz 2 eine Ausfertigung des Protokolls nicht, nicht vollständig, nicht in der vorgeschriebenen Weise oder nicht rechtzeitig zur Verfügung stellt,".

7. § 43 wird wie folgt gefasst:
„§ 43 Übergangsregelung für die Verjährung von Ersatzansprüchen nach § 37a
§ 37a in der bis zum ... [einsetzen: Datum des Tages vor Inkrafttreten dieses Gesetzes] geltenden Fassung ist auf Ansprüche anzu-

Protokolls vor dem Geschäftsabschluss nicht gestatten, **muss das Wertpapierdienstleistungsunternehmen eine Ausfertigung des Protokolls dem Kunden unverzüglich nach Abschluss der Anlageberatung zusenden. In diesem Fall** kann der Geschäftsabschluss auf ausdrücklichen Wunsch des Kunden vor Erhalt des Protokolls erfolgen, wenn **das Wertpapierdienstleistungsunternehmen dem Kunden für den Fall, dass das Protokoll nicht richtig** oder **nicht vollständig ist,** ausdrücklich **ein innerhalb von einer Woche nach dem Zugang des Protokolls auszuübendes Recht zum Rücktritt von dem auf der Beratung beruhenden Geschäft einräumt. Der** Kunde **muss auf das Rücktrittsrecht und die Frist hingewiesen werden. Bestreitet das Wertpapierdienstleistungsunternehmen das Recht zum Rücktritt nach Satz 4, hat es die Richtigkeit und die Vollständigkeit des Protokolls zu beweisen.**
(2b) unverändert

b) unverändert

5. unverändert
6. Nach § 39 Absatz 2 Nummer 19 werden die folgenden Nummern 19a **bis 19c** eingefügt:
„19a. entgegen § 34 Absatz 2a Satz 1 in Verbindung mit einer Rechtsverordnung nach § 34 Absatz 4 Satz 1 ein Protokoll nicht, nicht richtig oder nicht rechtzeitig anfertigt,
unverändert
**19c. entgegen § 34 Absatz 2a Satz 3 und 5 in Verbindung mit einer Rechtsverordnung nach § 34 Absatz 4 Satz 1 eine Ausfertigung des Protokolls nicht, nicht vollständig, nicht in der vorgeschriebenen Weise oder nicht rechtzeitig zusendet,"

7. unverändert

Beschlussempfehlung und Bericht des Rechtsausschusses **Anhang II**

wenden, die in der Zeit vom 1. April 1998 bis zum Ablauf des...[einsetzen: Datum des Tages vor Inkrafttreten dieses Gesetzes] entstanden sind."

8. **Folgender § 47 wird angefügt:**
„**§ 47 Anwendungsbestimmung für § 34**
§ 34 in der vom ... [einsetzen: Datum des Inkrafttretens dieses Gesetzes] an geltenden Fassung ist erstmals auf Anlageberatungen anzuwenden, die nach dem 31. Dezember 2009 durchgeführt werden."

Artikel 5
Änderung des Depotgesetzes
Dem § 1 Absatz 1 des Depotgesetzes in der Fassung der Bekanntmachung vom 11. Januar 1995 (BGBl. I S. 34), das zuletzt durch ... des Gesetzes vom ... (BGBl. I S. ...) geändert worden ist, wird folgender Satz angefügt:
„Wertpapiere im Sinne dieses Gesetzes sind auch Namensschuldverschreibungen, soweit sie auf den Namen einer Wertpapiersammelbank ausgestellt wurden."

Artikel 5
unverändert

Artikel 6
Änderung des Pfandbriefgesetzes
§ 30 des Pfandbriefgesetzes vom 22. Mai 2005 (BGBl. I S. 1373), das zuletzt durch... (BGBl. I S....) geändert worden ist, wird wie folgt geändert:
1. Absatz 7 wird aufgehoben.
2. Der bisherige Absatz 8 wird Absatz 7.

Artikel 6
unverändert

Artikel 6a
Änderung des Handelsgesetzbuchs
§ 89b Absatz 1 Satz 1 des Handelsgesetzbuchs in der im Bundesgesetzblatt Teil III, Gliederungsnummer 4100-1, veröffentlichten bereinigten Fassung, das zuletzt durch ...(BGBl. I S....) geändert worden ist, wird wie folgt geändert:
1. **In Nummer 1 wird das Komma am Ende durch das Wort „und" ersetzt.**
2. **Nummer 2 wird aufgehoben.**
3. **Nummer 3 wird Nummer 2 und nach dem Wort „Umstände" werden ein Komma und die Wörter „insbesondere der dem Handelsvertreter aus Geschäften mit diesen Kunden entgehenden Provisionen," eingefügt.**

Anhang II

Beschlussempfehlung und Bericht des Rechtsausschusses

Artikel 7	Artikel 7
Änderung der Wertpapierdienstleistungs-Verhaltens- und Organisationsverordnung	Änderung der Wertpapierdienstleistungs-Verhaltens- und Organisationsverordnung
§ 14 Absatz 6 der Wertpapierdienstleistungs-Verhaltensund Organisationsverordnung vom 20. Juli 2007 (BGBl. I S. 1432, die zuletzt durch Artikel…(BGBl. I S….) geändert worden ist, wird wie folgt gefasst: „(6) Das Protokoll nach § 34 Absatz 2a Satz 1 des Wertpapierhandelsgesetzes hat *insbesondere* vollständige Angaben zu enthalten über	§ 14 Absatz 6 der Wertpapierdienstleistungs-Verhaltensund Organisationsverordnung vom 20. Juli 2007 (BGBl. I S. 1432)**,** die zuletzt durch Artikel … (BGBl. I S. …) geändert worden ist, wird wie folgt gefasst: „(6) Das Protokoll nach § 34 Absatz 2a Satz 1 des Wertpapierhandelsgesetzes hat vollständige Angaben zu enthalten über
1. den Anlass der Anlageberatung,	1. unverändert
2. die Dauer des Beratungsgesprächs,	2. unverändert
3. die der Beratung zugrunde liegenden Informationen über die persönliche Situation des Kunden, einschließlich der nach § 31 Absatz 4 Satz 1 des Wertpapierhandelsgesetzes einzuholenden Informationen, sowie über die Finanzinstrumente und Wertpapierdienstleistungen, die Gegenstand der Anlageberatung sind,	3. unverändert
4. die vom Kunden im Zusammenhang mit der Anlageberatung geäußerten wesentlichen Anliegen und deren Gewichtung,	4. unverändert
5. die im Verlauf des Beratungsgesprächs erteilten Empfehlungen und die für diese Empfehlungen *maßgeblichen* Gründe.	5. die im Verlauf des Beratungsgesprächs erteilten Empfehlungen und die für diese Empfehlungen **genannten wesentlichen** Gründe.
Im Falle des § 34 Absatz 2a Satz *3* ist in dem Protokoll außerdem der ausdrückliche Wunsch des Kunden zu vermerken, einen Geschäftsabschluss auch vor Erhalt des Protokolls zu tätigen *oder auf eine technische Aufzeichnung zu verzichten.*"	Im Falle des § 34 Absatz 2a Satz **4** ist in dem Protokoll außerdem der ausdrückliche Wunsch des Kunden zu vermerken, einen Geschäftsabschluss auch vor Erhalt des Protokolls zu tätigen**, sowie** auf **das eingeräumte Rücktrittsrecht hinzuweisen.**"
Artikel 8	**Artikel 8**
Inkrafttreten; Außerkrafttreten	unverändert
Dieses Gesetz tritt am Tag nach der Verkündung in Kraft. Gleichzeitig treten das Gesetz betreffend die gemeinsamen Rechte der Besitzer von Schuldverschreibungen in der im Bundesgesetzblatt Teil III, Gliederungsnummer 4134-1, veröffentlichten bereinigten Fassung, das zuletzt durch Artikel 53 des Gesetzes vom 5. Oktober 1994 (BGBl. I S. 2911) geändert worden ist, und das Gesetz über die Anwendung von Vorschriften des Gesetzes betreffend die gemeinsamen Rechte der Besitzer von Schuldverschreibungen in der im Bundesgesetzblatt Teil III, Gliederungsnummer 4134-1-1, veröffentlichten bereinigten Fassung außer Kraft.	

Bericht der Abgeordneten Marco Wanderwitz, Klaus Uwe Benneter, Mechthild Dyckmans, Wolfgang Neskovic und Jerzy Montag

I. Überweisung

Der Deutsche Bundestag hat die Vorlage auf **Drucksache 16/12814** in seiner 222. Sitzung am 14. Mai 2009 beraten und an den Rechtsausschuss zur federführenden Beratung sowie an den Finanzausschuss und an den Ausschuss für Ernährung, Landwirtschaft und Verbraucherschutz zur Mitberatung überwiesen.

II. Stellungnahmen der mitberatenden Ausschüsse

Der **Finanzausschuss** hat den Gesetzentwurf auf Drucksache 16/12814 in seiner 136. Sitzung am 1. Juli 2009 beraten und mit den Stimmen der Fraktionen der CDU/CSU, SPD und FDP gegen die Stimmen der Fraktion BÜNDNIS 90/ DIE GRÜNEN bei Stimmenthaltung der Fraktion DIE LINKE. beschlossen zu empfehlen, den Gesetzentwurf anzunehmen.

Der **Ausschuss für Ernährung, Landwirtschaft und Verbraucherschutz** hat die Vorlage auf Drucksache 16/12814 in seiner 110. Sitzung am 1. Juli 2009 beraten und mit den Stimmen der Fraktionen der CDU/CSU, SPD und FDP gegen die Stimmen der Fraktion BÜNDNIS 90/DIE GRÜNEN bei Stimmenthaltung der Fraktion DIE LINKE. beschlossen zu empfehlen, den Gesetzentwurf in geänderter Fassung anzunehmen.

III. Beratungsverlauf und Beratungsergebnisse im federführenden Ausschuss

Der **Rechtsausschuss** hat den Gesetzentwurf auf Drucksache 16/12814 in seiner 144. Sitzung am 27. Mai 2009 beraten und beschlossen, zu der Vorlage ein erweitertes Berichterstattergespräch durchzuführen. Der Ausschuss hat den Gesetzentwurf abschließend in seiner 148. Sitzung am 1. Juli 2009 beraten und mit den Stimmen der Fraktionen der CDU/CSU, SPD und FDP gegen die Stimmen der Fraktion BÜNDNIS 90/DIE GRÜNEN bei Stimmenthaltung der Fraktion DIE LINKE. beschlossen zu empfehlen, den Gesetzentwurf in geänderter Fassung anzunehmen.

IV. Zur Begründung der Beschlussempfehlung

Im Folgenden werden lediglich die vom Rechtsausschuss beschlossenen Änderungen gegenüber der ursprünglichen Fassung des Gesetzentwurfs erläutert. Soweit der Ausschuss den Gesetzentwurf unverändert angenommen hat, wird auf die jeweilige Begründung in Drucksache 16/12814 (S. 13 ff.) verwiesen.

Zu Artikel 1

Zu § 1 Absatz 2. Diese Änderung dient der Klarstellung. Die Formulierung des Regierungsentwurfs könnte zu der Auslegung führen, dass nur diejenigen Fälle vom Anwendungsbereich des Gesetzes ausgenommen sind, in denen die öffentliche Hand auf rechtsgeschäftlicher Grundlage für eine Schuldverschreibung

Anhang II Beschlussempfehlung und Bericht des Rechtsausschusses

einsteht. Es gibt aber auch Fälle, in denen die Mithaftung der öffentlichen Hand auf gesetzlicher Grundlage beruht. Dies gilt insbesondere für Schuldverschreibungen der Kreditanstalt für Wiederaufbau Bankengruppe (KfW), für die sich die Haftung des Bundes aus § 1a des KfW-Gesetzes ergibt. Es gibt keinen sachlichen Grund dafür, Schuldverschreibungen der KfW im vorliegenden Zusammenhang anders zu behandeln als etwa Schuldverschreibungen, für die der Finanzmarktstabilisierungsfonds auf rechtsgeschäftlicher Grundlage mitverpflichtet ist. Mit der vorgeschlagenen Formulierung wird die Bereichsausnahme des Schuldverschreibungsgesetzes um die Fälle, in denen die öffentliche Hand auf gesetzlicher Grundlage für Schuldverschreibungen einsteht, erweitert.

Zu § 5 Absatz 3 Satz 1 Nummer 9. Es handelt sich um eine rein sprachliche Änderung („zustimmen" steht bereits im Einleitungssatz).

Zu § 12 Absatz 3, § 13 Absatz 4, § 17 Absatz 2. Bei Verbriefungstransaktionen werden die Schuldverschreibungen meist von Zweckgesellschaften begeben werden, die regelmäßig nicht über eine eigene Internetadresse verfügen. In solchen Fällen reicht es zum Schutz des Anlegers aus, dass der Emittent die Internetseite für seine Veröffentlichungen in den Anleihebedingungen festlegt und in der Folgezeit aufrechterhält.

Zu § 18 Absatz 4 Satz 2. Die Änderung dient der Klarstellung, was mit der Verweisung auf § 15 Absatz 3 Satz 3 ausgesagt wird.

Zu § 20. Die Ergänzung in Absatz 2 Nummer 1 dient der Klarstellung, dass bei einer Abstimmung ohne Versammlung (bei der es statt der Einberufung der Gläubigerversammlung eine Aufforderung zur Stimmabgabe gibt) die Anfechtungsbefugnis davon abhängt, dass die Schuldverschreibung vor der Aufforderung zur Stimmabgabe erworben wurde.

In Absatz 3 Satz 3 wird entsprechend der Nummer 2 der Stellungnahme des Bundesrates klargestellt, dass es sich um eine ausschließliche Zuständigkeit handelt.

Bei den Änderungen in den Sätzen 4 bis 6 handelt es sich um eine redaktionelle Anpassung: Infolge der Änderung des § 246a des Aktiengesetzes durch das Gesetz zur Umsetzung der Aktionärsrichtlinie (ARUG) passt die pauschale Bezugnahme auf diese Vorschrift nicht mehr. Dabei bleibt es – anders als nach dem Gesetz zur Umsetzung der Aktionärsrichtlinie (ARUG) – bei der erstinstanzlichen Zuständigkeit des Landgerichts auch für das Freigabeverfahren.

Zu Artikel 4

Zu Nummer 1. (Inhaltsübersicht)
Wegen der Anfügung von § 47 WpHG ist die Inhaltsübersicht zu ergänzen.

Zu Nummer 4. (§ 34 Absatz 2a WpHG)
Der Ausschuss hält es für ausreichend, die Beratungsdokumentation nur bei Privatkunden im Sinne des § 31a Absatz 3 WpHG vorzuschreiben; von professionellen Kunden kann erwartet werden, dass sie bei Bedarf selbst ein Beratungsprotokoll einfordern. Zudem hat ein professioneller Kunde gemäß § 31a Absatz 6 WpHG die Möglichkeit, sich – ggf. auch nur betreffend einzelner Wertpapierdienstleistungen und Finanzinstrumente – als Privatkunde einstufen zu lassen.

Zur Neuregelung in Satz 3 ist der Ausschuss der Auffassung, dass der bezweckte Anlegerschutz auch ohne eine technische Aufzeichnung des Beratungsgesprächs –

Beschlussempfehlung und Bericht des Rechtsausschusses **Anhang II**

die nicht unerhebliche Kosten verursacht und vielen Kunden auch unangenehm sein dürfte – sichergestellt werden kann. Es wird stattdessen vorgeschrieben, dem Kunden das Protokoll unverzüglich nach der Beratung zuzusenden, wobei dem Kunden für den Fall, dass der Geschäftsabschluss vor Erhalt des Protokolls erfolgt und das Protokoll nicht richtig oder nicht vollständig ist, ausdrücklich ein innerhalb von einer Woche nach dem Zugang des Protokolls auszuübendes Recht zum Rücktritt von dem auf der Beratung beruhenden Geschäft einzuräumen ist. Der Kunde soll auf diese Weise bei einer telefonischen Anlageberatung mit sofortigem Geschäftsabschluss genauso gestellt sein wie bei einer persönlichen Beratung vor Ort, wo er das Protokoll sofort vor Geschäftsabschluss überprüfen und dann ggf. von dem Geschäft Abstand nehmen kann; nach einer Telefonberatung soll er in einer kurzen Frist das Protokoll überprüfen und sich ggf. bei unrichtigem oder unvollständigem Protokoll vom Geschäft wieder lösen können. Der Kunde, der von diesem Rücktrittsrecht Gebrauch macht, muss substantiiert darlegen, inwiefern das Protokoll unrichtig oder unvollständig ist. Bestreitet das Wertpapierdienstleistungsunternehmen das Rücktrittsrecht, trägt es die Beweislast für die Richtigkeit und Vollständigkeit des Protokolls.

Der Ausschuss weist dabei darauf hin, dass die Regelung zum Rücktrittsrecht nicht im Widerspruch zu der auf der EU Richtlinie über den Fernabsatz von Finanzdienstleistungen beruhenden Regelung des § 312d Absatz 4 Nummer 6 zweiter Fall BGB steht, wonach bei Fernabsatzverträgen über bestimmte Finanzanlagen kein Widerrufsrecht besteht. Denn ein vertragliches Rücktrittsrecht, für dessen Ausübung ein Rücktrittsgrund erforderlich ist, ist rechtlich etwas anderes als ein gesetzliches Widerrufsrecht, das allein an den Vertragsschluss im Fernabsatz geknüpft ist und ohne weiteren Grund ausgeübt werden kann. Es geht also nicht allgemein um den Schutz vor den Gefahren des Fernabsatzes, sondern um den Schutz vor unzureichender oder falscher Beratung.

Zu Nummer 6. (§ 39 Absatz 2 Nummer 19a und 19c – neu – WpHG)
Die Bußgeldbewehrung eines unvollständigen Protokolls soll aus Praktikabilitätserwägungen entfallen: Es soll vermieden werden, dass die Wertpapierdienstleistungsunternehmen das Protokoll zur Vermeidung eines Bußgelds wegen Unvollständigkeit mit so vielen Angaben versehen, dass es für den Kunden unübersichtlich würde.

Als Folgeänderung zur Änderung des § 34 Absatz 2a wird auch bußgeldbewehrt, wenn das Protokoll dem Kunden nicht, nicht vollständig, nicht in der vorgeschriebenen Weise oder nicht rechtzeitig zugesendet wird.

Zu Nummer 8 – neu –

(§ 47 – neu – WpHG)
Der Ausschuss hält eine angemessene Übergangsregelung für den Beginn der Beratungsdokumentation für erforderlich, damit die Wertpapierdienstleistungsunternehmen ausreichend Zeit für organisatorische Vorbereitungen haben.

Zu Artikel 6a – neu –. (§ 89b HGB)
Die Änderung des § 89b des Handelsgesetzbuchs (HGB) setzt eine Entscheidung des Europäischen Gerichtshofs um. § 89b HGB beruht auf Artikel 17 Absatz 2 Buchstabe a der Richtlinie 86/653/EWG des Rates vom 18. Dezember 1986 zur Koordinierung der Rechtsvorschriften der Mitgliedstaaten betreffend die selbstständigen Handelsvertreter (ABl. L 382, S. 17) und regelt den Ausgleichs-

Anhang II Beschlussempfehlung und Bericht des Rechtsausschusses

anspruch des Handelsvertreters bei Beendigung des Vertragsverhältnisses. § 89b Absatz 1 Satz 1 HGB enthält bisher drei Tatbestandsvoraussetzungen, nämlich fortbestehende Vorteile des Unternehmers aus der Geschäftsverbindung mit durch den Handelsvertreter geworbenen Kunden, einen Provisionsverlust des Handelsvertreters und die Billigkeit des Ausgleichsanspruchs. Sie sind nach Gesetzeswortlaut und ständiger Rechtsprechung kumulativ, so dass der niedrigste der sich aus den einzelnen Voraussetzungen ergebende Betrag den Ausgleich nach oben begrenzt. Der Europäische Gerichtshof hat mit Urteil vom 26. März 2009 (Rechtssache C-348/07) hingegen entschieden, dass nach der bezeichneten Bestimmung der Richtlinie Provisionsverluste nur einen von mehreren Gesichtspunkten im Rahmen der Billigkeitsprüfung darstellen, aber keine selbstständige Tatbestandsvoraussetzung sind. § 89b Absatz 1 Satz 1 HGB wird dementsprechend an den Wortlaut von Artikel 17 Absatz 2 Buchstabe a der Richtlinie angepasst. Der Ausgleichsanspruch kann also künftig zum Vorteil des Handelsvertreters die aufgrund des Vertragsendes entstehenden Provisionsverluste übersteigen.

Zu Artikel 7. (§ 14 Absatz 6 WpDVerOV)

Das Wort „insbesondere" in Satz 1 wird gestrichen, weil es zur Rechtsunsicherheit führen könnte, was alles im Protokoll aufgeführt werden müsste; es soll vermieden werden, dass das Protokoll aufgrund einer solchen Rechtsunsicherheit mit zu vielen Angaben angefüllt und deswegen für den Kunden unübersichtlich wird.

Durch die Änderung in Satz 1 Nummer 5 wird klargestellt, dass im Beratungsprotokoll nur die tatsächlich genannten Gründe für die erteilten Empfehlungen aufgeführt werden müssen, nicht aber die nicht geäußerten internen Überlegungen des Beraters. Selbstverständlich ist dabei, dass nur die tatsächlich erteilten Empfehlungen aufgeführt werden müssen; das Protokoll muss keine Angaben darüber enthalten, welche Finanzprodukte und Wertpapierdienstleistungen nicht Gegenstand der Anlageberatung waren und aus welchen Gründen diese nicht angesprochen wurden.

Die Änderung des Satzes 2 ist eine Folgeänderung zur Änderung des § 34 Absatz 2a WpHG.

Berlin, den 1. Juli 2009

Marco Wanderwitz	**Klaus Uwe Benneter**	**Mechthild Dyckmans**	**Wolfgang Neskovic**	**Jerzy Montag**
Berichterstatter	Berichterstatter	Berichterstatterin	Berichterstatter	Berichterstatter

E. Gesetzestext SchVG v. 1899

Gesetz betreffend die gemeinsamen Rechte der Besitzer von Schuldverschreibungen (SchVerschrG)

vom 4.12.1899

„Gesetz betreffend die gemeinsamen Rechte der Besitzer von Schuldverschreibungen in der im Bundesgesetzblatt Teil III, Gliederungsnummer 4134-1, veröffentlichten bereinigten Fassung, zuletzt geändert durch Artikel 53 des Gesetzes vom 5. Oktober 1994 (BGBl. I S. 2911)"

Zuletzt geändert durch Art. 53 G v. 5.10.1994 I 2911[*]

§ 1

(1) Sind von jemand, der im Inland seinen Wohnsitz oder seine gewerbliche Niederlassung hat, im Inland Schuldverschreibungen mit im voraus bestimmten Nennwerten ausgestellt, die nach dem Verhältnis dieser Werte den Gläubigern gleiche Rechte gewähren, und betragen die Nennwerte der ausgegebenen Schuldverschreibungen zusammen mindestens dreihunderttausend Deutsche Mark und die Zahl der ausgegebenen Stücke mindestens dreihundert, so haben die Beschlüsse, welche von einer Versammlung der Gläubiger aus diesen Schuldverschreibungen zur Wahrung ihrer gemeinsamen Interessen gefaßt werden, nach Maßgabe dieses Gesetzes verbindliche Kraft für alle Gläubiger der bezeichneten Art.

(2) Die Versammlung kann insbesondere zur Wahrnehmung der Rechte der Gläubiger einen gemeinsamen Vertreter für diese bestellen.

(3) Eine Verpflichtung zu Leistungen kann für die Gläubiger durch Beschluß der Gläubigerversammlung nicht begründet werden.

§ 2

Sinkt der Gesamtbetrag der im Umlauf befindlichen Schuldverschreibungen unter einhunderttausend Deutsche Mark oder sinkt die Zahl der im Umlauf befindlichen Stücke unter einhundert, so ist dies von dem Schuldner unverzüglich im Bundesanzeiger bekanntzumachen. Von dem auf die Bekanntmachung folgenden Tag an können Gläubigerversammlungen auf Grund dieses Gesetzes nicht mehr abgehalten werden; mit dem bezeichneten Zeitpunkt erlischt das Amt eines von der Gläubigerversammlung bestellten Vertreters der Gläubiger.

§ 3

(1) Die Versammlung wird durch den Schuldner berufen.

(2) Die Versammlung ist zu berufen, wenn Gläubiger, deren Schuldverschreibungen zusammen den zwanzigsten Teil des Gesamtbetrags der im Umlauf befind-

---

[*] Textnachweis Geltung ab: 1.1.1975
Gilt nicht für Schuldverschreibungen der unter d. G v. 21.3.1972 I 465 fallenden Kreditinstitute gem. § 32 dieses G mWv 1.9.1972

Anhang II Gesetzestext SchVG v. 1899

lichen Schuldverschreibungen erreichen, oder ein von der Gläubigerversammlung bestellter Vertreter der Gläubiger die Berufung schriftlich unter Angabe des Zweckes und der Gründe verlangen.

(3) Die Kosten der Berufung und Abhaltung der Versammlung trägt, soweit nicht in diesem Gesetz ein anderes vorgeschrieben ist, der Schuldner.

§ 4

(1) Wird einem nach § 3 Abs. 2 gestellten Verlangen nicht entsprochen, so kann das Amtsgericht, in dessen Bezirk der Schuldner seinen Wohnsitz oder seine gewerbliche Niederlassung hat, die Antragsteller ermächtigen, die Versammlung zu berufen. Hat in dem Zeitpunkt, in welchem der Antrag gestellt werden soll, der Schuldner im Inland weder einen Wohnsitz noch eine gewerbliche Niederlassung, so ist das Amtsgericht zuständig, in dessen Bezirk er zuletzt seinen Wohnsitz oder seine gewerbliche Niederlassung gehabt hat.

(2) Wird der Antrag von Gläubigern gestellt, so haben diese ihre Schuldverschreibungen bei der Reichsbank, bei einem Notar oder bei einer anderen durch die Landesregierung dazu für geeignet erklärten Stelle zu hinterlegen.

(3) Wird die Ermächtigung zur Berufung der Gläubigerversammlung erteilt, so kann das Gericht zugleich über den Vorsitz in der Versammlung Bestimmung treffen. Das Gericht entscheidet darüber, ob die durch den Antrag sowie die durch die Berufung und Abhaltung der Versammlung entstehenden Kosten von den Antragstellern oder von dem Schuldner zu tragen sind.

(4) Vor der Verfügung, durch welche über den Antrag auf Ermächtigung zur Berufung der Gläubigerversammlung oder über die Tragung der Kosten entschieden wird, ist, soweit tunlich, der Schuldner und, wenn ein Vertreter der Gläubiger bestellt ist, auch dieser zu hören. Gegen die Verfügung findet die sofortige Beschwerde statt.

§ 5

(1) Steht der Schuldner oder sein Geschäftsbetrieb unter staatlicher Aufsicht, so hat das Gericht vor der in § 4 Abs. 4 bezeichneten Verfügung auch die Aufsichtsbehörde zu hören.

(2) Die Aufsichtsbehörde kann die Gläubigerversammlung auf Kosten des Schuldners berufen oder die Berufung durch den Schuldner anordnen.

(3) Sie hat das Recht, einen Vertreter in die Versammlung zu entsenden.

§ 6

(1) Die Berufung der Gläubigerversammlung erfolgt durch mindestens zweimalige Bekanntmachung im Bundesanzeiger und in den sonstigen Blättern, durch welche für den Bezirk des in § 4 bezeichneten Gerichts die Eintragungen in das Handelsregister bekanntgemacht werden. An die Stelle der letzteren Blätter treten, wenn der Schuldner eine Aktiengesellschaft, eine Kommanditgesellschaft auf Aktien, eine Gesellschaft mit beschränkter Haftung oder eine eingetragene Genossenschaft ist, die für die Veröffentlichungen der Gesellschaft oder der Genossenschaft bestimmten Blätter.

(2) Die Frist zwischen der letzten Bekanntmachung und dem Tag der Versammlung ist so zu bemessen, daß mindestens zwei Wochen für die in § 10 Abs. 2 vorgesehene Hinterlegung der Schuldverschreibungen frei bleiben.

(3) In dem Fall des § 4 muß bei der Berufung auf die gerichtliche Ermächtigung Bezug genommen werden.

§ 7

(1) Der Zweck der Versammlung soll bei der Berufung bekanntgemacht werden. Jedem Gläubiger ist auf Verlangen eine Abschrift der Anträge zu erteilen.

(2) Über Gegenstände, die nicht gemäß § 6 Abs. 1, 2 ihrem wesentlichen Inhalt nach angekündigt sind, können Beschlüsse nicht gefaßt werden.

(3) Die Vorschriften der §§ 3, 4 des § 5 Abs. 1, 2 und des § 6 Abs. 3 finden auf die Ankündigung von Gegenständen zur Beschlußfassung einer Versammlung entsprechende Anwendung.

§ 8

Bei dem Beginn der Versammlung ist ein Verzeichnis der erschienenen Gläubiger oder Vertreter von Gläubigern mit Angabe ihres Namens und Wohnorts sowie des Betrags der von jedem vertretenen Schuldverschreibungen aufzustellen. Das Verzeichnis ist sofort nach der Aufstellung, spätestens aber vor der ersten Abstimmung zur Einsicht aufzulegen; es ist von dem Vorsitzenden zu unterzeichnen.

§ 9

(1) Jeder Beschluß der Versammlung bedarf zu seiner Gültigkeit der Beurkundung durch ein über die Verhandlung notariell aufgenommenes Protokoll.

(2) In dem Protokoll sind der Ort und der Tag der Verhandlung, der Name des Notars sowie die Art und das Ergebnis der Beschlußfassungen anzugeben.

(3) Das nach § 8 aufgestellte Verzeichnis der Teilnehmer der Versammlung sowie die Belege über die ordnungsmäßige Berufung der Versammlung sind dem Protokoll beizufügen. Die Beifügung der Belege über die Berufung der Versammlung kann unterbleiben, wenn die Belege unter Angabe ihres Inhalts in dem Protokoll aufgeführt werden.

(4) Das Protokoll muß von dem Notar vollzogen werden. Die Zuziehung von Zeugen ist nicht erforderlich.

§ 10

(1) Die Beschlüsse bedürfen, soweit nicht in diesem Gesetz ein anderes vorgeschrieben ist, der Mehrheit der abgegebenen Stimmen. Die Mehrheit wird nach den Beträgen der Schuldverschreibungen berechnet. Bei Gleichheit der Stimmen entscheidet die Zahl der Gläubiger.

(2) Gezählt werden nur die Stimmen derjenigen Gläubiger, welche ihre Schuldverschreibungen spätestens am zweiten Tag vor der Versammlung bei der Reichsbank, bei einem Notar oder bei einer anderen durch die Landesregierung dazu für geeignet erklärten Stelle hinterlegt haben.

(3) Das Stimmrecht kann durch einen Bevollmächtigten ausgeübt werden. Für die Vollmacht ist die schriftliche Form erforderlich und genügend.

Anhang II Gesetzestext SchVG v. 1899

(4) Der Schuldner ist für die in seinem Besitz befindlichen Schuldverschreibungen nicht stimmberechtigt. Soweit ihm an den Schuldverschreibungen ein Pfandrecht oder ein Zurückbehaltungsrecht zusteht, ist er auf Verlangen des Eigentümers verpflichtet, die Schuldverschreibungen bei einer der in Absatz 2 bezeichneten Stellen in der Weise zu hinterlegen, daß, unbeschadet der Fortdauer des Pfandrechts oder Zurückbehaltungsrechts, dem Eigentümer die Ausübung des Stimmrechts ermöglicht wird; die Kosten der Hinterlegung hat der Eigentümer zu tragen und vorzuschießen.

§ 11

(1) Die Aufgabe oder Beschränkung von Rechten der Gläubiger, insbesondere die Ermäßigung des Zinsfußes oder die Bewilligung einer Stundung, kann von der Gläubigerversammlung höchstens für die Dauer von drei Jahren und nur zur Abwendung einer Zahlungseinstellung oder des Insolvenzverfahrens über das Vermögen des Schuldners beschlossen werden. Wird binnen drei Jahren nach einem solchen Beschluß das Insolvenzverfahren eröffnet, so wird die Aufgabe oder Beschränkung der Rechte allen Gläubigern gegenüber hinfällig.

(2) Der Beschluß, durch welchen Rechte der Gläubiger aufgegeben oder beschränkt werden, bedarf einer Mehrheit von mindestens drei Viertel der abgegebenen Stimmen. Die Mehrheit muß mindestens die Hälfte des Nennwerts der im Umlauf befindlichen Schuldverschreibungen und, wenn dieser nicht mehr als zwölf Millionen Deutsche Mark beträgt, mindestens zwei Drittel des Nennwerts erreichen; beträgt der Nennwert der im Umlauf befindlichen Schuldverschreibungen weniger als sechzehn Millionen, aber mehr als zwölf Millionen Deutsche Mark, so muß die Mehrheit acht Millionen Deutsche Mark erreichen.

(3) In diesen Fällen bleiben bei der Berechnung des Nennwerts der umlaufenden Schuldverschreibungen die im Besitz des Schuldners befindlichen Schuldverschreibungen, für welche das Stimmrecht nach § 10 Abs. 4 ausgeschlossen ist, außer Ansatz.

(4) Der Schuldner ist verpflichtet, in der Gläubigerversammlung Auskunft über den Betrag der im Umlauf befindlichen, zum Stimmen berechtigenden Schuldverschreibungen zu erteilen.

(5) Kommt in der Gläubigerversammlung zwar die nach Absatz 2 Satz 1 erforderliche Mehrheit, nicht aber die nach Absatz 2 Satz 2 erforderliche Mehrheit zustande, so hat der Schuldner, wenn die Versammlung dies mit der Mehrheit der abgegebenen Stimmen beschließt oder ein etwa bestellter Vertreter es schriftlich unter Angabe des Zwecks und der Gründe verlangt, alsbald eine zweite Versammlung zum Zwecke der erneuten Beschlußfassung zu berufen. Die zweite Versammlung beschließt mit einer Mehrheit von mindestens drei Viertel der abgegebenen Stimmen ohne Rücksicht auf den Betrag der von dieser Mehrheit vertretenen Schuldverschreibungen. Sie darf nicht vor dem Ablauf der ersten Versammlung berufen werden.

§ 12

(1) Ein Beschluß der in § 11 bezeichneten Art muß für alle Gläubiger die gleichen Bedingungen festsetzen Einwilligung der zurückgesetzten Gläubiger zulässig. Jedes sonstige Abkommen des Schuldners oder eines Dritten mit einem Gläubiger, durch welches dieser begünstigt werden soll, ist nichtig. Ein Beschluß

der Versammlung, der durch Begünstigung einzelner Gläubiger zustande gebracht ist, hat den übrigen Gläubigern gegenüber keine verbindliche Kraft.

(2) Der Schuldner hat den Beschluß in der in § 6 Abs. 1 bezeichneten Weise bekanntzumachen.

(3) Auf die dem Nennwert der Schuldverschreibungen entsprechenden Kapitalansprüche kann durch Beschluß der Versammlung nicht verzichtet werden.

§ 13

(1) Steht der Schuldner oder sein Geschäftsbetrieb unter staatlicher Aufsicht, so ist zu einem Beschluß der in § 11 bezeichneten Art die Bestätigung durch die Aufsichtsbehörde erforderlich.

(2) Die Aufsichtsbehörde hat die Erteilung sowie die Versagung der Bestätigung öffentlich bekanntzumachen.

§ 14

(1) Beschließt die Versammlung die Bestellung eines Vertreters der Gläubiger, so muß zugleich der Umfang seiner Befugnisse bestimmt werden.

(2) Soweit der Vertreter zur Geltendmachung von Rechten der Gläubiger ermächtigt ist, kann durch Beschluß der Gläubigerversammlung die Befugnis der einzelnen Gläubiger zur selbständigen Geltendmachung ausgeschlossen werden. Der Beschluß unterliegt den Vorschriften des § 11 Abs. 2 bis 4, des § 12 Abs. 2 und des § 13.

(3) Zum Verzicht auf Rechte der Gläubiger ist der Vertreter nur auf Grund eines ihn hierzu im einzelnen Fall besonders ermächtigenden Beschlusses der Gläubigerversammlung befugt. Der Beschluß unterliegt den Vorschriften der §§ 11 bis 13.

(4) Führt der Vertreter für die Gesamtheit der Gläubiger einen Rechtsstreit, so hat er in diesem die Stellung eines gesetzlichen Vertreters. Für die Kosten des Rechtsstreits, welche den Gläubigern zur Last fallen, haftet der Schuldner, unbeschadet seines Rückgriffs gegen die Gläubiger.

(5) Sind mehrere Vertreter bestellt, so können sie, falls nicht ein anderes bestimmt ist, ihre Befugnisse nur in Gemeinschaft ausüben.

(6) Ein Vertreter kann, unbeschadet des Anspruchs auf die vertragsmäßige Vergütung, von der Gläubigerversammlung jederzeit abberufen werden. Der Beschluß bedarf einer Mehrheit von drei Viertel der abgegebenen Stimmen; die Mehrheit muß, wenn dem Vertreter nach Maßgabe des Absatzes 2 die ausschließliche Geltendmachung von Rechten der Gläubiger übertragen ist, mindestens die Hälfte des Nennwerts der im Umlauf befindlichen Schuldverschreibungen betragen; die Vorschriften des § 11 Abs. 3, 4 und des § 12 Abs. 2 finden Anwendung. Ist der Vertreter durch das Gericht bestellt (§ 14a *Abs. 3*), so steht die Befugnis zur Abberufung dem Gericht zu.

§ 14a

(1) Als Vertreter soll nicht bestellt werden:
1. wer dem Vorstand, dem Aufsichtsrat, dem Verwaltungsrat oder einem ähnlichen Organ des Schuldners oder eines Kreditgebers des Schuldners angehört;

Anhang II Gesetzestext SchVG v. 1899

2. wer zu dem Schuldner in Kreditbeziehungen steht;
3. auf wen der Schuldner oder ein Gläubiger des Schuldners maßgebenden Einfluß hat.

(2) Eine Minderheit, die den zwanzigsten Teil des Nennwerts der im Umlauf befindlichen Schuldverschreibungen erreicht, ist berechtigt, gegen die Auswahl des Vertreters bei dem Amtsgericht des Sitzes (Wohnsitzes) des Schuldners Widerspruch zu erheben. Der Widerspruch kann nur darauf gegründet werden, daß die Vorschrift des Absatzes 1 verletzt sei. Er kann nur binnen zwei Wochen nach der Versammlung erhoben werden. Über den Widerspruch entscheidet das Gericht nach Anhörung der Beteiligten; die Entscheidung unterliegt nicht der Beschwerde. Wird dem Widerspruch stattgegeben, so hat das Gericht nach Anhörung der amtlichen Vertretung des Handelsstands einen anderen Vertreter zu bestellen. Die Bestellung ist endgültig.

(3) Die durch die Tätigkeit des Vertreters entstehenden Aufwendungen hat der Schuldner zu tragen. Er hat auch die Tätigkeit des Vertreters angemessen zu vergüten.

§ 15

(1) Ist der Schuldner eine Gesellschaft oder juristische Person, deren Mitglieder in Versammlungen Beschlüsse fassen, so ist jeder nach Maßgabe dieses Gesetzes bestellte Vertreter der Gläubiger befugt, den Mitgliederversammlungen beizuwohnen und sich an den Beratungen zu beteiligen.

(2) Soweit nach den Gesetzen Schriftstücke, die sich auf die Verhandlungen in der Mitgliederversammlung oder auf die Vermögenslage oder den Geschäftsbetrieb der Gesellschaft beziehen, den Gesellschaftern mitzuteilen sind, hat die Mitteilung in gleicher Weise auch an den Vertreter der Gläubiger zu erfolgen.

(3) Zur Vorbereitung eines Beschlusses der in § 11 bezeichneten Art hat der Schuldner dem Vertreter der Gläubiger auf dessen Verlangen laufend die Einsicht in seine Bücher und Schriften zu gestatten sowie alle Aufkllärungen und Nachweise zu geben, welche die sorgfältige Erfüllung der dem Vertreter obliegenden Interessenwahrnehmung erfordert.

§ 16

(1) Die Befugnisse und Verpflichtungen eines Vertreters, dessen Bestellung gemäß § 1189 des Bürgerlichen Gesetzbuchs oder auf Grund einer bei Ausgabe der Schuldverschreibungen in verbindlicher Weise getroffenen Festsetzung erfolgt, werden durch die nach diesem Gesetz vorgenommene Bestellung eines Vertreters nicht berührt.

(2) Die Rechte, welche nach den Vorschriften des § 3 und des § 7 Abs. 3 einem von der Gläubigerversammlung bestellten Vertreter hinsichtlich der Berufung der Versammlung und der Ankündigung von Gegenständen zur Beschlußfassung zustehen, können auch von einem Vertreter der in Absatz 1 bezeichneten Art geltend gemacht werden.

(3) Ist eine Mitwirkung der Gläubiger erforderlich, um an Stelle eines weggefallenen Vertreters der in Absatz 1 bezeichneten Art einen neuen Vertreter zu bestellen, so kann eine Gläubigerversammlung mit verbindlicher Kraft für alle Gläubiger über die Bestellung beschließen. Der Beschluß bedarf einer Mehrheit von mindes-

tens drei Viertel der abgegebenen Stimmen, soweit nicht in verbindlicher Weise andere Festsetzungen getroffen sind; die Vorschriften des § 12 Abs. 2 und des § 13 finden Anwendung.

(4) Auf Antrag von Gläubigern, deren Schuldverschreibungen zusammen den fünften Teil des Gesamtbetrags der im Umlauf befindlichen Schuldverschreibungen erreichen, kann das Gericht, wenn ein wichtiger Grund vorliegt, den Vertreter abberufen. Unter den gleichen Voraussetzungen kann das Gericht an Stelle eines weggefallenen Vertreters einen neuen Vertreter bestellen. Zuständig ist das in § 4 bezeichnete Amtsgericht. Vor der Verfügung, durch die über den Antrag entschieden wird, ist, soweit tunlich, der Schuldner und im Falle der Abberufung des Vertreters auch dieser zu hören. Gegen die Verfügung findet die sofortige Beschwerde statt. Das Amtsgericht kann vor der Entscheidung über den Antrag auf Abberufung eines Vertreters eine einstweilige Anordnung erlassen.

(5) Auf die Eintragung des Wegfalls eines Vertreters sowie auf die Eintragung eines neuen Vertreters an Stelle des weggefallenen findet die Vorschrift des § 43 Abs. 1 der Grundbuchordnung keine Anwendung. Im Falle des Absatzes 4 ist das Amtsgericht befugt, das Grundbuchamt um die Eintragung zu ersuchen.

§ 17

(1) Die Vorschriften des § 16 finden auch auf einen Vertreter Anwendung, der für die Besitzer von Schuldverschreibungen vor dem Inkrafttreten des Bürgerlichen Gesetzbuchs in Gemäßheit des bisherigen Rechts bestellt worden ist oder nach dem Inkrafttreten des Bürgerlichen Gesetzbuchs bis zu dem Zeitpunkt, in welchem das Grundbuch als angelegt anzusehen ist, in Gemäßheit des Landesrechts durch Eintragung in das Hypothekenbuch oder ein ähnliches Buch bestellt wird.

(2) Ein solcher Vertreter steht im Sinne des § 43 Abs. 2 der Grundbuchordnung einem nach § 1189 des Bürgerlichen Gesetzbuchs bestellten Vertreter gleich. Dasselbe gilt in Ansehung eines durch die Gläubigerversammlung bestellten Vertreters.

(3) Wird an Stelle eines weggefallenen Vertreters der in Absatz 1 bezeichneten Art nach dem Zeitpunkt, in welchem das Grundbuch als angelegt anzusehen ist, gemäß § 16 ein neuer Vertreter bestellt, so kann die Eintragung dieses Vertreters in das Grundbuch (§ 1189 des Bürgerlichen Gesetzbuchs) auf dieselbe Weise wie die Bestellung herbeigeführt werden, ohne Unterschied, ob der weggefallene Vertreter in das Hypothekenbuch oder ein ähnliches Buch eingetragen war oder nicht.

§ 18

(1) Ist über das Vermögen des Schuldners das Insolvenzverfahren eröffnet, so gelten in Ansehung der Versammlung der in § 1 bezeichneten Gläubiger die folgenden besonderen Vorschriften.

(2) Die Versammlung wird von dem Insolvenzgericht einberufen und geleitet.

(3) Unverzüglich nach der Eröffnung des Insolvenzverfahrens ist eine Versammlung der Gläubiger einzuberufen, um über die Bestellung eines gemeinsamen Vertreters im Insolvenzverfahren zu beschließen; die Berufung kann unterbleiben, wenn schon vorher von einer Versammlung über die Bestellung eines solchen Vertreters Beschluß gefaßt worden ist.

Anhang II Gesetzestext SchVG v. 1899

(4) Das Insolvenzgericht hat außer den Fällen des § 3 Abs. 2 eine Versammlung der Gläubiger einzuberufen, wenn dies von dem Insolvenzverwalter, dem Gläubigerausschuß (§ 67 der Insolvenzordnung) oder der Aufsichtsbehörde verlangt wird.

(5) Die Stelle, bei welcher die Gläubiger die Schuldverschreibungen zu hinterlegen haben, wird durch das Insolvenzgericht bestimmt.

(6) Die Vorschriften des § 5 Abs. 1 und 2 und des § 13 sind nicht anzuwenden.

§ 19

Werden im Insolvenzverfahren die Forderungen aus den Schuldverschreibungen durch den von der Gläubigerversammlung bestellten Vertreter der Gläubiger angemeldet, so bedarf es der Beifügung der Schuldverschreibungen nicht. Zur Erhebung der bei einer Verteilung auf die Schuldverschreibungen fallenden Beträge ist die Vorlegung der Schuldverschreibungen erforderlich; auf die Erhebung findet die Vorschrift des § 14 Abs. 2 keine Anwendung.

§ 19a

(1) In einem Insolvenzplan sind allen in § 1 bezeichneten Gläubigern gleiche Rechte anzubieten.

(2) Die Vorschriften des § 11 Abs. 1 und des § 12 Abs. 3 sind nicht anzuwenden.

§ 20

Die in diesem Gesetz der Gläubigerversammlung und dem Vertreter der Gläubiger eingeräumten Befugnisse können durch Festsetzung in den Schuldverschreibungen nicht ausgeschlossen oder beschränkt werden.

§ 21

–

§ 22

(1) Wer in der Bekanntmachung, die gemäß § 2 erlassen wird, oder in der Auskunft, die gemäß § 11 Abs. 4 in der Gläubigerversammlung erteilt wird, unwahre Angaben über Tatsachen macht, deren Mitteilung ihm nach den bezeichneten Vorschriften obliegt, wird mit Freiheitsstrafe bis zu einem Jahr oder mit Geldstrafe … bestraft.

(2)

§ 23

(1) Ordnungswidrig handelt, wer
1. Schuldverschreibungen, die sich im Besitz des Schuldners befinden, einem anderen zu dem Zweck überläßt, das Stimmrecht entgegen § 10 Abs. 4 an Stelle des Schuldners auszuüben,
2. die Schuldverschreibungen zu dem in Nummer 1 bezeichneten Zweck benutzt,
3. besondere Vorteile als Gegenleistung dafür fordert, sich versprechen läßt oder annimmt, daß er bei einer Abstimmung in der Gläubigerversammlung nicht oder in einem bestimmten Sinn stimme oder

4. besondere Vorteile als Gegenleistung dafür anbietet, verspricht oder gewährt, daß jemand bei einer Abstimmung in der Gläubigerversammlung nicht oder in einem bestimmten Sinn stimme.

(2) Ordnungswidrig handelt auch, wer als Schuldner von Schuldverschreibungen vorsätzlich oder leichtfertig gegen die in § 2 Satz 1 vorgeschriebene Pflicht zur Bekanntmachung verstößt.

(3) Die Ordnungswidrigkeit kann mit einer Geldbuße bis zu fünfzigtausend Deutsche Mark geahndet werden.

§ 23a

(1) Ist der Schuldner eine unter staatlicher Aufsicht stehende Körperschaft des öffentlichen Rechts, so kann die Versammlung der Gläubiger in den Fällen der §§ 3, 4 nur mit Zustimmung der Aufsichtsbehörde berufen werden.

(2)

§ 24

(1) Auf Schuldverschreibungen des *Reichs,* eines Landes oder von Gemeinden oder Gemeindeverbänden finden die Vorschriften dieses Gesetzes keine Anwendung.

(2) Die Landesgesetze können bestimmen, daß die bezeichneten Vorschriften auch auf Schuldverschreibungen von Gemeinden oder Gemeindeverbänden Anwendung finden.

§ 25

Unberührt bleiben die landesgesetzlichen Vorschriften über die Versammlung und Vertretung der Pfandgläubiger einer Eisenbahn oder Kleinbahn in dem zur abgesonderten Befriedigung dieser Gläubiger aus den Bestandteilen der Bahneinheit bestimmten Verfahren.

§ 26

(1) Dieses Gesetz tritt gleichzeitig mit dem Bürgerlichen Gesetzbuch in Kraft.

(2) Es findet auch auf die vorher ausgegebenen Schuldverschreibungen Anwendung.

Sachverzeichnis

Abberufung des gemeinsamen Vertreters 7; 8 75 ff.
– in der Insolvenz **19** 74 ff.
Abhilfeentscheidung bei Widerspruch 18 41 ff.
Abschrift der Niederschrift 16 28; 18 41
Abspaltungsverbot des Stimmrechts 6 7
Abstimmung 5 48
– Abgabe der Stimmen **16** 18 ff.
– Ablauf der Abstimmung **18** 29 ff.
– Anfechtbarkeit von Beschlüssen *s. dort*
– Auszählung **16** 19; **18** 32 ff.
– Beurkundung **16** 19
– Form **16** 18 ff.
– bei Informationsmangel **20** 5
– Insolvenzgläubigerversammlung **19** 61 ff.
– über Insolvenzplan **19** 79
– Mehrheitserfordernis **5** 38 f.
– Legitimation **10** 9 ff.
– Vertretung durch Bevollmächtigte **14** 1 ff.
Abstimmung ohne Versammlung 5 49; 7; 8 46, 54 f.; 18
– Abstimmungszeitraum **Einf** 21; **5** 49; **18** 20 ff.
– Anfechtbarkeit von Beschlüssen **20** 14
– Mehrheitserfordernis/Quorum **18** 14, 29
– Widerspruch **18** 35 ff. *s. dort*
Abstimmungsleiter/-leitung (s.a. Versammlungsleiter/-leitung) 7; 8 55
– Abstimmung ohne Versammlung **18** 9, 16 ff.
– Aufgaben bei Widerspruch **18** 35 ff.
– Versicherung Vollziehbarkeit Beschluss **21** 6 ff.
Agency Agreement 1 5; 2 11
Aggregationsklauseln Vor 5 41
AG/Aktiengesellschaft 4 7; 14 6
AGB 3 19 ff.
Allgemeinverbindlichkeit 4 50
Anfechtung von Beschlüssen 20
– Bestellung gemeinsamer Vertreter **7**; **8** 8, 17; **21** 10 ff.
– Frist **20** 11
– Freigabeverfahren **20** 16 ff.
– Gründe **9** 27; **10** 4; **11** 1; **12** 10; **13** 6; **15** 2; **16** 16; **20** 4 ff.

– in der Insolvenz **19** 70
– Klage/Recht **Einf** 21 f., 24; **4** 40; **7**; **8** 17; **20** 1 ff., 10 ff.
– Übergangsvorschriften **24** 9
– Vollzug *s. Anleihebedingungen*
– Widerspruch gegen Beschluss **18** 35 ff.
Anlageberatung 3 8 ff.
Anleihebedingungen 2 1 ff.
– AGB **3** 19 ff.; **Vor 5** 1 ff.
– Änderung **Einf** 3 ff., 20 ff.; **4**; **5** 13; **19** 48
– Auslegung **3** 7, 10, 13, 21; **Vor 5** 13; **21** 5
– Begriff **2** 2
– Inhalt **2** 3 ff.
– Inhaltskontrolle **Einf** 12, 26; **3** 12 ff.; **Vor 5** 10 ff., 21, 24
– Leistungsbestimmungsrechte **3** 22 ff.
– Veröffentlichung **2** 22
– Vollzug von Änderungen **2** 19 ff.; **21**
Anleihegläubiger
– Eigenschaft/Nachweis **9** 10 ff.; **10** 9 ff.
– Gesamtgläubigerschaft **7**; **8** 72 ff.
– Gläubigerverzeichnis **15** 4 ff.
– Kollektive Bindung **4** 9 ff.
– Wahlrecht **24** 6 ff.
Anleihetreuhänder 7; 8 24 ff., 76
Anmeldung zur Gläubigerversammlung 10 4 ff.; 12 1 ff.; 15 5; 18 10
Annahmeerklärung 7; 8 8, 21, 23
Anwendungsbereich des SchVG 1 8 ff., 39 ff.; **19** 4 ff.; **22** 8
Arten von Schuldverschreibungen 1 5 ff.
Asset-backed Securities 1 18, 22, 35; 3 18
Aufforderung zur Stimmabgabe 18 6, 9, 12, 19, 25, 28, 32
Aufstockung 1 31, 37; 5 11; 24 5
Aufwendungsersatz 7; 8 44, 89, 78 ff.
Ausführungsbeschluss 24 8
Ausgabedatum 2 4, 4
Auskunftsbegehren bei Insiderinformation 16 13
Auskunftspflicht 16 1 ff., 9; 18 15
Auskunftsschuldner 16 3
Auskunftsverweigerungsrecht 16 8, 12
Ausländische Gesellschaften 1 9; 11 5; 24 7

Sachverzeichnis

Ausländischer Notar 16 26
Ausübungsverbot 6 15
Auszählungsmodalitäten 16 23
Auszahlungsvoraussetzungen 1 7

Back Office 16 6
Begebungsvertrag 1 5; Vor 5 5 ff.; 24 3
Bekanntmachung
- Beschlüsse 2 16; 17 1 ff.; 18; 19 11; 20 25; 21 7
- Einberufung/Tagesordnung 9 26; 12 4 ff.; 13 2 ff., 7 ff.; 18 12; 19 8 ff.
- Korrektur offensichtlicher Fehler in Anleihebedingungen 4 43
- Minderheitsverlangen 13 5 f.
- Veröffentlichung im Internet 12 7 ff.; 17 9 ff.
Beratungshaftung 2 22; 3 17
Bereichsausnahme Vor 5 13 ff.
Berichtspflicht 7; 8 46 f.
Beschluss des Gerichts 9 15 ff.
Beschluss der Gläubiger 5
- Anwendbarkeit der Regelungen über Beschlussfassung 1 35 ff.; 22 1 ff.; 24 8
- Anleihebedingungen, Änderung der s. dort
- Anfechtung von Beschlüssen s. dort
- Bekanntmachung s. dort
- Beurkundung 16 24 ff.
- Beschlussfähigkeit/Quorum Einf 21; 5 38; 9 8 ff.; 15 16; 19 6
- Beschlussfassung ohne Versammlung Einf 21; 5 49; 18; 24 9
- Gegenstände 5 19 ff., 37 ff.; 18 5; 19 33
- in der Insolvenz 19 2, 13 ff.
- Mehrheitserfordernisse 5 1 ff., 38 ff.; 24 9
- Nichtigkeit 4 40
- Stimmrecht s. dort
- Stimmrechtsvertreter s. dort
- Vollzug s. Anfechtung, dort Vollzug bei Anfechtung
- Vorschlag 13 1 ff.
- Widerspruch s. dort
- Wirkung 5 16 ff.
Besondere persönliche Beziehung 7; 8 14 ff., 35 ff.
Besonderes Interesse 9 12 ff.
Bestechlichkeit 6 19; 23 2
Bestellung Vertreter 4 1; 7; 8 2, 21 ff., 38
Bestellung mehrerer Vertreter 7; 8 24, 39, 89 ff.
Bestimmender Einfluss 7; 8 14, 16, 35
Beurkundung 2 15; 16 24 ff.; 18
Bevollmächtigte 7; 8 9; 14 1 ff.; 15 6
Beweislast 7; 8 70; 20 20

Bund als Schuldner 1 43 ff.; 3 21
Bundesanleihen 1 45 ff.
BuSchwG 1 43 ff.; Vor § 5 42 ff.
Business Judgement Rule 7; 8 69 f.
Bußgeld s. Geldbuße

CACs, Collective Action Clauses 1 12; 3 19
Clearingsysteme 1 28
Clearstream Banking AG 1 27, 28; 19 84
Center of Main Interest, COMI 19 19
Commercial Paper 1 7, 21, 35
Credit-linked Notes 1 22

Darlehen 1 4, 26, 29
Debt-Equity-Swap 1 1; 4 6; 5 13, 29; 19 103
Dematerialisierung 2 23
Depotstimmrecht 14 7
Derivate 1 24 f.; 3 20
Differenzhaftung 5 13
Direktemission 3; Vor 5 8
Durchschnittsbürger Vor 5 18
Durchschnittskunde 1 50; 3 13

Eigenemission Vor 5 5
Einberufung der Gläubigerversammlung 9; 10; 12; 14 11; 19 8 ff.
Einberufungsverlangen 9 6 ff.
Einberufungsfrist 10 1 ff., 5 ff.; 19 8
Einberufungsverpflichteter 9 11
Einbeziehungskontrolle Vor 5 12
Einzelurkunden 1 28, 33; 2 15 f; 21 4
Elektronischer Bundesanzeiger 7; 8 19; 10 2; 12 4 ff.; 13 9; 17 5
Emissionsbedingungen s. Anleihebedingungen
Emissionsbegleiter 1 13 ff.
Emissionsdatum 24 4 ff.
Emissionsprogramme 1 16 ff.
Emissionsprospekt 1 18; 2 9 ff.
Emissionsstelle 1 32; 2 14
Emissionsübergreifende Restrukturierung Einf 21
Ergänzungsanträge 18 13
Erhöhung einer Schuldverschreibung 1 31, 37
Erklärung eines Staatsnotstands 1 43 ff.
Ermächtigung des gemeinsamen Vertreters 5 6 ff.; 7; 8 52 ff.
Ersatzanspruch 4 45; 7; 8 68 ff.
Eurobonds 1 27
Europäische Union Vor 5 30
Exit Consent Vor 5 37
EZB-Fähigkeit 2 14

Falschauskunft 16 6
Finanzgläubiger 7; 8 13, 34

Sachverzeichnis

Finanzierungsgesellschaft 4 32; 22 7
- Finanzierungstochter 2 4
Formvorschriften 4 9
- Vertretung durch Bevollmächtigte 14 4
Fragerecht 7; 8 56; 14 1; 16 2
- Beschränkung 15 15
- Reichweite 16 8 ff.
- Abstimmung ohne Versammlung 18 2, 4
Freigabeverfahren 20 31 ff.; 21 7
freiwillige Gerichtsbarkeit 9 16 ff
Fremdemission 1 5
- AGB Vor 5 2 ff.
Fremdfinanzierung 1 4
Fungibilität 1 32; 3 30; 4 11, 28, 38

Garantie 2 4 ff.; 22
- Erstreckung 4 32 ff.
Gedeckte Schuldverschreibung 1 26, 40 ff.
Gegenanträge 13 3, 4, 7 f., 11 ff.; 18 13
Geldbuße 6 14 ff.; 7; 8 17 f., 36 f.; 23 1 ff.
Geltungserhaltende Reduktion 5 8
Gemeinden als Schuldner 1 43 ff.
Gemeinsamer Vertreter 5; 7; 8; 21 11 ff.
- in der Insolvenz 19 33 ff., 72 ff.
- Abstimmungsleitung 18 16 ff.
- Einberufungsrecht 9 4 f.
- Versammlungsvorsitz 15 1
- Vertragsvertreter 7; 8 28 ff.; 23 4
- Vertretungsmacht 7; 8 22 f., 40, 77
- Wahlvertreter 7; 8 4 ff.; 23 3
Gemeinschaft der Gläubiger 4 12 ff.; 6 3
Genussrechte/-scheine 4 6; 19 12, 14, 43, 102
Gerichtliche Ermächtigung 9 15 ff.; 12 2, 6
Gerichtlich herbeigeführte Änderungen 4 24 ff.
Gerichtsstand 2 6
Gesamtemission 1 16 ff., 31 ff.; 4 17, 27; 5 11; 21 4
Gesamtgläubiger 4 19; 7; 8 72 ff.
Gesamtkündigung 5 15, 42 ff.
- echte 5 45
- unechte 5 45
Geschäftsbesorgungsverhältnis 7; 8 9, 26, 43 f.
Gesellschaft bürgerlichen Rechts 4 12 ff.
Gesellschafterbeschluss 4 6
Gesetzlicher Vertreter 14 9
Gläubiger s. *Anleihegläubiger*
Gläubigerversammlung 5 43; 7; 8 46; 9 bis 16; 21 1
- in der Insolvenz 19 6
Gläubigerbeschluss s. *Beschlüsse*

Gleichbehandlung 3 9; 18 4, 21; 19 6
Gleichbehandlungsgrundsatz 4 44 ff.; 18 21; 19 1; 20 4
Gleichlautender Vertrag 4 2 ff.; 5 1
Gleitklauseln 2 17; 3 24
Global Bonds 1 27
Global Notes 2 14
Globalurkunde 1 18, 28, 32; 2 14, 19; 4 19; 5 11; 6 5
Grundlagenbeschluss 24 8
Haftung
- Begrenzung 7; 8 71
- des gemeinsamen Vertreters 5 15; 7; 8 71 ff.; 19 92 ff.
- Maßstab 7; 8 69
- Prospekthaftung s. *dort*
High-Yield Bonds 1 13 ff.
Hybridkapital 1 21
Immunität
- Immunität der Staaten Vor 5 31, 37
- Immunitätsverzicht 1 47; Vor 5 37
Indenture 1 5
Industrieanleihen 1 4
Informationspflichten 18 2, 4, 6
Informationsrechte 7; 8 56
Inhaberpapiere 1 27
Inhaberschuldverschreibung 1 17; 2 14; 4 9
Inhaltsgleichheit 1 34
Inhaltskontrolle s. *Anleihebedingungen*
Inhaltsmangel des Beschlusses 18 38
Insolvenz 8 52
- Fähigkeit 1 42 ff.; Vor 5 33, 35
- Gericht 19 16
- Gleichbehandlung iRd 4 49
- Insolvenzrecht 1 40; Vor 5
- Insolvenzverfahren Einf 7; 1 1, 40 ff.; 2 3; 5 25; 19
- Insolvenzverwalter 19 2
- Kosten 7; 8 93; 19 2, 54, 71, 85
- Minderheitenschutz 19 118
- Plan 4 49; 19 2, 10, 12, 30, 57 f.
- Rechte des gemeinsamen Vertreters 7; 8 45
Interessenkonflikte 7; 8 10 ff., 19, 32 ff.; 19 73; 23 3 ff.
International Capital Markets Association (ICMA) Vor 5 28
Internationale Zuständigkeit 19 17
Internetadresse 12 7 ff.; 13 6; 15 9; 17 8 ff.

Klagebefugnis 4 5; 18 40
Klagefrist 2 21; 18 37, 40, 43
- Anfechtungsfrist 20 11
Kollektivbindung 1 42; 4 23 ff.
Korrektur offensichtlicher Fehler 4 43

445

Sachverzeichnis

Kostentragung allgemein **7**; **8** 2, 24, 41, 79 ff.; **9** 28 ff.; **12** 6; **17** 2; **18** 44 f.
Kostentragung in der Insolvenz **7**; **8** 93; **19** 2, 54, 74, 85
Kündigung seitens des gemeinsamen Vertreters **7**; **8** 77 f.
Kündigungsrecht **2** 3; **4** 18 f., 37; **5** 34 ff.
Länder als Schuldner **1** 39, 43 ff.
Legitimationsübertragung **6** 14; **14** 3
Leistungsbeschreibung **2** 3 ff.
Leistungsbestimmungsrechte **2** 17; **3** 22 ff.; **4** 38
Liability Management **1** 42
Limited Recourse Einf 25
Mehrdeutige Klauseln Vor **5** 17
Mehrheitserfordernis s. *Beschlüsse*
Mehrheitsklauseln Vor **5** 40
Mistrade-Klauseln **3** 28
Missbräuchliches Auskunftsbegehren **16** 9
Mitverpflichtete **22** 1 ff.
Mündliche Verhandlung **20** 20
Nachrangigkeit **2** 7; **5** 25, 31; **19** 46
Nachweis der Teilnahmeberechtigung **10** 4, 9 ff.; **18** 10, 29, 31; **13** 3
Namensschuldverschreibungen **1** 27
Nennwertlose Anleihe **6** 4
Nichtigkeit
– Anleihebedingung **3** 30 f.
– Bestellung gemeinsamer Vertreter **8** 36
– Gläubigerbeschluss **4** 40; **20** 2 ff.
Niederschrift **2** 21 ff.; **4** 4; **16** 24 ff.; **18** 34; **20** 20
Notarielle Beurkundung s. *Beurkundung*
Nullkuponanleihen **1** 20
Öffentliche Hand **1** 26, 43 ff.
Opt-in **1** 49 ff.; **3** 4, 21; **19** 47 ff.; **24** 1, 7
Optionsanleihe **1** 23; **2** 7; **4** 6
Optionsscheinbedingungen **3** 26
Orderschuldverschreibungen **1** 17, 27
Organschaftlicher Vertreter **7**; **8** 6, 9, 25, 67; **14** 6
Örtlicher Anwendungsbereich **1** 9 ff.
Pfandbriefe **1** 26, 40 ff.; **2** 4
Platzierung **1** 1
Prospekt **24** 4
– Dokumentation **1** 5 ff.; **2** 22 f., 9, 11 f.; **3** 3
– Haftung **3** 12 ff.
– Prospektrecht **3** 6 ff.; **2** 22
– Prospektverordnung **3** 12
Prozessverbindung **20** 30
Qualifizierte Mehrheit s. *Beschlüsse, dort Mehrheitserfordernis*
Quorum s. *Beschlüsse, dort Beschlussfähigkeit*

Ratingagentur **1** 41
Rechtsgeschäftliche Änderungen
– Reichweite der kollektiven Bindung **4** 23
Rechtsnatur des Kollektivs **4** 12
Rechtswahlklausel **2** 6
Record Date **10** 11 f.; **18** 33
Regelbeispiele **9** 13
Repräsentativklauseln Vor **5** 38
Rogue Creditors Vor **5** 37
Rückkauf **4** 47 ff.
Rückwirkung **24** 1
Ruhen der Stimmrechte **6** 8 ff.

Sachenrechtlicher Bestimmtheitsgrundsatz **1** 34
Sachliche Rechtfertigung
– Anleger **5** 14
Sachkunde **8** 31 ff.
– Anleger **3** 1, 10 ff., 21
– gemeinsamer Vertreter **7**; **8** 6 ff.
Sachlicher Anwendungsbereich **1** 10
Sammelurkunde **1** 28, 33; **2** 9 ff.; **10** 10; **18** 31; **21** 4 ff.
Sanierung **19** 98
Sanktion **23** 4 ff.
Schadensersatz **3** 30 f.; **4** 7; **8** 53; **21** 9
– in der Insolvenz **19** 93
Schuldner mit Sitz im Ausland **9** 20; **11** 5; **17** 7; **19** 18; **20** 27
Schuldner mit Sitz im Inland **7**; **9** 20 ff.; **11** 1, 5; **17** 5 ff.; **20** 27
Schuldnerersetzung **1** 1, 42; **2** 5; **3** 26; **5** 9, 25
Schuldscheindarlehen
– Begriff **1** 29
Schuldverschreibung
– Begriff **1** 2 ff.
– Auslegung **1** 26 ff.; **3** 10
– Rückkauf **4** 47 f.
Schwellenländer Vor **5** 25; **1** 10
Selbstbefreiung **8** 52
Sicherheit **1** 14; **2** 4; **4** 30 ff.; **5** 25, 33; **22** 1 ff.
Sicherungsgeschäft **22** 4 ff.
Skripturakt/-prinzip **2** 1, 8 ff.; **21** 1; **24** 3
Staatsanleihen **1** 43, 47
– von Drittstaaten **3** 21
Staatsnotstand
– Abgabe **1** 43 ff.
Stimmrecht **18** 22 ff.
– Abgabe **16** 18 ff.; **18** 22 ff.
– Auszählung **18** 29 ff.; **16** 18 ff.
– Berechtigung **18** 32 ff.; **5** 37 ff.; **6** 2 ff.; **10** 4 ff.; **12** 1
– Beschlussfähigkeit/Quorum **15** 16

Sachverzeichnis

- Erklärung *s. Beschluss der Gläubiger*; **18** 23
- Mehrheitserfordernis **19** 34
- Ruhen *s. Abstimmung*
- Stimmkarten **16** 18
- Vertreter **16** 18 f.
- Zugang **14**

Strukturierte Schuldverschreibungen 3 1
Stückelung 1 16; **6** 5
Subtraktionsverfahren 16 19, 22
Tagesordnung 12 2, 4; **13**; **15** 13; **16** 1 ff.; **18** 13; **19** 52, 69
Tefra D-Emissionen 1 32
Teilgläubiger 4 22
Teilnehmerverzeichnis 15 6 ff.; **16** 17; **18** 29
Teilschuldverschreibung 1 16; **24** 3
Teilungsklauseln Vor 5 39
Termingeschäfte 1 24
Textform 5 49; **10** 10; **14** 4, 9; **18** 24, 37
Tranche 1 18, 31 ff., 37; **5** 11; **24** 5
Transparenzgebot 2 11, 18; **3** 1 ff.
Übergangsbestimmungen 24
Übernahmevertrag 1 5 f.
Überraschende Klauseln Vor 5 17
Umgehung 6 14
Umtauschanleihe 1 23
Unanimous Action Clauses Vor 5 37
Uneingeschränkte Geschäftsfähigkeit 7; **8** 8 f., 31
Unmöglichkeit der Auskunftserteilung 16 14
Verbot des Stimmenkaufs 6 19
Verbraucher 3 11
Verbriefungstitel 1 35
Verbundene Unternehmen 6 11; **22** 7
Verdrängendes Mandat 7; **8** 63 f.
Vereinigte Staaten 1 13
Verhaltenskodex Vor 5 29
Vergemeinschaftung 4 15 ff.
Vergütung des Vertreters 7; **8** 79 ff.
- in der Insolvenz **19** 85 ff.

Versammlungsvorsitz *s. Vorsitzender der Versammlung*
Versicherung 21 6 ff.
Vertragsfreiheit 1 51

Vertragstheorie 2 8
Vertragsvertreter
- Stimmrecht *s. gemeinsamer Vertreter*

Vertretung Vor 5 39
- der Gläubiger *s. dort*; **Vor 5** 38

Vertretungsmacht *s. gemeinsamer Vertreter*
Verwahrstelle 1 28
Verwender von allgemeinen Geschäftsbedingungen 3 27
Verzicht auf Gläubigerrechte 7; **8** 61 ff.
Virtuelle Versammlung 18 3
Vollmachtsformular 14 11
Vollzug von Änderungen *s. Anleihebedingungen*
Vorschuss 7; **8** 81
Vorsitzender der Versammlung 7; **8** 55; **9** 17; **15** 1 ff.; **18** 14, 16 ff.
Verschuldensmaßstab 23 3
Wahl des Vorsitzenden 15 2
Wahlvertreter *s. gemeinsamer Vertreter*
Wandelanleihe 1 23; **3** 3; **4** 6
Weisungsrecht 7; **8** 66
Wertpapierdienstleistungsunternehmen 3 17
Wertpapiergiro 1 27
Wertpapierkennnummer 1 32; **5** 11, 17
Wertpapiersammelbank 1 27; **4** 4; **19** 84; **21** 5 ff., 10
Wettbewerbsfähigkeit 1 43
Wettbewerbsstellung 1 43
Widerspruch 18 35 ff.; **19** 30; **20** 20; **21** 7
Widersprüchliche Stimmabgabe 18 32
Widerspruchsverfahren 18 35
Wirkung der Vertretung 7; **8** 67
Zeitpunkt der Gläubigereigenschaft 9 9
Zertifikate 1 25 ff., 35; **3** 1
- Gericht **3** 23

Zuständigkeit 18 40 ff.
- Gericht **9** 19 f.
- Gericht (in der Insolvenz) **19** 16 ff.
- Versammlungsleiter **18** 29 f.

Zustimmung 1 36; **4** 3 ff.; **5** 13 ff., 27 ff.; **21** 5; **22** 1 ff.; **24** 6 ff.
Zweite Versammlung 9 4; **10** 3, 5; **13** 11; **15** 23 ff.; **18** 30; **20** 5, 21, 33

Im Lesesaal vom 9. SEP. 2016
bis